교부들의 가르침 III

교부들의 가르침 III
교부 문헌 주제별 선집
그리스도의 육화-마리아

2025년 10월 30일 초판 1쇄

역은이 하성수 · 김정수
펴낸이 박현동
펴낸곳 ⓒ 성 베네딕도회 왜관수도원, 분도출판사
찍은곳 분도인쇄소

등록 1962년 5월 7일 라15호
주소 04606 서울 중구 장충단로 188 분도빌딩(분도출판사 편집부)
39889 경북 칠곡군 왜관읍 관문로 61(분도인쇄소)
전화 02-2266-3605(분도출판사) · 054-970-2400(분도인쇄소)
팩스 02-2271-3605(분도출판사) · 054-971-0179(분도인쇄소)
홈페이지 www.bundobook.co.kr

ISBN 978-89-419-2518-7 94230
ISBN 978-89-419-2451-7 (세트)



• 이 책은 한국천주교주교회의 한국천주교중앙협의회가 문화체육관광부의 국고지원을 받아 발간한 고대 그리스도교 문헌 총서 (그리스도교 신앙 원천 · 교부들의 가르침)(비매품)를 분도출판사에서 한국천주교중앙협의회의 허락을 받아 독자 보급용으로 제작하였습니다.

이 책의 본문 종이는 FSC® 인증을 받은 친환경 용지를 사용했습니다.

교부들의 가르침

교부 문헌 주제별 선집

III

# 그리스도의 육화–마리아

한국교부학연구회
하성수 · 김정수 엮음

분도출판사

**일러두기**

1. 성경 인용은 원칙적으로 『성경』(한국천주교주교회의 2005)을 기준으로 삼았으나, 교부들이 인용한 성경 본문이 『성경』과 차이가 있을 때에는 그리스어나 라틴어 원문을 직역하였다.
2. 성경 본문에 나오는 지명 '유다'는 로마제국의 지방명일 경우 '유대아'로, '유다인'은 '유대인'으로, '유다교'는 '유대교'로 표기했다. 교부 시대의 인명과 지명은 『교부학 인명 · 지명 용례집』(분도출판사 2008)을 따랐다.
3. 작품명은 『교부 문헌 용례집』(수원가톨릭대학교출판부 2014)을 따랐다.
4. 『교부학 인명 · 지명 용례집』과 『교부 문헌 용례집』을 수정 · 보완한 한국교부학연구회 『교부학 사전』(한국성토마스연구소 2021)을 최종 잣대로 삼았다.

# 『교부들의 가르침』 발간을 기뻐하며

하느님은 아버지이시고, 교회는 어머니이시니, 우리는 형제입니다.

• 아우구스티누스 『설교』 56,10,14.

가톨릭교회는 계시 진리의 원천이 성경聖經(Sacra Scriptura)과 성전聖傳(Traditio)이라고 고백합니다. '거룩한 전통'을 뜻하는 성전의 주요 부분은 고대 교회 문헌, 특히 거룩한 교부들의 문헌에 담겨 있습니다. 따라서 고대 교회의 문헌은 가톨릭교회의 보고寶庫라고 일컫습니다.

2002년 설립된 '한국교부학연구회'는 이런 보물 창고의 문을 조금씩 열기 시작했습니다. 라틴어와 그리스어 대역본인 『교부 문헌 총서』, 교부학 연구에 기초를 다진 『교부학 인명 · 지명 용례집』과 『교부 문헌 용례집』, 교부들이 성경 각 구절들을 해석한 『교부들의 성경 주해』, 교부 연구의 전화번호부라 할 수 있는 『교부학 사전』 등을 펴내 교회의 보물이 얼마나 아름답고 좋은지 맛보는 데 도움을 주고 있습니다. 여기에 한국 교부학 발전에 크게 기여하신 하성수 교수님과 교부들을 사랑하는 신학자들이 『교부들의 가르침』*Doctrina Patrum*을 출간하여 우리를 보물 창고로 더 깊이 안내합니다.

이런 제목으로는 7~8세기 전환기에 쓰인 『말씀의 육화에 관한 교부들의 가르침』*Doctrina Patrum De Incarnatione Verbi*이라는 그리스 교부들의 그리스도론 선집이 있습니다. 이와 달리 이번에 발간되는 『교부들의 가르침』은 모든 교부들의 말씀을 주제별로 정리한 것입니다. 인용된 본문의 규모와 분량 면에서 볼 때, 세계교부학회 역사에서 전대미문의 작품이라 할 수 있습니다.

아우구스티누스의 작품 중에 흥미로운 것이 있습니다. 『거울』*Speculum*입니다. 이 작품은 특별한 해설 없이 구약과 신약 성경 구절을 모아 놓았습니다. 그야말로 성경 구절 선집입니다. 그래서 어떤 이는 이 작품을 '성서 선집'으로 번역하기도 했습니다. 아우구스티누스는 이 책의 서문에서 "하느님께서 나를 도우시는 한, 나는 정경에서 그런 것들을 모두 모아서 쉽게 살펴볼 수 있도록 거울처럼 하나로 모아 놓습니다"(ut quantum me Deus adiuvat, omnia talia de canonicis Libris colligam, atque ut facile inspici possint, in unum tamquam Speculum congeram)라며 저술 의도를 밝힙니다. 육신의 얼굴을 거울로 보듯이 영혼의 얼굴을 『거울』로 보라는 뜻입니다.

『교부들의 가르침』은 교부 문헌을 총망라해서 주제별로 엮은 또 다른 거울입니다. 교회를 사랑하는 성직자와 수도자, 평신도에게 참으로 유익한 영혼의 거울이 될 것입니다. 이 거울은 교회 사목에 매진하는 이들뿐 아니라, 현재 삶의 소용돌이 속에서 고민하고 힘들어하는 일반 신앙인들에게도 자신의 신앙을 살펴보는 삶의 나침반이 되고 여유롭고 풍요로운 믿음의 삶을 맛볼 수 있게 할 것입니다.

교회는 거룩하고 오래된 전통에 머물지 않고 끊임없이 새로워지고 있습니다. 어느 시대나 어둡고 혼란스러운 부분이 있습니다. 하느님 백성은 경청하고 소통하며 친교로 교회 쇄신의 큰 물줄기를 함께 이루어 나아가야 합니다. 『교부들의 가르침』이 교회 안에 상호 이해의 폭을 넓히는 좋은 길잡이로 활용되기를 바랍니다.

성 아우구스티누스 축일에<br>마산교구장 이성효 리노 주교

# c · o · n · t · e · n · t · s

# 머리글

분도출판사와 한국교부학연구회는 2008년부터 2022년까지 『교부들의 성경 주해』 총 29권을 함께 출간했다. 이 총서는 교부들이 창세기부터 요한 묵시록까지 성경 각 구절을 풀이한 내용을 골라 엮은 것이다. 교부들의 성경 해석 역사는 고대 그리스도교의 역사라 하겠다. 해석 자체는 역사적 성격을 띠고 있으며, 해석의 과정인 역사적 전승과도 깊이 관련되어 있다. 이는 해석학의 꽃인 이해의 방법이 세월 속에서 끊임없이 변할 뿐 아니라 해석의 내용도 발전한다는 뜻이다. 성경은 성경 해석을 통해 삶에 녹아들고 신학적 가르침에 적용되었으며, 거룩한 독서와 고대 그리스도교 문화의 실질적 밑바탕이 되었다.

『교부들의 성경 주해』 스물아홉 권은 『교부들의 가르침』(부제: 교부 문헌 주제별 선집)의 밑뿌리가 되는 가장 중요한 자료다. 『교부들의 가르침』은 교부들이 해설한 중요한 개념들을 가나다순 250여 항목으로 분류한 선집이다. 총 열 권으로 구성했으며, 해마다 한 권씩 펴낼 계획이다. 항목의 규모와 분량으로는 세계 교부학계의 다양한 시도들 가운데 가장 방대할 것이다. 깊은 땅속에서 캐낸 거친 돌들을 하나씩 다듬어 보석으로 만드는 마음으로 교부 문헌 가운데 지혜가 번득이고 심금을 울리는 본문을 담고자 했다.

제2차 바티칸 공의회의 근본정신이자 종교개혁의 첫 외침은 '원천으로 돌아가자!'(ad fontes)는 것이었다. 19세기 말 서양에서 교부 문헌을 자국어로 번역하던 시기에도 똑같은 외침이 울려 퍼졌다. 신약성경과 가장 가까운 시대에 살았던 교부들은 교회 전통에서 특별한 권위를 지닌다. 이들은 성경이라는 원천에서 그리스도교 신앙의 맑고 깨끗한 물을 길어 냈다. 교부들이 남긴 문헌 대부분은 그들이 성경을 읽고 묵상하면서 쓴 성경 풀이였기에, 『교부들의 가르침』은 성경을 더 깊이 이해하는 데 큰 도움이 될 것이다.

성경과 성전聖傳이라는 계시의 두 원천에서 성전의 핵심은 교부들의 가르침에 들어 있고, 그것은 교회 쇄신의 바탕이 되는 소중한 보화들이다. 오늘날 그리스도교의 갈라진 형제들도 복음적 삶의 원리와 본보기를 남겨 준 교부들의 지혜를 배울 필요가 있다는 데 공감하고 있다. 교부 문헌은 그리스도교의 모든 교파가 함께 보존하고 가꾸어야 할 그리스도교 공동 유산이기 때문이다. 가톨릭과 정교회와 개신교는 갈라지기 이전의 교부 문헌을 연구함으로써 오랜 장벽을 허물고 서로 대화하며 차이를 좁혀 나가게 될 것이다.

교부들은 문명사의 다양한 물줄기를 종합하여 새로운 시대정신을 만들어 냈고, 그 사상과 문화는 중세를 관통하여 오늘날까지 이어지고 있다. 현대 서양 사상과 유럽 정신문화의 뿌리이자 그리스도교 사상의 핵심 원천은 교부 문헌이다. 서양의 인간 존중 사상과 인본주의 문화, 공동선과 공생의 사회적 원리를 앞세우는 전통의 탄생에 결정적으로 공헌한 그리스도교 근본정신이 거기에 보존되어 있다. 현대사회에도 여전히 유효한 시대정신이기도 하다.

교부들이 일구어 낸 지혜의 원천에 쉽게 다가갈 수 없는 한국 상황에서 『교부들의 가르침』은 교회 일치와 쇄신, 그리스도인의 삶과 영성, 성직자들의 사목과 설교, 평신도의 영적 성숙에 도움이 될 중요한 그리스도교 문헌을 제공하는 데 초점을 맞추었다. 이 문헌들은 교부학을 비롯한 신학 연구에 필수적인 1차 자료로서 신학 발전에 이바지할 것이다. 아울러 오늘날 제기되는 수많은 신학적 문제뿐 아니라 사회적 · 윤리적 · 실천적 문제를 올바로 평가할 수 있는 토대를 마련하고 현재의 교회와 사회가 나아가야 할 방향을 제시해 줄 것이다. 교부들의 말씀을 강론이나 설교에 접목해 복음을 선포한다면, 전 세계가 맞닥뜨리고 있는 설교의 위기를 극복하는 데도 도움이 되리라 믿는다. 교부들의 명언은 듣는 이들의 마음속에서 거룩하게 공명할 것이기 때문이다.

교회의 전통 안에서 시대의 징표와 요구를 읽어 내려 한 교부들은 당대 최고의 지성인이자 학자였다. 당시 그들의 수사학적 표현은 넘볼 수 없을 만큼 뛰어났다. 그러나 더러 문장을 길게 늘어뜨리거나 과도한 기법을 사용한 까닭에 교부들의 글을 우리말로 옮기는 데 늘 어려움이 뒤따른다. 가능하면 짧고 간결한 문장으로 다듬으려 했지만, 어쩔 수 없는 한계 또한 겸허히 인정한다.

교부들의 일부 사상 가운데 오늘날의 상황과 잘 맞지 않는 내용도 있다. 특히 여성의 권리에 관한 어떤 진술들은 받아들이기 어려울 수도 있다. 현대적 시선을 선명하게 유지하면서도 1,500여 년 전에 살았던 이들의 생각을 그들의 삶의 자리에서 읽어 내야 하는 대목이다.

이 책에 수록된 교부들의 생애나 작품 등을 더 깊이 알고 싶다면 『교부학 사전』(지그마르 되프 · 빌헬름 게어링스 편집, 하성수 · 노성기 · 최원오 옮김, 한국성토마스연구소 2021)에서 상세한 기초 정보를 얻을 수 있다. 『교부들의 가르침』에 담긴 오래고도 새로운 정신문화 유산에 누구나 친숙하게 다가갈 수 있기를 기대한다. 그리하여 이 선집에 실린 교부들의 가르침이 세상에서 한 줌 소금과 한 줄기 빛이 되기를 간절히 바란다.

2022년 지양산 자락에서

하성수

# 그리스도의 육화

주님의 육화는 이해를 초월하는 신비입니다.

• 카시오도루스 『시편 해설』 22,17.

말씀의 육화는 만물이 창조된 최종 목적입니다.

• 고백자 막시무스 『탈라시우스에게 보낸 질문』 60.

육화는 아들의 영원성이 마침내 드러난 사건입니다.

• 키루스의 테오도레투스 『바오로의 열두 서간 주해』(티모테오 2서).

육화는 아들만의 일이고, 아버지의 일은 아닙니다.

• 아우구스티누스 『요한 복음 강해』 40,6.

## 육화의 의미와 이해

### 주님의 육화

주님의 육화는 그분 자비의 놀라운 절정이요, 측량할 수 없는 선물이며, 이해를 초월하는 신비입니다. 제대로 생각을 하는 이들에게는 여기에서 구원이 나온다면, 비뚤어진 지성을 가진 이들에게는 여기에서 죽음이 나옵니다.

• 카시오도루스 『시편 해설』 22,17.

참된 위로와 진정한 위안, 인류의 죄로부터의 실제적인 구원은 우리의 구원자이신 하느님의 육화입니다.

• 키루스의 테오도레투스 『이사야서 주해』 12,40,3.

### 세상 창조 이전에 미리 정해 놓다

실로 만물의 하느님께서는 이 일들이 일어나도록 세상 창조 이전에 미리 정해 놓으셨습니다. 이제 그분께서는 당신께서 명하셨던 모든 일을 마무리 하셨습니다. 육화는 아들의 영원성이 마침내 드러난 사건입니다.

• 키루스의 테오도레투스 『바오로의 열두 서간 주해』(티모테오 2서).

### 인간의 타락 이전에 세워진 육화 계획

[말씀의 육화는] 만물이 창조된 최종 목적입니다. 이것은 이미 창조의 시작 이전에 하느님께서 세워 두신 계획입니다. 우리는 이것을 예정된 성취라고 부릅니다. 모든 피조물은 이 성취 덕에 존재하며 성취 자체는 창조된 것과 상관없이 존재합니다. 하느님께서는 이 목적을 분명히 가지고 계셨기 때문에 만물을 만드신 것입니다. 이것은 진정 섭리와 계획의 성취입니다. 하느님께서 창조하신 모든 것이 이것을 통하여 그분께로 돌

아가게 됩니다. 이것은 모든 시대를 아우르는 신비이며, 초월적으로 시대들에 무한히 앞서 존재하시는 하느님의 놀라운 계획입니다. 본질상 하느님의 말씀이신 '사자'使者께서 이 성취를 위하여 사람이 되셨습니다. 아버지께서 베푸신 더없이 깊은 선의가 분명히 드러나도록 회복시키신 분이 바로 이분이라고 말할 수 있을 것입니다. 그분께서는 피조물이 참으로 존재할 수 있게 한 이 성취를 당신 안에서 드러내 보이셨습니다. 그리스도 덕분에, 곧 그리스도에 관한 신비 덕분에, 모든 시간과 그 안에 있는 것들이 그리스도 안에서 존재하기 시작하고 그분 안에서 끝나게 되었습니다. 시간이 생기기 전에 시대들의 결합, 확정적인 것들과 불확정적인 분의 결합, 유한한 것들과 무한하신 분의 결합, 피조물과 창조주의 결합, 움직임과 정지의 결합이 비밀리에 계획되어 있었습니다. 이 결합이 이 마지막 시대에 와서 그리스도 안에서 드러난 것입니다.

• 고백자 막시무스 『탈라시우스에게 보낸 질문』 60.

### 왜 "마지막 시대"에 오셨는가?

"그러나 이제 마지막 시대에"(히브 9,26)라는 바오로 사도의 말에는 감추어진 뜻이 있습니다. 왜 "마지막 시대에"입니까? 수많은 죄가 저질러진 다음이기 때문입니다. 세상이 시작되었을 때 그 일이 일어났더라면 아무도 믿지 않았을 것입니다. 주님께서 두 번 죽으신다는 것은 있을 수 없는 일입니다. 그랬다면 모두 소용없는 일이 되었을 것입니다. 나중에 많은 죄가 일어났기에 주님께서 나타나셔야 할 이유가 있었던 것입니다.

• 요한 크리소스토무스 『히브리서 강해』 17,3.

### 아버지께서 아들과 함께 계시다

두 분은 함께 계시지만, 한 분은 보내지고 한 분은 보내십니다. 그 임무가 육화이기 때문입니다. 육화는 아들만의 일이고, 아버지의 일은 아닙니다. … 그래서 예수님께서는 "나를 보내신 분께서는"(요한 8,29)이라고 하십니다. 아버지의 권위를 지니신 분께서 나를 육화하게 하셨다는 뜻입니다.

• 아우구스티누스 『요한 복음 강해』 40,6.

### 하느님께서 그리스도를 보내심과 그리스도의 영원한 '나심'

그리스도를 보내심은 그분의 육화입니다. 그러나 말씀께서 하느님에게서 나오심은 영원한 나심입니다. … 그렇다면 아들은 하느님으로서, 아버지와 동등한 외아들, 아버지의 '말씀'으로서 아버지에게서 나오셨습니다. 그리고 우리에게 오셨습니다. 우리 가운데에 사시기 위하여 말씀께서 육이 되셨으니까요(요한 1,14 참조).

• 아우구스티누스 『요한 복음 강해』 42,8.

'그분을 통하여 창조되었다'라는 말은 첫 번째 창조를 가리키고 "그분 안에서 창조되었다"(콜로 1,16)라는 말은 그리스도의 육화가 이룬 일을 가리킵니다.

• 키루스의 테오도레투스
『바오로의 열두 서간 주해』(콜로새서).

### 육화한 이가 파견되었다

바오로가 영원한 아드님의 파견을 육화와 연결시키고 있다는 점에 주목해야 할 것입니다. 그는 '하느님께서 아드님을 여인에게서 신으로 태어나도록 보내셨다'고 말하지 않습니다. 그렇게 말한다면 우리가 그 파견을 신이 파견된 것이라고 잘못 이해할 것입니다. 그러니까 신이 아니라 아들이 여인에게서 태어난 것입니다. 이것이 육화의 고유한 점입니다.

• 키루스의 테오도레투스
『바오로의 열두 서간 주해』(갈라티아서) 4,4-5.

### 우리의 육을 입으시다

바오로는 여기서[로마 8,3 참조] 육의 나약성 때문에 율법이 완수되지 못했다고 말합니다. 그는 '하느님께서 당신의 친아드님을 죄 많은 육의 모습을 지닌 속죄 제물로 보내셨다'는 말로, 아드님께서 육화 이전에 존재하셨으며, 죄 없이 육을 입으셨으나 후에 그 육이 죄에 매이게 되었음을 보여 줍니다. 그러므로 구원자께서는 육을 입으시고 죄 많은 육의 모습으로 오셨으며 같은 육 안에서 죄를 처단하셨다고 말할 수 있습니다. 구원자께서 입으신 육은 거룩하며 죄에 대한 어떠한 지식도 없었습니다.

• 위-콘스탄티우스 『로마서 단편』.

### 겉모습으로서만이 아닌 육화

그리스도의 인성이 이 모든 고난을 겪은 것은, 말씀이 참으로 사람이 되시어 인성을 취하셨으며 육화의 신비는 [양태론자들의 주장처럼] 겉으로 보이는 모습으로서만이 아니라 실제였음을 우리가 믿을 수 있도록 신성으로 행하신 섭리였습니다.

• 키루스의 테오도레투스
『바오로의 열두 서간 주해』(히브리서) 5.

### 참된 육화

만약에 주님께서 진실로 육화하신 것이 아니라 그림자요 겉모습일 뿐이었다면 동정녀는 아기를 낳지도 않았을 테고, 아버지 하느님의 말씀은 "아브라함의 후손"(히브 2,16)이 되지도 않았을 것이며, "형제들과 같아지셨다"(히브 2,17)라고도 할 수 없었을 것입니다. … 말씀이 참으로 사람이 되시지 않았다면 유혹을 받지도 고난을 겪지도 않았을 것이고, 따라서 유혹받는 이들을 도와주실 수도 없을 것입니다.

• 알렉산드리아의 키릴루스 『육화론』 681.

### 육화의 이유

그리스도께서 이 땅에 내려오신 이유는 인간을 향한 연민 때문입니다. 그렇습니다. 그분은 십자가의 고통을 당하시기 전에, 아니 육화하시기도 전에 이미 우리의 고통을 몸소 끈질기게 겪으셨습니다. 그분이 이렇게 (육화) 이전에 고통 받지 않으셨더라면, 우리 인간의 삶을 함께 나누기 위해 사람이 되지도 않으셨을 것입니다. 그분은 먼저 고통을 받으셨습니다. 그래서 바로 이 땅에 내려오셔서 모습을 드러내신 것입니다. 그렇다면 우리를 위해 겪으신 이 고통은 도대체 어떤 종류의 고통이란 말입니까? 그것은 사랑의 고통입니다.

• 오리게네스 『에제키엘서 강해』 6,6.

### 말씀만이 아니라 행동도 보여 주셨다

예수님께서는 "하실 수만 있으시면 이 잔이 저를 비켜 가게 해 주십시오"(마태 26,39)라고 하심으로써 당신의 참인성을 보여 주셨습니다. 그렇지만 "그러나 제가 원하는 대로 하지 마시고 아버지께서 원하시는 대로 하십시오"(마태 26,39)라는 말로 당신의 덕과 극기를 보여 주셨습니다. 이것 또한 우리에게, 본성이 우리를 뒤로 잡아끌더라도 하느님을 따르라고 가르쳐 줍니다. 그분께서 참하느님이시며 참인간이심을 확실히 드러내기에는 말만으로는 부족합니다. 행위도 필요했습니다. 그래서 예수님께서는, 몹시 비판적인 사람들도 당신께서 사람이 되셨다가 돌아가셨다는 것을 믿도록, 말씀만이 아니라 행동도 보여 주셨습니다. 아직까지도 이 사실을 믿지 않는 이들이 분명 있습니다. 그러나 주님께서 겟세마니에서의 모습을 보여 주시지 않았더라면 더욱 많은 사람이 그 사실을 믿지 않았을 것입니다. 예수님께서 얼마나 여러 가지 방식으로 육화의 실재를 보여 주시는지 잘 보십시오. 그분은 말씀만이 아니라 고난을 겪으심으로써 그것을 보여 주십니다.

• 요한 크리소스토무스 『마태오 복음 강해』 83,1.

### 당신 육신의 실재를 보여 주셨다

목말라하셨던 바로 그분에게서 "생수"(요한 4,10)가 강물처럼 흘러나왔습니다. 배고파하셨던 분께서 굶주린 이에게 열매를 베풀지 못한 무화과나무를 말려 버리셨습니다(마르 11,14 참조). 한 말씀만으로 푸르른 나무를 말라 죽게 만드셨던 분께서 배고픔의 본성 또한 지니고 계셨다니(마르 11,12 참조), 어찌 이런 일이 가능합니까? 이것이 바로 육신을 취하신 말씀께서 겪으신 배고픔과 슬픔과 목마름의 신비입니다. 그분의 인성은 우리 나약한 인간에게 온전히 드러났지만, 이러한 모욕을 겪고서도 그분의 영광이 깡그리 사라지지는 않았습니다. 그분의 눈물은 당신 자신을 위한 것이 아니었고, 그분의 목마름과 굶주림은 물과 음식 때문이 아니었습니다. 그분은 당신의 욕구를 채우기 위해서 먹거나 마시거나 울지 않으셨습니다. 오히려 굶주리시고 인간 본성대로 행동하심으로써 육화의 낮춤 안에서 당신 육신의 실재를 보여 주셨습니다. 그분이 먹고 마신 까닭은 외적 필요에 굴복해서가 아니라, 당신께서 인간 조건에 온전히 동참하고 계심을 보여 주기 위해서였습니다.

• 푸아티에의 힐라리우스 『삼위일체론』 10,24.

### 그리스도께서 육화하신 목적

그리스도께서 육화하신 목적은 우리가 하늘로 갈 수 있는 길을 여시는 것이었습니다. 그분께서 뭐라고 하시는지 잘 들으십시오. "나는 내 아버지시며 너희의 아버지신 분, 내 하느님이시며 너희의 하느님이신 분께 올라간다"(요한 20,17).

• 암브로시우스 『신앙론』 3,7,50.

### 우리를 본향으로 인도하는 육화

하느님 오른쪽에 앉으시는 분께서 여관에 방 한 칸조차 차지하지 못하신 것은, 우리가 하늘 아버지 집에 마련된 거처(요한 14,2 참조)들을 차지하게 하시려는 것이었습니다. "여관에는 그들이 들어갈 자리가 없었던 것이다"(루카 2,7)라는 말씀은 이런 뜻입니다. 그분께서 부모님의 집이 아니라 길가 여관에서 태어나신 것은, 육화의 신비를 통하여 장차 '진리'와 '생명'을 누리며 살게 될 본향으로 우리를 인도하는 '길'이 되기 위해서였습니다.

• 존자 베다 『루카 복음 해설』 2,7.

### 신앙의 잣대는 육화하신 주님이시다

우리가 앞서 말했듯이(묵시 21,15 참조), 그 도성을 싸고 있는 불 벽은 주님이십니다. 금으로 된 잣대는 주님의 육화에 대한 믿음입니다. 그분의 육신은 그 순수함과 죄 없음으로 인하여 어떤 금속보다 더 깨끗하고 빛나기 때문입니다. 거룩한 도성의 완전함과 신앙의 잣대는 오직 그분에게서 비롯하며, 그 성벽의 높이와 성문을 재는 잣대는 다름 아닌 그분이십니다.

• 베자의 아프링기우스 『묵시록 주해』 21,15.

## 육화에 대한 예고와 육화의 신비

### 육화의 신비들이 분명하게 예고되다

많은 선조와 성인이 주님의 육화를 신비 안에서 내다보았습니다만, 주님의 육화와 구원의 신비들이 처음으로 분명하게 예고된 것은 아브라함에게였습니다. 특별히 그에게 이런 말씀이 주어졌지요. "세상의 모든 민족들이 너의 후손을 통하여 복을 받을 것이다"(창세 22,18). 믿는 사람이라면 아무도 이 말씀이, 우리에게 영원한 복을 주시고자 아브라함의 혈통에서 우리에게 오시기로 예정되어 있던 주님을 가리킨다는 것을 의심하지 않습니다.

• 존자 베다 『복음서 강해』 1,4.

### 아버지께서 아들을 보내시는 신비를 미리 본 야곱

야곱이 아들들과 양들이 잘 있는지 보도록 요셉을 보낸 것은 장차 일어날 육화의 신비를 미리 본 것입니다. 하느님께서 성조 시대부터 관심을 보이며 찾으신 양들이 무엇이겠습니까? 주 예수님께서 복음서에서 "나는 오직 이스라엘 집안의 길 잃은 양들에게 파견되었을 뿐이다"(마태 15,24)라고 말씀하신 바로 그들입니다. … 요셉은 아버지에 의해 형들에게 파견되었습니다. 이 아버지는 "당신의 친아드님마저 아끼지 않으시고 우리 모두를 위하여 내어 주신"(로마 8,32) 아버지시며, "당신의 친아드님을 죄 많은 육의 모습을 지닌 속죄 제물로 보내"(로마 8,3)신 아버지이십니다.

• 암브로시우스 『요셉』 3,9.

### 참으로 하느님이시며 육화하셨다

어떻게 그(이사야)가 그분의 이름을 주님이라 하고 그분을 하느님이라 부르는지 살펴보십시오. 그것은 그가 성령 안에서 말하기 때문입니다. 임마누엘(이사 7,14)이 단순히 하느님이라는 이름을 지닌 인간도 아니시며, 사람들이 추측하는 것처럼 분명히 대리인도 아니시라는 것을 그가 알고 있었다는 사실을 주목하십시오. 그는 임마누엘이 참으로 하느님이시며 육화하셨다는 사실을 알고 있었습니다.

• 알렉산드리아의 키릴루스 『편지』 1,31.

### 육화에 관한 예언

우리는 "주님께서 당신 일을 위한 당신의 길들의 시작으로 나를 지으셨다"(잠언 8,22 칠십인역)라는 육화에 관한 예언은, 주 예수님께서 아버지의 일을 이행하기 위하여 동정녀에게서 태어나셨음을 뜻한다고 이해합니다. 주님께서 당신 손의 작품들을 부패의 종살이에서 구원하기 위하여 우리의 육신을 취하신 것을 보면, 그리하여 당신 육신으로 고통을 겪으심으로써 죽음의 권능을 지닌 자를 파멸시키신 것을 생각하면 진실로 우리는 이것이 육화의 신비에 관한 말씀임을 의심할 수 없습니다. 그리스도의 육신은 창조된 것들을 위한 것이지만, 그분의 신성은 창조된 것들보다 먼저 존재하였습니다. 그분은 만물이 생겨나기 전부터 존재하시며 만물은 그분 안에 다 함께 존재합니다. 창조 덕분에 그분의 신성이 있는 것이 아니라 신성 덕분에 창조가 있는 것입니다.

• 암브로시우스 『신앙론』 3,7,46-47.

### 육화를 미리 본 다니엘

"사람 형상을 한 이"(다니 10,16). 그(다니엘)는 외아들의 육화를 미리 보고 그를, 장차 거룩한 마리아에게서 태어나 인간이 되실 "사람의 아들"이라 부릅니다. 그를 보자 그는 속이 울렁거리며 기운이 다 빠졌습니다(다니 10,16 칠십인역 참조).

• 알렉산드리아의 암모니우스 『다니엘서 단편』 10,16.

### 예언들이 이루어지다

지난날의 예언들이 이루어진 사실을 우리가 어떻게 부인할 수 있습니까? 예언들의 약속에 따르면, 주님께서는 비물질적인 방법으로가 아니라 가벼운 구름, 또는 더 적절하게 표현하자면 히브리어의 의미인 "짙은 구름을 타고"(이사 19,1 참조) 이집트로 오시게 되어 있었습니다. 이 말은 주님의 육화를 상징적으로 설명하는 것입니다. 예언은 계속하여 구세주이신 분을 인간이라고 부르면서 "그분께서 그들에게 구원자를 보내실 것이다"(이사 19,20) 하고 말합니다. 이러한 분명한 증거로 미루어, 저는 주님께서 나타나시리라는 약속의 때에 관하여 전혀 의심의 여지가 없다는 결론을 내립니다.

• 카이사리아의 에우세비우스 『복음의 논증』 8,5.

### "창문"은 육화의 예표

창문은 집 안에 빛을 비추어 주는 것으로, 우리는 그 창문을 통해 완전하지는 않지만 충분한 빛을, 우리의 눈과 시각에 필요한 충분한 빛을 받습니다. 구원자의 육화도 우리에게 순수한 포도주와 신성의 완전한 측면을 다 보여 주지는 않지만, 구원자께서는 이 창문과 같은 육화를 통하여 우리에게 신성의 빛을 바라볼 수 있게 해 주십니다. 그러므로 "창문"(여호 2,15.18.21 참조)을 통하여 주어진 것은 구원의 표징이라고 생각됩니다.

• 오리게네스 『여호수아기 강해』 3,5.

### 하느님이신 말씀의 육화

하느님 아들의 속성은 … 마지막 날에 말씀이 육(사람)이 되시어 우리 가운데 사셨다(요한 1,14 참조)는 것입니다. 이때 두 본성은 거룩한 동정녀이자 하느님의 어머니인 마리아의 태에서 어떤 혼합 없이 하나가 되어, 시대 이전부터 하느님의 아들이셨던 분께서 인간의 아들이 되셨고, 인간의 방식에 따라 시대 안에서 태어나셨습니다. 그분께서는 태어나실 때 어머니의 태를 여셨고, 신성의 힘으로 어머니의 동정성을 해치지 않았습니다.

… [남자의] 씨 없이 잉태되게 하신 그분께서 출생에 침해가 가지 않도록 보호하셨다는 것은 하느님의 탄생에 매우 걸맞은 신비입니다. 이때 그분께서는 아버지에게서 온 것을 보존하셨고, 어머니에게서 취한 것을 드러내셨습니다.

• 교황 호르미스다스
『유스티누스 황제에게 보낸 편지』 10-11.

### 피조물이 되기 위하여 사람이 되셨다

"때가 차자 하느님께서 당신의 아드님을 보내시어 여인으로부터 만들어져 율법 아래 놓이게 하셨습니다"(갈라 4,4). 사람들은 "여인으로부터 만들어져"라는 표현에 당혹스러워합니다. 우리가 그분께서는 동정녀에게서 태어나셨다고 고백하기 때문입니다. 우리가 그분께서 만들어지셨다고 고백하는 것은 '인성'에 대해서만 이야기하는 것입니다. 하느님은 어디까지나 '만드시는' 분이십니다. 그분은 존재하게 되기 위하여 만들어지실 수 없는 분이십니다. 그러나 그분께서는 어떤 이를 위하여 어떤 것으로 만들어지십니다. 어떤 것이 되신다고 표현할 수도 있겠습니다. … 그분은 결코 만들어지신 분이 아니심에도 불구하고 얼마나 많은 것이 되셨는지요! 언제나 창조주이신 주 예수 그리스도께서는 피조물이 되기 위하여 사람이 되셨습니다. 하느님으로 남아 계시면서 사람이 되셨습니다. 당신이시기를 그만두기 위해서가 아니라 당신이 아닌 존재가 되기 위하여 그렇게 하셨습니다.

• 아우구스티누스 『설교』 49A.

### 사람의 아들이 되셨다

요한은 이제 내놓고 육화를 선언합니다. 그는 외아들께서 사람의 아들이 되셨고 그렇게 불리신다고 솔직하게 말합니다. '말씀이 육이 되셨다'라는 말은 바로 이런 뜻입니다. 그가 더 구체적으로 "말씀이 사람이 되셨다"(요한 1,14)라고 했어도 되었을 것입니다. 요한이 이렇게 표현한 것은 전혀 낯설거나 이상한 일이 아닙니다. 성경은 종종 모든 피조물을 "육"이라고 부르기 때문입니다(요엘 2,28 칠십인역 참조).

• 알렉산드리아의 키릴루스 『요한 복음 주해』 1,9.

### 말씀이 우리를 위해 저주받은 사람이 되셨다

"그분이 사람이 되셨다"는 말씀은 그분이 우리를 위하여 죄 또는 저주가 되셨다고 말하는 것과 같습니다. 이 말은 주님께서 죄나 저주로 변화되셨다는 뜻이 아닙니다. 어떻게 그분이 그렇게 될 수 있겠습니까? 그런데 주님께서 죄와 저주를 몸소 떠맡으셨기 때문에 그분은 "우리의 죄악을 없애시고, 우리의 허약함을 짊어지셨습니다."

• 나지안주스의 그레고리우스 『편지』 51(101).

### 육화의 신비를 이해할 능력이 없다

우리 주님께서는 육을 취하여 오셨습니다. 마치 신발을 신으신 것처럼 나타나셨습니다. 우리의 타락으로 인하여 죽은 육신을 그분께서 당신의 신성 안에서 걸치셨기 때문입니다. …

인간의 눈은 그리스도 육화의 신비를 이해할 능력이 없습니다. 말씀께서 어떻게 육체를 취하셨는지, 생명을 주시는 지존하신 성령께서 어떻게 그분 어머니의 태 속에 들어오셨는지, 시작이 없으신 분께서 어떻게 지금 계시는 동시에 잉태되시는지 우리는 결코 알아낼 수 없습니다. "신발 끈"(요한 1,27)은 신비의 끈입니다. 요한은 그분의 "신발 끈"을 풀 수가 없습니다. 예언의 영을 통하여 주님 육화의 신비를 깨달은 그조차도 이 신비를 모두 파악할 수는 없기 때문입니다.

• 대 그레고리우스 『복음서 강해』(40편) 4.

### 너는 내 아들, 내가 오늘 너를 낳았다

홀로 아버지를 아시며 오직 아버지께만 알려져 계신 분께서 그분의 지혜이자 말씀으로서, 그리고 예언자의 표현대로 "놀라운 경륜가"(이사 9,5)로서, 육화의 신비를 우리에게 완벽하게 설명해 주십니다. 요한에 따르면, 아버지 하느님의 본질로부터 나오신 그분은 본성과 진리에 따라 아들이시므로 육신, 곧 인간이 되셨습니다(요한 1,14 참조). 그분께서는 우리와 같이 육신을 지닌 존재로 태어나 세상에 사는 이들의 형제로 불리기 바라셨습니다. 그러나 그분께서는 비록 육신을 지닌 존재가 되셨지만 시간이 생기기 이전부터 당신의 아버지와 함께 존재하셨던 분이십니다. 아버지께서는 그분을 아들로서도 아시기에 "너는 내 아들, 내가 오늘 너를 낳았노라"(시편 2,7) 하고 말씀하셨습니다. 이 명백한 고백, 아니, 선언을 잘 보십시오! 하느님께서는 현재 시제를 써서 "너는 내 아들"이라고 하셨습니다. 이것은 그분께서 시간이 생기기 이전부터 계신 분임을 나타내는 말씀입니다. 사실 주님은 시간 속의 존재가 아니라 분명코 언제나 아들이신 것입니다. 그리고 하느님께서는 육화의 최종 단계에 몸소 거룩한 동정녀의 태에 잉태되는 길을 택하신 주님께서 "외아드님 하느님 "(요한 1,18)으로도 불린다는 것을 나타내시고자 "내가 오늘 너를 낳았다"라는 말씀을 덧붙이셨습니다.

• 알렉산드리아의 키릴루스 『성경 주해 선집』(사도행전) 13,33.

### 육화 이후에도 만물의 주님이요 임금이시다

묵시록은 "주 우리 하느님께서 다스리기 시작하셨다"(묵시 19,6)고 말합니다. 우리 주 예수 그리스도께서는 구원의 육화 이전에도 아버지의 외아들이자 말씀 그리고 만물의 창조주로서 아버지와 지극히 거룩하신 성령과 함께 하늘과 땅에 있는 것들을 다스리셨습니다. 그러나 육화 이후에도 그분은 전과 마찬가지로 만물의 주님이요 임금이십니다. 그분께서 육을 취하셨어도 만물에 대한 그분의 통치권과 주권은 조금도 약해지지 않았기 때문입니다.

• 오이쿠메니우스 『묵시록 주해』 19,7-8.

### 그리스도의 본성이 변하거나 신성이 줄어든 것이 아니다

그분은 땅에 오시어, 당신께서 거룩하게 하신 동정녀의 태에서 사람으로 나셨습니다. 이 과정을 통해 당신 이름인 '임마누엘'의 뜻풀이, 곧 '하느님께서 우리와 함께'를 확인해 주심으로써 그분께서는 신비스러운 방식으로 우리와 같은 존재이되 본디의 당신이기를 시작하셨습니다.

• 대 레오 『편지』(증언) 19.

### 그분께서 우리의 것을 크게 만드셨다

말씀께서는 당신의 것을 잃어버림으로써가 아니라 당신의 것이 아닌 것을 취함으로써 사람이 되셨다고 우리는 말합니다. 아버지의 외아들께서는 당신 육화의 신비로 우리의 것을 크게 만드셨지만 그분의 것이 줄어들지는 않았습니다.

• 대 그레고리우스 『편지』 67.

거룩한 육화의 신비는 아들 홀로 내린 것이 아니고 아버지께서도 그 섭리의 공동 실행자입니다.

• 키루스의 테오도레투스
『바오로의 열두 서간 주해』(갈라티아서) 1,1.

### '하느님 창조의 근원인 이'

그리스도께서는 하나이신 당신의 위격 안에서 인성을 취하신 분이기에 당신을 일러 "하느님 창조의 근원인 이"(묵시 3,14)라고 말씀하십니다. 그리스도 주님을 하느님 창조의 근원으로 보는 것은 옳은데, 그것은 육화의 신비 때문입니다.

• 프리마시우스 『묵시록 주해』 3,14.

### 육화의 비밀이 인간의 유익을 위하여 주어지다

여기[시편 33,11 참조]에서 "주님의 결의"란 육화의 비밀로 이해하는 것이 좋겠습니다. 육화의 비밀은 인간의 유익을 위하여 주어진 것으로 알려져 있습니다. 이것은 시간이 흐르면 없어지는 것이 아니라 영원히 서 있습니다. 주님의 죽음이 가져온 승리가 악마가 부과한 파괴를 영원히 없애 버렸기 때문입니다.

• 카시오도루스 『시편 해설』 33,11.

### 사람이 되어 세상을 구원하러 오신 분

예수님께서는 이스라엘 사람들에게 당신을 드러내시어 당신을 모르는 이들에게 육화의 신비가 빛을 비추도록 하셔야만 했습니다. 아버지 하느님께서 세상을 구원하라고 그분께 기름을 부으셨고, 그분 또한 매우 지혜롭게 조처[당신의 명성이 널리 퍼져 나가도록]하십니다. 이 은혜를 먼저 나자렛 사람들에게 베푸신 것은, 인간의 입장에서 말하면, 그곳 사람들과 함께 자라셨기 때문입니다. 그래서 그분은 회당으로 들어가 두루마리를 펴시고는 당신의 신비를 밝히는 예언서의 한 대목을 읽으셨지요. 그분은 예언자의 입을 빌려, 당신께서 사람이 되어 세상을 구원하러 오신 분임을 분명하게 알리십니다. 이로써 우리는 우리와 같은 육신을 입으시고 우리의 본성을 취하신 하느님의 아드님이 기름부음받으셨음을 확실히 알게 되었습니다.

• 알렉산드리아의 키릴루스 『루카 복음 주해』 12.

### 다른 민족들에게 드러내 보이시다

우리 주님께서는 지금, 종의 모습으로 육화하신 당신의 사명에 대해 하늘과 땅의 주님이신 아버지께 감사를 드리고 계십니다. 당신에 관한 이 신비를, 지혜롭다는 이스라엘에게는 감추시고, 아직 철부지인 다른 민족들에게는 드러내신 아버지의 선하신 뜻에 대해 말씀하고 계십니다. 그럼으로써 하느님께서 당신의 약속을 잊지 않고 지키시어, 정해진 때가 되자 그리스도께서 오셨음을 입증하셨습니다. 이 모든 일이 참으로 일어났습니다.

• 오리게네스 『마태오 복음 주해 단편』 239.

### 인간적 방식으로 행하신 일들

그리스도께서 인간적 방식으로 행하신 일들은 달리 말하면 그분의 육화 사실을 확증할 뿐만 아니라 어찌해야 덕성스럽게 될 수 있는지 우리에게 가르치기 위한 것이었습니다. 그분께서 모든 일을 하느님으로서만 하셨더라면, 우리가 원하지 않는 일이 일어났을 때 어떻게 처신해야 할지 우리가 어찌 알겠습니까?

요한 크리소스토무스 『요한 복음 강해』 48,2.

### 육화의 신비를 이해하는 사람

육화의 신비를 완전하게 이해하는 사람이라면 율법 교사에게 이렇게 말할 것입니다. '그대가 율법과 그 안에 감추어진 가르침의 뜻을 진정으로 안다면 지금 그대가 시험하려는 분이 누구신지 모를 리 없소. 그대는 그분을 당신께 다가오는 이들의 마음을 꿰뚫어 보시는 하느님께서 사람의 모습으로 나타나신 분으로 보지 않고 그냥 평범한 사람으로 보고 있소. 모세는 그대에게 여러 가지로 임마누엘을 그려 보여 주었소. 그대는 희생 제물로 바쳐진 양, 그러나 당신의 피로 파괴자를 무찌르고 죽음을 무너뜨린 어린양에게서 그분을 보았소. 그대는 거룩한 법이 모셔진 계약 궤의 모양에서 그분을 보았소. 그분은 아버지의 말씀이시며, 본성에 따라 아들이신 그분은 계약 궤 안에 계시듯 당신의 거룩한 육신 안에 계셨소. 그대는 사람들이 덮고 있는 성막 안 속죄판에서 그분을 보았소.' 그분은 우리 죄가 용서되는 속죄판이십니다. 그렇습니다. 그분은 인간으로서도, 지성적 존재이며 하늘의 거룩한 권능인 사람들에게 찬양을 받으십니다. 그래서 그분의 거룩하고 영광스러운 보좌를 그들이 둘러싸고 있는 것입니다.

• 알렉산드리아의 키릴루스 『루카 복음 주해』 68.

### 율법을 알면 주님의 육화를 알게 되어 있다

이 대목[루카 10,26-28 참조]은 스스로 율법 전문가를 자처하지만 법조문만 잘 알 뿐 그 정신은 모르는 자들의 정체를 드러내 줍니다. 주님께서는 그들이 율법의 첫 줄부터 아무것도 모른다고 하십니다. 그러면서 율법의 첫 계명을 가지고 곧바로 그 사실을 입증하십니다. "너는 마음을 다하고 목숨을 다하고 힘을 다하여 주 너희 하느님을 사랑해야 한다"(신명 6,5), "네 이웃을 너 자신처럼 사랑해야 한다"(레위 19,18)는 말씀으로 아버지와 아들께서 함께 거룩한 육화의 신비를 알리고 선포하셨습니다. 주님께서 율법 교사에게 "그렇게 하여라. 그러면 네가 살 것이다"(루카 10,28)라고 하시자, 그리스도를 믿지 않아 자기 이웃이 누군지 모르는 그는 "누가 저의 이웃입니까?"(루카 10,29) 하고 물었습니다. 그리스도를 모르는 자는 율법도 모릅니다. 율법이 진리를 선포할진대, '진리'를 모르는 자가 어떻게 율법을 알겠습니까?

• 암브로시우스 『루카 복음 해설』 7,69-70.

### 옛 예언자들의 말과 부합하다

그들(베로이아의 유대인들)은 의심 많은 사람들처럼 캐고 들지 않았습니다. 그들은 이미 믿었기 때문입니다. 그러나 그들은 옛 예언자들의 가르침을 모르는 사람들처럼 믿었습니다. 이렇게 말할 수도 있을 것입니다. 그들은 성경을 연구한 끝에 주님 육화의 정황이 옛 예언자들의 말과 부합한다는 사실을 깨닫고 더욱 믿게 된 것이라고.

• 암모니우스 『성경 주해 선집』(사도행전) 17,12-13.

### 주님의 육화에 대한 믿음

주님을 위하여 흙으로 제단을 만드는 것은 우리의 희망을 중개자의 육화 안에 두는 것입니다. 주님의 육화에 대한 믿음 안에서 우리의 겸손이 이 제단 위에 무엇인가를 바칠 때, 하느님께서 그 선물을 받아 주십니다. 우리의 모든 행위를 주님의 육화에 대한 믿음 위에 둘 때, 우리는 흙으로 만든 제단 위에 그분께 바치는 선물을 놓는 것입니다.

• 파테리우스 『구약성경과 신약성경 해설』(탈출기) 30.

우리는 그리스도께서 육화로 취하신 것과 똑같은 인간의 본성을 지니고 있으므로 우리가 그분의 자녀로서 선행을 행할 때 그분 사랑의 나라에도 함께 참여합니다.

• 몹수에스티아의 테오도루스 『콜로새서 주해』.

### 속이는 자들이 세상으로 나왔다

이 구절[2요한 7 참조]은 다양한 이단자들에게 두루 해당하는 말이라고 볼 수 있지만 우선적으로는, 그리스도께서 육화하셨음을 믿는다고 하면서 그것을 잘못 이해하여 육화의 어떤 면을 부인하는 이들을 가리키는 것 같습니다. 이는 아마도 그들이 그리스도의 육이 실제가 아니라거나 그분의 영혼이 우리의 영혼과 같다는 것을 부인하였기 때문일 것입니다. 또는 그분께서 참으로 하느님이시라는 사실이나 그분의 아버지가 참으로 하느님이시라는 것, 또는 성령께서 전능하신 하느님이시라는 사실을 받아들이기를 거부했기 때문일 것입니다. 나아가 요한은 어쩌면, 예수님과 하느님 사이의 어떠한 관계도 인정하지 않으며 그리스도께서 육으로 오신 사실을 부인하고 '그리스도의 적'을 기다리면서 파멸로 향하고 있는 유대인들에 대해 이야기하는 것인지도 모릅니다.

• 존자 베다 『가톨릭 서간 해설』(요한 2서).

# 그리스도의 적

'그리스도의 적'은 진리를 왜곡합니다.

• 오리게네스 『마태오 복음 주해』 47.

'그리스도의 적들'은 세상에 속한 자들입니다.

• 존자 베다 『가톨릭 서간 해설』(요한 1서).

'그리스도의 적'은 반드시 온다는 것을 알아야 합니다.

• 다마스쿠스의 요한 『신앙 해설』 4,26.

"삼 년 육 개월"은 '그리스도의 적'의 활동 시간을 나타냅니다.

• 아를의 힐라리우스 『일곱 가톨릭 서간 해설』(야고보서).

## '그리스도의 적'의 의미와 이해

### 그리스도와 '그리스도의 적'

그리스도는 진리이십니다. '그리스도의 적'은 진리를 왜곡합니다. 그리스도는 지혜이십니다. '그리스도의 적'은 교묘하게 지혜를 가장합니다. 꾸며 낸 덕행은 모두 '그리스도의 적'과 통합니다. 그리스도께서는 믿는 이들을 양육하시기 위하여 온갖 다양한 덕을 몸소 지니고 계시지만, 악마적 의지는 믿는 이들을 속이기 위해 겉으로 흉내 내는 길을 모색하기 때문입니다.

• 오리게네스 『마태오 복음 주해』 33.

### 진리의 위장

'그리스도의 적'은 통상 하나이지만, 여러 가지 모습일 수 있습니다. 거짓이 일반적으로는 하나이지만, 서로 다른 거짓 교설에 따라 여러 가지 거짓이 존재하는 것과 같습니다. … 다른 민족들의 말이건 야만족들의 말이건 진리도 아니면서 진리라고 고백하는 모든 말은 어떤 의미로는 '그리스도의 적'입니다. 자기가 진리인 척하며, "나는 진리"(요한 14,6)라고 말씀하신 분에게서 떨어져 나가게 그릇 인도하기 때문입니다.

• 오리게네스 『마태오 복음 주해』 47.

### 그리스도처럼 보이려고 하는 자

그리스도를 적대하는 것보다 더 위중한 모독은 있을 수가 없습니다. 그런데 '그리스도의 적'이라는 이름이 바로 그런 뜻입니다. 그자는 아무리 무서운 폭력을 써도 무너뜨릴 수 없었던 이들을 왜곡된 진리로 유혹하고, 자명한 오류를 거부한 이들을 진리의 모방물로 인도하기 위해 그리스도처럼 보이려고 하는 자입니다.

• 프리마시우스 『묵시록 주해』 17,3.

### 정통 신앙을 고백하지 않는 자

'그리스도의 적'은 반드시 온다는 것을 알아야 합니다. 단언컨대, 하느님의 아드님께서 육으로 오셨으며 그분은 완벽한 하느님이시고 하느님이신 동시에 완벽한 인간이 되셨다는 사실을 고백하지 않는 이는 누구든지 '그리스도의 적'입니다. 그러나 독특하고 특별한 의미에서 '그리스도의 적'으로 불리는 이는 세상 종말에 오게 되어 있는 그자입니다.

• 다마스쿠스의 요한 『신앙 해설』 4,26.

"예수 그리스도께서 육으로 오셨다고 고백"(1요한 4,2)하지 않는 이는 정녕 '그리스도의 적'입니다.

• 폴리카르푸스 『필리피 신자들에게 보낸 편지』 7.

### 그리스도께서 육으로 오셨음을 부인하다

거짓 예언자들과 영들을 통해 그리스도를 부정하며, 그리스도는 육으로 온 적이 없다고 떠드는 것은 세상에 나타날, 아니 이미 와 있는 '그리스도의 적'의 특징입니다. 여러 많은 이단이 있지만, 이 점에서만큼은 모든 이단이 한목소리로 이야기합니다. 예수 그리스도께서 육으로 오셨음을 고백하는 것은 그분께서 그분 자신의 육으로 오셨다는 사실만 아니라 나의 육에도 들어오심을 뜻합니다.

• 크레타의 안드레아스 『성경 주해 선집』.

### 자기를 섬기라고 요구하다

'그리스도의 적'은 자기 안에 사탄을 모시고 있으면서, 섬김을 받는 것이나 신이라 불리는 모든 것 위로 자신을 높이는 사람일 것입니다. 그런 자이니 그는 우상 숭배를 금하면서, 대신 사람들에게 자기를 섬기라고 요구할 것입니다.

• 테오필락투스 『요한 1서 주해』.

### 자신의 이름으로 올 것이다

'그리스도의 적'은 자신의 이름으로 올 것입니다. 그자는 인간들 가운데 가장 사악한 자요, 악마에게 큰 도움을 줄 자이면서도, "신이라고 일컬어지는 모든 것과 예배의 대상이 되는 것들에 맞서 자신을 그보다 더 높이 들어 올리며"(2테살 2,4) 자신을 하느님의 아들이라 '부르기에 족하다'고 여길 것입니다.

• 존자 베다 『복음서 강해』 2,3.

### 자신을 만물의 하느님이라고 선포하다

악인은 찬사를 받으면 기분이 들뜨고, 아부꾼을 찾는 자는 자기를 바로잡을 생각이라고는 하지 않습니다. 악인으로 알려진 자가 복을 누리고 있으면 사악함이 칭송을 받게 됩니다. 그런 사람은 위선적인 아첨꾼들에게 속아서 폭군처럼 거만하게 자기를 내세웁니다. 이것은 특히 '그리스도의 적'에 관해 말하는 것으로 여겨야 합니다. '그리스도의 적'은 속이는 자들의 무리 때문에 눈이 멀어 자기가 지상의 임금일 뿐만 아니라 만물의 하느님이라고 선포합니다.

• 카시오도루스 『시편 해설』 10,24.

### 자기 영광을 추구하는 자

자신의 말을 하는 사람은 자기 영광을 추구하는 자입니다(참조: 요한 5,30-31; 1코린 10,18). '그리스도의 적'이라 불리는 자가 그런 자입니다. 바오로 사도가 말하듯이, "그자는 신이라고 일컬어지는 모든 것과 예배의 대상이 되는 것들에 맞서 자신을 그보다 더 높이 들어 올립니다"(2테살 2,4). 실로 주님께서는 그자가 아버지의 영광이 아니라 자기 영광을 추구하리라는 것을 알리며 유대인들에게 이렇게 말씀하셨습니다. "나는 내 아버지의 이름으로 왔다. 그런데도 너희는 나를 받아들이지 않는다. 다른 이가 자기 이름으로 오면, 너희는 그를 받아들일 것이다"(요한 5,43). 이는 그들이, 속은 비었으면서 한껏 부풀어 올라 자기 이름의 영광을 추구하는, 그래서 영속하기는커녕 황폐만 불러오는 '그리스도의 적'을 받아들일 것이라는 뜻입니다.

• 아우구스티누스 『요한 복음 강해』 29,8.

### 우리에게서 떨어져 나간 자들

'그리스도의 적들'이 어디서 왔냐고 묻는 사람들이 있을 것입니다. 대답은 슬프게도, '그들은 우리 가운데서 나왔다'입니다. 그래서 그들이 참된 제자인 양 믿음을 주면서, 방심하는 사람들을 더 잘 속일 수 있는 것입니다. 그들은 처음에는 제자가 되었지만 그 뒤 진리에서 떠나가 불경스러운 사상을 만들어 냈습니다.

• 오이쿠메니우스

『사도행전과 가톨릭 서간, 바오로 서간 주해』(요한 1서).

이 구절[1요한 2,19 참조]은 사랑과 보편 교회의 일치에서 떠나갔다고 알려진 모든 이는 주님의 적이며 따라서 '그리스도의 적'임을 분명히 밝힙니다.

• 키프리아누스 『편지』 69,1.

### 한때 그리스도인이었던 '그리스도의 적들'

이 내용들[1요한 2,18 참조]은 잘못된 교리를 가르치는 모든 이가 아니라, 진리를 들은 뒤에 부정한 분파에 들어간 사람들에게만 해당하는 말입니다. 그들은 한때 그리스도인이었기 때문에 지금은 '그리스도의 적들'로 불립니다.

• 맹인 디디무스 『가톨릭 서간에 관한 짧은 상해』(요한 1서).

### 종양이 제거되면 좋은 일이다

요한은 '그리스도의 적들'이 우리에게서 떨어져 나갔다면서, 그러나 그들은 한 번도 우리와 함께였던 적이 없었다고 덧붙입니다. 사실 그의 말은, '그리스도의 적' 말고는 아무도 우리를 떠나지 않을 것이라는 뜻입니다. 그리스도를 적대하지 않는 이들은 그분의 몸에 붙어 있을 것이기 때문입니다. 그리스도의 몸 안에는 아직 치유받고 있는 이들과 죽은 이들의 부활 때에야 다시 완전히 좋아지게 될 이들이 있습니다. 그러나 악성종양을 지닌 이들도 있어서, 그런 이들이 몸에서 떨어져 나가면 몸에는 더 좋습니다. 그러니 그런 사람들이 떠나가는 것은 교회에 이득입니다.

• 존자 베다 『가톨릭 서간 해설』(요한 1서).

### 마귀에게 속한 인간들의 모든 무리

바오로 사도가 여기서[2테살 2,3-4 참조] '그리스도의 적'에 대해 말하고 있다는 사실은 아무도 의심할 수 없습니다. 사도는 그자가 먼저 와야만 심판의 날("주님의 날"이라고 일컫지요)이 온다고도 합니다. 그리고 그자를 "무법자"(2테살 2,3)라고 부릅니다. 물론, 하느님의 법을 어기는 자라는 뜻이지요. 악인은 누구나 무법자이니, 그자에게는 더욱 들어맞는 말입니다. 하지만 그자가 하느님의 어떤 성전에 앉아 있게 될지는 확실하지 않습니다. 솔로몬 왕이 세운 저 성전의 폐허에 앉아 있을 것인지, 교회에 앉아 있을 것인지 불분명합니다. 사도가 우상의 신전이나 악령의 신전을 "하느님의 성전"(2테살 2,4)이라고 불렀을 리는 만무합니다. 그래서 어떤 이들은 '그리스도의 적'이 마귀라는 우두머리를 가리키는 말이 아니고 그자의 몸체 전부를 가리킨다고, 다시 말해 그자에게 속한 인간들의 모든 무리를 뜻한다고 설명합니다.

• 아우구스티누스 『신국론』 20,19,2.

### 악마와 거짓 예언자

요한은 악의 창조자 악마를 "용"이라고 부릅니다. 그러나 "거짓 예언자"(묵시 16,13)라는 칭호로는 악마의 작용을 통해 예언하는 어떤 존재나 '그리스도의 적'을 가리킵니다.

• 오이쿠메니우스 『묵시록 주해』 16,12.

### 악마와 그리스도의 적

악마는 그리스도의 적을 통해 섬김을 받을 것인데, 마음의 눈이 먼 이들에게는 악마가 그리스도의 적을 통해 죽은 이들을 살리고 표징을 행하는 것처럼 보일 것이기 때문입니다.

• 카이사리아의 안드레아스 『묵시록 주해』 13,4.

### '안테모스', '아르누메'의 뜻

악마가 자격도 없으면서 신의 영예를 탈취하는 데 이용하는 도구인 적의 무리의 부정함에 대해 이미 자기가 할 수 있는 한 많이 묘사한 저자는 거룩한 영예와 정반대되는 자인 '그리스도의 적'의 정체를 밝히기 위해, 우리에게 그의 이름이나 표, 곧 그 지극히 사악한 짐승의 의도와 행실을 통해서 짐승의 특성을 알아내라고 합니다. 그 이름은 '안테모스'ANTEMOΣ입니다. 이 그리스 글자에 해당하는 수를 합하면 육백육십육(I + L + CCC + V+ XL + LXX + CC)이 됩니다. 이 이름은 '영예에 반대되는'으로 풀이되며, 따라서 그는 하느님께만 속한 영예에 반대되는 존재가 됩니다. 그렇다면 그는 부적절하고 무례하고 모순되는 존재라고 말할 수 있습니다. 그에게는 어떤 영예도 없고 저주만이 있기 때문입니다. 이렇게 숫자를 통해 이름이 찾아지고, 그 이름에서 수가 계산이 되며, 그 이름에 대한 해석에서 그의 행실의 특성이 파악됩니다. 합이 이 수인 또 다른 이름도 따져 볼 만합니다. 그 이름은 '아르누메' APNOYME로, 역시 육백육십육(I + C + L + LXX + CCCC + XL + V)입니다. 이 이름의 뜻은 '내가 부인한다'입니다. '부인'否認이라는 이름이 '그리스도의 적'에게 적합하다는 것은 놀라운 일이 아닙니다. 주님께서 "하느님의 일은 그분께서 보내신 이를 너희가 믿는 것이다"(요한 6,29) "하느님을 믿고 또 나를 믿어라"(요한 14,1)라는 말씀으로 알려 주셨듯이, 믿음의 이름은 그리스도께 적합하기 때문입니다. 그러므로 누가 안테모스, 곧 '영예에 반대되는' 것이라고 하거나 아르누메, 곧 '내가 부인한다'라고 해도 '그리스도의 적'을 가리키는 적절한 말이 될 수 있습니다. 말의 두 부분, 곧 이름이라는 부분과 단어 자체라는 부분을 통해 그 이름의 주인이 지닌 특성과 행실의 가혹함이 드러나니 말입니다.

• 프리마시우스 『묵시록 주해』 13,18.

### '그리스도의 적'의 이름을 단정하지 않다

우리는 '그리스도의 적'의 이름을 단정하는 위험한 일을 하지 않을 것입니다. 그의 이름이 현세에 분명히 드러날 필요가 있다면, 묵시록의 환시를 본 이가 알려 주었을 테니까요.

• 리옹의 이레네우스 『이단 반박』 5,30,3.

### 사랑의 법을 어기는 사람은 '그리스도의 적'이다

여러분은 예수 그리스도께서 육으로 오셨음을 믿음으로써 이미 '그리스도의 적'을 이겼습니다. "친구들을 위하여 목숨을 내놓는 것보다 더 큰 사랑은 없다"(요한 15,13)고 하였습니다. 그런데 하느님의 아드님께서 사람의 몸을 취하지 않으셨더라면 어떻게 우리를 위해 당신 목숨을 내놓으실 수 있었겠습니까? [사람의 몸이어야만] 죽을 수 있는 것이니 말입니다. 사랑의 법을 어기는 사람은 누구나 그리스도께서 육으로 오셨음을 자기가 살아가는 태도로 부인하는 사람입니다. 그가 혀로는 뭐라 떠들든, 그런 사람은 '그리스도의 적'입니다.

• 존자 베다 『가톨릭 서간 해설』(요한 1서).

## '그리스도의 적'과 네 짐승

### 하는 짓도 같고 이름도 같다

악마와 '그리스도의 적'과 거짓 예언자는 하는 짓도 같고 이름도 같음이 분명합니다. 그들은 다 "짐승"으로 불리며, 사탄임이 분명한 용은 일곱 머리와 열 개의 뿔을 지녔고 같은 수의 작은 관들을 쓴 모습으로 계시되었기 때문입니다. 뿐만 아니라 '그리스도의 적'이 분명한 바다에서 올라오는 짐승도 비슷한 모습으로 나타나 그에게 속아 넘어간 이들을 파멸시키려는, 같은 뜻과 행동을 보여 줍니다.

• 카이사리아의 안드레아스 『묵시록 주해』 20,4.

### 네 임금을 뜻하는 네 짐승

바다에서 올라온 서로 다른 모습의 네 짐승에 대해서는 천사의 말을 참고하여 그 정체를 짚어 볼 수 있습니다. 천사는 "그 거대한 네 마리 짐승은 이 세상에 일어날 네 임금이다"(다니 7,17)라고 합니다. … 나라의 흉포함과 잔인함이 "짐승"이라는 말로 표현되었다는 점도 새겨 읽어야 합니다.

• 히에로니무스 『다니엘서 주해』 7,2-3.

### 바빌론 왕국을 나타내는 사자와 독수리

이 짐승은 분명 바빌론 왕국을 나타냅니다. 지금 다니엘이 보는 환시는 앞에서 네부카드네자르가 꾼 꿈에 관한 이야기와 완벽하게 들어맞습니다. 그는 꿈에 상像을 보았고, 이것은 그것과 함께 하나의 단일한 예언을 구성합니다. 실제로, 그 꿈에서 바빌론 왕국이 금속들 가운데 가장 고귀한 금에 비유되었고, 여기에선 모든 짐승 가운데 가장 힘이 센 사자와 새들 가운데 가장 사나운 독수리에 비유됩니다.

• 시리아인 에프렘 『다니엘서 주해』 7,4.

### 암사자로 불리는 바빌론 왕국

바빌론 왕국이 사자가 아니라 암사자로 불립니다. 이는 이 나라의 잔인함과 포악함 때문이거나 사치스럽고 육욕을 밝히는 삶의 방식 때문입니다. … 이 암사자가 독수리의 날개를 달고 있은 것은 막강한 권능을 떨치는 나라의 교만을 나타냅니다.

• 히에로니무스 『다니엘서 주해』 7,4.

### 페르시아 왕국을 나타내는 곰

이것은 페르시아 왕국을 가리킵니다. 다니엘이 이것이 "곰" 같다고 하는 이유는 이 나라에서 행해지는 징벌의 잔인함과 야만스러움 때문입니다. 페르시아인들은 징벌에 있어서 어떤 야만족들보다 잔인했다고 합니다. 그들은 범법자들의 심장을 뜯어내기도 하고 오랜 고문을 자행해 죄인의 사지를 찢어 놓기도 했습니다. 그들은 징벌 대상이 누구건 늘 잔혹하게 죽이곤 했습니다.

• 키루스의 테오도레투스 『다니엘서 주해』 7,5.

### 표범을 나타내는 마케도니아

"표범처럼 생긴 짐승"(다니 7,6)은 마케도니아인 알렉산더가 임금으로 다스리는 그리스 왕국을 가리킵니다. [다니엘이] 그 나라를 표범에 비기는 이유는 표범이라는 동물의 겉모습이 여러 가지 색으로 이루어져 있으며 인간에게 상처를 입히고 피를 마시는 데 재빠르듯이, 그 나라 사람들의 생각이 재빠르고 기발하며 마음은 모질기 때문입니다.

• 히폴리투스 『다니엘서 주해』 7,6.

### 네 번째 짐승을 나타내는 로마제국

다니엘은 로마제국을 "네 번째 짐승"(다니 7,7)이라 표현하면서 거기에 이름은 붙이지 않습니다. 로마라는 국가는 아주 많은 민족이 합쳐져 이루어졌으며 그리하여 온 세상을 지배하게 되었기 때문입니다. 이 나라는 처음에는 임금이 다스렸고 그다음엔 시민들이, 그다음엔 귀족정치로, 그리고 결국엔 제일 처음의 정부 체제였던 왕정으로 돌아갔습니다. 그는 이 짐승이 "끔찍하고 무시무시"(다니 7,7)하다고 하는데, 이 나라가 그 어떤 나라보다 막강하기 때문입니다. 네부카드네자르가 본 상像에서 그는 네 번째 금속을 "쇠"라고 하였습니다. 쇠가 모든 것을 부수고 으스러뜨리듯이, 이 제국은 모든 것을 부수고 짓뭉개기 때문입니다.

• 키루스의 테오도레투스 『다니엘서 주해』 7,7.

### 후대의 임금들

포르피리오스는 뒤의 두 짐승, 곧 마케도니아를 나타내는 짐승과 로마를 나타내는 짐승을 마케도니아라는 하나의 나라를 나타낸다고 보며 그들을 다음과 같이 나눕니다. 그는 표범은 알렉산더를 나타내며 앞의 모든 짐승과 다르게 생긴 짐승은 알렉산더의 네 후계자를 나타낸다고 주장하며, 에피파네스라는 별명으로 불리던 매우 잔인했던 안티오코스에 이르기까지의 임금 열 명을 꼽습니다. 그는 임금들 하나하나를 각기 다른 나라들 하나하나, 곧 마케도니아나 시리아, 아시아, 이집트와 짝짓지 않고, 여러 나라를 하나의 단일한 영역으로 간주하며 그 안에서 나라들이 이루어졌다고 봅니다.

• 히에로니무스 『다니엘서 주해』 7,7.

### 네 번째 나라와 열 임금

다니엘의 예언은 특히 중요한 근거인데, 거기서 가브리엘 천사가 풀이해 준 바에 따르면, "네 번째 짐승은 이 세상에 생겨날 네 번째 나라"(다니 7,23)이며, 그 나라는 '모든 나라들을 능가한다'고 합니다. 교회의 주석가들은 전통적으로 이 나라를 로마제국으로 이해해 왔습니다. … 가브리엘은 계속해서 [환시를] 풀이해 주는데, 이렇게 말합니다. "뿔 열 개는 이 나라에서 일어날 열 임금이다. 그들 다음으로 또 다른 임금이 일어날 터인데 사악함에서 자기 앞의 모두를 —이 열 임금만 아니라 지금까지 살았던 모든 임금들을 — 능가할 이 임금은 그 가운데서 세 임금을 쓰러뜨리리라"(다니 7,24 참조). 이는 그보다 먼저 임금의 자리에 있던 열 명 가운데서 셋이라는 뜻이 확실합니다. 그는 열 임금 가운데 셋을 무력하게 만들었고, 그가 여덟 번째 임금으로서 다스렸다는 것도 확실합니다. 또 "그는 가장 높으신 분을 거슬러 떠들어 대고"(다니 7,25)라고 하는데, '그리스도의 적'은 신성모독자이며 모든 법을 조롱하는 자입니다. 그는 통치권을 계승할 자격이 없지만 마법으로 그것을 강탈할 것입니다.

• 예루살렘의 키릴루스 『예비신자 교리교육』 15,13.

### '그리스도의 적'을 상징하는 작은 뿔

[다니엘] 예언자가 표범에 관해 그 짐승은 머리가 넷이라고 하였는데, 그 일은 벌써 이루어져서 알렉산더의 나라가 네 군주국으로 나뉘었습니다. 그러니 이제 우리는 짐승들의 시간이 다 찼을 때 거기에서 솟아 나올 열 개의 뿔과 그 가운데서 갑자기 '그리스도의 적'을 상징하는 작은

뿔이 나타나고 지상에서 의로움이 사라지며 온 세상이 종말에 다다른다는 예고에 유념해야 합니다.

• 히폴리투스『다니엘서 주해』7,7.

### "자그마한 뿔"이 점점 커지다

열 임금은 누구입니까? "자그마한 뿔"은 무엇입니까? 몇 임금들 사이에서 '그리스도의 적'이 나타난다는 뜻이라고 나는 말하겠습니다. "그 자그마한 뿔은 사람의 눈 같은 눈을 가지고 있었고, 입도 있어서 거만하게 떠들어 대고 있었다"(다니 7,8). … 그런 말을 떠들어 대는 그것이 사람의 눈 같은 눈을 가지고 있는 것에 놀라지 마십시오. 그자는 사람입니다. 그 뿔이 처음에 왜 크지 않고 자그마하게 보이겠습니까? 그것은 이후로 점점 커져서 어떤 나라들을 다스리게 될 것이기 때문입니다. 어째서 그렇습니까? 어떤 나라도 이 임금을 이길 수 없기 때문입니다. 그러나 하느님께서 그자를 죽여 완전히 파멸시키실 것입니다.

• 요한 크리소스토무스『다니엘서 주해』7.

### '그리스도의 적'은 수치스러운 이름으로 불리는 것을 매우 좋아할 것이다

다니엘이 여덟째 환시에서 그 뿔에 대해 뭐라고 했는지 보십시오. "내가 그 (네 짐승의) 뿔들을 살펴보고 있는데, 그것들 사이에서 또 다른 자그마한 뿔이 올라왔다. 그리고 먼저 나온 뿔 가운데서 세 개가 그것 앞에서 뽑혀 나갔다. 그 자그마한 뿔은 사람의 눈 같은 눈을 가지고 있었고, 입도 있어서 거만하게 떠들어 대고 있었다"(다니 7,8). 또 '불안정한 자'(ὁ ἐπίσαλος), '사악한 안내자'(κακὸς ὁδηγός), '진정 해로운 자'(ἀληθὴς βλαβερός), '고대의 비방자'(πάλαι βάσκανος), '불의한 어린양'(ἀμνὸς ἄδικος) 같은 지칭도 있습니다. 아마도 그를 적대시하는 이들은 그를 이런 이름으로 부를 것입니다. 그러나 그자는 이런 이름으로 불리는 것을 조금도 수치스러워하지 않을 것입니다. 오히려 이런 이름으로 불리는 것을 좋아하기까지 할 터인데, 그것은 그가 스스로를 이런 이름으로 부르는 것도 수치스러워하지 않기 때문입니다. 현명한 사도는 이런 사악하고 천한 선택을 조롱하며 이런 자들은 "자기네 수치를 영광으로 삼으며"(필리 3,19) 산다고 합니다. 이렇게 많은 이름이 그자에게 해당하니, 누구든 원하는 사람은 그 저주받을 자에게 적절한 이름을 붙일 권리가 있습니다.

• 오이쿠메니우스『묵시록 주해』13,16-18.

### 남은 뿔들을 복종시킬 것이다

다니엘은 이 열 개의 뿔이 '그리스도의 적'보다 먼저 나오는 것도 보았습니다(다니 7,7-12 참조). 그 가운데 셋이 뽑혀 나간 뒤에, 그 저주받을 자는 남은 뿔들을 복종시킬 것입니다.

• 카이사리아의 안드레아스『묵시록 주해』17,12.

### '그리스도의 적'이 나타나 힘을 떨치다

'열 개의 뿔 사이에서 올라온 다른 뿔'이라는 말로 그가 암시하는 것은 '그리스도의 적'입니다. 그는 '그리스도의 적'이 자기 앞에 있는 세 개의 뿔을 뿌리째 뽑아 버릴 것이라고 말합니다. 이는 당시 다스리고 있을 열 임금 가운데 세 임금을 그가 힘으로 제압할 것이라는 뜻입니다. [다니엘은] 그것을 "자그마한" 뿔이라고 말하는데, 그것이 유대인들 가운데 작은 부족에서 태어났기 때문입니다. 그렇지만 [다니엘은] 그 뿔이 '눈에 두드러진다'고도 하는데, 이는 그의 지위가 높아질 것이기 때문입니다. 그 짐승의 "눈"은 많은 사람을 속일 그 짐승의 빈틈없음과 교활함을 가리킵니다. 그런데 다니엘은 그 짐승이 "입도 있어서 거만하게 떠들어 대고 있었다"(다니 7,8)라고도 하는데, 이는 그 짐승의 오만과 불손함을 가리킵니다.

• 키루스의 테오도레투스 『다니엘서 주해』 7,7-8.

### 네 번째 나라와 작은 뿔이 '그리스도의 적'이다

[다니엘이] 여기[다니 7,19 참조]서 가리키는 것은 우리가 앞서 말한 네 번째 나라입니다. 일찍이 지상에 나타난 적이 없던 큰 나라입니다. 그 나라에서 열 개의 뿔이 솟아나고 그것들이 열 개의 왕관을 나누어 가집니다. 그리고 그것들 가운데서 작은 뿔이 또 하나 솟아날 터인데, 그것은 '그리스도의 적'입니다. 그 작은 뿔은 자기 앞의 뿔 세 개를 뽑아 버릴 것입니다. 다시 말해, 전체에 대한 통치권을 차지할 목적으로 이집트와 리비아, 에티오피아, 이 세 나라의 임금들을 쓰러뜨릴 것입니다. 그는 나머지 일곱 뿔을 정복하고 나면 기이하고 사악한 영의 기운을 받아, 모두에게 찬양받고 하느님처럼 섬김을 받고 싶은 욕망으로 마침내 거룩한 백성에게 전쟁을 걸어오고 온 땅에서 모두를 박해하기 시작할 것입니다.

• 히폴리투스 『다니엘서 주해』 7,19.

'그리스도의 적'은 세 임금이 다스리던 큰 나라 셋[이집트, 에티오피아, 리비아]을 멸망시키고 그 나라 사람들을 자기에게 복속시킬 것입니다.

• 키루스의 테오도레투스 『다니엘서 주해』 11,42-43.

## '그리스도의 적'과 두 짐승

### 사악한 자들은 모두 악마에게서 나온다

"나는 바다에서 짐승 하나가 올라오는 것을 보았습니다"(묵시 13,1)라는 말은 짐승이 사악한 사람에게서 나오는 것을 보았다는 뜻입니다. '올라온다'는 것은, 이사이의 뿌리에서 꽃이 피어나듯이, 그가 존재하게 되었다는 뜻입니다. '바다에서 올라오는 짐승'이라는 말로 요한은 악마의 몸인 모든 불경한 자를 나타내고 있습니다.

• 아를의 카이사리우스 『묵시록 해설』 13,1: 강해 10.

### 인간의 삶이라는 바다에서 '그리스도의 적'이 일어나다

이 짐승을 권능을 지닌 어떤 존재, 마귀들의 우두머리로서 사탄 다음가는 자이며, 이 짐승이 나타난 뒤 '그리스도의 적'이 땅에서 올라온다고 보는 이들도 있습니다. 그렇지만 거룩한 메토디우스와 거룩한 히폴리투스 등에 따르면 이 짐승은 험하고 파란 많은 현세라는 바다에서 일어나 나오는 '그리스도의 적'으로 해석해야 합니다. 작은 관을 쓰고 있는 열 개의 뿔과 일곱 머리는 그가 악마와 하나임을 나타냅니다. 악마에게도 이런 특징들이 있다고 앞에 나온 바 있습니다(묵시 12,3 참조). 열 개의 뿔과 일곱 머리는 말세에 세상의 정권이 열 개로 나뉨을 나타내는 것이기도 하며, 세상의 정권이란 현세에 상응하는 것으로서, 이는 일곱 날들로 이루어지며 시대적으로 연속적인 일곱 개의 왕국으로 나뉩니다. 그래서 이 짐승 안에서 작용하는 사탄은 "이 세상의 우두머리"(요한 12,31)로 불립니다. 머리마다 하느님을 모독하는 이름들이 붙어 있었다는 말은 그의 지지자들을 가리키는 것이 분명합니다. 이들은 처음부터 콘스탄티누스 황제의 즉위 때까지 그리스도를 모독하는 일을 그친 적이 없기 때문입니다. 그러나 그 이후에 율리아누스와 발렌스 황제는 또다시 그리스도를 비방하였습니다.

• 카이사리아의 안드레아스 『묵시록 주해』 13,1.

'일곱 머리'는 일곱 로마 황제를 가리키며, 그중에서 '그리스도의 적'이 나올 것입니다. … '뿔 열 개'(묵시 12,3)는 종말에 나타날 열 임금을 뜻합니다.

• 페타우의 빅토리누스 『묵시록 주해』 12,3.

### 일곱 머리, 일곱 산

이 환시는[묵시 17,9-10 참조] 영적 의미로 해석해야 하기에, 천사는 요한에게 자기의 말을 이해하기 위해선 세속 지혜가 아니라 영적 지혜가 필요하다고 합니다. … 우리는 '일곱 머리와 일곱 산'을 세속 권세와 탁월함에서 다른 모든 것보다 뛰어난 일곱 곳으로 해석해야 한다고 믿습니다. 그래서 이 장소들을 서로 다른 많은 시기에 세상의 강대한 나라들이 선 곳들로 봅니다. 제일 처음 것은 아시리아인들의 나라가 섰던 니네베이고, 두 번째는 메디아인들이 강대했던 엑바타나로, 그들은 아르바케스가 아시리아의 임금 사르다나팔을 죽인 뒤부터 권력을 누렸습니다. 그다음에는 바빌론에서 칼데아인들이 권세를 누렸으며 네부카드네자르가 그들의 임금이었습니다. 이들이 멸망한 뒤에는 키루스가 수사에 페르시아인들의 나라를 일으켰습니다. 알렉산더가 이 나라를 무너뜨린 뒤에는 마케도니아인들이 통치했습니다. 그 후 로마인들이 권력을 잡았는데, 카이사르 아우구스투스와 최근의 황제들과 집정관들 시대에 최고로 강대했던 이 권세는 콘스탄티누스 대왕 이전에는 사악한 남자들 손아귀에 들어 있었습니다. 이들이 사라지고 나서야 그리스도께 호의적인 황제들의 고귀한 권력이 새 로마로 넘어갔습니다.

• 카이사리아의 안드레아스 『묵시록 주해』 17,9.

### 사악한 사람들인 지도자들과 임금들, 신하들

우리가 짐승의 전모를 이야기할 때에 일곱 머리가 있다고도 하고, 또 그 머리들은 일곱 산과 일곱 임금으로 불리기도 합니다. 이는 그 머리들이 지도자들만 아니라 임금들과 그들의 신하들로 이루어진 사악한 사람들이라는 실재 전체를 뜻한다는 말입니다. 짐승은 폭력을 행사하고 다양한 방법으로 속임수를 쓰는 까닭에 여러 가지 이름으로 불립니다. 그것이 소리 없이 움직이며 기어 다닐 때면 언제나 관능적인 즐거움으로 사람들을 사로잡습니다. … "다섯은 이미 쓰러졌고 하나는 지금 살아 있으며 다른 하나는 아직 나오지 않았다"(묵시 17,10)는 말은, 그 수가 모두해서 일곱이라는 뜻입니다.

• 프리마시우스 『묵시록 주해』 17,9.

### 세상의 임금들인 짐승의 머리

천사는 짐승의 "머리"가 세상의 임금들이라고 합니다. 임금들은 자만심이 한껏 부풀어 오른 자들이어서 무엄한 불경에 차 있는 높은 산에 비할 수 있기 때문이며, 그런 까닭에 그들은 폭력으로 억압하고 거짓으로 속입니다. … 일곱이라는 수는 세속적 주권의 [지속 기간] 전체를 나타내며, 그 마지막 기간인 '그리스도의 적'의 나라는 아직 오지 않았습니다. 그래서 천사는 '다섯은 이미 쓰러졌고 여섯째는 지금 살아 있으며, 일곱째는 아직 오지 않았다'(묵시 17,10 참조)고 합니다.

• 존자 베다 『묵시록 해설』 17,10.

### 로마의 왕으로서 올 것이다

그 '짐승'은 '그리스도의 적'입니다. 그가 '여덟 번째' 임금입니다. 그가 세상을 속이고 황폐하게 만들기 위해 일곱 나라 이후에 나오기 때문입니다. 그가 "일곱 가운데 하나"(묵시 17,11)였다고 한 것은 그가 이 가운데서 나오기 때문입니다. 그는 그를 믿은 이들을 무너뜨리고 파멸시키기 위해 앞에서 언급되지 않은 민족들에게서가 아니라 로마의 왕으로서 올 것입니다. 그런 다음에는 지옥에서 멸망하도록 나아갈 것입니다.

• 카이사리아의 안드레아스 『묵시록 주해』 17,11.

### 악마의 왕좌를 ['그리스도의 적']에게 줄 것이다

짐승의 머리 가운데 하나는 '그리스도의 적'을 가리킵니다. 일곱 머리는 그 수에 의미가 있는 것이 아니라 어린양께 적대적인 세상 나라들의 보편성을 상징합니다. 용, 곧 악마는 분명 자신의 권한과 왕좌를 ['그리스도의 적']에게 줄 것입니다. 좋은 의미에서, 의로운 사람의 영혼은 지혜의 자리이듯이, 나쁜 의미에서, 원수는 자신의 왕좌를 그의 각별한 소유물인 자들과 그가 사람들을 유혹하는 데 이용하는 이들에게 준다고 합니다. 뿐만 아니라, 그는 하느님의 허락을 받고 이들을 통해 놀라운 일을 많이 행하며, 참된 '머리'를 흉내 내고 [하느님의] 자녀들의 영혼을 미혹시키려고 서둘러 나서서는, 일곱 머리 가운데 하나가 죽기라도 했다는 듯 그 머리가 부활했다고 내세우며 실제로 그런 일을 이루신 그리스도 대신 자신을 받아들이라고 강요할 것입니다. "그러자 땅에 사는 민족들이 그 짐승을 놀라워했습니다."

• 티코니우스 『묵시록 주해』 13,3.

### 열 임금의 통치는 짧다

지극히 지혜로운 예언자 다니엘은 열 임금으로 불리는 이 뿔들에 관하여, 그들이 종말에 로마의 통치 기간에 나오리라고 하였습니다(다니 7,7-12 참조). 그리고 '그리스도의 적'은 그들 가운데서 나올 것입니다. 그래서 묵시록은 "그들은 아직 왕권을 차지하지 못하였지만, 임금으로서 권한을 차지할 것"(묵시 17,12)이라고 한 것입니다. '임금으로서의' 권한이라고 한 것은 맞는 표현인데, 임금의 통치권은 한때로 끝나며 그 속성이 덧없기 때문입니다. 묵시록은 또 그들이 "잠시 그 짐승과 함께 그 권한을 차지할 것"이라고 합니다. 앞에서 "나는 또 땅에서 다른 짐승 하나가 올라오는 것을 보았습니다. 그 짐승은 어린양처럼 뿔이 둘이었는데"(묵시 13,11)라고 했던 것처럼, 묵시록은 여기서도 '그리스도의 적'을 '짐승'이라고 부릅니다. 그들이 '한 시간 동안'[한글 성경에는 '잠시'] 권한을 차지한다는 것은 그들의 통치가 짧게 끝난다는 뜻이거나 '한 시간'이라는 말로 일 년을 뜻하는 일종의 표현법입니다.

• 오이쿠메니우스 『묵시록 주해』 17,9-14.

### '한 시간'의 뜻

'한 시간'은 짧은 시간을 뜻하는 말일 수도 있고, 한 해를 뜻하는 말일 수도 있으며, 또는 그 기간 후에 열 임금이 '그리스도의 적'을 자신들의 우두머리로 삼고 복종하게 될, 석 달이라는 구체적인 기간을 뜻하는 말일 수도 있습니다.

• 카이사리아의 안드레아스 『묵시록 주해』 17,12.

### 그 짐승은 강하고 더러우며 잔인하다

"그 짐승은 표범 같았는데"(묵시 13,2). 이 말은 그때의 나라, 곧 '그리스도의 적'의 나라는 여러 민족과 종족이 섞인 나라가 될 것임을 나타냅니다. "발은 곰의 발 같았고"(묵시 13,2)는 그것이 사납고 극히 더러운 짐승의 발이었다는 말입니다. 요한이 [이 나라의] 우두머리들을 짐승의 '발'이라고 표현한 것입니다. 그리고 "입은 사자의 입 같았습니다"(묵시 13,2)는 이 짐승이 피를 갈구하는 이빨로 무장되어 있다는 뜻입니다. '입'은 그의 지령이요 혀이며, 이것들은 피를 흘리게 하려는 목적이 있을 때만 밖으로 나오기 때문입니다.

• 페타우의 빅토리누스 『묵시록 주해』 13,1.

### 이단자들은 이 세상에서 악마의 권능을 지니고 있다

그 짐승이 표범 같은 이유는 민족들이 다양하기 때문입니다. 그가 곰 같은 것은 그가 심술궂고 광기에 젖어 있기 때문입니다. 그가 사자 같은 것은 신체가 강건하며 입이 불손하기 때문입니다. '그리스도의 적'이 맹위를 떨치는 시대에 그의 나라는 [표범] 같을 것인데, 그 나라가 여러 민족과 사람들이 섞인 나라가 될 것이기 때문입니다. 그 나라는 곰의 발 같은 지도자들 아래 있게 될 것이며, 명령을 내리는 권위는 마치 [사자의] 입 같을 것입니다. 그리고 "용이 그 짐승에게 자기 권능을 주었으므로"(묵시 13,4), 우리가 보듯이 악마의 권능을 지닌 이단자들은 이 세상에서 참으로 세력이 대단합니다. 전에는 이방인들이 교회를 유린했는데, 지금은 이단자들이 그렇게 합니다.

• 아를의 카이사리우스 『묵시록 해설』 13,2: 강해 10.

### 땅에서 올라오는 '그리스도의 적'

묵시록은 "나는 또 땅에서 다른 짐승 하나가 올라오는 것을 보았습니다"(묵시 13,11) 하고 말합니다. 땅은 모든 인류의 근원이고, 지극히 지혜로운 바오로의 말대로 '그리스도의 적'은 "악마의 작용으로 오게 될"(2테살 2,9) 인간입니다. "그 짐승은 어린양처럼 뿔이 둘이었는데 용처럼 말을 하였습니다"(묵시 13,11). 그의 뿔이 어린양의 뿔이었다가 아니라 '어린양처럼' 뿔이 둘이었다고 하고, 그 짐승은 용이었다가 아니라 '용처럼' 말을 했다고 한 것은 옳게 표현한 것입니다. 이 사악한 존재는 자기가 그리스도인 척하지만 실제는 아니기 때문에, 요한은 그가 '어린양 같은' 뿔을 가지고 있다고 한 것입니다. 그리고 이자가 저지르는 온갖 종류의 부정한 짓은 악마가 하는 짓과 비슷하지만 실제로 악마는 아니기 때문에, 그 짐승은 용이라고 하지 않고 용처럼 말한다고 한 것입니다. 사정이 그렇기 때문에, 이 단원의 환시가 묘사하는 그의 표상은 어린양의 모습이 아니라 어린양 같은 모습이며 용의 형상이 아니라 용 같은 형상입니다. 그리스도를 어린양이라고 하고 악마는 용이라고 하지만, 이 짐승은 그리스도도 아니고 악마도 아니기 때문입니다.

• 오이쿠메니우스 『묵시록 주해』 13,11-13.

### 땅에서 올라오는 짐승과 두 개의 뿔

요한이 말하는, 땅에서 올라오는 짐승은 '그리스도의 적'의 나라를 뜻합니다. 그리고 두 개의 뿔은 '그리스도의 적'과 그의 뒤에 올 거짓 예언자를 뜻합니다. 그 짐승이 "어린양처럼 뿔이 둘"(묵시 13,11)이었다는 것은 그가 하느님의 아들인양 굴며 자신을 왕으로 내세우리라는 뜻입니다. 그가 "용처럼 말을 하였습니다"(묵시 13,11)는 그가 사기꾼이며 믿지 못할 존재라는 뜻입니다.

• 히폴리투스 『그리스도의 적』 49.

### 어린양의 탈을 썼으나 속은 늑대다

어떤 사람들은 이 짐승이 '그리스도의 적'이라고 하고, 어떤 사람들은 짐승의 두 뿔이 '그리스도의 적'과 거짓 예언자를 나타낸다고 봅니다. 그러나 거짓 예언자도 별도로 온다고 여겨지고 있으므로, 용은 사탄으로 해석하고 바다에서 올라오는 짐승은 '그리스도의 적', 그리고 땅에서 올라오는 이 짐승은 거짓 예언자로 해석하는 것이 적절합니다. 이것은 복된 이레네우스의 견해이기도 합니다. 이 짐승이 땅에서 올라온다는 것은 그가 세속적이며 천박한 삶의 양식에서 일어나 나옴을 상징합니다. 그에게 어린양처럼 뿔이 두 개인 것은 그가 속에 있는 늑대 같은 잔혹함을 어린양의 가죽으로 만든 외투로 가리고 있다(마태 7,15 참조)는 사실과 그가 처음에는 경건한 모습을 띨 것임을 나타냅니다. 이레네우스는 그에 관해 "요한은 그가 거짓 예언자라고도 부르는 악마의 시종에 관해 '그가 용처럼 말을 하였다'(묵시 13,11)고 이야기합니다"라고 합니다. 거짓 예언자에게는 '그리스도의 적'에 앞서 와서 그를 위해 파멸의 길을 준비하도록, 표징과 이적을 일으키는 권한이 주어졌습니다. 우리는 짐승의 상처가 나은 것은 분열된 제국이 잠시 동안 외견상의 통일을 이룬 것, 또는 파멸했던 사탄의 폭정이 '그리스도의 적'에 의해 일시적으로 회복되는 것, 또는 죽었던 그의 패거리 가운데 하나가 부활했다고 거짓 주장을 하는 것으로 풀이합니다. 환시는 이 짐승이 용처럼 말을 한다고 하는데, 그가 악의 창조자인 악마의 일을 말하고 행할 것이기 때문입니다.

• 카이사리아의 안드레아스 『묵시록 주해』 13,11.

### 사납고 잔인한 짐승이 오는 것은 '사탄의 작용'이다

요한은 '그리스도의 적'을 '짐승'이라고 하는데, '그리스도의 적'은 짐승처럼 사납고 무자비하며 잔인하기 때문입니다. 요한은 또 사람들의 삶을 "지하"(묵시 11,7)라고 표현하는데, 사람들의 삶이 죄로 인해 쓰고 맛이 없으며 사악한 영에게 농락당하므로 불안정하기 때문입니다. 이 죄 많은 존재는 다름 아닌 우리 인간의 본성으로부터 일어날 것입니다. 방금 이야기한 것처럼 그가 오는 것은 '사탄의 작용'과 같기 때문입니다.

• 오이쿠메니우스 『묵시록 주해』 11,8.

### 짐승은 불경한 자들의 도성이다

짐승은 모든 사람에게 "오른손이나 이마에 표를 받게 하였습니다"(묵시 13,16). 요한은 지금 속임수의 비밀에 관해 이야기하고 있습니다. 교회 안에 있는 성도들은 손과 이마에 그리스도를 받습니다. 그러나 위선자들은 그리스도의 이름을 부르지만 짐승을 받습니다. "그 짐승의 상이 … 자기에게 경배하지 않는 사람은 죽임을 당하게 할 수도 있었습니다"(묵시 13,15). 이 짐승을 불경한 자들의 도성 그 자체, 그러니까 불경하고 오만으로 부푼 이들의 무리나 단체 전체로 보아도 신앙에 위배되지 않습니다. 이 도성은 '혼돈'이라는 뜻의 '바빌론'으로 불리며, 혼돈이라 이를 만한 것을 행하고자 하는 이는 누구나 이 도성의 주민입니다. 이 짐승 자체가 하느님 도성인 신실한 이들과 정반대되는 자들인 믿음 없는 사람들의 집합체입니다. 짐승의 상은 정통 신앙을 고백하면서도 부정한 삶을 사는 사람들이 하는 모방입니다. 그들은 자기의 본모습을 숨기고 다른 존재인 척하며, 참된 형상으로서가 아니라 거짓된 형상으로서 그리스도인이라 불리기 때문입니다. 사도는 이런 사람들에 대해 "겉으로는 신심이 있는 체하여도 신심의 힘은 부정할 것"(2티모 3,5)이라고 하였습니다. 정통 교회 안에 이런 사람이 적지 않습니다.

• 아를의 카이사리우스 『묵시록 해설』 13,15-16: 강해 11.

### '그리스도의 적'의 상이 세워질 것이다

[그 짐승]은 더 나아가 예루살렘 성전에 황금으로 만든 '그리스도의 적'에 관한 상을 세울 것이고, 배반자 천사들은 그곳에 들어가 거기서 예언하고 신탁을 읊어 댈 것입니다. 그 짐승은 또 "자유인이나 종이나 할 것 없이 모두 오른손이나 이마에 표를 받게 하여"(묵시 13,16) — 그의 이름을 뜻하는 숫자 말입니다 — "표가 찍힌 사람 말고는 아무것도 사거나 팔지 못하게"(묵시 13,17) 할 것입니다. 일찍이 다니엘은 사람들의 이런 파멸과 하느님께서 받으신 이런 경멸과 이런 역겨운

일에 대해 '그는 바다의 산과 두 바다 사이에 있는 그의 성전에 [상을] 세울 것'(다니 11,45 참조)이라고 한 바 있습니다. 이 성전은 곧 예루살렘이며, 그 짐승은 네부카드네자르 왕이 그랬듯이 그때 이곳에 자신의 황금 상을 세울 것입니다.

• 페타우의 빅토리누스 『묵시록 주해』 13,4.

## '그리스도의 적'의 예형과 예고

### 도엑은 '그리스도의 적'의 예형

다윗은 사울 임금에게서 달아나 아비멜렉 사제에게로 왔습니다. … 에돔 사람 도엑이 마침 그 자리에 있었는데, 나귀들을 관리하는 자인 그는 사울 임금에게 이 모든 사실을 고했습니다. 그러자 사울은 화가 나서 도엑을 시켜 아비멜렉을 비롯하여 그 성읍의 다른 사제들을 학살했습니다. 이런 사건을 저지른 도구인 이자는 그의 출신지 이름을 따 "에돔 사람 도엑"(1사무 22,18)이라 불렸습니다. 권위 있는 교부들의 해석에 따르면, 이 이름은 '지진'을 뜻합니다. 이 이름에 붙은 이런 의미는 당연히 '그리스도의 적'의 행위와 관련이 있습니다. 장차 '그리스도의 적'이 그리스도의 원수가 될 것이듯이, 에돔 사람 도엑은 다윗의 원수였기 때문입니다. 도엑은 사제들을 죽였고 '그리스도의 적'은 순교자들을 만들어 낼 것입니다. 도엑은 그 이름으로 지진을 뜻하고 '그리스도의 적'은 세상으로 하여금 자신의 이름에 경배하도록 강요하는 신성 모독을 저지름으로써 온 세상을 혼란에 빠뜨릴 것입니다. 그러므로 '에돔 사람 도엑'의 이름은 '그리스도의 적'을 나타낸다고 이해하면 맞습니다..

• 카시오도루스 『시편 해설』 51,1-2.

### '그리스도의 적'의 예형에 불과하다

다른 쪽 사람들(포르피리오스를 비롯한 이교인들)은 여기[다니 11,31 참조]에 언급된 사람들은 안티오코스가 성전을 약탈한 때로부터 이 년 뒤에, 유대인들에게서 공물을 받아내고 예루살렘 성전에 유피테르 신상과 자기 자신의 상을 세움으로써 하느님 숭배를 없애 버리기 위해 파견한 이들이라고 주장합니다. 이것들은 일일 번제가 폐지되고 세워졌기 때문에 "황폐를 부르는 혐오스러운 것"(다니 11,31)이라고 불립니다. 그러나 우리 쪽에선, 이 모든 것은 장차 하느님의 성전에 들어앉아 자기가 신인 척 굴 '그리스도의 적'의 예형에 불과하며 예비적으로 일어난 일이라고 생각합니다.

• 히에로니무스 『다니엘서 주해』 11,31.

### 멸망과 황폐

다니엘은 두 가지 혐오스러운 것에 대해 예고하였습니다. 하나는 멸망을 부르는 혐오스러운 것이고 다른 하나는 황폐를 부르는 혐오스러운 것입니다. 멸망을 부르는 혐오스러운 것이 안티오코스가 살아 있는 동안 세운 그것 아니고 무엇이겠습니까? 황폐를 부르는 혐오스러운 것은 '그리스도의 적'이 왔을 때 세상 전체에서 일어날 일들 아니고 무엇이겠습니까?

• 히폴리투스 『다니엘서 주해』 4,54,1.

### '그리스도의 적'에 관한 예언

넷째 짐승에게서 솟아난 열 뿔은 로마제국 말엽에 다스릴 열 임금을 나타낸다고 우리는 이미 여러 번 이야기한 바 있습니다. 이 임금들 가운데 남쪽 임금이 북쪽 임금이라 불리는 이자를 공격할 것입니다. "북쪽에서 재앙이 터져 이 땅의 모든 주민 위에 덮칠 것이다"(예레 1,14)라고 쓰여 있기 때문입니다. 공교롭게도 '그리스도의 적'의 예형인 안티오코스는 또한 북쪽 임금이라 불렸습니다. 남쪽 임금이 싸움을 걸어오면, 그는 많은 수의 막강한 육군과 해군을 거느리고 그에게로 진격하여 승리를 거둘 것입니다. 주님께서는 거룩한 복음서들에서 이 전쟁을 예고하신 바 있습니다. "민족과 민족이 맞서 일어나고 나라와 나라가 맞서 일어나며, 곳곳에 기근과 지진이 발생할 것이다. 그러나 이 모든 것은 진통의 시작일 따름이다"(마태 24,7-8). 주님의 예고가 이 예언과 부합하는 것을 보았으니, 우리는 [지금 다루는] 이 구절들을 이해할 수 있을 것입니다.

• 키루스의 테오도레투스『다니엘서 주해』11,40.

### 안티오코스는 '그리스도의 적'의 예형

성경은 모든 세부적 내용을 다 이야기하지 않고 가장 중요해 보이는 것들만 이야기한다고 우리는 믿습니다. 우리 학파 사람들은 또한, 뒤에서 읽고 설명하게 될 상세한 내용 중 많은 부분이 안티오코스라는 인물에 해당되므로, 그는 '그리스도의 적'의 예형으로 간주되어야 하고 예비적으로 그에게 일어난 일들은 '그리스도의 적'에게서 완전하게 실현되리라고 보아야 한다고 믿습니다.

• 히에로니무스『다니엘서 주해』11,24.

### '그리스도의 적'에 관한 말

포르피리오스는 이것이[다니 11,25 참조] 안티오코스에 관한 말이라고 해석합니다. … 그러나 우리와 같은 관점에서 보는 이들의 훨씬 그럴듯한 해석은 이 모든 것이 '그리스도의 적'에게 해당한다는 것입니다. 그는 유대 민족에게서 태어날 것이고 바빌론으로부터 올 것이며 무엇보다 먼저, 우리가 앞에서 세 뿔 가운데 하나라고 했던 이집트 임금을 쓰러뜨릴 자이기 때문입니다.

• 히에로니무스『다니엘서 주해』11,25-26.

### 계약을 거슬러 싸우는 '그리스도의 적'

'그리스도의 적'에 관해 말하자면, 문제는 그가 거룩한 계약을 거슬러 무엇을 두고 싸울 것인가 하는 것과 이집트 임금을 상대로 처음 전쟁을 거는 것이 언제인가 하는 것인데, 그는 [이집트를] 돕는 로마 때문에 곧바로 겁을 집어먹을 것입니다. 그러나 이 일들은 안티오코스 에피파네스라는 인물의 표상 아래 예형적으로 예시된 것입니다. 그러니까 하느님 백성을 박해한 이 혐오스러운 임금은 장차 그리스도의 사람들을 박해할 '그리스도의 적'을 예시합니다. 그래서 우리와 같은 견해를 가진 많은 이들은 도미티우스 네로를 '그리스도의 적'으로 생각합니다. 그의 유별난 흉포함과 악행 때문입니다.

• 히에로니무스『다니엘서 주해』11,27-30.

### 그리스도의 적의 예형인 네로

무법자를 저지하는 것이 무엇인지, 그리고 바오로 사도가 그에 대해 왜 이처럼 모호하게 말하는지 당연히 의문이 들 것입니다. 그러면 '그리스도의 적'이 출현하는 것을 저지하는 것, 막는 것은 무엇입니까? 성령의 은총이라고 하는 이도 있고 로마제국이라고 하는 이도 있습니다. 저는 후자의 의견이 맞는 것 같습니다. 왜냐고요? 그것이 성령이라고 밝히고 싶었다면 바오로 사도가 그렇게 모호하게 말하는 대신 선물인 성령의 은총이 지금도 '그리스도의 적'을 저지하고 있다고 알기 쉽게 말했을 테기 때문입니다. 성령의 선물이 그치는 동시에 그자가 나타나게 되어 있다면 그자는 벌써 왔을 것입니다. 성령의 선물이 그친 지는 이미 오래 되었으니까요. 바오로 사도는 로마제국을 염두에 두고 이 말을 한 까닭에 겨우 주제만 건드리며 은밀하게 넌지시 말했던 것입니다. 공연히 적을 만들고 불필요한 위험을 불러일으킬 까닭이 없으니까요. … "사실 그 무법의 신비는 이미 작용하고 있습니다"(2테살 2,7). 이는 네로에 관한 말입니다. 그를 '그리스도의 적'의 예형으로 표현한 것입니다.

• 요한 크리소스토무스 『테살로니카 2서 강해』 4.

### 세상이 끝날 때에 올 것이다

'그리스도의 적'은 세상이 끝날 때에 올 것입니다. 이단들은 이미 그자의 도래를 예고했습니다. 그들도 그자도 그리스도를 모독하기에, 그들은 그자의 친구요 형제이기 때문입니다.

• 크레타의 안드레아스 『성경 주해 선집』.

### 심판 직전에 올 것이다

'그리스도의 적'은 심판 직전에 올 것입니다. 그는 세상에서 태어났으나 다른 이들보다 훨씬 사악한 인간일 것입니다. 사실 그는 죄악의 아들 그 자체일 것입니다. 그는 이미 세상에 와서, 말이나 행동으로 그리스도를 거부하여 이미 아무런 희망도 지닐 수 없는 자들의 마음 안에 살고 있습니다.

• 존자 베다 『가톨릭 서간 해설』(요한 1서).

### 종말에 다시 올 것이다

"짐승"은 언제나 누군가를 집어삼키려고 노리는 악마입니다. 그는 그리스도의 십자가로 죽임을 당했으나 종말에 다시 살아나 '그리스도의 적'의 속임수인 표징과 이적들을 통해 구원을 부정하는 짓을 할 것이라고 합니다. 이렇게 그는 십자가 사건 이전에는 '있었고' 강력했지만, 구원의 수난 사건 이후엔 '더 이상 존재하지 않습니다.' 권능을 잃고 우상 숭배를 통해 민족들을 발아래 두었던 권위를 빼앗겼기 때문입니다. 그리고 앞에서 말했던 식으로 종말에 그가 다시 올 것입니다. 지하, 곧 그가 그리스도에 의해 던져졌던 곳, 그곳으로 보내시려거든 차라리 돼지 떼 속으로 보내달라고 마귀들이 애걸했던 곳에서 올라올 것입니다(루카 8,30-33 참조). 또 "짐승"은, 그 안에 자리 잡은 죄가 깊고 욕정의 바람에 흔들리며 들썩이기 때문에 "지하"로 비유되는 현세의 삶에서 나올 것입니다. 자기 안에 사탄을 품은 '그리스도의 적'은 인간을 파멸시키기 위해 이런 곳에서 나와 다가올 시대에 파멸로 떨어질 것입니다.

• 카이사리아의 안드레아스 『묵시록 주해』 17,8.

다섯째 나팔(묵시 9,1-11 참조)은 '그리스도의 적' 시대에 앞서 이단자들이 날로 많이 생겨나는 것을 알려 줍니다.

• 존자 베다 『묵시록 해설』 8,2.

### "거짓 표징과 이적을 일으키며" 올 것이다

구원자께서 예고하신 대로 유대인 성전의 "돌 하나도 다른 돌 위에 남아 있지 않게"(마르 13,2) 될 때 '그리스도의 적'이 올 것입니다(참조: 1요한 2,18-22; 4,3; 2요한 7). … 바로 그때 '그리스도의 적'이 "거짓 표징과 이적을 일으키며"(2테살 2,9; 참조: 마태 24,24; 마르 13,22) 온갖 우상들을 얕잡아 보면서 올 것입니다. 처음에는 너그럽고 착한 척하지만, 얼마 지나지 않아 하느님의 거룩한 사람들을 거슬러 완고하고 잔인한 모습을 드러낼 것입니다.

• 예루살렘의 키릴루스 『예비신자 교리교육』 15.

### 거짓 그리스도들이 나타날 것이다

"거짓 그리스도들과 거짓 예언자들이 나타나, 할

수만 있다면 선택된 이들까지 속이려고 큰 표징과 이적들을 일으킬 것이다. 보라, 내가 너희에게 미리 말해 둔다"(마태 24,24-25). 그러니 사랑하는 여러분, 주님께서 우리에게 얼마나 큰 사랑을 보여 주시는지 잘 보십시오. 주님께서는 우리 한 사람 한 사람에게 다 미래에 관해 자세히 알려 주십니다. 그래서 우리는 이런 온갖 표징들이 일어나더라도, (그분의 경고를 미리 들은 만큼) 우리의 원수를 알아보고 그리스도와 보편 신앙에 어긋나는 것은 아무것도 받아들이지 않을 것입니다. 사도행전을 보면, 시몬은 자신을 하느님의 힘이라고 했습니다(사도 8,10 참조). 종말 때에 '그리스도의 적'도 이자처럼 자기가 하느님이라고 주장할 것입니다. 사도는 그것을 두고 "그리하여 신으로 자처하며 하느님의 성전에 자리 잡고 앉습니다"(2테살 2,4)라고 하였습니다.

• 라틴인 에피파니우스『복음서 주해』33.

### '그리스도의 적'을 따르는 이들은 악에 이끌리는 마음에 따라 행동한다

[예수님은 말씀하십니다.] … 그자('그리스도의 적')는 오면 아버지 이야기를 하지 않고 모든 일을 자신의 영광을 위하여 할 것이다. 그는 모든 사람 앞에서 자신이 위대하고 찬탄받을 존재인 것처럼 굴며 그들에게 자신이 하느님이라고 말할 것이다. 그러면 너희는 그에게서 위안을 구할 것이며, 하느님에 대한 사랑이나 아버지의 개입이라는 구실을 들먹이는 일도 없이 너희의 결심을 바꾸지 않을 것이다. 지금 너희가 하는 짓과 그때에 할 행동들을 모두 미루어 볼 때, 너희는 악에 이끌리는 마음에 따라 행동하는 것이 분명하다.

• 몹수에스티아의 테오도루스『요한 복음 주해』2,5,43.

### 사랑이 식다

많은 사람의 사랑이 식어 '그리스도의 적'이 나타나는 시기에 이런 일[다니 11,32 참조]이 일어날 것입니다. 우리 주님께서 복음서에서 "사람의 아들이 올 때에 이 세상에서 믿음을 찾아볼 수 있겠느냐?"(루카 18,8)고 하신 것은 이런 사람들을 두고 하신 말씀입니다.

• 히에로니무스『다니엘서 주해』11,32.

### 그리스도의 교회를 더럽힐 것이다

세상의 종말과 '그리스도의 적'은 둘 다 성경의 영적 의미에 따라 이해해야 합니다. 이 둘은 다 이단의 성행과 기근, 전염병 같은 것들에 뒤이어 올 것이기 때문입니다. 그렇지만 마지막에는 그리스도 적의 군대인, '황폐를 부르는 혐오스러운 것'이 거룩한 곳에 서게 될 것입니다. '그리스도의 적'인 군대는 온갖 이단들이 주를 이루고 있습니다. 이 이단들은 결코 진리의 말씀이 아니고 많은 이의 영혼을 하느님으로부터 갈라놓는 황폐를 부르는 혐오스러운 것이요. '그리스도의 적'인 군대이면서도 진리의 말씀처럼 보이려고, 교회 안으로 기어 들어와 거룩한 곳에 서 있습니다. 사도의 이 말은 아마도 이들을 두고 한 말일 것입니다. "그자는 신이라고 일컬어지는 모든 것과 예배의 대상이 되는 것들에 맞서 자신을 그보다 더 높이 들어 올립니다. 그리하여 신으로 자처하며 하느님의 성전에 자리 잡고 앉습니다"(2테살 2,4). 한때는 소문에 지나지 않던, 집단적인 악인 다양한 이단들이 그때는 이런 식으로 거룩한 곳에 자리 잡고 그리스도의 교회를 더럽힐 것입니다. 이런 일을 저지르도록 허락된 그자들은 이제 교회 전체를 손에 넣으려 할 것입니다. 콘스탄티누스 황제 시대부터 테오도시우스 황제의 치세 사이에, 이런 일들에 앞서 전쟁과 기근과 지진과 전염병에 관한 소식, 이단에 관한 소문, '말씀'의 기근, 그리스도인들이 매질당하고 도덕이 타락이 일어난 것을 우리는 압니다.

• 『마태오 복음 미완성 작품』 강해 49.

## '그리스도의 적'의 특징

### '그리스도의 적'의 정체

'그리스도의 적'은 로마제국에 예정된 시간이 다하고 그에 뒤이은 세상 종말이 다가올 때 나타날 것입니다. 열 명이 동시에 제국에 대한 권한을 주장하고 나설 것입니다. 아마 저마다 다른 지역에서, 그러나 모두가 동시에 자색 옷을 입고 나타나겠지요. '그리스도의 적'은 마술을 사용해 제국의 권한을 차지하고서 그들에 이어 열한 번째로 나타날 것입니다. 그는 자신에 앞서 권좌에 오른 셋을 굴복시키고 나머지 일곱은 자기 아래 카이사르로 둘 것입니다(다니 7,24 참조).

처음에 그자는 온화한 척 꾸미고, 신중함과 친절함을 가장하며 많이 알고 이해심 많은 사람처럼 굴 것입니다. 그다음엔 유대인들을 유혹해, 마술로 일으킨 이적들과 거짓 표징을 이용해 자신을 그들이 고대하는 메시아로 믿게 만들 것입니다. 그러고 나면 온갖 종류의 불법과 비인간적인 악행에 그자의 이름이 큰 글자로 적힐 것이며 그리하여 이전의 누구보다 사악하고 불경한 자가 될 것입니다. 그는 모든 사람에게 그러나 그리스도인들에게는 더더욱 잔인하고 독재적이고 냉혹하며 변덕스러운 성격을 드러낼 것입니다.

• 예루살렘의 키릴루스 『예비신자 교리교육』 15,12.

### 거짓 그리스도의 선구자

배반자인 거짓 그리스도의 선구자는 인류를 속여 '그리스도의 적'을 하느님으로 믿게 하기 위해 마법으로 온갖 일을 꾸밉니다. 그리고 ['그리스도의 적']은 그런 이적을 행하는 자들의 증언을 받아들이므로 거짓 그리스도의 선구자는 믿는 이들을 구원자께 인도했던 세례자라도 된 듯 큰 영예를 받습니다. 거짓은 인류를 속이기 위해 열심히 진리를 모방하기 때문입니다.

• 카이사리아의 안드레아스 『묵시록 주해』 13,12.

### 나약하고 흔들리는 이들의 파멸

"표범"은 그리스인들의 국가를, "뱀"은 페르시아 왕국, "사자"는 바빌로니아 왕국을 나타냅니다. 로마의 왕으로서 올 '그리스도의 적'이 이들 나라를 무너뜨리고 그 백성을 다스릴 것인데, 그가 진흙으로 만들어진 이들의 발가락을 잡을 때 그런 일이 일어날 것이며, 이는 나약하고 부서지기 쉬운 나라의 파멸을 암시합니다. 영적인 용인 사탄은 자신의 모든 권능을 나약하고 흔들리는 이들을 파멸시키기 위해 거짓 표징과 이적을 행할 '그리스도의 적'에게 줄 것입니다.

• 카이사리아의 안드레아스 『묵시록 주해』 13,2.

### 악령은 본성이 더럽다

이 구절[묵시 16,13 참조]은 악마는 용으로, '그리스도의 적'은 짐승으로, 그리고 거짓 예언자는 이 둘과 구별되는 또 다른 존재로 이야기합니다. 그러면서 그들에게서 개구리같이 생긴 영들이 나왔다고 합니다. 이 영들은 해롭고 더러운 본성이 특징이며, 이 사악한 힘들은 진흙을 좋아하고 더럽고 축축한 쾌락을 향해 기어가기 때문입니다. 악마와 '그리스도의 적'과 거짓 예언자의 지시에 따라, 이 영들은 자기들의 입을 사용하여 인류에게 거짓 표징과 이적들을 보여 줄 것입니다.

• 카이사리아의 안드레아스 『묵시록 주해』 16,13.

### '그리스도의 적'이 모든 것을 다스릴 것이다

"첫째 짐승의 모든 권한을 첫째 짐승이 보는 앞에서 행사하여, 치명상이 나은 그 첫째 짐승에게 온 땅과 땅의 주민들이 경배하게 만들었습니다"(묵시 13,12)라는 말은 둘째 짐승이 로마제국을 세운 아우구스투스의 통치 방식에 따라 모든 것을 그 법으로 재가하고 자기를 우상시하도록 만들며 다스리고 통치하리라는 것을 나타냅니다.

• 히폴리투스『그리스도의 적』49.

### '그리스도의 적'이 환영幻影을 이용해 지각을 속일 것이다

둘째 짐승은 첫째 짐승이 보는 앞에서 "일으키도록 허락된 표징들을 가지고 땅의 주민들을 속였습니다"(묵시 13,14). "그 무법자가 오는 것은 사탄의 작용으로, 그는 온갖 힘을 가지고 거짓 표징과 이적을 일으키며"(2테살 2,9)라고 했습니다. 그가 일으키는 것들을 "거짓 표징과 이적"이라고 하는 것은 그가 환영을 이용해 사람들의 지각을 속여, 실제로는 행하지 않았는데 행한 것처럼 보이게 할 것이기 때문입니다. 또는 이 표징들이 비록 놀라운 이적일지라도, 악마의 권능을 의식하지 못하는 사람들을 오류에 빠지게 하여 그들이 이런 일은 신성한 권능 없이는 이루어질 수 없다고 생각하게 만들기 때문입니다.

• 존자 베다『묵시록 해설』13,14.

### 사람을 속이는 힘을 보내시어 거짓을 믿게 하시다

바오로는 '그리스도의 적'이 나라 중의 나라에서 나오며 황제들 가운데서 나온다고 증언합니다. 그는 테살로니카 사람들에게 "다만, 그것을 저지하는 어떤 이가 물러나야 합니다. 그러면 그 무법자가 나타날 터이지만 … 그 무법자가 오는 것은 거짓 표징과 이적이 함께하는 사탄의 작용과 같습니다"(2테살 2,7-9)라고 썼습니다. 그리고 오기로 되어 있는 자가 당시의 황제라는 것을 사람들이 알도록 바오로는 "사실 그 사악한 자의 신비는 이미 작용하고 있습니다"(2테살 2,7)라고 설명합니다. 이는 '그리스도의 적'이 장차 행할 사악함을 신비스러운 방식을 통해 지금 이미 행하고 있다는 뜻입니다. 그런데 그자는 자기 자신의 힘이나 또는 자기 아버지의 힘이 아니라 하느님의 명령에 의해 [이 일을 하게] 될 것입니다. 그래서 바오로는 "그들이 하느님의 사랑을 받는 것을 거부하였기 때문에 하느님께서는 그들에게 사람을 속이는 힘을 보내시어 진리를 믿지 않는 이들이 거짓을 믿게 하십니다"(2테살 2,10-12)라고 하였습니다.

• 페타우의 빅토리누스『묵시록 주해』11,4.

### '그리스도의 적'의 속임수

이 구절[묵시 13,14-17 참조]의 묘사를 보면 마치 짐승의 속임수가 기막히게 성공하여 그의 이적에 넘어가 잘못된 길로 빠진 세속적인 사람들이 짐승에게 온 마음을 다해 더러운 충성을 바치고 자신들의 부정한 마음 안에 짐승의 상을 세우도록 서로를 열심히 격려했다는 것 같습니다. 이처럼 그들은 [그 짐승이] 진실로 그리스도라는 사실이 불이라는 증거로 확인되었으니 의심의 여지가 없다고 믿습니다. '그리스도의 적' 안에는 악마가 있으며, 바로 그 악령이 하느님의 허락을 받아 성령의 모습을 취해 그런 유혹의 덫을 놓았는데 말입니다. 그래서 요한은 "첫째 짐승의 상에 숨을 불어넣어 그 짐승의 상이 말을 하기도 했다"(묵시 13,15)고 합니다. 이 말은 두 가지로 해석할 수 있습니다. 우선, 사악한 사람들 무리 전체가 짐승이 펼쳐 보인 권능에 넘어갔다는 뜻으로 볼 수 있습니다. 악마가 작용을 하는 데다 지도자들이 사람들에게 그렇게 믿도록 종용하여, 모두가 같은 것을 믿고 모두가 단일한 조문으로 그것을 고백해야 하며, 누구든 짐승의 상을 통해, 곧 서로를 모방함으로써 이 조문을 고백하지 않으면 그는 죽임을 당해야 하니까요. … 또 다른 해석은, 최초의 남자가 여자와 이야기를 나누던 중에 뱀의 입에 홀려 길을 잃었듯이, 이 짐승도 비슷한 속임수로 사람들을 미혹시킨다는 것입니다. 그는 자기를 따르는 사람들에게 짐승의 상, 곧 그들이 신처럼 영예를 바쳐야 한다고 믿는 '그리스도의 적'의 뜻을 묻고 따르게 합니다.

• 프리마시우스 『묵시록 주해』 13,14-15.

### '그리스도의 적'의 시종이 마귀를 통하여 작용하다

[짐승은] 마음으로 늘 땅 위에 사는 사람들을 속입니다. … 그러니 마귀들을 통해 작용하는 '그리스도의 적'의 기수騎手가 짐승의 상을 세우고 그 상이 말을 하는 것처럼 보이게 하며 그 상에 경배하지 않는 사람은 죽음에 처하는 것은 전혀 이상할 게 없습니다. 그리고 그자는 모든 이가 배교자의 이름인 황폐의 표를 받게 하려고 열성을 다할 것입니다. 그는 사람들이 더 이상 선행을 하지 못하도록 오른손에 표를 하고, 속아 넘어간 이들이 그들의 속임수와 어둠 안에서 대담해지라고 이마에 표를 할 것입니다. 그러나 거룩한 빛의 인장을 얼굴에 받은 사람들은 이 표를 받지 않을 것입니다. 짐승은 사고파는 행위를 통해 온천지에 짐승의 표가 퍼지게 하여 어쩔 수 없이 표를 받은 사람들에게까지 모두 험한 죽음이 닥치도록 할 것입니다.

• 카이사리아의 안드레아스 『묵시록 주해』 13,14-17.

### '그리스도의 적'이 세상 종말 때에 보여 줄 행동

우리의 관점을 지닌 학자들은 훨씬 정확한, 더 나은 해석을 제시합니다. 이것은 '그리스도의 적'이 세상 종말 때에 보여 줄 행동이라는 것입니다. 작은 나라, 곧 유대 민족에게서 나올 이는 이자를 가리키고, 이자는 비열하고 경멸받을 만한 자여서 그에게 임금의 영예는 주어지지 않을 것입니다. 그러나 그는 모략과 거짓이라는 방법을 동원해 통치권을 손에 넣을 것이고, 싸우는 나라인 로마의 팔이 그에게 져서 부러질 것입니다. 그는 자기가 "계약의 영도자"(다니 11,22), 곧 율법과 하느님의 계약의 영도자인 척하여 이런 결과를 만들어 낼 것입니다. 그리고 그는 부유한 도시들로 가서, 자기의 가까운 조상들은 물론 먼 선조들도 한 번도 한 적 없던 짓을 할 것입니다. '그리스도의 적' 말고는 유대인 가운데 그 누구도 온 세상을 다스린 적 없습니다. 그리고 그자는 성도들의 더없이 굳건한 결의를 거슬러 음모를 꾸미고 한동안 [자기가 원하는 대로] 온갖 짓을 할 것입니다. 그러나 하느님의 의지가 그가 이런 짓을 하도록 두시는 동안만 그렇습니다.

• 히에로니무스 『다니엘서 주해』 11,24.

### '그리스도의 적'이 예루살렘에 나라를 세울 것이다

'그리스도의 적'은, 우리의 참된 하느님이시며 육신으로 오실 그리스도의 선조 다윗을 흉내 내어 예루살렘에 자신의 나라를 세울 것입니다. ['그리스도의 적'은] 이런 식으로 자기가 "나는 무너진 다윗의 초막을 일으키리라"(아모 9,11)는 예언 말씀을 이루시는 그리스도인 척할 것입니다. 그가 나타나자 속아 넘어갔던 유대인들은 그 말을 믿을 것입니다.

• 카이사리아의 안드레아스 『묵시록 주해』 11,8.

### '그리스도의 적'은 하느님의 아들을 흉내 낸다

하느님이시기도 한 우리 주 예수 그리스도께서

당신의 왕권과 영광 때문에 사자의 형상으로 예언되신 것처럼(창세 49,8-9 참조), 성경은 '그리스도의 적'도 그의 포학함과 폭력 때문에 사자로 묘사하기도 합니다. 이 기만자는 모든 면에서 하느님의 아들처럼 보이려 하기 때문입니다.

그리스도는 사자이십니다. 그래서 '그리스도의 적'도 사자입니다. 그리스도께서는 왕이십니다(요한 18,37 참조). 그래서 '그리스도의 적'도 임금입니다. 구원자께서 어린양의 모습으로 나타나셨습니다(요한 1,29 참조). 그래서 그도 이와 비슷하게, 속은 늑대이지만 어린양의 모습으로 나타날 것입니다. 구원자께서 할례받는 민족 가운데서 세상에 오셨습니다. '그리스도의 적'도 이런 식으로 올 것입니다. 주님께서는 사도들을 모든 민족에게 보내셨습니다. 마찬가지로 그도 거짓 사도들을 보낼 것입니다. 구원자께서 흩어져 있는 양들을 모아들이셨습니다(요한 11,52 참조). 그도 흩어져 있는 사람들을 모아들일 것입니다. 주님께서 당신을 믿는 이들에게 인장을 주셨습니다. 그도 이런 식으로 인장을 줄 것입니다. 구원자께서 인간의 모습으로 오셨습니다. '그리스도의 적'도 인간의 모습으로 올 것입니다. 구원자께서 부활하시어 성전과 같은 당신의 거룩한 육신을 보여 주셨습니다(요한 2,19 참조). '그리스도의 적'도 돌로 된 성전을 예루살렘에 세울 것입니다.

• 히폴리투스 『그리스도의 적』 6.

### '그리스도의 적'은 위선으로 속일 것이다

그 짐승은 어린양처럼 뿔이 둘이었습니다. 이 두 뿔은 참된 어린양의 것인데 짐승이 어린양 행세를 함으로써 탈취하려 한 두 성경입니다. 그런데 그는 용처럼 말을 한다고 합니다. 그는 자기가 길을 잃게 할 수 있는 이들을 거짓 진리라는 위선으로 속이기 때문입니다. 그가 위선으로 속이는 까닭은 드러내 놓고 용처럼 굴면 어린양 같지 않을 터이기 때문입니다. 이제 이 짐승은 어린양, 곧 그리스도의 몸을 공격하기 위해 어린양 행세를 합니다. 짐승이 하느님을 거슬러 말한다고 하는 것은, 그의 속임수에 빠져 지금 그를 따르는 자들을 그가 진리의 길에서 멀리 몰아내기 때문입니다.

• 티코니우스 『묵시록 주해』 13,11.

### 세상에 불행이 닥치다

요한은 세 가지 불행이 닥칠 것이라고 예고한 바 있는데, 여기서[묵시 9,12 참조] 그는 한 가지 불행이 이단의 속임수라는 형태로 이미 닥쳤다고 이야기합니다. 그러나 '그리스도의 적'이 맹위를 떨칠 시기와 심판 날에 사악한 자들에게 닥칠 두 가지 불행이 아직 남아 있다고 합니다.

• 존자 베다 『묵시록 해설』 9,12.

### 그리스도보다 '그리스도의 적'을 더 쉽게 받아들이다

예수님께서는 아버지의 이름으로 오셨습니다. 이는 당신 자신이 아버지는 아니지만 아버지와 똑같은 신성이란 뜻입니다. 아들이며 하느님이신 그분께서 아버지의 이름으로 오시는 것은 당연합니다. 그런데 다른 자가 같은 이름으로 오면 [기막히게도] 사람들은 그자를 받아들일 것입니다. 아버지의 이름으로 왔다는 것은 거짓말인데도 사람들은 그에게서 영광을 기대하는 한편 거꾸로 영광을 바치기도 할 것입니다. 사람들은 그자를 찬양하고 그자는 그들에게 영광을 내리기도 할 것입니다. 이처럼 사람들은 홀로 하느님이신 분의 영광은 찾지 않을 것입니다.

• 푸아티에의 힐라리우스 『삼위일체론』 9,22.

### '그리스도의 적'의 거만함

'그리스도의 적'은 거룩한 백성에게 전쟁을 걸어와 그들을 이길 것입니다. 그러면 그는 몹시 거만해져서 하느님의 법들과 거룩한 의례들마저 바꾸려고 할 것입니다. 그자는 또한 모든 종교를 자신의 권위 아래 두고, 신이라 불리는 모든 것을 거슬러 자기 자신을 들어 높일 것입니다.

• 히에로니무스 『다니엘서 주해』 7,25.

### 하느님께 대적할 '그리스도의 적'

'그리스도의 적'은 많은 이를 파멸시키고 떨어져 나가게 할 것입니다. … 바오로는 그를 "죄의 인간"이라고 부릅니다. … 그자는 장차 우상 숭배라는 관습을 만들어 내는 존재가 아니라 하느님께 대적할 자입니다. 그는 모든 신을 폐지하고 사람들이 하느님 대신 자기를 섬기도록 명령할 것입니다. 그리고 하느님의 성전에 들어앉을 것입니다. 예루살렘에 있는 성전에만이 아니라 모든 교회 안에 들어앉을 것입니다.

• 요한 크리소스토무스 『테살로니카 2서 강해』 3.

### '그리스도의 적'은 거룩한 백성에게 잔인하다

바오로 사도는 또 "[그자는] 신이라고 일컬어지는 모든 것과 예배의 대상이 되는 것들에 맞서" 곧 모든 신성을 거슬러 "자신을 그보다 더 높이 들어 올립니다"(2테살 2,4)라고 합니다. 그러니까 '그리스도의 적'은 우상 숭배라는 고약한 적수입니다. … '그리스도의 적'이 장차 메시아를 자처하며 유대인들에게 와서 유대인들의 경배를 받고자 한다면, 그는 그들을 더 확실히 속이기 위하여, 자기가 솔로몬이 세운 성전을 다시 지을 운명을 타고난 다윗 집안 출신 인간이라는 암시를 해 가며 성전에 대해 대단한 열정을 보일 것입니다. '그리스도의 적'은, 구원자의 표현을 빌리면, 유대인들의 성전이 '돌 하나도 다른 돌 위에 남아 있지 않을 때'(참조: 마태 24,2; 마르 13,2; 루카 19,44; 21,6) 올 것입니다. 세월이 흘러 허물어진 것이든 건축 재료로 쓰려고 무너뜨려서든, 또는 이런저런 일 때문이든, 모든 돌이 다 무너져 내린 뒤에야, 외벽의 돌들만 아니라 커룹들이 있던 내부 성전의 바닥까지 허물어진 뒤에야 '그리스도의 적'이 나타나 "거짓 표징과 이적을 일으키며"(2테살 2,9) 모든 우상들을 경멸하면서 처음에는 자비로운 척하다가 결국엔 자신의 잔인함을 드러낼 것입니다. 하느님의 거룩한 백성에게는 더더욱 그럴 것입니다. "내가 보니 그 뿔은 거룩한 백성과 전쟁을 벌여 그들을 압도하고 있었다"(다니 7,21)고 쓰여 있기 때문입니다. … '그리스도의 적'은 무시무시하게 사나운 짐승입니다. 사람들이 도저히 이길 수 없고 오히려 그들을 삼켜 버릴 태세가 되어 있는 용입니다.

• 예루살렘의 키릴루스 『예비신자 교리교육』 15,15.

### '그리스도의 적'의 야만성과 폭력

"그의 날들에 마지막 사람들은 깜짝 놀랄 것이고, 공포가 첫 번째 사람들을 움켜쥘 것이네"라고 덧붙인 것을 고려할 때, 이 말은 '그리스도의 적'에 대해 말하는 것으로 이해해야 합니다. 그는 선택된 사람들의 마음조차 크게 경악할 부당한 조치로 의인들을 거슬러 자기 마음대로 할 것입니다. 그래서 성경에는 "거짓 그리스도들과 거짓 예언자들이 나타나, 할 수만 있으면 선택된 이들까지 속이려고"(마태 24,24) 할 것이라고 쓰여 있습니다. 선택된 이들이 추락할 것이라서 나온 말이 아니라, 그들이 끔찍한 경고를 받고 두려움에 떨 것이기에 한 말입니다. 마지막에 선택된 이들과 처음 선택된 이들은 의로움을 위해 '그리스도의 적'을 거슬러 갈등을 겪는 것으로 묘사됩니다. 세상 종말에 선택된 이들 가운데서 발견될 이들은 육의 죽음 안에 숨겨질 운명입니다. 그리고 세상에서 이전 시대부터 계속 나아갔던 에녹과 엘리야는 인간 가운데로 되돌려질 것이고, 여전히 죽을 운명의 육 안에 있는 동안 '그리스도의 적'의 잔인한 야만성이 드러날 것입니다. 이자는 "마지막 사람들은 깜짝 놀라고, 첫 번째 사람들은 몹시 두려워 할" 엄청난 공포를 발휘하며 폭력을 마음대로 휘두를 것입니다.

• 대 그레고리우스 『욥기의 도덕적 해설』 14,26-27.

### 사자보다 훨씬 잔인하다

사자는 죽은 듯 땅에 누워 있는 사람은 해치지 않는다고 합니다. 그러나 이 짐승은 사자보다 훨씬 잔인합니다. 그는 숭배를 받으면 받을수록 더 많은 고통을 가하는 자이기 때문입니다.

• 존자 베다 『묵시록 해설』 14,11.

### 하느님의 힘만 제압할 수 있다

예언자는 세상의 종말에 대해 이야기할 때 '그리스도의 적'이 올 것임을 명철한 마음의 빛으로 내다보았습니다. 그리고 그것이 가져올 엄청난 위험에 놀라 소리쳤습니다. "주님, 일어나소서. 인간이 우쭐대지 못하게 하소서"(시편 9,20). '그리스도의 적'은 인간의 조건이 견뎌 낼 수 없는 가장 사악한 인간이며 힘과 속임수가 체화된 존재로서 하느님의 힘만 그를 제압할 수 있습니다.

• 카시오도루스 『시편 해설』 9,20.

### '그리스도의 적'에 대한 유대인들의 태도

이 구절[다니 11,36 참조]을 "그자 안에서 종말이 일어날 것이기 때문이다"라고 옮긴 이도 있습니다. 유대인들은 이 구절이 '그리스도의 적'에 관한 것이라고 믿으며 이렇게 설명합니다. 율리아누스의 작은 도움을 받아 임금 하나가 일어날 것인데, 그는 자기 뜻대로 행동할 것이며 신이라 불리는 모든 것을 거슬러 자기 자신을 들어 올릴 것이면서 신들의 신을 거슬러 거만한 말을 떠들어 대리라는 것입니다. 그자는 하느님의 성전에 들어앉아 자기가 신이라고 주장할 것이며, 하느님의 진노가 다 찰 때까지 자기 뜻대로 승승장구할 것입니다. 그자 안에서 종말이 일어날 것이기 때문입니다. 우리도 이 구절이 '그리스도의 적'을 가리킨다고 이해합니다.

• 히에로니무스 『다니엘서 주해』 11,36.

## '그리스도의 적'의 활동 시대와 박해

### 삼 년 육 개월

"삼 년 육 개월"(야고 5,17)은 '그리스도의 적'의 시간을 나타냅니다. 하지만 "삼 년"은 창조 때부터 다윗 시대까지 인간 역사의 세 시대를 나타내거나 성조들의 시대, 예언자들의 시대, 사도 시대를 나타내는 말일 수도 있습니다.

• 아를의 힐라리우스 『일곱 가톨릭 서간 해설』(야고보서).

### 삼 년 반은 '그리스도의 적'이 설치는 기간

포르피리오스는 안티오코스 시대에 성전이 황폐하게 되는 일로 1,290일이 다 찼다고 주장합니다. 그러나 우리가 앞에서도 말했듯이, 요세푸스와 마카베오서는 둘 다 그 기간이 삼 년에 그쳤다고 기록합니다. 이런 사실을 고려해 볼 때, 삼년 반은 '그리스도의 적'이 설치는 기간과 관련한 발언이 분명합니다. 그는 성도들을 삼 년 반, 곧 1,290일 동안 박해할 것이며, 그런 다음 그 유명한 거룩한 산에서 자신의 종말을 맞을 것이기 때문입니다. 그러니까 우리가 "일일 번제"

(다니 12,11)라고 옮긴 '엔델레키스모스'*endelekhismos*가 폐지된 때, '그리스도의 적'이 세상을 차지하고서 하느님 숭배를 금지한 때로부터 그가 죽는 날까지가 삼 년 반, 곧 1,290일이 걸린다는 말입니다.

• 히에로니무스 『다니엘서 주해』 12,11.

### 삼 년 반 동안 짓밟히고 박해받다

거룩한 도성이 새 예루살렘을 가리키든 보편 교회를 가리키든, 그것이 마흔두 달 동안 이민족에게 짓밟힐 것이라는 말은 '그리스도의 적'이 나타나면 신심 깊고 신실한 이들이 삼 년 반 동안 짓밟히고 박해받으리라는 뜻이라고 생각됩니다.

• 카이사리아의 안드레아스 『묵시록 주해』 11,2.

### 다니엘의 예언

교회를 박해함에 있어 세상 나라들은 그들의 권세를 아직 다 보여 주지 않았습니다. … 어떤 이들은 이를 마지막 박해가 가까워 오면, 열 임금이 나타나 세상을 자기들끼리 나누어 가질 것이라는 뜻으로 해석합니다. 이는 다니엘의 예언에 따른 해석인데, 다니엘은 네 번째 짐승에 관해 이렇게 말했습니다. "그것은 뿔을 열 개나 달고 있었다. 내가 그 뿔들을 살펴보고 있는데, 그것들 사이에서 또 다른 자그마한 뿔이 올라왔다. 그리고 먼저 나온 뿔 가운데서 세 개가 그것 앞에서 뽑혀 나갔다"(다니 7,7-8). [이렇게 해석하는 사람들은 더 나아가] '그리스도의 적'이 바빌론에서 나와 이집트와 아프리카, 에티오피아의 임금들을 이길 것이며, 이들이 죽임을 당하고 나면 다른 일곱 임금이 정복자에게 항복할 것이라고 [이야기합니다].

• 존자 베다 『묵시록 해설』 17,12.

### '그리스도의 적'이 자기에게 복종하지 않는 이들을 박해할 것이다

교활하기 그지없는 '그리스도의 적'은 하느님의 종들을 거슬러 자신을 드높이는 자신에게 영광을 바치지 않는 하느님의 종들을 괴롭히고 박해하여 세상 밖으로 쫓아낼 속셈으로 온갖 곳에 향로를 세우도록 지시합니다. 그는 우상에게 제물을 바치지 않고서는 성도들 누구도 아무것도 팔거나 사지 못하게 하였습니다. 우상에게 제물을 바치는 것이 곧 오른손에 표를 받는 것입니다. 그리고 '이마에' 표를 받는다는 말은, 관을 쓰게 되는데, 불의 관, 곧 생명의 관이 아니라 죽음의 관을 쓰게 된다는 말입니다. 마케도니아의 임금 알렉산더의 후예로 시리아의 임금이었던 안티오코스 에피파니우스가 유대인들에게 취한 조처가 바로 이런 식이었습니다. 그는 임금 자리에 앉아 있을 때 한껏 간이 부풀어 '모든 사람이 문 앞에 제단을 세우고 번제를 바치고, 담쟁이덩굴로 엮은 관을 흔들며 디오니소스를 찬양하는 행렬을 하도록 하라'(참조: 2마카 6,7; 1마카 1,51-64)는 칙령을 내려, 그것을 지키지 않는 이는 교수형이나 고문으로 죽음에 처하도록 했습니다.

• 히폴리투스 『그리스도의 적』 49.

### 스스로 하느님인 양 굴기 시작할 것이다

요한은 짐승이 지하에서 올라와 그들, 곧 에녹과 엘리야와 요한과 싸움을 벌여 이기고 그들을 죽이는 환시를 보았는데, 이는 그들이 비난자, 곧 솟아오른 작은 뿔을 찬양하기를 거부했기 때문입니다. 의기양양해진 짐승은 성도들을 박해하고 그리스도를 모독하며 결국엔 자신을 높이다 못해 스스로 하느님인 양 굴기 시작할 것입니다.

• 위-히폴리투스 『세상 종말』 21.

### 거룩한 자리에 '그리스도의 적'이 서 있다

"거룩한 곳"(마태 24,15)은 성경의 모든 말씀, 곧 모세를 비롯한 예언자들과 복음사가들과 사도들이 선포한 말씀으로 풀이해야 합니다. 모든 성경의 이 거룩한 자리에 거짓 말씀인 '그리스도의 적'이 종종 서 있습니다. 이는 "황폐를 부르는 혐오스러운 것"(다니 9,27; 11,31; 12,11; 1마카 1,54; 마태 24,15)입니다.

• 오리게네스 『마태오 복음 주해』 42.

### 교회 예배의 질서가 혼란에 빠질 것이다

그[천사]는 '그리스도의 적'을 "황폐를 부르는 혐오스러운 것"(다니 12,11)이라고 부릅니다. 그는 교회 예배의 질서를 일일 번제라고 표현하며, "그리스도의 적'의 광기와 미친 짓 때문에 그것이 혼란에 빠지고 중지될 것이라고 합니다.

• 키루스의 테오도레투스 『다니엘서 주해』 12,11.

삼 년 반이라는 정해진 기간에 온 세상을 다스릴 '그리스도의 적'이 올 때는 … 실제로 산과 사막의 동굴에 숨었던 사람들까지도 그를 피해 달아날 것입니다.

• 카이사리아의 안드레아스 『묵시록 주해』 12,13-14.

### 교회와 세상에서 권세 있는 이들이 도망칠 것이다

종말에 '그리스도의 적'이 올 때 세상에는 상상을 초월할 정도의 엄청난 일들이 일어날 것입니다. 그때에는 교회 고위층이거나 세상의 권력자거나, 여기서 '산'으로 비유되는 잘난 사람들과 이사야가 '섬'으로 비유한(참조: 이사 41,1; 45,16), 하느님께로 새로 태어나는 믿는 이들의 교회들이 '그리스도의 적'으로 말미암아 자기들 자리에서 피신해 이곳저곳으로 옮겨 다닐 것입니다.

• 카이사리아의 안드레아스 『묵시록 주해』 6,16-17.

### 권세 있는 자들이 하느님의 분노를 피하려 할 것이다

'땅의 임금들', 곧 땅에서는 권세를 떨치지만 하늘에서는 아무것도 갖지 못한 이들도 고관들과 부자들과 가치 없는 것들을 좋아하는 종들과 그리스도를 섬길 줄 모르는 이들과 함께, 동굴과 바위와 산에 몸을 숨기게 해 달라고 기도하게 될 것입니다. '그리스도의 적'이 올 때 하느님의 뜻에 의해 굶주림과 여러 가지 질병의 형태로 그들에게 쏟아질 하느님의 분노나 부활 뒤에 올 끝없는 고통을 겪고 싶지 않기 때문입니다. 그땐 하느님의 분노가 의롭게 용광로처럼 타올라, 나무와 왕겨와 그루터기로 믿음의 기초를 쌓은 이들을 마치 불쏘시개처럼 태워 버릴 것입니다.

• 카이사리아의 안드레아스 『묵시록 주해』 6,14-17.

### 몸을 숨기고 피신해야 하는 이유

"행복하여라, 견디어 내는 이들!"(다니 12,12). … 이것이 우리가 몸을 숨기고 피신해야 하는 이유입니다. 아마도 우리가 "이스라엘의 고을들을 다 돌기 전에 사람의 아들이 올 것"(마태 10,23)이기 때문입니다. 그리스도를 위하여 경건하게 증언하는 "복된" 이들은 누구입니까? 여러분에게 말씀드리는데, 그 시기의 순교자들은 다른 어떤 순교자들보다 우월한 순교자들입니다. … '그리스도의 적'이 다스리는 시대의 순교자들은 사탄과 직접 싸우기 때문입니다. … ['그리스도의 적'은] 사람의 눈을 속이는 표징과 이적들을 보여 줄 것입니다. … '그리스도가 이것보다 위대한 그 무슨 일을 했소?'라고 물을 생각이 어느 누구의 마음속에도 들어가지 않기 바랍니다. 이 인간이 그런 일을 할 수 있게 하는 힘이 무엇이겠습니까? 하느님께서 뜻하시지 않았다면, 그런 일을 허락하셨을 리가 없습니다.

• 예루살렘의 키릴루스 『예비신자 교리교육』 15,16-17.

### 견디지 못할 정도로 유혹받게 두시지 않으실 것이다

그분이 말씀하시는 "시련이 닥쳐올 때"(묵시 3,10)란 당시 로마의 지배자들이 거의 즉각적으로 자행한 그리스도인들에 대한 박해, 또는 종말에 신자들을 거슬러 '그리스도의 적'이 오는 것을 가리킵니다. 주님은 박해와 관련해서는 교회를 시련에서 구해 주시겠다고 약속하셨고, '그리스도의 적'이 오는 것과 관련해서는, 열심인 이들이 [견디지] 못할 정도로 유혹받는 일이 없도록 그런 일이 생기기 전에 그들을 그곳에서 데려가 주심으로써 그들을 해방시켜 주시겠다고 약속하십니다.

• 카이사리아의 안드레아스 『묵시록 주해』 3,10-11.

### '그리스도의 적'이 행한 거짓말이 드러나다

여섯째 나팔은 '그리스도의 적'이 나타나고 그의 추종자들이 교회에 대항해 전쟁을 벌이리라는 것을 보여 줍니다. 주님의 오심[의 시간]을 돌아보는 삽입구 다음에 나오는 여섯째 나팔은 바로 이 원수의 파멸을 암시합니다. … 여섯째 천사는 '그리스도의 적'이 행한 거짓말을 밝혀내리라고 복음서가 예고하는 마지막 투쟁 때의 설교자들을 나타냅니다.

• 존자 베다 『묵시록 해설』 8,2; 9,13.

### 선구자 역할을 할 엘리야 예언자

"나는 또 다른 한 천사가 살아 계신 하느님의 인장을 가지고 해 돋는 쪽에서 올라오는 것을 보았습니다"(묵시 7,2). 이는 견디기 어려운 극심한 박해에서 교회를 재건하고 이를 확고히 하기 위해, '그리스도의 적'이 활동하는 시기에 선구자 역할을 할 엘리야 예언자를 가리키는 말입니다.

• 페타우의 빅토리누스 『묵시록 주해』 11.

### 선구자들은 가르침으로 사람들을 바로잡는다

하느님의 선의가 얼마나 큽니까! 그분은 상처에 알맞은 치유를 가져다주시니 말입니다. 악마의 전폭적인 협력을 받은 '그리스도의 적'이 와서 온갖 거짓 표징과 이적을 일으키며 어떤 마술이나 마법보다 놀라운 것을 보여 줄 것입니다. 그래서 하느님께서는 이 성도들이 진리와 빛을 증진시키도록 그들에게 참된 표징과 이적을 일으키는 권한을 주실 것이며, 그들은 ['그리스도의 적'의] 거짓말과 어둠을 밝혀 내고, 속임수에 넘어간 이들은 가르침의 말과 응징의 매(가뭄과 불, 기후 변화 같은 것들)로 바로잡을 것이며, 그 기만자를 본보기로 징계하고, 그 기만자나 다른 누구에 의해서도 전혀 영향받지 않으며 자신들의 예언을 마칠 것입니다.

• 카이사리아의 안드레아스 『묵시록 주해』 11,5-6.

"반 년"(다니 7,25)은 여섯 달을 나타냅니다. 이 시기에 거룩한 백성이 '그리스도의 적'의 권능에 넘겨질 것입니다.

• 히에로니무스 『다니엘서 주해』 7,25.

### 사악한 임금들을 죽음에 넘기실 것이다

장차 나타날 이 열 임금은 전혀 뜻이 맞지 않았지만, 자신들의 권능과 권한을 짐승, 곧 '그리스도의 적'에게 넘겨주는 데에는 한뜻입니다. 그들은 짐승에게 패할 것이며, 결국엔 짐승 홀로 온 세상을 지배할 것이기 때문입니다. 그들이 패하는 것은 그들의 뜻이 아니지만, 그럼에도 불구하고 그들이 한뜻이었다고 하는 것은 열 명이 똑같이 패배와 파멸을 당하기 때문입니다. 그러므로 이는 '열 임금이 그리스도의 적에게 패배당하는 것에 합의하고 동의했다'는 말과 같습니다. 묵시록은 그들이 어린양과 전투를 벌일 것이라고 합니다. 지금 이 구절[묵시 17,13-14 참조]이 이야기하고 있는 이 임금들이 '그리스도의 적'에 의해 완전히 파멸당하기 전에 교회를 박해할 것이기 때문입니다. 그러나 그리스도께서 승리하실 것입니다. 그분께서 이 사악한 인간들을 더욱 사악한 '그리스도의 적'에게 죽이라고 넘겨주실 것이기 때문입니다.

• 오이쿠메니우스『묵시록 주해』17,9-13.

### 거룩한 백성이 악을 다스릴 것이다

이 마지막 박해, '그리스도의 적'이 초래할 이 박해는 … 삼 년하고 육 개월이 될 것입니다. 그 시기는 비록 짧지만, 악마가 묶여 있고 성도들이 그리스도와 함께 다스리는 천 년에 합산되는지, 그렇지 않으면 그 "잠시"라는 짧은 간격이 그 천 년에 포함되지 않고 따로 덧붙는 것인지 따져 볼 만합니다. … 그리스도와 성도들이 다스리는 기간이 악마가 결박되고 갇혀 있는 기간보다 더 길며, 악마가 묶여 있지 않아 모든 힘을 다 기울여 성도들을 박해할 수 있는 그 박해 시기에도 성도들은 여전히 자기 임금과 더불어 다스리면서 저 엄청난 악을 다스릴 것이라는 결론입니다.

• 아우구스티누스『신국론』20,13.

## '그리스도의 적'과 그리스도

### 주님의 육화 때부터 종말 때까지의 시간인 열한 시(오후 다섯 시)

예수님께서 포도밭 비유에서 암시하셨듯이, 지금은 마지막 때입니다. 한 시[이른 아침]부터 포도밭에서 일한 일꾼들은 주님의 포도나무를 가꾸었습니다. 곧, 의로운 삶을 살고 가르침으로써 창조주의 뜻을 섬겼습니다. 세 시(아홉 시)에 온 일꾼들은 노아 시대 이후의 사람들입니다. 여섯 시(열두 시)는 아브라함의 시대입니다. 아홉 시(오후 세 시)는 율법이 주어진 때입니다. 열한 시(오후 다섯 시)는 우리 주님의 육화 때부터 종말 때까지의 시간이며, 이 시간을 거룩한 계시는 다음과 같이 묘사합니다: 열한 시에 구원자께서 육으로 돌아오실 것이며, 구원의 사자들을 공격할 '그리스도의 적'이라는 재앙이 뒤따를 것이다.

• 존자 베다『가톨릭 서간 해설』(요한 1서).

### 일곱째 기간

우리 주님께서 아우구스투스 치세에 베들레헴에서 처음으로 육신으로 나타나신 것은 오천오백 년 되는 해였고, 서른세 살 되시던 해에 고난을 받으셨습니다. 하느님께서 "하시던 일을 모두 마치시고 쉬셨다"(창세 2,2)는 거룩한 날, 휴식, 곧 안식일이 오려면 육천 년이 차야 합니다. 안식일은 요한이 묵시록에서 말한 것처럼 장차 그리스도께서 하늘로부터 오시면, 성도들이 "그분과 함께 다스릴"(2티모 2,12) 나라의 전형이며 표상이기 때문입니다. "주님께는 하루가 천 년 같고"(2베드 3,8; 참조: 시편 90,4)라고 하였습니다. 그렇다면, 하느님께서 만물을 엿새 동안에 만드셨으니, 육천 년이 차야만 한다는 결론이 나옵니다. 아직 그 날들이 차지 않았습니다. 요한은 "다섯은 이미 쓰러졌고 하나는 지금 살아 있으며"라고 하는데, 이것이 여섯째이고, "다른 하나는 아직 나오지 않았다"(묵시 17,10)고 합니다. 요한은 이 '다른 하나'라는 말로 그것이 휴식이 들어 있는 일곱째 기간임을 명시하고 있습니다.

• 히폴리투스『다니엘서 주해』2,4-5.

### 선포의 시간

"천 년"은 주님의 육화로부터 '그리스도의 적'이

올 때까지의 시간입니다. 우리가 해석한 대로인지, 또는 일부 사람들의 생각처럼 천 년이 십의 백 곱인지, 또는 천 년이 이보다 짧은 기간인지 하는 것은 당신께서 얼마나 오래 참으시는 것이 우리에게 유익한지 아시는 하느님만이 아시며, 현세의 지속 기간은 그분께서 결정하십니다.

• 카이사리아의 안드레아스 『묵시록 주해』 20,3.

### 교회는 짧은 휴식을 맞이할 것이다

'그리스도의 적'이 파멸한 뒤 교회는 짧은 휴식을 맞이할 것이라고 합니다. 이에 관해 다니엘은 "행복하여라, 1,335일이 될 때까지 견디어 내는 이들!"(다니 12,12)이라고 예언했습니다. 복된 히에로니무스는 [다니엘서의] 이 구절에 관해 이렇게 설명했습니다. "그는 말합니다. 행복하여라, '그리스도의 적'이 죽임을 당할 때 1,290일, 곧 삼 년 반에서 45일을 더 기다리는 이들. 우리의 주님이신 구원자께서 그동안에 위풍당당하게 오실 것이기 때문입니다. '그리스도의 적'이 죽은 뒤에 왜 45일 동안 침묵이 있는지는 하느님께서만 아시는 일이며, 우리로선 다만 성도들의 나라가 늦추어지는 것이 인내를 시험하는 것이라고 추측해 볼 수 있을 따름입니다." 우리는 여섯째 기간엔 교회의 엄청난 역경이 예견되어 있고, 일곱째 기간에는 휴식이 그려져 있다는 데 주목해야 합니다. 주님께서 여섯째 날에 십자가에 못 박히셨고, 일곱째 날에는 부활을 기다리며 쉬셨기 때문입니다.

• 존자 베다 『묵시록 해설』 8,1.

### 예수님께서 나타나실 때

앞에서 말한 날들[1,290일(다니 12,11)]을 모두 지나고 45일을 더 견디는 이들은 행복합니다. 재앙이 다 끝나면 사람들에게 안식이 있을 것이며 그들의 환난도 끝날 것입니다. 다른 이들에 따르면, 1,335일의 네 숫자를 글자로 옮기면 ('예수 그리스도, 위대한 구원자')[J(esus), C(hrist), G(reat) S(avior)]가 됩니다. 그러니까 [다니엘이] 자신이 장차 예수님을 만나 뵙게 되리라는 계시를 받았다는 것입니다. 세베루스는 "행복하여라, 견디어 내는 이들!"(다니 12,12)이 그분의 세례 이후부터 그분의 승천까지 그분의 구원 계획이 실현되는 날을 보고자 견디어 냈으며 그동안 그분의 면모와 기적들에 만족했는데, 그 [날들]이 1,335일이라고 설명합니다. 테오도레투스는 삼 년과 반 년은 종말에 '그리스도의 적'이 다스릴 기간이며, 45일은 "멸망하게 되어 있는 그자"(2테살 2,3)가 유죄 선고를 받을 때부터, 그리고 엘리야가 승리하여 온 백성을 ['그리스도의 적']으로부터 그분께 멀리 쫓아 보내고 유대인들을 훈계하며 우리 주님께서 하늘로부터 나타나실 때까지 기도한 때부터 시작한다고 말합니다.

• 메르브의 이쇼다드 『다니엘서 주해』 12,12.

### 우리 구원자의 재림을 선포하다

"거룩한 백성의 세력이 산산이 흩어져야 …"(다니 12,7). 하느님께 바쳐진 백성이 산산이 흩어지는 것은 삼 년 반 동안 일어날 것이며, 그러면 이 모든 일들이 이루어질 것입니다. 그러면 그들은 거룩하신 분에 대해 알게 될 것입니다. 여기서 [천사는] 위대한 엘리야에 대해 암시하고 있습니다. '그리스도의 적'이 다스리는 시기가 끝나 갈 때쯤 위대한 엘리야가 나타나 우리 구원자의 재림을 선포할 것입니다.

• 키루스의 테오도레투스 『다니엘서 주해』 12,7.

### 하느님의 권능을 드러내실 것이다

하느님의 권능이 '그리스도의 적'의 무력함과 속

아 넘어간 이들의 경솔함을 드러내기 위하여, 오래전에 이집트에서 모세를 통해 파라오의 완고함을 드러내시고 당신의 권능을 보이신 것처럼, 거룩한 예언자 에녹과 엘리야를 통해 바다를 "죽은 사람의 피처럼"(묵시 16,3), 곧 살해당한 사람의 피처럼 변하게 하고 그리하여 그 안에 있는 모든 것을 죽게 하신 것은 놀라운 일이 아닙니다. 이처럼 창조계가 파괴자의 영예를 위해 싸운 사람들에게 반대하고 나선 것을 보고, 확고한 믿음을 지닌 사람들은 강해졌고 흔들리는 사람들은 두려움에 빠졌습니다. 이 구절은 ['그리스도의 적'의] 도래 때에 전쟁으로 일어날 살육을 나타낸 것으로 볼 수도 있습니다. 땅의 네 모퉁이에서 곡과 마곡이 서로를 거슬러 일어나면, 하느님께 복종하지 않았던 임금들은 그들의 군대와 함께 전멸하고 모든 곳에서 살육이 일어날 것입니다. 그러면 바다는 해전으로 더러워지고 강물은 살해된 사람들의 피로 뒤섞일 것이기 때문입니다.

• 카이사리아의 안드레아스 『묵시록 주해』 16,3.

### 에녹의 죽음은 연기되었을 뿐이다

에녹과 엘리야는 죽음을 겪지 않고 옮겨졌습니다. 그들의 죽음은 연기되었을 뿐입니다. 그들이 자신의 피로 '그리스도의 적'을 절멸시키면, 그들이 실제로 죽는 날이 올 것입니다. (주님께서) 두 번째 오실 때까지 복음사가 요한이 살아 있으리라는 전설이 있었지만, 그는 죽었습니다.

• 테르툴리아누스 『영혼론』 50,5.

### 모든 나라는 멸망하게 되어 있다

'그리스도의 적'이 행하는 신성모독 때문에 로마라는 하나의 제국 안에서 모든 나라가 한 번에 멸망하게 되어 있습니다. 그리고 [뒤이어서는] 나라는 지상의 나라가 전혀 아니고 순전히 거룩한 백성들의 거처일 것입니다. 그것이 여기서 말하는 것이고 승리하시는 하느님 아들의 오심입니다.

• 히에로니무스 『다니엘서 주해』 7,11.

### 주님께서 영광 안에 오실 때

다섯째 천사가 "짐승의 왕좌"(묵시 16,10)에 자기 대접을 쏟자 짐승의 나라가 "어둠으로 변했다"(묵시 16,10)고 합니다. 사도는 '그리스도의 적'에 관해 "주 예수님께서는 당신의 입김으로 그자를 멸하시고"(2테살 2,8)라고 하였고, 이사야는 "악인이 자비를 입는다면 … 주님의 영광을 보지 못하리이다"(이사 26,10)라고 하였습니다. 이사야가 말한 '영광'은 주님께서 영광 안에 오시는 것을 가리킵니다. 그러므로 천사가 대접을 "짐승의 왕좌에" 쏟았다는 것은 '그리스도의 적'이 행하는 불경한 폭정이 그 종말을 맞고 주님의 자비가 그를 제거할 것이며, '그리스도의 적'을 따르는 신하가 된 저주받은 자들은 갑작스런 응징을 당해 모두 어둠에 휩싸일 것이라는 뜻입니다. 그때 일어나는 일에 어리둥절해져서 그들의 이성이 어둠에 잠길 것이기 때문입니다. … 그들은 자신들이 임금이자 신으로 모신 '그리스도의 적'이 파멸한 것만으로도 회개해야 합니다. 그런데도 그들은 사악한 자가 파멸한 것을 두고 계속해서 참된 하느님을 모독합니다.

• 오이쿠메니우스 『묵시록 주해』 16,8-11.

### 밤에 오시는 그리스도

주님께서 "그날 밤"(루카 17,34)이라고 하신 것은 옳은 표현입니다. '그리스도의 적'의 시대는 어두운 밤이니까요. '그리스도의 적'이 자기가 그리스도라며 사람들 마음에 어둠을 퍼뜨릴 때, 그리스도께서는 번갯불처럼 오시어 당신의 빛을 세상 이쪽 끝에서 저쪽 끝까지 비추십니다(마태 24,27 참조). 그분은 광야에서 헤매고 계시지 않습니다. 어떤 장소에 갇혀 계시지도 않습니다. 그래서 "내가 하늘과 땅을 가득 채우고 있지 않느냐?"(예레 23,24)라고 말씀하시지요. 그분은 우리가 부활의 밤에 당신의 영광을 보도록 당신의 광채로 빛나십니다.

• 암브로시우스 『루카 복음 해설』 8,46.

### 죽음을 무너뜨리심으로써 인류를 구원하신 그리스도

이것이 그분께서 여인과 뱀 사이에 그리고 여인의 후손과 뱀 사이에 적의를 심어 놓으시어 그들이 영원히 서로를 미워하도록 만드신 이유입니다. 발뒤꿈치가 물릴 여인의 후손은 한편으론 원수의 머리를 밟아 뭉갤 능력이 있습니다. 그러나 이 원수는 그의 머리를 밟아 뭉갤 그 후손이 오실 때까지 인류를 물고 죽이며 그의 걸음을 방해했습니다. 이 후손이 바로 마리아에게서 태어나셨으며 예언자가 "독사와 도마뱀 위를 거닐고 사자와 용을 짓밟으리라"(시편 91,13)라고 한 분입니다. … 사자, 곧 종말 때에 날뛰며 인류를 괴롭힐 '그리스도의 적'은 그분에게 짓밟힐 것입니다. 그분은 "용"(그 옛날의 뱀)을 붙잡아 그의 모든 능력을 제압하시어, 그를 그가 정복한 인간의 힘 아래 놓이게 하실 것입니다. 아담은 그에게 정복당함으로써 모든 생명을 빼앗겼습니다. 그러나 이제 원수가 정복당하자, 아담은 새 생명을 받았습니다. 일찍이 인류를 손에 넣었던 마지막 원수의 죽음이 무너졌습니다.

• 리옹의 이레네우스 『이단 반박』 3,23,7.

### 자비로우신 하느님께서 우리를 구해 주실 것이다

지극히 자비로우신 하느님께서는 그['그리스도의 적']가 저지른 짓거리에서 우리를 구하시어, "악마와 그 부하들을 위하여 준비된"(마태 25,41) 벌로부터 우리를 구원해 주실 것이며, 피를 흘리기까지 그에게 저항한 이들을 위하여 준비된 영원한 축복을 누릴 이들이 누구인지 드러내 주실 것입니다.

• 카이사리아의 안드레아스 『묵시록 주해』 20,1-2.

### 영원하고 거룩하며 관대한 주님 나라

시편 저자는 우주적 재앙으로 민족들이 사라지고 난 뒤에 일어날 일들에 대해 이야기합니다. '그리스도의 적'이 살해되었으므로 영원하고 거룩하며 관대한 주님 나라가 올 것입니다. 우리가 간절히 바랐던 하느님 나라를 잘 맞이할 수 있도록, 사악한 악은 멀리 달아났고, 주님의 나라에서 축복받은 이들은 이제 조용히 쉴 수 있습니다. 이 세상에서 거룩한 이가 견뎌 내야만 하는 덫도 이제는 더 이상 두려워하지 않아도 됩니다.

• 카시오도루스 『시편 해설』 10,37.

## '그리스도의 적'에 대한 심판

### 하느님 심판의 신비들

처음에 민족들에게 선포하려고 나설 때에, 교회는 사랑의 불로 타올라 "이루 말할 수 없는 선물을 주시는 하느님께 감사드리며"(2코린 9,15) 경건한 고백의 연기를 피워 올렸습니다. … 연기가 하느님 심판의 감추어진 신비들을 나타낸다면, 이 신비들은 현세의 재앙들이 끝나고 그리하여 어둠 속에 감추어져 있는 것을 밝히시고 '그리스도의 적'의 도래가 교회의 믿음을 시험하는 데 얼마나 유용하며 구원의 진리를 사랑하지 않은 눈먼 유대인들에게는 얼마나 공정한 것인지 드러내 주실 주님께서 오실 때까지, 우리 죽을 인간들에게 닫혀 있는 불가해한 것으로 남아 있을 것입니다.

• 존자 베다 『묵시록 해설』 15,8.

### 무섭고 무시무시하고 혹독하다

"연기"라는 말에서 우리는 하느님의 분노가 무섭고 무시무시하고 혹독한 것임을 압니다. 우리는 성전이 하느님의 분노로 가득 차 있다는 것과 그 분노는 심판 때에 그것을 받아 마땅한 이들, 특히 '그리스도의 적'에게 복종하고 배교 행위를 하는 이들에게 닥친다는 것을 알게 되었습니다.

• 카이사리아의 안드레아스 『묵시록 주해』 15,8.

### 마지막 나팔 소리

"마지막 나팔 소리"(1코린 15,52)는 전투가 끝났을 때 울리는 소리입니다. 천 년 뒤, '그리스도의 적'이 파멸하고 구원자께서 다스리실 때, 사탄은 마귀 들린 곡과 마곡의 민족들을 길 잃게 하고 그들이 성도들의 요새를 공격하게 하기 위하여 감옥에서 풀려날 것입니다(참조: 마태 24,31; 1테살 4,16; 묵시 20,7-8). 그들은 실패할 것입니다. 그리고 패배한 그들은 '그리스도의 적'과 거짓 예언자와 같은 신세가 될 것입니다. 최후의 승리를 알리는 마지막 나팔 소리가 울려 퍼지는 것은 그때입니다.

• 암브로시아스테르 『바오로의 열세 서간 주해』(코린토 1서).

### 악마가 하늘에서 내던져질 것이다

'그리스도의 적'이 오기 시작합니다. 그러나 그 전에 엘리야가 설교를 하는 평화의 시기가 오게 되어 있습니다. 그리고 삼 년 반에 걸친 엘리야의 설교가 끝나면, [용이] 그때까지 오르내릴 수 있었던 하늘에서 변절한 모든 천사와 함께 내던져질 것입니다.

• 페타우의 빅토리누스 『묵시록 주해』 12,6.

### '그리스도의 적'이 쓰러질 것이다

"그 사내아이는 쇠 지팡이로 모든 민족들을 다스릴 분입니다"(묵시 12,5)에서 쇠 지팡이는 칼입니다. '그리스도의 적'이 부리는 속임수에 넘어가 모든 민족들이 성도들을 적대시하고 나올 것이기 때문입니다. 그러나 '그리스도의 적'과 모든 민족들은 다 칼에 의해 쓰러질 것이라고 합니다.

• 페타우의 빅토리누스 『묵시록 주해』 12,3.

### 주님께서 당신의 원수들을 물리치실 것이다

그들은 주님과 그분의 거룩한 천사들에게 맞서 싸웠습니다. 그들은 악마와 '그리스도의 적'(이 자가 바로 여기서 잔혹한 악마의 '거짓 예언자'로 불리는 자입니다) 그리고 그들과 함께 무장을 갖춘 임금들입니다. 그러나 그들은 말 한 마디 [하는 데 걸리는] 시간보다 더 빨리 파멸했습니다.

• 오이쿠메니우스 『묵시록 주해』 19,17-19.

심판의 날은 '그리스도의 적'에게도 닥칠 것입니다. 그리고 주님께서는 당신 입에서 나오는 칼로 그자를 멸하실 것입니다.

• 라틴인 에피파니우스 『복음서 주해』 33.

### 악마와 그의 모든 추종자는 멸망할 것이다

"그 짐승이 붙잡혔습니다. 거짓 예언자도 함께 붙잡혔습니다"(묵시 19,20). 이는 악마와 '그리스도의 적'을 가리키거나 지도자들과 추종자들의 무리를 가리킵니다. … 머리와 몸, 또는 악마와 그의 패거리, 이처럼 둘이 있습니다. … 그리고 이것은 종말 때까지 그럴 것입니다. "남은 자들은 말을 타신 분의 입에서 나온 칼에 맞아 죽었습니다"(묵시 19,21). 이 말은 오래전에 죽은 이들과 그리스도의 재림 때에 살아 있을 이들을 다 보여 주려는 뜻에서 한 몸을 부분들로 나눈 것입니다. 이에 관해서는 이런 말씀도 있습니다. "주 예수님께서는 당신의 입김으로 그자를 멸하시고 당신 재림의 광채로 그자를 없애 버리실 것입니다"(2테살 2,8).

• 프리마시우스 『묵시록 주해』 19,20-21.

### '그리스도의 적'을 멸하시고 지옥 불에 던져 버리실 것이다

'그리스도의 적'은 이런 거만한 행동을 고작 삼 년 반 동안만 할 수 있을 것입니다. 하느님의 외아드님이시며 우리 주님이요 구원자이신 참그리스도께서 하늘로부터 영광스럽게 다시 오시어 그자를 쳐 무너뜨리실 것이기 때문입니다. 그분은 "당신의 입김으로" '그리스도의 적'을 멸하시고 지옥 불에 던져 버리실 것입니다.

• 예루살렘의 키릴루스 『예비신자 교리교육』 15,12.

### 많은 천사가 교회를 지켜 줄 것이다

맹수가 자기 굴에서 나오듯, 악마가 이끄는 자들과 마귀들은 악마와 함께 각기 있던 곳에서 나와, 세상 각지에 널리 세워진 교회를 뜻하는 성도들의 진영을 황폐하게 만들기 위해 온 땅으로 퍼져 나갈 것이라고 합니다. 그러나 그자들은 하느님을 두려워하는 사람들 둘레에는 한 천사가 아니라 많은 천사들이 진을 치고 있다는 것을 모릅니다(시편 34,8 참조). 그자들은 하느님께서 사랑하시는 도성, 사도들을 통해 하느님의 법이 그곳으로부터 온 세상으로 뻗어 나간 새 예루살렘을 진압하고자 올 것입니다. 그러고는 '그리스도의 적'이 하느님의 성전에 앉을 것이라고 말합니다. … 사도가 말하듯, '그리스도의 적'은 "신으로 자처하며"(2테살 2,4) 자기 것이 아닌 것을 갈취하려 할 것입니다. 그러나 얼마 되지 않아 하늘에서 불이 내려온다고 묵시록은 말합니다. 이 불은 엘리야 시대에 오십인 두 부대를 태워 버린 것과 같은 진짜 불일 수도 있고(2열왕 1,9-12 참조), 또는 "당신의 입김으로"(2테살 2,8) 그들을 멸하시고 요한이 앞에서 말한 민족들과 그들의 우두머리인 악마를 태워 버리실 그리스도의 영광스러운 오심을 가리키는 것일 수도 있습니다. 그리스도께서는 그들을 '그리스도의 적'과 거짓 예언자와 함께 그들이 영원무궁히 고통받을 불 못으로 던져 버리실 것입니다.

• 카이사리아의 안드레아스 『묵시록 주해』 20,9-10.

### 위대한 정의

"그 둘은 불 못에 산 채로 던져졌습니다. 남은 자들은 칼에 맞아 죽었습니다"(묵시 19,20-21). 오, 정의가 넘쳐흐릅니다! 그분은 전쟁에 책임이 있는 자들과 공범자들이 같은 벌을 받아야 한다고 보시지 않습니다. 그 둘, 곧 악마와 '그리스도의 적'은 불에 던져져 그 속에서 영원히 살게 될 것입니다. 그들이 불 못에 산 채로 던져진다는 말의 뜻이 바로 이것입니다. 남은 자들은 칼에 맞아 죽습니다. 칼로 순식간에 정의를 집행하는 것과 불에 던지는 것은 분명 많이 다릅니다.

• 오이쿠메니우스 『묵시록 주해』 19,17-21.

### 지옥의 불에 던져질 것이다

표징과 이적들로 그 무법자를 그럴듯하게 보이게 했던 거짓 예언자와 '그리스도의 적'은 그들을 따르는 임금들과 지배자들과 함께 구원자 그리스도에게 맞섰지만, 하느님의 진노가 그들을 쳐부수고 이깁니다. … 아마도 이들은 보통 사람들이 죽는 그런 죽음이 아니라 불 못에 던져지는 두 번째 죽음에 처해짐으로써, "죽지 않고 다 변화할 것입니다. 순식간에, 눈 깜박할 사이에 그리될 것입니다"(1코린 15,51-52)라고 한 사도의 말처럼 눈 깜짝할 새에 불사의 존재가 될지 모릅니다. [바오로가 말한] 이들은 마땅히 심판으로 갈 것입니다. 그러나 묵시록이 여기에서 이야기하는 사악하고 하느님께 대적하는 이 두 존재는 심판이 아니라 곧장 처벌에 떨어질 것입니다. … 이것이 그리스도의 거룩한 명령에 의한 그들의 죽음과 파멸일 것입니다.

• 카이사리아의 안드레아스 『묵시록 주해』 19,20.

### 악의 창조자 사탄은 영원한 벌을 받을 것이다

"그들은 하느님께서 사랑하시는 도성"(묵시 20,9), 곧 교회를 "에워쌌습니다". 그러나 "하늘에서 불이 내려와"(묵시 20,9) 그들 모두를 파멸시킬 것입니다. 뿐만 아니라 종말이 오면, 악의 창조자 사탄은 악마와 '그리스도의 적'과 함께 불 못, 곧 지옥으로 던져질 것입니다. 이 말씀을 읽는 사람들은 묵시록이 앞에서 이 세 존재에 대해 알려 준 내용에 유념하십시오. 먼저, 악의 창조자이며 하늘에 나타났던 용이 있었습니다. 다음으로는 바다에서 올라온 짐승이 있었고, 우리는 그를 사탄 다음가며 마귀들 가운데서 으뜸가는 자로 보았습니다. 셋째로, 거짓 예언자로도 불리는 '그리스도의 적'이 있습니다(참조: 묵시 12,3; 13,1.11). 그런데 조금 앞에서는 둘째, 곧 짐승과 '그리스도의 적'이 "유황이 타오르는 불 못에 던져졌습니다"(묵시 19,20)라고 쓰여 있었습니다. 그런데 여기서는 앞에서 '용"이라고 불렸던 사탄, 곧 악마에 대해 이야기하고 있습니다. 이 책을 읽는 우리는 악마가 결박되어 지하로 던져졌다가 다시 풀려나기까지의 "천 년"이 악마의 행위가 한동안 억제되었던, 주님의 육화와 지상에서의 그분께서 사신 기간으로 해석했음을 압니다. 그런데 이제 악마와 그에게 속은 사람들이 천 년 동안 벌을 받고 나면 사악한 자가 풀려나는 것이 아님이 드러났습니다. 그 벌은 "영원무궁"(묵시 20,10)한 것입니다.

• 오이쿠메니우스 『묵시록 주해』 20,8-10.

### 모든 민족들이 그리스도께 와서 경배할 것이다

그들(일곱 천사)이 "모세의 노래를"(묵시 15,3) 부르고 있었다는 것은 파라오와 그의 군대가 모두 물에 빠졌을 때 모세가 불렀던 이 노래를 가리키는 것이 분명합니다. … 그들이 지금 승리의 노래를 부르는 것은 그들이 악마와 무법자 '그리스도의 적'에게 승리했고 사악한 자들이 벌을 받게 되었기 때문입니다. 그리고 그 노래를 "어린양의 노래"(묵시 15,3)라고 한 것은 주님과 사악한 자들에 대한 주님의 의로운 심판에 [모세가] 뜻을 같이 한다는 것을 가리킵니다. 그래서 그들은 진심으로 주님의 진리와 의로움에 경탄합니다. 환시는 주님을 "민족들의 임금님"(묵시 15,3)이라고 합니다. 그렇습니다, 그리스도는 모든 이의 임금님이십니다. 이사야의 말대로, "이사이의 뿌리가 민족들의 깃발로 세워져 겨레들이 그에게 찾아들고 그의 거처는 영광스럽게"(이사 11,10) 될 것이기에, [묵시록의] 예언은 그분을 "민족들의 임금님"이라고, 그리고 모든 민족이 그분께 와 경배할 것이라고 합니다.

• 오이쿠메니우스 『묵시록 주해』 15,1-4.

# 그리스도의 족보

**마태오는 임금의 계보를 꼽았고, 루카는 사제의 계보를 꼽았습니다.**

• 푸아티에의 힐라리우스 『마태오 복음 주해』 1,1.

### 인성의 계보와 신성의 계보

이사야 예언자는 그분에 대해 "누가 그의 가계를 밝혀 줄 것인가?"(이사 53,8 칠십인역)라고 하는데, 왜 마태오는 "다윗의 자손이시며 아브라함의 자손이신 예수 그리스도의 족보"(마태 1,1)라고 할까요? 마태오는 그분 인성의 계보를 밝힌 것이고, 이사야는 그분 신성의 계보는 우리가 다 알 수 없는 신비임을 나타낸 것입니다.

• 『마태오 복음 미완성 작품』 강해 1.

### 예수님께서 참인간이셨음을 알려 주는 족보

복음사가들이 쓴 복음서는, 그리스도는 어떤 변화도 변천도 없으시고, 환상이 아닌 본성상 하느님이시며, 하느님의 짜임새 있는 계획에 따라 참인간이셨음을 아무도 의심하지 못하게 했습니다. 그래서 요한은 "한처음에 말씀이 계셨다. 말씀은 하느님과 함께 계셨는데 말씀은 하느님이셨다"(요한 1,1)라고 한 다음 "말씀이 사람이 되시어 우리 가운데 사셨다"(요한 1,14)고 할 수 있었습니다. 그러므로 "다윗의 자손이시며 아브라함의 자손이신 예수 그리스도의 족보"(마태 1,1)라는 마태오의 표현은 적절합니다. … 그래서 이 족보에는 실로 인간의 역사에 고유한 시간과 변천에 관한 이야기와 기록이 옛 선조들의 이름과 더불어 나옵니다. 마태오는 이 모든 것을 통해, 그리스도께서 우리의 본성을 취하시고 인간의 방식으로 태어나셨음을 분명히 밝혔습니다.

• 안티오키아의 세베루스 『대성당 설교』 94.

### 왜 다윗의 이름이 아브라함보다 먼저 나오는가?

마태오는 왜 아브라함보다 시간적으로 늦게 태어난 다윗의 이름을 먼저 말했을까요? 가장 우선적이고 직접적인 이유는 이렇게 설명할 수 있습니다. 복음사가는 주님의 족보를 아브라함으로부터 시작하기로 했습니다. 그런데 그가 주님께서 아브라함의 자손이라는 말을 먼저 했다면, 다윗의 이름이 뒤에 왔을 것입니다. 저자는, 그러면 다시 시간을 거슬러 아브라함으로 돌아가 그를 두 번 꼽게 된다는 것을 깨달았습니다. 뿐만 아니라, 왕권에 따른 지위는 출생에 따른 지위보다 더 중요하다는 또 다른 이유도 있습니다. 시간적으로는 아브라함이 먼저였지만, 지위에서는 다윗이 먼저였습니다.

• 『마태오 복음 미완성 작품』 강해 1.

### 아브라함과 다윗

아브라함과 다윗은 주님의 약속에 의해서나 출생의 지위에 있어서 둘 다 육에 따른 예수 그리스도의 가계에서 훌륭한 선조였습니다. 주님께서는 할례의 권리로 유대 민족의 선조가 된 아브라함에게는 그의 후손을 통하여 모든 민족이 복을 받으리라는 약속을 하셨습니다. 이 약속은 아브라함의 가계에서 육신을 취하신 그리스도 안에서 이루어졌습니다. 이에 대해 사도는 갈라티아 신자들에게 이렇게 해석해 주었습니다. "하느님께서 아브라함과 그의 후손에게 약속을 해 주셨습니다. 그런데 많은 사람을 뜻하는 '후손들에게'가 아니라, 한 사람을 뜻하는 '너의 후손에게' 라고 하셨습니다. 이분이 곧 그리스도이십니다" (갈라 3,16).

마찬가지로, 다윗도 임금의 지위에 있어서 유다 지파의 첫사람입니다. 그리고 하느님께서는 유다 지파에게도 이 지파의 태의 열매에서 영원한 임금 그리스도 주님이 태어나리라고 약속하셨습니다. 다윗은 유다 지파에서 난 첫 번째 임금이었고, 하느님의 아드님께서는 이 지파에서 당신의 육신을 취하셨습니다. 그러므로 마태오가 그리스도 우리 주님을 다윗과 아브라함의 자손으로 꼽은 것은 옳습니다. 요셉과 마리아는 다윗의 가계인 제왕 가문의 후손이며, 다윗 자신도, 민족들의 아버지로서 믿음 안에 살았고 육신으로는 유대 민족의 첫 사람인 아브라함의 후손이기 때문입니다.

• 아퀼레이아의 크로마티우스 『마태오 복음 강해』 1,1.

### "다윗의 자손이시며 아브라함의 자손이신 예수 그리스도의 족보"

어째서 마태오는 아브라함에서 시작하여 시간 순서대로 그리스도까지 내려오는데 루카는 그리스도로부터 하느님까지 거슬러 올라가는지, 그 이유를 설명할 필요가 있겠습니다. 그런데 우리는 먼저, 마태오가 아브라함의 후손들을 열거하기에 앞서, "아브라함의 족보"라고 하지 않고 "다윗의 자손이시며 아브라함의 자손이신 예수 그리스도의 족보"(마태 1,1)라고 한 사실을 허투루 넘겨서는 안 될 것입니다. 그는 왜 이 두 분의 이름을 특별히 언급했을까요? …

복음사가는 두 시조始祖를 드는데, 한 사람은 뭇 민족이 모이리라는 약속을 받은 사람이었고 다른 한 사람은 그리스도 탄생에 관한 예언을 받은 사람이었습니다. 다윗이 아브라함보다 나중에 태어났는데도 예수님 족보에서 아브라함보다 먼저 언급된 까닭은, 교회에 관한 약속보다 그리스도에 관한 약속이 더 중요하기 때문입니다. 교회 자체가 그리스도로 말미암아 존재하니까요. 그런즉 육의 줄기에 따른 첫째가 있고 영의 줄기에 따른 첫째가 있거니와, 한 분은 많은 자손이라는 은총으로 인한 첫째요 다른 한 분은 백성의 믿음으로 인한 첫째입니다. 구원받는 사람보다 구원하는 사람이 더 큰 법입니다. 그래서 그분을 가리켜 "다윗의 자손"이라 하였고, "다윗의 자손이시며 아브라함의 자손이신 예수 그리스도의 족보"라고 한 것입니다.

• 암브로시우스 『루카 복음 해설』 3,6.10.

### 사람의 얼굴

'얼굴이 사람 같은 생물'(묵시 4,7 참조)은 그리스도께서 당신의 육을 취하신 분인 마리아의 족보를 우리에게 알려 주려 애쓰는 마태오를 가리킵니다. 그는 아브라함으로부터 다윗까지, 그리고 다윗에서부터 요셉까지 대代를 꼽으며 [마리아의 가계를] 밝히는 것이 마치 사람에 관해서 이야기하듯 합니다. 그래서 그의 복음서는 인간의 모습을 띱니다. … 마태오는 "다윗의 자손이시며 아브라함의 자손이고 하느님이신 아드님 예수 그리스도의 족보"(마태 1,1)라는 말로 시작합니다. 이는 사람의 얼굴입니다. … 그러나 우리에게 오셔서 계시는 동안 이런 표상들을 모두 지니셨던 분은 예언적 영이실 뿐 아니라, 전능하신 아버지 하느님의 말씀이요 그분의 아들이신 우리 주 예수 그리스도이시기도 합니다. … 그분은 인류의 구원을 위하여 죽음을 이기고 모든 이가 해방되도록 사람이 되셨습니다.

• 페타우의 빅토리누스 『묵시록 주해』 4,3-4.

### 주님의 족보에 차이가 있는 이유

마태오는 다윗을 거쳐 요셉에 이르기까지 주님의 조상을 순서대로 열거하고(마태 1,1-16 참조) 루카는 이와 달리 요셉에게서 시작해 다윗을 거쳐 거슬러 올라가며 조상을 꼽는(루카 3,23-38 참조) 사실을 의아히 여길 사람도 있을 것입니다. 마태오와 루카는 요셉에게 두 조상이 있을 수 있다는 사실을 쉽게 이해했습니다. 하나는 그를 낳은 아버지고 다른 하나는 그를 양자로 삼은 양아버지입니다. 사실 하느님의 백성에게도 입양 관습이 있었습니다. 양자를 삼음으로써 자기가 낳지 않은 이들에게도 아들 자격을 부여할 수 있었습니다. … 루카가 복음서에서 요셉의 아버지라고 기록한 인물은 이런 식으로 이해할 수 있습니다. 그 아버지는 요셉을 낳은 아버지가 아니라 아들로 삼은 아버지입니다. 루카는 거꾸로 거슬러 올라가며 다윗에 이르기까지 주님의 조상을 꼽았습니다.

• 아우구스티누스 『복음사가들의 일치』 2,3,5.

### 루카 복음과 마태오 복음의 족보가 다른 이유

거룩한 복음사가 루카는 주님께서 세례받으신 이야기 다음에 그분의 족보를 기록해, 그리스도께서 어떤 혈통에서 어떤 순서를 거쳐 태어나셨는지를 알려 줍니다. 마태오는 아브라함에서 시작하여 요셉에 이르기까지 시간 순서대로 족보를 기록했습니다(마태 1,1-17 참조). 그런데 루카는 족보를 거슬러 올라가며 인물을 꼽고 있습니다. 왜 한 사람은 시간 순서대로 기록하고, 한 사람은 거슬러 올라가며 기록했을까요? 마태오는 그리스도께서 우리에게 오시기까지의 세대를 설명하고자 했기 때문에 그리스도께서 태어나시기까지 세대 순으로 족보를 기록했습니다. 루카는 그리스도께서 세례를 받으신 때로부터 족보를 역으로 따져 올라갑니다.

• 아우구스티누스 『설교』 83,5.

### 마태오는 임금 혈통을 기록했고 루카는 사제 혈통을 기록했다

마태오는 아브라함부터 그리스도까지 마흔 두 세대를 헤아리는데(마태 1,2-17 참조), 루카는 쉰 세대를 헤아리고, 마태오와 루카가 열거한 조상들 가운데 서로 다른 이름들이 있는 사실입니다. 이 문제에서 여러분은 우리가 앞에서 말한 것의 진위를 판단할 수 있습니다. 마태오는 거룩한 혈통에 어떤 선조들을 올렸고 루카는 다른 이들을 족보에 올렸지만, 두 족보가 다 이 조상들이 아브라함과 다윗의 혈통임을 알려 줍니다. 마태오는 가계가 솔로몬을 통하여 이어졌다고(마태 1,6-7 참조) 하는데, 루카는 나탄을 통하여 이어졌다고 합니다. 이는 그리스도께서 임금의 혈통이면서 사제 혈통임을 말해 줍니다. 우리는 이 두 족보 중 하나를 다른 하나보다 더 진실한 것으로 받아들여서는 안 됩니다. 둘 다 믿음과 진실성에서 다를 바가 없으니까요. 육에 따른 예수님은 진실로 임금 가문이자 사제 가문에 속한 분으로서, 임금들 가운데 임금이시며 사제들 가운데 사제셨습니다. 그분은 하느님의 힘으로 기뻐하는 임금(시편 21,1 참조)으로서, 임금이신 아버지로부터 심판을 위임받으셨으며(요한 5,22 참조) 영원한 대사제십니다. 그래서 "너는 멜키체덱과 같이 영원한 사제다"(시편 110,4)라고 쓰여 있습니다. 그런즉 두 사람 다 믿음에 충실하며, 마태오는 주님의 임금 혈통을 확실히 밝혔고 루카는 하느님에게서 그리스도에 이르는 사제의 계보를 보여 줌으로써 그분의 혈통이 더없이 거룩함을 입증했습니다.

• 암브로시우스 『루카 복음 해설』 3,12-13.

### 임금이자 사제

그리스도께서는 성경의 많은 증언들에서 임금이요 사제로 나타나십니다. 그러므로 그분을 아브라함의 자손이라는 말보다 다윗의 자손이라는 말로 부르는 경우가 더 많은 것은 타당합니다. 마태오도 루카도 이 점을 확인해 줍니다. 한 사람은 그[다윗]의 혈통이 솔로몬을 거쳐 그분[예수님]께로 이어졌다고 보았고, 한 사람은 그분[예수님]의 족보가 나탄을 거쳐 그[다윗]에게로 거슬러 올라간다고 생각했습니다.

• 아우구스티누스 『복음사가들의 일치』 1,3,5.

### 나탄에게서 시작한 구원자의 족보

열왕기에 이어서 매우 중요한 사건들에 관한 기억을 간직하고자 쓰인 역대기에는 풍부한 정보들이 담겨 있습니다. 첫 권은 인류가 어떻게 한 인간에게서 비롯되었는지를 보여 주는 족보로 시작됩니다. 유다 왕국 하나에 집중하고 있기 때문에(참조: 민수 10,14; 판관 15,10; 2사무 2,4.7; 에즈 5,8; 느헤 1,3; 3,1-32; 2열왕 18장 이하), 그 성읍들과 고을들, 또 그 이름들의 유래에 관하여 알 수 있습니다. 여기서 우리는 나탄(참조: 집회 47,1; 2사무 7,3.8-17; 12,1-14; 1열왕 1,11.14.22.27.32-38)을 알게 되는데, 루카는 다윗의 아들이시며 외가 쪽으로 솔로몬의 형제이신 우리 구원자의 족보를 나탄에게서 시작하고 있습니다(루카 3,23-38 참조).

• 키루스의 테오도레투스
『열왕기와 역대기에 관한 질문』 서론.

### 사제 지파와 왕족 지파의 연합

마태오는 임금의 계보를 꼽았고, 루카는 사제의 계보를 꼽았습니다. 이 두 족보는 각기 주님과 이 두 혈통의 관계를 알려 줍니다. 주님의 혈통이 순서대로 기술되어 있습니다. 혼인으로 말미암아 다윗에게서 시작된 사제 지파와 왕족 지파의 연합이 이제 스알티엘에게서 즈루빠벨이 태어난 일로 확인됩니다. 그래서 마태오는 유다에게서 시작하는 그분 아버지의 족보를 꼽는 반면, 루카는 그분의 가계가 레위 지파임을 알려 줍니다. 육에 따른 양쪽 혈통에서도 드러나듯이, 두 복음사가가 다 자기 나름으로, 영원한 임금이며 사제이신 우리 주 예수 그리스도의 영광을 증언합니다.

• 푸아티에의 힐라리우스 『마태오 복음 주해』 1,1.

### 의로운 두 지파의 결합

바빌론에 살던 이 요야킴이 수산나를 아내로 맞았습니다. 수산나는 요시아 임금이 지성소를 정화하라는 명령을 내렸을 때 주님의 집에서 율법서를 발견한 사제 힐키야(참조: 2열왕 22,3-10; 2역대 14,8-14)의 딸이었습니다. … 레위 지파이며 사제 집안에서 태어난 수산나는 유다 지파 남자와 혼인함으로써 이 의로운 두 지파가 결합되게 하였습니다. 이 두 지파에게서 의로운 후손 그리스도께서 태어나실 것이었으며, 그분께서는 베들레헴(유다 지파)에서 태어나시어(마태 2,1-6 참조) 하느님의 사제(레위 지파)임이 드러났습니다.

• 히폴리투스 『다니엘서 주해』 1,12,2-5.

### 예수님의 족보와 세례

루카는 주님의 근본이 하느님으로 거슬러 올라가야 한다고 생각했습니다. 하느님이 그리스도의 참아버지이신 까닭입니다. 참된 나심에 따라서도 아버지시요 세례의 새로 남에 따라 신비의 선물을 베푸시는 창조주이신 점에서도 그렇습니다. 게다가 루카는 그분의 족보를 서술하는 것으로가 아니라 그분의 세례를 서술하는 것으로 이 단락 기록을 시작했습니다. 세례를 통하여 모든 일을 하나로 엮음으로써 그분을 만물의 창조주 하느님으로 보여 주고자 했던 것입니다. 또한 루카는 그리스도께서 본성에 따라서, 은총에 따라서, 육신에 따라서 하느님의 아들이심을 입증하기 위해 그리스도의 가계가 하느님에게서 시작하는 것으로 서술했습니다. 그러니 그가 예수님의 족보를 언급하기 전에, 아버지께서 몸소 하셨다고 기록한, "이는 내가 사랑하는 아들, 내 마음에 드는 아들이다"(마태 3,17)라는 말씀이야말로, 그분께서 거룩한 혈통임을 입증하는 명백한 증거라 하겠습니다.

• 암브로시우스 『루카 복음 해설』 3,11.

### 루카와 달리, 마태오는 죄지은 여인들을 예수님 족보에 포함시킨다

예수님을 하늘에서 내려오신 분으로 묘사하는 마태오는 여인들, 그것도 죄를 지은 여인들과 성경에서 비난받은 이들을 그분 족보에 올립니다. 그러나 예수님의 세례에 관해 쓰며 족보를 기록하는 루카는 여인들을 언급하지 않습니다. 앞에서 말했듯이, 마태오는 속임수를 써서 시아버지와 동침한 타마르의 이름을 족보에 올립니다. 룻은 이스라엘 민족도 아니었고, 라합은 어디 출신인지도 알 수 없으며, 우리야의 아내는 남편의 침상을 더럽혔습니다.

• 오리게네스 『루카 복음 강해』 28,2.

### 예수님의 가계에 어떻게 간음자가 있을 수 있는가?

복음사가가 이 족보에서 율법에 어긋나며 적절치 못한 정도를 넘어 충격적이기까지 한 육체관계를 맺은 이들까지 꼽은 것은 이 때문[그리스도께서 참인간이심을 보여 주기 위해서]입니다. "유다는 타마르에게서 페레츠와 제라를 낳고"(마태 1,3)라는 말이나 "다윗은 우리야의 아내에게서 솔로몬을 낳고"(마태 1,6)라는, 솔직하기 이를 데 없는 말은 마태오가 깊이 생각한 끝에 쓴 말입니다. 이 여인들은 그들과 간음을 저질렀거나 불의하게 결합한 이들이었습니다. 이들의 이름이 올라 있는 족보는 그리스도께서 치유하러 오신 것은 바로 죄 많은 우리의 본성임을 알려 줍니다.

• 안티오키아의 세베루스 『대성당 설교』 94.

### 우리 모두의 표상

타마르가 주님의 족보에 이름이 오른(마태 1,3 참조) 것은 신비 덕분이라는 것을 우리는 압니다. 그렇다면 룻이 이 족보에 이름이 오른(마태 1,5 참조) 것도 분명 비슷한 이유 때문이라고 결론 내려야 할 것입니다. … 사실, 이민족인 룻이 어떻게 해서 유대인과 혼인했던 것입니까? 복음사가는 엄중한 율법을 어긴 이 혼인이 어떠한 이유에서 그리스도의 족보에 포함되어야 한다고 생각했던 것입니까? 그렇다면 구원자의 혈통이 불법적인 관계의 소산인 것입니까? 우리가 율법은 의인이 아니라 불의한 자를 위한 것이라는 사도의 원칙으로 돌아가지 않는 한, 그리스도의 족보는 오점을 담고 있다고 보일 것입니다. 룻은 이민족인 모압 여자인데 모세 율법은 모압인과의 혼인을 금하며 그들을 공동체에서 배제하기 때문입니다. 그래서 성경은 이렇게 말합니다. "암몬족과 모압족은 주님의 회중에 들 수 없고, 그의 자손들은 십 대손까지도 결코 주님의 회중에 들 수 없다"(신명 23,4). 그러니 룻이 이 회중에 속하게 된 것은 그가 율법을 넘어설 만큼 행실로 거룩하고 순결한 이가 되었기 때문 아니겠습니까? 율법이 불경한 죄인들을 위해 주어진 것이라면, 율법의 한계를 넘어 회중에 들고 이스라엘 사람이 되어 육체가 아니라 정신적 친족으로 선택됨으로써 주님 족보의 명예로운 이들 가운데 하나가 될 자격이 있다고 여겨진 룻은 우리에게 훌륭한 본보기입니다. 그녀는 주님의 교회를 이루기 위해 민족들 가운데서 모아들여진 우리 모두의 표상이기 때문입니다.

• 암브로시우스 『루카 복음 해설』 3.

### 예수님의 족보에 오른 구약의 주요 인물들

루카는 족보를 기록하며 딴 길로 새지 않으려고, 야곱의 다른 아들들 이름을 올리지 않았습니다. 물론 성조들의 다른 후손들의 경우, 그 이름들을 빼야 한다고는 생각하지 않았지만, 요셉 · 유다 · 시메온 · 레위의 이름을 꼭 언급해야 했습니다. 우리는 그들에게서 네 가지 덕목을 봅니다. 유다는 주님 수난의 신비를 미리 보여 주었고(창세 49,10-12 참조), 요셉은 순결의 모범을 보여 주었지요(창세 39,7-15 참조). 시메온은 더럽혀진 처녀성에 대한 복수를 나타내며(참조: 창세 34,25-31; 유딧 9,2-4), 레위는 사제의 직분을 상징합니다(민수 3,6 참조). 우리는 나탄을 통해서 예언의 위엄이 드러남을 보며, 그리스도 예수님은 하나면서 모든 것이기에(콜로 3,11 참조), 선조들이 각기 다양한 덕목들을 먼저 보여 줍니다.

• 암브로시우스 『루카 복음 해설』 3,47.

## 그리스도인

믿음과 사랑이 있는 사람이 그리스도인입니다.

• 존자 베다 『가톨릭 서간 해설』(야고보서).

원수를 사랑하는 것은 그리스도인만의 관습입니다.

• 테르툴리아누스 『스카풀라에게』 1.

화를 내는 것은 인간적이고, 그 화를 끝내는 것은 그리스도인다운 것입니다.

• 히에로니무스 『편지』 130,13.

선을 행하며 한편으론 악을 참아 견디는 것도 그리스도인의 힘입니다.

• 아우구스티누스 『설교』 46,13.

그리스도인의 모범적인 삶은 미래에 받을 구원의 표징입니다.

• 암브로시아스테르 『바오로의 열세 서간 주해』.

그리스도인의 삶의 완성은 영혼과 말과 행동이
모두 그리스도라는 이름이 나타내는 것에 참여할 때 이루어집니다.

• 니사의 그레고리우스 『그리스도인의 완덕에 관해 올림피우스 수도승에게』.

끝까지 인내하지 못한다면, 그 누구도 그리스도인이 아닙니다.

• 테르툴리아누스 『이단자들에 대한 항고』 3.

우리에게는 '그리스도인'이라는 명칭이 금 장식입니다.

• 마르세유의 살비아누스 『하느님의 다스림』 4,1.

### '그리스도인'의 의미와 이해

#### '그리스도인'이라는 이름으로 불린 첫 사람들

안티오키아는 어떤 도시보다 앞서 바오로의 설교를 그처럼 오래 듣는 복을 누린 첫 도시였습니다. 그래서 안티오키아 사람들은 이 이름으로 불릴 자격이 있는 첫 사람이 되었습니다. … 다른 곳에서는 신자들이 '길을 따르는 사람들'로 불렸지만, 이곳에서는 '그리스도인'이라는 이름으로 불렸습니다.

• 요한 크리소스토무스 『사도행전 강해』 25.

### '그리스도인'으로 불리는 까닭

주님께서는 우리를 당신 동료들이라 부르십니다. 우리는 세례 때에 성령의 은총을 받기 위하여 크리스마 성유로 기름부음을 받았고, 그리스도의 이름으로 말미암아 '그리스도인'이라 불립니다.

• 존자 베다 『복음서 강해』 1,16.

우리는 하느님의 기름으로 기름부음을 받았기 때문에 '그리스도인'이라고 불립니다.

• 안티오키아의 테오필루스 『아우톨리쿠스에게』 1,12.

### 하느님의 계획

이사야서의 "놀라운 일들"(이사 64,2)은 이스라엘이 아니라 이방인들에게 약속된 것으로서, 단내음이 나는 기름과 몰약을 붓는 것입니다. 이방인은 이 기름부음으로 자연히 그리스도인이라는 이름을 받았습니다.

• 카이사리아의 에우세비우스 『복음의 논증』 1,10.

### "나의 이름으로 불리게 된 이들"

누군가를 이름으로 표시할 필요가 있다면, 이제 내가 그들 모두에게 분명하게 해 주겠다. 그들은 모두 "나의 이름으로 불리게 된 이들"(이사 43,7)이다. 그리스도인들이라는 이름이 그리스도의 이름이 아니면 달리 어디에서 왔겠습니까? 그리스도께서는 예언자를 통하여 이런 일들을 미리 말씀하셨습니다.

• 카이사리아의 에우세비우스 『이사야서 주해』 2,24.

### 그리스도인이라 부를 수 있게 되었다

이사야의 이 예언[이사 44,5 참조]은 현실을 통해 확인되었습니다. 믿는 이들 각자는 완전히 자유롭게 자신을 그리스도인이라 부를 수 있으며, 또 이 이름에서 영광을 얻을 수 있습니다.

• 키루스의 테오도레투스 『이사야서 주해』 13,44,5.

### 새로운 이름이라는 선물

그리스도께서는 당신의 신성에서 흘러나오는 아낌없는 관대함으로 우리 모두가 당신의 이름을 지닐 수 있도록 해 주셨습니다. 인간 군주들은 군주라는 특별한 호칭을 다른 사람들은 사용할 수 없게 배타적으로 소유하지만 하느님의 아드님이신 예수 그리스도께서는 황송하옵게도 우리에게 그리스도인이라는 이름을 하사하셨습니다. …

그런데 어떤 이들은 "그리스도인이라는 이름은 새롭고 전에는 사용되지 않았다"고 말할 것이며, 새롭게 만들어진 어구들은 낯설다는 이유로 종종 거부됩니다. 그런데 예언자는 다음 말씀을 통하여 미리 이 점에 대하여 안심하게 해 주었습니다. "나의 종들에게는 새로운 이름이 주어질 것이며, 그들은 땅에서 복을 받으리라."

• 예루살렘의 키릴루스 『예비신자 교리교육』 10,16.

### '그리스도인'이라는 이름을 표로 받다

"그리고 흰 돌도 주겠다." 이는 하느님의 아들이 되는 권한입니다. … "그 돌에는 새 이름이 새겨져 있다"(묵시 2,17). 새 이름은 '그리스도인'이라는 이름입니다. 그리고 바로 이런 이유에서 "너는 주님께서 친히 지어 주실 새로운 이름으로 불리리라"(이사 62,2) 하는 말이 있는 것입니다.

• 프리마시우스 『묵시록 주해』 2,17.

### "새로운 이름"

"새로운 이름"이란 그리스도인들에게 주어진 이름들을 의미합니다. 구원의 세례를 받은 이들은 새로운 이름으로 불립니다. 왜냐하면 세례로 그의 상태가 완전히 바뀌기 때문입니다. 그러나 유대인들은 이 새로운 이름에 맞서 싸웠습니다. 바로 이 때문에 이사야 예언자는 다음과 같이 말합니다. '주님은 너에게 새로운 이름을 주신다'(이사 62,2 참조).

• 헤라클레아의 테오도루스 『이사야서 단편』.

### 주님의 이름을 공유하다

주님을 믿는 이들은 새로운 호칭을 받습니다. 그들은 이제 아브라함이나 이스라엘, 또는 유다의 이름을 따서 이름을 짓지 않고 주님이신 그리스도의 이름을 따서 이름을 짓습니다. 그들은 가장 거룩한 세례를 통해 그리스도를 입었기 때문에 모두가 그들을 그리스도인이라 부릅니다.

• 키루스의 테오도레투스 『이사야서 주해』 19,62,2.

### 우리는 새로이 태어났다

여러분은 이 성유에 합당하다고 인정을 받음으로써 그리스도인이라 불리게 되었습니다. 이 이름은 여러분이 새로이 태어났음을 증명합니다. 여러분이 전에는 이 은총을 받을 자격이 없었습니다. 여러분은 이 칭호를 받을 권리가 없었고, 단지 그리스도인이 되려고 나아가고 있을 뿐이었습니다.

• 예루살렘의 키릴루스 『예비신자 교리교육』 11,5.

### 하나의 공통된 이름

그리스인들 가운데 자신의 마음에 드는 학설을 가르치는 이들이 서로 반대되는 이론을 펼치더라도 철학자라는 하나의 이름으로 불리듯이, 이 민족들 가운데 지혜롭게 살았고 지혜롭게 가르쳤던 이들은 모두 하나의 공통된 이름으로 불립니다. 그들은 모두 그리스도인이라고 일컬어집니다.

• 순교자 유스티누스 『첫째 호교론』 7,3.

### 축복받은 새 이름으로

그 이름으로 불리는 이들은 누구나 주님의 축복을 받기 때문에 복이 있을 것입니다. 그리고 그들은 참된 할례의 표지인 "아멘"을 받을 것입니다. 주님께서는 복음서에서 승인을 나타내는 표지로 이 말을 자주 사용하셨습니다. "내가 진실로 진실로 너희에게 말한다"(요한 1,51; 3,3). 이 새로운 이름이든 또는 다른 이름이든 그것이 그리스도로부터 유래한 것이 아니라면 아무것도 아닙니다. 그래서 하느님의 백성은 결코 야곱이나 유다, 이스라엘, 에프라임이나 요셉으로 불리지 않고 "그리스도인"으로 불립니다.

• 히에로니무스 『이사야서 주해』 18,12.

### 영원한 이름을 받은 이는 복되다

하느님을 섬기는 이들은 다른 결과를 빚어낼 뿐만 아니라 성조들과 마찬가지로 새로운 이름을 받게 될 것입니다. 그들이 한 행위 때문에 그들에게는 새로운 이름이 주어질 것입니다. 유대인들이 회개하지 않았기에 이 이름은 이방인들에게 주어졌으며, 이 이름, 곧 그리스도인이라는 이름은 영원히 서 있을 것입니다. 그들은 더 이상 우상들을 숭배하지 않고, 그들이 마치 신이라도 되는 양 찬가를 바치지도 않을 것입니다. 이제 그들은 그들의 창조주인 하느님께 찬가를 바칩니다. 그들은 하느님을 섬기고 그분의 축복을 누립니다.

• 헤라클레아의 테오도루스 『이사야서 단편』.

### 그리스도의 이름을 왕관처럼 받다

우리는 복음적인 삶의 새로움 안에서 그리스도를 받아들이고, 그분의 이름을 왕관처럼 받습니다. 그래서 우리 모두는 그리스도인들이라 불립니다. 이 축복받은 이름은 온 세상에 퍼져 나갔습니다. 우리는 그리스도의 축복을 받았기 때문에 이제는 감사와 끊임없는 찬미로 그분을 기쁘게 해 드리기 위해 노력합니다.

• 알렉산드리아의 키릴루스 『이사야서 주해』 5,6,65,16-18.

### 그리스도께 같은 믿음을 고백하는 한 무리

"모든 백성"은 모든 유대 백성이나 모든 이방 백성을 가리키는 것이 아니라, 유대인과 온 세상 민족 가릴 것 없이 그리스도께 같은 믿음을 고백하는 한 무리가 된 모든 백성을 뜻합니다. 다 함께 그리스도의 신비에 참여함으로써 그들은 "그리스도인"이라고 불리게 되는 것입니다.

• 존자 베다 『복음서 강해』 1,6.

### 하느님께 붙어 있는 그리스도인

아벨을 보면서 우리는 모름지기 그리스도인이란 하느님께 붙어 있는 사람임을 깨닫습니다. 다윗도 이렇게 말합니다. "하느님께 가까이 있음이 저에게는 좋습니다"(시편 73,28). 천상 것들에 매달리고 지상 것들을 멀리한다는 말입니다.

• 암브로시우스 『카인과 아벨』 1,5.

### 그리스도인이라는 이름의 힘

그리스도인이라는 이름의 힘은 온 세상 불신자들 사이에서는 두려움을, 신자들 사이에서는 기쁨을 불러일으킵니다. 시편 저자도 이것에 관해 적었습니다. "온 땅이 주님을 경외하고 세상에 사는 이들이 모두 그분을 두려워하리라"(시편 33,8).

• 라바누스 마우루스 『에스테르기 해설』 12.

### 그리스도인의 표시

그리스도인의 표시는 무엇입니까? 주님의 복음에 담긴 가르침에 따라, 모든 일에서 율법 학자들과 바리사이들의 정의가 아니라 그분의 정의를 따른다는 것입니다. 그리스도인의 표시는 무엇입니까? 그리스도께서 우리를 사랑하셨듯이 서로 사랑한다는 것입니다. 그리스도인의 표시는 무엇입니까? 늘 주님을 생각하며 산다는 것입니다. 그리스도인의 표시는 무엇입니까? 예상치 못한 때에 주님께서 오시리라는 것을 알기에, 늘 깨어 있으면서 하느님 마음에 드는 완전한 상태로 준비되어 있다는 것입니다.

• 대 바실리우스 『도덕 규칙서』 22.

### 끝까지 인내하기

그리스도인이 아니라면 아무도 지혜롭지 못하고, 아무도 성실하지 못하며, 아무도 영예를 누릴 자격이 없습니다. 그리고 끝까지 인내하지 못한다면, 그 누구도 그리스도인이 아닙니다.

• 테르툴리아누스 『이단자들에 대한 항고』 3.

### 완전한 그리스도인

이 본문 전체[시편 제26편 참조]에 '완전한 그리스도인'이라는 제목을 붙일 수 있습니다. 완전한 그리스도인은 주님의 관대하심 덕분에 계속해서 교회에 헌신하며, 자신의 다양한 공로로 사람들의 칭찬을 받고, 하느님의 자애로 위안을 받습니다.

• 카시오도루스 『시편 해설』 26,1.

### 믿고 기다리다

훌륭한 그리스도인을 만드는 두 가지 요소가 있습니다. 첫째는 하느님께서 우리의 구원자이심을 믿는 것이고, 둘째는 우리의 한평생 인내롭게 그분의 보상을 기다리는 것입니다.

• 카시오도루스 『시편 해설』 25,5.

### 그리스도인이라는 사실을 부끄러워한다면

그리스도인이라는 사실을 부끄러워하거나 두려워하는 사람이 어찌 자신을 그리스도인이라 여길 수 있습니까? 그리스도께 속하는 것을 부끄러워하거나 두려워하는 사람이 어떻게 그리스도와 함께 있을 수 있습니까?

• 키프리아누스 『배교자』 28.

### 합당치 못하게 사용된 '그리스도인'이라는 명칭

자격 없이 거룩한 명칭을 사용하는 것이 진흙에 파묻힌 장식 아니고 무엇이겠습니까? 성경은 이런 것을 두고 "예쁘지만 어리석은 여자는 멧돼지 코에 금 고리 격이다"(잠언 11,22)라고 합니다. 우리에게는 '그리스도인'이라는 명칭이 금 장식입니다. 우리가 그 명칭을 합당치 못하게 사용한다면, 금 장식을 달고 있는 멧돼지와 같습니다.

• 마르세유의 살비아누스 『하느님의 다스림』 4,1.

### 살아 있으나 실제로는 죽은 이

주님께서 온 마음을 다해 하느님을 믿지 않고 겉으로만 바른 신앙의 길을 가는 게으른 사람들을 꾸짖으십니다. 그들은 이름만 그리스도인인 사람입니다. 그래서 그들은 살아 있으나 실제로는 죽은 이라는 말을 듣습니다. 그러므로 그들은 깨어 있으라고, 그리고 그들이 벗어난 길에서 아직 남아 있는 것을 튼튼하게 만들라는 훈계를 듣습니다.

• 베자의 아프링기우스 『묵시록 주해』 3,2.

### 거짓 형제들

그들은 그리스도 안에서 다시 태어났다지만 순결한 그리스도인이 아닙니다. 그들은 율법도 받들어 모시고 그리스도도 받들어 모시기를 원하는데, 이는 유대인들에게서 유익한 것을 얻을 수 있다고 여기는 것과 마찬가지입니다.

• 암브로시아스테르 『바오로의 열세 서간 주해』(티토서).

### 거짓 그리스도인

호세아 예언자가 "내게 양식과 물, 양털과 아마를 주고, 나에게 어울리는 모든 것을 주는 내 애인들을 쫓아가야지"(호세 2,7)라고 말했다고 지적한 저 간통한 여인은 누구입니까? 길을 잃고 타락의 길로 들어선 유대인도 여기에 속한다고 이해해도 될 듯합니다. 모방하기 일쑤인 거짓 그리스도인(모든 이단자와 열교자)들이 거짓 이스라엘인들 말고 또 누가 있을까요?

• 아우구스티누스 『세례론』 3,26.

### 신앙의 명령을 따르지 않다

거짓 그리스도인들은 그리스도 신앙은 그들이 즐기는 죄악을 금지한다는 것을 알면서도 그 신앙이 요구하는 경건함을 온 힘을 다해 회피하여, 결국엔 그들이 하느님 대신에 섬기는 욕망을 끊어 버리라는 신앙의 명령을 따르지 않게 됩니다.

• 존자 베다 『사무엘기 상권 우의적 해설』 1,5.

### 종이 되기를 거부하는 이

이런 사람들의 영혼은 헌 옷이며 헌 가죽 부대입니다. 그들은 믿음으로 새로워지지도 않았고, 그 영은 은총으로 회복되지도 않았으며, 아직 약하고 세속적이기만 합니다. 그들은 아직도 세속의 것을 열망하고, 덧없는 세상을 즐기며, 현세의 영광을 사랑합니다. 그들은 '그리스도인이 되는 것은 종이 되는 것'이라는 말을 들으면, 노예가 되어 사슬에 묶인다는 뜻인 줄 알고 놀라 화내며 선포된 말씀을 멀리할 것입니다.

• 요한 크리소스토무스
『(입상에 관해) 안티오키아 신자들에게 행한 설교』 16,9.

#### 슬기와 믿음이 필요하다

자기가 그리스도인이라고 생각하는 매우 많은 사람들을 잘 살펴보면 누구나, 성실하고 믿음에 대한 열정은 무척 크지만 그다지 지혜롭지 못한 사람들을 많이 발견하게 될 것입니다. … 또한 그는, 신자라고 여겨지는 이들 가운데 영리하고 아는 것이 많지만 믿음은 많이 모자라는 이들도 보게 될 것입니다. … 그러나 충실함과 슬기로움을 다 지녀서 '동료 종들에게 제때에 양식을 내주는'(마태 24,45 참조) 일을 할 수 있는 사람은 드뭅니다. 필요한 이들에게 '제때에' 양식을 내주기 위해서는 슬기가, 어려울 때에 양식을 자기 혼자 차지하려는 마음을 갖지 않으려면 믿음이 필요합니다.

• 오리게네스 『마태오 복음 주해』 61.

### 그리스도인의 삶

#### "그리스도인"은 삶의 기준을 보여 주는 이름이다

이것은 새로운 이름이지 옛 이름이 아닙니다. 주님이신 그리스도께서 나타나신 후에 그분을 믿는 이들은 그리스도인들이라 불렸습니다. 그들은 그들을 인정하는 모든 말 대신에 이 이름을 간직하였습니다. 만약 누군가가 칭찬하기를 바란다면 그들은 여러 가지 좋은 말들을 한 후에 다음 말을 덧붙이곤 하였습니다. "그 사람은 진정한 그리스도인입니다." 또 누군가에게 권고를 할 때에는 이렇게 말하곤 하였습니다. "그리스도인답게 행동하십시오. 그리스도인에게 어울리는 일을 하십시오."

• 키루스의 테오도레투스 『이사야서 주해』 20,65,15-16.

#### 그리스도인의 삶과 행동 양식

그리스도인은 분명히 새롭게 등장한 존재이고 그리스도인이라는 이름도 최근에서야 민족들 가운데서 알려지게 되었지만 우리 종교의 가르침에 일치하는 우리의 삶과 행동 양식은 우리가 만든 것이 아니라 인간이 처음 창조되던 때부터 하느님의 사랑을 받던 옛 백성이 가지고 있던 자연스러운 개념들에 의해 확립된 것이었습니다.

• 카이사리아의 에우세비우스 『교회사』 1,4.

#### 그리스도인의 발전 단계

'풀'은 그리스도 신앙의 젖에 만족하는 아직 어린 그리스도인을 가리킵니다. '푸성귀'는 덕에 따라 살기 시작하여 메마름을 향해서가 아니라 풍부한 결실을 낳을 비옥함을 향해 가는 이들을 가리킵니다. '나무'는 열매를 맺음으로써 이미 영적인 감사를 바치고 있는 교회 안의 사람들을 가리킵니다(묵시 9,4 참조).

• 프리마시우스 『묵시록 주해』 9,1.

#### 주님의 것으로 여기다

그리스도인은 그가 쓰도록 그에게 주어진 모든 것을 자신의 것으로 간직하거나 쌓아 둘 자기 것으로 여겨서는 안 됩니다. 뿐만 아니라, 모든 것을 주님의 것으로 여기고 관심을 기울여 아무것도 버려지거나 등한시되는 일이 없도록 해야 합니다. 그리스도인은 자기를 주인으로 생각해서는 안 되며, 하느님께서 자신의 형제자매들에게 주신 종(1코린 9,19 참조)이라 생각하고 행동해야 합니다.

• 대 바실리우스 『편지』 22,1.

### 복음에 합당한 생활

그리스도인의 삶 전체를 요약하자면, 그리스도의 복음에 따른 행실, 끊임없이 자기 자신과 또 남들에게 그분의 은총을 알리는 것, 그분께 희망을 두는 것, 모든 일을 그분의 명령에 따라 하는 것입니다. 이것이 "그리스도의 복음에 합당한 생활을 하십시오"(필리 1,27)라는 말의 뜻입니다. 정직하고 올바르게 사는 사람이 있을 수 있습니다. 그러나 이것만으로는 바오로가 바라는 것에 모자랍니다. 우리는 어떤 일이 일어나든 그리스도의 복음에 따라 행동해야 하며, 합당한 방식으로, 곧 그리스도의 계명에 따라 살며 그리스도께서 바라시는 것을 행해야 합니다.

• 마리우스 빅토리누스 『바오로 서간 주해』(필리피서) 1,27.

### 복음에 어울리는 삶을 살다

[여러분이] 그리스도인을 구별하게 해 주는 좋은 것들 중 가장 좋은 것인 사랑에는 전혀 관심을 보이지 않는다는 사실에 저는 놀라지 않을 수 없습니다. … 그래서 여러분께 간곡히 부탁합니다. 부디 주님과 성인들의 말씀에 만족하십시오. 쓸데없는 호기심과 부적절한 논쟁을 멀리하십시오. 여러분의 거룩한 소명에 맞갖은 일들을 생각하십시오. 진리와 성령 안에서 우리 주 예수 그리스도의 복음에 따라 하느님 아버지의 계명을 지키는 모든 이를 위하여 준비된 영원한 생명과 하늘 나라를 희망하며 그리스도의 복음에 어울리는 삶을 사십시오.

• 대 바실리우스 『신앙론』.

### 슬퍼하는 자같이 보이지만 실은 늘 기뻐한다

교회 밖 사람들은 우리가 슬퍼한다고 생각할지 모르지만 사실 우리는 늘 기뻐합니다. 우리는 가난하게 보일지 모르나 영적으로 또 물질적으로 엄청난 부자입니다. 모든 면에서 그렇듯이, 그리스도인의 삶은 겉으로 보이는 것과는 정반대입니다.

• 요한 크리소스토무스 『코린토 2서 강해』 12,4.

### 그리스도인의 모습과 태도

그리스도인은 옷이나 신발을 자랑해서는 안 됩니다. 그렇게 하는 것은 실로 무익한 겉치레입니다(참조: 마태 6,29; 루카 12,27). 그리스도인은 값비싸지 않은 것으로 몸에 필요한 옷을 입어야 합니다. 실제로 필요 없는 일이나 사치하는 데 낭비해서는 안 됩니다. 그렇게 하는 것은 남용입니다. 그는 명예를 구해서도, 첫째 자리를 차지하려 해서도 안 됩니다(마르 9,34 참조). 다른 모든 사람을 자기 앞에 두어야 합니다(필리 2,3 참조). 그는 불순종하는 일이 없어야 합니다(티토 1,10 참조). 일을 할 수 있는데도 게으름 피우는 사람은 먹지도 말아야 합니다(2테살 3,10 참조). 또한 그리스도의 영광을 위해 합당하게 제정된 임무에 종사하는 이는 자신의 능력 밖에 있는 일까지 하려고 나서서는 안 됩니다.

• 대 바실리우스 『편지』 22.

### 그리스도인 삶의 특성

우리가 지닌 특성들이 무엇입니까? 그것은 믿음, 덕, 앎, 절제, 인내, 신심, 형제애, 사랑이며, 이 모든 것을 그냥 지니는 정도가 아니라 풍성하게 지녀야 합니다.

• 오이쿠메니우스
『사도행전과 가톨릭 서간, 바오로 서간 주해』(베드로 2서).

### 그리스도인임을 알려 주는 참된 표지

그리스도인임을 알려 주는 참된 표지는 이런 것들입니다. 배고픈 이들에게는 먹을 것을 주고, 목마른 이들에게는 마실 것을 주고, 배고픔과 목마름을 참으며, 마음이 가난하고, 스스로를 비천하고 하찮게 여기는 것입니다.

• 이집트인 마카리우스 『첫째 편지』(시리아어) 2.

### "태양 아래"와 '태양 안에'의 차이

"의로움의 태양"에게 가르침받은 사람은 태양 "아래"에 있지 않고 그 '안에' 있습니다. 그래서 복음서는 "의인들은 아버지의 나라에서 해처럼 빛날 것이다"(마태 13,43)라고 합니다. 태양 "아래에서"라고 하지 않습니다. 만약 어떤 사람이 자신은 그리스도교인이고 참된 빛, 곧 "의로움의 태양"에게서 가르침을 받았다고 말하면서도 행동으로는 여전히 지상의 것들에 몰두하고 추구한다면(우리 대부분이 이렇습니다), 그는 "태양 아래에" 있습니다. 이런 식으로 "태양 아래에"(코헬 2,11) 있다면, 그에게는 아무 보람이 없습니다. 그가 아무리 많이 성경을 읊어 대어도 행동이 따르지 않으면 그에게는 아무 보람이 없습니다.

• 맹인 디디무스 『코헬렛 주해』 46,7.

### 그리스도인과 선행

씨 뿌리는 사람이 길가에 씨를 뿌리면 얻을 것이 없듯이, 우리도 이름에 걸맞은 활동을 하지 않는다면 그리스도인으로 불린다 해도 아무 소용이 없습니다. 여러분이 원한다면 주님의 형제인 야고보를 믿을 만한 증인으로 내세우겠습니다. 그는 이렇게 단언했습니다. "믿음에 실천이 없으면 그러한 믿음은 죽은 것입니다"(야고 2,17). 그러니 선행은 우리에게 내려진 명령입니다. 선행이 없다면 그리스도인이라는 이름은 우리에게 이롭지 않습니다.

• 요한 크리소스토무스 『참회에 관한 설교』 9,1,1.

### 행실이 믿음을 입증하다

선행은 그리스도 신앙에 대한 증인입니다. 그리스도인이 자신의 신앙을 입증할 수 있는 길은 도무지 이것 말고는 없습니다. 그가 그것을 입증할 수 없다면, 그에게는 신앙이 없다고 볼 수밖에 없습니다.

• 마르세유의 살비아누스 『하느님의 다스림』 4,1.

### 말보다 행동

하느님께서는 그리스도인이 자기 일만 생각하지 않고 가르침과 행실과 삶의 태도로도 다른 사람들을 격려하기 바라십니다. 사실, 진리의 길에서는 올곧은 삶만큼 설득력 있는 것이 없습니다. 다시 말해, 사람들은 우리의 말보다 행동을 더 유심히 봅니다.

• 요한 크리소스토무스 『창세기 강해』 8,5.

### 우리가 배운 대로 살 때 우리의 증언은 신뢰받는다

누가 자기는 그리스도인이라고 해 놓고는 배교하고 유대인처럼 행동한다면, 그의 증언이 제대로 된 증언입니까? 아니지요. 절대 그렇지 않습니다. 사람들은 그가 행동으로도 증언하는지 살펴볼 것입니다. 마찬가지로, 우리가 부활과 수만 가지 좋은 일이 일어났다고 이야기하면서 그것들을 우습게 보고 이승의 것들을 더 좋아한다면, 누가 우리의 말을 믿겠습니까? 사람들은 우리가 하는 말이 아니라 우리의 행동을 눈여겨봅니다. [그리스도께서는] '너희는 모든 사람에게 나의 증인이 될 것이다'(사도 1,8 참조)라고 하십니다. 여기서 모든 사람이란 친구들만 아니라 믿지 않는 사람들을 포함한 말입니다. 증인은 그런 사람들에게 필요한 것이기 때문입니다. 증인은 아는 사람이 아니라 알지 못하는 사람을 납득시키는 일을 하는 사람입니다. 우리는 신뢰받는 증인이 되도록 합시다. 어떻게 해야 신뢰받는 증인이 되는 것입니까? 우리의 삶으로 증언할 때 그렇게 됩니다.

• 요한 크리소스토무스 『사도행전 강해』 47.

### 그리스도인의 일을 하라

나무가 살아 있어도 열매를 내지 않는다면 충분치 않습니다. 마찬가지로, 그리스도인이라 불리고 스스로 그리스도인이라고 고백하더라도 그리스도인의 일을 하지 않는다면, 충분하지 않은 것입니다.

• 페타우의 빅토리누스 『묵시록 주해』 3,1.

### 타인의 안녕을 추구하라

자신의 안녕보다 남의 안녕을 추구하는 것은 누구보다 그리스도인에게 어울리는 태도입니다. 벌이 다른 이의 잔치를 준비하기 위해 온 풀밭을 날아다니듯이, 인간이여, 그대도 그리 하십시오. 재산을 모았으면 다른 이들을 위해 쓰십시오. 가르치는 능력이 있으면 그 탈렌트를 묻어 놓지 말고 그것이 필요한 이들을 위해 끄집어내 쓰십시오! 그대에게 또 다른 장점이 있다면 그대가 수고한 결실을 거둘 이들에게 유용하게 쓰십시오.

• 요한 크리소스토무스
『(입상에 관해) 안티오키아 신자들에게 행한 설교』 12,2.

사실, 그리스도인이 된다는 것은 무엇입니까? 그리스도의 것인 모든 동료, 형제들의 이익을 더 앞세우는 것 아닙니까?

• 마리우스 빅토리누스 『바오로 서간 주해』(필리피서) 2,21.

### 소외된 사람들을 보듬어라

우리는 하느님께서 그리스도인들은 다른 사람들을 속되다거나 더럽다고 해선 안 되며, 무엇보다 그리스도 신앙을 위해 살고자 하는 사람들로서 그들과 친교를 나누라고 친히 지시하셨음을 명심해야 합니다.

• 암모니우스 『성경 주해 선집』(사도행전) 10,28.

### 완전한 참여

제가 생각할 때 그리스도인의 삶의 완성은 영혼과 말과 행동이 모두 그리스도라는 이름이 나타내는 것에 참여할 때 이루어집니다. 바오로 사도의 청원 기도에 따르면 완전한 성덕은 "영과 영혼(혼)과 육체(몸)"(1테살 5,23)가 악과 결합되지 않도록 지속적으로 안전하게 지켜질 때 생겨납니다.

• 니사의 그레고리우스
『그리스도인의 완덕에 관해 올림피우스 수도승에게』.

### 처음보다 끝이 더 중요하다

그리스도인들의 삶에서 우리는 시작이 아니라 끝을 봅니다. 바오로 사도는 시작은 나빴지만 끝은 훌륭했습니다. 유다의 시작은 칭찬받을 만했지만, 그의 배반 때문에 종말은 저주받았습니다.

• 히에로니무스 『편지』 54,6.

### 그리스도인의 참된 태도

의롭고 지혜로운 그리스도인은 다른 사람의 죽음을 대가로 자기 목숨을 구하려고 해서는 안 됩니다. 그리스도인은 무장 강도를 맞닥뜨릴 경우에도 때리는 사람을 맞받아칠 수 없습니다. 안전을 지키느라 신심을 망가뜨려서는 안 되기 때문입니다. 이에 관해서는 복음서에 명쾌하고 분명한 말씀이 있습니다. '네 칼을 거두어라. 칼을 휘두르는 자는 모두 칼로 망한다'(마태 26,52 참조).

• 암브로시우스 『성직자의 의무』 3,4,27.

### 그리스도인의 외적인 태도

우리의 모든 행동에 품위를 갖춥시다. 성경에서 "사람은 옷차림과 큰 웃음과 걸음걸이로 그 인품을 드러낸다"(집회 19,30)고 말하기 때문입니다. 외적인 태도는 영혼의 상태를 분명하게 보여 주는 거울입니다. 사실 지체의 움직임은 특별한 방식으로 그 아름다움을 드러냅니다. 도시의 광장에 나갈 때는 우리의 걸음걸이로, 또 우리의 평온함과 침착함으로, 만나는 이들의 주목을 끌도록 합시다. 시선은 이리저리 돌리지 말고, 발걸음은 단정하게 합시다. 그리고 말을 할 때에는 조용하고 온화하게 합시다. 다시 말해 우리의 외적인 태도가 영혼의 내적인 아름다움을 나타나게 합시다. 우리의 행동은 저들의 것과는 다른, 변모된 것이어야 합니다. 우리가 하는 일들은 복된 바오로가 말한 것처럼 새롭고 낯선 것이기 때문입니다. "누구든지 그리스도 안에 있으면 그는 새로운 피조물입니다"(2코린 5,17).

• 요한 크리소스토무스 『예비신자 교리교육』 4,25-26.

### 어떤 역경에도 맞서지 말라

그리스도인의 태도가 얼마나 훌륭한지 아시겠지요? 여러분이 겉옷과 외투를 내준 뒤, 여러분의 원수가 벗은 몸인 여러분을 역경과 노역에 처하려 해도 그에게 맞서지 말라고 예수님은 이야기하십니다. 예수님께서는 우리가 모든 것, 우리의 육신과 재산을 모두 어려움에 처한 이들과 공동으로 소유하기를 바라시듯이, 우리를 모욕하는 이들과도 그렇게 나누기를 바라시기 때문입니다. 어려움에 처한 이들과 나누는 것은 자비고, 모욕하는 이들과 나누는 것은 용감한 정신입니다.

• 요한 크리소스토무스 『마태오 복음 강해』 18,3.

### 그리스도인이 되는 길

우리는 그분의 교회들이 일부 인간의 버림을 받는 것을 보고 놀랍니다. 우리가 겪는 일은 그리스도의 본보기를 따라 그리스도인이 되는 길을 우리에게 보여 주는데도 말입니다.

• 테르툴리아누스 『이단자들에 대한 항고』 3.

그리스도인들은 보이는 것을 희망하지 않습니다. 현재 있는 것이 아니라 앞으로 올 것을 약속받았기 때문입니다.

• 펠라기우스 『로마서 주해 단편』.

### 그리스도인으로서 새겨야 할 두 가지 교훈

[여기(필리 3,14 참조)에는] 남은 삶을 그리스도인으로서 살아가려는 이들이 새겨야 할 두 가지 교훈이 담겨 있습니다. 첫째는, 여전히 하느님의 다스림 아래 살아가고 있는 이는 과거에 얼마나 잘 또 올바르게 행동했든지, 자신이 이미 한 모든 행위에 대해서는 그것으로 자신이 무엇인가 얻을 자격이 있다고 생각해서는 안 된다는 것입니다. 오히려 그는 그 일들을 다 잊고 언제나 남아 있는 새 임무들을 찾아나서야 합니다. 둘째는, 그럼에도 불구하고 그는 지속적으로 이 일들을 향해 나아가면서 죽음에 이르기까지 그리스도의 규율을 지키며 하느님의 다스림 안에 살아야 한다는 것입니다.

• 마리우스 빅토리누스
『바오로 서간 주해』(필리피서) 3,13-14.

### 그리스도인과 세상의 관계

한마디로 영혼이 육신 안에 존재하듯이, 그리스도인은 세상 안에 존재합니다. 그리스도인이 세상의 모든 도시에 흩어져 살듯이, 영혼도 육신의 모든 부분에 존재합니다. 그리스도인이 세상에 살면서도 세상에 속하지 않듯이, 영혼도 육신 안에 있으면서 육신에 속하지 않습니다(요한 15,19; 17,11-16 참조). 보이지 않는 영혼은 보이는 육신 안에 갇혀 있습니다. 그리스도인이 세상 안에 살고 있는 것을 볼 수는 있으나 그들이 하느님께 바치는 예배는 보이지 않습니다. 육신이 자기를 해치지 않는 영혼을 미워하고 싸움을 거는 것(갈라 5,17 참조)이 영혼이 육신의 쾌락 추구를 반대하기 때문인 것처럼, 세상에게 아무런 해를 주지 않는 그리스도인을 세상이 미워하는 것(참조: 요한 15,18-19; 1요한 3,13)은 그들이 쾌락을 추구하지 못하게 하기 때문입니다. 영혼이 자기를 미워하는 육신과 그 지체를 사랑하는 것은 그리스도인이 자기를 미워하는 사람들을 사랑하는 것과 같습니다(참조: 마태 5,44; 루카 6,27).

영혼은 육신 안에 갇혀 있지만 육신을 살려 줍니다. 그리스도인도 세상이라는 감옥에 갇혀 있으면서 세상에 생명을 줍니다. 불사불멸의 영혼이 죽을 운명의 장막 안에 살고 있듯이(2베드 1,13 참조), 그리스도인 역시 하늘 나라의 불멸의 운명을 기다리면서 썩어 없어질 세상 안에 살고 있습니다. 영혼이 굶주림과 목마름으로 극기克己할 때 진보하듯이, 그리스도인도 박해당할 때 계속해서 증가합니다. 하느님이 그들에게 주신 지위는 그토록 고상한 것이기에 그들은 그것을 포기할 수 없습니다.

• 『디오그네투스에게 보낸 편지』 6.

### 세상에 사는 사람들

온 세상이 그리스도인이고 온 세상이 불경스럽기도 합니다. 온 세상에 불경한 이들이 퍼져 있고 온 세상에 경건한 이들도 퍼져 있습니다. 이들은 서로가 서로를 알지 못합니다. 어떻게 서로를 알지 못한다고 말할 수 있습니까? 불경한 이들은 잘 사는 이들을 비웃습니다. 잘 보십시오. 아마 여러분 가운데에도 그런 사람이 있을지도 모릅니다. 여러분 각자는 경건하게 살면서 세상 것들을 하찮게 여기고, 구경거리를 보러 가려고도 하지 않으며, 술에 만취하려고도 하지 않습니다. 나아가, 더 중요한 일이거니와, 무슨 성인 축일에는 몸을 더럽히지도 않습니다. 이런 짓을 하고 싶어 하지 않는 사람들이 왜 이런 짓을 일삼는 자들의 빈정거림을 받아야 합니까? 이들이 알려져 있었다면 비난받았겠습니까? 어째서 알려지지 않았습니까? 세상이 그들을 알지 못하기 때문입니다. 세상은 누구입니까? 세상에 사는 사람들입니다.

• 아우구스티누스 『요한 서간 강해』 4,4.

### 폭풍우 치는 바다 같은 세상

그리스도인들에게 이 세상은 바다와 같습니다. 바다에 역풍이 몰아쳐 선원들이 폭풍우를 만나는 것처럼, 이 세상도 불의한 사람들의 음모로 동요되어 믿는 이들의 마음을 어지럽힙니다. 적들은 참으로 다양한 방식으로 이런 짓을 저지르기에 먼저 무엇부터 피해야 하는지 알기가 어렵습니다. 환난의 원천이 많기 때문입니다.

• 암브로시아스테르 『바오로의 열세 서간 주해』.

### 내 쪽에서 보면 세상이, 세상 쪽에서 보면 내가 죽었다

여기서[갈라 6,14 참조] "세상"은 하늘도 아니고 땅도 아닙니다. 세상 일, 사람들의 칭송, 높은 지위, 명성, 부, 호화로운 모든 것을 뜻합니다. 내게는 이 모든 것이 죽었습니다. 모든 그리스도인이 이래야 합니다. 그는 예전의 평범한 형태의 죽음만으로 만족하지 않고 새로운 종류의 죽음, 곧 세상 자체에 대해 죽는 것에 대해 알려 줍니다.

• 요한 크리소스토무스 『갈라티아서 주해』 6,14.

### 세상을 더 사랑한 죄 많은 그리스도인

그리스도보다 세상을 더 사랑한 죄 많은 그리스도인들도 그분께 이런 말씀을 들으면 가슴을 치며 슬퍼할 것입니다. "나는 너희 때문에 인간이 되었다. 내가 붙잡히고, 조롱받고, 얻어맞고, 십자가에 못 박힌 것은 너희 때문이다. 내가 당한 이런 큰 모욕의 열매는 어디 있느냐? 내 피의 대가로 너희 영혼의 구원되었음을 생각해 보아라. 이 일에 대한 보답으로 너희가 나에게 빚지고 있는 예배는 어디 있느냐? 내가 사람이 된 것은 하느님인 내가 나의 영광보다 너희를 더 귀하게 여겼기 때문이었다. 그런데 너희는 나를 너희가 가진 어떤 것보다 하찮게 여긴다. 너희는 나의 의로움과 충실함보다 세상의 지극히 하찮은 것들을 더 사랑한다."

• 『마태오 복음 미완성 작품』 강해 49.

### 세상 것을 거룩한 것과 섞지 마라

여러분은 세속적인 것은 그 무엇도 지니지 않도록 조심하며, 삼가 세속적인 관습이나 오류나 이 시대의 애매모호한 말을 교회에 가져오지 않도록 조심하라는 것입니다. 여러분은 모든 세속적 방식을 완전 봉헌물로, 곧 금기로 삼으십시오. 세상 것을 거룩한 것과 섞지 마십시오. 세상사를 교회의 신비 안으로 가져오지 마십시오.

이것은 요한이 그의 서간이라는 나팔로 부는 소리이기도 합니다. 그는 이렇게 말합니다. "여러분은 세상도 또 세상 안에 있는 것들도 사랑하지 마십시오"(1요한 2,15). 바오로도 이렇게 말합니다. "여러분은 현세에 동화되지 마십시오"(로마 12,2). 그렇게 하는 자들은 금기된 것을 받아들이는 자입니다. 그들은 금기된 것을 교회로 들여오기도 합니다. 그리스도인이면서도 교회 안에서 이민족들의 의식을 거행하는 자들이 그런 이들입니다. 별들의 운행에서 인간의 생명과 행위의 답을 열심히 찾고, 새들의 이동에 앞날을 묻고, 옛날에나 쓰이던 것들로 점을 치는 자들은 금기된 것을 예리코에서 교회로 가져와 주님의 진영을 더럽히고 하느님의 백성이 정복당하도록 만드는 자들입니다.

• 오리게네스 『여호수아기 강해』 7,4.

### 균형 잡힌 시각

바오로 사도의 균형 잡힌 시각을 잘 보십시오. 그는 그리스도인들에게 신자 아닌 이들과 일체 교류하지 말라고 지시하지 않습니다. 금지하지 않습니다. 하나하나 세심하게 묻는 사람들은 두려움에서 그러는 것이고, 그것은 잘못된 것입니다. 그런가 하면 어떤 음식이 우상에게 바쳤던 것임을 알고 그것을 삼가기로 의식적인 결단을 내린 사람은 두려움이 아니라 우상을 경멸하고 역겨워하는 마음에서 그러는 것이며, 그것은 하느님 보시기에 옳습니다.

• 요한 크리소스토무스 『코린토 1서 강해』 25,1.

## 이교인(의 비난)과 그리스도인(의 반박)

### 그리스도인이라는 이름을 갖고 있다는 자체

그대들은 우리를 그리스도인이라는 이름에서 떼어 놓는 일을 유일한 목표로 삼기에, 우리를 다른 죄인들과 다르게 취급합니다. 실제로 우리는 그리스도인이 아닌 보통 사람들과 같은 일을 하더라도 배척을 당합니다. 사람들은 그리스도인들이 범죄를 저질렀기 때문이 아니라, 그리스도인이라는 이름을 갖고 있다는 자체만으로 적대적인 행위를 합니다.

• 테르툴리아누스 『호교론』 2,18.

### 그리스도를 믿는 이들의 가르침을 경멸하는 이교인들

이교인들은 생명과 친교와 그리스도를 믿는 이들의 가르침을 경멸합니다. 그리스도인들은 히브리인들, 곧 '나그네'로 불려 마땅합니다. 그들은 지금 세상에서는 악에서 덕으로 건너가는 것을 알며 미래에는 죽음에서 생명으로 건너가기를 희망하기 때문입니다. 하늘로 향한 그들의 마음이라는 산꼭대기에 서서 바라보는 그들은 육적인 것들의 저열한 욕망들과 세상의 모든 적대 행위를 넘어설 줄 압니다.

• 존자 베다 『사무엘기 상권 우의적 해설』 4,29.

### 순진하고 잘 속는 그리스도인

가난하고 불쌍한 종자들인 이(곧, 그리스도인)들이 제일 먼저 확신하는 것은 자신들은 불사하며 영원히 산다는 것입니다. 그 결과 그들은 죽음을 경멸하고, 심지어 자진해서 감옥에 갇히기도 합니다. 게다가 그들에게 최초로 계명을 준 사람은, 그들이 모두 같은 형제자매라고 주장하면서 그리스의 신들을 부정하고 십자가형의 죽임을 당한 궤변론자인 자신을 숭배하고 자신의 법을 따라야 한다고 주장합니다. 그래서 이들은 모든 것을 경멸하고 모든 것을 공동의 소유라고 주장합니다. … 따라서 돌팔이나 사기꾼도 만일 기회만 된다면 언제든지 이 어리석고 순진한 이들을 협박해서 재산을 등쳐 먹을 수가 있을 것입니다.

• 루키아누스 『페레그리니우스의 죽음』 13.

### 그리스도인에 대한 나쁜 소문

소문에 따르면, 터무니없고 얼토당토않은 것에 속아 넘어간 그리스도인들은 당나귀의 머리와 동물의 심장을 숭배한다고 합니다. 예비신자 입교식에 대한 이야기는 한마디로 혐오스럽기 짝이 없습니다. 이 이야기는 널리 알려져 있습니다. 어린아이를 밀가루로 덮어씌웁니다. 그렇게 하는 것은 예비신자들이 밀가루 부대 속에 들어 있는 것이 무엇인지 알아보지 못하게 하기 위해서입니다. 밀가루로 뒤범벅이 된 어린아이를, 신비 예식에 이제 처음으로 참여하는 예비신자들 앞에 내놓습니다. 예비신자들에게는 밀가루 덩어리라고 속입니다. 그렇게 해야만, 예비신자들이 그것을 때리고 구타해도 전혀 나쁜 행위가 아니라고 믿을 수 있기 때문입니다. 그리하여 결국 예비신자들은 어린아이를 죽입니다. … 그들은 어린아이의 피를 게걸스럽게 핥아먹습니다. 그런 뒤 그들은 어린아이의 몸뚱이를 어떻게 분배할 것인가에 대해 논쟁을 벌입니다. 어린아이를 죽임으로써 그들은 모두 맹세하게 됩니다. 그들은 모두 범죄에 공모했기 때문입니다. 그렇게 함으로써 그들은 서로 침묵을 지킵니다. …

사람들은 그리스도인들의 축제에 대해 잘 알고 있습니다. 다음과 같은 내용은 어디에서나 들을 수 있는 것입니다. … 축제 때가 되면, 그리스도인들은 축제를 지내기 위해 남녀노소 모든 가족을 데리고 모입니다. 배불리 먹고 난 후, 축제 분위기가 절정에 달하면, 술에 취한 그들은 근친상간을 저지릅니다. 그들은 개를 횃불 기둥에 묶어 놓고서, 개에게 고깃덩어리 하나를 던져 주며 물게 합니다. 하지만 개의 끈이 닿을 수 없는 거리에 고깃덩어리를 던져 놓았기 때문에 개는 고깃덩어리를 물지 못합니다. 그들을 현혹시켰던 불꽃이 점점 사그라져 갑니다. 그러면 그들은 서로를 부둥켜안고 난장판을 이룹니다. 설사 이 같은 일이 실제로 발생하지 않는다 할지라도, 그들은 마음속으로 이런 짓을 합니다. 왜냐하면 그들은 마음속으로 그런 짓을 간절히 원하고 있기 때문입니다.

• 미누키우스 펠릭스 『옥타비우스』 9,6.

### 그리스도인에 대한 중상 변론

사람들은 우리가 어린아이를 살해하는 의식을 치르고, 그 의식에 사용된 어린아이를 먹으면서 잔치를 벌이고, 잔치가 끝난 뒤에는 근친상간의 죄를 범하는 아주 사악한 사람들이라고 합니다. 그들은 또한 개들이 등불을 엎어 버림으로써 우리가 근친상간을 벌이게 돕는 뚜쟁이 역할을 하고, 등불을 끔으로써 우리가 불결한 욕정을 정결함의 베일로 가리게 해 준다고 말합니다.

우리에 관한 이야기들은 사람들 사이에 늘 있었습니다. 그러나 그대들은 아주 오래전부터 그 이야기들을 분명하게 밝히려 하지 않았습니다. … 우리는 매일 괴롭힘과 배신을 당하고, 모임 중에 자주 체포되었습니다. 아기가 큰 소리로 우는데 그 아기에게 가 보지 않는 사람이 누가 있습니까? 그대들은 그리스도인들의 입에 피가 묻은 것을 보았다고 말합니다. 그런데 키클롭스나 세이렌처럼 입에 피가 묻은 채로 재판관 앞에 서는 사람이 누가 있겠습니까? (그리스도인들 중에) 자신의 아내에게서 음탕함의 흔적을 찾은 사람이 누가 있습니까? 범행이 발각되었다고 고발당한 사람들 중에 재판관들 앞에 나서서 자신들이 고발당한 내용을 숨기거나, 고발한 사람을 보복한 사람이 누가 있습니까? 그대들이 말한 대로 항상 우리가 아무도 모르게 숨어 있는 사람들이라면, 우리가 저지른 범죄들은 언제 밝혀지겠습니까?

• 테르툴리아누스 『호교론』 7,1-5.

### 거짓 고발

나는 불경한 자들이 하느님을 공경하는 그리스도인이라 불리는 우리에 대해 없는 사실을 퍼뜨리는 헛소문에 귀를 기울이지도 않았을 것입니다. 그들은 우리의 아내들을 모두가 공유할 수 있고, 우리가 상대를 가리지 않고 성관계를 하며, 더욱이 자기 누이와 상간相姦을 한다고 하며, 무엇보다 불경하고 참기 힘든 것은 우리가 인육을 먹는다는 헛소문입니다. 게다가 그들은 우리의 교리가 최근에야 생겨난 것이고, 우리의 가르침이 진리를 드러내 보여 준다는 증거는 하나도 제시할 수 없으며, 그렇기에 우리 교리는 어리석은 것이라고 말합니다.

• 안티오키아의 테오필루스 『아우톨리쿠스에게』 3,4.

### 켈수스의 비난

그들(그리스도인들)은 다음과 같은 원칙을 정했습니다. "교육받은 자, 지혜로운 자, 분별 있는 자는 가까이 하지 마라. 왜냐하면 그들이 보기에, 그런 속성들은 일종의 악이기 때문이다. 그러나 무식한 자, 분별 없는 자, 교육받지 못한 자, 어리석은 자라면 편안히 들어올 수 있다. 요컨대 그들은 그런 자들을 자기네 신에게 합당한 인간으로 선언함으로써, 자신들은 오로지 어리석은 자, 미개한 자, 우둔한 자들, 그리고 노예, 여자, 아이 들만 설득하려 하고 또 설득할 수 있다는 사실을 알게 해 준다."

• 오리게네스 『켈수스 반박』 3,44.

### 법도 질서도 없는 야만족

[켈수스는 말합니다.] "요컨대 모든 사람이 당신(그리스도인)처럼 행동한다면, 황제 홀로 버림받은 채 남아 있고, 땅의 재화들이 극히 무법적이고 사나운 야만인들 수중에 떨어지는 것을, 그리고 당신의 종교도 참지혜도 인간들 사이에서 살아남지 못하게 되는 것을 그 무엇도 저지하지 못하게 될 것이다."

• 오리게네스 『켈수스 반박』 8,68.

### 합당한 숭배

켈수스는 이렇게 말합니다. "이성은 양자택일을 요구한다. 만일 그들이 아래의 일들을 관장하는 임무를 맡은 존재(신)들을 마땅히 섬기는 것을 거부한다면, 그들은 남자로 성숙하지도 못하고 여자와 혼인하지도 못하고 자식을 가지지도 못하며 아예 인생에서 아무것도 도모해 보지 못하고 오히려 자손도 남기지 못하며 모조리 여기서 떠나 버리게 될 것이다. 그리하여 그런 인간 종자들은 세상에서 완전히 사라지게 될 것이다. 그러나 그들이 여자와 혼인하고 자식을 낳고 열매를 즐기고 또 삶의 일들에 동참하고 또한 부과된 역경을 감당한다면 — 사실 모든 인간이 역경을 겪는다는 것은 본성에 속한다. 이를테면 역경의 존재는 필수적이며 이 삶에서 다른 장소를 알지 못한다 — 그들은 자신들의 사슬에서 풀려날 때까지 그런 일들을 관장하는 임무를 맡은 존재들을 마땅히 공경하고 또한 (사회) 생활을 위한 의무들을 수행해야 하니, 그럼으로써 그들은 그 존재들에게 감사하게 될 것이다. 사실 그 존재들의 선과 재화의 한몫을 누리면서 사용료를 지불하지 않는다는 것은 부당하다고 하겠다."

• 오리게네스 『켈수스 반박』 8,55.

### 황제를 숭배하고 지지해야 한다

켈수스는 우리가 "황제를 온 힘을 다해 지지하고 그의 정당한 노력에 동참하고 그를 위해 싸우고, 또한 그가 요구하면 그와 함께 출정하고 그와 더불어 그의 군대를 지휘해야 한다"고 요구합니다.

• 오리게네스 『켈수스 반박』 8,73.

켈수스는 우리에게 "조국에서 법률과 종교의 보존에 필요한 정부 직책을 맡으라"고 요구합니다.

• 오리게네스 『켈수스 반박』 8,75.

### 이교인의 신화와 복음서 증언의 다른 점

우리는 우리 예수님에 관한 보고들을 예언서에 근거하여 진실로 입증할 수 있으며 또한 그분 삶의 이야기를 저들의 이야기와 비교하면서, 그분의 처신은 흠잡을 것이 없었음을 명시할 수 있습니다. 과연 예수님을 거슬러 "거짓 증언"을 찾았던 적대자들은, 그분의 부당한 행위를 고발하기 위한 거짓 증언의 그럴 듯한 근거를 하나도 발견하지 못했습니다(마태 26,59-60 참조). 그리고 예수님의 죽음도 사람들이 줄기차게 따라다녔기에 초래된 것으로서, 아스클레피오스에게 명중한 천둥신의 화살 따위와는 공통점이 전혀 없습니다. 아무튼 여자 옷으로 모습을 감추고 미친 듯 날뛰던 "디오니소스"가 신으로 공경받을 만한 어떤 영예로운 것을 지니고 있었던가요? 그러나 그런 일을 옹호하는 사람들이 우의적 해석에서 피난처를 찾는다면, 우리는 한편으로는 그 우의적 해석이 진실한 어떤 것을 내포하고 있는지 검증해야만 하겠고, 다른 한편으로는 거인족에게 잡아 찢기고 또 천상의 자기 자리에서 내쳐진 그들이 아직도 실제로 존재하며 숭배와 공경을 받을 만한지 검증해야겠습니다. 아무튼 우리 예수님이, 켈수스의 표현을 인용하자면, "자기 패거리의 동료들에게 목격되었다"는 것은 실제 사실이지만, "그는 환영으로 목격되었다"라는 켈수스의 주장은 비방입니다. 모쪼록 사람들은 저 신인과 영웅들에 관한 이야기를 예수님에 관한 보고와 나란히 놓고 면밀히 검증해야 합니다. 그런데 켈수스는 저 이야기들은 진실로 여기고, 예수님에 관한 보고는, 직접 본 목격 증인들이 기록한 것인데도, 날조로 간주하려는 것 같습니다. 그 남자들은 자기가 목격한 일이 진실이라는 증거를 행동을 통해 보여 주었으니, 예수님의 가르침을 위해 온갖 고난을 기꺼이 감수하면서 자신의 지조를 실증했던 것입니다. 자신의 모든 행위에서 이성을 따르고자 하는 사람이라면 누가 저 신화들은 군말 없이 받아들이고, 오히려 예수님 이야기는 전혀 검증해 보지도 않고 믿을 수 없는 것으로 배척하겠습니까?

• 오리게네스 『켈수스 반박』 3,23.

### 허무맹랑한 말

켈수스는 말합니다. "적지 않은 그리스도인들뿐 아니라 유대인들도 말하는 것, 곧 어떤 신이나 신의 아들이 현세 일들의 심판자로서 이 세상에 이미 내려왔거나 또는 내려오리라는 것이야말로 실로 파렴치한 생각이니, 길게 논박할 필요도 전혀 없다." … 그는 말합니다. "혹시 인간들의 상태를 알기 위해서인가?" 그런데 우리 가운데 아무도 그리스도께서 인간의 상태를 알기 위해 이 세상에 오셨다고 말하지 않습니다. 그렇다면 켈수스는 어떤 사람들이 그런 주장을 한 것처럼 꾸미는 셈인데, 그래놓고는 스스로 반론을 제기합니다. "그러면 그 신은 모든 것을 알지 못한다는 것인가?" 그러고는 우리가 "그분은 모든 것을 알고 계시다"라고 대답한 듯이, 의아하게 여기며 다시 묻습니다. "그 신은 모든 것을 알고 있으면서도, (인간의 상태를) 향상시키지는 않으니, 신의 능력으로 향상시킬 수가 없다는 것인가?"

• 오리게네스 『켈수스 반박』 4,2-3.

### 하느님은 무변의 존재

[켈수스의 말입니다.] "신은 선하고 아름답고 행복하며, 지극히 아름다운 최상의 상태에 존재한다. 그런데 신이 인간들에게로 내려온다면, 변화를 겪어야만 하는데, 그것도 선에서 악으로, 아름다움에서 추함으로, 행복에서 불행으로, 최상의 상태에서 최악의 상태로의 변화를 겪어야 한다. 도대체 누가 이런 변화를 선택하고 싶어 하겠는가? 그리고 오직 죽음을 면치 못하는 존재만이 본성상 변화와 변형에 예속되어 있으며, 불사의 존재는 본성상 언제나 동일하다. 요컨대 신은 그런 따위의 변화는 겪을 수가 없다."

• 오리게네스 『켈수스 반박』 4,14.

### 그리스도인들에게 하느님 외에 다른 신은 없다

그리스도인들은 "하느님을 알며 그분을 만물의 창조자와 직공장으로 믿습니다. 만물은 그분을 통해 그분에 의해 존재합니다. 그분 외에는 다른 신은 없습니다. 그리스도인들은 그분에게서 자신들의 정신에 기록한 계명들을 받았으며, 앞으로 올 세상에 대한 희망과 기대에서 그것들을 지켰습니다. 이 때문에 그들은 간통과 간음을 하지 않습니다. … 그들의 부인들은 처녀처럼 순결하고 그들의 딸들은 정숙합니다. 그들의 남편들은 불법적인 모든 관계와 다른 세상에서 암시하는 보복을 두려워하며 모든 부정한 행위를 자제합니다. … 그들 가운데 어떤 사람이 아이를 낳으면 그들은 하느님을 찬미합니다. 그 아이가 어릴 때 죽어도 죄를 짓지 않고 세상을 떠났기 때문에 그분을 찬미합니다".

• 아테네의 아리스티데스 『호교론』 15.

### 복음을 부끄러워하지 않다

그리스도교의 복음을 거부하는 이들은 터무니없는 소리라며 그것을 비웃고 조롱했습니다. 그들에게는 하느님의 아드님께서 태어나셔서 유대인들에 의해 양육되셨다고 가르치며, 십자가도 죽음도 부정하지 않는 이들의 말, 게다가 그리스도께서 죽은 이들 가운데에서 부활하셨을 뿐 아니라 만물의 주님으로서 하늘로 올라가셨고 죽은 이들을 다시 일어나게 하시리라는 것을 비롯한 사도들의 가르침보다 더 어처구니없는 것은 없었습니다. 이교인들은 사도들의 입을 다물게 할 수 있으리라 생각하며 이러한 말들을 조롱하고 비웃었습니다. 그래서 성 바오로는 사도들에 대한 이러한 견해에 반박할 필요가 있다고 생각하며 다음과 같이 가르치기 시작했습니다. "나는 복음을 부끄러워하지 않습니다"(로마 1,16).

• 콘스탄티노플의 겐나디우스 『로마서 주해 단편』.

### 그리스도인의 일반적 삶과 독특한 삶

그리스도인이라고 해서 다른 사람들과 나라를 달리하는 것도, 언어를 달리하는 것도, 의복을 달리하는 것도 아닙니다. 그들은 그들만의 고유한 도시에 사는 것도 아니며, 어떤 특수한 언어를 쓰지도 않습니다. 그들의 생활이란 특수한 것이 하나도 없습니다. 그들의 교리는 정신착란자의 상상이나 꿈이 만들어 낸 것이 아닙니다. 그들은 다른 사람들처럼 인간적 학설을 내세우지도 않습니다. 그리스도인은 각자의 운명에 따라 그리스 또는 다른 도시들에 흩어져 삽니다. 그들은 그들이 속하는 영적 세계의 특수하고 역설적인 법에 따라 살며, 의식주 생활 방식은 그들이 사는 지방의 관습을 온전히 따릅니다(필리 3,20 참조). … 그들은 육신을 지니고 있으나 육신을 따라 살지 않습니다. 그들은 지상에 살고 있으나 하늘의 시민입니다.

• 『디오그네투스에게 보낸 편지』 5,1-6.8-9.

### 그리스도인의 삶의 형태

그리스도인들은 경제를 발전시키고 시장을 활성화하는 데 아무런 도움이 되지 않는다는 이유로 고발당했습니다. 우리의 삶의 형태는 그대들과 비슷합니다. 우리는 그대들과 같은 음식을 먹고 같은 종류의 옷을 입으며, 같은 살림살이를 가지고 있습니다. 또한 삶에 필요한 것들이 그대들과 다르지 않습니다. 우리는 문명화된 사회를 떠나 숲속에 사는 인도의 브라만 계급 사람들이나 벌거벗은 채로 금욕을 실천하는 구루들도 아닙니다. 우리는 하느님께서 우리에게 하신 일들의 결과를 부정하지 않고 받아들이며, 주님이시며 창조주이신 하느님께 감사드리는 일을 잊지 않습니다. 우리는 하느님의 일을 하면서 지나치게 또는 부적절하게 그 일을 하지 않도록 절제하는 삶을 삽니다. 어쨌든 우리는 그대들과 함께 사는 사람들입니다. 그대들이 장사하는 가게들뿐만 아니라 시장과 도살장 그리고 공동 목욕탕, 작업장, 여관 등과 같이 그대들이 자주 가는 곳에 우리도 갑니다. 또한 우리는 그대들과 함께 배를 타고, 군인으로서 함께 일합니다. 우리는 땅을 경작하고, 우리가 생산한 것들을 사람들과 교환합니다. 그리고 그대들을 위해 일을 하고, 우리가 생산한 것들을 그대들에게 팔기도 합니다. 이렇듯 우리가 그대들이 하는 경제적인 활동에 함께하고 경제를 위해 일을 하는데, 어떻게 우리를 쓸데없는 사람들이라고 생각하는지 나는 잘 모르겠습니다.

• 테르툴리아누스 『호교론』 42,1-3.

### 그리스도인에게 요구되는 생활 방식

당신은 살인하지 마십시오, 간음하지 마십시오, 남색질하지 마십시오, 음행하지 마십시오, 도둑질하지 마십시오, 마술을 하지 마십시오, 요술을 하지 마십시오. 낙태로 아이를 살인하지도 말고 갓난아이를 죽이지도 마십시오.

• 『디다케』 2,2.

### 그리스도인의 삶

이렇게 배우는 사람들이 역겹고 불법적인 육체

관계를 습관적으로 하거나 무엇보다도 가장 불경한 짓, 곧 인육을 먹을 수 있는지 생각해 보십시오. 우리에게는 검투사들의 시합을 보는 것조차도 금지되어 있습니다. 사람을 죽이는 일에 공모하거나 참여자가 되는 일이 없도록 보지 않는 것입니다. 또 우리에게는 다른 공연들을 보는 것도 허락되지 않습니다. 우리의 눈과 귀가 더러워지지 않고 그곳에서 예찬되는 말에 참여하지 않게 하는 것입니다. …

그리스도인들은 자제하고 절제하며, 일부일처제를 지키고 순결을 지키며, 불의와 싸우고 죄를 뿌리 뽑으며, 의로움을 실천하고 법을 준수하며, 행위로 신심을 증거하고 하느님을 공경합니다. 곧, 진리가 행위의 규범이고, 은총이 그들을 지켜 주며, 평화가 보호하고, 거룩한 말씀이 이끌어 주며, 지혜가 가르치고, [영원한] 생명이 결정적인 작용을 하며, 하느님께서 다스리십니다.

• 안티오키아의 테오필루스 『아우톨리쿠스에게』 3,15.

### 그리스도인은 증오하지 않는다.

우리는 원수를 사랑하라는 명령을 받았습니다. 그렇다면 우리가 미워할 수 있는 사람이 누가 있겠습니까? 누군가 우리를 박해하더라도 우리가 그에게 보복하는 것은 금지되어 있습니다. 왜냐하면 그가 우리를 박해한 것처럼 우리도 그를 박해한다면, 그와 똑같은 사람이 되기 때문입니다. 그렇다면 우리가 박해할 수 있는 사람이 누가 있겠습니까?(참조: 1테살 5,15; 1베드 3,9).

• 테르툴리아누스 『호교론』 37,1.

### 그리스도인의 형제애

우리가 보호하는 사람들을 옆에서 지켜본 사람들 중에 누군가는 우리에게 오명을 씌우기 위해 이렇게 말합니다. "보아라. 그리스도인들은 서로 사랑한다." 그런데 이런 말을 하는 사람들은 실제로 자기들끼리 서로 미워합니다. 그들은 또 이렇게 말합니다. '그리스도인들은 다른 사람을 위해 죽을 준비가 되어 있다'(참조: 요한 15,12-13; 1요한 3,16-18). 그러나 그들은 서로를 죽일 준비를 하고 있습니다. 우리가 서로를 단순히 '형제'라는 이름으로 부르는 사실에 그들은 미친 듯이 날뜁니다. 내가 생각하기에, 그들이 사용하는 혈연관계라는 용어는 성적인 애정을 숨기고 겉으로 보기 좋게 치장한 것과 다름이 없습니다. 한편, 그대들이 우리에게 질이 나쁜 형제들이면서 짐승보다 못한 사람들일지라도, 우리와 그대들은 인간적으로 같은 어머니에서 나왔기 때문에 어쩔 수 없이 한 형제들입니다.

• 테르툴리아누스 『호교론』 39,7-9.

### 이교인 가정의 축제에 참여

초청 이유가 '제물을 바치기 위한 것'이 아니라면 초대받아도 되고, 내 마음에 드는 것보다 더 많이 해도 좋습니다. 우리가 생각하지 않아도 될 것을 하느님께서 바라셨다면, 우리에게 허용되지 않은 것이 무엇이 있겠습니까! 그런데 악마가 세상을 완전히 우상 숭배로 옭아 넣었기 때문에, 우리가 우상에 대한 의무가 아니라 사람들에게 해야 할 도리로 여러 일에 참석하는 것은 허용되어야 합니다.

• 테르툴리아누스 『우상 숭배』 16.

### 역병이 돌았을 때 그리스도인과 이교인의 모습

대부분의 우리 형제들은 헌신적인 이웃 사랑으로 자신들의 몸을 사리지 않고 서로 도와주었습니다. … 그러나 이교인들에게는 이와 정반대의 일이 일어났습니다. 그들은 앓기 시작한 사람들을 돌보지 않고, 가장 사랑하는 이들을 멀리하였으며, 아직 죽지 않은 이들을 길에 버리고, 죽은 이들을 매장하지 않은 채 내버려 두었습니다.

• 카이사리아의 에우세비우스 『교회사』 7,22,7.

### 거룩하고 순결한 삶

자기들 신들을 버렸다고 그리스도인들의 신앙을 욕하던 이교인들이 그리스도 안에서 거룩하고 순결한 삶을 살아가는 이들을 보고 욕을 그치는 경우가 많습니다. 그러고는 선하고 의로운 행위로 당신이 선하고 의로우신 분임을 보여 주시는 하느님을 찬양하고 찬미합니다.

• 존자 베다 『가톨릭 서간 해설』(베드로 1서).

### 그리스도교를 선포하는 사람들

그리스도교를 선포하는 사람들은, 자신이 "그리스인들에게도, 비그리스인들에게도, 지혜로운 이들에게도, 어리석은 이들에게도 다 빚을 지고 있다"(로마 1,14)고 분명히 밝힙니다. 요컨대 그들은 "어리석은 이들"의 영혼도 보살펴서, 이들이 가능한 한 무지를 벗어나 깨달음을 추구하도록 해야 하는 자신의 소임을 부인하지 않습니다. 그들은 솔로몬의 말을 경청하고 있습니다. "어리석은 이들아, 영리함을 터득하여라. 우둔한 이들아, 마음을 깨쳐라"(잠언 8,5).

• 오리게네스 『켈수스 반박』 3,54.

### 비그리스도인의 선행

그리스도의 성사를 선뜻 받아들일 마음은 아직 없지만, 그리스도의 이름에 호감을 가지고 그리스도인을 맞아들이며, 단지 그리스도인이라는 이유만으로 호의를 베푸는 사람은 자기가 받을 상을 잃지 않을 것이라고 말씀하십니다(참조: 마태 10,42; 마르 9,41). 그리스도인에게 호의를 베풀었다고 해도, 그리스도의 세례로 씻음을 받고 그분의 몸과 하나 되기까지는 마음 편히 안심해서는 안 됩니다. 그러나 그들은 이미 하느님 자비의 이끄심을 받아 목적지를 향해 나아가고 있으므로 이 세상을 안전하게 떠나게 될 것입니다. 그리스도인이라고 불리고 그리스도교 성사에 참여하면서도 다른 사람들을 꼬드겨 자신과 더불어 영원한 벌을 향해 곤두박질치는 사람들보다는, 비록 그리스도교 공동체의 일원이 되기 전일지라도 이러한 사람들이 훨씬 더 유리합니다.

• 아우구스티누스 『복음사가들의 일치』 4,6,7.

### 이교인들을 개종시키는 방법

가능한 한 이교인들의 신전은 파괴하지 말고, 단지 그들의 우상들만 깨뜨린 다음에 신전에 성수를 뿌리고, 제대를 세우고, 성인들의 유해를 보관하도록 하십시오. 만일 잘 지어진 신전들이라면, 그대는 단지 악마를 숭배하던 그 신전의 용도만 변경하도록 하십시오. 그렇게 해서 그 신전이 이제부터는 참하느님을 경배하는 장소가 되게 하십시오. 그렇게 하면 자신들의 예배 장소가 파괴되지 않은 것을 본 주민들은 자신들의 잘못을 잊어버리고, 참하느님에 대한 지식을 얻게 될 것입니다. 그리하여 자신들의 조상들이 함께 모여 경배했던 바로 그 장소에서 하느님을 경배하게 될 것이오. 과거에 그들이 악마를 숭배하기 위해서 수많은 소를 희생 제물로 바쳤지만, 그들의 축제 관습을 바꿀 필요는 없을 것입니다. 성당봉헌축일이나 성당에 유해를 모셔 놓은 순교 성인들의 축일에는, 그들이 전에 이교 신전 주위에 초막을 지었던 것처럼, 성당 주변에 나뭇가지로 초막을 짓게 하십시오. 그리고 잔치와 곁들여 축일을 지내도록 하십시오. … 이런 식으로 그들에게 자신들의 기쁨을 외적으로 표현하게 해 준다면, 내적 기쁨을 알 수 있도록 그들을 훨씬 더 쉽게 인도할 수 있을 것이오. 왜냐하면 이 같은 잘못된 생각들로 가득 찬 현혹된 영혼들을 단 한 번에 없애 버린다는 것은 불가능하기 때문입니다. 그대는 껑충껑충 산을 뛰어오르려고 하지 말고, 천천히 오르도록 하십시오.

• 대 그레고리우스 『편지』 11,56.

### 덕을 찬양하는 이교인들

시인들, 역사가들 그리고 훨씬 더 많은 철학자들이 덕을 찬양하였으므로, 우리는 특히 그러한 문학 작품을 공부해야 합니다. … 헤시오도스는 이렇게 노래했습니다. "처음에는 여행하기 험난하고 힘들며, 많은 땀과 노력이 가득 차 있는 길이 덕으로 가는 가파른 길이다."

그러므로 이 길은 너무나 가팔라서 오를 수 있는 것이 아니며, 오르려고 애를 써도 쉽게 정상에 도달할 수 있는 길이 아닙니다. 하지만 정상에 오르면, 바로 이 시인이 말한 것처럼, 이 길이 악으로 이어지는 다른 길보다도 얼마나 매끄럽고 아름다운 길인지, 얼마나 쉽고 즐거운 길인지, 그리고 더 유쾌한 길인지 알 수 있습니다. 내가 보기에, 헤시오도스는 우리에게 덕을 추구하라고 촉구하고 모든 사람에게 선하게 살라고 권고하며, 목적지에 도착하기 전에 수고와 좌절 앞에서 우리가 약해지고 비겁해지는 것을 막기 위해 이런 것들을 이야기한 것 같습니다.

• 대 바실리우스 『청년들에게』 5.

### 세속 문학 인용

그대는 편지 말미에서 내게, 왜 글을 쓸 때 가끔 세속 문학의 구절을 인용하여 이교인의 불결함으로 교회의 순수함을 더럽히느냐고 물었지요. … 모세오경과 예언서에도 다른 민족들의 책에서 따온 구절이 있으며 솔로몬이 티로의 철학자들에게 질문하고 또 그들의 질문에 대답했다는 것을 모르는 사람이 누가 있습니까? … 바오로 사도는 티토에게 보낸 서간에서 시인 에피메니데스의 글을 인용합니다. "크레타 사람들은 언제나 거짓말쟁이, 고약한 짐승, 게으른 먹보들이다." 이 구절의 뒷부분은 나중에 칼리마쿠스가 인용하기도 하였습니다.

• 히에로니무스 『편지』 70,2.

### 그리스도인과 이교인 문학

신앙인들이 문학을 배우는 것은 허용되지만, 가르치는 것은 그렇지 않습니다. 배우는 것과 가르치는 것은 그 원리가 다르기 때문입니다. 신앙인이 문학을 가르친다면, 그는 가르치는 동안 권장을 하게 될 것이 분명하고, 전달하면서 긍정하고, 내용을 상기하다 보면 증언을 하게 되어, 그러는 가운데 우상들에 대한 찬양이 여기저기 끼어들게 됩니다. 그는 그 신들을 그 [신들의] 이름으로 지정하게 됩니다. 그러나 우리가 앞에서 말했듯, 율법은 "다른 신들의 이름을 불러서는 안 된다"(탈출 23,13)고 금지합니다. [하느님의] 이름을 헛것에 붙이는 것을 금지합니다.

• 테르툴리아누스 『우상 숭배』 10.

### 이교 예식 금지

우리는 점쟁이들, 무당 그리고 집집마다 방문하면서 우정이라는 핑계로 종교 의식을 행해 오던 사람들의 행위를 금지하는 바이다. 이들이 법을 무시하고 행동한다면 가차 없이 처벌할 것이다. 그러나 이런 요술이 이롭다고 생각하는 사람들은 공공의 장소에 설치된 제대와 사당에 가서 각자의 관습에 따라 종교 의식을 거행할 수 있다. 왜냐하면 우리는 지나간 세대의 왜곡된 종교 행위들을 공개적으로 거행하는 것을 금지하는 것을 금지하지는 않기 때문이다.

• 『테오도시우스 법전』 9,16,2.

### 죽어 가는 종교(이교)에 관한 백조의 노래[1]

저에게 경건한 의무를 이행하도록 한 제 고령이 통치자와 조국의 조상 가운데 가장 뛰어난 통치자에게 경의를 표합니다. 저는 전승된 관습에 머물러 있기를 바랍니다. 이 관습을 두고 후회할 이유가 없기 때문입니다. 저는 자유로운 인간이기에 제 방식에 따라 살고 싶습니다. 이러한 제신 숭배 형태는 제가 지키는 법률에 세상을 굴복시켰고, 이 제물들은 제 성벽에서 한니발을, 카피톨리노에서 갈리아 사람들을 격퇴시켰습니다. … 때문에 우리는 우리 조상의 제신과 우리 고향의 제신을 위한 평화를 청합니다. 모든 인간이 숭배하는 것이 하나라고 여겨지는 것은 합당합니다. 우리는 같은 별을 보고 하늘은 우리 공동의 것이며, 같은 우주가 우리를 담고 있습니다. 각자가 진리를 추구하기 위해 어떤 가르침을 따르든 그것이 무에 그리 중요합니까? 초월적인 신비에 이르는 길이 하나뿐일 리가 없습니다.

• 심마쿠스 『청원서』 3,9-10.

1 이 글은 당시 이교인인 심마쿠스가 이교에 대한 관용과 종교의 자유를 요청하는 청원서다.

# 금욕, 고행

영광을 가져오는 금욕은 우리가 거룩한 의향이라는 의지로 선택하는 금욕입니다.

• 『마태오 복음 미완성 작품』 강해 32.

금욕 생활은 교회의 삶과 행실, 순수한 지식과 진리의 옷을 입고 있을 때에만 훌륭한 것입니다.

• 오리게네스 『코린토 1서 주해 단편』 3,37,43.

침묵 속에 행하는 육체적 고행은 물질적 육체를 정화합니다.

• 니니베의 이사악 『설교』 43.

현재의 고행은 미래의 죽음 선고를 미루어 줍니다.

• 아를의 카이사리우스 『설교』 197,1.

## 금욕과 고행의 의미와 이해

### 금욕의 은총

금욕은 쓸데없는 경계도 무익한 두려움도 아닙니다. 그것은 구원의 길을 마음에 두고 생명을 주는 주님의 계명을 지켜, 그리스도께 자신의 삶을 봉헌하고 색욕에 이끌리는 육체의 행위를 끊음으로써 몸과 영으로 자신을 다 하느님께 바친 이들이 그들의 행실을 완성하도록 하며, 스스로를 치장하거나 주님이 아닌 다른 존재의 눈에 들기를 갈망하는 일이 없게 해 줍니다. "… 그들은 어린양이 가는 곳이면 어디든지 따라가는 이들입니다"(묵시 14,4). 사실 주님께서는 여자들은 제쳐 놓은 채 남자들에게만 금욕의 은총을 약속하시지 않습니다.

• 키프리아누스 『동정녀의 품행』 4-5.

### 영광을 가져오는 금욕

영광을 가져오는 금욕은 육체의 힘이 없어 어쩔 수 없이 하는 금욕과 다릅니다. 영광을 가져오는 금욕은 우리가 거룩한 의향이라는 의지로 선택하는 금욕입니다. 그래서 예수님께서는 "모태에서부터 고자로 태어난 이들도 있고, 사람들 손에 고자가 된 이들도 있다"라고 하십니다. 이들은 어쩔 수 없어 순결을 지키는 이들이지만, "하늘 나라 때문에 스스로 고자가 된 이들"인 세 번째 무리는 기꺼이 그것을 선택한 뜻 때문에 왕관을 쓰는 이들입니다(마태 19,12 참조).

• 『마태오 복음 미완성 작품』 강해 32.

### '흰 아마 옷'

'흰 아마 옷'은 우리의 스승들이 견뎌 내는 육신의 고행을 뜻할 것입니다. … 위대한 것을 선포하고자 하는 이는 육신의 고행만 아니라 금 같은 지혜로 가슴을 동이기도 해야 합니다. '가슴을 금 띠로 두른다'는 것은 노상 변하는 우리 생각의 모든 움직임을 사랑의 사슬로만 묶는다는 뜻으로 볼 수도 있습니다.

• 존자 베다 『묵시록 해설』 15,6.

### 육체의 고행

형제 여러분, 편도는 견과입니다. 그 열매의 겉껍질은 쓰고, 속껍질이 또 있어 알맹이를 보호합니다. 그리고 [그] 세 번째 부분은 먹는 사람이 누구든지 영양분을 제공합니다. … 단식이나 육체의 고행은 우리가 단련시켜야 할 이 썩는 육체 안에 있는 동안에는 분명 필요합니다. 그러나 죽음이 와서 우리 육체가 소멸하고 나서, 부활의 때에 부패에서 회복되면 불멸하게 됩니다. 육체를 구슬릴 필요도 없어지고, 고행이나 속죄의 단식 같은 것도 필요 없이 다만 그 자신의 본성에 따라 영적인 것이 되었을 때 그렇게 될 것입니다. 그러므로 견과의 단단한 껍질은 현재에 필요한 자기 통제의 수단일 뿐 나중에는 필요가 없다고 보입니다.

• 아를의 카이사리우스 『설교』 111,1-2.

### 고행은 시간이 중요한 것이 아니다

한 형제가 포이멘 압바에게 물었다. "제가 큰 죄를 지었습니다. 삼 년 동안 고행을 하고 싶습니다." 원로가 그에게 말했다. "그건 과합니다." 그 형제가 말했다. "일 년은요?" 원로가 다시 말했다. "그것도 과합니다." 거기 있던 사람들이 말했다. "사십 일은요?" 그가 다시 말했다. "그것도 과합니다." 그는 덧붙여 말했다. "만일 어떤 사람이 온 마음으로 회개하고 더 이상 죄를 지으려 하지 않는다면, 하느님께서 단지 삼 일 후에 그를 받아 주실 것입니다."

• 『사막 사부들의 금언』(포이멘) 12.

### 고행의 힘

'너희의 장엄한 축제일에 너희는 고행을 하여라'(레위 16,29 참조). [주님께서는] 왜 이렇게 말씀하셨을까요? 단식과 철야 기도와 거룩한 고행은 육체를 힘들게 하지만, 더러워진 마음을 정화하기 때문입니다. 그것들은 사지에서 힘을 앗아 가지만, 양심에 밝은 광채를 더해 줍니다. 무절제한 육체의 즐거움이 무거운 십자가의 고통으로 벌받고 육체의 지침으로 쾌락의 죄가 지워집니다. 현재의 고행은 미래의 죽음 선고를 미루어 줍니다.

• 아를의 카이사리우스 『설교』 197,1.

### 소망하는 사람

[다니엘이] "소망하는 사람"으로 불린 것은 적절합니다. 그는 절박한 기도와 육체의 고행, 철저한 단식이라는 극기의 힘을 통해 미래와 하느님의 감추어진 계획을 알기를 소망했기 때문입니다.

• 히에로니무스 『다니엘서 주해』 10,11.

### 금욕과 영적 환시

다니엘이 행한 금욕[다니 10,3 참조]은 겸손으로 하느님을 기쁘게 해 드리려는 것이었지, 그런 행동으로 황홀경에 들어야만 환시를 볼 수 있다는 듯이, 그의 영혼이 꿈이나 환시로 [신적 존재와] 소통을 하기에 앞서 감각을 예민하게 하거나 지혜를 얻으려는 목적으로 행한 것이 아니었습니다. 이런 절제[를 통해 얻는 맑은 정신 상태]는 … 자극적인 황홀경과는 아무런 상관이 없으며, 다만 그것을 수행하는 이를 하느님 앞에 설 자격 있는 이가 되게 합니다.

• 테르툴리아누스 『영혼론』 48.

### 그리스도인의 금욕 생활

우리가 불렸을 때의 처지 그 자체는 하나도 중요하지 않습니다. 예를 들어, 혼자 사는 남자는 순결한 삶을 살 수 있지만 죄에 깊이 빠져 있을 수도 있습니다. 혼인한 사람의 경우도 마찬가지입니다. 그리스도인이 금욕 생활을 할 때에만 혼자 사는 삶이 순결하고 거룩한 상태라고 말할 수 있습니다. 하지만 마르키온파도 비록 그리스도인과 같은 방식은 아니지만 금욕 생활을 합니다. 그리스도인들은 하느님을 기쁘게 해 드리기 위해 금욕 생활을 하지만 마르키온파는 창조자에게 굴복하지 않기 위하여 금욕합니다. 금욕 생활은 교회의 삶과 행실, 순수한 지식과 진리의 옷을 입고 있을 때에만 훌륭한 것입니다.

• 오리게네스『코린토 1서 주해 단편』3,37,35-43.

### 수덕과 금욕 생활에 도움이 되는 것

요한은 광야에서 살았습니다. 그리스도를 갈망하던 그는 그 밖의 어떤 것에도 눈길을 두지 않았습니다. 거친 옷을 입고 가죽 띠를 둘렀으며 메뚜기와 들꿀을 양식으로 삼아 먹었습니다. 이 모든 것은 수덕과 금욕 생활에 도움이 되는 것입니다. 구약성경의 수도승이라 할 수 있는 예언자들의 영적 자녀들은 사람 가득한 도시를 버리고 요르단강 근처에 움막을 짓고 보리죽과 들풀을 먹으며 살았습니다(2열왕 4,38-39; 6,1-2 참조). 자기 집에 사는 사람들은 자신의 작은 방을 천국으로 여기십시오. 거기서 성경의 다양한 열매를 거두어들이고 그대의 기쁨으로 삼으며, 그 규정을 그대 마음에 새기십시오(시편 119,69 참조).

• 히에로니무스『편지』125,7(루스티쿠스 수도승에게).

### 금욕은 수도승에게 공로가 아니라 의무다

우리는 날마다 금욕해야 합니다. 왜냐하면 우리가 단 하루라도 태만하면 주님께서 우리에게 지나간 날 때문에 우리를 용서하시지 않고 태만 때문에 분노하신다는 것을 알고 있기 때문입니다.

• 아타나시우스『(성) 안토니우스의 생애』18.

### "죽은 이들"

베드로 사도가 말하는 "죽은 이들"(1베드 4,6)은 많은 죄로 인해 죽은 이들, 그리스도께로 돌아서는 것을 사도가 보고 싶어 하는 이들을 말합니다. 그런 죄인들은 그분의 계명을 받아들이고 나면 인간의 이해력에 따라 단식과 엎드림, 눈물 등 여러 고행을 통해 육 안에서 자신을 심판합니다. 그들이 이렇게 하는 것은 하느님께서 그들에게 원하는 대로 영 안에 살기 위해서이며, 이는 바오로 사도의 이 말에 영감을 받은 행동입니다. "우리의 외적 인간은 쇠퇴해 가더라도 우리의 내적 인간은 나날이 새로워집니다"(2코린 4,16).

• 크레타의 안드레아스『성경 주해 선집』.

### 육체적 금욕과 내적 깨어 있음

누군가 아가톤 압바에게 물었다. "육체의 금욕과 내적 깨어 있음 중 어느 것이 더 낫습니까?" 원로가 대답했다. "인간은 나무와 같습니다. 육체의 금욕은 잎이고, 내적 깨어 있음은 열매입니다. '좋은 열매를 맺지 않는 나무는 모두 찍혀서 불 속에 던져진다'(마태 3,10)라고 기록된 것처럼 우리의 모든 관심은 열매를 향해 있어야 합니다. 달리 말하면, 영을 확실하게 보호해야 한다는 것입니다. 하지만 잎을 보호하고 장식하는 일, 곧 육체의 금욕도 필요합니다."

• 『사막 사부들의 금언』(아가톤) 8.

### 내적인 고행으로 힘을 키우는 금욕

기도로 빛을 받고 성령께 받은 은총의 기름으로

가득 찬 마음의 등잔(참조: 루카 12,35; 마태 25,4)을 가진 우리는 내적인 고행으로 힘을 키우는 금욕으로 허리에 띠를 맵시다. 이렇게 하면 우리는 잠의 달콤함이 불러일으키는 강력한 자극과 용감하게 전투를 벌이게 될 것입니다. 그렇게 되면 예언자가 말했듯이 '우리에게는 어둠도 빛이 되고 우리들 얼굴이 밤도 밝힐 것'(시편 139,11-12 참조)입니다. 어둠은 우리 마음을 어둡게 하지 못할 것입니다. 그러니 우리, 어두운 밤을 마치 밝은 대낮인 것처럼 깨어 있읍시다.

• 사도나 『완덕에 관한 책』 69.

#### 예수님의 낙인을 지니고 있다

다른 사람들에게 복음을 선포하면서 그 자신은 실격자처럼 보이지 않기 위해 자신의 육체를 잘 통제하고 복종시키는(1코린 9,27 참조) 오늘날의 금욕수행자는 어떤 면으로는 몸에 주 예수님의 낙인을 지니고 있다고 말할 수 있을 것입니다.

• 히에로니무스 『바오로 서간 주해』(갈라티아서) 3,6,17.

## 금욕적 삶과 고행의 실천

#### 엘리야와 요한

엘리야와 요한은 둘 다 금욕적인 삶을 살았고 굳은 결의를 지니고 있었습니다. 두 사람 다 광야에서 살았습니다. 엘리야는 가죽띠를 허리에 둘렀고, 요한도 비슷한 띠를 둘렀습니다.

• 히에로니무스 『마태오 복음 주해』 2,11,15.

#### 금욕적인 삶과 엄격한 가르침

아첨하고 돈을 좇고 부를 갈망하고 사치품을 두르고 고운 옷을 입은 사람들은 왕궁에서 산다. 그러므로 분명한 사실은 금욕적인 삶과 엄격한 가르침은 왕궁을 멀리하고 사치스런 궁궐을 멀리해야 한다는 것입니다.

• 히에로니무스 『마태오 복음 주해』 2,11,6.

#### 균형 잡힌 금욕 생활

바오로 사도는, 혼인을 금지하고 하느님께서 창조하신 고기를 먹지 못하도록 금지령을 내리려 하는 이들에게 낙인을 찍었습니다. 우리는 두세 번 하는 것 아닌 한 혼인을 거부하지 않으며 남들보다 자주 단식한다면 고기를 끊지도 않습니다. 자제하는 것과 아예 끊는 것은 다릅니다.

• 테르툴리아누스 『일부일처제』 15.

#### 중용적인 금욕 수행

신클레티카 암마는 또 말했습니다. "원수가 부추기고 원수의 제자들이 실천하는 금욕 수행이 있습니다. 우리는 거룩하고 훌륭한 금욕 수행과 악마의 가혹한 금욕 수행을 어떻게 구별할 수 있겠습니까? 중용을 통해서 분명하게 구별할 수 있습니다. 항상 단식의 유일한 규칙을 따르십시오. 사오일 동안 단식한 후 무절제한 음식으로 단식을 깨지 마십시오. 균형을 상실하면 항상 부패하기 마련입니다. 젊고 건강한 동안에 단식하십시오. 노년에는 질병이 함께 올 것입니다. 형편이 어려울 때에도 원기를 회복할 수 있도록 가능한 한 영양분을 축적해 두십시오."

• 『사막 사부들의 금언』(신클레티카) 15.

#### 우리의 무기는 절제와 금욕

지상의 원수들에게 충분히 맞서 싸울 수 있도록 육체는 음식으로 힘을 키우고 정신은 대담해지게 만드는 음료로 깨워야 합니다. 불경이라는 영적 무기에 대해서 우리는 영적으로 싸워야만 합니다. 우리의 무기는 절제와 금욕이어야 합니다.

그러면 성령의 기운을 받은 우리는 적대하는 더러운 영들을 쳐부수게 될 것입니다.

• 암브로시아스테르
『바오로의 열세 서간 주해』(에페소서) 6,17,2.

### 금욕 생활을 하는 이는 건강에 좋은 소박한 음식을 먹어라

금욕 생활을 하는 이는 경건함을 위해 전사처럼 싸울 것이 요구된다는 사실도 필수사항으로 규정할 필요가 있습니다. 이는 육체를 복종시키기 위한 것입니다. "모든 경기자는 모든 일에 절제를 합니다"(1코린 9,25)라고 쓰여 있습니다. 그러나 양심이 마비되어, 믿는 이들이 감사히 받아 먹도록 하느님께서 창조하신 음식들을 멀리하는 하느님의 원수들과 같은 부류로 취급되는 일이 없도록, 우리는 우리에게 주어지는 것이면 어떤 음식이든지 먹음으로써 우리를 보는 이들에게 "깨끗한 사람들에게는 모든 것이 깨끗"(티토 1,15)하다는 것과 "하느님께서 창조하신 것은 다 좋은 것으로, 감사히 받기만 하면 거부할 것이 하나도 없다"(1티모 4,4)는 것을 알려 주어야 합니다. 그러나 금욕 생활의 목적 또한 잊어서는 안 됩니다. 생명을 유지하는 데 필요한 것들과 소박한 음식으로 생리적 요구를 만족시킬 뿐, 배불리 먹거나 쾌락을 얻으려는 유일한 목적으로 음식을 먹는 일은 절대 없도록 하십시오.

• 대 바실리우스 『대 수덕집』(긴 규칙서) Q.18,R.

우리의 사부들은 굶주림과 목마름과 극도의 금욕 속에 살았으며, 그렇게 하여 깨끗하게 되었습니다. 무엇보다 그들은 온갖 악으로 가득한 술을 멀리하였습니다.

• 파코미우스 『교리교육』 45.

### 올바른 금욕 생활

그 자체로 전혀 문제될 것이 없는 갖가지 음식을 육신의 고행을 위해 금하고자 한다면, "깨끗한 사람에게는 모든 것이 깨끗합니다"(티토 1,15)라는 말씀을 기억하십시오. 불신이 더럽힌 것 말고는 아무것도 더럽다고 생각하지 마십시오. 바오로 사도가 말하기를, "더러워진 자들과 믿지 않는 자들에게는 깨끗한 것이 하나도 없다"(티토 1,15)고 하였습니다. 그러나 믿는 이들이 자신의 육체를 극심한 노역에 처하게 하여 육체의 쾌락을 삼간다면 물론 그것은 영적 건강에 도움이 됩니다.

• 아우구스티누스 『설교』 208,1.

### 믿음과 먹는 것의 관계

어떤 사람들은 믿음이 아주 강하여 전혀 동요가 없습니다. 어떤 이들은 금욕에 지쳤거나 나이가 지긋한 사람들입니다. 또 어떤 이들은 젊어서 또는 육의 정욕 때문에 믿음이 약합니다. 일부 사람들이 주장하는 것과 달리, 바오로는 여기서 유대인에 대해서가 아니라 금욕하는 사람들에 대해 말하고 있습니다. 유대인들은 율법에 따라 정결한 고기는 먹지만 이 사람들은 채소만 먹기 때문입니다.

달리 해석할 수도 있는데, 채소만 먹기로 한 사람을 알고 있는 까닭에 마음이 약해지고, 그 사람의 믿음 때문에 고기 먹기가 꺼려진다면 다른 사람의 결정을 심판하지도 말고 개개인의 재량에 달린 일을 그에게 요구하지도 말라는 것입니다. 그러나 고기가 싫어서 먹고 싶지 않다면 스스로 한계를 정하여 더 나은 일, 곧 채소만 먹으십시오. 그러면 사람들이 기분 나빠하며 고기를 계속 먹겠다고 결심을 확고히 하는 대신 그대의 바람직한 태도에 자극을 받아 금욕하게 될지 모릅니다. 자기 소신에서 또는 건강 때문이거나 노인이라서 고기를 먹는다면 그런 사람을 우리는 단죄할 수 없습니다. … 바오로는 넌지시 금욕을 권장하기 시작합니다. 그리고 고기를 먹는 사람들이 믿음이 강할지라도 그들의 본보기가 믿음이 약한 이들에게 걸림돌이 될 수 있으므로 금욕해야 한다고 말합니다.

• 펠라기우스 『로마서 주해 단편』.

### 백 배, 예순 배, 서른 배

서른 배를 맺는 사람, 곧 나쁜 일은 하지 않지만 자기가 할 수 있는 만큼만 좋은 일을 하는 사람, 이는 서른 배입니다. 이런 사람은 완전하게 내는 사람이 아닙니다. 예순 배를 내는 사람은 자신의 재산을 철저하게 경멸하지 못하며, 평생 규칙적으로 단식하지 못하며, 금욕 생활을 하지도 육체적 결핍을 견디지도 못합니다. 이런 것은 예순 배입니다. 그래서 주님께서는 예순 배를 낼 능력이 있는 사도들에게 "너희는 가진 것을 팔아 자선을 베풀어라"(루카 12,33)고 하십니다. 그러나 예순 배를 낼 능력이 없는 이들에게는 "달라고 하면 누구에게나 주고, 네 것을 가져가는 이에게서 되찾으려고 하지 마라"(루카 6,30)는 말씀으로 서른 배를 명령하십니다. 예순 배를 내는 사람도 완전하게 백 배를 내지는 못합니다. 자신의 재산을 바치며, 자신의 것을 잃을 줄 알며, 금욕 생활을 하고, 육체적 결핍을 견딜 수 있는 사람치고 백 배를 낼 마음의 자세가 되어 있지 않은 이가 얼마나 되겠습니까?

• 『마태오 복음 미완성 작품』 강해 31.

### 몰약을 바치다

우리가 금욕을 실천함으로써 육신의 악덕들을 극복할 때, 우리는 그분께 몰약을 바치는 것입니다. 몰약은 우리 육신의 고행을 나타냅니다. 몰약은 죽은 몸을 썩지 않게 합니다. … 우리가 자제라는 향료로, 우리의 속된 육신이 타락하여 썩지 않게 할 때, 우리는 하느님께 몰약을 바치는 것입니다.

• 대 그레고리우스 『복음서 강해』(40편) 10,6.

### 자발적 금욕을 나타내는 "몰약"

자발적 죽음이 있어야만 부활이 뒤따릅니다. 신부의 손에서 뚝뚝 듣는 몰약 방울은 바로 그런 자발적인 죽음을 나타냅니다. 신부의 손가락에서 몰약이 녹아 흐르기 때문입니다. 신부는 이 몰약이 다른 어떤 근원에서 자기 손으로 온 것이 아니라고 말합니다. 만약 다른 것에서 왔다면, 몰약은 우연적이며 무의식적인 것을 뜻할 것입니다. 신부의 손 — 영혼의 활동 기능 — 에서 몰약이 방울져 흐르는 것은 육체의 욕정을 자발적으로 억제함을 뜻합니다.

• 니사의 그레고리우스 『아가 강해』 12.

### 때때로 금욕함으로써 신심에 불을 댕길 수 있다

거룩한 과부들이 실행하기 시작했고 거룩한 동정녀들은 평생 실천하는 그 일을 혼인한 신자들이 며칠 정도 행하는 것은 애써 노력해야 하는 어려운 일이 아닙니다. 그러니 그렇게 하여 신심에 불을 댕기고 자기만족은 억제합시다.

• 아우구스티누스 『설교』 209,3(사순절).

### 금욕 생활은 울음이라 할 수 있다

경건한 사람들에게 적합한 금욕 생활은 울음이라 할 수 있습니다. 반면에 하느님 사랑보다 욕망에 더 잘 빠지는 방종한 삶은 웃음입니다. 이 삶에서 우는 이들은 나중에 웃을 것이며 그리하여 더욱 행복할 것입니다. "행복하여라, 지금 우는 사람들!"(루카 6,21) … 그러나 여기에서 웃은 이들은 하느님 사랑보다 욕망에 더 쉽게 빠지는 방종한 삶을 살았으므로 벌을 받고 울 것입니다. 그리하여 "거기에서 울며 이를 갈 것이다"(마태 8,12; 13,42.50; 22,13; 24,51; 25,30; 루카 13,28)라는 말씀을 듣게 될 것입니다.

• 맹인 디디무스 『코헬렛 주해』 71,4.

### 고행을 실천하지 않는 것에 대한 경고

싸우십시오, 친애하는 여러분, 때가 가까웠고 날이 얼마 남지 않았습니다. 자녀를 훈계하는 아버지가 없고, 아버지에게 순종하는 아들이 없습니다. 처녀들은 더 이상 순결을 지키지 않고, 도처에서 거룩한 이들이 죽었으며, 어머니와 과부들도 더 이상 없고, 우리는 고아같이 되었습니다. 겸손한 자들이 발밑에 뭉개졌고, 가난한 이들은 머리에 뭇매를 맞았습니다. 그러니 비탄에 빠진 우리에게서 하느님의 분노를 되돌릴 길이 거의 없고 아무도 우리를 위로하지 않습니다. 이 모든 일이 우리에게 들이닥친 것은 우리가 고행을 실천하지 않았기 때문입니다.

• 파코미우스 『교리교육』 49.

### 칠십 년, 팔십 년은 영원한 삶에 비교하면 짧다

먼저 모두가 공통으로 기울여야 할 노력은, 우리가 이미 시작한 길에서 망설이거나 그 길이 고되다고 용기를 잃어서는 안 된다는 것입니다. '우리는 오래전부터 금욕 수행을 해 왔다'고 말하지 마십시오. 오히려 날마다 새로 시작하는 것처럼 우리의 열정을 키웁시다. 사람의 일생은 장차 올 시대와 비교하면 매우 짧습니다. 이곳에서의 우리의 모든 시간은 영원한 삶 앞에서는 아무것도 아닙니다. … "저희 햇수는 칠십 년, 근력이 좋으면 팔십 년. 대부분은 고생과 고통이네"(시편 90,10). 따라서 만일 우리가 팔십 년 또는 백 년을 줄곧 금욕 수행으로 보낸다면, 우리는 그 백 년 만큼만 다스리는 것이 아닙니다. 우리는 백 년이 아니라 세세에 영원히 다스리게 될 것입니다. 우리는 지상에서 싸우지만 우리의 상속 재산을 지상에서 받지 않고 약속된 것을 하늘에서 받을 것입니다. 썩고 마는 이 육체를 내려놓으면, 썩지 않는 육체를 받을 것입니다(1코린 15,42 참조).

• 아타나시우스 『(성) 안토니우스의 생애』 16,3-8.

## 금욕의 폐해

금욕만 하는 것은 기름이 떨어져 신방에 들어가지 못한 미련한 처녀들과 같습니다.

• 폰투스의 에바그리우스 『편지』 28.

### 지나치게 심한 육체의 고행을 꾸짖다

바오로 사도가 말하듯이, "아무도 자기 몸을 미워하지 않습니다"(에페 5,29). 이것이 그가 지나치게 심하게 육체의 고행을 하는 티모테오를 꾸짖으며 "그대의 위장이나 잦은 병을 생각하여 포도주도 좀 마시십시오"(1티모 5,23)라고 권고한 이유일 것입니다.

• 아우구스티누스 『편지』 130.

안토니우스 압바가 말했다. "어떤 이들은 금욕 수행으로 자신의 몸을 해치지만, 그들은 식별력이 부족하여 하느님에게서 멀어집니다."

• 『사막 사부들의 금언』(안토니우스) 8.

### 쓸모없고 위선적인 금욕

겸손과 지혜 자랑은 무엇입니까? 바오로 사도는 그것은 "인간의 법규와 가르침에 따른 것들일 뿐"(콜로 2,22)인 미신이라고 합니다. … 이는 이단자 대부분이 추구하는 쓸모없고 위선적인 금욕에 대한 말이라 생각됩니다. … 그들은 거룩한 일을 하는 양 굴지만 진리의 양 떼 안에서 그것을 실천하고 있지 않기에 영예도 영광의 보상도 받지 못합니다.

• 아우구스티누스 『편지』 121,2,13.

### 거짓 고행자

염소수염을 기르고 검은 외투 차림에 추위도 아랑곳 않고 맨발로 다니는 것은 말할 것도 없고 바오로 사도의 지시(1코린 11,4 참조)와 반대로 여자들처럼 머리를 길게 기른 채 사슬을 지고 다니는 사람들을 보거든 피하십시오. 이 모든 것은 악마의 표시입니다. 언젠가 로마를 속 썩게 했던 안티무스가 그런 자입니다. 얼마 되지 않은 과거의 사례로 소포로니우스도 그런 자입니다. 이런 자들은 지체 높은 집안에 발을 들여놓을 수 있게 되면, "언제나 배운다고 하지만 결코 진리를 깨닫는 데까지는 이르지 못"(2티모 3,7)하는 "죄에 빠져 있는 어리석은 여자들을"(2티모 3,6) 사로잡습니다. 그러면서 슬픔에 잠긴 듯한 얼굴을 하고서는 오래도록 단식하는 척하지만 밤마다 몰래 환락에 빠져 지냅니다.

• 히에로니무스 『편지』 22,28.

### 줄타기 하는 곡예사

줄타기 하는 곡예사여, 순수함과 정결과 온갖 종류의 성적 금욕주의라는, 진리의 길과 한참 먼 이런 단련이라는 가느다란 줄 위를 걸으며 마지못해 발을 내밀고, 영으로 육을 균형 잡으며, 믿음으로 그대의 욕망들을 조절하고, 두려움을 통해 그대의 눈을 보호하는 자여, 그대는 왜 그렇게 그대의 발걸음을 불안하게 지켜보는 것이오?

• 테르툴리아누스 『정덕』 10.

# 기도

기도란, 잘라 말해, 하느님과의 대화입니다.

• 알렉산드리아의 클레멘스 『양탄자』 7,7.

기도는 신심 깊은 이들이 하느님께 선을 청하는 것입니다.

• 대 바실리우스 『순교자 율리타에 관한 설교』.

기도는 헤아릴 수 없는 선의 뿌리요 샘이며 무수한 축복의 어머니입니다.

• 요한 크리소스토무스 『하느님의 이해할 수 없는 본성』 6.

기도는 하느님을 향한 정신의 날아오름입니다.

• 폰투스의 에바그리우스 『기도론』 35.

일과 기도를 결합시키는 사람은 끊임없이 기도하는 것입니다.

• 오리게네스 『기도론』 12,2.

혀는 기도하는 이의 손이며, 그 손으로 우리는 하느님의 발을 붙잡고 있습니다.

• 요한 크리소스토무스 『마태오 복음 강해』 51,5.

[하느님께서는] 기도가 입 밖으로 나오기 전에 이미 듣고 계십니다.

• 암브로시우스 『성사론』 6,16.

기도는 입 밖으로 나오는 순간, 천사들 손에 들려 하느님 앞으로 갑니다.

• 『마태오 복음 미완성 작품』 강해 13.

늘 기도하는 사람의 기도는 늘 이루어집니다.

• 오리게네스 『기도론』 13,1.

기도는 슬픔과 실의의 치료제입니다.

• 『사막 사부들의 금언』(닐루스) 3.

## 기도의 의미와 이해

### 간청, 기도, 전구의 의미

간청은 죄에 대해서 부르짖고 청하는 것, 곧 참회하는 죄인이 현재와 과거의 잘못을 용서해 달라는 것입니다. 기도는 하느님께 무엇을 바치거나 서약하는 것, 다시 말해서 그리스어로 '에우케'εὐχή, 곧 서원이라는 것입니다. 예를 들어 그리스어의 "내 서원을 주님께 채워 드리리라"를 라틴어로 "내 기도를 주님께 채워 드리리라"라고 옮길 수 있습니다. 따라서 기도는 다음과 같이 이루어집니다. 이 세상을 포기하고 세상의 모든 행동과 생활 방식에 대해 죽으면서 온전한 마음으로 주님을 섬기겠다고 서약하는 것도 기도이며, 세속의 명예와 지상의 재물을 멸시하여 깊은 참회와 마음의 가난으로 주님을 따르고자 결심하는 것도 기도이고, 육신의 완전한 정결과 굳건한 인내를 늘 지키기로 약속하거나 분노의 뿌리와 죽음을 초래하는 슬픔의 뿌리를 우리 마음에서 송두리째 뽑아 버리기로 약속하는 것도 기도입니다. 만일 우리가 나태로 해이해져 옛 악습으로 돌아가서 그 결심을 실행하지 않는다면 오히려 우리의 기도, 곧 서원에 대해 죄를 입게 됩니다. 그러면 우리에 대해서도 "서원을 하고 그것을 채우지 않는 것보다는 서원을 하지 않는 것이 낫다"(코헬 5,4)라는 말이 들어맞게 될 것입니다. … 전구는 우리가 성령의 열정으로 남을 위하여 바치는 기도로서 우리가 사랑하는 친지들이나 온 세상의 평화를 위하여 늘 전달하는 것입니다. 사도의 표현대로 "모든 사람을 위하여, … 임금들과 높은 지위에 있는 모든 사람을 위하여"(1티모 2,1-2) 간구하는 것입니다.

• 요한 카시아누스 『담화집』 9,11-13.

"간청"은 어떤 사람에게 없는 것을 얻고자 특별히 청하는 기도라고 생각됩니다. 특별히 무엇을 얻기 위해서가 아니라 그저 위대하고 숭고한 일을 찬미하기 위하여 단순한 말로 찬양하는 "기도"는 "간청"과 구별됩니다. "전구"는 어떤 대담한 이가 하느님께 청한 일이 이루어지라고 기원해 주는 것입니다.

• 오리게네스 『기도론』 14,2.

"간청"은 하느님께 좋은 것들을 받기 바라는 소망을 표현합니다. "기도"는 갖가지 악에서 벗어나기 바라는 소망을 표현합니다. "전구"는 부당한 결과를 맞지 않을 자유를 청하는 것입니다.

• 몹수에스티아의 테오도루스 『티모테오 1서 주해』.

"간청"은 신하들이 순종하여 평화와 평온이 유지되기 바라는 세속의 지배자들을 위한 것입니다. "기도"는 공정과 진리로 다스려 모두가 번영할 수 있도록 권력을 위임받은 이들을 위한 것입니다. "전구"는 긴박한 어려움에 처한 이들이 도움의 손길을 발견하기 바라는 것입니다.

• 암브로시아스테르
『바오로의 열세 서간 주해』(티모테오 1서).

### 성찬 예식 때의 기도

"간청"은 우리가 신비를 거행함에 있어 주님의 식탁에 올려져 있는 것을 찬양하기 전에 바치는 기도라고 생각합니다. "기도"는 주님의 식탁에 올려진 것을 축복하고 축성하고, 나누어 주기 위하여 쪼갤 때 올리는 기도의 말을 뜻한다고 생각합니다. 대부분의 교회가 주님의 기도로 이 완전한 청원을 마무리합니다. … 하느님께 바쳐지는 모든 것, 특히 거룩한 제단에 올려진 봉헌물은 맹세와 함께 바쳐집니다. 이 성사 때 우리는 그리스도 안에서 살겠다고 맹세하는, 그리고 그리스도의 몸과 합일을 기원하는 최고의 제물을 바치기 때문입니다. "우리는 여럿일지라도 한 몸입니다"(1코린 10,17)는 이 맹세를 표현하는 말입니다. 따라서 바오로 사도는 우리가 성찬식을 위한 축성과 준비 때에 '프로스에우카스', 곧 기도를 바치기를 바랐다고 생각됩니다. … "전구", 또는 그대가 가지고 있는 본문을 따르자면 "부탁"은 사람들에게 축복이 주어질 때 바쳐지는 기도입니다. 그때가 주교나 전구자들이 안수를 통해 지극히 자비로우신 권능자께 자신의 양 떼를 바치는 때인 까닭입니다. 이 단계가 완결되어 모두가 거룩한 성체를 받아 모시면, "감사"로 전체 예식이 끝나는데, 바오로 사도는 이 마지막 것에 우리의 주의를 돌려놓고자 합니다.

• 아우구스티누스 『편지』 149,2,16.

### 기도와 간구의 의미

"기도와 간구를 올려"(에페 6,18)라는 바오로 사도의 말에서 … 우리가 하느님을 찬미하거나 그분께서 하신 위대한 일들에 대해 이야기할 때 그리고 그분께 감사를 드리거나 예배를 드릴 때 바치는 것이 기도입니다. 간구는 우리가 하느님께 우리 죄의 용서를 청하거나 당신의 은총을 우리에게 주시기 바라며 바치는 기도입니다.

• 마리우스 빅토리누스
『바오로 서간 주해』(에페소서) 2,6,18.

기도는 하느님을 향하여 마음을 들어 높이는 것이며, 하느님께 은혜를 청하는 것입니다.

• 다마스쿠스의 요한 『신앙 해설』 68.

### 기도는 하느님과의 대화다

기도란, 잘라 말해, 하느님과의 대화입니다. 끊임없이 속삭이지만 결코 입술을 열지는 않습니다. 우리는 침묵 속에서 말하지만, 마음속으로는 울부짖습니다. 하느님께서는 우리가 속으로 하는 모든 이야기를 끊임없이 들어 주십니다.

• 알렉산드리아의 클레멘스 『양탄자』 7,7.

기도는 엄청나게 좋은 것입니다. 덕성 높은 사람과의 대화도 사람에게 적지 않은 이득을 주는 경험인데, 하느님과 대화하는 사람은 그 대화에서 얼마나 많은 좋은 것을 얻겠습니까? 한마디로 기도는 하느님과의 대화입니다.

• 요한 크리소스토무스 『창세기 강해』 30,16.

### 일종의 영적 재산

우리는 영혼이 저 깊은 곳에서 하느님께 바치는 유일한 것인 기도에 대해 이야기하고 있습니다. 기도는 일종의 영적 재산입니다. 사람이 하는 모든 의로운 행위는 그가 자신의 능력에 따라 하는 것이며 자기 능력의 곳간에서 꺼내 오는 것입니다. 자신의 믿음에 따라 말하고 자기 믿음의 곳간에서 꺼내 오는 것은 기도뿐입니다. 기도가 얼마나 고귀한 것인지 알고 싶습니까? 눈에 보이는 어떤 의로운 행위도 향냄새와 비교할 수는 없습니다. 기도만 향냄새에 버금갑니다. … 의인의 기도는 하느님을 기쁘게 합니다. 여러분은 기도의 고귀함을 알고 싶습니까? 대천사가 토빗에게 "너희의 기도를 주님 앞으로 전해 드린 이가 바로 나다"(토빗 12,12) 하고 말했듯이, 기도는 입 밖으로 나오는 순간, 천사들 손에 들려 하느님 앞으로 갑니다.

• 『마태오 복음 미완성 작품』 강해 13.

### 인간은 기도를 통해 자신 안에 하느님을 모실 수 있다

기도를 통하여 하느님과 함께 머물 수 있습니다.

하느님과 함께 있는 사람은 원수로부터 멀리 있게 됩니다. 기도는 순결의 지렛대요 방패이며 분노의 제동장치이고, 진정제이며 자만심을 제어합니다. 기도는 동정성의 수호자이며 혼인생활의 충실한 보호벽이고, 깨어 있는 자들에게 희망이며, 농부들에게는 풍요로운 결실이요, 항해하는 이들에게는 안전항로입니다.

• 니사의 그레고리우스 『주님의 기도』 1.

### 무수한 축복의 어머니

기도는 만능 갑옷이고, 줄어들지 않는 보화이며, 무궁무진한 광맥이고, 구름에도 가로 막히지 않는 하늘이며, 폭풍에도 안전한 항구입니다. 기도는 헤아릴 수 없는 선의 뿌리요 샘이며 무수한 축복의 어머니입니다.

• 요한 크리소스토무스 『하느님의 이해할 수 없는 본성』 6.

닐루스 압바가 또 말했다. "기도는 온유의 싹이자 분노의 부재입니다." 그가 또 말했다. "기도는 슬픔과 실의의 치료제입니다."

• 『사막 사부들의 금언』(닐루스) 2-3.

### 하느님 사랑으로 불타는 기도

이 기도의 종류들보다 훨씬 고상한 상태가 있습니다. 그것은 하느님만을 관상하고 사랑으로 불타는 기도입니다. 이때 마음은 하느님 사랑에 완전히 도취되어 마치 효자가 친 아버지께 하듯 지극한 친밀함으로 하느님과 정답게 대화합니다.

• 요한 카시아누스 『담화집』 9,18.

### 기도하는 목적

하느님께서 우리에게 무엇이 필요한지 이미 아신다면, 우리는 왜 기도를 합니까? 하느님께 알려 드리거나 가르쳐 드리기 위해서가 아니라, 끊임없이 청함으로써 그분께 긴밀하게 탄원하고 그분과 친해지기 위해서, 겸손해지기 위해서, 우리 죄를 깨닫기 위해서입니다.

• 요한 크리소스토무스 『마태오 복음 강해』 19,4.

### 모든 기도의 궁극적 목적

지혜로운 이들이 그렇듯이, 기도할 때에 마음속의 선한 감동을 발견하고자 노력하십시오. 그런 감동은 성령의 통찰력과 지혜로운 배려에 관하여 묵상할 때, 어떻게 하면 만물의 창조자를 기쁘게 해 드릴까 생각하며 기도할 때 찾아옵니다. 이것이 바로 모든 덕과 모든 기도의 궁극적 목적입니다.

• 니네베의 이사악 『수도승 교육』 제2부.

### 순수한 기도

마음이 간절해져서 이렇게 분발하게 될 때 — 청원하려는 내용이 긴급할 때 이렇게 되며 이는 열망이 아주 큰 결과입니다 — 믿음의 눈이 마음의 너울 안쪽에서 그 분발심을 잡아당깁니다. 그러면 영혼의 입구들은 차단되어, 증언의 천막에 들어오는 것을 율법이 금하는 "이방인"(에제 44,9)이라 불리는, 이질적인 생각들이 들어오지 못하게 막습니다. 이것이 '[하느님께서] 기꺼워하시는, 마음으로 바치는 제물'이라 불리는 '순수한 기도'입니다. 기도의 경계는 이 지점입니다. 그것을 벗어난 것은 기도라고 할 수 없습니다.

• 니네베의 이사악 『신비론』 22.

### 기도의 필요성

영적 시력의 은사를 받아 우리의 눈이 비둘기처럼 되려면, 그리하여 문자의 너울을 뚫고 감추어진 신비(2코린 3,6 참조)들을 분명하게 알아볼 수 있으려면, 기도가 필요합니다. 주의 깊고 성실한 기도가 필요합니다.

• 키루스의 테오도레투스『아가 주해』4.

폭풍 속에선 키잡이가 필요하고 현세 삶에선 기도가 필요합니다. 좋은 것이든 나쁜 것이든 생각이 이끄는 대로 끌려가기 쉽기 때문입니다.

• 스케티스의 이사야스『수덕집』24("지성을 지킴").

핍박받는 이들에게 약속된 것이 훨씬 크다는 것을 아는 우리는 희망의 기쁨으로 환난을 견뎌 낼 수 있습니다. 환난을 이기고 살아남기 위해서는 기도가 필수적입니다.

• 암브로시아스테르『바오로의 열세 서간 주해』.

### 고난 중의 기도

우리의 축복도 파멸도 될 수 있는 이런 시련들을 당할 때 우리는 '어떻게 기도해야 할지 모릅니다(로마 8,26 참조). 그러나 그 시련이 힘들기에, 고통스럽기에, 우리 인간의 나약함이라는 감정을 거스르는 것이기에, 보편적 인간 의지로 우리는 우리의 어려움이 떠나가기를 기도합니다. 그러나 이럴 때 기도가 필요하다고 느끼는 그 마음을 주시는 분은 바로 우리 하느님이신 주님이십니다. 그러니 그분께서 그 시련을 그치게 해 주시지 않더라도 우리는 그분께서 우리를 버리셨다고 생각해서는 안 됩니다. 오히려 충실하게 악을 견디며 더 큰 선을 희망해야 합니다. 이것이 약한 데에서 힘이 완전히 드러나는 것입니다.

• 아우구스티누스『편지』130 (프로바에게).

자기 자신의 생각 때문에 앓는 사람은 스스로 기도해야 합니다. 그러나 죄를 지었다면, 그는 교회의 기도를 청해야 합니다.

• 아를의 힐라리우스『일곱 가톨릭 서간 해설』(야고보서).

### 기도에 의지하다

'저는 기도하며 그들을 기억하는데 그들은 저를 중상합니다'(시편 109,4-5 참조). 그가 어떤 원천에서 도움을 얻는지 보십니까? 다른 사람들은 음모와 중상과 책략을 꾸미지만 나는 난공불락의 성벽, 흔들리지 않는 닻, 파도가 위협할 수 없는 항구를 피난처로 삼는다고 그는 말합니다. 그것은 바로, 나의 모든 어려움을 가볍고 쉬운 것으로 만들어 주는 기도에 의지한다는 뜻입니다.

• 요한 크리소스토무스『창세기 강해』29,2.

### 그분과 대화를 하기 위한 준비를 갖춘다면

기도는 하느님과 사랑으로 결합되는 것이며, 결코 사소한 일이 아닙니다. 기도를 통하여 하느님과 대화하는 습관이 생겨나고 지혜를 추구하도록 격려를 받게 됩니다. … 그런데 우리는 이런 기도의 혜택을 알아차리지 못합니다. 그 때문에 부지런히 기도하지도 않고, 하느님의 법에 따라 기도에 의지하지도 않습니다. … 만약 우리가 적절한 공경심으로 하느님께 나아가 그분과 대화를 하기 위한 준비를 갖춘다면, 우리가 청한 것을 얻기도 전에 이미 우리가 얼마나 많은 혜택을 받고 있는지를 알게 될 것입니다.

• 요한 크리소스토무스『시편 해설』4,2-3.

희망을 품고 기도하십시오. 믿음 안에서 기도하십시오. 사랑 안에서 기도하십시오. 간절히 끈기 있게 기도하십시오. 그리스도께 속한 과부처럼 기도하십시오.

• 아우구스티누스『편지』130,16.

### 참된 기도

"동료들은 그 말을 듣고 한마음으로 목소리를 높여 하느님께 아뢰었다"(사도 4,24). 이들은 기쁨과 엄청난 감동에 휩싸여 목소리를 높였지요. 이런 것이 참된 기도입니다. 바쳐야 할 것을 바치는 기도, 참된 철학으로 가득 찬 기도, … 이 기도에 군더더기라곤 하나도 없고, 허황한 말이라고는 하나도 없는 것을 보십시오.

• 요한 크리소스토무스 『사도행전 강해』 11.

참된 기도는 끊임없이 하늘에 계신 아버지를 마주볼 수 있기를 갈망하기 때문에 수도승을 천사와 비슷하게 만듭니다.

• 폰투스의 에바그리우스 『기도론』 113.

### 천사들은 우리의 기도를 더욱 향기롭게 만든다

그리스도께서 모습을 드러내실 때, 본성상 향기롭지만 거룩한 천사들의 협조로 더욱 향기로워진 성도들의 기도는 우리를 돌보는 거룩한 천사들에 의해 마치 그분의 전승물이자 그분께 바치는 첫 공물인 것처럼 그분께 전해집니다. … "그리하여 천사의 손에서 향 연기가 성도들의 기도와 함께 하느님 앞으로 올라갔습니다." 이 말씀에서 보듯, 성도들의 기도가 천사들에 의해 더욱 향기로워져서 하느님 앞에 올리기에 적절하게 된 것입니다.

• 오이쿠메니우스 『묵시록 주해』 8,3-6.

### 천사들과 함께 기도하다

기도는 왕궁에 들어가는 것과 같습니다. 지상의 왕궁이 아니라, 그보다 훨씬 멋진, 하늘에 있는 왕궁 말입니다. … 기도할 때는 천사의 무리와 하나가 됩니다. 여러분은 대천사들과 한 무리가 되어, 더할 수 없이 경외하는 마음으로 하느님께 영적 찬미가와 거룩한 노래를 바치는 사람들과 함께 노래합니다. 그러므로 여러분은 기도할 때에, 그들의 신비스러운 질서에 여러분을 맞추어 이 목소리들과 한소리를 내십시오. 여러분은 인간에게 기도하는 것이 아니라, 어디에나 계시며 여러분이 말하기도 전에 들으시고 마음의 비밀을 이미 알고 계시는 하느님께 기도하는 것입니다. 그분께 기도하면, 여러분은 큰 상을 받을 것입니다. … 하느님께서 드러나 계시지 않으므로, 여러분의 기도도 드러나지 않아야 합니다.

• 요한 크리소스토무스 『마태오 복음 강해』 19,3.

### 거짓으로 기도하다

위선자들은 하느님 때문이 아니라 사람들 때문에 기도합니다. 그래서 그들은 하느님이 아니라 사람들에게 칭찬받습니다. 그들은 거짓으로 기도합니다. 그것은 사실 기도도 아닙니다. 그들은 실제로 칭찬받을 만하지 못하지만, 남을 속여 칭찬받습니다. 그들은 종교의 무의미한 겉모습을 팔며, 무의미한 칭찬의 말을 삽니다. 이런 사람들의 기도가 하느님을 기쁘게 해 드리지 못하듯이, 사람들의 칭찬은 그들을 아름답게 꾸며 주지 못합니다. 말 속에 담긴 것은 말이 발설되는 동안만 남아 있기 때문입니다. 말이 끝날 때, 말 속에 담긴 은혜도 사라집니다.

• 『마태오 복음 미완성 작품』 강해 13.

### 이교의 사제들은 듣지도 못하는 우상들을 부른다

이교인들이 기도를 바치는 신들에 대해 찬찬히 따져 봅시다. 그러면 어떤 식으로 기도하지 말아야 할지 알게 됩니다. 이교인들은, 소리는 들을지 몰라도 주의를 기울이지는 못하는 마귀들에게 기도합니다. 마귀들은 하느님께서 허락하지 않으시면 사악한 일들조차 이루어 주지 못합니다. 이교인들은 죽은 임금들에게 기도합니다. … 이교인들은 듣지도 응답을 하지도 못하는, 생명이 없는 우상들에게 기도합니다. … 이처럼 많은 말로 기도를 오래 하는 사람은, 하느님께서 마치 주무시기라도 한다는 듯이, 시끄럽게 그분을 불러 대는 것입니다.

• 『마태오 복음 미완성 작품』 강해 13.

### "주님, 저를 불쌍히 여기소서"라는 말은 믿을 만한 기도다

'기도하는 사람들'이라는 뜻으로 '기도파(에우키테스파)'라 불리는 수도승 몇이 알렉산드리아 제9 지역으로 루키우스 압바를 찾아온 일이 있었다. 노老 사부께서는 그들에게 "손으로는 무슨 일을 하시오?" 하고 물으셨다. 그러자 그들은 "저희는 손을 쓰는 일은 하지 않습니다. 저희는 쉬지 않고 기도하라는 바오로 사도의 명령대로 삽니다" 하고 대답했다. 그러자 노인은 그들에게 "당신들은 먹지도 않는가요?" 하고 물었고, 그들은 "물론 먹지요" 하고 대답했다. 노인은 그들에게 "그러면 그대들이 음식을 먹는 동안에는 누가 그대들을 위해 기도해 줍니까?" 하고 물었다. 그리고 "당신들은 잠을 자지 않습니까?"라고도 물었다. 그들은 "자지요" 하고 대답했다. 노인은 "당신들이 자는 동안에는 누가 그대들을 위해 기도해 줍니까?" 하고 물었다. 그들은 대답하지 못했다. 그러자 노인은 그들에게 말했다. "형제들이여, 미안합니다만 당신들은 그대들이 말하는 대로 살지 않고 있소. 내가 비록 손으로 일하지만 어떻게 그침 없이 기도하는지 알려 주겠소. 하느님의 도움으로 나는 앉아서 종려나무 잎을 얼마간 모아 엮으면서 이렇게 말합니다. '하느님, 당신 자애에 따라 저를 불쌍히 여기소서. 당신의 크신 자비에 따라 저의 죄악을 지워 주소서.'" 그러고는 그들에게 말했다. "이것이 기도입니까, 기도가 아닙니까?" 그들이 말했다. "기도입니다."

• 『사막 사부들의 금언』 12,9.

## 기도의 다양한 방법

### 여러 가지 기도

탄원 기도는 자기 죄에 대해 자비를 청하는 것이고, 감사 기도는 하늘에 계신 아버지께 감사를 바치는 것, 찬미 기도는 그분께서 행하신 일들을 두고 그분을 찬양하는 것입니다. 근심거리가 생겼을 때, 탄원을 올리십시오. 좋은 것들을 누리고 있을 때는 주시는 그분께 감사를 올려야 하고, 여러분의 마음이 기쁠 때는 찬미를 바치십시오. 여러분의 이 모든 기도를 식별하면서 하느님께 바치십시오. … 한 가지 기도만 할 것이 아니라 때에 맞게 기도하십시오.

• 아프라하트 『논증』 4,17.

### 영적 기도

하느님께 기도하고 찬양할 때는 영과 이성으로 기도하고 찬양해야 합니다. … 이런 영적 기도는 신령한 언어로 바치는 것이 아니기 때문입니다. 영적 기도란 입술과 혀보다 더 깊은 데서 나오는 것이며 어떤 복잡한 소리보다 더 내면적이고 찬송가나 지혜를 넘어서는 것입니다.

• 나트파르의 아브라함 『기도론』 2.

### 우리를 영적 기도로 이끌어 주시는 성령

성령께서는 우리의 연약함을 가엾이 여기시어 우리가 당신께 합당하지 않음에도 불구하고 우리를 찾아오십니다. 우리가 진리에 대한 사랑 안에서 그분께 기도하면 그분은 우리를 찾아오시어 우리의 부족함을 채워 주시고, 우리를 옭아매고 있는 모든 걱정과 생각에서 해방될 수 있도록 도와주십니다. 그리고 우리를 깊은 내면의 영적 기도로 인도하십니다.

• 폰투스의 에바그리우스 『기도론』 62.

### 기도는 말로만 하는 것이 아니다

기도는 말로만 하는 것이라거나 말로 배울 수 있는 것이라고 생각하지 마십시오. 기도는 그런 것이 아닙니다. 우리 주님에게서 기도에 관한 진실을 들으십시오. 영적 기도는 배워지는 것이 아니며 학습이나 말의 반복을 통해 완성되는 것이 아닙니다. 여러분은 사람에게 기도하는 것이 아니기 때문입니다. … 여러분의 기도가 향하는 분은 영이십니다. 그러니 그분이 영이심을 안다면 영 안에서 기도해야 합니다. 주님께서는 온 마음으로 하느님께 기도하는 이에게는 특별한 장소도 소리 내어 말할 필요도 없다고 가르치십니다.

• 나트파르의 아브라함 『기도와 침묵』 1-2.

### 영 안에서 늘 기도하다

이 말[에페 6,18 참조]은 우리가 기도할 때에 마치 미리 생각해 두었거나 써 둔 것처럼 어떤 특정한 단어들을 말하거나 암송할 필요가 없다는 뜻입니다. 우리의 기도는 "영 안에서" 그리고 "늘" 바치는 것이어야 합니다. 여러분의 깊은 감정이 여러분의 기도 속으로 들어가게 하십시오. 내적 영, 곧 내적 인간은 강렬한 욕망으로 자신의 기도를 만들어 가고 있습니다. 그는 내내 기도합니다. 그래서 큰 소리로 기도하고 있지 않을 때조차도 그는 여전히 영 안에서 기도하고 있습니다.

• 마리우스 빅토리누스
『바오로 서간 주해』(에페소서) 2,6,18.

### 기도하고 찬양하는 영혼

만약 영과 함께 기도하고 찬양하는 것이 정신이고, 완성과 구원을 얻는 것도 정신이라면, 어찌하여 베드로가 우리 "믿음의 목적인 영혼의 구원"이라고 말했는가라는 의문을 제기할 수 있습니다. 만일 영혼이 영과 함께 기도하지도 찬양하지도 않는다면 어떻게 구원을 바라겠습니까?

• 오리게네스 『원리론』 2,8,3.

### 침묵과 고독 속에서 바치는 기도

예수님께서는 제자들에게 "내가 저기 가서 기도하는 동안 여기에 앉아 있어라"(마태 26,36) 하고 말씀하셨습니다. 주님께서는 그들과 떨어져 홀로 기도하시는 적이 많았기 때문입니다. 예수님께서 그렇게 하신 것은, 어떻게 기도해야 하며, 중요한 기도는 침묵과 고독 속에 해야 한다는 것을 우리에게 가르쳐 주기 위해서입니다.

• 요한 크리소스토무스 『마태오 복음 강해』 83,1.

### 고요 속에서 바치는 기도

기도 중에 어떤 상상에 매이지 말고 깊은 고요 속에 머물 수 있도록 하십시오. 그러면 무지한 사람을 불쌍히 여기시고 미약한 사람들을 찾아오시는 하느님이 모든 선물 가운데 가장 큰 선물인 기도의 은혜를 선사하실 것입니다.

• 폰투스의 에바그리우스 『기도론』 69.

### 침묵 기도

우리는 기도할 때면 무엇보다 침묵 속에 고요히 기도를 바쳐야 합니다. 큰 소리로 기도를 바치고자 하는 사람은 곁에 서 있는 사람들에게서 기도의 열매를 빼앗아 가는 것으로 보입니다. [하느님께서는] 오직 흐느낌과 한숨과 탄식만을 들어주실 것입니다. 참으로 우리의 기도는 복된 사무엘의 어머니인 거룩한 한나의 기도와 같아야만 합니다. 그 여인에 관하여 이렇게 쓰여 있습니다. "한나는 흐느껴 울면서 기도하였다. 입술만 움직일 뿐 소리가 들리지 않았다"(1사무 1,13). 모두 이 말씀을 듣고 본받아야 합니다. 부끄러움도 없이 태연하게 큰 소리로 떠들어 대 옆 사람이 기도를 할 수 없게끔 하는 사람은 더욱더 한나의 기도를 본받아야 합니다. 그러니 우리는, 아까 말씀 드린 대로, 흐느낌과 한숨과 탄식으로 기도합시다. "끙끙 앓는 제 심장에서 신음 소리 흘러나옵니다"(시편 38,9)라고 한 예언자의 말처럼 기도합시다. 큰 소리로 기도하지 말고, 오직 하느님께 부르짖는 우리 마음으로 기도합시다.

• 아를의 카이사리우스 『설교』 72,2.

### 마음 가장 깊숙한 곳에서 기도하다

열왕기 1권[사무엘기 상권]에서 교회의 예형으로 나타나는 이 한나라는 여인은 하느님께 요란한 소리로 간청을 드리지 않고 소리 없이 마음 가장 깊숙한 곳에서 겸손하게 기도를 드립니다. 그 여인은 드러나지 않는 기도로 그러나 분명히 드러나는 믿음으로 말했습니다. 그 여인은 목소리가 아니라 마음으로 말했습니다. 주님께서 들으신다는 것을 알았기 때문입니다. 그리고 실제로 그 여인은 자신이 구하는 것을 얻었습니다. 그가 믿음으로 간청했기 때문입니다.

• 키프리아누스 『주님의 기도』 5.

바오로는 여기서[로마 8,27 참조] 하느님께서는 우리가 하는 기도 말보다 우리 마음과 생각에 더 주의를 기울이신다는 것을 보여 줍니다.

• 오리게네스 『로마서 주해』.

### 하느님께서는 마음을 들으신다

거칠고 천한 목소리로 되는 대로 기도를 내뱉지 말아야 하며 떠들썩한 수다로 우리의 청원을 내던져서는 안 됩니다. 겸허한 마음으로 하느님께 청원을 올려야 합니다. 하느님께서 들으시는 것은 우리 목소리가 아니라 마음이기 때문입니다. 우리의 생각을 살피시는 하느님께서는 큰 소리에 움직이시는 분이 아닙니다.

• 키프리아누스 『주님의 기도』 4.

### 조용히 기도하십시오

여러분이 기도할 때, 목소리를 높여 큰 소리로 외치지 마십시오. 같은 말로 계속해서 기도하지 마십시오. 사람들이 많이 모인 곳에서 허세를 부리며 기도하지 마십시오. 혼자 조용히 기도하십시오. 모든 것을 보시고 들으시는 분께서는 여러분이 조용히 기도를 바쳐도 다 들으십니다. 그다음에 여러분의 아버지께 조용히 기도하십시오. 감추어진 것도 보시는 그분께서는 여러분의 기도를 알고 계십니다. … 조용히 기도하는 사람은 자신의 신앙을 드러내는 사람이며, 하느님께서는 마음속까지도 살피시는 분일 뿐만 아니라 기도가 입 밖으로 나오기 전에 이미 그 기도를 듣고 계신다는 사실을 알고 있는 사람입니다.

• 암브로시우스 『성사론』 6,13-16.

### 하느님은 기도하는 이의 소리를 들으신다

기도하는 사람의 마음의 소리가 아주 작지는 않지만 그렇다고 유난히 크지 않아도, 그가 목청 높여 소리 지르지 않아도, 하느님께서는 기도하는 사람의 소리를 다 들으십니다. 모세가 사람들 귀에 들릴 만큼 크게 울부짖지 않고(탈출기에는 모세가 큰 소리로 기도했다는 말이 없습니다), 기도를 통하여 하느님만이 들으실 수 있는 소리로 크게 외쳤을 때, 그에게 "너는 어찌하여 나에게 울부짖느냐?"(탈출 14,15) 하고 말하신 분이 바로 그분이시기 때문입니다.

• 오리게네스 『요한 복음 주해』 6,101.

### 주님께서는 소리 없이 하는 기도도 들으신다

'저는 주님께 소리 내어 부르짖었습니다.' 공기의

떨림으로 소리가 나는, 육체의 소리로 부르짖은 것이 아니라 인간들의 귀에는 들리지 않지만 하느님께는 외침의 소리로 들리는 마음의 목소리로 부르짖었습니다. 수산나의 소리는 이런 소리였습니다. 주님께서는 이를 통해 우리에게, 남이 보지 못하는 곳, 곧 마음속 깊숙한 곳에서 소리 없이 기도하라고 가르치셨습니다(마태 6,6 참조). 그러니 우리 입에서 아무 말소리가 나오지 않는다는 이유로 우리의 기도가 열렬하지 못하다고 말하는 사람이 있어서도 안 될 것입니다. 사실, 우리가 마음속으로 조용히 기도할 때에, 마음속에 딴생각이 일어 마음이 흐트러진다면, 우리는 "내가 큰 소리로 주님께 부르짖었다"(시편 3,5)라고 말할 수 없습니다. 영혼 홀로 — 육에게 질질 끌려가는 일도, 성적인 것에 대한 생각으로 마음이 흐트러지는 일도 없이 — 주님께 말씀드릴 때만 우리는 정당하게 그렇게 말할 수 있습니다. 그럴 때의 기도는 영혼이 오로지 하나에 집중하는 팽팽한 긴장 상태에서 바쳐지는 것이기에, 참으로 '부르짖는 소리'라고 할 수 있습니다.

• 아우구스티누스 『시편 상해』 3,4.

### 내게 당신의 귀를 기울이셨다

"내게 당신의 귀를 기울이셨으니"(시편 116,2). 여기서 '귀를 기울이셨다'는 말을 우리가 낮은 목소리로 말하는 사람 가까이에서 귀를 들이대어 잘 알아들으려고 하는 것처럼 하느님께 귀가 있고 하느님께서 작은 목소리를 들으시려고 귀를 갖다 대셨다는 육체적 의미로 이해해서는 안 됩니다. 시편 저자가 '[주님께서] 귀를 기울이셨다' 라고 표현한 것은 그 자신의 나약함을 우리에게 지적해 보여 주려는 것입니다. 아픈 사람이 너무나 기력이 없어 말을 제대로 할 수 없을 때에 친절한 의사가 그에게 가까이 가 귀를 갖다 대어 아픈 사람에게 필요한 것이 무엇인지 알아내는 것처럼, 내가 땅바닥에 누워 있을 때에 인정 많으신 하느님께서는 내게로 내려오셨기 때문입니다. 그래서 "내게 당신의 귀를 기울이셨으니" 라고 한 것입니다. 실로, 거룩하신 분의 귀는 대상이 아무 소리를 내지 않아도 알아들으십니다. 마음의 움직임만 보고도 그것이 추구하는 것이 무엇인지 아십니다.

• 대 바실리우스 『시편 강해』 22.

### 진심으로 주님을 부르다

우리는 이 점에 주의를 기울여야 합니다. 곧, 사람들 앞에서 기도하는 듯 보이는 모든 이가 마음을 꿰뚫어 보시는 분 앞에서 하늘 나라의 문을 두드리고 구하며 청한다고 입증되지는 않는다는 것입니다. 주님을 부르지만 진심으로 부르지는 않는 이들이 있다는 것을 예언자가 몰랐다면 이렇게 말하지 않았을 것입니다. "주님께서는 당신을 진실하게 부르는 모든 이에게 가까이 계시다"(시편 145,18). 실로, 기도드릴 때 하는 말과 삶이 모순되지 않는 이들이 진심으로 주님을 부르는 이들입니다. 청원을 드리려 할 때 먼저 바삐 그분의 지시를 이행하는 이들이 진심으로 주님을 부르는 이들입니다. … 그분을 경외한다고 인정받는 이들은 진심으로 그분을 부릅니다. 그분께서는 그들이 [당신을] 외쳐 부를 때 그들의 기도를 귀 여겨 들으십니다. 그분께서는 그들이 당신을 갈망할 때 그들의 경건한 소망을 들어주십니다.

• 존자 베다 『복음서 강해』 2,14.

### 기도의 본보기

줄곧 졸라대어, 인정 없고 잔인한 재판관이 자신의 청을 들어주게 한 끈질긴 과부(루카 18,1-8 참조)는 우리가 어떻게 기도해야 하는지 알려 주는 본보기입니다. 친구와 시간을 보내기 위해서가 아니라 꼭 필요한 것이 있어 밤늦게 찾아와, 자고 있는 사람을 깨우는 친구(루카 11,5 참조)의 끈덕진 목소리를 우리는 듣습니다. 예수님께서는 우리에게 이런 본보기를 드시며, 아버지께 끊임없이 온 마음을 다해 청을 올리라고 하십니다. 그리고 많은 말로 기도문을 짓지 말고 아버지께 그냥 가서 같은 말을 계속 올리라고 하십니다.

• 요한 크리소스토무스 『마태오 복음 강해』 19,4.

### 길게 하는 기도가 아니라 끊임없이 하는 기도가 중요하다

[주님께서는] 복된 삶을 얻기 위해 기도하라고 가르치셨습니다. 기도할 때 말을 많이 하면 더 잘 들어주신다는 듯이 많은 말로 기도하지 말라고 가르치셨지요(마태 6,7-8 참조). 주님께서는 … 청하기도 전에 무엇이 우리에게 필요한지 아신다면서 많은 말로 기도하지 말라고 하시고는 또 계속 기도하라고 이르시는 것은 좀 이상해 보일지도 모르겠습니다. 게다가 "낙심하지 말고 끊임없이 기도해야 한다"(루카 18,1)고 하셨습니다. 그러면서 불의한 재판관에게 지치지 않고 계속 졸라 대어 결국 자신의 말을 듣게 만든 과부의 예를 드셨지요. 그 여자가 재판관의 마음을 움직인 것은 정의나 동정심에 호소해서가 아니라 지치지 않고 졸라 댔기 때문입니다.

이 이야기에서 우리는, 쉬지 않고 기도하면 자비롭고 의로우신 하느님께서 반드시 들어주신다는 것을 배웁니다. 불의하고 사악한 재판관조차 끊임없이 청원하는 그 과부를 모른 척할 수 없었습니다.

• 아우구스티누스 『편지』 130.

### 과부의 끈질김

이 비유[루카 18,2-5 참조]는 하느님께서, 대강이 아니라 열심히 끊임없이 기도하는 이들에게 귀를 기울이신다는 사실을 확인해 줍니다. 하느님도 겁내지 않고 사람도 대수롭지 않게 여기는 불의한 재판관도 억울한 과부의 끈질긴 청원에 손을 들었습니다. 내키지 않았지만 재판관은 여자의 청을 들어주었지요. 하물며, 자비를 사랑하시고 불법을 미워하시며 당신을 사랑하는 이들에게 늘 도움의 손길을 내미시는 하느님께서, 밤낮으로 다가와 간청하는 사람의 소원을 들어주시지 않겠습니까?

• 알렉산드리아의 키릴루스 『루카 복음 주해』 119.

### 끈질긴 기도가 불법과 사악함을 자비로 바꿔 놓다

재판관과 과부, 둘 다 고집스러웠습니다만, 과부의 끈질긴 기도가 좀 더 고집스러웠습니다. 하느님을 거역하는 불의와 사람들을 업신여기는 사악함을 과부의 끈질긴 청원이 이겼습니다. 여자의 끈질김이 재판관의 불의와 오만을 꺾어, 재판관이 그녀와 적대자 사이의 일에 올바른 판결을 내리게 했던 것입니다. 끈질김이 두 나뭇가지를 변화시켜 제 본성에 어울리지 않는 달콤한 열매를 맺게 했습니다. … 그러니 우리가 낙심하지 않고 끊임없이 기도한다면 하느님의 은총과 정의가 우리의 본성에 걸맞은 열매를 얼마나 많이 맺게 하겠습니까?

• 시리아인 에프렘
『타티아누스의 네 복음서 발췌 합본 주해』 16,16.

### 끊임없이 속으로 하는 기도

여러분의 소망이 그분 앞에 펼쳐져 있도록 하십시오. 그러면 "숨은 일도 보시는" 아버지께서 여러분에게 "갚아 주실 것"입니다(마태 6,6 참조). 여러분의 소망은 바로 여러분의 기도이기 때문입니다. … 기도엔 끊임없이 속으로 하는 기도도 있습니다. 곧 마음의 소망입니다.

• 아우구스티누스 『시편 상해』 37,14.

### 하느님 찬양은 자발적이고 지속적이어야 한다

우리가 하루에 몇 차례 정해진 시각에 소집하는 소리를 듣고 바치도록 되어 있는 성무일도를 이 사람들[이집트의 수도승들]은 하루 종일, 일을 하는 동안에도 끊임없이 자발적으로 바칩니다. 그들은 각자 독방에서 홀로 온종일 노동을 하면서 시편을 비롯한 성경 구절들에 대한 묵상을 한시도 쉬지 않으며 거기에 더해 매 순간 간원과 기도를 하기에, 우리가 시간을 정해 놓고 하는 성무일도를 온종일 하는 셈입니다. 그래서 저녁과 밤에 모여 기도하는 것을 제외하면, 성체를 모시기 위하여 제3시에 모이는 토요일과 일요일 말고는 공동의 전례를 거행하지 않습니다. 정해진 시간에 바치는 것보다는 쉬지 않고 바치는 성무일도가 더 훌륭합니다. 그리고 교회법에 따라 의무로 거행하는 의식보다는 자발적인 예배가 더 좋은 것입니다.

• 요한 카시아누스 『규정집』 3,2.

### 끊임없는 기도

바오로는 '나는 여러분을 사랑한다'고 말하며 그 증거로 자신이 그들을 위해 끊임없이 기도한다는 사실을 언급합니다. … 끊임없이 로마 신자들을 위해 기도하는 것은 참된 사랑에서 우러나오는 행동입니다. 바오로가 여기서[로마 1,9 참조] 한 가지만 이야기하는 것 같지만 실제로는 네 가지를 이야기하고 있습니다. 첫째는, 그가 기억한다는 것, 둘째는, 끊임없이 기도한다는 것, 셋째는, 기도할 때마다 그들을 기억한다는 것, 넷째는, 그들에게 큰 은총이 내리기를 잊지 않고 간구한다는 것입니다.

• 요한 크리소스토무스 『로마서 강해』 2.

### 끊임없이 기도하십시오

겨울과 같은 외적 궁핍이나 안식일과 같은 무관심의 포로가 되지 않도록 기도하십시오. 다른 사람들을 옥죄거나 자신을 느슨하게 함으로써 하느님의 일에서 멀어지는 일이 없어야 한다는 뜻입니다. … 위험이 닥칠 터이고 여러분이 달아나야 하리라는 것은 사실입니다. 그러나 그 재앙이 겨울에 닥치거나 안식일에 쉬고 있는 그대를 놀라게 하는 일이 없도록 끊임없이 기도하십시오.

• 시리아인 에프렘
『타티아누스의 네 복음서 발췌 합본 주해』 18,13.

### 기도는 끊임없이 바쳐야 하는 덕이다

형제들이 아가톤 압바에게 물었다. "모든 선업 중 어느 것이 가장 큰 노력을 요구합니까?" 그가 대답했다. " … 내 생각엔 하느님께 대한 기도의 덕행보다 더 위대한 일은 없습니다. 인간이 기도하고 싶어 할 때마다 원수인 악령들이 방해하려 합니다. 그들은 그를 기도에서 돌아서게 함으로써만 인간의 여정을 방해할 수 있다는 것을 알기 때문입니다. 인간이 어떤 선업에 착수하든 그것에 항구하면 안식에 이를 것입니다. 하지만 기도는 마지막 숨을 거둘 때까지 벌이는 전투입니다."

• 『사막 사부들의 금언』(아가톤) 9.

우리는 일하고 밤샘 기도를 하고 줄곧 단식하라는 명령을 받지 않았습니다. 대신 우리에게는 "끊임없이 기도하십시오"(1테살 5,17)라는 법이 있습니다.

• 폰투스의 에바그리우스 『프락티코스』 49.

### 공동으로 바치는 기도

주님께서는 우리에게 모든 형제를 위해 공동으로 기도하라고 가르치십니다. 사실 예수님께서는, 우리의 기도가 교회 전체를 위해 오직 한마음으로 드리는 기도가 되도록, 하늘에 계신 '나의' 아버지라고 말씀하지 않으시고 '우리' 아버지라고 말씀하셨습니다.

• 요한 크리소스토무스 『마태오 복음 강해』 19,4.

### 기도는 공동으로 바쳐야 한다

평화의 주창자이시며 일치의 스승께서는 기도하는 자가 자신만을 위해 청하지 않도록 하기 위하여 개별적으로 하는 기도나 개인적인 청을 바치는 기도를 원하지 않았습니다. '하늘에 계신 나의 아버지, 오늘 나에게 일용할 양식을 주십시오'라고 기도하지 않았습니다. 각자가 자신의 죄를 용서해 달라고 하느님께 청하지 않고, 자신만을 위해 유혹에 빠지지 말게 하시고 악에서 구해 달라고 기도하지 않습니다. 우리의 기도는 공적이고 공동으로 바치는 기도입니다. 우리가 기도할 때 각자 혼자만을 위해서가 아니라 모든 백성을 위해서 기도합시다. 왜냐하면 우리 백성은 모두 하나이기 때문입니다. …

곧, 그들은 한마음으로 기도에 힘썼으며 그러한 기도를 통해 항구함과 서로의 사랑을 증거하였습니다. 한마음인 사람들을 한집에 거처하게 하시는 하느님은 한마음으로 기도하는 사람들만을 하느님의 영원한 거처에 받아들이시기 때문입니다.

• 키프리아누스 『주님의 기도』 8.

### 공동 기도

교회의 회중을 무시해도 된다고 생각하는 사람들이 있습니다. 그들은 이 명예로운 무리의 기도보다 혼자 드리는 기도를 더 중요히 여겨야 한다고 내세웁니다. 그러나 둘이나 셋처럼 작은 무리의 청도 물리치지 않으시는 예수님께서 교회의 회중 집회와 모임에서 함께 기도하는 사람들의 청을 물리치시겠습니까?

• 페트루스 크리솔로구스 『설교』 132,4.

### 회중 집회를 경멸하는 말로 변명하려 하다

어떤 사람들은 믿음이라는 허울 아래 자신의 게으름을 회중 집회를 경멸하는 말로 변명하려 합니다. 이런 이들은 회중 집회에 깃든 열정을 함께하지 않으며 집안일을 해 놓고서는 그 시간에 기도를 한 척합니다. 그들은 자신의 욕망에 자기를 바치며 거룩한 예배를 경멸하고 멸시합니다. 이런 사람들이 그리스도의 몸을 망가뜨립니다. 이들은 그 몸의 지체들을 흩어 놓습니다. … 모든 신자는 자기만의 기도를 드려야 할 의무가 있습니다. 그러나 자기 자신에게만 빠져서 그 아름답고 완전한 몸으로 오지 않는다면 그 임무를 완수할 수 없습니다.

• 페트루스 크리솔로구스 『설교』 132,4-5.

### 활동적 기도와 관상적 기도

기도 또한 두 가지 방법, 곧 활동적인 방법과 관상적인 방법이 있습니다.

• 폰투스의 에바그리우스 『기도론』 서론.

### 수행가의 기도와 관상가의 기도

순수한 기도에는 가장 심오한 두 가지 상태가 있습니다. 하나는 수행가의 상태요 다른 하나는 관상가의 상태입니다. 수행가의 상태가 하느님에 대한 두려움과 좋은 희망으로부터 영혼 안에 생기는 것이라면, 관상가의 상태는 불타는 하느님 사랑과 온전한 정화로부터 오는 것입니다. 수행가의 표지는 정신이 세상의 모든 생각으로부터 온전히 벗어나 고요해져서 마치 하느님께서 몸소 현존하시듯, 분심도 동요도 없이 기도하는 것입니다. 관상가의 표지는 기도의 내적 도약 안에서 신령스럽고도 무한한 빛에 의해 탈혼 상태에 빠지는 것이며, 자기 자신이든 다른 어떤 것이든 전혀 의식하지 못하고 오직 한 분이신 하느님만 의식하게 되는 것이니, 바로 이분께서 사랑으로써 정신 안에 그 빛나는 광휘를 풀어 놓으시는 것입니다.

• 고백자 막시무스 『사랑에 관한 단상』 2,6.

### 신학자의 기도

기도하고자 한다면 그대에게는 "기도하는 이에게 기도를 내려 주시는"(1사무 2,9 칠십인역) 하느님이 필요합니다. 그러니 "아버지의 이름을 거룩히 드러내시며 아버지의 나라가 오게 하시며"(마태 6,9-10)라는 기도로 그분을 부르십시오. 성령과 외아들을 부르십시오. 그분께서 "영과 진리 안에서 아버지께 예배를 드려야 한다"(요한 4,24)고 가르치셨기 때문입니다. 영과 진리 안에서 기도하는 사람은 창조주를 찬양할 때 더 이상 창조된 것들에 의존하지 않고 그분을 위하여 그분 안에서 찬미합니다. 그대가 올바르게 기도한다면, 그대는 신학자입니다.

• 폰투스의 에바그리우스 『기도론』 59-61.

## 기도 시간

### 기도 습관

예수님께서는 기도하시되 헛되이 기도하는 법이 없으셨습니다. 기도 없이도 거뜬히 이루어 내실 수 있는 분이시지만, 기도로써 청하신 바를 얻으셨습니다. 그렇다면 우리 가운데 누가 기도를 소홀히 할 수 있겠습니까? 마르코는 이렇게 말합니다. "다음 날 새벽 아직 캄캄할 때, 예수님께서는 일어나 외딴곳으로 가시어 그곳에서 기도하셨다"(마르 1,35). 루카도 다음과 같이 말합니다. "예수님께서는 어떤 곳에서 기도하고 계셨다"(루카 11,1). "밤을 새우며 하느님께 기도하였다"(루카 6,12).

• 오리게네스 『기도론』 13,1.

### 기도하기에 적합하지 않은 시간은 없다

기도와 시편 영송은 물론 몇몇 활동에는 모든 시간이 적합합니다. 그러므로 손으로 열심히 일하는 동안 때로는 입으로 하느님을 찬양할 수 있습니다(이렇게 할 수 있을 때나 덕성 함양에 도움이 될 때). 또는 그렇게 할 수 없을 경우, 성경에 쓰여 있는 것처럼 적어도 "마음으로 하느님께 시편과 찬미가와 영가를"(콜로 3,16) 불러 드릴 수 있습니다. 이처럼 우리는 일하는 중에도 기도의 의무를 다할 수 있습니다.

• 대 바실리우스 『대 수덕집』(긴 규칙서) 37.

### 언제나 기도하기를 권고하다

그분들은 두 손을 한없이 크게 내뻗고서, 공중에 떠오를 수 없음을 잘 알고 있기에 마음으로 한껏 열과 성을 다하여 기도합니다. 여러분도 그처럼 언제나 열심히 기도하시라 권하고 싶습니다. 언제나 기도할 수 없다면 적어도 자주 하십시오. 자주 할 수 없다면 적어도 때때로, 아침에 하든지 아니면 적어도 저녁기도는 하십시오.

• 요한 크리소스토무스 『히브리서 강해』 22,7.

이시도루스 압바가 말했다. "젊은 시절 독방에 머무를 때 나는 기도하는 데 제한을 두지 않았습니다. 내게는 밤도 낮과 똑같은 기도의 시간이었습니다."

• 『사막 사부들의 금언』(스케티스의 이시도루스) 4.

### 밤낮없이 기도하다

그리스도 안에, 곧 빛 안에 항상 있는 우리는 밤에라도 기도하기를 결코 중단하지 말아야 하겠습니다. 잠시도 중단하지 않고 항상 깨어 기도하며 하느님께 합당한 자 되기 위해 힘쓰던 과부 한나에 대해 성경에 이렇게 기록되어 있습니다. '성전을 떠나지 않고 밤낮없이 단식과 기도로써 하느님을 섬겨 왔다'(루카 2,37 참조). … 어떤 것도 밤 시간의 우리 기도를 방해하지 못하게 하며 게으름과 해이함 때문에 기도 시간을 빠뜨리는 일이 없도록 합시다.

• 키프리아누스 『주님의 기도』 36.

### 기도는 나날이 세 번 이상은 바쳐야 한다

기도와 그에 요구되는 행위를, 그리고 올바른 행위와 기도를 겸비한 이는 '끊임없이' 기도합니다(덕행 또는 계명 완수는 기도의 일부분이기 때문입니다). 거룩한 사람의 삶은 그 전체가 하나의 위대한 기도라고 이해할 때, 우리는 비로소 '끊임없이 기도하라'(1테살 5,17 참조)는 계명이 실제로 가능한 일을 지시한 것임을 받아들일 수 있게 됩니다. 그렇게 볼 때, 관례상 기도라고 불리는 것은 이 기도의 한 부분입니다. 통상적 의미에서의 기도는 나날이 세 번 이상은 바쳐야 합니다.

• 오리게네스 『기도론』 12,2.

### 일정한 시간에 기도하다

시편 저자는 하루에 세 번 일정한 시간을 하느님께 바치라고 가르칩니다. "저녁에도 아침에도 한낮에도 나는 탄식하며 신음하네. 그러면 그분께서 내 목소리 들으시고 …"(시편 55,18). 이 세 번의 시간에 하느님께 성실히 탄원한 다니엘은 미래에 관한 예지를 얻었을 뿐 아니라 오랫동안 포로살이하던 동족들이 풀려나게 하는 공도 세웠습니다.

• 페트루스 크리솔로구스 『설교』 21,6.

### 삼시경과 육시경, 구시경

삼시경(오전 아홉 시)에 기도하십시오(마르 15,25 참조). 빌라도가 우리 주님께 십자가형을 선고한 시각이기 때문입니다. … 육시경(낮 열두 시)에도 기도하십시오. 그분께서 십자가에 못 박히신 시각이기 때문입니다. … 구시경(오후 세 시)에도 기도해야 합니다. 이 참혹한 모습을 차마 바라볼 수 없어, 해가 어두워지고 땅이 무서워 떨던 바로 그 시각이기 때문입니다(참조: 마태 27,24.51; 마르 15,33; 루카 23,44-45; 사도 3,1; 10,3.9.30).

• 『사도 헌장』 8,34.

### 정해진 시간에 기도하기

정해진 시간, 곧 하루 가운데 중요한 시기를 나타내는 삼시경, 육시경, 구시경, 곧 모든 공동 시간은 형식적으로 엄격히 지켜야 합니다. 이는 성경에서도 하루의 중요한 부분으로 언급됩니다. 성령은 아침 아홉 시에 모여 있는 제자들에게 처음 부어졌습니다(사도 2,15 참조). 베드로가 … [유대인과 이교인 사이의] 결속에 관한 환시를 본 날에, 그는 정오쯤에 기도하러 옥상에 올라갔습니다(사도 10,9 참조). 베드로는 요한과 함께 오후 세 시에 성전으로 올라가 불구자를 고쳐 주었습니다(사도 3,1 참조). 우리가 특별한 권고가 없어도 낮과 밤이 시작할 때 당연히 바쳐야 하는 [기도들이 여기에 또 덧붙여진다].

• 테르툴리아누스 『기도론』 25.

### 하루에 세 번 기도를 바치는 교회 전통

우리는 다니엘이 하루에 세 번 무릎을 꿇고 기도했다는 말씀(다니 6,11 참조)을 읽으며, 교회는 그것이 제3시와 제6시, 제9시(오전 아홉 시, 정오, 오후 세 시)였다고 믿습니다. 또한 주님께서도 제3시에 성령을 보내셨고, 제6시에 십자가에 오르셨으며, 제9시에 당신의 영혼을 거두셨습니다(마태 27,45-46 참조). 주님께서는 우리가 이 시간들을 특별히 여기게 하심이 좋겠다 여기시어 이 시간들을 거룩하게 하신 것입니다.

• 존자 베다 『사도행전 해설』 2,15.

### 하루에 세 번 무릎을 꿇고 기도하다

우리는 하루에 세 번 하느님께 무릎을 꿇어야 하는데, 교회 전통은 그것을 삼시경, 육시경, 구시경으로 이해합니다. 마지막으로 새겨야 할 것은, 성령께서 사도들에게 내려오신 것이 제3시였고, 베드로가 기도하러 옥상에 올라가서 배고픔을 잊은 것은 제6시였으며(사도 10,9 참조), 베드로와 요한이 성전으로 올라간 것은 제9시였다는 사실입니다(사도 3,1 참조).

• 히에로니무스 『다니엘서 주해』 6,10.

### 오전 아홉 시(제3시)에 내려오신 성령

팔레스티나와 메소포타미아와 동방의 모든 수도원에서는 앞에서 말한 시간에 올리는 예배를 매일 세 편의 시편 기도로 끝냅니다. 정해진 시간에 지속적으로 하느님께 기도를 올리는 한편 영적 의무들이 적절한 절제로 마무리되고 필요한 직무가 어떤 식으로도 방해받지 않도록 한 것입니다. … 이 시간들이 더욱 특별히 종교적 직무에 바쳐진 데에는 그럴 만한 이유가 있습니다. 우리 구원에 대한 약속과 요체가 이 시간들에 완성되었기 때문입니다. 먼 옛날에 예언자들이 약속한 성령께서 기도하기 위해 함께 모인 사도들에게 제일 처음으로 내려오신 것이 제3시였다는 것을 우리는 확인해 줄 수 있습니다.

• 요한 카시아누스 『규정집』 3,3.

### 주님과 같은 시간에 기도한 코르넬리우스

"사흘 전 바로 이맘때 정오부터 오후 세 시까지 저는 기도하며 경배드리고 있었습니다. 그때에 어떤 사람이 …." 참으로 그의 기도는 하느님께서 들어주실 만했습니다. 코르넬리우스는 정오부터 오후 세 시까지 온 마음을 다해 기도했는데, 그 시간은 그가 청원을 드리는 주님께서 세상의 구원을 위해 십자가에서 팔을 뻗으시고 기도하신 시간(마태 27,45-46 참조)입니다.

• 존자 베다 『사도행전 해설』 10,30.

### 아침기도로 시작해서 밤기도로 끝내다

남녀 모든 신자들은 아침에 잠에서 일어나 일을 시작하기에 앞서 자기 손을 씻고 하느님께 기도해야 한다. … 만일 네 집에 있다면, 삼시경에 기도하고 하느님을 찬양하여라. 만일 이 시간에 다른 곳에 있다면 마음속으로 하느님께 기도하여라. 사실 그리스도께서 이 시간에 나무에 매달리셨기 때문이다. … 마찬가지로 육시경에도 기도하여라. 왜냐하면 그리스도께서 십자 나무에 매달려 계실 때에 낮이 갈라져서 극심한 어둠이 덮였기 때문이다. … 구시경에도 간절한 간청과 장엄한 찬미를 드려라. … 이 시간에 그리스도께서 창으로 옆구리를 찔리시자 피와 물이 흘러나왔고 그 후 저녁까지 그날의 남은 시간을 비추셨다. … 네 육체가 쉬러 눕기 전에도 기도하여라. 한밤중에 일어나 네 손을 씻고 기도하여라. 만일 너에게 아내가 있으면 함께 기도하여라. 그러나 만일 그녀가 아직 신자가 아니면 다른 방으로 가서 (홀로) 기도하고 네 잠자리로 돌아와라.

• 히폴리투스 『사도 전승』 41.

### 일곱 시간이나 여덟 시간 기도하라

수도승들은 그들의 특별한 시간에 기도하기를 망설이지 않아야 합니다. 특별한 시간이란 제2시, 제4시, 제5시, 제7시, 제8시, 제10시와 제11시로, 일곱 시간이나 여덟 시간 기도하는 것이 "일곱 또는 여덟 몫으로 나누어라"(코헬 11,2)라는 솔로몬의 말과도 일치하기 때문입니다. [이는] 그들이 부활 날에 성령의 일곱 가지 은총과 여덟 가지 참행복을 통하여 열다섯 계단으로 이루어진 야곱의 층계를 아무 방해도 받지 않고 올라가 그리스도께서 환한 빛 속에 계시는 천국의 영역으로 들어갈 수 있게 해 줍니다.

• 브라가의 프룩투오수스 『수도원 공동 규칙서』 10.

### 아침저녁으로 기도해야 한다

하루를 기도로 시작하여 하느님의 보살핌을 받는다면 우리 앞길에 적이 나타날 리 없습니다. 만약 적이 나타난다 해도 하느님의 보살핌으로 가볍게 웃어넘겨 버릴 수 있을 것입니다. 시장 바닥은 전쟁터나 마찬가지입니다. 나날이 먹고 사는 일이 싸움이요 폭풍우입니다. 그래서 우리에겐 무기가 필요한데 기도는 강력한 무기입니다. 우리는 순풍이 필요합니다. 난파도 당하지 않고 부상도 입지 않은 채 하루를 끝까지 순조로이 보내기 위하여 우리는 할 수 있는 모든 것을 배워야 합니다. 암초는 날마다 무수히 많습니다. 암초에 부딪쳐 가라앉는 배도 허다합니다. 그러므로 우리는 아침저녁으로 꼭 잊지 말고 기도해야 합니다.

• 요한 크리소스토무스 『히브리서 강해』 14,9.

### 아침기도

친애하는 형제 여러분, 예부터 지켜 온 이 기도 시간들에 우리는 다른 신비와 관련된 기도 시간을 덧붙여 지키고 있습니다. 아침에 아침 찬미경으로 주님의 부활을 경축하기 위해 기도합니다 (마태 28,1 참조).

• 키프리아누스 『주님의 기도』 35.

### 매일 아침 일찍 네 영혼을 씻어라

셀 수 없을 만큼 많은 행위를 하고 난 뒤에야 기도하러 오는 이들에게 이 말을 들려주십시오. … "당신께 감사하기 위하여 해 뜨기 전에 일어나야 하고 동틀 녘에 당신께 기도해야 함을 알라" (지혜 16,28)고 성경이 말하고 있다는 것을 기억하십시오. … 아침에 일어나서 얼굴과 손은 씻으면서 그대의 영혼을 씻어야 한다는 사실은 무시합니다. 몸이 물로 깨끗해지듯이 영혼은 기도로 깨끗해진다는 것을 모릅니까? 그러니 그대의 몸을 씻기 전에 영혼부터 씻으십시오. 수많은 악의 얼룩들이 영혼을 더럽히고 있습니다. 기도로 그것들을 깨끗이 닦아 내십시오.

• 요한 크리소스토무스 『시편 해설』 5,3.

### 식사 전 감사 기도

예수님께서 중풍 병자를 치유하시거나 죽은 이를 되살리실 때, 호수의 풍랑을 잠재우실 때는 기도하지 않으셨는데 여기서는 어째서 빵을 두고 기도하셨을까요? 식사를 시작할 때는 하느님께 감사드려야 함을 우리에게 보여 주신 것입니다.

• 요한 크리소스토무스 『요한 복음 강해』 42,3.

### 식사 후 기도하라

음식을 먹은 다음엔 여러분 자신을 위한 영적 음식을 차려 놓는 것이 얼마나 지당한 일인지 아시겠습니까? 이는 육적인 음식을 배불리 먹은 다음에, 영혼이 열정을 잃고 재앙에 떨어져 악마의 간계에 길을 내주는 일이 없게 하기 위해서입니다. 악마는 언제나 결정적인 순간에 우리에게 한 방 먹일 기회를 노리고 있습니다.

• 요한 크리소스토무스 『창세기 강해』 10,20.

### 기도하라고 부르시다

아주 오래전 성령께서는 시편에서 이렇게 말씀하셨습니다. "저의 임금님, 저의 하느님 제가 외치는 소리를 귀여겨들으소서. 당신께 기도드립니다. 주님, 아침에 제 목소리 들어 주시겠기에 아침부터 당신께 청을 올리고 애틋이 기다립니다"(시편 5,3-4). 주님께서도 예언자를 통해 말씀하십니다. "그들이 새벽에 깨어 나를 기다리며 '자, 주님께 돌아가자'(호세 6,1) 하고 말한다." 우리는 해가 질 때와 마찬가지로 하루가 끝날 때도 반드시 기도해야 합니다. 실로 그리스도는 참된 태양이고 참으로 낮이시기에, 세상의 태양과 낮이 물러가면 우리는 우리 위에 다시 빛이 돌아오기를 우리가 기도하고 간구하듯이, 그리스도께서 오시어 영원한 빛의 은총을 우리에게 내려 주시기를 기도합니다.

• 키프리아누스 『주님의 기도』 35.

### 빛의 자식들은 온종일 기도 속에 살아야 한다

성경이 그리스도를 참된 태양, 참된 날로 계시하였다면 그리스도교 신자들이 자주 그리고 늘 하느님께 기도해야 하는 의무에서 제외되는 시간은 한시도 있을 수 없습니다. 따라서 우리는 온종일 기도 속에 살아야 합니다. 자연법칙에 따르면 낮과 밤이 교차해 오지만, 기도하는 사람에게는 어두운 밤이라 해서 기도하는 데 방해받을 어떤 것도 있을 수 없습니다. 빛의 자식들에게는(참조: 요한 8,12; 1테살 5,5) 밤도 낮이기 때문입니다. 사실 마음에 빛을 갖고 있는 사람에게 빛이 없는 때가 언제 있겠습니까? 태양이며 날이신 그리스도를 모신 사람에게 태양과 날이 없는 때가 언제 있겠습니까?

• 키프리아누스 『주님의 기도』 35.

### 일과가 끝났을 때 바치는 기도

하루의 일과가 끝났을 때, 우리에게 주어진 것들에 감사드리고, 또 우리에게 주어진 것들 가운데 우리가 올바르게 행할 수 있었던 것들에 대해 감사드리며, 자발적이든 비자발적이든 우리가 하지 못했던 일들을 고백하고, 말과 행위나 마음으로 범한 우리가 알지 못하는 잘못까지도 고백해야 합니다. 이러한 기도로써 우리의 모든 잘못에 대하여 하느님과 화해하게 됩니다. 같은 잘못에 다시 떨어지지 않으려면 과거의 행동을 성찰하는 것이 큰 도움이 됩니다.

• 대 바실리우스 『대 수덕집』(긴 규칙서) Q.37.

### 기도하기 좋은 시간

밤의 고요와 고독은 기도하기 좋은 시간을 마련해 주기에, 기도하려는 이들에게는 가장 적절한 때입니다. 밤 동안에는 세상일은 뒤로 밀쳐 두고 온 존재가 전념하여 하느님 앞에 머물 수 있게 됩니다.

• 레메시아나의 니케타스 『하느님 종들의 밤샘 기도』 8.

### 밤 기도

밤에 바치는 기도는 낮에 바치는 기도보다 더 큰 힘을 지니고 있습니다. 그래서 모든 의인은 육체의 무게와 잠의 달콤함과 싸우고 육체적 본성과 다투며 밤에 기도하였습니다. … 그들은 밤샘 기도로 무장한 채로 하느님께 간절하게 청원을 드렸고, 그 결과 즉시 기도의 응답을 받았습니다.

• 니네베의 이사악 『수덕 생활』 75.

### 한밤중에 바치는 기도

우리는 밤이고 낮이고 기도로 항상 하느님께 다가갈 임무에서 쉬이 한눈파는 상태에 빠지지 않도록 신경 씁시다. 특히 밤에 그리해야 합니다. 밤은 우리를 방해하는 이가 아무도 없고, 마음이 더없이 평온해지는 휴식의 시간입니다. 또한 밤은 모든 소란이 집 밖에 남겨진 때요 아무도 우리를 하느님께 바치는 애원에서 떼어 놓거나 다른 것들로 주의를 돌려놓지 않는 때이며 우리의 정신이 안식하는 상태에서 영혼들의 의사께 모든 것을 구체적으로 이야기할 수 있는 때입니다.

• 요한 크리소스토무스 『창세기 강해』 30,17.

### 철야 기도를 권고하다

여러분은 기쁘고 열심한 마음으로 서둘러 철야 기도를 하십시오. 철야 기도에 관해서는 성경에 이렇게 기록되어 있습니다. "하느님, 저의 영혼이 밤에 당신을 열망합니다"(이사 26,9). 또한 "주님, 당신께 기도드립니다. 주님께서는 새벽에 저의 소리를 들어 주십니다"(시편 5,3-4). 그리고 "주님, 저는 한밤중에도 당신을 찬송하러 일어납니다"(시편 119,62). 우리 주 구원자께서도 우리에게 이 철야 기도를 권고하고 격려하시면서 복음서에서 "유혹에 빠지지 않도록 깨어 기도하여라"(마태 26,41)고 말씀하십니다. 그분께서 우리에게 이런 은혜를 베푸시기 바랍니다.

• 아를의 카이사리우스 『설교』 198,5.

### 밤샘 기도는 우리를 깨끗이 한다

밤샘 기도를 바치기 위하여 주간의 일부, 곧 토요일과 주일 밤을 따로 떼어 두는 것은 크게 부담스럽거나 어려운 일이 아닌 것은 분명합니다. 몸이 약한 사람에게도 무리가 되지는 않을 것입니다. 이 이틀간의 밤으로 우리는 육의 깊은 잠이나 세속적인 일의 진창 속에서 흘려보낸 나머지 오 일간의 낮과 밤을 성화할 수 있습니다. 경건한 신심 행위에 거룩한 열성을 바치는 것을 부끄러워해서는 안 됩니다.

• 레메시아나의 니케타스 『하느님 종들의 밤샘 기도』.

## 기도를 바치는 장소

### 기도의 장소가 중요한 것이 아니다

기도의 장소를 바꾼다고 해서, 우리가 하느님께 더 가까이 다가갈 수 있는 것은 아닙니다. 어디에서 기도하든지 간에, 하느님께서 우리의 영혼 안에 머무르시고 거니실 수 있는 안식처를 마련해 드린다면, 하느님께서는 우리를 찾아오실 것입니다. 그러나 우리의 내적 자아가 천한 생각으로 가득 차 있다면, 비록 골고타 언덕이나 올리브 동산, 주님께서 부활하셨던 바로 그 장소에 우리가 서 있더라도, 우리는 결코 그리스도를 우리 안에 맞아들이지 못할 것입니다.

• 니사의 그레고리우스 『편지』 2.

저잣거리에서나 혼자 산책할 때에도, 자주 그리고 열심히 기도할 수 있습니다. 가게에서 물건을 사고파는 중에도, 요리를 하는 중에도 기도할 수 있습니다.

• 요한 크리소스토무스 『한나에 관한 설교』 4,6.

### 어디에서 기도해야 하는가?

장소에 관해 말하자면, 제대로 기도하는 사람의 경우에 모든 곳이 다 기도하기에 적합한 곳입니다. … 그러나 저는, 누구나 조용한 곳에서 방해 받지 않고 기도할 수 있도록 자기 집의 한 곳을 골라 거룩한 장소로 지정하는 것이 좋다고 생각합니다.

• 오리게네스 『기도론』 4.

### 골방으로 들어가십시오

여러분은 언제 어디에서든지 항상 여러분의 방에서 기도할 수 있습니다. 어디에서나 여러분에게는 방이 있습니다. 이교인들 가운데 있거나, 유대인들 가운데 있다고 하더라도, 여러분에게는 언제나 비밀스러운 방이 있습니다. 여러분의 영이 바로 여러분의 방입니다. 여러분이 군중 가운데 있다 하더라도, 여러분 안에는 닫혀진 비밀스러운 방이 있습니다. 기도할 때, 골방으로 들어가십시오. 그분께서 '들어가라'고 하신 것은 맞는 말입니다. 유대인들처럼 기도하지 않도록, 조심하십시오.

• 암브로시우스 『성사론』 6,11-12.

### 우리 마음의 침실로 들어가라

우리는 침실 문을 닫고 기도하라는 지시를 들으며, 쏟아붓듯 어느 곳에서나 기도하라는 가르침을 받습니다. 성도들은 맹수 앞에서도, 감옥에서도, 불길에 휩싸여서도, 바다 속 깊은 곳과 짐승의 배 속에서도 기도합니다. 그래서 집 깊숙한 곳이 아니라 마음의 침실로 들어가라는 훈계를 듣습니다. 우리는 마음의 사무실을 닫고서, 많은 말로가 아니라 우리의 양심을 바쳐 하느님께 기도합니다. 행동이 어떤 말보다 낫기 때문입니다.

• 푸아티에의 힐라리우스 『마태오 복음 주해』 5,1.

### 정성스러운 기도

우리 마음이 고요 속에 굳게 서 있고, 육체적 정욕의 사슬에서 풀려나오고, 저 유일한 최고선에 굳게 붙어 있을 때, "끊임없이 기도하라"(1테살 5,17)와 "어디서나 성을 내거나 말다툼을 하는 일 없이, 거룩한 손을 들어 기도하라"(1티모 2,8)라는 사도의 말씀이 이루어집니다. 이 깨끗함으로 말미암아 마음의 모든 느낌이 빠져 없어지다시피 하여 이승의 조건을 벗어나 정신적이고 천사 같은 상태로 넘어가면 마음에 들어오는 모든 것, 마음이 다루는 모든 것, 마음이 하는 모든 것이 지극히 깨끗하고 정성스러운 기도가 됩니다.

• 요한 카시아누스 『담화집』 9,6.

### 조용한 곳을 찾아 열심히 기도하라

주님께서는 왜 산으로 올라가시는 것일까요? 하느님께 기도를 드리고자 할 때는 사람들과 떨어져 홀로 시간을 갖는 것이 좋음을 우리에게 가르치기 위해서입니다. 이것을 염두에 두고 보면, 주님께서는 계속 외딴곳으로 물러가시는 것을 보게 됩니다. 그분은 외딴곳에서 밤 새워 기도하실 때가 많습니다. 그것은 우리가 시간과 장소가 허락하는 한 그런 조용한 곳을 찾아 열심히 기도하라고 가르쳐 줍니다.

• 요한 크리소스토무스 『마태오 복음 강해』 50,1.

### 마음의 평화를 느끼지 못하는 기도

어느 날 아르세니우스 압바가 바람에 흔들리는 갈대가 있는 곳으로 왔습니다. 그가 형제들에게 물었다. "지금 무엇이 움직이고 있습니까?" 그들이 대답했다. "갈대입니다." 그러자 원로가 말했다. "고요히 기도하며 사는 사람이 작은 참새가 지저귀는 소리를 들을 때, 그의 마음에는 더 이상 평화가 없습니다. 여러분이 저 갈대의 소리를 들을 경우 얼마나 더 나쁘겠습니까?"

• 『사막 사부들의 금언』(아르세니우스) 25.

### 천상의 것을 추구한 베드로

베드로 사도는 야포에 있을 때 '기도하러' [그 집] "옥상에 올라갔다"(사도 10,9)고 합니다. … 그는 낮은 곳에서 기도하지 않고 '높은 곳으로 올라갔습니다.' 그처럼 위대한 사도가 '높은 곳에서' 기도하기로 선택한 것은 까닭이 없지 않습니다. 베드로는 '그리스도와 함께 죽었으므로 땅 위에 있는 것이 아니라, 그리스도께서 하느님의 오른쪽에 앉아 계신 저 위에 있는 것을 추구한다'는 것을 보여 준다고 저는 믿습니다(참조: 로마 6,8; 콜로 3,1-2). 그는 '옥상으로' 올라갔고, 주님께서도 이 높은 곳에 대해 "옥상에 있는 이는 물건을 꺼내러 집 안으로 내려가지 말고"(마태 24,17)라고 하셨습니다. … "베드로는 기도하러 옥상에 올라갔다. … 하늘이 열리고 … 땅 위에 내려앉는 것을 보았다"(사도 10,9.11). 베드로가 몸만 '높은 곳으로' 올라간 것이 아니라 마음과 영도 그랬다는 것을 이제 아시겠습니까?

• 오리게네스 『레위기 강해』 7,4,4-5.

### 먼저 하느님의 성전이 되어 성전 안에서 기도하라

흔히들 이렇게 말합니다. '오르기 힘든 높은 산에서 기도해야 하리, 하느님께 더 가까이 가 하느님께서 나의 목소리를 더 잘 들으실 수 있는 곳에서. 그분은 높은 곳에 사시니.' … 네, 하느님은 높은 곳에 사십니다. 그러나 그분은 비천한 자들의 형편을 헤아려 주시는 분이기도 합니다. … 그분께 가까이 가려면 아래로 내려오십시오. 올라가고 싶다고요? 올라가십시오. 그러나 산을 찾지는 마십시오. '순례의 길을 오를 생각을 하는 사람들 눈물의 계곡을 지나며'(시편 84,6-7 참조)라는 구절이 있습니다. '계곡'에는 겸손이 있습니다. 그러니 모든 것을 그 안에서 하십시오. 설령 그대가 높은 곳, 거룩한 곳을 찾는다 할지라도 먼저 그대 자신이 당신 안에 계신 하느님의 성전이 되십시오. "하느님의 성전은 거룩하기 때문입니다. 여러분이 바로 하느님의 성전입니다"(1코린 3,17). 성전에서 기도하고 싶습니까? 그렇다면 먼저 하느님의 성전이 되어 자기 자신 안에서 기도하십시오. 그분은 당신 성전 안에서 기도하는 이의 말을 들으시기 때문입니다.

• 아우구스티누스 『요한 복음 강해』 15,25.

### 높은 곳, 성전 방향을 향해 기도하라

하느님에 대한 확신 안에서 쉬던 다니엘도 어디 으슥한 구석이 아니라 높은 곳에서 기도를 바칩니다. 그는 예루살렘 쪽으로 난 자기 방 창문을 열어 놓습니다. 그는 그곳에서 [하느님의] 평화를 찾습니다. 나아가 그는 하느님의 명령에 따라, 그리고 백성에게 성전 방향으로 향한 채 기도하라고 훈계한 솔로몬의 말을 따라 기도합니다.

• 히에로니무스 『다니엘서 주해』 6,10.

### 왜 그리스도인들은 동쪽을 바라보며 기도하는가?

우리는 기도할 때면 모두 동쪽을 바라봅니다. 그런데 하느님께서 동쪽에 에덴을 꾸미신 옛 선조들의 땅을 찾고 있다는 데 그 까닭이 있음을 아는 이는 거의 없습니다.

• 대 바실리우스 『성령론』 27,66.

## 기도 자세와 태도

### 기도하는 자세와 태도

기도하는 사람들은 말이나 청원 내용에 있어서 절제 있고 조용하며 조심성이 있어야 합니다. 우리는 하느님께서 보시는 앞에 있음을 생각하고 따라서 몸자세와 소리 내는 방법이 하느님의 눈에 흡족하게 되도록 해야 합니다. 큰 소리로 소란을 피워 기도하는 것은 참으로 옳지 못하며, 절제 있고 조심성 있게 기도하는 것이 당연할 것입니다. 그러므로 주님은 남이 보지 않는 조용한 방에서 은밀하게 기도하라고 가르치셨습니다(마태 6,6 참조). 이러한 기도는, 하느님께서는 어디나 계시므로 모든 이의 기도를 들으시고, 모든 이를 보시며 가장 숨겨진 것에까지 당신의 충만한 은총과 함께 스며들어 가신다는 우리의 믿음과 일치됩니다.

• 키프리아누스 『주님의 기도』 4.

### 유대교의 성전 예배와 구별되는 그리스도인의 기도

바오로 사도는 그리스도인의 기도와 유대인의 기도를 구별하고자 합니다. 그러니 "어디에서나 거룩한 손을 들어 기도하십시오"(1티모 2,8)라는 말을 새겨들으십시오. 이는 유대인들에게는 허락되지 않는 일입니다. 유대교는 지정된 곳이 아니면 하느님께 다가가는 것도, 제사를 바치는 것도, 예식을 올리는 것도 허락하지 않습니다. 그들은 세계 각지에서 한곳으로 모여 와 성전 안에서 모든 예식을 올려야 합니다. … 우리에게 중요한 것은 장소가 아니라 기도하는 태도입니다. '어디에서나 기도'하며 "어디에서나 거룩한 손을 들어 기도"하라고 합니다. 이 점이 중요합니다. '거룩하다'는 것은 무엇입니까? 깨끗한 것입니다. 깨끗하다는 것은 무엇입니까? 물로 씻었다는 뜻이 아니라 탐욕과 살해, 방종, 폭력 같은 것과 관계하지 않으며 "성을 내거나 말다툼"(1티모 2,8) 하지 않는다는 뜻입니다.

• 요한 크리소스토무스 『티모테오 1서 강해』 8.

### 하느님께 맞갖은 기도

하느님께 맞갖은 기도는 이러해야 합니다. 온 세상으로부터 자기 마음 안으로 모아서 다른 어느 것과도 비밀리에 묶여 있지 않도록 하는 것, 기도하는 동안에는 전적으로 하느님의 뜻에 맡기고 자기 자신과 자기가 있는 곳을 포함하여 물질적인 것은 모두 잊어버리는 것입니다. 기도하는 동안에는 하느님의 영 안에 완전히 삼켜져 내적으로도 외적으로도 하느님을 옷 입어야 하며, 하느님에 대한 사랑으로 불타오르고 그분에 대한 생각에 완전히 파묻혀야 하며, 그분의 모든 것 안에서 그분에 대한 놀라운 회상으로 채워진 생각의 움직임들로 완전히 뒤섞여야 합니다.

• 마부그의 필록세누스 『기도에 관한 발췌』.

### 기도하는 이의 자세와 성품

이제는 기도하는 사람이 지녀야 할 자세와 성품에 관하여 … 다루는 것이 적절하다고 저는 생각합니다. 성품이 영혼과 관련된 것이라면 자세는 육체와 관련된 것입니다. 바오로는 … 사람은 "성을 내거나 말다툼을 하는 일 없이"(1티모 2,8) 기도해야 한다고 말합니다. 기도하는 자의 자세는 "거룩한 손을 들어 올리는 것"(1티모 2,8)입니다. 제가 보기에 이 표현은 시편들에서 취한 것 같습니다. 예를 들면 이렇습니다. "저의 손 들어 올리니 저녁 제물로 여겨 주소서"(시편 141,2).

• 오리게네스 『기도론』 31,1.

### 땅에서 하늘로 들어 올릴 수 있는 기도

여러분도 똑같은 것을 획득하고 그것(적절하며 하느님께 직접 올리는 기도)을 향해 나아가려 애쓰십시오. 그것은 여러분을 땅에서 하늘로 들어 올릴 수 있기 때문입니다. 준비가 되어 있지 않거나 [단지] 우연을 통해서는 여러분은 그 안에서 앞으로 나아가지 못할 것입니다. 먼저 여러분의 영혼에서 모든 욕정을 씻고 새로 닦은 거울처럼 모든 악을 깨끗이 닦아 버리십시오. 잘못과 분노에 대한 모든 기억에서 멀리 떨어지십시오. 무엇보다 그런 기억이 우리의 기도가 나날이 하느님께 가닿지 못하게 하기 때문입니다. 또한 한 번이라도 여러분에게 잘못한 일이 있는 모든 이의 잘못을 여러분의 마음에서 멀리 치워 버리십시오. 가난한 이들에 대한 자비와 연민으로 여러분의 기도에 날개를 달고 뜨거운 눈물로 하느님께 다가가십시오.

• 다마스쿠스의 요한 『바를람과 요사팟의 생애』 20,175.

### 기도의 두 날개

"용서하여라. 그러면 너희도 용서받을 것이다. 주어라. 그러면 너희도 받을 것이다"(루카 6,37-38). 이것은 기도를 싣고 하느님께로 날아가는 두 날개입니다. 죄 지은 이를 용서하고, 가난한 이에게 주십시오.

• 아우구스티누스 『설교』 205,3.

### 하느님을 잔꾀로 이기려 하지 마라

자신에게 잘못한 이에게 원한을 품은 사람의 기도가 이루어질 가능성은 얼마나 될까요? 입으로는 '용서한다'고 하면서 용서하지 않고 기도한다면 거짓말을 하는 것이며, 그는 하느님께 용서를 구해도 용서받지 못할 것입니다. 다른 사람에게 해를 입은 사람도 자신에게 해를 입힌 바로 그 사람을 용서하지 않는 한 하느님께 기도 드려도 이루어진다는 보증이 없다면, 남에게 해를 입기는 했지만 그 스스로도 남에게 해를 입히고 불의를 행사하며 타인을 억압하는 사람의 기도는 어떨 것 같습니까? 자기에게 잘못한 사람을 용서하지 않으려는 많은 사람은 이 기도를 하지 않으려 합니다. 그들은 잘못하는 것입니다. 첫째, 그리스도께서 가르치신 대로 기도하지 않는 사람은 그리스도의 제자가 아니기 때문입니다. 둘째, 아버지께서는 아들이 권하지 않은 기도는 반겨 듣지 않으시기 때문입니다. 당신 아드님의 말과 뜻을 아시는 아버지께서는 인간의 마음이 생각해 낸 것을 받아들이는 것이 아니라 그리스도의 지혜가 알려 준 것을 받아들이시기 때문입니다. 그런즉 여러분은 기도의 말을 할 수 있을지는 몰라도 하느님을 마음대로 주무르거나 속일 수는 없습니다. 그리고 여러분 자신이 먼저 용서하지 않는 한, 여러분도 용서받지 못할 것입니다.

• 『마태오 복음 미완성 작품』 강해 14.

### 깨끗한 마음과 훌륭한 양심

하느님께서 인간에게 받고 싶어 하시는 분향, 하느님께서 '향기롭게 느끼시는' 분향은 깨끗한 마음과 훌륭한 양심에서 나오는 기도입니다. 하느님께서는 그것을 가장 좋아하십니다.

• 오리게네스 『레위기 강해』 13,5,2.

### 기도 준비

에즈라는 양심의 가책과 육체의 고통을 통해 천상의 자비를 듣기에 합당한 상태가 되도록 자신을 준비하였고, 그런 다음에야 말문을 열어 기도하였습니다. 그는 저녁 제사 때에 무릎을 꿇고 두 손을 펼쳐 주님께 기도를 바쳤습니다. 겸손한 영과 통회하는 마음으로 바치는 이러한 제사를 짐승의 살과 피로 바치는 제사보다 하느님께서 더 기뻐하시리라는 것은 분명합니다.

• 존자 베다 『에즈라기와 느헤미야기 우의적 해설』 2,12.

### 기도할 때에 정숙하라

기도할 때에도 정숙함은 바람직한 것이며 하느님의 은총을 얻게 해 줍니다. … 그런즉 자신의 권리를 포기하더라도 자신을 위해서는 아무것도 빼앗지 않고 권리를 주장하지 않으며 힘이 있으면서도 그것을 내세우지 않는 태도인 정숙은 훌륭한 것입니다. 정숙은 아무도 그 앞에서 부유할 수 없는 하느님 앞에서 부유하게 해 줍니다. 정숙한 이는 부유합니다. 그들은 하느님의 몫에 속하는 이들이기 때문입니다. 바오로 사도는 차분하고 정숙하게 기도를 바치라고 지시합니다.

• 암브로시우스 『성직자의 의무』 1,18,70.

### 마음을 다해 기도에 열중하다

우리가 기도를 시작할 때 마음을 다해 정신을 바짝 차리고 기도에 열중해야 합니다. 우리는 육적이고 세속적인 모든 생각을 멀리하여 오직 기도에 집중해야 합니다. … 당신이 주님께 기도하는 동안 정신을 집중하지 않고 하찮은 속된 생각에 사로잡혀 있다면 얼마나 큰 태만입니까? 하느님과 대화하는 것에 비해 생각해야 할 더 중요한 일이 있다는 식이니 말입니다. 당신이 당신 스스로를 들으려 하지 않는데 어떻게 당신의 기도를 들어 달라고 하느님께 청할 수 있겠습니까?

• 키프리아누스 『주님의 기도』 31.

### 마음을 다하여 하느님을 찾으시오

무엇이든 찾고 있다면 마음을 다해 찾아야 합니다. 특히 찾는 대상이 하느님이라면 마음과 정성을 다해야 합니다. 하느님을 찾아 나선 길에는 장애물들이 늘어서서 앞을 가로막고 눈을 어둡게 하며 우리의 이해력을 방해하기 때문입니다.

• 요한 크리소스토무스 『히브리서 강해』 22,7.

끊임없이 기도하는 사람(1테살 5,17 참조)은 유혹을 피합니다. 그러나 생각은 방심하는 사람의 마음을 동요시킵니다.

• 폰투스의 에바그리우스 『수도승에게』 37.

### 분심 없이 기도하라

많은 이가 기도의 자세를 취하기는 하지만 주님의 뜰 안으로 들어가지 못합니다. 그들의 정신은 방황하고, 그들의 생각은 헛된 근심에서 생기는 분심으로 흩어지기 때문입니다. … 자기 배를 신으로 여기거나 영광으로 여기는 이, 돈이나 다른 무엇을 그 어떤 것보다 높이 여기는 이는 주님을 흠숭하지 못하고, 거룩한 뜰에 들어가지도 못합니다. 비록 그가 눈에 보이는 집회에 들어갈 자격이 있는 것처럼 보인다 하더라도 그렇습니다.

• 대 바실리우스 『시편 강해』 13,3(제29편).

### 기도의 장애물

영혼이 달콤한 기도에 빠져 주님과 달콤한 속삭임을 나누는 동안에도, 종종 세상의 상념들이 군중처럼 몰려와 영의 눈으로 그리스도를 바라보는 일을 방해합니다. 그러면 이러한 분심이 들 때 어떻게 해야 하겠습니까? 군중이 아우성치고 있는 바깥으로 나가거나 아래로 내려가서는 안 됩니다. 그리스도께서 가르치고 계시는 집의 지붕 위로 올라가야 합니다. 곧, 성경의 높이에 다다르도록 애써야 하고, 시편 저자와 함께 밤낮으로 주님의 법을 묵상해야 합니다.

• 존자 베다 『마르코 복음 해설』 1,2,4.

### 기도에 집중하고 하느님의 도움을 구하라

기도할 때에 쓸데없는 잡생각이 방해하여 하느님을 향한 생각이 끊어지고 흐트러지지 않는 경우가 거의 없습니다. 따라서 기도를 시작한 뒤 계속 집중하고 하느님의 도움을 받아 원수의 유혹에 기운차게 저항하여, 우리의 마음이 하느님께 꼭 붙어 있도록 지치지 않고 애쓰는 것은 훌륭하고 매우 유익한 싸움입니다.

• 카시오도루스 『시편 해설』 101,1.

### 자기 부정과 기도

닐루스 압바가 또 말했다. "가서 자신에게 속한 모든 것을 팔아 가난한 이들에게 주고, 십자가를 지고 자신을 부정하십시오. 이렇게 하면 분심 없이 기도할 수 있을 것입니다."

• 『사막 사부들의 금언』(닐루스) 4.

### 늘 깨어서 기도에 전념하라

바오로 사도는 딴생각 하지 말고 맑은 정신을 유지하라는 뜻으로, "깨어 있으십시오"(콜로 4,2)라고 합니다. 악마는 훌륭한 기도의 힘이 얼마나 큰지 알기 때문입니다. 그래서 그자는 우리가 기도할 때 무겁게 우리를 압박합니다. 바오로 사도는 기도할 때 부주의한 사람이 얼마나 많은지도 압니다. 그래서 그는 하기 힘든 일에 관해 말하듯 "기도에 전념"(콜로 4,2)하라고 합니다.

• 요한 크리소스토무스 『콜로새서 강해』 10.

### 깨어 있는 기도

복된 사도는 우리에게 기도의 중요성에 대해 상기시켜 줄 때 깨어 있음의 중요성에 대해서도 다시금 강조하였습니다. "기도에 전념하십시오, 기도하면서 깨어 있으십시오"(콜로 4,2)라고 하였지요. 불순한 사랑은 사람을 깨어 있게 합니다. 부끄러움을 모르는 사람은 유혹하기 위하여 깨어 지킵니다. 악행자는 해를 입히기 위해서, 술꾼은 술을 마시기 위해서, 산적은 사람을 죽이기 위해서, 방종한 이는 낭비하기 위해서, 구두쇠는 쌓아 놓기 위하여, 도둑은 훔치기 위하여, 강도는 부수고 빼앗기 위하여 깨어 있습니다. 죄악도 범죄자와 타락한 이들을 이렇듯 깨어 있게 하는데 그렇다면 사랑은 착하고 거룩한 사람들 안에서 얼마나 더 쌩쌩하게 깨어 있어야 하겠습니까?

• 아우구스티누스 『설교』 223J.

### 기도를 통한 승리

여러분도 승리하고 싶거든 바오로 사도의 이 말에 귀 기울이십시오. "기도에 전념하십시오, 기도하면서 깨어 있으십시오"(콜로 4,2). 자기 힘만 믿지 않고 늘 하느님의 도움을 간구하는 것이야말로 그리스도인이 취할 수 있는 가장 영광스러운 싸움의 자세입니다.

• 아를의 카이사리우스 『설교』 103,5.

### 완전히 신뢰하면서 기도드리다

우리가 기도할 때 어떤 의심으로 인해 기도에 대한 확신이 줄어들지 않고 오히려 기도를 하면서 청하는 것을 이미 얻었다고 느낄 때에는 우리의 청원이 하느님께 효과적으로 올라갔음을 의심하지 맙시다. 하느님께서 우리를 돌아보시고 우리에게 허락하실 수 있다고 믿는 그만큼 하느님께서는 우리를 들어주시고 우리에게 선물을 내려 주십니다.

• 요한 카시아누스 『담화집』 9,32.

### 믿기 위해 기도하고 기도하기 위해 믿는다

믿음이 없다면 기도는 사라집니다. 믿지 않는 것을 청하는 사람이 어디 있습니까?. … 기도하기 위해서 믿읍시다(참조: 마태 21,22; 마르 11,24). 또 우리가 기도하게 하는 믿음이 약해지지 않도록 기도합시다. 믿음은 기도를 샘솟게 하고, 샘솟는 기도는 믿음을 튼튼하게 해 줍니다.

• 아우구스티누스 『설교』 115,1.

믿음으로 두 손을 모으고 기도하는 사람은 다른 아무것도 바라지 않습니다. 더욱이 그의 손은 텅 빈 손이 아니라 믿음으로 가득 차 있습니다.

• 아우구스티누스 『설교』 359A,3.

### 더 굳게 믿기를 기도하다

바오로 사도는 믿는 이들이 더 굳건해지기를, 그들이 육체의 눈으로 그리스도를 보지 못할 때에도 그분께서 그들 안에 사신다는 것을 의심하지 않고 갈수록 더 굳게 믿기를 기도합니다. 그는 이미 그들에게 주어진 성령께서 그리스도께서 살아 계시며 하느님의 아들이시라는 확신을 그들 마음에 불어넣어 주시기를, 그리하여 그들의 믿음을 통하여 그리스도께서 그들 마음 안에 사시기를 기도합니다.

• 마리우스 빅토리누스
『바오로 서간 주해』(에페소서) 3,17,1.

### 겸손한 마음

사람들은 때로는 기도하기 위하여 산으로 달아납니다. 마치 하느님께서 그곳에서 기도를 더 잘 들어주시기나 하는 것처럼 말입니다. 기도 안에서 하느님을 만나고 싶습니까? 자신을 낮추십시오. 내가 "기도 안에서 하느님을 만나고 싶은가? 자신을 낮추어라"라고 한 말을 문자적으로나 물질적으로 이해하여 지하실로 내려가 하느님께 간청하지는 마십시오. 동굴도, 산도 찾아 나서지 마십시오. 여러분의 마음을 낮추십시오. 그러면 하느님께서 여러분이 바라는 높이에 계셔 주실 것입니다. 그분께서 여러분에게 오실 것이며, 여러분의 침실에서 여러분과 함께 계셔 주실 것입니다.

• 아우구스티누스 『설교』 45,7.

### 올바른 기도의 모습

기도하는 사람은 세리가 성전에서 어떻게 기도하였는지를 — 바리사이파 사람도 그곳에서 기도하고 있었습니다 — 기억해야 합니다. 세리는 감히 눈을 들어 하늘을 우러러보지 못하고 무례히 손을 쳐들지도 못하고 오히려 가슴을 치며 마음에 걸리는 죄를 고백하면서 자비로우신 하느님께 도움을 간청하였습니다. 이와 같이 기도하던 세리는 자만에 빠져 있던 바리사이파 사람보다 더 하느님께 올바른 사람으로 인정받게 되었습니다. 의로운 사람은 아무도 없으므로 세리는 자신의 무죄를 주장하는 것에 구원의 희망을 두지 않았습니다. 세리는 자신의 죄를 겸허하게 고백하면서 기도하였으므로 겸손한 이들에게 은총을 베푸시는 분에게(1베드 5,5 참조) 그의 기도가 받아들여졌던 것입니다.

• 키프리아누스 『주님의 기도』 6.

### 말 많은 기도와 단순한 기도

바리사이와 세리의 비유(루카 18,9-14 참조)는 말 많은 기도와 겸손하고 단순한 기도가 얼마나 다른지 보여 줍니다. 하느님께서는 말 많고 자신을 추켜세우는 바리사이의 기도를 들어주지 않으십니다. 그러나 겸손히 죄를 깊이 뉘우치며 자기 죄를 용서해 주시기를 청하는 세리는 제 자랑하는 바리사이보다 더 의로움을 인정받았습니다. 이 비유에서 우리는 "겸손한 이의 기도는 구름을 거쳐서"(집회 35,21), 기도하는 이의 청을 들어주실 준비가 되어 계신 하느님께 도달한다는 말씀이 이루어진 것을 봅니다.

• 아퀼레이아의 크로마티우스 『마태오 복음 강해』 27,2,3.

### 단순한 기도

하느님께서는 당신을 찬양하는 이들의 듣기 좋은 기도보다 결백하고 단순한 기도를 더 좋아하시며, 달콤한 말로 바치는 이들의 기도보다 순수한 마음과 죄를 짓지 않은 이들의 기도에 더 귀를 기울이십니다.

• 브라가의 마르티누스 『겸손 권면』 4.

### 청원하는 이의 겸손한 몸짓

무릎을 꿇는 것은 우리가 기도하고 청원할 때의 완전한 자세입니다. 그래서 우리는 무릎을 굽힙니다. 우리는 마음만 아니라 몸도 기도에 맞게 기울여야 합니다. 자신을 높이는 것 같은 인상을 주거나 교만한 모습으로 보이는 일이 없도록 몸도 낮추는 것이 좋습니다.

• 마리우스 빅토리누스
『바오로 서간 주해』(에페소서) 1,3,14.

### 기도를 바칠 때 올리는 손은 십자가를 나타낸다

저녁 제물에 관한 설교가 필요한 것 같습니다. 우리는 노래하면서 기도했고, 기도하면서 노래했습니다. "저의 기도 당신 면전의 분향으로 여기시고 저의 손 들어 올리니 저녁 제물로 여겨 주소서"(시편 141,2). 우리는 이 기도에서 그 사람을 보고, 들어 올린 손에서 십자가를 알아봅니다. 그러니까 이것은 우리 이마에 찍힌 표시입니다. 우리가 구원받게 해 준 그 표시입니다.

• 아우구스티누스 『설교』 342,1.

### 왜 모세는 앉아서 기도하였는가?

여호수아가 아말렉족과 싸우고 있을 때 왜 모세는 손을 뻗은 채로 앉아서 기도하였을까요? 그때 상황은 아주 절박하여 그는 당연히 무릎을 꿇고 손으로 가슴을 치며 얼굴은 땅에 대고 기도해야 했었는데 말입니다. 그러나 후일에 홀로 악마에게 대항하여 당신 이름을 올리시기로 운명 지어진 주 예수의 이름이 설교의 주제였을 때, 십자가의 모습이 필요하였을 때, [그 모습]을 통하여 예수가 승리해야 했을 때는 예외가 아니겠습니까?

• 테르툴리아누스 『유대인 반박』 10,10.

### 순수한 마음으로 든 손

영이 더럽혀졌는데 손만 씻고 기도하러 가는 것이 무슨 의미가 있습니까? 우리의 손도 영적 정화가 필요합니다. 그래야 거짓과 살해와 잔인함과 해독을 끼침과 우상 숭배를 비롯하여 영에 의해 잉태되고 손의 움직임으로 실현되는 모든 죄에서 '깨끗한 손을 들어'(1티모 2,8 참조) 기도할 수 있습니다.

• 테르툴리아누스 『기도론』 13.

### 거룩한 손만 들어라

어리석고 비참한 이여, 여러분은 도대체 무엇을 하고 있습니까? 왜 여러분은 더 무거운 죄로 스스로를 짓누르고 있습니까? 왜 여러분은 하느님을 경멸하다 못해 그분께 상처를 드립니까? 왜 거룩하고 흠 없는 손만 들어 올리라고 명하신 하느님께서 여러분의 손을 보지 않으려 하시는데, 여러분은 죄로 물든 여러분의 손을 하느님께 뻗음으로써 그분의 분노를 자극하여 심판을 재촉합니까? 왜 여러분은 얼마 전 나쁜 말을 한 입으로 하느님께 청을 드립니까? 그런 기도를 많이 하는 것을 하느님께서는 역겨워하십니다.

• 아우구스티누스 『그리스도인의 삶』 11.

### 깨끗한 손을 들어 기도하다

하느님께 팔을 뻗고 손을 드는 사람은 자신의 결백함을 잘 알고 확신하며 자신하는 사람이 틀림없습니다. 바오로 사도는 이렇게 말합니다. "나는 남자들이 성을 내거나 말다툼을 하는 일 없이, 어디에서나 깨끗한 손을 들어 기도하기를 바랍니다"(1티모 2,8). 깨끗한 양심으로 이렇게 말할 수 있는 사람은 마땅히 하느님을 향해 손을 듭니다. '주님, 당신께서는 제가 당신을 향해 든 이 손이 얼마나 거룩하고 깨끗하며 모든 거짓과 해 끼침과 약탈에서 깨끗한지 아십니다. 당신께서 저를 가엾이 여기시도록 기도를 쏟아 내는 이 입술에 어떠한 속임도 얼룩도 없음을 아십니다.' 이런 사람의 기도는 곧바로 하느님께 전해지며 기도를 채 끝내기도 전에 청하는 것을 얻습니다.

• 아우구스티누스 『그리스도교 규율』 11.

## 기도의 올바른 방식과 간청

### 어떻게 기도해야 하는지 모르다

"하느님, 제 기도를 들으시고 제 입의 말씀에 귀 기울이소서"(시편 54,4). 예언자가 하려는 말은 간단히 말해 '하느님, 제 말을 들어 주소서'입니다. 그러나 그는 어떻게 기도해야 하는지 아시는 유일하신 분의 입이 되어 말하고 있기 때문에, 우리는 하느님께서 우리의 기도를 들어주시리라는 것을 거듭, 끊임없이 확인받고 있습니다. "우리는 올바른 방식으로 기도할 줄 모르지만"(로마 8,26)이라는 바오로 사도의 말은 아무도 자신이 어떻게 기도해야 하는지 모른다는 사실을 가르쳐 줍니다. 그러므로 나약함 안에 있는 인간 존재는 자신의 기도가 들어져야 한다고 요구할 권리가 없습니다. 다른 민족들의 교사조차 주님께서 기도의 본보기를 보여 주신 후에도 기도의 참된 목적과 의향을 알지 못했기 때문입니다.

• 푸아티에의 힐라리우스 『시편 주해』 54,6.

### 올바른 방식으로 기도할 줄 모르는 우리

"우리가 올바른 방식으로 기도할 줄"(로마 8,26) 모르는 데에는 두 가지 이유가 있습니다. 첫째, 어떤 미래를 희망해야 할지 또는 우리가 어디로 향하고 있는지 확실히 모르기 때문입니다. 둘째, 현세에는 좋은 것으로 보이지만 실은 나쁜 것이고 나쁜 것으로 보이지만 실은 좋은 일인 것이 많습니다. 예를 들어, 당신의 종을 시험하거나 바로잡기 위해 하느님께서 내리는 환난은 이해력이 모자라는 사람들 눈에는 무익하게 보일 수 있습니다. … 그러나 하느님께서는 환난을 통해 우리를 도우시곤 합니다. 반면, 번영은 영혼이 쾌락과 이 세상에 대한 애착으로 그것을 붙들 때 나쁜 것이 되는데도 사람들이 헛되이 추구합니다.

• 아우구스티누스 『로마서 명제 해설』 54.

### 하느님을 찬미하는 기도의 본보기

기도에 관해 우리에게는 다니엘서의 본보기들이 있습니다. … 토빗서에는 이런 구절이 나옵니다. "나는 마음이 몹시 괴로워 탄식하며 울었다. 그리고 탄식 속에서 기도하기 시작하였다. '주님, 당신께서는 의로우십니다. 당신께서 하신 일은 모두 의롭고 당신의 길은 다 자비와 진리입니다. … 당신의 그 많은 판결들은 다 참되십니다'"(토빗 3,1-2.5). … 이번엔 사무엘기 상권에 나오는 한나의 말을 인용하겠습니다. "한나는 마음이 쓰라려 흐느껴 울면서 주님께 기도하였다. 그는 서원하며 이렇게 말하였다. '만군의 주님, 이 여종의 가련한 모습을 눈여겨보시고 저를 기억하신다면, …'"(1사무 1,10-11). 하바쿡서의 이런 구절도 있습니다. "하바쿡 예언자의 기도. 시그요놋(노래)에 맞추어, '주님, 저는 당신의 명성을 듣고 당신을 두려워하게 되었습니다. 주님, 저는 당신의 업적을 생각하며 놀랍니다. 두 짐승 가운데에서 당신께서 알려지실 것입니다. 다가오는 시대에 당신께서 알려지실 것입니다.'"(하바 3,1-2 칠십인역). 이 본보기는 하느님을 찬미하려는 의도와 기도가 결합되어 있다는 점에서 성경이 말하는 '프로세우케'(기도)의 정의에 잘 들어맞습니다.

• 오리게네스 『기도론』 14,4.

기도해야 할 일이 있을 때, 우리와 관계된 것을 기도하기 전에 먼저 하느님의 영광을 드높이는 기도를 바치는 것이 옳습니다.

• 알렉산드리아의 키릴루스『요한 복음 주해』11,3.

### 그분께 맞갖은 찬미와 찬사

우리는 먼저 우리의 말이 기도가 되게 해야 합니다. … 바오로 사도도 서간 첫머리에서 자주 이렇게 합니다. 먼저 하느님을 부르고 그분께 맞갖은 찬미와 찬사를 바치고 나서야 가르침을 시작합니다. 이런 식이지요. "영원한 임금이시며 불사[불멸]하시고 눈에 보이지 않으시며 한 분뿐이신 하느님께 영예와 영광이 영원무궁하기를 빕니다. 아멘"(1티모 1,17).

• 요한 크리소스토무스『하느님의 이해할 수 없는 본성』3,2.

### 감사하는 말

자주 기도하는 것도 하느님께 칭찬받을 일입니다. 예언자는 나라의 일로 몹시 바빴는데도 "하루에도 일곱 번 당신을 찬양하니"라고 하였는데, 그렇다면 "유혹에 빠지지 않도록 깨어 기도하라"(마태 26,41)라는 말씀을 읽는 우리는 어떻게 해야 하겠습니까? 우리의 기도에는 당연히 감사의 말이 들어 있어야 합니다. 자고 일어났을 때, 밖으로 나갈 때, 음식을 받으려고 준비할 때, 음식을 받고 나서, 그리고 향을 피울 때 그리고 마침내 쉬러 가기 전에도 물론입니다.

• 암브로시우스『동정녀』3,4,18.

### 감사를 드려야 한다

그분은 우리가 청하기도 전에 도와주실 수 있는 분 아닙니까? 그렇지만 그분께서는 나날이 우리에게 섭리적 보살핌을 내리실 기회가 생기기를 바라십니다. 따라서 우리는 우리의 청이 들어지든 아니든 계속 청하며, 우리가 청하는 것을 받았을 때 뿐 아니라 받지 못했을 때도 감사를 드려야 합니다. 하느님께서 바라시는 바이기 때문에 우리가 얻지 못한 것은 결코 그것을 받은 것보다 나쁜 일이 아닙니다. 우리는 어떤 것이 우리의 이익인지 그분만큼 알지 못하기 때문에, [얻음에] 성공을 했든 실패를 했든 감사를 드려야 합니다.

• 요한 크리소스토무스『창세기 강해』30,16.

### 신자들의 두 가지 기도

지극히 충실한 그리스도인들이 바치는 두 가지 기도는 미래의 심판 때에 그들을 영원한 죽음에서 구해 달라는 것과, 그들이 이 지상에서 영적 양식으로 살 수 있게 해 달라는 것입니다. 주님께서는 의인들의 영혼을 악마의 힘으로부터 빼내시고, 죄의 지배에 사로잡힌 그들을 당신의 자애로 풀어 주심으로써, 그들을 죽음에서 구해 내십니다. 주님은 그들이 선한 것들이 결핍된 이 세상에 사는 동안 그들의 배고픔을 채워 주시고, 당신께서 구원하신 이들을 영적 양식으로 키워 주시는 일을 그치지 않으십니다.

• 카시오도루스『시편 해설』33,19.

### 영적인 것을 청하라

여러분은 세속적인 것을 청하지 말고, 영적인 모든 것을 청해야 합니다. 그러면 분명히 받을 것입니다. 솔로몬도 마땅히 청해야 할 것을 청했기에 얼마나 빨리 받았습니까? 기도하는 사람 안에는 두 가지가 있어야 합니다. 간절히 청하는 것과 마땅히 청할 것을 청하는 것입니다. … 여러분이 청하는 분께서 주시기에 알맞고 청하는 여러분에게도 적합한 것이라면, 여러분은 분명히 받을 것입니다. 그런데 그런 것들은 무엇입니까? 무엇이든 영적인 것을 청하십시오. 잘못한 이를 용서하고, 용서를 청하며 가까이 다가가십시오. …

"내가 영적인 것을 청하는데도 받지 못한다면 어떻게 합니까?" 하고 누군가 물었습니다. 그렇다면 간절히 두드리지 않았거나, 받을 자격이 없거나, 청하기를 너무 성급하게 그만둔 것입니다.

'어째서 그분은 우리가 어떤 것들을 청해야 하는지 말씀하지 않으셨습니까?' 이렇게 묻는 이들도 있을 것입니다. 그렇지 않습니다. 그분은 앞에서 그 모든 것을 다 말씀하셨고, 우리가 어떤 것들에 가까이 가야 하는지 나타내 보여 주셨습니다. 그러니 '나는 가까이 갔는데도 받지 못했습니다' 하고 말하지 마십시오. 어떤 경우에도, 우리가 받지 못한 것은 하느님 탓이 아니기 때문입니다. 선이 이 악한 본성을 능가하는 만큼, 그분은 부모보다도 우리를 더 사랑하시는 하느님이십니다.

• 요한 크리소스토무스 『마태오 복음 강해』 23,5.

### 지혜롭게 중요한 것을 청하라

하느님께 어리석은 청을 하지 마십시오. 그대의 어리석음이 하느님을 언짢으시게 할 수 있습니다. 영광스러운 것들을 합당히 받을 수 있도록 지혜롭게 기도하십시오. 하느님께 영광을 받을 수 있도록 영광스러운 것들을 그대의 자유의지로 지혜롭게 선택하여 청하십시오. 하느님께서는 아무것도 아끼지 않으십니다. 솔로몬은 지혜를 청했고, 지혜와 더불어 지상의 왕국도 받았습니다. 천상 임금님께 지혜롭게 청하는 법을 안 덕분입니다. 말하자면, 솔로몬은 중요한 것을 청해야 한다는 것을 알고 있었습니다.

• 니네베의 이사악 『설교』 3.

### 구원과 관계있는 것을 청하라

우리가 청하는 것을 얻지 못한다면, 그것은 우리가 구원에 도움이 되지 않는 [것을] 청한 까닭에 자비로우신 아버지께서 그것이 적절치 못한 청이라 생각하시고 당신 선의의 은총으로 그것을 거절하셨기 때문입니다. … 또는 우리가 실로 참된 구원과 관계있고 그에 도움이 되는 것을 청했지만 우리 자신이 악한 삶에 빠져 정의로운 심판관의 목소리에서 귀를 돌렸기 [때문입니다]. 그런 삶을 솔로몬은 "율법을 듣지 않고 귀를 돌리는 자는 그 기도마저 역겹다"(잠언 28,9)고 표현했습니다. 또 우리가 어떤 죄인들을 위해 그들이 제정신을 차리고 돌아오게 해 주십사고 기도할 때, 그 기도는 구원과 관계된 [것]이고 우리 자신만 보면 청하는 것을 얻을 자격이 있지만, 그들의 완고함이 우리의 청이 이루어지는 것을 방해하기도 합니다.

• 존자 베다 『복음서 강해』 2,12.

### 진리를 알게 해 달라고 기도하다

누구든지 깨끗한 양심으로 진심을 다해 하느님께 기도하며 자선을 베풀면 그 상태 그대로 머물러 있지 않습니다. 하느님께서는 천사를 보내시는 환시나 신심 깊은 사람을 통해, 우리를 구원하는 참신앙을 알려 주십니다. 어떤 행동을 하느님께서 좋게 여기실지 아닐지 모를 경우에 가장 좋은 방법은 진리를 알려 주십사고 성심껏 하느님께 기도하는 것입니다. 믿음에 관하여 확신이 없어 어떻게 생각해야 하는지, 자기가 믿어야 할 분이 누군지 모를 때는 더더욱 그래야 합니다.

• 암모니우스 『성경 주해 선집』(사도행전) 10,4.

### 하느님의 거지

여러분은 하느님의 거지입니다. 기도할 때 우리

모두는 하느님의 거지라는 말입니다. 우리는 대저택 대문 앞에 서 있습니다. … 여러분은 하느님께 무엇을 청합니까? "나는 하늘에서 내려온 빵이다"(요한 6,51)라고 하신 그리스도 아닙니까?

• 아우구스티누스 『설교』 83,2.

### 간청의 기도

죄에 낯설지 않은 사람이라면 열심히 간청의 기도를 바쳐야 합니다. 이 얼마나 위대한, 구원을 가져오는 치료제인가요! 모든 죄인의 병을 감당하려면 아픈 그들에게 다양한 치료제를 제공해야 합니다. 만약 이 해독제를 순수한 마음으로 취하면 모든 죄의 독을 이겨 낼 수 있습니다.

• 카시오도루스 『시편 해설』 32,6.

### 죄를 피하기 위한 기도

저자는 죄인들을 거슬러 기도하는 것이 아니라 그들을 위하여 기도합니다. 그는 죄인들이 멸망하게 해 달라고 청하는 것이 아니라 악을 없애 달라고 청합니다. 그가 "주님께서 그들을 멸망시키시리라"고 말하지 않고 "거짓된 입술"(시편 12,4 참조)을 없애 달라고 말하는 사실에 주목하십시오. 그는 죄인들의 존재를 파멸시켜 달라고 청하지 않고 그들의 혀와 어리석음, 그들의 거짓을 없애 달라고 청하였고, 그들의 오만함이 사라지게 되기를 청하였습니다.

• 요한 크리소스토무스 『시편 해설』 12,1-2.

### 구마驅魔 청원 기도

예비신자들이 나간 다음 부제는 이렇게 말합니다. "더러운 영들에게 괴로움을 겪는 마귀 들린 이들이여, 기도하십시오. 우리 모두 이들을 위해 진심으로 기도하여, 인간을 사랑하시는 하느님께서 그리스도를 통하여 더럽고 허약한 영들을 꾸짖으시고 신자들을 원수의 지배에서 구해 주시기를 청합시다. … 하느님께서 당신 손으로 빚어 만드신 인간을 마귀들의 세력에서 구해 주시고, 위대한 지혜로 창조하신 이 피조물을 깨끗하게 해 주시도록 기도합시다."

• 『사도 헌장』 8,7.

### 기도할 때 세속적인 재물을 청하지 마라

육체적으로 생존하는 데 필요한 것만 청해야 합니다. 사치와 부, 현란한 자색 옷, 금 장식품, 반짝이는 보석, 은식기, 불필요한 토지 소유, 군의 최고지휘권, 도시와 백성에 대한 통치, 말 떼와 소 떼를 비롯한 다른 많은 가축과 남아돌 만큼 많은 노예를 소유하기를 … 청해서는 안 됩니다.

• 니사의 그레고리우스 『주님의 기도』 4,3b,1.

### 본성상 이미 소유한 것을 청하는 것이 아니다

기도가 본성과 자유의지의 능력으로 얻을 수 있는 것을 청하는 것이라면, 이미 창조된 우리 본성의 넉넉한 힘으로도 넉넉히 얻을 수 있는 것을 주님께 기도로 구하는 일이 헛되고 그릇되다는 것을 누가 모르겠습니까?

• 아우구스티누스 『편지』 175,4(인노켄티우스 교황에게).

### 우리가 원하는 바를 이룰 수 있도록 기도하자

유혹에 빠지지 않도록 깨어 기도하십시오. 기도는 그대가 주님의 도움을 아쉬워하고 있으며, 번듯하게 살려는 희망을 그대 마음속에 품지 않고 있다는 사실을 일깨워 줍니다. 그대는 현세의 부와 명예, 인간의 헛된 것을 얻게 해 달라고 기도하지 말고, 유혹에 빠지지 않도록 기도하십시오. 인간이 스스로 원하여 얻을 수 있는 것이라면 기도로 청하지 않아도 될 것입니다. 유혹에 빠지지 않기 위해서 의지만으로 충분하다면 우리는 기도하지 않아도 될 것입니다. 그러나 의지가 없으면 기도할 수도 없습니다. 그래서 그분께서는 우리가 바라도록 도와주십니다. 그러니 선물을 주시는 분으로부터 제대로 얻어 우리가 원하는 바를 이룰 수 있도록 기도합시다.

• 아우구스티누스 『편지』 218,3(팔라티누스에게).

### 솔로몬의 기도

솔로몬은 그 유명한 성전을 짓고서 봉헌 축제를 지낼 때에 거룩한 은총을 청하는 봉헌 기도를 바치며 다른 여러 가지 사항과 더불어 성전이 은총으로 가득 차게 해 주십사고 애원했습니다. … '그들이 당신께서 그들의 조상에게 주신 땅과 당신께서 선택하신 그 도성과 제가 지어 당신의 이름에 바친 집을 향하여 기도하면, 당신께서 계시는 하늘에서 그들의 기도와 간청을 들으시고, 그들이 당신께 지은 죄와 당신을 거슬러 저지른 잘못을 모두 용서하시고, 그들을 잡아간 자들 앞에서 그들에게 자비를 보여 주십시오'(참조: 1열왕 8,48-50; 2역대 6,38-39).

• 키루스의 테오도레투스 『다니엘서 주해』 6,10.

### 자비를 청하는 기도

우울한 정신으로 세상의 탐욕에 젖어 있는 자들이 만약 자신의 잘못과 신적인 선함의 특성을 알게 된다면 다음과 같이 기도하게 하십시오. "제가 원수들로부터 고통을 겪고 있으니, 제게 자비를 베푸시고 제 비천함을 굽어보소서." 그들은 저를 모욕하고 저를 끌어내렸습니다. 당신만이 당신의 선성善性으로 인하여 죽음의 성문에서 저를 끌어올리실 수 있습니다.

• 맹인 디디무스 『시편 단편』 9,15.

## 기도 지향

### 일치를 위한 주님의 기도

주님은 또 모든 이를 위해 아버지께 기도하셨습니다. '나는 이 사람들만을 위하여 간구하는 것이 아니라 이 사람들의 말을 듣고 나를 믿는 사람들을 위하여 간구합니다. 이 사람들이 모두 하나가 되게 하여 주십시오. 아버지께서 내 안에 계시고 내가 아버지 안에 있는 것과 같이 이 사람들도 우리 안에 있게 하여 주십시오'(요한 17,20-21 참조). 우리 구원과 관련하여 주님께서는 당신의 자비만큼이나 큰 인간애를 보여 주십니다. 그분은 당신의 피로 우리를 구원하는 데 만족하지 않으시고 우리를 위해 기도까지 하십니다. 그분께서 무엇을 청하시는지 보십시오. 아버지와 아들이 하나이듯, 우리도 완전한 일치를 이루기를 기도하십니다. 일치와 평화를 깨뜨리는 자의 죄가 얼마나 큰지를 여기서 깨달을 수 있습니다. 주님께서 바로 이 일치를 위해 기도하셨으니 말입니다. 주님은 당신 백성이 살고 또 불목하는 자는 하느님 나라에 들어가지 못한다는 것을 알게 되기를 원하셨습니다.

• 키프리아누스 『주님의 기도』 30.

### 교회 일치를 위한 기도

온 땅과 바다를 통틀어 오직 하나의 교회가 있습니다. 그래서 우리는 세상 이 끝에서 저 끝까지 거룩하고 하나이며 보편적이고 사도로부터 이어 오는 교회를 위하여 기도합니다.

• 키루스의 테오도레투스 『시편 주해』 48,3.

### 하느님의 온 백성을 위한 간구

성도들은 주교들과 사도들과 원로들과 함께 신자들과 예비신자들 그리고 몸의 다른 모든 지체들을 위해 기도하도록 요구됩니다. 기도할 때 하느님의 온 백성을 언급하는 것은 바오로 사도의 버릇입니다. 그는 하느님의 온 백성에게 그들의 지도자들, 주교들과 성도들을 위해 기도하라고 부탁하기도 합니다.

• 마리우스 빅토리누스
『바오로 서간 주해』(에페소서) 2,6,18-19.

### 주교를 위한 기도

여러분 영혼의 구원을 위하여 우리가 하느님의 자비를 애원할 때 더 효력이 있듯이, 우리를 위해서는 여러분이 열심히 주님께 기도드려 주셔야 합니다. 바오로 사도의 행동이 부적절하다고 생각해서는 안 됩니다. 그는 자신에 관한 칭찬이 사람들의 기도를 통해 하느님께 전해지기를 몹시 바랐기에 신자들에게 "우리를 위하여 기도해 주십시오"(2테살 3,1) 하고 간곡히 청했습니다. … 어떻게 해야 나무랄 데 없이 주교의 직무를 이행할 수 있을지에 대해 우리가 크게 걱정하고 두려워하며 묵상해야만 하듯이, 여러분은 지시받은 모든 일을 겸손히 따라야 한다는 것을 명심하십시오. 그러니 사랑하는 여러분, 저의 주교직이 여러분에게도 저에게도 유익한 것이 될 수 있도록 기도합시다.

• 아를의 카이사리우스『설교』232.

### 영적 지도자를 위해 기도하다

그(파코미우스)는 가톨릭교회의 성직자들을 위해서도 기도하며 이렇게 말했습니다. "그분들은 저의 부모이지만 그분들을 기억하고 그들을 위해 기도하는 것은 저의 의무이기도 합니다. 거룩한 사도께서 그렇게 하라고 우리에게 이르셨기 때문입니다. '형제 여러분, 말씀을 전할 수 있는 문을 하느님께서 열어 주시도록 우리를 위해서도 기도해 주십시오'(콜로 4,3)라고 하셨지요." 그는 이런 식으로 만인을 위해 기도하였습니다.

• 익명『파코미우스의 생애』(보하리아어) 101.

### 모든 인간을 위해 기도하다

다른 민족들을 위해 기도하는 것을 두려워하지 마십시오. 그것은 하느님께서 바라시는 일입니다. 남이 나쁘게 되기를 기도하는 것만 두려워하십시오. 그것은 하느님께서 바라지 않으시는 일이기 때문입니다. 여러분이 이교인을 위해서 기도하듯, 당연히 이단자를 위해서도 기도해야 합니다. 우리는 모든 인간을 위해 기도하고 박해하지 않아야 하기 때문입니다. 그래야 하는 또 다른 이유도 있습니다. 우리는 같은 본성을 지녔다는 사실입니다. 하느님께서는 우리가 서로에 대해 호의와 애정을 지니라고 이르십니다.

• 요한 크리소스토무스『티모테오 1서 강해』7.

다른 민족 사람들, 곧 이방 민족들과 이교인들은 우리의 형제는 아니지만, 우리는 그들의 구원을 위해서도 늘 기도합니다.

• 아우구스티누스『설교』82,7.

### 믿지 않는 이들을 위한 기도

하느님께서 기꺼이 믿고자 하지 않는 사람들이 믿을 마음이 생기도록 만드시지 않는다면, 교회는 왜 주님의 계명에 따라 박해자들을 위해서 기도하는 것입니까?(마태 5,44 참조). 이와 관련하여 복된 키프리아누스도 우리가 "아버지의 뜻이 하늘에서와 같이 땅에서도 이루어지게 하소서"(마태 6,10)라고 말할 때, 이미 믿는 이들은 어떤 의미에서 "하늘"에 있는 것처럼, 믿지 않는 이들은 같은 이유에서 아직 "땅"에 있는 것이라고 이해하기 바랐습니다. 그렇다면 믿고자 하지 않는 이들을 위하여 우리가 기도하는 이유는 하느님께서 그들의 의지가 발동하도록 그들 안에서 활동하실 것이기 때문 아니겠습니까?(필리 2,13 참조). 바오로 사도의 다음 말은 분명 유대인들을 두고 한 말입니다. "형제 여러분, 내 마음의 선의, 그리고 내가 하느님께 바치는 기도는 그들이 구원을 받게 하려는 것입니다"(로마 10,1). 믿지 않는 이들을 위하여 그가 기도하는 것은 그들이 믿게 되기를 바라는 것 아니고 무엇이겠습니까? 다른 어떤 방법으로도 그들은 구원을 얻지 못하기 때문입니다. 그렇다면 기도하는 이들의 믿음이 하느님의 은총보다 선행한다면, 믿음에 들기 바라며 우리가 기도하는 이들의 믿음이 하느님의 은총보다 선행하는 것입니까? 그럴 수는 없지요. 이것이 바로 그들을 위하여 추구되는 것이기 때문입니다. 믿지 않는 이들에게, 다시 말해, 믿음이 없는 이들에게 믿음 자체가 주어지기를 [기원하는 것입니다]. 그러므로 복음이 선포되면 더러는 믿고 더러는 믿지 않습니다. 그러나 믿는 이들은 바깥으로부터 설교자의 목소리를 들을 때 아버지로부터 듣고 안에서 배우는 반면, 믿지 않는 이들은 바깥에서 들리는 말은 들으나 안으로는 듣지 않고 배우지도 않습니다. 말하자면, 앞의 사람들에게는 믿는 마음이 주어지고, 뒤의 사람들에게는 주어지지 않는 것입니다.

• 아우구스티누스『성도들의 예정』8,15.

### 모든 이를 위해 기도하자

"임금들과 높은 지위에 있는 모든 사람을 위해서도 기도하여, 우리가 아주 신심 깊고 품위 있게 [자애 안에서], 평온하고 조용한 생활을 할 수 있도록 하십시오"(1티모 2,2). 또 인간 공통의 나약한 마음으로 인하여, 교회를 박해하는 자들을 위해서는 기도를 바치지 말아야 한다고 생각하는 사람이 없도록 하기 위해서이기도 합니다. 그리스도의 지체들은 모든 계층의 사람들이 모여 이루어지기 때문입니다.

• 아우구스티누스『편지』149,2,17.

모세는 배은망덕하고 불충한 백성에게 자주 멸시받고 돌팔매질을 당할 뻔합니다. 그럼에도 온유하고 참을성 있는 모세는 그들을 위해 주님께 기도합니다(참조: 탈출 15,24; 16,2; 17,2-3; 민수 14,2 이하; 20,2 이하).

• 키프리아누스『인내의 유익』10.

### 백성을 위한 기도

임금이 하느님께 기도를 드리는 것은 당연한 일입니다. 나라를 다스리도록 임명된 이가 자신의 백성을 철저히 돌보는 것 역시 마땅한 일입니다. 온 백성의 복지가 현명하게 잘 다스리는 지도자의 구원에 달려 있다면 더욱더 그러합니다. 복된 다윗이 자신과 자신에게 맡겨진 백성을 위하여 기도하는 것은 바로 이런 까닭입니다.

• 키루스의 테오도레투스『시편 주해』25,10.

### 올바른 지향을 갖고 바치는 기도

우리의 생각을 억누르고, 우리 영혼을 낮추며, 우리 자신을 위해 또 우리에게 상처 준 이들을 위해 기도합시다. 심판관께서 여러분의 영혼을 도와주시고 여러분 편이 되시도록 설득하려거든, 여러분을 슬프게 하는 사람과 그분을 서로 맞서게 하지 마십시오. 심판관께서는 원수들을 위해 기도하는 이들, 원한을 품지 않는 이들, 원수들에 맞서 들고 일어나지 않는 이들의 청을 들어 허락하시기 때문입니다.

• 요한 크리소스토무스『참회에 관한 설교』4,4,20.

### 원수들을 위하여, 그리고 원수들을 거슬러 기도하다

우리는 우리가 기도를 해 주어야 하는 원수들과 그들을 거슬러 기도해야 하는 원수들을 구별해야 합니다. 그 원수가 인간이라면 어떤 인간도 미워해서는 안 됩니다. 선한 사람이 문제를 일으키는 나쁜 사람을 미워한다면 그 결과는 나쁜 사람이 둘이 되기 때문입니다. 선한 사람은 그가 견디고 있는 나쁜 사람도 사랑해야 합니다. 그렇게 한다면 어쨌거나 나쁜 사람은 한 사람입니다. 우리가 거슬러 기도해야 하는 원수들은 악마와 그의 부하들입니다. … 인간 원수들이 우리를 공격할 때도 그들은 악한 영들의 도구일 뿐입니다.

• 아우구스티누스 『시편 상해』 31,2.

원수를 위해 기도하는 사람(마태 5,44 병행구 참조)은 상처에 대한 기억을 잊을 것이며, 혀를 억제하는 사람(지혜 1,11 참조)은 자기 이웃을 슬프게 하지 않을 것이다.

• 폰투스의 에바그리우스 『수도승에게』 14.

### 원수들을 위한 전구

구약성경 역사 전체에서 모세와 사무엘 이 두 사람만이 원수들을 위해서까지 간절히 기도했습니다. 이 둘 가운데 한 사람은 백성이 그에게 돌을 던지는데도 그들을 위해 주님께 기도했습니다(탈출 17,4 참조). 다른 한 사람은 지도자의 자리에서 쫓겨났는데도, [주님께] 기도해 달라는 청을 받자 이렇게 말하며 그 청을 들어주었습니다. "내가 여러분을 위하여 기도하기를 그치거나 하여 주님께 죄를 짓지는 않을 것이오"(1사무 12,23).

• 대 그레고리우스 『복음서 강해』(40편) 27.

### 원수들을 위해 무릎을 꿇고 기도한 스테파노

스테파노는 자기를 위해서는 서서 기도했고, 원수들을 위해서는 무릎을 꿇고 기도했습니다. 그들의 죄가 너무 커 무릎을 꿇는 것 같은 더 큰 치유책이 필요했기 때문입니다. 이 복된 순교자의 덕은 이처럼 놀라웠습니다. 자신을 체포한 이들에게 믿음 없음을 무섭게 꾸짖을 만큼 열정에 불탔던 그는 사랑으로도 불타는 사람이어서 죽음의 순간에도 자신을 죽이려는 이들을 위해 기도했습니다.

• 존자 베다 『사도행전 해설』 7,60.

### 자신을 박해하는 이들을 위해 기도한 스테파노

사도행전을 보면, 복된 스테파노는 자기한테 돌을 던지는 사람들을 위해 기도합니다. 그들이 아직 그리스도를 믿지 않고 만물을 감싸고 있는 그 은총을 얻고자 하지 않았기 때문이었습니다.

• 아우구스티누스 『주님의 산상 설교』 1,22,73.

우리는 자비로운 사람이 되기 위해 그리고 원수들을 위해 하느님께 기도합니다. 그리고 박해자들에게 은총이 내리기를 간청합니다(참조: 마태 5,43-45; 루카 6,27-28).

• 테르툴리아누스 『호교론』 31,2.

자비로운 심판관께서는 이웃 사랑이 동반된 기도를 더 잘 받아 주시며, 원수를 위해서 기도드릴 때는 그 기도를 참으로 더욱 풍요롭게 해 주십니다.

• 대 그레고리우스 『욥기의 도덕적 해설』 35,21.

### 죽은 사람을 위하여 기도하라

그들을 도와주고, 그들을 기억합시다. 욥의 아들들이 아버지의 번제로 정화되었다면(욥 1,5 참조), 죽은 이들을 위한 우리의 봉헌 제물이 그들에게 위로를 준다는 것을 왜 의심하겠습니까? 주저하지 말고 세상을 떠난 이들에게 도움을 주고, 그들을 위해 기도드립시다.

• 요한 크리소스토무스 『코린토 1서 강해』 41,5.

### 병든 이들을 위한 기도

많은 사람이 구원 활동에 속한 일들을 행한 덕분에 하느님의 동정을 받고 목숨을 지킵니다. 그러나 거룩한 은총을 선포하고 나누어 주는 일에서 우리가 도움을 받는 이들을 잃어 슬퍼하는 일이 생기지 않도록, 우리도 병든 이들을 위하여 기도해야 합니다.

• 마리우스 빅토리누스 『바오로 서간 주해』(필리피서) 2,27.

### 아픈 이들을 위해 기도하다

고통을 겪는 사람에게 어떻게 처신해야 하는지 충고한 야고보 사도는 이제 "앓는 사람"(야고 5,14)들에게 조언합니다. 불평하는 어리석음을 방지하기 위하여, 그는 고통을 겪는 사람은 기도하고 노래하라고 했습니다. 이제, 몸이든 믿음에서든 아픈 사람은 교회의 원로들을 부르라고 합니다. 병의 심각한 정도에 따라 더 많은 원로를 [부르라고 합니다]. … 우리는 신약성경에서 사도들도 이렇게 했다는 것을 읽으며, 아픈 사람에게 사제가 기름을 바르고 그의 치유를 위해 기도하는 이 관습은 교회 안에서 지금도 지켜져 오고 있습니다.

• 존자 베다 『가톨릭 서간 해설』(야고보서).

### 서로 기도해 주시오

그리스도인은 서로를 위해 기도해야 합니다. 카리타스caritas, 곧 사랑에서 우러나오는 이런 기도는 거룩한 제단에 봉헌된 향기로운 제물처럼 하느님 마음에 드는 봉헌 제물이기 때문입니다. 지난날 사도들이 자신들을 위해 기도해 달라고 청했거늘, 저는 얼마나 더 그래야 하겠습니까!

• 아우구스티누스 『설교』 305A,10.

### 서로 중재기도를 해야 하는 이유

세속의 수고와 시련에 굳셀 수 있기를 늘 기도합시다. 서로를 위해 기도해 줍시다. 저는 여러분을 위해 기도하고 여러분은 저를 위해 기도하도록 합시다. 형제 여러분, 여러분에게만 저의 기도가 필요하고 저에게는 여러분의 기도가 필요 없다고 생각하지 마십시오. 우리에게는 서로의 기도가 필요합니다. 다른 이를 위한 기도는 자비의 마음에서 비롯하며 신심의 제단에 바쳐진 제물처럼 향기롭고 주님을 기쁘게 합니다. 사도들도 신도들에게 기도를 청하곤 했거니와 저는 얼마나 더 열심히 청해야 하겠습니까? 저는 최선을 다해 그분들 발자취를 따르고자 하지만 그분들 발치에도 못 미치는 자이니 말입니다.

• 아우구스티누스 『설교』 13,10.

### 서로를 위해 기도하다

성경을 주의 깊게 읽어 보면 교회 지도자들도 백성에게 자신들을 위해서 기도해 달라고 부탁하는 것을 볼 수 있을 것입니다. 바오로 사도도 백성들에게 "우리를 위해서도 기도해 주십시오"(콜로 4,3)라고 했습니다. 사도는 백성을 위해 기도하고 백성은 사도를 위해 기도합니다. 형제 여러분, 저희는 여러분을 위해서 기도합니다. 여러분도 저희를 위해서 기도하십시오. 모든 지체가 지체를 위하여 서로 기도하고, 머리(이신 그리스도)께서는 모든 이를 위해서 기도하시기를 빕니다.

• 아우구스티누스 『요한 서간 강해』 1,8.

### 높은 지위에 있는 모든 사람을 위해 기도하다

우리는 통치자들을 적절한 시기에, 그것도 이른

바 하느님의 도우심을 얻어 "지지"하며 또한 "하느님의 무기로 무장"(에페 6,11.13)하고 있습니다. 이 일을 우리는 "나는 무엇보다도 먼저 모든 사람을 위하여 간청과 기도와 전구와 감사를 드리라고 권고합니다. 임금들과 높은 지위에 있는 모든 사람을 위해서도 기도하여 …"(1티모 2,1-2)라는 사도의 말씀을 따르기 때문에 수행합니다. 또한 어떤 사람이 종교적일수록, 통치자들을 위한 그의 "지지"는 더욱 성공적이니, 전투에 나서서 능력껏 많은 적을 섬멸하는 군인을 능가합니다.

• 오리게네스 『켈수스 반박』 8,73.

### 정치적 권력자들을 위한 기도

주님, 당신은 당신의 위대하고 형언할 수 없는 권능으로 그들에게 왕권의 권세를 주셨나이다. 그러므로 우리는 당신께서 그들에게 허락하신 영예와 영광을 알고, 당신 뜻에 거스르지 않고 그들에게 복종하겠나이다. 주님, 그들에게 건강과 평화, 화목과 안정을 주시어, 그들이 당신이 그들에게 맡겨 주신 주권을 안전하게 행사할 수 있도록 해 주소서. 하늘의 주님이시며, 세기의 왕이시여, 당신은 영광과 영예와 지상 실재에 대한 권한을 사람의 아들들에게 주소서. 주님, 그들의 뜻을 당신 보시기에 선하고 합당한 것으로 이끄시어, 당신께서 그들에게 주신 권한을 그들이 경건한 마음으로 평화롭고 친절하게 수행함으로써 당신 자비를 얻게 하소서.

• 로마의 클레멘스
『코린토 신자들에게 보낸 첫째 편지』 61,1-2.

### 이교인 임금을 위해 기도하다

바오로 사도의 … 권고를 따르자면 거룩한 신비를 거행할 때에 이교인 임금을 위해 기도해야 할지도 모르기 때문입니다. 바오로 사도는 그들이 그 이유라도 납득하게 하려고, 이 의무를 이행했을 때 얻어지는 이점을 알려 줍니다. "우리가 평온하고 조용한 생활을 할 수 있도록"(1티모 2,2) 해 준다는 것입니다. … 하느님께서는 공공의 유익을 위하여 정부라는 제도를 제정하셨습니다. 그들은 공공의 유익을 위하여 무력을 사용하고 우리의 안전을 지켜 주니, 전쟁이나 위난 때에 그들의 안전을 위해 우리가 기도하는 것이 마땅하지 않습니까? 그런 기도는 지나친 아첨이 아니라 정의의 법칙과 조화되는 것입니다.

• 요한 크리소스토무스 『티모테오 1서 강해』 6.

### 기도드리며 나와 함께 싸워 주십시오

바오로는 그들에게 기도를 부탁합니다. … 그런 부탁을 할 만한 자격이 있다는 말이 아니라, 교회는 사목자를 위해 기도해야 한다는 원칙을 따르고 있는 것입니다. 평범한 사람들이 함께 모여 뜻을 모으면 힘이 커져 하느님께서도 많은 이의 기도는 들어주십니다(참조: 2역대 7,14; 마태 18,19). 그러므로 로마 신자들이 바오로 사도를 보고자 한다면, 형제를 사랑하는 기쁨으로 바오로를 맞아들이기 위해 그가 석방되도록 열심히 기도해야 하는 것은 당연합니다.

• 암브로시아스테르 『바오로의 열세 서간 주해』.

### 복음을 담대히 알릴 수 있도록 기도를 청하는 바오로

그는 [에페소 신자들에게] 자신을 위해 두 가지를 기도해 달라고 호소합니다. 첫째는, 신비를 온전하게 언명할 수 있도록 그의 생각이 성령으로 가득 차게 기도해 달라는 것이고, 둘째는, 그것을 담대하게 선포할 수 있는 능력이 주어지도록 청해 달라는 것입니다.

• 암브로시아스테르
『바오로의 열세 서간 주해』(에페소서) 6,20,2.

### 치유를 청하는 기도

우리는 누구나 아주 자주 실수를 합니다. 그러나 앞으로 우리가 자기 자신을 잘 지키면 하느님께서 우리를 치유해 주시기를 자비로우신 그분께 기도로 청합시다.

• 파코미우스 『권고』 1,68.

### 자신에게 든 마귀를 쫓아내기 위해 기도하다

주님께서는 너희가 마귀를 쫓아내지 못한 것은 "너희의 믿음이 약한 탓이다"(마태 17,20)라는 말씀으로 기도하라고 촉구하셨습니다. 우리에게 기도하라고 촉구하시며 이렇게 말씀을 끝맺으셨기 때문입니다. '그러한 것은 기도와 단식이 아니면 밖으로 나가지 않는다'(마르 9,29 참조). 사람이 다른 사람 안에 든 마귀를 쫓아내려고 기도하는데, 자신의 탐욕을 쫓아내기 위해서는 얼마나 더 열심히 기도해야 하겠습니까? 자신의 음주벽을 쫓아내기 위해서는 얼마나 더 열심히 기도해야 하겠습니까? 자신의 불순함을 쫓아내기 위해선 얼마나 더 열심히 기도해야 하겠습니까?

• 아우구스티누스 『설교』 80,3.

### 우리 안에 있는 하느님 나라를 위하여 기도하다

구원자 우리 주님의 말씀에 따르면, … '하느님의 나라는 우리 가운데에 있다'라고 해야 합니다(루카 17,21 참조). (왜냐하면 '그 말씀은 우리 가까이에, 우리 입과 우리 마음에 있기' 때문입니다.) 그러므로 하느님 나라가 오기를 기도하는 사람은 하느님 나라가 자기 안에 세워져 열매를 맺고 완전해지기를 기도하는 것입니다.

• 오리게네스 『기도론』 25,1.

### 순교자들과 함께 하느님 나라의 도래를 기도하다

우리가 바라는 것은 우리가 더 이상 노예로 있지 않고 곧 다스리게 되는 것입니다. … 제단 아래에 있는 순교자들의 영혼이 의분하여 주님께 "주님, 저희가 흘린 피에 대하여 땅의 주민들에게 복수하시는 것을 언제까지 미루시렵니까?"(묵시 6,10) 하고 큰 소리로 외칩니다. 적어도 세상 종말에는 그들에 대한 복수가 예정되어 있기 때문입니다. 주님, 부디 당신의 나라가 가능한 한 빨리 오게 해 주십시오! 이것은 그리스도인의 기도입니다. 이 기도는 이교인들에게 수치를 가져올 것이며 천사들에게는 기쁨을 가져다줄 것입니다. 우리가 지금 괴로움을 겪는 것은 그분의 나라가 오려고 그러는 것입니다. 우리가 기도하는 것은 이 나라가 오게 하려는 것입니다.

• 테르툴리아누스 『기도론』 5,1-4.

## 하느님의 응답

### 하느님께서는 모든 기도를 들으신다

"아버지께서 언제나 제 말씀을 들어 주신다는 것을 저는 알고 있습니다"(요한 11,42). 주님께서 하셨다고 요한이 기록한 이 말은 하느님께서 모든 기도를 들어주신다는 것을 분명히 알려 줍니다.

• 오리게네스 『기도론』 13,1.

### 기도가 기꺼이 받아들여지도록 기도해야 한다

우리가 어디서나 염두에 두어야 할 것은 그저 기도할 것이 아니라 우리 기도가 기꺼이 받아들여질 수 있는 방법으로 기도해야 한다는 것입니다. 우리가 지향하는 바를 하느님께 직접 호소하듯이 말씀드리지 않는다면, 기도 자체만으로는 그것이 이루어지게 하는 데 충분하지 않습니다. 바리사이도 기도하였지만 아무것도 얻지 못하였습니다. 유대인들도 기도하였지만 하느님께서는 그들의 기도를 듣지 않으셨습니다. 알다시피 그들은 제대로 기도하지 않았습니다. 그러므로 우리는 하느님께서 기도를 들어주실 수 있도록 기도해야 합니다. … 우리의 기도가 이루어지게 하려면 이렇게 기도해야 합니다. 첫째, 무엇인가를 받기에 합당해야 합니다. 둘째, 하느님의 법에 맞갖게 기도해야 합니다. 셋째, 끈기 있게 청해야 합니다. 넷째, 지상적인 것은 아무것도 청해서는 안 됩니다. 다섯째, 우리 자신에게 정말 유익한 것을 청해야 합니다. 여섯째, 우리 전부를 바쳐서 기도해야 합니다.

• 요한 크리소스토무스『시편 해설』7,3.

### 당신은 무엇을 기도하였습니까?

바로 앞의 시편에서 화자는 "제가 무엇을 바라겠습니까? 저의 희망은 오직 당신께 있습니다"(시편 39,8)라고 말하였습니다. 이제 이 시편[시편 40,1-18 참조]에서 그는 '끈기 있게 주님을 기다렸더니만 주님께서 [내 기도를] 들어주셨네'라고 말합니다. '내 기도를 들어주소서'라고 말했던 그가 이제는 '그분께서 나의 기도를 들어주셨네'라고 말합니다. 당신은 무엇을 기도하였습니까? 나는 하느님께서 내 생각을 비참함의 구렁에서, 욕망의 진창에서 이끌어 내시어 내 발을 반석 위에 세워 달라고 기도하였습니다. 그래서 불어오는 바람, 곧 부정한 영들에 휩쓸리지 않고 도움을 받을 수 있게 해 달라고 기도하였습니다.

• 소 아르노비우스『시편 주해』40.

### 결코 의심하지 마라

결코 의심하지 마라. '내가 주님께 이렇게 많은 죄를 지었는데 어떻게 그분께 청하고 받을 수 있을까' 하고 생각하여 하느님께 어떤 것을 청해도 괜찮을지 결코 의심하지 마라. 그런 생각 말고 온 마음으로 주님께로 돌아서서 망설이지 말고 그분께 청하여라. 그러면 너는 그분의 크나큰 자비를 알게 될 것이다. 그분은 너를 저버리지 않고 네 청을 들어주실 것이기 때문입니다. 하느님께서는 악의를 품는 인간들과 달리 악의를 품지 않으시고 당신의 피조물에게 자비를 베푸신다. 그러므로 너는 이 세상의 모든 헛된 것과 내가 전에 너에게 말한 것으로부터 네 마음을 깨끗이 하고 주님께 청하여라. 그러면 너는 (청한) 모든 것을 받을 것이다. 그리고 네가 망설이지 않고 주님께 청한다면 네 모든 청이 이루어질 것이다. 그러나 네가 속으로 의심한다면 네가 청한 것은 어느 것도 이루어지지 않을 것입니다. 하느님을 의심하는 사람들은 두 마음을 가진 이들이며, 그들이 청한 것은 어느 것도 이루어지지 않는다. 이와 달리 믿음이 깊은 이들은 주님을 신뢰하면서 모든 것을 청하고 받는다. 그들은 전혀 의심하지 않으며 망설이지 않고 청하기 때문이다. 의심하는 모든 사람은 회개하지 않으면 구원받기 어려울 것이다. 그러므로 의심하지 말고 네 마음을 깨끗이 하고 믿어라. 믿음은 강하기 때문이다. 하느님을 믿어라. 그러면 너는 네가 청하는 모든 것을 받을 것이다. 네가 전에 주님께 어떤 것을 청하였을 때 그것을 받는 시간이 오래 걸렸을 것이다. 네가 청한 것을 빨리 받지 못한다고 의심하지 마라. 상당한 시일이 지난 뒤에 네 청이 이루어지는 것은 네가 알지 못하는 어떤 시험이나 잘못이 분명히 있기 때문이다. 그러므로 너는 계속해서 청하여라. 그러면 너는 그것을 받을 것이다. 네가 청하면서도 낙담하고 의심한다면 그것은 너 자신을 탓해야지 너에게 주시는 분을 탓해서는 안 된다.

• 헤르마스『목자』(계명) 9,1-8.

### 언젠가는 얻을 수 있다

하루의 모든 순간에 기도하고, 인간을 향한 하느님의 사랑을 청하는 일에서 용기를 잃거나 게을러지지 마십시오. 여러분이 굳건히 버티면, 그분께서 여러분에게서 돌아서지 않으시고 여러분의 죄를 용서하시며 여러분의 청을 들어주실 것입니다. 여러분의 기도를 들어주시면 계속 기도하며 감사를 드리십시오. 기도를 들어주시지 않으면 응답받을 수 있도록 계속 기도하십시오.

'나는 많은 것을 위해 기도했지만 들어주시지 않더라고' 같은 말은 그만두십시오. 이런 일이 일어나는 것도 여러분을 위해서인 경우가 많기 때문입니다. 여러분이 낙담하고 게으르며, 필요한 것을 얻고 나면 떠나가서 더 이상 기도하지 않는 것을 알고 계시기에, 하느님께서는 여러분이 당신과 더 친밀하게 대화하고 기도에 전념할 수 있도록 요구를 통해 여러분을 보호하십니다. 여러분이 그토록 큰 요구와 결핍에 처해서도 게으르고 꾸준히 기도하지 않는데, 이런 요구들 가운데 하나라도 채워지면 어떻게 행동하겠습니까? 그래서 하느님께서는 여러분이 기도를 저버리지 않도록, 여러분의 유익을 위해 이렇게 하십니다. 그러니 계속 기도하고, 게을러지지 마십시오. 사랑하는 여러분, 기도는 많은 것을 이룰 수 있기 때문입니다. 기도를 하찮게 여기며 기도에 임하는 일이 절대 없도록 하십시오. 기도가 죄를 없앤다는 사실을 거룩한 복음서에서 배워 봅시다. … 복음은 끊임없이 기도하라고 가르칩니다. 아무것도 얻지 못하더라도 굳건히 버티십시오. 그러면 언젠가는 얻을 수 있을지도 모릅니다.

• 요한 크리소스토무스 『참회에 관한 설교』 3,4,15-17.

### 우리가 그분께 지닌 확신

요한을 비롯한 사도들은, 하느님께서 기꺼워하시고 마음에 들어 하실 일을 청하면 받는다는 것을 경험으로 알고 있었습니다. 하느님께서는 그것을 아는 이들에게 더없이 관대하시며, 당신의 뜻에 따라 청하는 이들의 소망은 이루어 주시기 때문입니다.

• 맹인 디디무스 『가톨릭 서간에 관한 짧은 상해』(요한 1서).

### 우리의 요청에 기꺼이 응답하시는 하느님

"네가 부르짖으면 '나 여기 있다' 하고 말씀해 주시리라"(이사 58,9)고 말씀하신 하느님께 확신을 갖고 기도할 수 있도록, 우리가 받아들인 믿음 안에서 우리 자신을 의롭고 충실하게 지킵시다. 이 말씀은 위대한 약속의 표징입니다. 주님께서는 청하는 것보다 더 많은 것을 주실 준비를 하는 분이라고 말씀하시기 때문입니다.

• 위-로마의 클레멘스
『코린토 신자들에게 보낸 둘째 편지』 15,3-4.

### 너희가 청하기도 전에

여러분의 아버지께서는 여러분에게 무엇이 필요한지 여러분이 청하기도 전에 아십니다. 그분께서 우리가 무엇을 바라는지 이미 아시니, 우리는 바라는 것을 하느님께 청하기 위해서가 아니라, 그분께서 우리에게 필요한 것을 내려 주실 마음이 드시도록 기도하는 것입니다. 하느님은 우리가 가르쳐 드려야 할 분이 아니라 마음을 얻어야 할 분이십니다. 그분께서 바라시는 것은 긴 기도가 아니라 참된 마음입니다.

• 『마태오 복음 미완성 작품』 강해 13.

우리의 기도가 받아들여지는 것은 말을 많이 하는 데 달린 것이 아니라, 우리 마음의 열성에 달렸습니다.

• 요한 크리소스토무스 『한나에 관한 설교』 2,2.

### 바른 것을 바르게 청해야 얻는다

청하여도 얻지 못하는 사람이 있습니다. 하느님께서는 당신을 공격하는 이들, 그리고 자신의 욕망에 따라 그릇되게 청하는 이들은 모른 체하십니다. 그러나 거룩한 지혜와 덕을 청하는 이들도 받지 못한다고 말하는 이도 있을 것입니다. 그런 물음에 대해서는, 그 좋은 것들을 받을 자격이 있는 사람이라 하더라도 바른 방식으로 청해야 한다고 대답하겠습니다. 어쩌면 그들은 단지 그것들을 소유하는 즐거움을 위해 청했을지 모르고, 그렇다면 그것을 받지 못할 것입니다.

• 크레타의 안드레아스『성경 주해 선집』.

### 바른 마음으로 청하다

구원자께서는 "청하여라. 너희에게 주실 것이다. 찾아라, 너희가 얻을 것이다"(마태 7,7)라고 하셨습니다. 그런데 어째서 어떤 사람들은 기도해도 청하는 것을 얻지 못합니까? 그 대답은 이렇습니다. 바른 마음으로 기도한다면, 곧 청원에 필요한 모든 것을 하나도 빠뜨리지 않는다면, 그는 자신이 청하는 모든 것을 받게 되리라는 것입니다. 그러나 어떤 이가 허용된 한계를 넘어서는 것을 청원한다고 보일 경우, 그는 잘못된 방식으로 청하는 것이라 여겨지며 따라서 그것을 얻지 못할 것입니다.

• 맹인 디디무스『가톨릭 서간에 관한 짧은 상해』(야고보서).

### 우리의 채무자이신 하느님

하느님께 무엇을 청할 때, 우리에게 중개자는 필요 없습니다. 하느님은 우리가 청하는 것보다 남들이 청할 때 더 잘 도와주시는 분이 아닙니다. 그분은 우리가 자주 당신께 청하기 바라시기 때문입니다. 그분은 이것을 매우 좋아하십니다. 그리고 이때가 그분께서 우리의 채무자가 되는 유일한 때입니다. 우리가 그분께 기도할 때마다 그분은 기꺼워하시며, 우리가 당신께 빌려 드리지도 않은 것을 거저 주십니다. 그리고 어려움에 처한 이가 당신께 열렬히 기도하는 것을 보시면, 당신께서 우리에게 받지도 않으신 것을 우리를 위해 몸소 갚아 주십니다. 그러나 우리가 건성으로 기도한다면, 하느님도 우리 기도를 건성으로 들으실 것입니다. 그분께서 우리에게 주지 않고자 하셔서가 아니라, 우리의 기도는 온 마음으로 바칠 때만 기꺼운 기도이기 때문입니다.

또한 하느님께서 우리 기도를 들어주기 미루시는 것은 우리 기도가 싫어서도 우리를 미워해서도 아닙니다. 그분께서 기도의 답을 미루심으로써 분명하게 바라시는 것은 우리를 당신 가까이 붙들어 두는 것입니다. 자녀를 사랑하는 아버지가 게으르고 무심한 자녀에게 인내를 가르치기 위해 배려하는 마음으로 선물 주기를 미루는 것과 같습니다. 기도가 이루어졌습니까? 그렇다면 감사하십시오. 기도가 이루어졌으니까요. 여러분의 기도가 이루어지지 않았습니까? 그렇다면 기도가 이루어지도록 계속 기도하십시오. … 여러분이 무력하고 도와주는 이가 없더라도 하느님께 부르짖으면 틀림없이 청하는 바를 얻을 것이기 때문입니다.

• 요한 크리소스토무스『여러 강해에서 모은 시선집』.

### 하느님의 백성은 잠잠히 있지 않으리라

하느님께서는 온 백성이 힘을 다하여 바치는 간청을 들어주십니다. 그러므로 잠잠히 있거나 침묵해서는 안 됩니다. 오히려 큰 소리와 중단 없는 외침으로 그분을 일깨워야 합니다. 백성들의 중재 기도로 하느님을 쉬게 하지 말아야 합니다.

• 카이사리아의 에우세비우스『이사야서 주해』2,52.

### 기도가 이루어지지 않는 것은 우리 탓이다

"여러분 가운데 두 사람이 이 땅에서 마음을 모아 무엇이든 청하면, 하늘에 계신 예수님의 아버지께서 이루어 주실 것"(마태 18,19)이라고 하는데, 하늘에 계신 아버지께 무엇을 청했으나 그것이 이루어지지 않는다면, 그것은 여기 땅에 있는 두 사람의 마음이 모이지 못했기 때문임이 분명합니다. 우리의 소망이나 기도가 이루어지지 않는 것은 우리 탓입니다. 우리의 생각이나 삶의 방식이 하나가 되지 못했기 때문인 것입니다.

• 오리게네스 『마태오 복음 주해』 14,1.

### 바로 받지 못하더라도

당신이 청하는 것을 하느님에게서 바로 받지 못하더라도 슬퍼하지 마십시오. 그것은 당신이 기도하면서 꾸준히 하느님과 함께 머물러 있음으로써, 하느님께서 당신에게 더 좋은 것을 주시려고 하시기 때문입니다.

• 폰투스의 에바그리우스 『기도론』 34.

### 하느님께서는 당신 뜻에 따라 응답하신다

하느님께서 아무리 자비로우시다고 해도, 모든 기도를 언제나 다 들어주신다면, 하느님의 행위는 자유로운 것이 아니라 강요받는 사람의 행동과 같을 것입니다. 세상에 안 청하는 사람이 없으니, 그분께서 모든 사람의 기도를 들어주신다면, 세상엔 죽는 사람이 없을 것입니다. 여러분이 나날이 얼마나 많은 것을 청합니까? 하느님의 계획이 여러분 때문에 틀어져야겠습니까? 청원이 항상 이루어질 수는 없다는 것을 안다면, 때때로 여러분의 청원이 들어지지 않는다고 해서 왜 슬퍼하는 것입니까?

• 암브로시우스 『형 사티루스의 죽음』 1,65.

### 이루어지지 않는 기도의 신비

유혹에 빠지지 않기를 청하는 기도와 관련해 많은 이들이 미처 생각하지 못하는 것이 있는데, … 사도들도 때로는 기도의 응답을 받지 못했다는 사실입니다. 그들이 평생 얼마나 많은 고난을 겪고 수고를 했습니까? 심한 매질도 당하고 수도 없이 감옥에 갇히고 죽을 뻔한 적도 많지 않았습니까? 바오로도 유대인들에게 마흔에서 하나를 뺀 매를 맞았고 채찍으로 맞은 것이 세 번, 돌질을 당한 것이 한 번, 파선을 당한 것이 세 번, 밤낮 하루를 꼬박 바다에서 떠다니기도 하였습니다(2코린 11,24 참조). 그는 곤란한 일을 당하고 박해당하고 매 맞는 등 온갖 환난을 겪었습니다.

• 오리게네스 『기도론』 29,4.

### 인내와 기도

참으로, 인내심이 없는 이들에게는 주 하느님께서 그들이 요구하는 것을 들어주시는데, 그것은 그분의 진노입니다. 그런가 하면 당신 사도들의 간청은 물리치시는데, 그것은 그분의 자비입니다. 우리는 이스라엘 백성이 무엇을 어떻게 요구하고 또 받았는지를 읽어 보았습니다. 그들의 탐욕이 채워졌을 때에, 인내심이 없던 그들은 엄중한 벌을 받았습니다(민수 11,1-34 참조). … 성경에 기록된 이러한 일들에 따르면, 받지 않는 편이 더 나았을 무엇을 성급하게 청하여 그 기도가 받아들여진 것은 좋은 일이라고 할 수 없으며, 자신의 기도가 받아들여지지 않았다고 해서 어느 누구도 자신에 대한 하느님의 자비에 낙담하거나 절망해서는 안 됩니다. 어쩌면 그가 자신에게 더욱더 쓰라린 고통을 가져다주거나 번영을 누리다 타락하여 자신의 파멸을 초래하게 될 무엇인가를 청했을 수도 있기 때문입니다. 그렇게 볼 때, 우리는 어떻게 기도해야 옳게 기도하는 것인지 모른다고 하겠습니다.

• 아우구스티누스 『편지』 130.

### 중풍 병자의 인내

우리의 과도한 게으름을 부끄러워하고 반성합시다. 이 남자(중풍 병자)는 자기가 바라는 것을 서른여덟 해가 지나도록 얻지 못했는데도 포기하지 않았습니다. 그의 소원이 이루어지지 않은 것은 그가 부주의해서가 아니라 다른 사람들의 힘에 눌리고 억압받았기 때문입니다. 그런데도 그는 포기하지 않았습니다. 우리는 … 한 열흘 무엇을 청하는 기도를 하다가 바라는 바를 얻지 못하면 [이 남자처럼] 꿋꿋하게 버티지 못하고 게을러집니다. 그런데도 같은 인간에게는 끝없이 기대합니다. 행여나 무엇을 얻을까 역경을 견디며 싸우고 비천한 일도 마다 않지만 그런 것들은 결국엔 기대에 미치지 못하는 것들입니다. 그러나 우리가 한 수고보다 훨씬 큰 보상을 주실 것이 확실한 우리 주님을 섬기는 일에는 그만큼 정성을 쏟지 않습니다. … 설령 그분께 아무것도 받지 못한다 하더라도, 끊임없이 그분과 이야기할 수 있는 것 자체가 무수한 축복 아닙니까?

• 요한 크리소스토무스 『요한 복음 강해』 36,2.

### 우리의 구원을 위해 들어주시다

하느님께서는 바오로가 자기 구원을 위해 간청한 것은 들어주셨지만, 자기 뜻대로 청한 것은 들어주시지 않았습니다. … 이처럼 하느님께서 우리 뜻대로 주시지 않을 때라도, 구원을 위해서는 주신다는 사실을 알아야 합니다. 그대가 해로운 것을 청할 때, 그것이 그대에게 해롭다는 것을 의사가 알고 있다면 어찌하겠습니까? … 여러분이 청하는 것이 주어지지 않을 때라도 여러분의 청은 받아들여진 것입니다. 그러나 여러분은 그 사실을 모르고 있습니다. … 의사가 할 줄 아는 바를 의사에게 맡기듯, 여러분은 하느님께 청하는 법을 배우십시오.

• 아우구스티누스 『요한 서간 강해』 6,6-8.

### 믿는 이들이 받지 못할 때도 있는 이유

"청하는 것은 무엇이든지"(요한 14,13)라고 하셨는데, 어째서 청하는 것을 받지 못하는 신자들을 우리가 자주 보는 것입니까? 그들이 제대로 청하지 않기 때문일 것입니다. … 그분은 우리가 구원에 해로운 것을 청하는 것을 보시면, 그 청을 들어주지 않음으로써 당신께서 우리의 구원자임을 보여 주십니다. … 주님께서는 우리가 당신의 이름으로 청하더라도 어떤 일들은 나중에는 들어주실지언정 그때는 들어주지 않으십니다. 우리가 청하는 것을 거절하는 것이 아니라 들어주기를 미루시는 것입니다.

• 아우구스티누스 『요한 복음 강해』 73,1-3.

### 더 길게 기도할 기회를 주신 것이다

세 주간, 그러니까 스무하루가 지난 첫째 달[니산달] 스무나흗날에 그는 이 환시를 보았습니다. 그리고 천사로부터 그가 하느님 앞에서 기도하며 고행을 시작한 바로 첫날부터 하느님께서 그의 말을 들으셨으며 [소원을] 이루어 주시기로 하셨다는 말을 들었습니다. 그런데 의문이 생깁니다. 하느님께서 그의 기도를 들으셨다면 어째서 곧바로 그에게 천사를 보내시지 않은 걸까요? 네, 그 시기를 늦추심으로써 그가 주님께 더 길게 기도할 기회를 주신 것입니다.

• 히에로니무스 『다니엘서 주해』 10,12.

### 기도라고 다 하느님을 부르는 것은 아니다

성경 여러 곳에 나오는, "그들이 불러도 나는 대

답하지 않을 것이다"(잠언 1,28)라는 말은 대체 무슨 뜻입니까? 그러나 분명히 그분은 당신을 부르는 모든 이에게 자비로우십니다. … 이런 말이 있는 것은 "그들은 하느님을 부르지 않았다"(시편 53,5)라는 구절에서 말하는 바로 그분을 부르지 않는 이들이 더러 있기 때문입니다. 그들은 부르기는 하지만 하느님을 부르지 않습니다. 여러분은 사랑하는 모든 것을 부릅니다. 여러분 자신이 끌리고, 여러분에게 오기를 바라는 모든 것을 부릅니다. 돈을 많이 벌려고, 유산을 상속받으려고, 또는 세계적 명성을 떨치려고 하느님을 부른다면, 여러분은 자신에게 다가오기 바라는 것들을 부르는 것입니다. 이는 하느님을 여러분에게 무엇이 필요한지 들으시는 분이 아니라, 여러분이 바라는 대로 도움을 주는 이로 만드는 것입니다. 하느님께서 여러분이 바라는 대로 주신다면, 하느님은 좋으신 분입니다. 그러나 여러분이 병이 들기 바란다면, 하느님께서 여러분 소원을 들어주시지 않는 것이 더 자비로운 일 아닙니까? 그때 하느님께서 [여러분의 기도를] 들어주시지 않으면, 여러분은 하느님을 아무것도 아니라 생각합니다. 여러분은 말합니다. '내가 얼마나 많이 기도했는데, 얼마나 자주 기도했는데, 하느님은 내 기도를 들어주시지 않았어!' 이유를 알고 싶습니까? 여러분이 무엇을 청했습니까? 어쩌면 원수를 죽여 달라고 기도했는지 모릅니다. 여러분이 기도하는 그 순간에 그 또한 여러분을 죽여 달라고 기도하고 있었다면 어떻겠습니까? 여러분을 창조하신 하느님은 그 사람도 창조하셨습니다. 여러분도 사람이고 여러분의 원수도 사람입니다. 그러나 하느님은 심판관이십니다. 그분은 두 사람의 기도는 들으셨지만, 어느 누구의 기도도 들어주지 않으십니다. 원수를 죽여 달라고 청하는 여러분의 기도를 하느님께서 들어주시지 않았다고 여러분은 슬퍼합니다. 그러나 기뻐하십시오. 하느님께서는 여러분을 죽여 달라는 그 사람의 기도도 들어주지 않으셨으니 말입니다.

• 아우구스티누스 『시편 상해』 86,7.

나쁜 데 쓰려고 청하는 이는 그것을 받지 못할 것입니다.

• 아우구스티누스 『요한 복음 강해』 73,1.

### 불온한 마음으로 올리는 기도

하느님을 조금이라도 모욕하는 기도 예절 때에 바쳐진 청원이라면, 곧 온갖 일에 한눈팔며 걸핏하면 끊기는 시들한 청원이라면 과연 그 청원이 하느님께 받아들여지겠습니까? 그러한 것들은 결코 하느님께 받아들여질 수 없습니다. … 부산하고 불온한 마음으로 기도를 올리며 제물을 받치는 것은 하느님께 결함 있는 숫양을 희생 제물로 바치는 것과 같습니다.

• 사도나 『완덕에 관한 책』 18.

### 게으르고 태만한 사람

하느님께서는 기도하는 데에 게으른 사람들의 청은 쉬이 들어주지 않으시고, 그들 자신의 게으름과 태만 때문에 이러한 일들이 자신들에게 일어났다는 사실을 확실히 깨달을 때까지 기다리십니다. … 이러한 사실은 다른 사람들에게도 해당되겠지만, 특히 주님의 길을 저버린 사람들에게 해당됩니다.

• 니네베의 이사악 『종교적 완성』 5.

### 기도하지 말아야 할 것

우리는 아낌없이 주시는 하느님께 나아가, 저마다의 쾌락을 좇아 이런저런 것들을 청할 때가 많습니다. 때로는 정말 자기에게 유익한 것이 무엇인지 가려내거나 깊게 생각해 보지도 않고, 하느님께서 그 기도를 들어주시는 것이 자신에게 과연 복이 될지, 오히려 해가 될지 헤아려 보지도 않고 무턱대고 기도를 드리지요. 그렇게 멋대로 충동에 휩쓸리면 마침내 자기 욕망에 사로잡혀, 지옥의 그물과 죽음의 이빨에 걸려들게 하는 기도를 드리게 됩니다. 그런 기도는 올려도 하느님께서 결코 응답해 주지 않으십니다. 그저 우리 쪽에서 조롱받기에 딱 맞는 기도를 올리는 것이지요. 어째서 그런 기도는 응답을 받지 못하는 것일까요? 우리에게 선물을 주시는 일에 하느님께서 지치셨을까요? 그럴 리가 없지요. '그러면 왜, 아낌없이 주시는 그분께서 주시지 않는 것인가?' 하고 묻는 사람도 있을 것입니다.

• 알렉산드리아의 키릴루스 『루카 복음 주해』 79.

### 하느님께서 기도를 들어주지 않으실 때

많은 이들의 기도가 왜 들어지지 않느냐고 그대는 묻고 있습니까? 그들이 부적절한 탄원을 드리기 때문입니다. 이 경우에는 하느님께서 기도를 들어주시지 않는 편이 더 낫습니다. 설령 하느님께서 우리 기도를 들어주셨다 해도 우리는 그것으로 별로 행복하지 않았을 것입니다. 대신에 하느님께서 기도를 들어주시지 않았다면 그 때문에 찬미를 드리게 될 것입니다. 다시 말하면, 우리가 부적절한 청원을 드렸을 때는 그것을 얻지 못하는 편이 더 낫습니다. 다른 한편, 우리가 좋지도 나쁘지도 않은 것을 청한다면 하느님께서는 그 응답을 미루심으로써 우리가 그분께 지속적으로 간청하도록 우리를 꾀어내십니다. 이로써 적지 않은 것을 얻게 됩니다. … 그러므로 우리 기도가 들어지지 않았다 하더라도 포기하거나 동요하지 말고 무감각해지지도 마십시오. 오히려 지속적으로 간청하십시오. 결국 하느님께서는 최선의 것을 주시기 위해 모든 것을 하십니다.

• 요한 크리소스토무스 『시편 해설』 4,7.

### 선물을 미루시다

정성을 다해 기도합시다. 우리가 청하는 바를 얻지 못한다면 얻을 수 있도록 꾸준히 기도하고, 청하는 바를 얻게 된다면 얻은 것을 꾸준히 지켜 나갑시다. 우리가 청하는 선물을 허락하지 않는 것은 그분의 뜻이 아닙니다. 그분은 우리의 꿋꿋함을 키워 주시고자 당신 지혜로 선물을 미루어 두시는 것입니다.

• 요한 크리소스토무스 『마태오 복음 강해』 10,4.7.

### 이루어지지 않은 기도의 유익함

바오로는 육의 가시가 떠나게 해 주십사고 간청했지만 주님께서는 들어주지 않으셨습니다. 악마는 욥을 가장 가혹한 재앙으로 칠 수 있게 되기를 기도했고, 하느님께서 그 청을 들어주셨다는 것을 우리는 압니다. 그러나 바오로의 기도가 이루어지지 않은 것은 그가 영광을 받게 되려는 것이었고, 반면에 악마의 청이 이루어진 것은 고통을 받게 되려는 것이었습니다. 이처럼 소망이 이루어지지 않으면 낙담하기는 하지만, 이루어지지 않는 편이 더 좋은 일인 경우가 많습니다.

• 카시오도루스 『시편 해설』 21,3.

### 늦어지는 기도 응답

바오로가 끊임없이 기도하며 자신이 청하는 바를 얻지 못했는데도 기도를 포기하지 않은 것은 큰 사랑을 보여 줍니다. 사랑을 하면서 동시에 하느님의 뜻에 순종하는 것은 깊은 경외심을 보여 줍니다. … 바오로는 결국 그가 간구한 바를 얻지만, 그가 청했을 때에 얻지는 못했습니다. 그럼에도 그는 낙심하지 않았습니다. 내가 이 모든 이야기를 하는 이유는 우리도 기도의 응답을 받지 못하거나 한참 뒤에 이루어지더라도 낙심하지 말자는 것입니다. 우리보다 훨씬 나은 인간인 바오로도 기도가 들어지든 안 들어지든 거기엔 그럴 만한 이유가 있으리라 생각하며 감사한 마음을 고백했습니다.

• 요한 크리소스토무스 『로마서 강해』 2.

### 우리에게 유익한 응답

우리의 청이 들어지든 들어지지 않던 꾸준히 청하며, 청한 것을 얻었을 때만 아니라 그렇지 못했을 때도 감사를 드립시다. 우리가 청한 것이 하느님께서 원하시는 것이 아닐 때는 그것을 얻지 못한 것이 얻은 것보다 낫습니다. 어떤 것이 우리에게 유익한지 그분은 아시지만 우리는 알지 못합니다. 그러니 청한 것을 얻든 얻지 못하든 우리는 감사를 드려야 합니다. 빼어난 자질과 능력을 지녔으며 이루 말할 수 없는 축복을 받기에 합당하다 평가를 받은 바오로 같은 사람도 자신에게 무엇이 이로운지 모르고 청했습니다. 그는 온갖 환난과 역경으로 괴로움을 겪으며 거기에서 벗어나기를 기도했습니다. … 하느님께서는 바오로를 괴롭히는 일들에서 그를 구해 주지 않으셨을 뿐 아니라 그가 그 안에서 끝까지 견디도록 놓아두셨습니다. … 주님의 뜻이 무엇인지 깨닫고 그가 한 말을 들어 보십시오. “나는 기쁘게 나의 약점을 자랑하렵니다” 하고 말합니다. 더 이상 이 고통에서 벗어나기를 구하지 않고 오히려 크게 만족하며 그것을 자랑하겠다고 합니다. 그의 감사하는 마음을 알아보시겠습니까? 하느님에 대한 그의 사랑이 보이십니까? … 그러니 우리는 우리 본성의 창조주께 굴복해야 합니다. 그리고 그분께서 결정하신 일들을 기쁘고 행복한 마음으로 받아들이며, 겉으로 보이는 현상이 아니라 주님의 결정에 주의를 기울여야 합니다. 결국, 우리에게 유익한 것을 우리보다 더 잘 아시는 분께서 우리 구원에 필요한 것이 무엇인지도 아십니다.

• 요한 크리소스토무스 『창세기 강해』 30,16.

### 기도할 때 낙심하지 말아야 한다

우리 구원자께서 지적하셨듯이, 가난한 과부가 끈질기게 졸라 대니 사악하고 불의한 재판관조차도 결국 그의 청을 들어주었습니다. 하느님께서 우리를 모른 척하지 않으신다는 사실은 너무나 확실합니다. 우리를 좀 기다리게는 하실지언정 어느 날 갑자기 우리의 청을 들어주십니다. 우리는 기도할 때 낙심하지 말아야 합니다. 부서진 마음과 꺾인 영을 안고 밤낮으로 빌고 또 빌어야 합니다.

• 사도나 『완덕에 관한 책』 75.

## 기도의 힘

### 기도는 생명 또는 죽음에 이르게 할 수 있다

기도가 죽은 이를 되살리기도 하지만, 때로는 경건한 베드로에게 일어났던 일처럼 살아 있는 이를 죽이기도 합니다. 베드로는 기도로 타비타를 되살렸지만(사도 9,40 참조), 하나니아스와 사피라는 죽음에 이르게 하였습니다(사도 5,3-10 참조). … 히즈키야의 경우도 놀랍습니다. 그는 기도를 통하여 임금으로서의 자기 수명을 늘렸습니다. 그는 영적 존재의 도움으로 막강한 아시리아 군대를 물리쳤습니다(2열왕 19,35 참조).

• 사도나 『완덕에 관한 책』 41.

### 기도는 막강한 무기

올바른 마음가짐으로 올리는 기도는 막강한 무기입니다. … 우리는 열심히 기도합시다. 꾸밈없는 성실한 마음으로 온 마음을 다해 바치는 기도는 막강한 무기입니다. 기도는 원수들을 달아나게 하고, 자격이 없는 백성에게조차 은혜를 내립니다. … 기도는 구원의 약이며, 죄를 방지하고 악행을 치유하는 힘이 있습니다. 의지할 데 없이 홀로 된 과부가 한 것은 간구와 기도를 드리는 일이었습니다(1티모 5,5 참조).

• 요한 크리소스토무스 『사도행전 강해』 27,9.

### 기도의 효과

기도는 미움을 사라지게 하고, 자만심을 가라앉히고, 시샘을 없애며, 모든 좋은 것의 어머니인 자애를 불러일으킵니다. 내적인 기도는 인간사의 불평등을 무너뜨립니다. 기도는, 더없이 중요하고 반드시 필요한 일, 다시 말해 우리 구원 문제에 있어서 임금과 가난한 사람이 모두 평등하다는 사실을 보여 줍니다.

• 요한 크리소스토무스 『마태오 복음 강해』 19,4.

### 새로운 눈을 열어 주는 기도

예언자의 기도가 종의 눈을 열어 주었습니다. 기도는 하늘을 열어 군대가 내려올 수 있게도 하는데, 군대를 볼 수 있도록 종의 눈을 열어 주었다 해도 놀라운 일이 아닙니다. 새로운 조력자들을 약속하는 이가 새로운 눈을 끼워 넣어 주었다 한들 놀라운 일이 아닙니다. 천사의 군대를 마련한 이가 왜 예언자 무리를 만들지 못하겠습니까? 어두운 구름을 자신의 공로로 꿰뚫는 이가 왜 흐린 눈을 기도로 깨끗하게 하지 못하겠습니까?

• 토리노의 막시무스 『설교』 83,2-3.

### 기도를 통하여 이루어지다

사무엘이 기도를 통하여 이루어 냈다고 하는 그 놀라운 일은 진정으로 하느님께 의지하는 이라면 누구나 지금도 영적으로 이루어 낼 수 있는 일입니다. 그런 이[의 기도]는 하느님께서 들어주실 만한 가치를 지녔기 때문입니다. … 성령으로 아름답게 꾸며진 이가 주님께 간청하면, 하느님께서는 하늘에서 영혼을 적셔 주는 비와 천둥을 내려 주십니다. 그러면 한때 죄악 속에 있던 이는 주님과, 주님께서 간청을 들어주시어, 위엄이 있고 존경할 만한 사람임을 드러내 주신 봉사자에게 경외심을 느끼게 됩니다. 엘리야는 악인들 때문에 삼 년 반 동안이나 하늘을 닫아 버렸다가 나중에야 열어 주었습니다. 기도를 통하여 영혼의 비를 얻는 모든 이에게는 이런 일 또한 언제나 이루어지고 있습니다. 죄 때문에 비를 빼앗긴 하늘이 다시 열리는 것입니다.

• 오리게네스 『기도론』 13,5.

성인들의 기도는 그 힘이 크나크지만, 우리가 회개하고 생활을 바로잡아야만 효력을 발휘합니다.

• 요한 크리소스토무스 『마태오 복음 강해』 5,7.

### 회개와 성인들의 기도

어떤 사람이 성인들의 기도에 결합되어 있으면서도 자신이 해야 할 것을 하지 않는다면 성인들이 그를 위하여 기도한다 하더라도 그는 아무런 도움도 받지 못합니다. 그들이 단식하며 그를 위해 기도한다 하더라도 그가 무절제와 쾌락에 빠져든다면 그들의 기도가 무슨 소용이 있겠습니까? "한 사람은 짓고 또 한 사람은 허무니 고생만 할 뿐 무슨 소용이 있느냐?"(집회 34,28)라는 말씀이 그대로 이루어질 것입니다. 만약 성인들이 기도해 준 그 사람이 스스로 최소한의 노력도 기울이지 않았음에도 불구하고 구원되는 일이 일어날 수 있다면 그 무엇도 성인들이 세상의 모든 죄인을 위해 기도하는 일을 멈추게 할 수 없을 것입니다. 그런데 만약 죄인이 약간의 노력을 기울인다면, 그도 역시 의인의 기도를 필요로 합니다. 사도가 말한 대로 "의인의 간절한 기도는 큰 힘을 낼 수 있습니다"(야고 5,16). 거룩하고 의로운 이가 그를 위해 중재기도를 하고, 죄인은 스스로 빚을 갚을 수 없기 때문에 회개를 통해 자신이 할 수 있는 정도까지 성인들의 기도에 협력한다면 이런 일이 일어납니다. 죄인의 노력이 구원에 기여한 바는 적었지만 성인들의 기도의 효력은 큽니다. 이것은 마치 어떤 사람이 곡식 열 자루를 날라야 하는데 혼자서는 겨우 두 자루도 지기 어려운 상황에서 한 자루만 남겨 놓고 나머지 아홉 자루를 날라 줄 수 있는 하느님을 두려워하는 사람을 만난 것과 같습니다. 또 그 사람은 하느님을 두려워하는 사람의 보호를 받아 강도의 피해도 입지 않고 무사히 도착합니다. 성인들의 기도도 같은 효과를 냅니다.

• 바르사누피우스와 요한
『(공주 수도승에게 보낸) 질문과 답변』 616.

### 순수한 기도의 효력

크게 외치는 기도보다 순수한 마음이 더 참된 기도며, 크게 외치는 소리보다 진실한 마음과 하나 된 침묵이 더 훌륭합니다. 사랑하는 여러분, 지금 저에게 여러분의 마음과 생각을 주십시오. 그리고 순수한 기도의 힘에 대해 들으십시오. 우리의 의로운 선조들이 하느님 앞에서 얼마나 훌륭히 기도를 드렸는지, 그리고 그것이 '순수한 봉헌물'로서 그들에게 얼마나 큰 도움을 주었는지 말입니다. 그 봉헌물들이 받아들여진 것은 기도를 통해서였으며, 노아가 홍수를 피한 것도 기도 덕분이었습니다. 기도는 불임을 치료했고, 군대들을 물리쳤으며, 신비들을 드러냈고, 바다를 갈랐으며, 요르단을 통과하는 길을 만들었습니다. 기도는 태양을 붙들었고, 달을 멈추어 서게 했으며, 불결한 것들을 파괴했고 불이 떨어지게 했습니다. 기도는 하늘을 닫았으며, 구렁에서 건져 주고 불에서 구해 내고 바다에서도 살려 주었습니다.

• 아프라하트 『기도론』 1.

### 마음에서 우러나오는 기도의 힘

기도의 힘은 국가권력보다도 더 셉니다. … 제가 말씀 드리는 것은 싸늘하게 식어 버린, 힘도 열정도 없는 그런 기도가 아닙니다. 열린 마음에서 우러나오는 기도, 부서진 마음의 열매이며(참조: 시편 34,19; 이사 66,2) 뉘우치는 마음의 결실인 기도를 말합니다. 이것이 하늘로 올라가는 기도입니다. … 기도의 힘은 불의 뜨거움을 이겨 내었고 사나운 사자들을 다스렸으며, 무질서를 평정하고 전쟁을 끝장냈으며, 폭풍을 가라앉히고 마귀들을 쫓아냈으며, 죽음의 사슬을 끊어 버리고 천국 문을 넓혔으며, 앓는 이들을 고쳐 주고 사기꾼들을 막아 주었으며, 도시를 파괴에서 구해 주고 해를 제 궤도에 머물게 해 주었으며, 날아가는 번개를 멈추었습니다. 한마디로, 기도는 선에 맞서는 온갖 것을 없애는 힘을 지니고 있습니다. 제가 말씀드리는 기도는 입술로만 읊어 대는 기도가 아니라 마음 깊은 곳에서 우러나오는 기도입니다.

• 요한 크리소스토무스 『하느님의 이해할 수 없는 본성』 6-7.

### 불가능한 것을 가능하게 하다

기도만큼 값진 것은 아무것도 없습니다. 기도는 불가능한 것을 가능하게 해 주고, 어려운 것을 쉽게 해 줍니다. 기도하는 사람이 죄에 떨어진다는 것은 불가능한 일입니다.

• 요한 크리소스토무스 『한나에 관한 설교』 4,5.

### 하느님께 큰 호의를 입은 이들의 예

마땅히 해야 할 기도를 함으로써 하느님께 큰 호의를 입은 이들의 예를 일일이 다 들 필요가 있겠습니까? 누구든지 성경에서 스스로 여러 사례들을 찾을 수 있습니다. 불임이었던 한나는 신앙으로 주님께 기도하여(1사무 1,9-18 참조), 모세에 견줄 만한 사무엘을 낳았습니다(참조: 예레 15,1; 시편 99,6). 아직 자식이 없던 히즈키야는 이사야에게 자신이 곧 죽으리라고 듣고는 기도하여 구세주의 족보에 올랐습니다(참조: 2열왕 20,1-6; 이사 38,1; 마태 1,9). 하만의 음모로 비롯된 단 한 번의 명령으로 백성이 파멸당하게 되었을 때, 모르도카이와 에스테르의 기도와 단식을 [하느님께서] 받아 주셨습니다. 이 일에서, 모세가 제정한 축제들 말고도, 모르도카이가 백성을 위해 제정한 축제가 생겨났습니다(참조: 에스 3; 4,16-17; 9,26-28).

• 오리게네스 『기도론』 13,2.

### 기도는 정욕의 불꽃을 꺼뜨릴 수 있다

해의 광선과도 같은 기도가 우리 혀에서 일어나 입 밖으로 나와 우리의 정신이 빛을 받으면, 우리의 이성을 파괴하는 모든 야만적인 정욕은 슬며시 물러나 자기 보금자리로 달아납니다. 다만, 우리의 기도가 꾸준해야 하고, 깨어 있는 영혼과 건전한 정신에서 나오는 기도여야만 그렇게 됩니다(1베드 5,8 참조). 우리가 기도할 때 마침 악마가 가까이 있다면, 악마는 쫓겨갑니다. 마귀가 마침 거기 있다면 슬며시 달아납니다.

• 요한 크리소스토무스 『동일본질』 7,59.

### 유향과 기도의 힘

빵에 얹는 순수한 유향은 기도의 힘을 나타냅니다. 교사들은 선포 직무와 주님께 헌신하는 일 두 가지 다에 힘쓰기 때문입니다. “저의 기도, 당신 면전의 분향으로 여기시고”(시편 141,2)라는 시편 저자의 말이 증언해 주듯이, 유향은 기도를 상징합니다. 성인들의 경건한 행위와 가르침에 순수한 기도가 더해질 때, 주님의 빵에 순수한 유향이 더해져 기념 제물이 됩니다. 이처럼 이 둘이 제대로 합쳐지면, 그 기념 제물은 최고 재판관의 눈에 들 것입니다.

• 존자 베다 『성막과 제구』 1,7.

### 홀로 바치는 기도의 힘

우리는 열왕기에서 거룩한 여인 한나가 이 복음의 계명을 완수하는 것을 봅니다. 그녀는 아무 소리도 내지 않고 하느님 앞에서 속으로 기도하면서, 자신의 소원을 기도 안에 쏟아냈습니다. 그녀는 주님께서 기도를 들어주시기에 합당한 이로 곧바로 인정받았습니다(1사무 1,13-17 참조). 주님께서는 세 종과 함께 남몰래 늘 기도하던 다니엘에게도 자신의 꿈을 풀이하고 계시의 비밀을 이해하는 능력을 내리셨습니다(다니 1,17 참조). 아직 복음 계명에 대해 배우지 못한 코르넬리우스도 자기 방에서 홀로 성실하게 기도했고, 천사의 말을 들을 자격이 있다고 인정받았습니다(사도 10,1-4 참조). 요나에 대해서는 어떤 말을 할 수 있겠습니까? 자기 방에서만 아니라 고래의 배 속에서도 바친 그의 기도는 하느님께서 들어주시고도 남을 만했기에, 그는 바다 깊은 곳과 (큰) 물고기 배 속에서 아무런 해도 입지 않고 살아 나왔습니다(요나 2,1-11 참조).

• 아퀼레이아의 크로마티우스 『마태오 복음 강해』 27,1,4-5.

### 두 사람이나 세 사람

많은 이가 드리는 기도는 물론 힘이 있지만, 단 두 사람이 바치는 기도라도 한마음으로 진지하게 청하면 그 뜻이 이루어질 것이라고 그리스도께서 확인해 주셨기 때문입니다. 주님께서는 "두 사람이나 세 사람이라도 나 때문에 모인 곳에는 내가 너희와 함께 있으며 돕겠다"(마태 18,20)고 하십니다. 기도를 이루는 것은 모인 사람의 수가 아니라 기도하는 사람들의 신심과 하느님께 대한 사랑의 크기이기 때문입니다.

• 알렉산드리아의 키릴루스 『마태오 복음 단편』 215.

### 많은 이가 기도할 때

바오로는 전 교인들에게 자신을 위해 기도해 줄 것을 부탁합니다. 많은 이가 모여 함께 기도하면 효과가 크다는 것을 알기 때문입니다. 야고보가 죽임을 당했을 때, 베드로는 형제들의 기도에 힘입어 감옥에서 빠져나왔습니다. 형제들은 베드로의 가르침으로 힘을 얻고자 자신을 위해 하듯 그를 위해 기도했습니다(사도 12,2-10 참조). 성령의 사랑은 서로를 위해 기도하도록 이끕니다.

• 펠라기우스 『로마서 주해 단편』.

### 기도로부터 오는 혜택

의로운 이들은 결코 충분히 기도하였다고 생각하지 않습니다. 대신에 그들은 언제나 주님의 도우심을 필요로 하며, 선한 의지의 안내를 받아 기도의 열매를 거두고, 계속해서 청원의 제물을 드립니다. 그들은 기도로부터 오는 혜택이 무엇인지 알기 때문입니다.

• 키루스의 테오도레투스 『시편 주해』 4,2.

### 기도와 자비와 단식

구원자께서 우리에게 갖추어 주신 무기는 기도와 자비와 단식입니다. 단식은 요새보다 확실히 우리를 보호해 주고, 자비는 약탈보다 쉽게 우리를 구해 주며, 기도는 화살보다 훨씬 더 먼 거리에서도 상처를 입힙니다. 화살은 가까운 거리에 있는 적수만 공격할 수 있지만 기도는 멀리 떨어진 원수에게도 상처를 입힐 수 있기 때문입니다.

• 토리노의 막시무스 『설교』 83,1.

신클레티카 암마는 또 말했다. "가장 쓴 약이 독을 품은 피조물을 몰아내듯 단식과 결합된 기도는 악한 생각들을 몰아냅니다."

• 『사막 사부들의 금언』(신클레티카) 3.

## 기도와 행실

바오로의 기도는 콜로새 신자들이 이미 배운 믿음의 기초 위에서 바른 행동과 실천으로 열매 맺을 수 있도록 북돋는 그 나름의 방식입니다.

• 몹수에스티아의 테오도루스 『콜로새서 주해』.

### 청원과 행실

기도는 신심 깊은 이들이 하느님께 선을 청하는 것입니다. 그런데 이 기도는 단지 말만을 의미하지 않습니다. 우리는 말로써 하느님께 무엇인가를 상기시켜 드려야 한다고 생각하지 않습니다. 하느님께서는 우리가 청하기도 전에 이미 우리에게 유익한 것이 무엇인지를 알고 계십니다(참조: 마태 6,8.32; 루카 12,30). 그러니 어떻게 해야 할까요? 우리의 기도가 말마디만으로 이루어진 것이 되어서는 안 됩니다. 우리는 우리 영혼의 목적에 맞게 기도해야 하고, 온 생애 동안 지속될 덕스러운 행동을 통해 기도해야 합니다.

• 대 바실리우스 『순교자 율리타에 관한 설교』.

### 기도는 위대한 선

바오로 사도는 기도로 편지를 끝맺습니다. 실로 기도는 유익하고 우리 영혼을 지켜 주는 위대한 선입니다. 그러나 기도는 자기가 청하는 바로 그것을 행동으로 그르치지 않고 자기 기도에 어울리는 행동을 할 때 위대한 것입니다. 그러므로 여러분이 사제에게 가서 '아들이여, 주님의 자비가 그대에게 내릴 것입니다'라는 말을 들었다면, 그 말만 믿지 말고 행실로 확신을 보태십시오. 자비는 참으로 훌륭한 것입니다! 그런데 그렇게 훌륭한 것을 왜 남에게 보여 주지 않습니까?

• 요한 크리소스토무스 『필레몬서 강해』 3.

### 기도에 어울리는 행실

의인의 기도가 효력을 내는 두 가지 길이 있습니다. 첫째는, 기도하는 사람이 하느님의 명령에 따라 행한 자신의 행위를 하느님께 바치는 것입니다. 그럴 때 기도는 혀가 의미 없이 뱉은 텅 빈 메아리 같은 단순히 말이 아니라, 계명의 영으로 고무된 강력하고 살아 있는 말입니다. 기도와 간청의 참된 토대는 덕에 의한 계명의 실천이기 때문입니다. 그래서 의인의 기도는 힘과 효력이 있습니다. 두 번째 길은, 의인의 기도를 청하는 사람이 먼저 자신의 삶을 바로잡음으로써 기도의 행실을 이행하는 것입니다. 그러면 그는 의인의 기도를 힘 있게 만듭니다. 그 기도가 그의 훌륭한 회개로 강화되기 때문입니다.

• 고백자 막시무스 『성경 주해 선집』.

여러분의 기도가 이룬 것이 별로 없다고 하셨나요? 우리가 기도와 더불어 행실로도 노력한다면 많은 것이 이루어집니다.

• 요한 크리소스토무스 『테살로니카 1서 강해』 1.

### 하느님께서 받아 주시는 기도

성경은 "선행은 주님께서 받아 주시는 기도다"라고 합니다. 기도의 길은 이렇게 명시되어 있습니다. "헐벗은 사람을 보면 덮어 주고 네 혈육을 피하여 숨지 마라. 그리하면 너의 빛이 새벽빛처럼 터져 나오고 너의 상처가 곧바로 아물리라. 너의 의로움이 네 앞에 서서 가고 하느님의 영광이 너를 지켜 주리라"(이사 58,7-8).

• 알렉산드리아의 클레멘스 『교육자』 3,12,89.

### 당신의 은총을 쏟아부어 주시다

은총은 우리가 먼저 자기 할 바를 해야 비로소 저 높은 곳에서 내려온다는 것을 분명히 아십시오. 코르넬리우스는 후한 자선을 숱하게 행함으로써 첫걸음을 내디딘 뒤 성실히 기도에 전념했습니다. 성경은 어느 날 오후 세 시쯤, 그가 기도하고 있는데 천사가 옆에 와서 이렇게 말했다고 합니다. "코르넬리우스! 너의 기도와 너의 자선이 하느님 앞으로 올라가 좋게 기억되고 있다"(사도 10,4). … 그분께서는 착실한 영혼을 보시면, 그에게 당신의 은총을 쏟아부어 주십니다.

• 요한 크리소스토무스 『예비신자 교리교육』 7,29.

### 기도는 행실로 이어져야 한다

하느님께서는 마음으로부터 사슬을 풀고 당신께서 명하신 대로 당신께 속한 이들에게 자선을 베푸는 사람들을 도우시고 보호하시며, 또한 그들의 청을 들어주시겠다고 약속하셨습니다. …
가난한 사람에게 자비를 베푸는 사람은 하느님께 베푸는 것이며(잠언 19,17 참조), 가장 적은 이에게 주는 사람은 하느님께 선물하는 것입니다(마태 25,40 참조). 이런 사람은 하느님께 영적으로 감미로운 향기가 있는 제물을 바치게 됩니다.

• 키프리아누스 『주님의 기도』 33.

### 기도는 행동이 따를 때 이득을 가져다준다

사무엘이 사울에게 무슨 이득을 주었습니까? 그는 사울이 죽은 날에도 그를 위해 울어 주지 않았고, 사울만을 위해 기도를 해 준 것도 아니지 않습니까? 사무엘이 이스라엘 사람들에게는 무슨 이득을 가져다주었습니까? 그는 "내가 여러분을 위하여 기도하기를 그치거나 하여 주님께 죄를 짓지는 않을 것이오"(1사무 12,23) 하고 말했지만 그들은 모두 멸망하지 않았습니까? 그렇다면 기도를 해도 아무런 이득이 없는 것입니까? 기도는 커다란 이득을 가져다줍니다. 그러나 우리도 무엇인가를 해야 그렇습니다. 기도는 참으로 협력하고 도와줍니다. 사람도 활동하는 사람과 함께 협력하고 스스로 일하는 사람을 도와주지 않습니까? 그러나 여러분이 게으름을 피우기만 한다면, 결코 큰 은혜를 받지 못할 것입니다.

• 요한 크리소스토무스 『테살로니카 1서 강해』 1.

### 무엇이 더 긴급히 필요한지 따져 보다

여러분이 긴 여행을 떠나게 되어 뜨거운 날에 갈증에 시달리다가 형제들을 만났다고 합시다. 그에게 '내가 목말라 죽겠으니 물 좀 주십시오'라고 하니 그가 '지금은 기도 시간입니다. 기도한 다음에 당신을 도와주겠소' 하고 말합니다. 그가 기도하느라 여러분에게 가지 못한 사이 여러분이 갈증으로 죽습니다. 그가 가서 기도하는 것과 여러분의 갈증을 해소해 주는 것, 여러분에겐 어떤 것이 더 중요해 보입니까?

• 아프라하트 『논증』 4,15.

### 자비로운 사람만 하느님의 자비를 얻는다

자비롭지 않은 자는 하느님의 자비를 입을 수 없을 것입니다. 가난한 이의 간청에도 인간답게 처신하지 않은 자는 기도를 해도 하느님의 호의를 결코 얻지 못할 것입니다.

• 키프리아누스 『선행과 자선』 5.

## 주님의 기도

☞ "주님의 기도"

# 기름부음, 도유

그리스도 안에서 세례를 받은 이는 누구나 그분의 "기름부음받은이"입니다.

• 히에로니무스 『시편 주해』 28.

하느님께서는 여러분에게 기름을 부으시며 십자성호로 인장을 찍으십니다.

• 요한 크리소스토무스 『예비신자 교리교육』 11,27.

그리스도께서 은총의 기름을 부어 주시지 않는다면
그 안에는 빛이 없을 것입니다.

• 소 아르노비우스 『시편 주해』 18.

## 기름부음의 의미와 이해

### '그리스도'(기름부음받은이)라고 불렸다

여러분은 '기름부음'이 구약성경에서 예표되었다는 것을 알아야 합니다. 모세가 하느님의 명령에 따라 자기 형을 대사제로 임명할 때, 물로 몸을 씻게 한 다음에 그에게 기름을 부었습니다. 그때부터 아론은 '그리스도'(기름부음받은이)라고 불렸는데, 이는 기름으로 성별됨을 나타내는 은유적인 이름이었습니다.

• 예루살렘의 키릴루스 『예비신자 교리교육』 3,6.

거룩한 기름을 부어 받았다는 의미로 우리는 그분을 '그리스도'라 부르고, 이처럼 기름을 받음으로써 영적 은총을 함께 나누는 이들을 '그리스도인'이라고 부릅니다.

• 존자 베다 『복음서 강해』 1,5.

### '기름부음받은이'라고 불리다

기름부음받은 [자신의] 동료들에 대해 사도는 말합니다. "그리스도께서 나누어 주시는 은혜의 양에 따라, 우리는 저마다 은총을 받았습니다"(에페 4,7). 율법에서 사제와 임금들은, 참임금님이시며 대사제이신 우리 주 구원자의 표상으로서, "기름부음받은이"라고 불립니다. … 그들뿐 아니라 우리 시대의 신앙인들도, 그리스도의 이름을 따서 '그리스도인'이라 불리므로 그들 역시 정당하게 '기름부음받은이'라 불립니다. 거룩한 성유로 도유되고 그들을 축성한 성령의 은총으로 그렇게 되는 것입니다.

• 존자 베다 『복음서 강해』 1,16.

### '주님의 기름부음을 받은 자'

고대에는 임금의 자리에 오르는 사람들은 고귀함의 상징으로 기름부음을 받았고, 기름부음을 받으면 사적이며 낮은 지위에서 다스리는 우월한 지위로 신분이 바뀌며, 이런 은혜를 받을 자격이 있다고 여겨진 이는 기름부음을 받은 뒤에는 보통 사람의 이름 대신 '주님의 기름부음받은 이'로 불렸습니다.

• 니사의 그레고리우스
『거룩한 삼위일체에 관해 에우스타티우스에게』.

### 여러 방식으로 기름부음을 받다

여러 방식으로 하느님의 기름부음을 받아 그리스도라는 칭호로 불린 사람이 많이 있었습니다. 더러는 임금으로 기름부음을 받았고 더러는 예언자로 기름부음을 받았지요. 그들 모두 기름부음을 받았기에 그런 칭호를 받았던 것입니다. 그러나 하느님 아버지의 그리스도이신 분은 한 분, 오직 한 분이십니다. 우리가 기름부음을 받은 것이나, 또 하느님의 기름부음을 받았으나 다른 사람에게 속한 이들과는 경우가 다릅니다. 그리스도는 오직 한 분이 있을 뿐입니다.

• 알렉산드리아의 키릴루스 『루카 복음 주해』 49.

### 올리브산과 그리스도

그리스도께서 올리브산 말고 어디서 가르쳐야 했겠습니까? 기름부음의 산, 크리스마의 산일 밖에요. '그리스도'라는 명칭은 '거룩한 기름'이라는 뜻의 그리스 말, '크리스마'에서 왔기 때문입니다.

• 아우구스티누스 『요한 복음 강해』 33,3.

### 그리스도라고 불리는 이유인 도유

과거에 유대인들은 사제직이나 나라에 불린 사람들에게 부을 거룩한 기름을 마련하라는 지시를 받았습니다. 로마인들에게 자색 옷이 임금의 자리에 오른 사람의 상징이듯이 그들에게는 거룩한 기름을 부음받는 것이 임금의 지위와 권한을 부여했습니다. 고대 그리스인들은 기름을 붓는 행위를 '크리에스타이'*chriesthai*라고 표현했습니다. … 우리는 그분을 '기름부음받으신분'이라는 뜻으로 '그리스도'라고 부릅니다. 히브리 말로는 '메시아'입니다.

• 락탄티우스 『거룩한 가르침 개요』 4,7.

### 다윗과 예수님의 공통점

다윗은 죄를 지은 사울 대신 임금이 되도록 사무엘에게 기름부음을 받았고, 예수님께서는 율법을 섬기는 봉사자들인 사제들 대신에 대사제가 되시도록 요한에게 기름부음을 받으셨습니다. 다윗은 기름부음을 받은 뒤 박해를 받았고, 예수님께서도 기름부음을 받으신 뒤 박해를 받으셨습니다. … 다윗은 서른 살이었을 때에 사무엘에게 기름부음을 받았고 예수님께서도 서른 살 무렵에 요한에게 안수를 받으셨습니다.

• 아프라하트 『논증』 21,13.

### 영혼의 아름다움

이사이의 아들 가운데 하나에게 기름을 붓도록 파견된 그(사무엘)가 이사이의 큰아들을 보자마자 큰 키와 잘생긴 외모에 감탄하며 성유를 꺼냈을 때의 일을 성경은 이렇게 기록합니다. "그러나 주님께서는 사무엘에게 말씀하셨다. '겉모습이나 키 큰 것만 보아서는 안 된다. 나는 이미 그를 배척하였다. 나는 사람들처럼 보지 않는다. 사람들은 눈에 들어오는 대로 보지만 주님은 마음을 본다'"(1사무 16,7). 사무엘은 결국 신체가 아름다운 이가 아니라 영혼이 아름다운 이에게 기름을 부어 주었습니다. 주님께서는 육체의 아름다움보다 영혼의 아름다움을 더 중요히 여기는 분이십니다.

• 알렉산드리아의 클레멘스 『교육자』 3,2,12.

### 멍에가 벗겨지다

바오로에 따르면 그 바위는 그리스도였으니(1코린 10,4 참조), 그들은 바위에서 나오는 꿀을 빨아먹은 것입니다. 왜냐하면 우리 구원자께서 하신 일과 이적들을 보았기 때문입니다. 그들은 단단한 바위에서 나오는 기름도 빨아먹었습니다(신명 32,13 참조). 왜냐하면 그분의 부활 뒤에, 그들은 성령이 부어짐으로써 기름부음을 받을 자격이 있었기 때문입니다. 이처럼 주님께서는 아직 죽음 아래 계실 때 당신 제자들에게 이적들을 보여 주심으로써 그들에게 단단한 바위에서 꿀을 주셨습니다. 그 단단한 바위는 기름을 쏟아 내었습니다. 왜냐하면 부활 뒤 어떠한 해도 입지 않는 존재가 되셨을 때, 그분께서는 성령의 쏟아부으심으로써 거룩한 기름부음의 집을 세우셨기 때문입니다. 예언자는 이 기름에 대해 "그 멍에가 기름 앞에서 떨어질 것이다"(이사 10,27 불가타)라고 합니다. 우리는 악마의 지배라는 멍에를 메고 있었는데, 성령이라는 기름을 부어 받았습니다. 자유의 은총이 우리에게 기름 부어지자, 악마의 지배라는 멍에가 벗겨졌습니다.

• 파테리우스 『구약성경과 신약성경 해설』(신명기) 21.

어떤 이가 뽑혀 기름부음을 받을 때면 언제나, 뽑힌 이의 이마 위로 성령의 은총이 날아 내리고 기름이 흘러내릴 것입니다. 예언자들이 이 직무를 수행하였습니다.

• 요한 크리소스토무스 『유대인 반박』 6,4,3.

### 영적 기름부음

영적 기름부음은 기름부음의 성사 안에서 주어지는 성령 자신입니다. 요한은 그들 모두가 이 기름부음을 받았으며, 그들은 그 기름부음으로 인하여 선한 이들과 악한 이들을 구별할 줄 알기 때문에 그들이 이미 아는 것을 자신이 더 가르칠 필요가 없다고 합니다.

• 존자 베다 『가톨릭 서간 해설』(요한 1서).

요한이 말하는 기름부음은 여러분에게 주어진 성령을 통하여 여러분 마음 안에 쏟아부어진 하느님의 사랑 그 자체로 이해할 수 있습니다.

• 존자 베다 『가톨릭 서간 해설』(요한 1서).

### 성령을 통해 진정으로 깨닫다

요한은 성령의 기름부음에 관해 이렇게 말합니다. "그분께서 기름부으심으로 여러분에게 모든 것을 가르치십니다"(1요한 2,27). 마음이 성령의 기름부음을 받지 못한 사람은 어떤 말을 들어도 배우지 못합니다.

• 대 그레고리우스 『복음서 강해』(40편) 30.

### 축복의 기름

우리 가슴의 그릇도 모든 더러운 악행의 냄새를 없애 버리지 않고서는 축복의 기름을 받을 수 없으며 영적 지식을 깨달을 수 없고 성경 말씀을 깨끗이 간직할 수 없습니다. 그 기름은 "향기 짙은 기름이 머리 위에서 수염까지, 아론의 수염 위로 옷깃까지 흘러내리는 기름 같아라"(시편 133,2) 하는 예언자의 말에 나오는 기름입니다.

• 요한 카시아누스 『담화집』 14,14.

### 성령의 은총으로 기름부음받은 모든 이

우리가 그리스도라는 이름이 임마누엘만 아니라 다른 이들한테 적용된 것을 발견할 것이라고 말하는 이들도 있을 것입니다. 하느님께서 어딘가에서, 선택받고 성령으로 거룩하게 된 이들에 대해 "나의 기름부음받은이들을 건드리지 말고 나의 예언자들을 괴롭히지 마라"(시편 105,15)

고 말씀하셨기 때문입니다. 거룩한 영감을 받은 다윗은 사울을 "주님의 기름부음받은이"(1사무 24,11)라고 부릅니다. 다윗은 사무엘 손에 의해 하느님께로부터 왕으로 도유되었습니다(1사무 16,13 참조). … 결론적으로 그리스도라는 이름은 앞서 말했듯이, 오로지 임마누엘에게만 배타적으로 적용될 수 있는 것이 아니고, 성령의 은총으로 기름부음받은 다른 모든 이에게도 적용될 수 있습니다. 왜냐하면 이 단어는 행위에서 나왔고 기름부음받은이라는 이름은 기름부음받은 사실에서 나오기 때문입니다.

• 알렉산드리아의 키릴루스『편지』1,16-17.

### 또 다른 그리스도가 되다

교회는 그리스도께서 우리 안에 형성되고 태어나시어 성도들 각자가 그리스도 안에서 서로 나눔으로써 그리스도로 다시 태어날 때까지 아이를 배고 있으며 산고를 겪습니다. 이것이 바로 "나의 기름부음받은이들을 건드리지 말고 나의 예언자들을 괴롭히지 마라"(시편 105,15)는 말씀의 뜻입니다. 그리스도 안에서 세례받는 이들은 성령의 통교를 통하여 또 다른 그리스도가 되는 것이며, 이 변모 과정에서 그들이 말씀의 또렷한 형상을 띠게 만드는 것이 교회입니다.

• 올림푸스의 메토디우스『열 처녀의 향연』8,8.

### 교회가 기름을 부어 주다

교회는 자기 자녀들이 그리스도의 멍에를 매도록 그들의 목에 이 기름을 발라 줍니다. 교회는 순교자들에게도 이 기름을 부어 줍니다. 그리하여 그들이 세상의 때를 씻고 깨끗해지게 하는 것입니다. 교회는 고백자들에게도 이 기름을 부어 줍니다. 그들이 수고를 그치지 않고 피곤함을 느끼지 않으며, 이 세상의 동요에 흔들리지 않게 하려는 것입니다. 교회가 이들에게 기름을 부어 주는 이유는 영의 기름으로 그들에게 생기를 주려는 것입니다.

• 암브로시우스『편지』1.

### 교회의 기름

그들에게는 바를 것이 하나도 없었습니다. 그들에게 기름이 있었더라면 자신들의 상처에 기름을 바를 수 있었을 것입니다. 이사야는 '그들이 연고와 기름을 바르지도 못하고 붕대를 감지도 못하였구나'(이사 1,6 참조) 하고 외칩니다. 그러나 교회는 자녀들의 상처에 발라 줄 기름이 있었기에 상처가 더 심해지거나 깊이 파고들지 못하게 할 수 있습니다. [교회는] 비밀리에 받은 기름을 갖고 있습니다.

• 암브로시우스『편지』41(1),19-20.

## 그리스도와 기름부음

### 하느님께서 하느님의 도유를 받으시다

하느님께서 하느님의 도유를 받으셨습니다. '기름부음받은이'라는 단어는 '그리스도'를 의미하는 것으로 이해하십시오. 왜냐하면 '그리스도'는 '도유(크리스마)'라는 단어에서 유래한 것으로, '그리스도'라는 이름은 '기름부음받은이'를 뜻하기 때문입니다.

• 아우구스티누스『시편 상해』45,19.

그분께서 '그리스도'라고 불리시는 것은 사람의 손에서 기름부음을 받아서가 아닙니다. 그분께서는 인류를 위하여 영원한 대사제가 되도록 아버지 손에 기름부음을 받으셨습니다.

• 예루살렘의 키릴루스『예비신자 교리교육』10,4.

### 왜 기름부음을 받았는가?

돌이 기름부음을 받았습니다. 왜 하필 돌입니까? '보라, 내가 시온에 돌을 놓는다. 뽑힌 값진 돌이다. 그를 믿는 이는 당황하지 않으리라'(이사 28,16 참조). 왜 기름부음을 받았습니까? 그 이유는 '그리스도'라는 말이 '기름부음'(*chrisma*)에서 왔기 때문입니다.

• 아우구스티누스 『요한 복음 주해』 7,23.

### 기름부음의 은총

복된 야곱이 이 돌에 기름을 부은 사실에도 주목하십시오. 기름부음에 주의를 기울이면 여러분은 그리스도를 알아보게 될 것입니다. 그리스도는 기름부음에서, 곧 기름부음의 은총으로 설명됩니다.

• 아를의 카이사리우스 『설교』 87,2.

### 주님인 "돌"

야곱이 머리에 벴던 돌은 우리가 정신을 힘껏 차려 거기에 의지해야 하는 주님입니다. … 야곱은 그 돌을 기념 기둥으로 세우고 거기에 기름을 부었습니다. 참된 이스라엘인은 우리 구원자께서 당신 동료들에 앞서 아버지께 기름부음을 받으셨다는(시편 45,8 참조) 사실을 아는 까닭입니다. 그리스도께서는 이 기름부음('크리스마')에서 그 이름을 받으셨으며, 그분의 육화라는 신비는 우리 구원의 표시입니다. 그 돌을 표시로 땅에 세우고 기름을 부었을 때 주님께서 하늘에서 나타나신 것은 좋은 일입니다.

• 존자 베다 『복음서 강해』 1,17.

### 야곱의 상징적 행동

야곱은 그 장소에 "베텔"(창세 28,19)이라는 이름을 붙였습니다. 그리고 자신이 겪은 일에 대한 증언으로 그곳에 돌을 기념 기둥으로 세웠습니다. 우리 조상 야곱은 돌들이 기름부음을 받게 될 때를 고대하며 상징으로 이 일을 행했습니다. 세례자 요한이 말하듯이, 그리스도를 믿는 이들은 기름부음을 받은 돌들이며(루카 3,8 참조), 야곱의 기도에는 민족들의 부르심이 상징으로 나타나 있기 때문입니다.

• 아프라하트 『기도론』 5.

### 기름이 부어졌음을 뜻하는 '그리스도'라는 이름

"당신의 이름은 부어 놓은 향유랍니다"(아가 1,3). … 그런데 그냥 '향유'라고 하지 않고 '부어 놓은 향유'라고 합니다. '부어 놓은 향유'보다 그리스도의 이름을 더 생각나게 하는 이름이 무엇이 있겠습니까? 향유가 부어지지 않았다면 '그리스도'라는 이름도 없을 것이고 그리스도도 없을 테기 때문입니다.

• 카이사리아의 에우세비우스 『복음의 논증』 4,16.

### 예언자들은 '그리스도'(기름부음받은이)라 불린다

그분(예수)께서 '그리스도'라 불리시는 것은 기름부음을 받으셨기 때문이라는 그대의 생각은 맞습니다. 사도가 사자使者의 직무를 위임받아 파견되었기에 '사도'로 불리는 것과 같지요. 이러한 명칭들은 특정 개인들의 본성보다는 그들이 하는 역할을 분명하게 드러냅니다. "나의 기름부음받은이들을 건드리지 말고 나의 예언자들을 괴롭히지 마라"(시편 105,15)라는 시편 구절에서 보듯, 예언자들도 '그리스도/기름부음받은이'들로 불립니다. 하바쿡 예언자도 이렇게 말합니다. "당신께서는 당신 백성을 구원하시려고, 당신의 기름부음받은이를 구원하시려고 나오셨습니다"(하바 3,13). 그렇지만 말씀해 보십시오. 그리스도이시며 아들이신 분, 인간을 만드신 주님, 육이 되신 하느님의 외아드님은 오직 한 분이심을 그들도 인정하는 것이 사실 아닙니까?

• 알렉산드리아의 키릴루스 『그리스도는 한 분이시다』.

모든 이들 가운데에서 선택되어 성령으로 도유되신 그분은 하느님의 외아드님이신 그리스도인 것으로 여겨집니다.

• 카이사리아의 에우세비우스 『이사야서 주해』 2,51.

### 기쁨의 기름인 성령으로 기름부음받으신 그리스도

그들은 그리스도라는 이름의 뜻을 설명합니다. 이분께 관하여 "그분의 기름부음받은이를 거슬러"(시편 2,2)라고 쓰여 있습니다. "그리스도라는 이름은 기름을 붓다라는 뜻의 '크리스마'에서 온 것"입니다. 그래서 이렇게 쓰여 있습니다. "하느님께서, 당신의 하느님께서 기쁨의 기름을 당신에게 부어 주셨습니다"(시편 45,8). 기쁨의 기름은 곧 성령입니다.

• 존자 베다 『사도행전 해설』 4,27.

### 거룩한 "기쁨의 기름"을 부어 받으신 분

구약시대에 그리스도를 상징하는 뜻에서 성유聖油를 받았던 임금들이나 예언자들이나 사제들 가운데 아무도, 구원자이시고 우리 주님이시며 홀로 참된 그리스도이신 예수께서 보여 주신 거룩한 권능을 부여받지는 못하였습니다. … 그분은 물질로서 준비된 기름을 받으신 것이 아니라, 하느님의 성령께서 스스로 충만히 내리시어 아버지 하느님의 순전한 신성을 함께 나누어 지니심으로써 거룩한 기름을 받으신 것입니다. 이사야 예언자는 바로 이 점을 가르쳐 주는데, 여기서 예언자의 목소리는 그리스도께서 직접 하신 말씀이나 다를 바 없습니다. "주님께서 나에게 기름을 부어 주시니 주님의 영이 내 위에 내리셨다. 주님께서 나를 보내시어 가난한 이들에게 기쁜 소식을 전하고 잡혀간 이들에게 해방을 선포하며 눈먼 이들을 다시 보게 하셨다"(루카 4,18; 참조: 이사 61,1). … 곧, 물질에 불과한 기름을 받은 것이 아니라, 거룩한 "기쁨의 기름"(시편 45,8)을 부어 받으신 분이라고 합니다.

• 카이사리아의 에우세비우스 『교회사』 1,3.

### 성령으로 도유되다

그리스도께서는 기름이나 다른 어떤 물질적 향유로 도유를 받으신 것도 아니고, 사람의 도유를 받으신 것도 아닙니다. 그분께서 온 세상의 구원자로 임명되시기 전에 성부께서 그분을 성령으로 도유하셨습니다. … 그리스도께서는 기쁨이라는 이상적인 기름, 곧 성령으로 도유되셨습니다. 성령께서는 영적 기쁨을 만들어 내시는 분이시기에 "기쁨의 기름"(시편 45,8)으로 불리십니다. 마찬가지로, "그리스도의 동료"이자 참여자가 된 여러분도 도유를 받은 것입니다.

• 예루살렘의 키릴루스 『예비신자 교리교육』 21,2.

### 성령으로 잉태되시는 것이 성령으로 도유되신 것

그분은 당신의 동료들에 앞서 도유되셨습니다. 우리 모든 사람은 먼저 죄인이었다가 그 후에 성령의 도유를 통해 성화되기 때문입니다. 그러나 시대라는 것이 생겨나기 전부터 하느님으로 존재하시던 그분께서는 시대의 종말에 동정녀의 태에서 성령을 통하여 인간으로 잉태되셨고, 잉태되시던 그곳에서 같은 성령으로 도유되셨습니다. 그분은 먼저 잉태되신 후 나중에 도유를 받으신 것이 아니었습니다. 동정녀의 육에 성령으로 잉태되시는 것이 곧 성령으로 도유되신 것이었습니다.

• 대 그레고리우스 『편지』 67.

### 예수님께서 사람이 되셨을 때 이 기름을 부음받으셨다

[예수님께서는] 사람이 되셨을 때 이 기름을 부음받으셨습니다(시편 45,8 참조). 먼저 인간이 존재하고 그다음에 성령을 받은 것이 아닙니다. 그분께서 성령의 중개로 육화하신 까닭에 그분께서 창조하시는 순간 인간이 이 기름을 부음받았습니다.

• 대 그레고리우스 『아가 강해』 14.

### 도유하시는 분이 인간이 되셨다

하느님의 아드님께서 육화하시어 마리아에게서 태어나셨습니다. 주님께서 마리아에게서 태어나신 것은 하느님을 모신 사람으로서 태어나신 것이 아니라 하느님께서 육화하신 것입니다. 이는 도유하시는 분의 손길로 도유된 예언자와 같은 것이 아니라 오히려 도유하시는 분의 전 존재로 도유를 받은 분이 되는 것입니다. 이렇게 하여 도유하시는 분이 인간이 되셨고, 도유를 받으신 분이 하느님이 되셨습니다.

• 다마스쿠스의 요한 『신앙 해설』 4,14.

### 종이신 그리스도

'저는 제 모든 원수들보다 비난을 당하나이다. 당신 얼굴을 당신 종 위에 비추소서'(시편 31,16-17 참조). 여기서 "종"은 그분께서 그 안에서 거룩하게 되신 '인간'을 가리킵니다. 그것은 그분께서 그 안에서 기름부음을 받으신 '인간'을 가리킵니다. 그것은 그분께서 그 안에서 율법 아래에 놓이시고 동정녀에게서 잉태되신 '인간'을 가리킵니다.

• 암브로시우스 『신앙론』 5,8,108.

### 인간으로서 도유되시다

그분은 또한 하느님이 아니라 인간으로서 거룩하신 성령 안에서 도유되셨습니다. 하느님으로서 그분은 성령과 하나이시지만 인간으로서 그분은 성령의 선물들을 일종의 도유처럼 받으십니다.

• 키루스의 테오도레투스 『시편 주해』 45,6.

### '기름부음받은이'

우리는 말씀께서 사람이 되셨을 때에 그리스도 예수라는 이름을 받으셨다고 말합니다. 그분께서는 기쁨의 기름을 부어 받으셨기에(시편 45,8 참조) — 이는 아버지 하느님께서 성령을 부어 주셨다는 뜻입니다 — '그리스도', 곧 '기름부음받은 이'라고 불리는 것입니다. 기름부음을 받으셨다는 것은 그분의 인성과 관련된 측면으로, 제대로 생각하는 사람이면 아무도 이를 부인하지 않습니다.

• 다마스쿠스의 요한 『신앙 해설』 4,6.

### 성령을 통한 예수님의 도유

'주 하느님의 영이 나에게 내렸다. 주님께서 고통받는 이들에게 기쁜 소식을 전하도록 나에게 기름을 부어 주셨기 때문이다'(이사 61,1 참조). 곧, 하느님께서 그분을 성령으로 도유하셨습니다. 따라서 육화하시어 인간의 몸을 입으신 후 그분은 영을 받으셨고, 영으로 도유되셨습니다. 그분은 우리를 위하여 영을 받으셨고, 그 영으로 우리를 도유해 주셨기 때문입니다. … 주님은 육화를 통해 구원을 가져오는 도유를 받으셨습니다.

• 시리아인 에프렘 『이사야서 주해』 61,1.

### 성령의 도유를 받으신 이유

그분께서 성령의 도유를 받으신 것은 우리를 위한 것입니다. 시편 저자는 "그러므로 하느님께서는 당신을 하느님이나 임금, 또는 성자나 말씀이 되게 하시려고 도유하셨습니다"라고 말하지 않았습니다. 왜냐하면 그분은 이미 그전에도 그러하셨고, 또 영원히 그러하실 것이기 때문입니다. 오히려 시편 저자는 이렇게 말하였습니다. '당신은 하느님이시고 임금님이시기 때문입니다. 그러므로 당신은 도유되셨습니다. 당신 외에는 누구도 인간성을 성령에 일치시킬 수 없기 때문에 당신은 성부의 모상이십니다. 우리는 처음에 그 모상으로 창조되었습니다. 성령도 당신의 것입니다.' 생겨난 것들의 본성은 이것을 보증할 수 없기 때문에 천사들은 죄를 지었고, 사람들은 불순종하였습니다. 그래서 하느님이 필요하였습니다. 몸소 저주에 묶인 이들을 풀어 주시려는 하느님은 '말씀'이십니다. 만약 그분이 하찮은 존재셨다면, 그분은 여러 사람들 중의 하나로서 다른 이들처럼 우정을 나누는 '그리스도', '기름부음받은이'가 될 수 없었을 것입니다. 그러나 그분은 하느님이시며, 하느님의 아드님이시고 영원한 임금님이시며 성부의 빛이요 '말씀'으로 존재하십니다. 그분은 사람들이 고대하던 바로 그 '그리스도'이시며, 성부께서는 당신의 거룩한 예언자들에게 내린 계시를 통하여 그분을 인간에게 알려 주셨습니다. 우리가 그분을 통하여 존재하게 된 것처럼 모든 사람은 그분 안에서 죄를 구속받았고, 그분은 만물을 통치하십니다. 그분께서 도유를 받으셨던 것은 바로 이런 이유 때문이었습니다.

• 아타나시우스 『아리우스파 반박 연설』 1,49.

### 특별한 기름

여기에[시편 45,8 참조] 언급된 기름은 일반적인 기름도 세상에서 얻을 수 있는 기름도 아닙니다. 그것은 히브리인 사제들과 임금들에게 도유하기 위해 사용되는, 모세 율법에 규정된 기름과도 같지 않습니다. 그런 기름은 부패하기 쉬운 물질로 만들어진 것입니다.

• 카이사리아의 에우세비우스 『복음의 논증』 5,2,217.

### 누구도 그분과 같을 수 없다

그리스도께서는 확실히 어디에서도 기름으로 도유를 받지 않으셨습니다. 그분은 성령으로 도유되셨습니다. 그래서 시편 저자는 누구도 그분과 같을 수 없다는 사실을 나타내기 위하여 "당신 동료들에 앞서"(시편 45,8)라고 합니다.

• 요한 크리소스토무스 『시편 해설』 45,9.

### 모든 그리스도인에 앞서 도유되셨다

하느님께서는 그분을 그분의 백성에 앞서 "기쁨의 기름"(시편 45,8)으로 도유하셨습니다. 그리스도께서는 인간 앞에 육화하신 완전한 모습으로 나타나셨던 것처럼 모든 그리스도인에 앞서 도유되셨습니다.

• 소 아르노비우스 『시편 주해』 45.

### 우리를 동료로 삼을 수 있게 하셨다

주님께서 당신의 뜻을 밝히기 전과 뒤에 몸을 굽혀 땅에 무엇인가를 쓰신 것은 우리에게 주시는 훈계입니다. 그분의 하느님이신 우리 하느님께서는 기쁨의 기름으로 그분의 동료들에게 앞서 그분에게 기름을 부어 주시어(시편 45,8 참조), 그분께서 당신의 기름부음에 우리를 동료로 삼을 수 있게 하셨습니다. 곧, 영적 은총을 함께 나누는 이가 되게 하셨습니다.

• 존자 베다 『복음서 강해』 1,25.

### 예수님과 그 영

그 영을 주신 주님께서 필요에 따라 자신의 인간성에 비추어 스스로를 그 영보다 못한 존재로 부르시기를 마다하지 않으셨을 때, 자신이 그 영으로 도유되었다고 말씀하신다고 해서 무엇이 놀라워할 일이고, 믿지 못할 것은 무엇입니까?

• 아타나시우스 『아리우스파 반박 연설』 1,50.

### 삼위일체의 도유

하느님의 성령은 그분 위에 머물고, 비천한 이들에게 기쁜 소식을 전하도록 그분을 도유하셨습니다. … 하느님의 영이 그분께 내려오셨고, 예언자들이 약속하였던 하느님의 영이 그분을 도유하였습니다. 이는 주님의 도유의 풍부함을 나누어 받는 우리도 구원되기 위함입니다. 마태오가 바로 이것에 대해 증언하고 있습니다(마태 3,16 참조). … 그리스도의 이름 안에는 도유하시는 분과 도유를 받으시는 분, 도유 자체가 암시되어 있습니다. 도유하시는 분은 성부이시고, 성령으로 도유를 받으시는 분은 성자이시며, 이사야가 선포한 말씀대로 성령은 도유이십니다. "주님께서 나를 임명하시니 주님의 영이 내 위에 내렸다"(이사 61,1). 이 말씀은 도유하시는 성부와 도유를 받으시는 성자, 도유이신 성령을 가리킵니다.

• 리옹의 이레네우스 『이단 반박』 3,9,3; 3,18,3.

성령께서는 성자로서 도유를 받으신 분과 성부이신 도유를 받지 않으신 분, 두 분을 다 '하느님'이라는 이름으로 부르십니다.

• 리옹의 이레네우스 『이단 반박』 3,6,1.

### 우리를 위해 기름부음을 받으신 예수님

그분께서 말씀하십니다. '같은 본질과 신성에 따라 성령은 내 안에 있으나 또한 내 밖에서 나에게로 내려오기도 한다. 그가 요르단에서 비둘기 형체로 내게 내려온 것은, 그가 내 안에 없었기 때문이 아니라 나에게 기름을 부어 주기 위해서였다.' 그리스도께서는 왜 기름부음을 받기로 하셨을까요? 그것은 오래전에 받은 선고로 말미암아 우리에게 성령이 계시지 않기 때문이었습니다. "사람들은 살덩어리일 따름이니, 나의 영이 그들 안에 영원히 머물러서는 안 된다"(창세 6,3)고 기록되어 있습니다.

• 알렉산드리아의 키릴루스 『루카 복음 주해』 12.

### 창조주를 시중드는 천사 무리를 상징하는 커룹들

성소에 만들어 놓은 커룹들의 상은 천상에서 창조주를 늘 시중드는 천사 무리를 뜻하는 것으로 보아도 적절할 것입니다. 그 상들은 올리브 나무로 만들어졌다고 했는데, 그도 그럴 것이 천사의 덕목들은 하느님 사랑이 메마르는 일이 없도록 성령의 은총으로 기름부음받기 때문입니다. 그들은 우리의 동료 벗들이며, 그들을 두고 예언자는 그리스도를 찬미하며 이렇게 말합니다. "하느님께서, 당신의 하느님께서 기쁨의 기름을 당신 동료들에 앞서 당신에게 부어 주셨습니다"(시편 45,8).

• 존자 베다 『솔로몬의 성전』 1,13,1.

### 그리스도의 도유 덕분에 우리가 도유받는다

"당신께서 정의를 사랑하시고 불의를 미워하시기에 하느님께서, 당신의 하느님께서 기쁨의 기름을 당신 동료들에 앞서 당신에게 부어 주셨습니다"(시편 45,8). 보십시오, 동료들에게도 기름을 부어 주셨습니다. 그러나 그분이 그들보다 먼저 기름부음을 받으셨습니다. 그분이 그들 때문에 도유되신 것이 아니라 그들이 그분 때문에 도유되었기 때문입니다. 그들이 '그리스도의 동료들'이라 불리지, 그리스도께서 '그들의 동료'라 불리시는 것이 아닙니다.

• 맹인 디디무스 『코헬렛 주해』 273,13.

### 올리브 가지

푸른 잎이 달린 올리브 가지는 생명의 말이 풍부한 성령의 은총이며, 그리스도께 대한 희망으로 가득 찬 성령입니다. 시편에도 이렇게 쓰여 있습니다. "하느님께서, 당신의 하느님께서 기쁨의 기름을 당신 동료들에 앞서 당신에게 부어 주셨습니다"(시편 45,8). 요한도 그리스도의 동료들에게 주어진 이 선물에 관해 이렇게 말합니다. "여러분은 거룩하신 분에게서 기름부음을 받았습니다. 그래서 여러분은 모두 알고 있습니다"(1요한 2,20). … 우리는 거룩한 성유를 바름으로써 성령의 은총으로 표지를 받고, [우리에게] 은총을 주신 그분은 우리 안에서 은총이 더렵혀지지 않도록 은총을 지켜 주십니다.

• 존자 베다 『복음서 강해』 1,12.

### 성령으로 성화된 자녀들

그분은 그리스도[기름부음을 받으신 분]이십니다. 성령으로 인하여 그리고 성령 안에서 기름부음을 받으셨기 때문입니다. 그러므로 주님의 기름부음받으심은 신성에 생소한 것이 아니며, 그리스도라는 이름이나 그분을 따라 그리스도인이라고 불리는 이들도 그렇습니다.

• 대 바실리우스 『에우노미우스 반박』 5.

### 여러분은 기름부음을 받았다

예언자들과 그들 시대에 산 거룩한 이들만 아니라, 우리 하느님이요 구원자이신 유일하고 참된 위대한 기름부음을 받으신 그리스도를 믿은 후대의 모든 사람 그리고 계속 그분을 믿는 이들, 이 모두가 기름부음을 받았습니다.

• 안티오키아의 세베루스 『성경 주해 선집』.

인간 세상의 어법에 따라, 그분께서 기름부음을 받으셨다고 표현할 때, 그것은 그분 안에서 우리가 기름부음을 받은 것입니다.

• 아타나시우스 『아리우스파 반박 연설』 1,12,48.

## 사제와 임금과 예언자의 기름부음

### 기름부음에 꼭 있어야 하는 향유

우리는 탈출기에서 사제직을 위한 기름부음 예식에 쓸 기름이 어떤 식으로 준비되는지에 관한 기록을 읽었습니다. 임금에게 기름부음이 행해질 때는 다른 종류의 향유가 사용된다는 것도 읽었습니다. 예언자들에게 사용되는 또 다른 종류의 향유도 있습니다.

어떤 말을 보태야 할까요? 기름부음에 쓰는 이 향유들은 다 달랐습니다. 영적 상징성이 저마다 달랐습니다.

• 히에로니무스 『시편 설교 59편』 45 (제132편).

### 사제와 임금, 예언자

거룩하게 준비된 기름을 부어 받아 '그리스도', 곧 '거룩한 기름을 부어 받은 이'라는 상징적 칭호로 불린 이들은 히브리 사람들 가운데 사제라는 존경받는 고위 제관들만이 아니었습니다. 임금들에게도 예언자들이 하느님의 명을 받들어 기름을 부어 주는 상징적 의식이 거행되었습니다. … 또한 예언자들 가운데 일부도 거룩한 기름부음을 받음으로써 스스로 그리스도를 상징하게 되는 전통을 우리는 이어받았습니다.

• 카이사리아의 에우세비우스 『교회사』 1,3.

### 성유의 예형

구약성경에 이 성유의 예형이 나옵니다. 형 아론을 대사제로 임명하여 거룩한 직책을 부여할 때,

모세는 아론을 물로 씻긴 다음 그에게 기름을 부었습니다. 이로써 아론은 형상적인 성유(크리스마)의 이름을 따라서 '그리스도'(기름부음받은이)라 불리게 되었습니다. 솔로몬을 임금으로 세울 때에도 대사제는 솔로몬을 기혼강 물로 씻긴 다음 그에게 기름을 부었습니다.

• 예루살렘의 키릴루스 『신비 교리교육』 3,6.

### 성유의 상징

여러분은 구약성경에 이 성유의 상징이 들어 있음을 알아야 합니다. 모세는 자기 형에게 하느님의 명령을 전해 주면서 그를 대사제로 임명하고 그를 물에서 씻긴 뒤, 그에게 기름을 부었습니다. 따라서 아론은 그리스도 또는 기름부음받은이라 불렸습니다. 이것이 전형적인 기름부음입니다. 마찬가지로 솔로몬이 기혼에서 목욕을 한 뒤에, 대사제가 솔로몬에게 기름을 붓고 그를 왕좌로 인도하였습니다(1열왕 1,39 참조). 하지만 그들에게 일어난 이러한 일들은 예형이었을 뿐입니다. 그러나 여러분에게는 예형으로가 아니라 실제로 일어납니다. 여러분은 성령에 의하여 참으로 기름부음을 받았기 때문입니다.

• 예루살렘의 키릴루스 『예비신자 교리교육』 11,6.

### 아론과 여호수아

이제 '예수'라는 이름, 특히 '그리스도'라는 명칭을 구약시대 예언자들이 이미 숭앙해 왔다는 사실을 설명할 때입니다. '그리스도'(기름부음받은이)라는 명칭에 아주 특별한 공경과 영예가 주어지게끔 가장 먼저 이를 제정하고 널리 알린 사람은 모세였습니다. … 모세는 하늘 나라 일의 여러 예형과 상징을 신비스러운 표상들과 함께 후대에 전해 주었습니다. 또한 가능한 범위 안에서 인물을 골라 하느님의 대사제로 축성하며 그를 그리스도, 곧 기름부음을 받은 사제라고 불렀습니다(참조: 레위 4,5.16; 6,22). … 모세가 전해 준 상징적 예배의 틀이 완성된 후, 모세를 뒤이어 순수하고 참된 종교의 권한으로 다스리신 이는 여호수아뿐입니다. 그래서 모세는 우리 구원자 예수 그리스도의 이름을 구약시대의 두 인물에게 최대 영예의 표지로 내려 주었습니다. 그 두 인물(아론과 여호수아)은 당시 백성 가운데 덕과 영예가 가장 뛰어났던 바, 한 사람은 기름부음을 받은 대사제였고 다른 한 사람은 모세 이후에 백성을 다스릴 영도자였습니다.

• 카이사리아의 에우세비우스 『교회사』 1,3.

물고기 두 마리(요한 6,9 참조)는 구약성경의 특별히 훌륭한 두 종류 사람, 곧 기름부음을 받아 성별聖別되고 백성을 다스린 사제와 임금을 나타내는 것으로 보입니다.

• 아우구스티누스 『요한 복음 강해』 24,5,2.

성령은 왕권과 사제직을 받는 이에게 기름부어 거룩하게 하신 분입니다.

• 시리아인 에프렘
『타티아누스의 네 복음서 발췌 합본 주해』 21,6.

### 사제가 된 이들과 그리스도

예수님께서는 당신의 신성으로 인하여 그리스도, 곧 거룩한 기름부음을 받으신 분이십니다. 이 기름부음은 그분의 인성이 거룩한 기름을 부어 받음으로써 신성하게 되었다는 뜻입니다. 거룩한 기름을 부어 받고 사제가 된 이들은 성유를 받는 예식을 통하여 성품을 받은 것이지만, 그리스도의 신성은 하느님께서 친히 내려 주신 신성이십니다. 결과적으로, 성유를 발라 주는 이, 곧 여느 사제는 인간인 반면, 성유를 받은 이, 곧 그리스도는 하느님이십니다.

• 나지안주스의 그레고리우스 『성자』(연설 30) 21.

### 거룩한 기름을 부어 받은 이

그리스말의 가장 차원 높은 의미로 '크리스토스' 라고 불리는 이들은 백성에게서가 아니라 하느님으로부터 '거룩한 기름(聖油)을 부어 받은 이' 라는 뜻이며, 그 기름은 인간이 만들어 준비한 기름이 아니라 성령을 의미한다는 것입니다. … 유대인들의 경우, 기름부음을 받지 않고는 하느님을 섬기는 사제로 성별될 수가 없었습니다. 사제들을 '크리스토스', 곧 '기름부음받은이'라고 부르는 것은 이런 까닭입니다.

• 카이사리아의 에우세비우스 『복음의 논증』 4,15.

### 영적 은총의 기름부음

"머리 위의 좋은 기름 같아라. 수염 위로, 아론의 수염 위로 흘러내리는, 그의 옷깃 위에 흘러내리는 기름 같아라"(시편 133,2). … 그 기름은 수염 위로, 곧 젊음의 아름다움 위로 흐릅니다. 그리고 우리가 선택된 백성, 고귀한 사제의 백성이 되도록 아론의 수염 위로 흐릅니다. 우리 모두는 하느님 나라와 사제직의 한몫을 받는 영적 은총의 기름부음을 받았기 때문입니다.

• 암브로시우스 『신비론』 6,29-30.

### 유일한 사제의 지체들인 모든 그리스도인은 사제다

요한은 여기서[묵시 20,6 참조] 주교들과 장로들(오늘날의 교회에서 말하는 사제들)에 대해서만이 아니라 모든 그리스도인에 대해 말하고 있습니다. 이들 모두는 신비스런 기름부음을 받아 그리스도라고 불립니다. 또한 이들은 유일한 '사제'의 지체들이므로 이들 모두는 사제라고도 불립니다.

• 아우구스티누스 『신국론』 20,10.

### 거룩한 도유로 기름부음받은 사람들

베드로 사도가 모든 교회에게 "여러분은 선택된 겨레고 임금의 사제단이며, 거룩한 민족입니다"(1베드 2,9)라고 말하듯이, 거룩한 도유로 기름부음받은 사람들은 모두 사제가 된 것입니다. 그러므로 여러분은 사제 겨레이며 바로 그러한 이유로 여러분은 성소에 가까이 갑니다.

• 오리게네스 『레위기 강해』 9,9,3.

성별 기름을 몸에 부어 받은 이는 모두 사제가 된 이들입니다.

• 오리게네스 『레위기 강해』 9,9,4.

### 당신 백성을 구원하시는 하느님

이 백성은 상속을 받고 사제적인 왕국을 이루도록 기름부음을 받은 이들입니다. 그분은 이들을 돌보시며 영원히 드높여 주심으로써, 우리가 미래의 영원한 시대에 부활하여 영광스럽게 될 것임을 보여 주십니다.

• 위-아타나시우스 『시편 해설』 28.

### 임금으로 삼으셨다

하느님께서는 당신 선견 지식으로 사울의 비참한 종말을 모르실 수 없었지만 그를 수만 명의 이스라엘 군사들 가운데에서 택하여 임금으로 기름을 부으셨습니다. 하느님께서는 사울의 그 당시 삶의 공로에 보상을 주신 것이지 앞으로 지을 죄를 헤아리시지는 않았습니다.

• 요한 카시아누스 『담화집』 17,25.

하느님께서는 사울이 죄를 지을 것을 아시면서도 그를 임금으로 기름부으셨습니다.

• 알렉산드리아의 키릴루스 『요한 복음 주해』 9.

### 기름부음받은이에 대한 존경

이것은 사울의 왕권에 대해서도 마찬가지였습니다. 비록 배척당하고 쫓겨나기는 했지만 그도 장차 영원에 이르기까지 존속할 왕권을 보여 주는 그림자였습니다. 사울이 부음받은 그 기름도 그렇고, 바로 그 성유로 도유받아 "기름부음받은이"(곧 그리스도)라고 불린 사실은 신비적 의미로 받아들여야 하고, 위대한 신비로서 이해해야 합니다. 다윗도 사울이라는 인물이 갖는 이런 의미를 존중했습니다.

• 아우구스티누스『신국론』17,6,2.

사울은 거룩한 기름부음을 받고 나라를 다스리는 권한을 받았기에 그 자신이 그리스도의 예형이었습니다.

• 존자 베다『사무엘기 상권 우의적 해설』3,18.

### 임금들에게 기름을 붓다

"길을 돌려 다마스쿠스 광야로 가거라. 거기에 들어가거든 하자엘에게 기름을 부어 아람의 임금으로 세워라"(1열왕 19,15). 이미 말씀드린 것처럼, 바람과 불이 지나간 다음에 들려온 "달콤한 말소리"(1열왕 19,13 페쉬타)가 이런 기쁜 소식을 알려 주었습니다. 지금껏 이제벨 여왕을 피해 도망치던 엘리야가 이제 임금들에게 기름을 붓고 예언자들을 거룩하게 세우도록 보내집니다. 그는 자신의 말로써 하자엘을 아람의 임금으로 기름부음하고, 기름으로써 님시의 손자 예후를 이스라엘의 임금, 아합의 판관이며 무고한 피의 복수자로 세웁니다.

• 시리아인 에프렘『열왕기 상권 주해』19,13.

### 키루스는 부지중에 메시아를 예시한다

키루스는 "기름부음받은이"라 불립니다. 하지만 그는 이런 이름을 받을 만한 성인들 가운데 한 사람이 아닙니다. 하느님께서 하느님 나라로 부르시는 이들이 성인이나 하느님을 예배하는 자가 아니라 할지라도 하느님은 그들에게 기름을 부어 주시곤 하셨습니다. 키루스는 이런 의미에서 하느님께서 '기름을 부어 주신 이'라는 호칭을 갖게 된 것입니다. 우리는 거룩한 예언자들이 이런 호칭을 받은 이들에게 하는 말을 성경에서 찾아볼 수 있습니다. '주님께서는 당신을 이스라엘의 임금으로 도유하셨습니다'(시편 45,8 참조). 이런 의미에서 키루스는 기름부음받은이이며, 임금이신 그리스도를 예고합니다. 오직 하느님을 통해 그는 승리했으며, 승리의 노래를 부를 수 있었습니다. 이것은 그가 도유와 선택을 통해 "기름부음받은이"로 불렸으며 하느님께서 그를 그 나라로 부르셨다는 사실을 반영하는 것으로 … 여러분이 그것을 알게 하시려는 것입니다.

• 알렉산드리아의 키릴루스『이사야서 주해』4,2,45,1.

### 그리스도인 임금들의 예형

주님의 성전과 도성을 짓도록 명령하였고 주님의 종들과 법을 사랑하고 도와준 키루스의 후계자들이 그리스도인 임금들의 표상을 지니고 있다는 말에 놀라서는 안 됩니다. 주님께서도 예언자를 통하여 키루스는 당신 아드님의 예형으로 왔다고 분명히 말씀하셨고, 키루스가 당신의 이름을 통하여 영광을 받도록 계획하셨습니다. "주님께서 당신의 기름부음받은이에게, 키루스에게 말씀하셨다"(이사 45,1).

• 존자 베다『에즈라기와 느헤미야기 우의적 해설』2,9.

### 특정한 역할을 수행하도록 선택된 이들

성경은 도유를 통해 사람들 앞에 나서게 된 이들뿐만 아니라 만물의 하느님께서 특정한 역할을 완수하게 하시고자 선택한 이들도 "기름부음받은이"라는 호칭으로 부릅니다. 그래서 율법이 주어지기 전에 살았던 성조들을 언급하면서 주님께서는 이렇게 말씀하십니다. "나의 기름부음받은이들을 건드리지 말고"(시편 105,15). 어찌되었거나 이 구절에서 주님께서는 키루스에게 "기름부음받은이"라는 호칭을 주셨습니다. 이는 바빌로니아 제국을 멸망시키고 유대인들의 유배살이를 종결시켜 하느님의 성전을 다시 짓게 하시려고 그를 임금으로 선택하신 분이 하느님이시라는 사실을 선포하기 위함입니다.

• 키루스의 테오도레투스 『이사야서 주해』 14,45,1.

### 성조들에게 내리신 성령

시편 제104편(칠십인역)에서 다윗은 모세 시대 이전에 살았던 자신의 신심 깊은 조상들에 관해 이야기하며 그들을 "기름부음받은이"들이라고 표현합니다. 그들이 모두 성령을 받았기 때문입니다. 또한 이들이 외인들에게 어떤 식으로 반가이 맞아들여졌는지, 또 그들에 대한 음모가 꾸며지고 있을 때 하느님께서 그들의 구원자이심을 그들이 어떻게 깨닫게 되었는지에 대해 이야기하면서는 모세의 기록을 따라서 그들을 "예언자들"이며 "기름부음받은이들"이라고 부릅니다. 모세가 태어나기도 전이고 따라서 그런 사람들은 기름부음을 받아야 한다는 규정을 모세가 세우기도 전의 인물들인데 그렇게 합니다.

• 카이사리아의 에우세비우스 『복음의 논증』 4,15.

# 기쁨

기쁨은 하느님의 얼굴빛이 새겨진 자신 안에서 발견됩니다.

• 아우구스티누스 『시편 상해』 4,8.

그리스도는 기쁨의 선물입니다.

• 암브로시우스 『요셉』 9,51.

거룩한 양심의 기쁨을 바라는 사람은 회개의 쓴맛을 삼켜야 합니다.

• 히에로니무스 『복음서 주해』.

영적인 기쁨은 미래의 축복에 대한 보증입니다.

• 헤라클레아의 테오도루스 『마태오 복음 단편』 107.

충만한 기쁨은 우리가 사도들과, 아버지와 아들과 성령과 친교를 나눌 때 옵니다.

• 아를의 힐라리우스 『일곱 가톨릭 서간 해설』(요한 1서).

기쁨은 우리가 기울이는 노력의 목표입니다.

• 아우구스티누스 『시편 상해』 7,9.

## 기쁨의 의미와 이해

"기쁨"은 기뻐할 가치가 있는 것들에 대해 마음이 뿌듯해지는 상태를 의미하는 반면, "환락"은 절제를 모르는, 훈련되지 못한 마음의 붕 뜬 상태를 의미합니다.

• 히에로니무스 『바오로 서간 주해』(갈라티아서) 3,5,22.

### 기쁨은 우리가 기울이는 노력의 목표다

하느님께서는 아무도 보지 못하는 곳인 당신의 면전으로 의인의 양심을 인도하십니다. 그분 홀로 누가 자신의 생각과 기쁨의 이유에 관해 식별하는지를 보십니다. 기쁨은 우리가 기울이는 노력의 목표이기 때문입니다. 우리 각자는 기쁨을 얻기 위하여 심사숙고합니다. 그러므로 마음을 살피시는 이는 우리가 정말로 마음을 쓰고 있는 것이 무엇인지를 아십니다. 우리의 속을 꿰뚫어 보시는 분은 우리 노력의 목적도 보시고, 우리가 어디에서 기쁨을 얻고자 하는지도 보십니다.

• 아우구스티누스 『시편 상해』 7,9.

우리의 충만한 기쁨 — 이보다 좋은 것은 없습니

다 — 은 우리를 당신 모상대로 지으신 삼위일체 안에서 하느님을 누리는 것입니다.

• 아우구스티누스 『삼위일체론』 1,8,18.

### 하느님 안에서 누리는 기쁨

다른 모든 기쁨은 이름만 그러할 뿐 실질적인 내용은 없습니다. 이 기쁨은 인간을 이 세상 위로 들어 올리며, 영혼을 육체로부터 해방시키고, 하늘로 날아오를 수 있는 날개를 줍니다. 이 기쁨은 영혼을 세상적인 것들 위로 날아오르게 하며, 악으로부터 자유롭게 합니다. … 다른 것을 사랑하는 이들은 원하지 않아도 금세 잊히고 마는데, 그들이 사랑하는 것들이 닳아 없어져 버리기 때문입니다. 반대로 이 사랑은 영원히 지속되며, 더 큰 기쁨과 유익을 가져다줍니다.

• 요한 크리소스토무스 『시편 해설』 9,2.

### 하느님 안에서 즐거워하라

주님 안에 있는 기쁨을 누릴 수 있다면 그것으로 충분하다고 여기십시오. … 의로운 사람에게는 신적이고 천상적인 기쁨이 지속됩니다. 성령께서 그 사람 안에 영원히 머무시기 때문입니다. … 그래서 "의인들아, 주님 안에서 환호하여라"(시편 33,1)고 하는 것입니다. 주님은 의로운 이들을 품을 수 있는 공간과 같으시며, 그분 안에 있는 이들이 기뻐하고 즐거워할 이유는 얼마든지 있습니다. 나아가 의로운 사람은 하느님을 자신 안에 맞아들일 때 주님을 위한 공간이 됩니다.

• 대 바실리우스 『시편 강해』 15,1(제33편).

### 마음의 기쁨을 얻다

죄를 짓는 사람은 "악마에게 틈을 주지 마십시오"(에페 4,27)라고 말하는 사람과 "군주가 네게 화를 내어도 자리를 뜨지 마라"(코헬 10,4)라고 충고하는 코헬렛에게 주의를 기울이지 않고 악마에게 자리를 내주는 것입니다. 그러므로 주님 안에 머물며 주님의 놀라운 업적들을 가능한 한 세밀히 관찰하는 우리는 그 업적들을 명상하는 데에서 마음의 기쁨을 얻도록 합시다.

• 대 바실리우스 『시편 강해』 15,1(제32편).

### 주님 안에서 참된 기쁨

"주님 안에서 늘 기뻐하십시오. 거듭 말합니다. 기뻐하십시오"(필리 4,4)라는 사도의 말에 따라 하느님 안에서 누리는 여러분 마음의 기쁨이 차분하고 적절한 것이 되게 하십시오. 사도는 "성령의 열매는 기쁨입니다"(갈라 5,22)라고도 합니다. 그러한 행복은 웃음이라는 천한 행위로 정신을 어지럽히지 않고, 여러분이 "네 주인과 함께 기쁨을 나누어라"(마태 25,21)라는 말씀을 들을 수 있는 높은 곳의 쉼터로 영혼을 끌어올립니다.

• 세비야의 레안데르 『동정녀 교육과 세상 경멸』 21.

### 기쁨을 주는 하느님의 진리

"당신의 진리 안에서 저는 당신 마음에 들게 되었습니다." 저의 거짓은 저를 슬프게 하지만 당신의 진리는 제게 기쁨을 줍니다. 당신의 진리와 더불어, 그 진리 안에서 저는 당신 마음에 드는 괜찮은 사람이 되었습니다.

• 아우구스티누스 『시편 상해』 26,3.

### 그리스도 안에 참된 기쁨이 있다

슬픔에서 해방되기를 원하지 않는 사람이 어디 있겠습니까? 기쁨을 향하여 달려가지 않으려 할 사람이 누가 있겠습니까? 그러나 우리 주님께서 분명히 알려 주셨듯이, 우리의 슬픔은 기쁨으로 바뀌게 되어 있습니다. … 그리스도를 보는 것은 기쁨이며, 그분을 보지 않고는 기쁨을 누릴 수 없습니다. 결코 빼앗기지 않을 기쁨으로 달려가는 대신 세상의 환난과 벌과 눈물을 사랑하는 것은 얼마나 무분별한 마음이며 어리석음입니까!

• 키프리아누스『죽음』5.

### 영적인 기쁨

"죽으면 아무도 당신을 기억할 수 없습니다. 저승에서 누가 당신을 고백할 수 있겠습니까?"(시편 6,6). 그는 이 말로 그들이 하느님과 함께하는 기쁨과 회개 둘 모두를 박탈당했음을 나타냅니다. 영적인 기쁨은 하느님을 기억하는 데서 오며 — 예언자는 또 다른 노래에서 "나는 하느님을 기억하고 기뻤네"(시편 76,4 칠십인역)라고도 했습니다 — 참회는 고백을 통하여 이루어지기 때문입니다.

• 오이쿠메니우스『묵시록 주해』9,20.

### 영적인 즐거움과 기쁨

이 모든 일은 죄가 용서되고 우리가 생명으로 부활할 때, '옛 인간을 벗어 버리고 그리스도를 입고서'(참조: 콜로 3,9; 갈라 3,27) "성령께서 주시는 기쁨"(1테살 1,6)으로 가득 찰 때, 영적으로 우리에게 일어날 것입니다. 이것이 주님께서 "보라, 내가 예루살렘을 '즐거움'으로, 그 백성을 '기쁨'으로 창조하리라. 나는 예루살렘으로 말미암아 즐거워하고 나의 백성으로 말미암아 기뻐하리라. 그 안에서 다시는 우는 소리가, 울부짖는 소리가 들리지 않으리라"(이사 65,18-19)는 말씀으로 당신 교회에 약속하신 삶이기 때문입니다.

• 티코니우스『묵시록 주해』7,17.

### 영적 기쁨은 영원하다

'백 배'는 장차 하늘 나라에서 누릴 것이 지금과는 비교할 수 없이 훌륭함을 뜻합니다. "현세에서"(마르 10,30) 백 배로 받을 것이라는 마르코의 말은 세상적인 기쁨보다 훨씬 뛰어난 영적 기쁨에 관한 말로 알아들어야 할 것입니다. 영적인 기쁨은 미래의 축복에 대한 보증입니다.

• 헤라클레아의 테오도루스『마태오 복음 단편』107.

### 영적 기쁨으로 가득 차다

"아브라함은 나의 날을 보리라고 기뻐하였다"(요한 8,56)라고 하며, 예언자들 가운데 한 사람은 '나는 만군의 주님을 내 눈으로 뵈었다'(이사 6,5 참조)고 하였습니다. 그분을 본 그들은 영적 기쁨으로 가득 찼습니다.

• 암브로시우스『성조』4,25.

### 현세에서는 의인과 악인의 차이가 없다

심판의 날이 되기 전에는 행동을 통해서도 의인과 악인을 명백하게 구별할 수 없습니다. 많은 악인이 의롭게 되고 고양되는가 하면, 많은 의인이 덕행을 버리고 타락하기 때문입니다. '의인이 악인보다 나을 것이 무엇인가?' 현세에서는 "나을 것이 하나도 없다"(코헬 3,19)고 그는 말합니다. 각자의 행실과 덕에 따라 자연히 생기는 영적 기쁨 외에는 모든 것이 허무입니다.

• 폰투스의 에바그리우스『코헬렛 발췌 주해』21,3,21-22.

### 풍성한 기쁨

"우리가 그분을 있는 그대로 뵙게 될 것이기 때문에, 우리가 그분처럼 되고"(1요한 3,2), 아무도 우리에게서 우리의 기쁨을 빼앗아 갈 수 없게 될 때에 가능한 모든 기쁨이 풍부하게 생길 것입니다. 그러니 지금이라도 우리는 어떻게 해서든 지극히 충실하신 분의 약속에서 나온 이 희망을 두고 기뻐합시다. … 이것이 우리가 믿음으로 잉태되어 영원한 빛 속으로 태어나게 되는 날, 아무도 우리에게서 빼앗아 갈 수 없는 기쁨이 될 것입니다.

• 아우구스티누스 『설교』 210,7.

### 희망의 기쁨

'그분께서는 잘 거른 술로 잔치를 베푸시리라. 그들은 기쁨을 마시며 술을 마시리라. 그들은 산 위에서 몰약으로 기름부음을 받으리라'(이사 25,6-7 참조). 물론 이 기쁨은 희망, 곧 그리스도 안에 뿌리박고 있는 희망의 기쁨을 의미합니다. 왜냐하면 우리는 그분과 함께 다스릴 것이며 그분과 함께 우리가 생각과 이해를 넘어서는 모든 영적 기쁨과 즐거움을 누릴 것이기 때문입니다. '술'이라는 말로 이사야는 신비로운 성사, 곧 거룩한 교회에서 우리가 거행하는 피 없는 제사의 성사를 가리킵니다.

• 알렉산드리아의 키릴루스 『이사야서 주해』 25,7.

### 육체의 기쁨에서 마음과 정신의 기쁨으로 변화

우리 구원자께서 물을 포도주로 변화시키신 첫 번째 기적이 갈릴래아의 카나에서 일어났는데(요한 2,1-11 참조), … 이 기적은 신비로운 포도주의 상징이었습니다. 육체의 기쁨에서 마음과 정신의 기쁨으로 변화된 새 계약을 이루는 믿음의 포도주였습니다.

• 카이사리아의 에우세비우스 『복음의 논증』 9,8,8.

### 의인들의 기쁨

선택받은 모든 이가 선명한 통찰력이라는 즐거움으로 채워질 때, 그들은 내적으로 커다란 기쁨을 뿜어냅니다. 우리가 마음속에서 이러한 기쁨을 느낄 때 언어로는 표현할 수 없기에 환호를 지르게 됩니다. 마음은 언어가 표현할 수 없는 목소리로 승리를 표현합니다. 그 바깥 부분으로 의인의 마음이 펴질 때 혀는 찬미의 노래로 고양되기 때문에, 이제 입은 웃음으로 채워지고 입술은 환호합니다.

• 대 그레고리우스 『욥기의 도덕적 해설』 8,88.

### 너 자신을 찾아 너만의 열매를 맺어라

자신의 기쁨과 즐거움을 위해 열매를 맺으십시오. 본디 당신만이 지닌 아름다운 매력이 있고, 그 사랑이 당신에게서 꽃 피우며 당신 안에 머물고 당신 안에서 쉽니다. 당신의 자아 안에서 기쁨에 넘치는 양심의 특성을 찾아야 합니다.

• 암브로시우스 『육일 창조』 3,12,49.

### 영혼의 거처는 기쁨 안에 있다

영혼의 거처란 육체가 머무르는 물리적 공간에 있는 것이 아니라 기쁨 안에 있습니다. 영혼은 기쁨 안에서 사랑을 통하여 그곳에 이르게 되었음을 즐거워합니다. 파괴적인 쾌락은 탐욕에서 나오고, 결실 풍성한 기쁨은 사랑에서 나옵니다.

• 아우구스티누스 『시편 상해』 9,15.

### 진정한 기쁨

죄를 지었던 이들이 바로잡힐 때, 하늘에서는 '하느님의 천사들 크게 기뻐하고'(루카 15,10 참조), 길 잃은 이들의 구원을 위해 애쓴 교사 또한 기뻐하며, 생각과 행동 면에서 바빌론[곧, '죄인들의 혼돈']에서 진정한 약속된 땅인 덕행의 요새로 건너온 모든 이도 기뻐하기 때문입니다.

• 존자 베다 『에즈라기와 느헤미야기 우의적 해설』 2,8.

### 거짓 기쁨

세상의 방식에 따른 기쁨은 참된 기쁨이 아닙니다. 이사야 예언자의 말을 들어 보십시오. "'악인들에게는 기쁨이 없다.' 나의 하느님께서 말씀하신다"(이사 57,21). 악인들이 기쁨이라고 하는 것은 기쁨이 아닙니다. 다윗은 그것을 알았기에 그들의 기쁨을 전혀 고려하지 않았습니다. 형제들이여, 그의 말을 믿읍시다. 다윗은 인간으로서 두 가지 종류의 기쁨을 모두 알았습니다. 그는 분명히 술이 주는 기쁨을 알았습니다. 그는 인간이었기 때문입니다. 그는 식탁의 즐거움을 알았습니다. 그는 혼인의 기쁨을 알았고, 세속적이고 사치스러운 삶의 기쁨을 알았습니다.

• 아우구스티누스 『설교』 97,16.

### 참된 기쁨

시편 저자는 "저의 기쁨이시여, 저를 둘러싼 이들로부터 저를 구원하소서"라고 기도하였고, 주님은 이 기도에 빛을 비추어 주셨습니다. 이것이야말로 참된 기쁨이자 진정한 축제이며, 사악함으로부터의 구원입니다. 이는 한 인간이 하느님과 정직한 대화를 성심껏 나누고, 자신의 정신을 독실하게 하느님께 굴복시켰다고 인정받을 때 도달할 수 있는 경지입니다.

• 아타나시우스 『축일 서간』 14,1.

## 성부와 성자와 성령의 기쁨

### 하느님의 기쁨

일찍이 품으신 계획이 결코 바뀔 수 없는 하느님의 기쁨은 그리스도 안에서 당신 뜻의 신비를 보여 주는 것이었습니다. 그 일은 그분께서 계시되도록 선택하신 때에 일어났습니다. 그분의 뜻은 이것이었습니다. 하늘에서건 땅에서건 죄 속에 있는 모든 이에게 가까이 가야겠다는 것. 하느님께서는 믿는 이들에게 그리스도에 대한 믿음을 통하여 죄의 용서라는 선물을 가져다주시려고 그리스도를 주셨습니다.

• 암브로시아스테르 『바오로의 열세 서간 주해』(에페소서) 1,9,1.

### 천상 왕국을 주시다

'딸 시온'은 신자들의 교회이며, 이스라엘 백성 가운데 상당한 무리를 이루고 있던 우리 모두의 어머니이신 천상 예루살렘의 표상입니다(갈라 4,26 참조). 그들은 너그러우신 임금님을 모시고 있었으니, 하느님의 기쁨은 권세 있는 자에게 지상 왕국을 주시는 것이 아니라 너그러운 이에게 천상 왕국을 주시는 일이었기 때문입니다.

• 존자 베다 『복음서 강해』 2,3.

### 이사악의 의미

'이사악'은 '웃음'을 뜻하고, 웃음은 기쁨의 표시입니다. 무시무시한 죽음의 공포를 억누르고 모든 사람을 위하여 그것을 물리치시어 그들의 죄를 용서받게 하신 그분이 모든 사람의 기쁨임을 이제는 모든 이가 압니다.

• 암브로시우스 『이사악 또는 영혼』 1,1.

### 성부와 함께 충만한 기쁨을 누리시다

그분은 육체를 받아들이셨고, 이 육체를 통하여 온 인류를 받아들이셨으며, 이로써 성자의 신성이 인류에게 알려지는 것을 기뻐하셨습니다. 그래서 그분은 '기쁘시다'고 말씀하십니다. 그분은 성부와 함께 충만한 기쁨을 누리십니다. … 그분의 기쁨은 충만하고 완전하며, 그분의 행복은 형언할 수 없습니다. 성부의 오른쪽에 앉아 계시기 때문입니다. … 이것이 그분의 기쁨이며, 이것이 하느님의 뜻이 정하신 끝 날까지 지속될 그분의 행복입니다.

• 히에로니무스 『시편 설교 59편』 15[16].

### 우리를 두고 기뻐하시는 것을 좋아하시다

'그리스도의 기쁨이 우리 안에 있다'는 말이 그분께서 우리를 두고 기뻐하시는 것을 좋아하신다는 뜻 아니고 무엇이겠습니까? 그리고 그분께서 '충만하게 하시려 한다'는 우리의 이 기쁨이 그분과 우리의 친교가 아니고 무엇이겠습니까? … 우리 안에 있는 그분의 기쁨은 그분께서 우리에게 주신 은총이며, 그것은 또한 우리의 기쁨이기도 합니다. 그런데 그분께서는 영원 이전에, 곧 "세상 창조 이전에 우리를 선택"(에페 1,4)하실 때에도 이 기쁨을 두고 즐거워하셨습니다. 또한 우리는 그때는 그분의 기쁨이 충만하지 않았다고 말할 수도 없습니다. 하느님의 기쁨이 불완전한 때는 있을 수 없으니까요. 그러나 그때는 그분의 기쁨이 우리 안에 있지 않았습니다. 그 기쁨이 그 안에 존재할 수 있었던 우리가 아직 생겨나지 않았기 때문입니다. 또한 그 기쁨은 우리가 생겨났을 때에 그분 안에 생겨난 것도 아닙니다. 그것은, 우리가 당신의 것이 되리라는 사실을 당신의 예지로 알고 기뻐하신 그분 안에 언제나 있었습니다. 따라서 그분께는 우리로 인한 기쁨이 있었으며, 당신의 예지와 우리의 운명에 관한 예정 안에서 즐거워하실 때, 그 기쁨은 이미 충만했습니다. 그분의 그 기쁨에는, 당신께서 이루시리라고 이미 알고 계시는 일이 실패할지도 모른다는 두려움 같은 것은 감히 끼어들 틈이 없었습니다.

• 아우구스티누스 『요한 복음 강해』 83,1.

### 내 기쁨이 너희 안에 있다

"내가 너희에게 이 말을 한 이유는 내 기쁨이 너희 안에 있고 또 너희 기쁨이 충만하게 하려는 것이다"(요한 15,11)라는 예수님의 말씀은, 나에게 힘이 되는 일들이 너희에게도 힘을 줄 것이라는 뜻입니다. "너희는 구원받을 사람들에 대한 희망으로 너희 자신을 튼튼히 하여 용감하게 위험에 맞설 수 있다. 그리고 그 일을 하는 중에 고난이 닥치면, 무감각의 나약함에 빠지지 말고 '모든 사람이 구원을 받고 진리를 깨닫게 되기를 원하'(1티모 2,4)시는 분의 뜻을 이루고 있다는 사실에 더욱 기뻐하여라. 나도 그것을 기뻐하였고 나의 고난을 매우 기분 좋게 느꼈다"고 [예수님은 말씀하십니다].

• 알렉산드리아의 키릴루스 『요한 복음 주해』 10,2.

### 죽은 이를 깨우는 생명이요 기쁨이신 분의 목소리

나는 죽은 이를 깨우는 생명의 목소리다. 불쾌한 냄새를 사라지게 하는 좋은 향내다. 슬픔과 비탄을 사라지게 하는 기쁨의 목소리다. … 슬픔 가운데 있는 이들의 위로다. 나에게 속한 이들에게 나는 기쁨을 준다. 나는 온 세상의 기쁨이다. 나는 나의 모든 친구를 기쁘게 하며 그들과 함께 기뻐한다. 나는 "생명의 빵"(요한 6,35)이다.

• 아타나시우스 『라자로의 부활에 관한 설교』.

### 우리에게 당신의 기쁨을 안겨 주고자 우리의 슬픔을 취하신 예수님

그분께서 제 슬픔을 받아 주지 아니하셨다면 그만큼 제게 유익이 덜 주어졌을 것입니다. 당신 때문에 슬퍼할 이유가 하나도 없는 분께서 저 때문에 슬퍼하셨습니다. 영원한 신성의 기쁨을 젖혀 두고서 제 연약함을 염려하며 아파하셨습니다. 당신의 기쁨을 제게 안겨 주시고자 제 슬픔을 취하신 것입니다. 당신의 발자국을 따라 생명으로 돌아갈 수 있게 우리를 부르시고자, 우리의 발자국으로 내려오시어 죽음의 고난에까지 이르셨습니다.

• 암브로시우스 『루카 복음 해설』 10,56.

### 우리의 기쁨과 슬픔을 함께해 주시다

그리스도께서는 우리가 회개하여 당신의 본을 받아 당신께서 걸어가신 그 길을 따라오기를 고대하고 계십니다. 그리하여 우리와 함께 기뻐하고 즐거워하며 '아버지의 나라에서 우리와 함께 포도주를 마시게' 될 그날을 기다리고 계십니다. "주님께서는 자비하시고 너그러우시기에"(시편 103,8), "기뻐하는 이들과 함께 기뻐하고 우는 이들과 함께 우십시오"(로마 12,15)라고 말한 바오로 사도보다 더욱 사려 깊게 [그날이 올 때까지] 우리의 기쁨과 슬픔을 함께해 주십니다. … 그러므로 우리가 삶을 올바로 살지 않는다면, 주님께서 누리실 기쁨을 자꾸만 늦추는 것입니다.

• 오리게네스 『레위기 강해』 7,2,3.

### 그리스도께서 믿는 이에게 성령의 기쁨을 약속하시다

그분은 의로움에 목말라하는 이에게 생명을 주는 성령의 기쁨을 내리시겠다고 약속하십니다. 그분은 복음서에서 당신을 믿는 이들에게도 기쁨을 주셨습니다. 그 선물은 "거저"인데, 그 이유는 "장차 우리에게 계시될 영광에 견주면, 지금 이 시대에 우리가 겪는 고난은 아무것도 아니기"(로마 8,18) 때문이거나 또는 그 선물은 주시는 분의 선한 뜻과 행위로 말미암아서만 얻어지는 것이기 때문입니다.

• 카이사리아의 안드레아스 『묵시록 주해』 21,6.

### 성령의 기쁨이 우리 안에 머무르면

기쁨은 성령의 열매(갈라 5,22 참조)이나 슬픔은 이 세상에 속한 것이며 죽음을 가져오기에 육의 작용입니다. 그러므로 성령의 기쁨이 우리 안에 머무르면 슬픔은 사라집니다. … 자기 안에 더 이상 죄 많은 생각이나 말, 행동의 흔적조차 사라진 성숙함에 이른 사람은 육의 행실을 완전히 죽이고 죽음에서 생명으로 옮겨 왔다고 할 수 있을 것입니다.

• 오리게네스 『로마서 주해』.

## 믿는 이의 기쁨

박해자들은 자기의 영혼을 세속적 쾌락으로 만족시키지만, 믿는 이들은 주님께 기도하며 자기 자신이 아니라 주님을 찬미하는 데서 기쁨을 찾습니다.

• 카시오도루스 『시편 해설』 35,27.

### 희망이 넘치기를

믿는 이들의 모든 기쁨은 장차 올 것들에 대한 희망 안에 있어야 합니다. 평화가 있는 곳에 모든 기쁨이 있습니다. 하지만 불화 속에는 기쁨은 없고 슬픔만 가득할 뿐입니다. 희망은 성령의 이적과 표징을 믿습니다.

• 펠라기우스 『로마서 주해 단편』.

### 진정한 자유

우리가 어떨 때에 자유롭고, 어떨 때에 하느님의 법을 기뻐하는지 봅시다. 자유는 기쁘게 합니다. 의로운 일을 두려움에서 행하는 한, 하느님은 나에게 기쁨이 아닙니다. 종처럼 의로운 일을 행하는 한 하느님은 우리에게 기쁨이 아닙니다. 하느님께서 우리에게 기쁨이 되시게 합시다. 그러면 우리는 자유롭습니다.

• 아우구스티누스 『요한 복음 강해』 41,10,3.

### 그리스도 안에서의 안식과 기쁨

[계명을 지키는] 이들은 참으로 복을 받을 자격이 있습니다. 다가올 영원한 삶에서 그들은 생

명 나무, 곧 그리스도 우리 하느님 안에서 안식을 누리고, [이 축복을] 가로막는 그 어떤 사악한 권능의 방해도 없이 그분을 바라보는 기쁨을 누릴 권한을 갖게 될 것입니다. 그리고 그들은 사도들의 성문들, 곧 사도들의 가르침에 의하여 참된 문을 통하여 저 위에 있는 그 도성으로 들어갈 것입니다.

• 카이사리아의 안드레아스 『묵시록 주해』 22,14.

이런 기쁨을 청하기 위해서는 거룩한 본향에 들어가게 해 달라고 말로만 탄원할 것이 아니라 그것을 받기 위해 애써야 합니다.

• 존자 베다 『복음서 강해』 2,12.

### 하느님께 기쁨이 되기 위한 농사

"농사짓는 이들에게 유익한 농작물을 내주는 땅"(히브 6,7)이란 구원을 이루어 주는 땅, 열매를 맺는 이들에게 기쁨이 되는 땅입니다. 주님께서 말씀하시듯 "아버지는 농부"(요한 15,1)이시고 아들은 "좋은 씨를 뿌리는 사람"(마태 13,24)입니다. 그러므로 땅이 좋은 소출을 내어 열매를 맺는다면 이는 곧, 우리가 하늘 나라를 위하여 농사지으며 올바른 삶을 살아감으로써 하느님께 기쁨이 된다는 뜻입니다.

• 포티우스 『히브리서 단편』 6,7.

복음을 들은 이들이 삶의 태도를 통해 그것을 실천에 옮기는 것을 보는 것보다 더 큰 기쁨은 없습니다.

• 존자 베다 『가톨릭 서간 해설』(요한 3서).

### 가진 것을 다 팔아 그 밭을 산다

어떤 사람이 보물을 발견하면 숨겨 두고서는 기뻐하며 돌아가서 자신이 가진 것을 다 팔아 그 밭을 삽니다(마태 13,44 참조). … 거룩한 기쁨에 대한 우리의 추구를 악한 영들에게서 지키는 것만으로는 부족합니다. 우리는 인간의 칭찬으로부터도 그것을 숨겨야 합니다. … 우리는 우리가 하는 일은 보이되 우리의 뜻은 드러나지 않게 해야 합니다. 그러면 이웃에게는 선행으로 본을 보이며, 오직 하느님을 기쁘게 해 드리기 위한 마음으로 비밀스러운 방식을 택하는 것입니다. 보물은 하늘의 기쁨이며, 보물이 숨겨져 있는 밭은 하늘을 추구하는 데 따르는 계율입니다.

• 대 그레고리우스 『복음서 강해』(40편) 11,1.

### 마음의 양식

'군사들이 희생 제물을 피째 먹었다'(1사무 14,32 참조). 마음의 양식은 그 자신의 내적 기쁨입니다. … 선행의 기쁨에서 허영을 좇는 마음을 없앨 때에 피가 제거되는 것입니다. 이러한 경건한 마음은 선행 안에서 기뻐할 줄 압니다. 그는 선행을 통하여 천상 것에 가까이 다가감을 기뻐하기 때문입니다. 그러나 그는 선행을 하는 동안에 그 선행이 다른 이들에게 보이지 않도록 감춥니다. 그렇다면 피째 먹는다는 것은 선행의 기쁨을 허영에 대한 갈망과 섞는 것입니다.

• 대 그레고리우스 『사무엘기 상권 해설』 5,144.

### 파수꾼의 본보기인 아우구스티누스

그는 그 자신을 주님께서 이스라엘 집안에 세우신 파수꾼으로 여겼습니다. … 그는 어떤 사람들에게서 자기들 공동체의 세속적 문제에 관여해 달라는 청을 받았을 때, 그 업무를 더 중요한 문제들을 잠시 제쳐놓아야 하는, 하지 않을 수 없는 고역으로 여겼습니다. 그가 진정 기쁨을 느끼는 일은 공동체에 대한 강론에서나 거처에서 형제들과 나누는 친밀한 대화에서나 하느님의 일들에 대해 이야기하는 것이었습니다.

• 포시디우스 『아우구스티누스의 생애』 19,5-6.

### 바오로의 기쁨과 슬픔

바오로는 그들(코린토 신자들)의 슬픔이 그를 기쁘게 했다고 하였습니다. 그런데 이 말이 거만하고 가혹해 보일 수도 있기 때문에 부드러운 표현으로 다시 설명하고자, 그가 행복하면 그들도 행복해할 것이고 그가 슬퍼하면 그들도 슬퍼하리라는 것을 자신은 알고 있다고 덧붙입니다. … '내가 여러분에게 가지 않는 것은 여러분을 미워해서나 싫어해서가 아니라 더없이 사랑하기 때문'이라는 것입니다.

• 요한 크리소스토무스 『코린토 2서 강해』 4,2.

바오로 사도의 기쁨은 사람들이 깨끗이 정화되는 것입니다.

• 암브로시아스테르 『바오로의 열세 서간 주해』(코린토 2서).

### 바오로가 확신하는 근거

바오로는 필리피 신자들이 하느님께 대한 헌신에서 흔들림이 없음을 죽 보아 왔습니다. 그는 그들의 [신앙] 행로가 얼마나 곧고 한결같은지 알고 있었습니다. 바오로는 그들이 자신의 기쁨을 함께 나눌 자격이 있다는 것을 알고 있었습니다. 같은 신앙을 믿는 사람들은 미래의 불사불멸과 영광에 대한 희망 안에서 같이 기뻐할 충분한 이유가 있습니다.

• 암브로시아스테르
『바오로의 열세 서간 주해』(필리피서) 1,7.

### 미래의 화관

필리피 신자들의 항구함은 바오로의 기쁨입니다. 지금도 기쁨이며 미래에 그에게 화관을 가져다줄 것이기에 미래에도 기쁨입니다. 제자들이 경기에서 승리하면 스승이 마땅히 화관을 받기 때문입니다.

• 암브로시아스테르
『바오로의 열세 서간 주해』(필리피서) 4,1.

### 그리스도인들의 기쁨

그리스도인들의 기쁨을 온갖 종류의 기쁨과 연관 지어서는 안 되며, 우리의 눈물도 아무 눈물과 연결 지어서는 안 됩니다. 돈을 많이 벌었거나 땅을 손에 넣었거나 세속적인 명예를 얻어 기뻐하는 사람들을 본다면 그들과 함께 기뻐해서는 안 됩니다. 그러한 종류의 기쁨 뒤에는 슬픔과 눈물이 온다는 것을 알고 있기 때문입니다. 그러므로 우리는 의로운 일이든, 자선을 베푸는 일이든, 평화나 자비와 관련된 일이든, 오로지 하늘 나라의 책에 이름이 기록될 만한 일을 하는 사람들과 함께 기뻐해야 합니다. … 마찬가지로, 과오에서 등을 돌리고 무지의 어둠에서 벗어나며, 진리의 빛에 다가와 죄를 용서받으려는 사람들을 보면 그들과 함께 기뻐해야 합니다(참조: 시편 13,5-6; 40,16; 68,3; 71,23; 97,12; 이사 25,9; 61,10; 마태 5,11-12; 루카 15,6).

• 오리게네스 『로마서 주해』.

의인의 마음은 음식이나 음료를 두고 기뻐하는 것이 아니라 정의와 지식, 지혜를 두고 기뻐합니다.

• 폰투스의 에바그리우스 『시편 발췌 주해』 32[33],20.

### 동정인들의 특별한 기쁨

하느님의 거룩한 사람들이여, 소년 소녀들이여, 남자와 여자들이여, 혼인하지 않은 남자와 여자들이여, 계속 힘쓰십시오. 간단없이 끝까지 힘쓰십시오. 그분께로 더욱 정성들여 정신을 모아 더욱 아름다운 어조로 주님을 찬양하십시오. 그분을 더욱 절실히 섬기며 더욱 즐겁게 그분께 희망을 두십시오. 더욱 열심히 그분을 기쁘게 해 드리면서 더욱 열렬히 그분을 사랑하십시오. … 이 기쁨은 그리스도의 동정인들의 기쁨으로, 그리스도로부터, 그리스도 안에서, 그리스도와 함께, 그리스도를 따라서, 그리스도를 통하여, 그리스도로 말미암아 나오는 기쁨입니다. 동정을 지키지 않는 사람들의 기쁨도 그리스도에게서 오는 것이기는 하지만, 그리스도의 동정인들이 누릴 특별한 기쁨은 그것과는 다릅니다. 사람들마다 다른 기쁨이 주어지지만, 이런 기쁨은 그들밖에 얻지 못하기 때문입니다.

• 아우구스티누스 『거룩한 동정』 12,14,27.

## 현세의 기쁨과 내세의 기쁨

### 세상의 기쁨은 공허하다

자신이 시종장이기 때문에 행복하다고 생각하며 임금에게 술잔을 올리는 것(창세 40,9-11 참조)이 모든 권력의 정점이자 절정이라고 믿었던 사람에 관하여 말해 봅시다. 이것이 그의 영광이었으며, 이 세상에서 보인 그의 위대함이었습니다. 그는 그 직을 박탈당했을 때에는 슬퍼하였다가 그 직을 되찾았을 때에는 기뻐하였습니다. 그러나 이는 꿈입니다. 그리고 세상의 모든 권력은 실재가 아니라 꿈입니다. … 이사야도 이런 사람들은 이 세상에서 번영하는 것을 기뻐하는 이들이라고 말합니다. … 그러나 그가 깨어나면 이 세상의 기쁨이 얼마나 공허한지 깨닫게 됩니다.

• 암브로시우스 『요셉』 6,38.

### 덧없는 것에 기뻐해서는 안 된다

우리가 넉넉하게 가지고 있는 것이 천상 기쁨을 추구하는 마음을 빼앗아 가지 않도록, 실제 우리에게 도움이 되어야 합니다. 또 우리가 [지상에] 유배되어 있는 동안 우리를 단순히 먹여 살리는 것들이 순례하는 영혼의 슬픔을 누그러뜨려서는 안 됩니다. 영원한 것에서 떨어져 현 상태에 있는 자신을 가련하게 여기는 우리는 덧없는 것을 소유하고서 행복한 것처럼 기뻐해서는 안 됩니다.

• 대 그레고리우스 『사목 규칙』 3,26,27.

### 세상의 모든 걱정과 기쁨을 떨쳐 내다

궤의 판들은 아카시아 나무, 곧 [나무의] 엉겅퀴로 만들어졌습니다. 구원자의 말씀에 따르면 엉겅퀴는 세상 걱정과 세상의 쾌락과 재물과 거짓 기쁨입니다(참조: 마태 13,22; 루카 8,14). … 거룩한 설교자들은 악의 가시들에서 자신들을 정화하는 동시에 세상의 모든 걱정과 기쁨을 떨쳐 내어 자유로운 마음으로 하느님과 이웃 사랑 안에서 발전하고, 말씀을 선포하기 위하여 멀리 나아갈 수 있기를 바랍니다.

• 존자 베다 『성막과 제구』 2,5.

### 건전한 양심과 선한 희망

우리 현세의 삶에서 여러분에게 기쁨을 주는 것은 어떤 것들입니까? 진수성찬입니까? 건강한 몸입니까? 영예와 부입니까? 아닙니다. 여러분이 그러한 즐거움들을 중시한다면, 이런 기쁨들은 장차 올 것에 비하면 가장 쓰라린 것들로 드러날 것입니다. 건전한 양심과 선한 희망보다 더 즐거운 것은 아무것도 없기 때문입니다.

• 요한 크리소스토무스 『마태오 복음 강해』 53,6.

### 매일의 섭리를 초월하는 기쁨

시편 저자는 단순히 "당신은 제게 더 큰 기쁨을 베푸셨습니다"라고 말하지 않고 "제 마음의 기쁨"(시편 4,8 참조)이라고 말하였는데, 이는 그 기쁨이 외적인 것, 곧 … 금이나 은, 옷이나 상다리가 휘어지도록 차린 식탁, 높은 권세나 큰 집에 있는 것이 아님을 의미합니다. 외적인 것에서 오는 기쁨은 마음의 기쁨이 아니라 눈의 기쁨일 따름입니다. … 당신이 현실에 만족하고 기쁨을 느낀다면 이는 현실에 주어진 하느님의 섭리를 알고 있다는 것이며, 미래에 주어질 것에서 그 섭리를 더 깊이, 더 크게 깨닫게 될 것입니다. 왜냐하면 미래의 것들은 더 좋고, 안정되며 항구한 것이기 때문입니다.

• 요한 크리소스토무스 『시편 해설』 4,10.

### 주님 안에서 참된 기쁨

"여러분의 웃음을 슬픔으로 바꾸십시오"(야고 4,9). … 웃음을 죄로 여기고 피하십시오. 그리고 일시적 기쁨을 슬픔으로 바꾸십시오. 그리하여 당신이 세상에 거하는 것을 슬퍼한다면, 행복하게 될지 모릅니다. 하느님에 따르면, 슬퍼하는 이들은 행복하며 위로를 받을 것이기 때문입니다.

• 세비야의 레안데르 『동정녀 교육과 세상 경멸』 21.

### 세상이 즐거워하는 동안 슬퍼하다

우리가 세상과 함께 기뻐한다면 세상과 함께 슬퍼하게도 될 것도 두려워해야 합니다. 그러나 세상이 즐거워하는 동안 슬퍼한다면, 우리는 나중에 세상이 슬퍼할 때 기뻐하게 될 것입니다.

• 테르툴리아누스 『우상 숭배』 13.

### 세상의 즐거움을 주의하라

우리의 아무런 공로 없이, 우리는 어둠에서 빛으로, 죽음에서 생명으로, 온갖 오류에서 올바른길로 되돌려졌습니다. 그러므로 아직 생명의 빛을 간직하고 있는 동안 달리며, 지나가는 구원의 시간들을 소홀히 하지 않도록 합시다. 우리가 주님의 손길과 선행과 정의의 길에서 다시 떨어져 이 세상의 사악한 강으로 달음질치지 않으려면, 이 세상의 불건전한 달콤함과 지나치게 위태로운 기쁨이 우리를 즐겁게 하지 않도록 합시다.

• 아를의 카이사리우스 『설교』 130,2.

### 현재의 즐거움을 더 좋아하다

가지에 꽃으로 만발한 포도송이를 누구나 탐내지는 않습니다. 포도송이가 당장 즐거움을 주지는 못하기 때문입니다. 사람들은 본디 현재의 즐거움을 더 좋아하기 때문에 기쁨을 기다리는 것을 좋아하는 사람은 드뭅니다. 당장의 쓸모가 아니라 미래의 즐거움을 약속하는 것들을 사람들은 똑같이 유용한 것으로 여기지 않습니다.

• 안키라의 닐루스 『아가 주해』 31.

### 갈망의 대상을 바꾸자

유해한 쾌락과 위험한 기쁨, 금방 사라져 버릴 갈망에서 달아납시다. 이런 것들을 끊임없이 바란다고 한들 그것에서 얻을 수 있는 열매가 무엇이며, 무슨 소용이 있습니까? 그것들은 우리를 포기하지 않아도 우리는 그것들을 반드시 버려야만 합니다. 지나가 버릴 것들에 대한 사랑을 썩지 않을 것들에 대한 사랑으로 변화시킵시다. 숭고한 것에로 부름받은 마음이 천상의 기쁨 안에서 즐거움을 찾게 합시다.

• 대 레오 『설교』 35,4.

### 어떤 육적인 쾌락보다 달콤한 하느님 말씀의 입맞춤

말씀이신 하느님께서는 하느님에 관한 지식의

영으로 우리 마음과 정신의 기능을 비추실 때 우리에게 입을 맞추십니다. 이 선물을 받은 영혼은 크게 기뻐하며 사랑을 약속하는 혼인 서약의 말로 그 기쁨을 표현합니다. … 연인들은 입맞춤으로 서로에게 다가가며 입맞춤이 주는 달콤한 기쁨을 누립니다. … 이런 것들에 매혹된 영혼은 하느님에 관한 지식이 주는 기쁨은 어떠한 육체적 쾌락이 주는 즐거움보다 크다고 말합니다.

• 암브로시우스 『이사악 또는 영혼』 3,8-9.

### 참된 기쁨은 이 세상에 존재한 적이 없다

이 세상에서 행복이나 참된 기쁨을 얻을 수 있으리라고 아무도 믿지 마십시오. 행복을 준비할 수는 있습니다. 그러나 여기에서 그것을 얻을 수는 없습니다. 두 시기가 순서대로 이어집니다. "울 때가 있고 웃을 때가 있다"(코헬 3,4). 형제 여러분, 아무도 자기 자신을 속이지 마십시오. 이 세상에서 웃을 때란 없습니다. 네, 압니다. 누구나 기뻐하고 싶어 하지요. 그러나 사람들은 그것이 추구되어야 할 곳에서 기쁨을 찾지 않습니다. 참된 기쁨은 이 세상에 존재한 적이 없습니다. 지금도 마찬가지고 앞으로도 그럴 것입니다. 그래서 주님께서는 복음서에서 제자들에게 이렇게 경고하셨습니다. "너희는 세상에서 고난을 겪을 것이다"(요한 16,33). 그리고 "세상이 기뻐하는 동안 너희는 잠시 근심할 것이다. 그러나 너희의 근심은 기쁨으로 바뀔 것이다"(요한 16,20)라고도 하셨습니다. 그러니 "눈물로 씨 뿌리던 이들 환호하며 거두리라"(시편 126,5)라는 말씀에 따라 미래의 삶에서 우리 선행의 열매를 기쁨과 환호로 모아들일 수 있도록 우리는 주님의 도움을 받아 수고와 슬픔으로 이 삶에서 선을 행합시다.

• 아를의 카이사리우스 『설교』 215,2.

### 우리의 기쁨은 미래에 있다

"행복하여라, 우는 사람들! 그들은 웃게 될 것이다"(루카 6,21). 그러므로 이미 종말의 시기에, 이 저물어 가기 시작하는 시기에 자기 죄들 때문에 슬퍼하며 삶의 날들을 보내는 그들은 다가오고 있는 참된 아침에는 기뻐하게 될 것입니다. "눈물로 씨 뿌리던 이들 기쁨으로 거두리라"(시편 126,5). 이것은 물론 미래에 관한 말씀입니다.

• 대 바실리우스 『시편 강해』 14,4.

### 미래의 기쁨을 현세에서 누리고자 하지 않다

자신의 행복보다 예루살렘을 더 위에 두는 하늘나라의 주민들은 남의 나라 땅에서 주님의 노래를 부르기를 원치 않습니다. 곧, 미래의 기쁨을 현세에 누리기 바라지 않습니다(시편 137,4.6 참조).

• 존자 베다 『묵시록 해설』 18,8.

### 하느님의 약속에 따라 행동한 사람들

약속의 때가 오면 착한 이들에게는 기쁨의 때가 될 것입니다. 그들은 약속에 따라 행동했기에, 이루어진 약속을 누리는 데서 기쁨을 느낍니다. 마찬가지로, 즐거움을 찾으며 감각으로 체험할 수 있는 것만 인정하는 사람들은 배고플 때는 즐거움을 느끼지 못하고 풍족할 때에만 느낍니다. 의로운 이는 응징의 때조차도 기쁨을 누립니다.

• 맹인 디디무스 『코헬렛 주해』 340,9.

### 참된 기쁨은 눈물과 함께 온다

여러분의 죄를 씻을 수 있도록 눈물로 하느님을 섬기십시오. … 우리가 참으로 웃을 수 있도록, 순수한 기쁨의 시간에 참으로 기뻐할 수 있도록 슬퍼합시다. [이곳의] 이 기쁨에는 슬픔이 섞여 있어 순수한 기쁨을 찾아볼 수 없기 때문입니다. 그러나 티 없고 기만하지 않는 기쁨이 있습니다.

그 기쁨에는 기만하는 것이나 불순물이 전혀 섞여 있지 않습니다.

• 요한 크리소스토무스 『히브리서 강해』 15,9.

### 전율은 영원한 기쁨을 누리기 전에 필요한 전주곡

여러분은 이 세상에서 여러분을 소홀하게 만드는 안전을 누려서는 안 됩니다. [주님을] "늘 두려워하는 사람은 행복하다"(잠언 28,14)라고 쓰여 있기 때문입니다. 또한 "경외하며 주님을 섬기고 떨며 그분 안에서 기뻐하라"(시편 2,11)라고도 쓰여 있습니다. 한마디로, 이 세상에 사는 동안 여러분의 영혼은 전율 속에 있어야 합니다. 그러면 여러분이 내세에서는 안전함의 기쁨을 끝없이 누릴 것입니다.

• 대 그레고리우스 『편지』 25.

영원한 임금님의 내전은 하늘 본향에서 누리는 기쁨입니다.

• 존자 베다 『아가 우의적 해설』 1,1,3.

### 착하고 성실한 종

이승에서 작은 일들에 성실했던 착하고 성실한 종이 어디로 가는지도 잘 살펴봅시다. 그는 "네 주인과 함께 기쁨을 나누어라"(마태 25,23)라는 말을 듣습니다. 여기 아래에서 눈물 흘리는 이들이 내세에서 즐거워하고 의로운 일 때문에 울던 이들이 합당한 위로를 받는 그곳에는 온갖 기쁨과 즐거움이 있을 것입니다.

• 오리게네스 『마태오 복음 주해』 67.

### 영원한 기쁨

우리가 현세에 살면서 아무리 선행을 많이 한 것 같아도, 우리가 받을 영원한 상과 비교하면 그것은 아주 적습니다. 충실한 종은 썩는 것들에서 말미암은 모든 어려움을 이겨 낸 뒤 많은 것을 맡게 됩니다. 그는 천상 거처에서 영원한 기쁨을 누립니다. 주인이 그를 그의 영원한 집으로 데려와 천사들의 무리와 같이 있게 되었을 때, 그는 주인의 기쁨 안으로 완전하게 들어왔습니다. 자신이 받은 선물에서 그가 느끼는 내적 기쁨이 너무나 커서, 썩고 마는 외부적인 것은 그 어느 것도 이제 더는 그를 슬프게 하지 못합니다.

• 대 그레고리우스 『복음서 강해』(40편) 9,2.

### 모두 함께 영광스럽게 되는 것

우리가 '모두 한 몸'이라면, 신체의 각 부분이 따로 보상받지 않고 함께 승리의 관을 쓰게 될 때 기쁨이 훨씬 클 것입니다. 동생들의 축복을 자기들의 축복처럼 기뻐하는 의인들도 우리가 탄복해 마땅한 이들입니다. 그들도 모두가 함께 승리의 관을 쓰기를 원하기 때문입니다. 모두 함께 영광스럽게 되는 것은 크나큰 기쁨입니다.

• 요한 크리소스토무스 『히브리서 강해』 28,2.

### 하늘에서 서로 만나는 기쁨

주 우리 하느님께서는 저에게 여러분을 보고 여러분 또한 저를 보는 호의를 베풀어 주셨습니다. 그리고 우리 모두는 함께 그분께 감사를 드릴 수 있습니다. 그리고 이것이 죽을 운명의 육신 안에 사는 우리가 서로를 봄으로써 "우리 입은 기쁨으로, 우리 혀는 환성으로 가득"(시편 126,2)한 이유라면, 우리가 서로에게서 아무것도 두려워할 것이 없는 그곳에서 만났을 때의 즐거움은 어떠할지 상상해 보십시오. 바오로 사도는 "희망 속에 기뻐하십시오."(로마 12,12)라고 말합니다. 그러니까 현재의 기쁨은 희망 속에 있지 아직 그 자체는 아닙니다. 그러나 그는 말합니다. "그러나 보이는 것을 희망하는 것은 희망이 아닙니다. 보이는 것을 누가 희망합니까? 우리는 보이지 않는 것을 희망하기에 인내심을 가지고 기다립니다"(로마 8,24-25). 여행자들이 길을 가다 사람들을 만날 때 기뻐한다면, 본향에서 서로 만났을 때의 기쁨은 어떠하겠습니까?

• 아우구스티누스 『설교』 306B,1.

### 영원한 축복

이것은 모든 축복의 완성형입니다. … "주님의 집"(시편 23,6)은 다가올 예루살렘을 나타내며, "일생토록" 흔들림 없이 지속됩니다. 그것은 끝없는 기쁨이요 지속되는 축복이기 때문입니다.

• 카시오도루스 『시편 해설』 23,6.

### 영원하고 끝없는 기쁨

사실 우리가 마음의 눈을 들어 참으로 하느님 나라에 머무는 하늘의 능품천사들이 누리는 상태를 바로 본다면, 그 상태는 영원하고 끝없는 기쁨이 아니고 무엇이겠습니까? 끊임없는 평화와 계속되는 기쁨만큼 참행복에 어울리는 것이 있겠습니까?

• 요한 카시아누스 『담화집』 1,13.

# 기적

기적은 말씀을 믿지 않는 자들을 돌이켜 믿게 합니다.

• 알렉산드리아의 키릴루스 『루카 복음 주해』 23.

기적보다 여러분이 살아가는 태도가 믿지 않는 이들의 마음을 더 움직입니다.

• 요한 크리소스토무스 『요한 복음 강해』 72,5.

각자에게 주어진 구원이 이미 기적의 증거였습니다.

• 푸아티에의 힐라리우스 『마태오 복음 주해』 12,9.

우리에게 확신을 주는 것은 기적들이라기보다는
우리를 구원에 이르게 하는 것들입니다.

• 요한 크리소스토무스 『사도행전 강해』 36.

## 기적의 의미와 이해

표징은 미래에 일어날 일을 암시하는 기적인 반면, 이적은 단순한 기적이라는 점에서 이 두 가지는 서로 다릅니다.

• 오리게네스 『로마서 주해』.

### 그리스도와 성부께서 하신 일

성경에 기록된 그리스도의 모든 기적은 우리의 구원을 위하여 행해졌다는 것입니다. 가르침이든 저술이든, 또는 지금 말하고 있는 그분 부활의 신비든, 모두가 성부의 뜻과 권능에 의해 이루어진 것입니다. 성부께서는 당신의 놀라운 구원의 말씀과 행위 안에서 방패로서 당신의 아들 그리스도를 지켜 주십니다.

• 카이사리아의 에우세비우스 『복음의 논증』 4,16,185.

### 하나이자 같은 권능의 작용

이 새로운 기적들은 과거의 기적들과 일치하며, 하나이자 같은 권능의 작용이라는 것을 알아볼 수 있습니다. 옛날 광야에서 주어진 만나는 이스라엘 사람들을 위한 것이었습니다. 그런데 보십시오. 역시 외딴곳에서 음식을 필요로 하는 이들에게 그분께서는 마치 하늘에서 가지고 내려오신 듯 아낌없이 주셨습니다. 조금밖에 안 되는 것을 많은 양으로 늘려 그렇게 많은 사람을 너끈히 먹이신 것은 옛날의 기적과 다르지 않을 것입니다. 그때 이스라엘은 필요한 만큼 그것을 먹을 수 있었습니다. 빵 조각이 많이 남았지만, 사람들은 그것을 가져가려고 받지는 않았습니다. 이것 또한 좋은 상징입니다. 필요한 양을 가늠하고 필요한 것 이상을 차지하지 않는다는 뜻이니까요.

• 알렉산드리아의 키릴루스 『마태오 복음 단편』 178.

### 두 기적은 한 분께서 같은 힘으로 이루신 것이다

그리스도께서 광야에서 수천 명을 먹이신 일은 모든 찬양을 받아 마땅한 일입니다. 그런데 그 일은 다른 면에서도 유익한 일이었습니다. 우리는 이 새로운 기적이 옛날에 일어났던 기적과 조화를 이루는 것을 볼 수 있습니다. 그 두 기적은 한 분께서 같은 힘으로 이루신 것입니다. 그분은 광야에서 이스라엘 사람들에게 만나를 비처럼 내리셨지요. 하늘에서 빵을 내려 주신 것입니다. 시편의 찬미가에 따르면, "천사들의 빵을 사람이 먹었다"(시편 78,25)고 하니까요. 그런데 보십시오! 그분께서 광야에서 굶주린 사람들을 또다시 배불리 먹이십니다. 그분은 전에도 그러셨듯이 하늘에서 빵을 내려 주셨습니다. 얼마 안 되는 음식으로 많은 군중을 배불리 먹이신 것이 첫 번째 기적과 비슷합니다.

• 알렉산드리아의 키릴루스 『루카 복음 주해』 48.

### 모든 행위와 기적은 아버지에게서 비롯한다

예수님의 말씀은 이런 뜻입니다. '… 모든 행위와 기적은 성령에 의해 아들을 통하여 이루어지며, 아버지에게서 비롯한다고 보아야 한다. 아들은 아버지의 본질과 별개인 분이 아니기 때문이며, 이는 실로 성령도 마찬가지다. 그러나 아버지 안에 있으며 아버지를 자기 안에 모시고 있는 아들은 일을 행하시는 분이 아버지라고 말한다. 아버지의 본성이 막강한 힘으로 작용하며 아들 안에서 분명하게 빛나기 때문이다.'

• 알렉산드리아의 키릴루스 『요한 복음 주해』 9.

### 하느님 홀로 기적들을 일으키신다

거룩한 기적들이 일어났습니다. 그러나 인간이 생겨난 이래, 성경이 "그분 홀로 기적들을 일으키신다"(시편 72,18)고 말하는 한 분 말고는 아무도 기적을 일으키지 못했습니다. 성경은 왜 "그분 홀로 기적들을 일으키신다"고 할까요? 하느님께서는 기적들을 행하고자 원하실 때 인간의 도움이 전혀 필요하지 않으시기 때문입니다. 그러나 사람이 기적을 일으킬 때는 하느님이 필요합니다. 그분, 그리스도께서는 홀로 기적들을 일으키셨습니다. 어째서 그렇습니까? 아드님은 삼위일체이신 아버지와 성령과 함께 하느님이시기 때문입니다.

• 아우구스티누스 『설교』 136B,3.

### 어떤 것도 구원의 기적에 비길 수 없다

많은 기적이 일어났습니다. … 그러나 그 어떤 것도 제가 구원받은 기적에 비길 수는 없습니다. 피 몇 방울이 온 세상을 새롭게 했고, 젖을 엉기게 하는 응고 효소처럼 모든 인간을 하나로 묶어 결합시켰습니다.

• 나지안주스의 그레고리우스 『거룩한 부활절』(연설 45) 29.

### 기적의 힘

기적의 힘은 구원을 시샘하는 자가 그것을 거부하지 않는 한, 자연이 허락하지 않은 시력을 주고, 정적 속에 갇혔던 사람들에게 청력을 되살려 주고, 말못하는 사람들에게 말을 풀어 주고, 절름발이를 걷게 하며, 죽은 자들의 나라를 향해 가는 영혼들로 하여금 하느님에게서 온 그들의 육신으로 돌아가라고 지시합니다.

• 페트루스 크리솔로구스 『설교』 48,2.

### 모든 사람을 깜짝 놀라게 한 일

약자가 강자를, 소수가 다수를, 무력한 자가 유력한 자를 이겼습니다. 예상치도 못했던 결과가 나타났습니다. 모든 사람을 깜짝 놀라게 한 일, 세상 곳곳으로 퍼져 나간 일을 시편 저자가 "기적"

이라고 부른 것은 타당합니다.

• 요한 크리소스토무스 『시편 해설』 46,2.

### 무엇이 놀라운 기적인가?

특출나고 위대한 예언자 다윗은, 한 종류의 제물은 폐지되고 대신 다른 종류의 예식이 제정되리라는 것을 다음 시편에서 뚜렷이 밝혀 주었습니다. "주 저의 하느님, 당신께서는 저희를 위하여 기적과 계획들을 많이도 행하셨으니, 그 누구도 당신께 견줄 수 없습니다. 제가 알리고 말하려 해도, 헤아리기에는 그것들이 너무나 많습니다"(시편 40,6). 참으로 지혜로운 예언자입니다. 기적을 일으키시는 하느님의 권능 앞에 넋을 잃고 '당신께서는 기적을 많이도 행하셨으니'라고 할 뿐, 세상 창조에 관해 시시콜콜 언급하지 않습니다. 하늘과 땅과 큰 바다의 창조를 비롯하여 이집트의 물이라든지 그와 비슷한 기적들에 관해서는 말하지 않고, 참으로 무엇이 놀라운 기적이라고 합니까? "희생과 제물은 기꺼워하지 않으시는"(시편 40,7) 점입니다.

• 요한 크리소스토무스 『유대인 반박』 7,2,3-4.

### 기적은 드문 일이다

세상을 관리하는 것이 빵 다섯 개로 오천 명의 배고픔을 사라지게 하는 것보다 분명 더 위대한 기적입니다. 그런데도 그에 대해 경탄하는 사람은 아무도 없습니다. 기적이 놀라움을 자아내는 건 그것이 더 뛰어나서가 아니라 드문 일이기 때문입니다.

• 아우구스티누스 『요한 복음 강해』 24,2.

### 이성적 추론에 따르면 성자의 탄생은 기적이다

주님의 출생 방식을 이해하지 못하는 이들은 "누가 그분의 탄생에 대해 말할 수 있겠는가?"(이사 53,8)라는 말씀으로 여러분을 잘못 이끌 수 있습니다. 먼저 "누가" 또는 보다 확실하게 "아무도"는 인간을 가리키는 것 같습니다. 오직 성령만이 이 탄생 방식을 이해하거나 설명할 수 있습니다. 그래서 우리는 성부 하느님과 우리 주 예수 그리스도의 허락과 함께 그렇게 선언한 것입니다. 사실 그것은 전혀 희망이 없는 기획은 아닙니다만 우리는 그것을 기적으로 설명하였습니다.

• 마리우스 빅토리누스 『동일본질 수용』 4.

### 비천하고 가난하게 오셨다

우리는 주님을 하느님의 말씀이나 지혜가 아니라 종이나 소년으로 이해해야 합니다. … 그런데 그분의 모습이 사람들 가운데서 수치스러운 것이 되리라는 것이야말로 더욱 위대한 기적이 될 것입니다. 이는 그분의 모습이 불결함을 의미하지 않습니다. 오히려 그분께서 비천하고 가난하게 오셨음을 의미합니다.

• 히에로니무스 『이사야서 주해』 14,21.

### 각 시대에 맞는 고유한 질서를 만들어 주시다

그들은 하느님께서 각 시대에 알맞은 것을 주신다는 사실을 이해하지 못합니다. 그분께서 율법에서는 혼인을 명령하셨듯이 복음에서는 동정을 권유하셨습니다. 율법에는 눈을 눈으로 갚으라고 되어 있지만, 복음은 한쪽 뺨을 때리는 사람에게 다른 쪽 뺨도 대 주라고 합니다(마태 5,38-39 참조). 율법은 약자들을 위해서 제정된 것인 반면에 복음은 완전한 이들을 위한 것입니다. 각 시대에 맞는 고유한 질서가 있었습니다. 하지만 이러한 변화 때문에 하느님께서 변덕스러우신 분이시라고 생각해서는 안 됩니다. 오히려 하느님께서 당신은 변하시지 않으면서도 각 시대에 맞는 고유한 질서를 만들어 주신 것은 기적이라고 선포해야 합니다.

• 세비야의 이시도루스 『명제』 1,20,1-2.

### 모세의 기적보다 뛰어난 기적

모세의 인도 아래 유대인들이 갈대 바다를 건넜지만, 그것은 이 경우와 많이 다릅니다. 모세는 종으로서 온 정성을 다해 간원했습니다. 그리스도께서는 절대적 권능으로 이를 행하십니다. 갈대 바다 사건에선 남풍이 불어 물이 갈라져서 사람들이 지나갈 수 있었습니다(탈출 14,21 참조). 그러나 그보다 이 기적[요한 6,21 참조]이 훨씬 위대합니다. 물이 제 본성을 그대로 지니고 있으면서 그 겉면으로 주님을 실어 날라, "혼자 하늘을 펼치시고 바다의 등을 밟으시는 분"(욥 9,8)이라는 성경 말씀이 옳음을 입증했기 때문입니다.

• 요한 크리소스토무스 『요한 복음 강해』 43,2.

### 유일무이한 사건

눈의 아들 여호수아는 요르단 강물을 멈추게 하였습니다. 그러나 계약 궤가 물에 있는 동안만 그렇게 하였습니다. 백성이 맞은쪽으로 건너가고 계약 궤가 올라오자마자, 여호수아는 강물이 본래대로 흐르게 하였습니다. 바닷물이 세찬 바람[영]으로 양쪽으로 물러나자 갈대 바다의 그 깊은 바닥이 드러났습니다. 그 기적은 무리가 깊은 바다를 마른 길로 건너가는 동안 지속되었습니다. 그러나 그 뒤에 바다의 표면이 다시 하나로 합쳐져, 잠시 생겼던 틈은 다시 바닷물로 들어찼습니다(탈출 14,21-29 참조). 그리하여 이 기적은 시간이 흘러도 신빙성을 잃어버리지 않는 그러한 방식으로 일어난 유일무이한 사건으로 남아 있습니다. 가시적인 자취들이 그 기적을 끊임없이 증언하고 있기 때문입니다.

• 니사의 그레고리우스 『기적가 그레고리우스의 생애』 7,55.

### 마법의 기술로 치부해 버리다

성경에 기록되어 있는 대로, 거룩한 사람, 눈의 아들 여호수아가 이미 시작된 전투가 승리로 끝날 때까지 해가 멈추게 해 주십사고 하느님께 청하자, 해가 그 자리에 그대로 서 있었습니다. … 이런 것이 하느님께서 당신의 거룩한 사람들에게 호의로 베푸시는 기적들입니다. 우리의 적들은 — 그 일들이 실제로 일어났음을 믿으면서도 — 그것을 마법의 기술로 치부해 버리지만 말입니다.

• 아우구스티누스 『신국론』 21,8,2.

### 하느님 섭리의 기적들

시편 저자는 이렇게 말합니다. 당신의 힘으로 행하신 기적들은 헤아릴 수도 없고 묘사할 수도 없습니다. 그와 같은 일을 할 수 있는 자는 아무도 없습니다. 당신의 창조가 위대하고 아름답지만, 당신의 섭리로 계속해서 이루어 내신 일들은 인간의 찬미를 훨씬 능가합니다.

• 키루스의 테오도레투스 『시편 주해』 40,4.

### 기적이 점차적으로 펼쳐지다

주님께서는 당신께서 행하시는 기적의 권능이 서서히 점차적으로 드러나기 원하셨습니다. … 그래서 예수님께서는 이 기적[요한 2,8 참조]을 모든 사람이 아니라 무슨 일이 일어났는지 가장 잘 이해할 수 있는 이에게만 드러내시고, 이 일에 대한 더 확실한 이해는 뒤로 미루셨습니다.

• 요한 크리소스토무스 『요한 복음 강해』 22,2.

### 우리의 이해의 정도를 넘어서다

이 신비를 아시겠습니까? 주님께서는 믿는 이들의 이런 희망에 찬 추종을 애틋하게 여기시고, 그들이 사흘 동안이나 내 곁에 머물렀다고 하십니다. 그들이 이 세상에서 현세의 삶을 살아가는 동안 나약해지지 않도록, 주님께서는 지금 당신의 음식으로 그들을 먹이시고 당신의 빵으로 그들을 굳건히 만들려 하십니다. 그러면 그들은, 광야에서는 빵을 구하기 힘들다는 제자들의 말에서 보듯 힘든 과업인 그 여정을 모두 마칠 수 있습니다. 사실 그들은 하느님께는 불가능한 일이 없다는 교훈을 배웠습니다. 그러나 어떤 사건들이 나타내는 뜻이 우리의 이해의 정도를 넘어설 때가 있습니다.

• 푸아티에의 힐라리우스 『마태오 복음 주해』 15,7,9.

### 기적의 과정은 설명할 수 없다

사람이 생겨나게 하는 자연의 작용조차도 완전하게 설명할 수 없습니다. 그런데 성령께서 이루시는 기적의 상세한 과정을 우리가 무슨 수로 그려 낼 수 있겠습니까? 복음사가는 자신이 이야기하는 것 이상을 우리가 계속 파고들어 작가의 작업을 가로막고 헤살 놓지 않도록, 그 기적을 이루신 분이 누구신지 알려 주었습니다. 그러고는 더 이상 아무 말 하지 않습니다. 이는 '나는 그 일이 성령께서 하신 일이라는 것밖에 모른다'는 뜻입니다.

• 요한 크리소스토무스 『마태오 복음 강해』 4,3.

### 기적의 표징

하느님께서는 기적의 표징으로 모든 민족들 가운데서 당신의 능력을 드러내십니다. 그래서 그 능력은 모든 주변 민족들 사이에서 공포와 존경을 느끼게 하는 원인이 됩니다. 사도행전에 따르면 바오로가 에페소라는 도시에서 설교하고 기적을 행하였을 때 "그들은 모두 두려움에 휩싸였다"(사도 19,17)라고 합니다.

• 라바누스 마우루스 『집회서 주해』 8,7.

### 필요한 정도까지 우리를 놀라게 하시는 하느님

사도들이 복음을 선포하기 시작했을 때, 거룩한 세례를 받은 사람들은 자신들이 성령을 받았음을 입증하기 위해 신령한 언어로 말하고 예언했습니다. 불신앙이 최고조에 달한 때였던 만큼 기적이 풍성히 일어날 필요가 있었습니다. 그러나 믿음이 멀리 넓게 퍼져 나간 뒤에는 표징이 필요 없습니다. 하느님에게서 오는 것은 남에게 보여 주기 위한 것이 아니라 그것을 받는 이들의 구원과 치유와 유익을 위한 것이기 때문입니다.

• 안티오키아의 세베루스 『성경 주해 선집』(사도행전) 10,44.

### 엄청나게 놀라운 기적

기적으로만 사람들을 설득하려고 하는 사람은 의심받기 십상이지만 성경을 들어 논증하는 사람은 이런 의심을 받지 않습니다. 사실 우리는 바오로가 말씀만으로 사람들을 설득하는 경우를 많이 봅니다. 예를 들어 안티오키아에서는 그의 가르침을 들으려고 "도시 사람들이 거의 다 모여 들었다"(사도 13,44)라고 합니다. 이것은 참으로 놀라운 일입니다. 사소한 일이 아니라 엄청나게 놀라운 기적입니다.

• 요한 크리소스토무스 『사도행전 강해』 37.

### 하느님께서는 표징을 보이지 않고서도 역사하신다

하느님께서는 그들이 기적을 행하기를 언제나 바라시는 것이 아닙니다. 박해를 받으면서도, 기적을 행하지 않고도, 사람들을 설득해 나간 것이 그들에게는 기적이었기 때문입니다. 그래서 그는 기적을 일으키지 않고도 사람들을 설득한 지금처럼 일하기를 바란 적이 많았습니다. 사도들도 "우리는 십자가에 못 박히신 그리스도를 선포합니다"(1코린 1,23)라고 한 바오로의 말처럼 기적을 좇지 않았습니다. 기적을 구하는 이들에게, 지혜를 구하는 이들에게, 우리는 이분을 전합니다. 기적을 보여 주어도 이분을 믿지 않던 사람들이었지만, 우리는 그들을 믿음에 들게 합니다. 이것이 위대한 기적입니다.

• 요한 크리소스토무스 『사도행전 강해』 37.

### 예언과 기적들이 그리스도를 증언하다

드러난 기적의 힘이 그리스도와 같은 시대에 살았던 사람들을 자극하여 믿음을 가지게 했지만, 시간이 흐르면서 더 이상 그러지 못했다는 사실 또한 잊지 말아야 할 것입니다. 나아가 어떤 기적들은 터무니없는 것으로 여겨질 수도 있습니다. 예언과 기적이 함께 제시되면 과거에 일어난 기적만 있을 때보다 훨씬 설득력이 있습니다.

• 오리게네스 『요한 복음 주해』 2,199.202-4.208.212.

신령한 언어는 그 자체가 기적입니다. 그러나 예언은 그것이 발설되는 방식이 아니라 그것이 담고 있는 실체가 기적입니다.

• 가발라의 세베리아누스 『바오로 서간 주해 단편』(로마서).

## 믿음과 기적

### 보지 못하는 것들은 믿지 않다

속되고 물질주의적인 사람들의 경우에, 그들이 지키는 습관이 그들의 이해력을 지배합니다. 그들은 그들이 보는 데 익숙한 것들은 믿을 수 있지만, 보지 못하는 것들은 믿지 못합니다. 하느님께서는 우리에게 익숙한 것들을 넘어서는 기적들을 행하십니다. 그분은 하느님이시기 때문입니다.

• 아우구스티누스 『설교』 242,1.

### 기적으로 가르침을 끝맺다

본성에 따라 참하느님이요 참주님이신 분에 관한 확고한 지식에 이르지 못했던 자들도 기적을 통해서는 말없이 그분께 굴복하기도 합니다. 그래서 그분께서는 필요할 경우, 몇 가지 기적으로 가르침을 끝맺곤 하십니다. 이는 아직 유대아의 사람들이 믿을 준비가 되어 있지 않았기 때문입니다.

• 알렉산드리아의 키릴루스 『루카 복음 주해』 12.

### 믿게 하려고 기적을 일으키시다

그분께서 기적을 베푸신 것은 사람들의 찬탄을 받거나 이름을 얻기 위해서가 아니었습니다. 당신께서 본성에 따라서는 하느님이시지만, 그 본성을 그대로 지니신 채 우리를 위해 사람이 되셨음을 우리가 믿게 하려고 기적을 일으키신 것입니다.

• 알렉산드리아의 키릴루스 『루카 복음 주해』 82.

### 기적은 믿지 않는 이들을 위한 것

예수님께서는 왜 "너희는 표징과 이적을 보지 않으면 믿지 않을 것이다"(요한 4,48)라고 하셨을까요? 표징을 보지 않고도 믿은 사마리아 사람들과 그를 비교하시는 걸까요? 아니면 카파르나움에서 온 이 왕실 관리를 통해 카파르나움 전체를 꾸짖으시는 걸까요? … 그런데 왕실 관리가 예수님께서 아들이 살아날 것이라고 말씀하신 때가 아니라 아들이 나은 것을 종들이 알려 주었을 때서야 믿은 사실도 눈여겨보아야 합니다. 왕실 관리가 찾아와 청했을 때 예수님께서 그의 정신 상태를 꾸짖은 것은 바로 이 때문입니다. 기적이 일어나기 전에는 확고하게 믿지 않는 자이기에 이런 식으로 가르침을 주신 것입니다. … 기적은 믿는 이들이 아니라 믿지 않는 이들과 믿음에 관해 잘 알지 못하는 이들을 위한 것입니다.

• 요한 크리소스토무스 『요한 복음 강해』 35,2.

### 라자로의 기적을 본 유대인들의 반응

그 자리에 있던 유대인들은 그때 일어난 일에 대해 제각기 의견이 분분했습니다. 더러는 예수님께서 일으키신 기적 때문에 그분을 믿었지만, 더러는 믿기는커녕 그분께서 불법적인 일이라도 한 듯이 바리사이들에게 그 일을 일러바쳤습니다. 그러나 미움과 악의에서 한 짓이지만 그들의 행동은 기적이 모든 사람에게 알려지는 데 도움이 됐습니다.

• 몹수에스티아의 테오도루스 『요한 복음 주해』 5,11,44.

그(그리스도를 미워하는 자)들의 죄는 그분의 가르침과 기적들을 보고서도 그분을 믿지 않은 데 있었습니다.

• 아우구스티누스 『요한 복음 강해』 91,1.

### 그들은 기적도 보고 성경도 읽었다

"너희는 나를 보고도 나를 믿지 않는다"(요한 6,36)라는 예수님의 말씀에서 '나를 보고도'는 '내가 일으킨 기적과 성경의 증언을 보고서도'라는 뜻입니다. 예수님께서는 "바로 그 성경이 나를 위하여 증언한다"(요한 5,39)라고도 하십니다.

• 요한 크리소스토무스 『요한 복음 강해』 45,2.

### 사나운 비난자들

예수님께서는 이 일로, 미혹에 빠진 영혼들은 기적을 보고도 믿지 않음을 분명하게 보여 주십니다. 아울러 당신 제자들이 근거도 없이 억울하게 비난받았음을 보여 주십니다. 그분의 비난자들이 갑자기 격렬해진 것을 눈여겨보십시오. 예수님의 행위로 누군가 은택을 입자 그들은 돌변했습니다! 어떤 사람이 병이나 불의한 일에서 구원받는 것을 보면 그들은 곧바로 꼬투리를 잡기 시작합니다. 맹수들 같아진 것입니다. 그들은 이런 식으로 계속해서 주님을 깎아내립니다. 주님께서 창녀를 구해 주시려 할 때도 그랬고, 세리와 식사하실 때, 또 오그라든 손이 펴진 것을 보았을 때도 그랬습니다(마태 12,9-14 참조).

• 요한 크리소스토무스 『마태오 복음 강해』 40,2.

### 그리스도를 믿지 않다

하느님을 믿지 않은 자들은 모두 기적을 보고서도 감동을 받지 않습니다. 이에 관해서는 하느님께서 증인이십니다. 그분께서는 율법에서 '내가 이 백성에게 다른 나라 말과 다른 말씨로 말하리라. 그러나 그들은 결코 믿지 않으리라'(이사 28,11-12 참조) 하고 말씀하십니다. 이집트인들도 모세가 그토록 많은 표징과 놀라운 일을 행하였음에도 불구하고 하느님을 믿지 않았습니다(탈출 7,3-4 참조). 많은 유대인도 모세를 믿으면서도(신명 18,15 참조) 아픈 사람들을 고쳐 주시고 모든 병을 치유해 주신 그리스도를 믿지 않았습니다.

• 『사도 헌장』 8.

### 기적들을 믿지 않았다

그분께서는 탐욕스러운 자들과 심지어 감사할 줄 모르는 자들에게까지 천사들의 빵뿐 아니라 수많은 날짐승 고기도 주셨습니다(시편 78,25-27 참조). 그리고 감사할 줄 모르는 자들이 (죄를 짓고도) 벌받지 않은 죄악을 그들의 후손들이 두려워하지 않도록, "그들의 입에 먹을 것이 들어 있는데도 하느님의 분노가 그들 위에 내렸습니다". 그들이 하느님의 기적들을 믿지 않았기 때문입니다(시편 78,30-32 참조).

• 소 아르노비우스 『시편 주해』.

### '하실 수 없었다'라는 말이 무엇을 뜻하는가?

'할 수 없었다'라는 말의 뜻 가운데 하나는 단순히 인간 의지의 한계를 가리킵니다. 예를 들어 그리스도께서 나자렛에서 어떠한 기적도 행하실 수 없었던 것은 그들의 불신 때문이었습니다(참조: 마태 13,58; 마르 6,5-6). 치유를 위한 본질적인 것이 양쪽에게 요구되는데, 환자에게는 믿음이요 치유자에게는 능력입니다. 그래서 상대방 없이 일방적으로는 '하실 수 없었습니다'. 곧, 기적들을 행하실 수 없었습니다. …

• 나지안주스의 그레고리우스 『성자』(연설 30) 10.

### 불신이 진실을 보는 눈을 막다

주님께서는 고향 사람들에게 모욕을 당하십니다. 그분의 가르침에 드러난 지혜와 기적의 힘이 찬탄을 자아냈음에도 불구하고, 그들의 불신이 진실을 보는 눈을 막았습니다. 그들은 하느님께서 사람 안에서 이런 일을 하고 계시다는 사실을 믿지 않았기 때문입니다. 뿐만 아니라, 그들은 예수님의 아버지와 어머니, 형제자매들을 들먹이며 예수님을 못마땅하게 여겼습니다. … 하느님의 권능은 충실한 이들과만 함께하므로, 예수님께서는 그곳에 계시는 동안은 그들의 불신 때문에 거룩한 권능을 드러내는 일을 삼가셨습니다.

• 푸아티에의 힐라리우스 『마태오 복음 주해』 14,2.

### 질투 때문에 예수님을 배척한 나자렛

구원자께서는 당신께서 왜 고향에서 기적을 일으키지 않으셨는지 자세히 설명하십니다. 이는 사람들이 고향에 대한 사랑을 하찮게 여기지 않도록 하시려는 뜻이었습니다. 모든 사람을 사랑하신 분께서 고향 사람들을 사랑하지 않으셨을 리 없습니다. 그러나 그분의 고향을 시샘하는 자들은 스스로 사랑을 멀리하지요. "사랑은 시기하지 않고 뽐내지 않으며 교만하지 않습니다"(1코린 13,4). 하지만 주님의 고향은 거룩한 축복에 부족함이 없었습니다. 그리스도께서 그곳에 태어나신 사실이야말로 기적 아닙니까?

• 암브로시우스 『루카 복음 해설』 4,47.

### 저승까지 떨어질 것이다

예수님께서는 카파르나움에서 많은 기적을 일으키셨습니다. 그런 만큼 그곳에 사는 이들은 더욱더 믿어야 했습니다. 그곳에서 일어난 기적 덕분에 카파르나움은 한때 "하늘까지" 들어 올려졌습니다. 그러나 그곳 주민들의 죄와 불신앙 때문에 더 크게 몰락하여 "저승까지"(마태 11,23) 떨어졌습니다.

• 헤라클레아의 테오도루스 『마태오 복음 단편』 78.

### 하느님의 힘은 불신조차도 이겨 내신다

마태오와 마르코는 당신을 믿지 않는 이들 가운데서도 작용하는 하느님의 빼어난 힘을 드러내고자 한 것 같습니다. 그러나 은총은 당신을 믿는 이들 가운데에서 더 힘차게 작용한다는 사실도 그들은 부인하지 않았습니다. 그래서 [마태오는] '그들이 믿지 않았기 때문에 아무런 기적도 일으키지 않으셨다'고 말하지 않고, "그곳에서는 기적을 많이 일으키지 않으셨다"(마태 13,58)라고만 한 것 같습니다. 마르코도 "그곳에서는 아무런 기적도 일으키실 수 없었다"고만 하지 않고 '몇몇 병자에게 손을 얹어서 병을 고쳐 주셨다'(마르 6,5)는 사실도 아울러 밝힙니다. 그분의 힘은 그들의 불신조차 이겨 내셨다는 뜻입니다.

• 오리게네스 『마태오 복음 주해』 10,19.

### 눈앞의 기적을 보고 놀란 것이다

의심하는 제자 토마스는 자기가 만진 분을 주님

이요 하느님이라고 부른 것이 아닙니다. 사실, 부활에 관한 지식은 그에게 부활하신 분이 하느님이라고 가르쳐 주지 않았습니다. 그는 기적이 이루어진 것을 보고 하느님을 찬양한 것입니다. 눈앞의 기적을 보고 놀란 것입니다.

• 몹수에스티아의 테오도루스 『요한 복음 주해』 7,20,28-29.

### 보지 않고도 믿는 사람은 행복하다

단지 기적을 바라서가 아니라 그분의 가르침을 받기 위해 그분께 오는 제자들은 믿을 만한 이들이었습니다. 사실 기적에 끌리는 이들은 다소 우둔한 이들이었고, 지적인 이들을 끈 것은 예언과 가르침이었습니다. 실제로, 가르침 때문에 제자가 된 이들은 기적 때문에 제자가 된 이들보다 더 한결같았습니다. 그리스도께서도 "보지 않고도 믿는 사람은 행복하다"(요한 20,29)는 말씀으로 이들을 복되다 일컬으셨습니다.

• 요한 크리소스토무스 『요한 복음 강해』 24,1.

### 사람들이 병든 이들을 모두 그분께 데려오다

사람들은 전에는 그분을 자기 집에 모시거나 그분의 손을 만지고 그분의 말씀에서 방법을 찾는 식으로 그분께 접근했지만 이번엔 달랐습니다. 이제는 더욱 수준 높은 방식으로, 더 확실한 자기부정과 그분께 대한 더욱 충만한 믿음으로, 스스로 치료책을 찾고자 노력했습니다. 지혜를 구하고자 할 때에는 어떻게 해야 하는지 그들 모두가 하혈하던 여인에게서 배웠던 것입니다.

복음사가도 예수님께서 여러 마을을 큰 시차를 두고 찾으셨음을 암시하면서 "그러자 그곳 사람들이 그분을 알아보고 그 주변 모든 지방으로 사람들을 보내어, 병든 이들을 모두 그분께 데려왔다"(마태 14,35)라고 합니다. 예수님께서는 이처럼 긴 시간적 간격을 두고 기적을 행하셨지만, 그것은 사람들의 믿음이 사라지게 하기는커녕 더욱 크게 키우고 열렬하게 만들었습니다.

• 요한 크리소스토무스 『마태오 복음 강해』 50,2.

### 그곳에서는 기적을 일으키지 않으셨다

예수님께서는 "그들이 믿지 않으므로 그곳에서는 기적을 많이 일으키지 않으셨다"(마태 13,58)라고 합니다. 믿음이 없어 자격을 지니지 못한 이들에게는 권능이 힘을 쓰지 않으십니다. 그리스도께서는 치유의 대가를 요구하지 않으시지만, 사람들이 당신께 존경 대신 부당한 태도를 보일 때는 노하십니다.

• 페트루스 크리솔로구스 『설교』 48,6.

### 모세는 한 가지 죄 때문에 벌을 받았다

[모세는] 의심하면서 자기 지팡이로 그 바위를 쳤습니다. 이 점에서 그 기적은 그가 의심 없이 실행한 다른 기적들과 구별됩니다. 그처럼 그는 죄를 지었고, 그 결과 약속의 땅에 들어가지 못하고 죽을 것이라는 말을 들었습니다. 모세는 믿음 없는 백성들의 불평 소리에 마음이 흔들려서, 마땅히 지녔어야 할 확신을 갖지 못했었습니다.

• 아우구스티누스 『시편 상해』 106,26.

### 기적에 대한 냉소주의를 두려워 말라

거룩한 기적은 믿기 어렵다고 하거나, 또는 믿지 않을 이유가 없습니다. 그리스도인의 신앙이 이교인의 비웃음을 두려워한다면, 우리는 그리스도 그분은 물론 그분께서 사흗날에 다시 살아나셨다는 것을 믿지 말아야 합니다.

• 아우구스티누스 『편지』 170,6.

### 믿음을 잃을까 두려워하라

기적이 이치에 맞는지 인간의 지각으로 따져 보

려는 사람은 믿음을 잃지 않을까 두려워하십시오. 하느님께는 불가능한 것이 없다는 사실을 여러분은 알지 않습니까? 누가 여러분에게, '예수님이 문 잠긴 방 안에 들어왔다면, 그분께는 육체가 없는 것이다'라고 하거든, 이렇게 반박하십시오. '제자들이 그분을 만졌으니, 그분은 육체를 지니고 계셨소. 그분은 음식을 드셨으니 육체를 지니고 계셨소. 한 가지는 기적을 일으키신 것이고, 한 가지는 본성에 따라 하신 일이었소.'

• 아를의 카이사리우스 『설교』 175,2.

기적은 신적 권능으로 이루신 일이라고 우리는 믿습니다.

• 키루스의 테오도레투스 『편지』 151.

### 기적과 믿음

하느님의 능력은 그분께서 하신 모든 일보다 더 큽니다. 그러므로 하느님의 아드님께서 기적을 행하시면, 놀라움보다는 믿음이 따라야 합니다. 그들이 왜 그분을 몰라보고 그처럼 질겁했는지 알고 싶습니까? 그들이 뭐라 했는지 들어 보십시오. "저분이 혹시 다윗의 자손이 아니신가?"(마태 12,23)라고 했습니다. 그들이 그분을 제대로 알아보았다면, 그들은 "저분이 혹시 다윗의 자손이 아니신가?"라고 할 게 아니라 "저분은 하느님의 아드님이시다!"라고 해야 마땅했습니다.

• 『마태오 복음 미완성 작품』 강해 29.

### 신앙으로 의롭게 하셨다

하느님의 기적은 창조 때 행하셨던 놀라운 업적 안에서만 발견할 수 있는 것은 아닙니다. 그리스도께서는 인류를 죽음과 멸망에서, 그리고 악마의 덫에서 구해 내심으로써 세상에 사는 모든 이를 구원하셨기 때문입니다. 그분은 우리가 지은 죄 때문에 우리를 지배하게 된 죄악을 심판하심으로써 당신과 함께할 수 있는 이들을 신앙으로 의롭게 하셨습니다. 그리스도께서는 하느님 아버지 앞에서 우리를 위하여 의로움과 거룩함과 속량이 되셨습니다(1코린 1,30 참조).

• 알렉산드리아의 키릴루스 『이사야서 주해』 3,5,41,2.

## 그리스도와 제자들의 기적

### 예수님의 치유 기적을 예고한 이사야

그리스도께서 당신 고향 땅의 널리 알려진 지방으로 오시자마자 기적을 일으키고 사람들을 가르치기 시작하실 것은 오래전에 예고된 일이었지요. 이사야는 여러 가지 놀라운 일에 관해 이야기하며 그리스도께서 어떻게 다리저는 이들을 걷게 하고, 눈먼 이들을 보게 하며, 말못하는 이를 말하게 하시는지 알려 주었습니다. "그때에 눈먼 이들은 눈이 열리고 귀먹은 이들은 귀가 열리리라"(이사 35,5). 이어서 그는 다른 놀라운 일들에 대해서도 이야기했습니다. "그때에 다리저는 이는 사슴처럼 뛰고 말못하는 이의 혀는 환성을 터뜨리리라"(이사 35,6). 그분께서 오시고서야 이런 일이 일어났습니다.

• 요한 크리소스토무스 『그리스도의 신성에 관해 유대인과 이교인 반박』 8-9.

### 하느님이심을 인정하도록 이끄시다

이 대화가 있기 전에 얼마나 많은 기적이 있었는지 생각해 보십시오. 얼마나 많은 표징과 얼마나 많은 질문이 있었으며, 주님께서 당신과 아버지가 하나이심을 행위와 말씀으로 얼마나 확실하게 보여 주셨는지 생각해 보십시오. 이제 예수님께서 질문을 하십니다. 그렇게 많은 것들을 보여 주신 뒤, 당신께서 하느님이심을 그들이 인정하도록 이제 조용히 그들을 이끄십니다. 예수님께서 이렇게 하시는 것은 그들이 그분께서 그렇게 놀라운 기적들을 행하셨는데도 불구하고 그분을 율법의 적이며 또 하느님의 원수라고 말할 수 없도록 하기 위해서입니다.

• 요한 크리소스토무스 『마태오 복음 강해』 71,2.

### 그분의 기적들은 하느님 아들로서 이루신 것이다

그분은 많은 기적을 일으키셨고 그로써 당신 백성을 몹시 놀라게 하셨습니다. 그분께서 기적을 일으키신 것은, 다른 성인들처럼 성령의 은총을 바깥에서 선물로 받으셨기 때문이 아니라, 본성에 따라 참으로 아버지 하느님의 아들이셨기 때문입니다.

• 알렉산드리아의 키릴루스 『루카 복음 주해』 12.

### 당신이 그리스도이심을 밝히고자 병을 고쳐 주시다

그분은 거룩한 사도들을 임명하신 다음, 놀라운 기적을 숱하게 일으키시며 마귀들을 꾸짖고 당신께 가까이 오는 자들을 고질병에서 고쳐 주시며 당신의 거룩한 권능을 펼쳐 보이셨습니다. 이로써 당신을 따라온 유대인들과 그리스 각처에서 온 자들이 그리스도께서 우리 같은 보통 사람이 아니라 하느님이심을 알게 하셨습니다.

• 알렉산드리아의 키릴루스 『루카 복음 주해』 25.

### 기적의 메시지

당신께서 하느님이심을 증명하시기 위하여 그리스도께서는 기적들을 행하셨는데, 그것들이 복음서에 기록되어 있습니다. 당신의 주장을 입증하시기 위하여 많은 기적을 필요로 하셨습니다. 이 기적들 가운데 맨 처음 기적이 그분의 놀라운 탄생이었습니다. 그리고 마지막 기적은 죽은 이들 가운데서 일어나신 당신 몸으로 하늘에 올라가신 일이었습니다.

• 아우구스티누스 『신국론』 18,46.

### 기적을 이루는 데 사용된 도구

예수님께서는 병자들에게 일일이 손을 얹으시어 그들을 고쳐 주셨습니다. 이렇게, 하느님의 힘을 부여받은 당신의 거룩한 육신이 말씀의 힘을 지녔음을 보여 주셨습니다. 그분은 하느님의 외아들 말씀께서 우리와 같아지셨지만 여전히 하느님이심을 우리에게 알려 주고자 하셨습니다. 당신이 비록 사람의 몸을 입으셨지만 모든 것을 쉽게 이룰 수 있는 분임을 우리가 알기 바라셨지요. 그분 몸은 당신의 기적을 이루는 데 사용된 도구였습니다.

• 알렉산드리아의 키릴루스 『루카 복음 주해』 12.

### 어떤 권능에도 의지하지 않다

시력을 잃은 자에게 그것을 되찾아 주는 데 다른 어떤 권능에도 의지하지 않는 그분을 보십시오. 기적을 이루는 데 필요한 능력을 주십사고 하느님께 청하지 않고 당신 능력으로 그의 시력을 되찾아 주십니다. 그리스도께서는 하고자 하시면 무슨 일이든 하셨습니다. "다시 보아라!"(루카 18,42). 이 한마디가 눈먼 이에게 그대로 빛이었지요. 참된 빛이신 분의 말씀이었으니까요.

• 알렉산드리아의 키릴루스 『루카 복음 주해』 126.

### 그리스도의 권능이 벙어리 마귀를 쫓아내다

"그때에 사람들이, 마귀 들려 눈이 멀고 말을 못하는 사람을 예수님께 데려왔다"(마태 12,22)라고 합니다. 벙어리 마귀는 어느 성인도 꾸짖기가 쉽지 않습니다. 벙어리 마귀는 다른 마귀들보다 훨씬 기가 세고 고집불통이지요. 하지만 우리 모두의 구원자이신 그리스도의 전능하심에는 어려운 일이란 없습니다. 눈앞에서 벌어진 이 놀라운 일을 보고 군중은 기적을 일으킨 주님을 찬양하며 하느님께 바칠 만한 영예를 바치려고 나섰습니다.

• 알렉산드리아의 키릴루스 『루카 복음 주해』 80.

### 그리스도께서 소녀를 일으키시다

그분께서 기적을 일으키시는 방법은 실로 하느님께서 하실 만한 그런 방법이었습니다. "예수님께서는 아이의 손을 잡으시고 말씀하셨다. '아이야, 일어나라.' 그러자 아이의 영이 되돌아와서 아이가 즉시 일어섰다"(루카 8,54-55)라고 합니다.

• 알렉산드리아의 키릴루스 『루카 복음 주해』 46.

### 만나의 기적을 요구하다

이 사람들은 마치 지금까지 아무것도 주어지지 않은 것처럼 또 다른 기적을 요구합니다. 이보다 터무니없는 일은 있을 수 없습니다. 게다가 이들은 기적을 일으키는 선택권이 주님이 아니라 자신들에게 있는 것처럼, 자기네 조상들에게 내렸던 것과 같은 표징을 보여 달라고 요구합니다. "우리 조상들은 광야에서 만나를 먹었습니다"(요한 6,31)라고 하면서 말입니다. … 이집트에서, 갈대 바다에서, 광야에서 많은 기적이 일어났지만 이들이 가장 먼저 떠올린 것은 만나의 기적이었습니다. 식욕의 힘은 이 정도입니다. … 그들은 이 기적을 하느님께서 일으키셨다는 말도 모세가 일으켰다는 말도 하지 않습니다. 예수님을 하느님과 대등하게 높이지도, 예수님을 낮추어 모세에 비교하지도 않습니다. 그저 중도 입장을 취하여 "우리 조상들은 광야에서 만나를 먹었습니다"라고만 합니다.

• 요한 크리소스토무스 『요한 복음 강해』 45,1.

### 예수님께서 광야에서 이스라엘을 먹이시다

주님께서는 우리가 당신의 힘을 알도록, 이런 일을 한 번만이 아니라 두 번 행하십니다. 당신께서 원하시면 빵이 없는데도 군중을 먹이시는 이 힘은 그분의 신성에서 옵니다. 주님께서 이 일을 행하신 것은 일찍이 광야에서 사십 년 동안 이스라엘을 먹이신 분이 당신이심을 그들이 믿도록 만들기 위해서입니다.

예수님께서는 몇 개 안 되는 빵으로 그들을 먹이셨을 뿐 아니라 일곱 바구니나 남게 하셨습니다. 이는 조금밖에 남아 있지 않던 과부의 밀가루 단지와 기름병을 채워 준 엘리야(1열왕 17,8-16 참조)보다 주님이 훨씬 뛰어난 분이심을 드러내는 일입니다. 그러나 예수님께서는 제자들이 이 두 기적의 차이를 또다시 잊어버리는 일이 없도록 빵 일곱 개로 일곱 바구니를 남기셨을 뿐, 필요 이상의 일은 하지 않으셨습니다.

• 헤라클레아의 테오도루스 『마태오 복음 단편』 98.

### 하느님께서는 우리에게 필요한 것보다 많이 주신다

하느님께서는 당신 능력만큼 빵을 늘려 주신 것이 아니라 그것을 먹는 사람들에게 충분한 만큼 늘리셨습니다. 그러므로 그분의 기적은 그분 능력의 척도가 아니라 굶주리는 이들의 허기의 정도를 나타내는 척도입니다. 그분의 능력으로 기적을 재려 한다면 그 능력의 크기가 너무 커서 결코 다른 것을 잴 수 없습니다. 따라서 그분의 기적은 수천 명의 허기로 재어지며, 그러고도 열두 광주리 넘게 남았습니다.

• 시리아인 에프렘
『타티아누스의 네 복음서 발췌 합본 주해』 12,4.

### 나그네 환대를 가르치는 빵의 기적

이 기적의 결과는 무엇입니까? 많은 사람이 배

부르게 먹은 것이지요. 다른 복음사가의 기록에 따르면, '여자와 아이들을 빼고 남자 어른만 오천 명이나 되었다고 합니다'(마태 14,21 참조). 기적은 거기서 끝나지 않았습니다. 남은 음식이 열두 광주리나 되었습니다. 여기서 우리는 무엇을 미루어 알 수 있을까요? 나그네를 환대하면 하느님께서 넘치도록 갚아 주신다는 분명한 사실이지요. 제자들이 내놓은 것은 빵 다섯 개였습니다. 그런데 그 많은 무리가 배불리 먹고도 남은 음식을 광주리에 따로 담아야 했습니다. 그러니 나그네를 맞아들여 대접하는 일에 망설이지 맙시다.

• 알렉산드리아의 키릴루스 『루카 복음 주해』 48.

### 빵을 떼어 나누어 주신 예수님

예수님은 이 기적으로 겸손과 절제와 사랑의 실천, 서로에게 한마음이 되고 모든 것을 함께 나눌 것을 가르치십니다. 그런 외딴 장소를 택하심으로써, 빵과 물고기만을 주심으로써, 모든 사람 앞에 똑같은 음식을 보여 주시고 그것을 누구나 똑같이 나누게 함으로써 그렇게 하십니다.

• 요한 크리소스토무스 『마태오 복음 강해』 49,3.

### 때의 식별

그리스도의 기적을 본 사람들 가운데 더러는 기적이 뜻하는 바를 깨닫지도 못했고, 깨달은 이들에게 어떻게 설명해야 하는지도 몰랐습니다. 그들은 벌어진 일에 놀라기만 할 따름이었습니다. 그러나 일어난 일에 놀랐을 뿐 아니라 그 의미를 깨달은 이들도 있었습니다. 그들처럼 되도록 우리도 그리스도의 학교에 와야 하겠습니다. 그리스도께서는 그저 기적을 위해 기적을 행하셨다고 말하는 사람은, 그분께서 무화과나무에서 열매를 찾으셨을 때 무화과 철이 아니라는 사실조차 모르고 계셨다고 말할 수도 있을 것입니다.

• 아우구스티누스 『설교』 98,3.

### 그리스도의 엄청난 창조 행위

"예수님께서 하신 일은 이 밖에도 많이 있다. 그래서 그것들을 낱낱이 기록하면, 온 세상이라도 그렇게 기록된 책들을 다 담아 내지 못하리라고 나는 생각한다"(요한 21,25). 치유 기적은 여기에 해당하지 않습니다. 치유받은 사람의 이름을 모두 밝히지는 않지만, 치유 사례는 [두루 언급할 망정] 하나도 빠짐없이 기록되어 있기 때문입니다. 죽은 이들이 되살아나고, 눈먼 이가 보고, 귀먹은 이가 듣고, 다리저는 이가 걸었으며, 주님께서 온갖 질병과 병고를 고쳐 주셨다는 요한의 표현은 기적을 더러 빠뜨린 것이 아니라 모든 기적을 한데 아울러 두루 이른 말입니다. 그러나 이는 복음사가의 심오한 지혜를 보여 주는 표현일 수도 있습니다. 우리는 예수님께서 육으로 계실 때 행하신 기적만으로 그분에 대해 알게 되는 것이 아니라는 것입니다. 이런 기적들은 그분께서 하신 다른 일의 위대함과 견주면 별것 아니기 때문입니다.

• 니사의 그레고리우스 『에우노미우스 반박』.

### 마음의 눈이 먼 사람들

그들(율법 학자와 바리사이)은 예수님께서 악마의 힘을 빌려 기적을 행하셨다고 합니다. 예수님께서 땅에서 환영을 만들어 낸다는 것이지요. 그렇지 않고 네 힘으로 그 일을 이루었다면, '하늘에서 내려오는 기적을 일으켜 보아라'는 것입니다. 다른 복음사가는 그들이 신성에 걸맞은, 하늘에서 내려오는 표징을 일으킬 것을 예수님께 요구했다고 합니다(참조: 마르 8,11; 루카 11,16; 마태 16,1). 마음의 눈이 먼 그들은 예수님께서 하느님에게 걸맞은 일을 하나도 하실 수 없는 분인 것처럼 이렇게 말했습니다. 눈먼 이들의 눈을 뜨게 하고 죽은 이들을 되살리고 바람과 호수를 꾸짖는 이 모든 기적을 일으킬 수 있는 것은 오직 하나의 거룩한 권능뿐입니다.

• 알렉산드리아의 키릴루스 『마태오 복음 단편』 160.

### 유대인들이 표징을 요구하다

그분께서 하느님의 집에 대하여 그토록 큰 열정을 가지고 계셨다는 사실 자체가 그분이 어떤 분이신지를 보여 주는 큰 표징이 아니었습니까? … 하지만 그들은 예언을 기억하지 못하고 표징을 요구했습니다. … 그들은 궁지에 몰린 그분께서 기적을 행하시든가, 하시던 행동을 멈추시든가 할 수밖에 없으리라고 생각하였습니다. 그러나 주님께서는 그들에게 표징을 보여 주기를 거부하셨습니다. 다른 때 이와 비슷한 일이 있었을 때도 그분께서는 "악하고 절개 없는 세대가 표징을 요구하지만, 요나의 표징밖에는 아무런 표징도 받지 못할 것이다"(마태 16,4)라고 대답하신 적이 있습니다.

• 요한 크리소스토무스 『요한 복음 강해』 23,2.

### 예수님께서 기적을 일으키지 않으신 이유

복음사가는 예수님께서 "그곳에서는 기적을 많이 일으키지 않으셨다"(마태 13,58)라고 합니다. 사실 예수님께서 기적을 행하시리라고 충분히 기대할 만했습니다. 그런데 그분에 대한 놀라움이 커져 갔는데도(사실 그곳에서도 그분은 놀라움의 대상이었습니다), 왜 그분은 기적을 행하지 않으셨을까요? 예수님께서는 [기적이] 보여 주는 광경이 아니라 기적의 쓸모를 중요히 여기셨기 때문입니다. 따라서 기적이 쓸모가 없을 때, 예수님께서는 그들이 더 심한 벌을 받게 만들지 않으시려고 당신의 관심사는 무시하셨습니다. 그런데도 예수님께서 왜 몇 번은 기적을 일으키셨을까요? 그들이 "의사야, 네 병이나 고쳐라"(루카 4,23) 하고 말하지 못하게 하기 위해서였습니다. 또는 그들이 '저자는 우리의 원수요 적이며 자기 백성만 눈감아 준다'고 말하지 못하게 하기 위해서였습니다. 또는 그들이 '저자가 기적을 일으켰더라면, 우리도 믿었을 텐데' 하고 말하지 못하도록 하려는 뜻에서였습니다. 그래서 예수님께서는 기적을 일으키시기도 했고, 기적을 일으키기를 삼가시기도 하셨습니다. 기적을 일으키신 것은 당신의 역할을 다하기 위해서였고, 일으키지 않으신 것은 그들이 더욱 가혹한 단죄를 받지 않게 하기 위해서였습니다.

• 요한 크리소스토무스 『마태오 복음 강해』 48,1.

### 제자들의 약함과 주님의 권능

갖고 있는 것과 주는 것, 주는 것과 받는 것 사이에는 엄청난 차이가 있습니다. 주님께서는 무엇을 하시건 당신의 권능으로 행하십니다. 제자들은 "예수님의 이름으로 일어나 걸으시오"라고 말하며, 무슨 일을 하건 자신들의 약함과 주님의 권능을 드러냅니다. 또 한 가지 잊지 말아야 할 것은, 기적을 일으키는 힘이 열두 번째 사도에게까지 주어졌다는 사실입니다.

• 히에로니무스 『마태오 복음 주해』 1,10,1.

### 무엇보다 놀라운 기적

주님은 왜 모든 사람에게 나타나지 않으시고 사도들에게만 나타나셨을까요? 사람들 대부분은 신비의 비밀을 알지 못하는 까닭에 그분을 환영幻影으로만 보았기 때문입니다. 제자들조차 처음에는 그 사실을 믿지 못하고 의심하다가 그분을 손으로 만지고 함께 음식을 먹고 나서야 믿었으니, 다른 사람들은 어떠했겠습니까? 그래서 그분께서는 사도들이 일으킨 기적이 당신 부활의 확실한 증거가 되게 하심으로써, 당대 사람들만이 아니라 후세 사람들도 당신께서 부활하신 사실을 믿게 하셨습니다. 후대인들은 신앙으로 말미암아 주님의 부활을 믿게 되지만, 당대 사람들은 기적을 보고 그분의 부활을 믿었습니다. 그래서 사도들에 관한 우리의 이야기도 여기서 시작합니다. 주님께서 다시 살아나지 않고 죽은 채로 계셨다면, 사도들이 어떻게 그분의 이름으로 기적을 행했겠습니까? 그러나 "그들은 기적을 일으키지 않았다"고 말할 사람들도 있을 것입니다. 그렇다면 우리의 종교가 어떻게 인정받았겠습니까? 그들은 이 사실을 부인하지 못할 테니 명백한 것을 따지고 드는 셈입니다. 그러니 기적이 일어나지 않았다고 내세우는 사람들은 한마디로 자가당착에 빠지는 것입니다. 아무런 기적도 일어나지 않았는데 온 세상이 가난하고 무식한 열두 사람의 그물에 걸려들었다면, 그것이야말로 무엇보다 놀라운 기적일 테니 말입니다.

• 요한 크리소스토무스 『사도행전 강해』 1.

### 부활하셨다는 것을 증명할 방법이 없다

그때는 그들의 선교가 시작되는 때였고, 자신들의 확신에 대한 확실한 표징이 주어지기를 기도한(그 후로는 이런 일이 다시는 일어나지 않았습니다) 그들은 엄청난 격려를 받았습니다. 사실 그들에게는 기적과 같은 표징 말고는 그분께서 부활하셨다는 것을 증명할 방법이 없었습니다. 그러므로 그것은 그들이 바라던 확증이었을 뿐 아니라 그들이 치욕을 당하지 않고 담대하게 이야기할 수 있는 힘이 되어 주었습니다.

• 요한 크리소스토무스 『사도행전 강해』 11.

### 먼저 치유가 있었고, 그러고 나서 사람들이 믿었다

베드로가 기적을 증거로 보여 준 것은 잘한 일이었습니다. 그것을 통해 사람들은 병에서 벗어났을 뿐 아니라 건강과 힘까지 얻었습니다. 뿐만 아니라 그때까지 사도들은 아직 자신들의 능력의 증거를 보여 준 적이 없었고, 그래서 그 사람에게 다짜고짜 믿으라고 요구하는 것은 무리였습니다. 앞서 불구자를 치유했을 때도 그들은 그렇게 하지 않았습니다(사도 3,6 참조). 그러므로 그리스도께서 기적들을 일으키기 시작하셨을 때 사람들에게 믿으라고 요구하지 않으셨던 것처럼 사도들도 그러지 않았습니다. … 어떤 기적들은 사람들을 신앙으로 부르기 위해 행해지고, 어떤 기적들은 믿는 이들을 위로하기 위해 행해집니다.

• 요한 크리소스토무스 『사도행전 강해』 21.

### 처음의 반응과 나중의 반응

'맏아들'(마태 21,28-32 참조)은 바리사이들로 대변되는 사람들을 나타냅니다. 요한의 예언을 통해 당신의 계명들을 지키라는 하느님의 긴급한 경고를 듣고도 그들은 여전히 거만하게 굴며 순종하지 않았고 하느님의 경고를 무시했습니다. 그들은 율법에만 의지하고, 죄를 회개하는 것을 하찮게 여겼으며 자신들이 아브라함에게서 물려받은 고귀한 특권을 자랑삼았습니다. 나중에 이들은 주님의 부활 이후 사도들이 행한 기적들을 보고 믿음에 들었습니다. 의지에서 나온 믿음의 행위를 통해 복음적 행실로 돌아선 뒤, 예전에 저지른 오만의 죄를 고백하고 참회했습니다.

• 푸아티에의 힐라리우스 『마태오 복음 주해』 21,13.

### 기적을 행한 인간일 따름이다

여러분은 제우스라는 자가 실은 인간이면서도

신으로 자처하고 그렇게 떠들어 댄 옛날이야기들을 들었을 것입니다. 로마와 마케도니아의 많은 임금도 이처럼 마치 자기가 신인 양 굴었습니다. 이 나라 사람들은 오래전에 쓰였다는 이야기들을 믿고, 이런 이야기에 현혹되어 어떤 인간들을 신이라고 불렀던 것입니다. 이들은 바르나바와 바오로에 대해서도 잘못 생각했습니다. … 바르나바의 제자들은 사람들이 이런 말을 못하게 하고 진실을 가르치기 위해 거듭 인자하게 "아무도 하느님을 본 적이 없다"(요한 1,18)라고 말했습니다. 보다시피 우리는 신이 아니라 사람입니다. 예수님만이 일치의 원리에 의해 하느님이신 동시에 인간이셨습니다. 바오로와 바르나바는 성령을 통해 기적을 행한 인간일 따름이었습니다.

• 알렉산드리아의 암모니우스
『성경 주해 선집』(사도행전) 14,12.

### 초자연적 은총이 하는 일

기적은 그것을 일으킨 이들이 없을 때 더욱 놀랍게 여겨지는 법입니다. 사건 자체가 더 웅변적으로 이야기하기 때문입니다. 간수가 믿게 된 것 자체가 복음을 알리는 하나의 목소리였습니다. 무엇이 이에 버금가겠습니까? 사도는 사슬에 묶여 있고, 그렇게 사슬에 묶여 있으면서도 이중의 속박을 풉니다. 사슬에 묶임으로써, 자신을 사슬에 묶은 이를 풀어 준 것입니다(사도 16,27-34 참조). 이것이 진정 은총이 하는 일입니다.

• 요한 크리소스토무스 『사도행전 강해』 36.

### 기적이 일어나는 방식

바오로는 예언과 믿음에 대해 이야기하며 모든 영적 은사가 거기에 포함된 것으로 표현합니다. 기적은 말로 일어날 수도 있고 행동으로 일어나기도 하기 때문입니다.

• 요한 크리소스토무스 『코린토 1서 강해』 32,7.

### 사도들을 통하여 이루어지다

거룩한 교회가 그 당시 사도들을 통하여 구체적으로 행했던 일은 지금도 영적인 형태로 날마다 이루어지고 있습니다. 교회의 사제들은 구마 은총으로 신자들에게 안수함으로써 악령이 그 영혼 속에 머물지 못하게 하는데, 이것이 바로 마귀들을 쫓아내는 일이 아니고 무엇이겠습니까? 그리스도인은 잠시 지나가는 세상의 삿된 가르침을 버리고 거룩한 신비를 거행하며 온 힘을 다하여 창조주의 영광과 권능을 선포하는데, 이것이 바로 새로운 언어들을 말하는 것이 아니고 무엇이겠습니까? 훌륭한 권고로써 다른 이의 마음 안에 있는 악의 불을 끈다면, 그것은 뱀을 없애는 일입니다. 악하게 꼬드기는 말을 듣고도 악에 끌려 다니지 않는다면, 독을 마시고도 해를 입지 않는 것입니다. … 이러한 표징은 영적이며, 육신이 아니라 영혼을 생명으로 이끌어 주기에 더욱 위대합니다(참조: 시편 90,14; 요한 14,12-14).

• 대 그레고리우스 『복음서 강해』(40편) 2,29.

## 길

우리는 "길"을 완전함으로 가는 길로 이해합니다.

• 대 바실리우스 『성령론』 8,18.

넓은 길과 좁은 길, 이 두 길은 모두 끝이 있으며 매우 짧습니다.

• 아를의 카이사리우스 『설교』 233,7.

우리가 완전함에 도달하기 위해 걸어가는 길은 깨끗한 기도로 정화됩니다.

• 아우구스티누스 『인간 의로움의 완성』 9,20.

좋은 행실로 주님의 길을 마련하고 훌륭한 일들로 그 길을 평평하게 만드십시오.

• 오리게네스 『루카 복음 강해』 21,7.

우리의 길은 우리 자신의 노력이 아니라 그분의 도움과 자비로 바르게 됩니다.

• 히에로니무스 『펠라기우스파 반박 대화』 3,8.

### 하느님의 길

#### 주님의 계획과 행위

시편 저자는 사람들의 행적을 "길"로 지칭합니다. 저자는 또한 하느님께서 창조하시거나 배열하심으로써 행하고자 하시는 모든 것을 하느님의 "길"이라고 부릅니다. 그래서 "당신의 길을 제게 가르쳐 주소서"(시편 25,4)라는 말은 '제가 당신의 행하심과 계획하심을 기뻐하게 하소서'를 의미합니다.

• 몹수에스티아의 테오도루스 『시편 해설』 25,4.

#### 하느님의 길

"길"이 가리키는 것은 주님의 행동 방식 아니겠습니까? 그래서 주님께서도 예언자를 통해 이렇게 말씀하십니다. "내 생각은 너희 생각과 같지 않고 너희 길은 내 길과 같지 않다"(이사 55,8). 그러므로 욥은 주님의 오심에 대해 이야기하면서도 부분적으로는 하느님의 길을 묘사했던 것입니다. 우리를 창조하신 그분의 행동 방식은 한 가지였습니다. 그 길을 통해서 그분은 우리를 다시 구원하셨습니다.

• 대 그레고리우스 『욥기의 도덕적 해설』 17,54.

#### 하늘로 가는 길

현세의 삶은 높은 곳에서 오는 안내가 필요한 길입니다. 우리가 어떤 도시로 들어가고자 할 때도 그 도시로 안내해 줄 사람이 필요한데, 하물며 하늘로 여행하고자 한다면 하늘로 가는 길을 가리키고 방향을 결정하며 안내해 줄, 위로부터 오는 은총이 더욱더 필요하지 않겠습니까. 우리를 그릇된 곳으로 이끄는 많은 길들이 있습니다. 그러므로 하느님의 오른손을 꼭 잡읍시다.

• 요한 크리소스토무스 『시편 해설』 5,4-5.

### 하느님께서 인도하시지 않는 길

바오로는 모든 것을 아시는 하느님께서 그가 열매를 거둘 만한 곳으로 그를 인도하시지 않는 길은 유익하다고 생각하지 않습니다. 그 예를 사도행전에서 볼 수 있는데, 바오로가 가고자 한 곳이 따로 있었지만 결국 다른 길로 인도되었다고 합니다(사도 16,7 참조).

• 펠라기우스 『로마서 주해 단편』.

### 하느님께서 이끄시다

주님, 당신께서 걸으셨던, 생명에 이르는 당신의 길은 당신께서 이끄실 때만 찾을 수 있으므로, 제게 그 길을 알려 주시어 그 길을 따라 걸을 수 있게 하여 주소서. 그리고 제게 당신의 행로를 알려 주시어 그것을 따라가게 하소서. 제가 그렇게 할 때 당신께서는 저를 당신의 진리로 인도하시고, 이끌어 주십니다.

• 소 아르노비우스 『시편 주해』 25.

### 바른길로 이끌어 주시기를 청하다

당신의 길을 알 수 있도록 저에게 법을 주소서. 당신께서 원하시는 것과 원하시지 않는 것, 당신께서 사랑하시는 것과 미워하시는 것을 보여 주소서. 제가 해야만 할 것들에 대해 배우지 못한다면 저는 그것을 하지 않게 될 것입니다. 제 원수들은 제가 당신을 거역하는 것을 그 무엇보다 간절히 바라므로 제 원수들 때문에라도 저를 바른길로 이끌어 주시기를 청합니다.

• 소 아르노비우스 『시편 주해』 27.

### 당신의 시선을 우리에게 두시다

주님께서는 우리에게 교훈을 주시고, 걸어야 할 길을 가르치십니다. 우리가 그 길을 걸을 때 주님께서는 당신의 시선을 우리에게 두시고, 우리가 말이나 노새처럼 되지 않게 하십니다. 주님께 가까이 가기를 싫어하는 이들의 경우에는 그들의 턱에 시련의 고삐와 심판의 재갈을 물리실 것입니다.

• 소 아르노비우스 『시편 주해』 32.

### 나의 길을 흠 없게 만드시다

나는 "저의 하느님, 당신의 길은 완전합니다"라고 말하였습니다. 그런데 그 하느님께서는 내가 당신의 모습을 닮기를 원하십니다. 그래서 하느님께서는 가르침과 훈계, 당신이 원하시는 종류의 단련을 통하여 나의 길을 흠 없게 만드셨고, 나의 길과 삶을 정화하시고 완전하게 해 주셨습니다.

• 카이사리아의 에우세비우스 『시편 주해』 18,33-34.

### 우리의 길은 하느님의 도움과 자비로 곧게 된다

우리는 하느님께 우리의 길을 보여 드리고 맡겨 드려야 합니다. 우리의 길은 우리 자신의 노력이 아니라 그분의 도움과 자비로 바르게 됩니다. "제 앞에 당신의 길을 바르게 놓아 주소서"(시편 5,9)(어떤 사본들에는 "당신 앞에 제 길을 바르게 놓아 주소서"로 되어 있다)라고 쓰여 있듯이, 그분에게 바른 것이 나에게도 바르게 보이게 되어야 할 것입니다.

• 히에로니무스 『펠라기우스파 반박 대화』 3,8.

### 하느님의 도움

하느님의 은총 없이 덕행의 길을 흠 없이 걷는 것은 불가능합니다. 그분께서는 이런 지향을 가진 이들과 함께 걸으십니다. 덕을 얻기 위해서는 인간의 열정과 하느님의 도움이 동시에 있어야 하기 때문입니다. 그래서 보다시피, 이 길을 걷는 이가 미끄러진다 하더라도 하느님께서 그를 도와주실 것입니다.

• 키루스의 테오도레투스 『시편 주해』 37,8.

### 옛 길을 더 이상 찾지 않다

"길을 찾지 못하게 하리라"(호세 2,8). 이 말은 삶에 필요하고 유용한 것에서가 아니라. … 모든 즐거움을 채우기 위해 빠진 부끄럽고 해로운 것들에서 길을 찾지 못하게 하겠다는 뜻입니다. … 여자가 애인들을 따라잡지 못하도록 유익하게도 그녀의 길이 가시나무로 막혔던 것처럼, 지금 황폐와 멸망을 향한 내리막길로 달려가는 그 여자는 예전에 애인을 찾았듯 덕을 열망하게 될 때, 하느님의 자비로 말미암아 자신의 욕망과 반대되는 길로 인도되었음을 믿게 됩니다. 정신과 마음에 하느님 지혜의 빛을 받으면, 그 여자는 자신의 옛 길을 더 이상 찾지 않을 것입니다.

• 알렉산드리아의 키릴루스
『열두 소예언서 주해』(호세아서) 2,22.

### 새로운 길은 언제까지나 "살아 있는 길"이다

바오로 사도는 "새로운"(히브 10,20 참조)이라고 표현한 구절을 두고, '새로운 길이라고 한다면 그 길도 세월이 가면 오래되고 낡아 버릴 터이니 옛 계약처럼 사라져 없어지고 말 것'이라고 말하는 자들이 있을까 봐 염려하여, 전혀 그렇지 않다고 말합니다. 언제까지나 새로운 것이기에 영원히 새롭고 "살아 있는 길"(히브 10,20)이며, 결코 죽음이나 파멸이 있을 수 없는 길이라는 것입니다.

• 포티우스 『히브리서 단편』 10,20.

### 하느님의 말씀

그의 마음속에 있는 하느님의 말씀은 사람을 올가미에서 빼내 주고, 그의 마음속에 있는 하느님의 말씀은 그가 굽은 길을 피하게 하며, 그의 마음속에 있는 하느님의 말씀은 미끄러운 곳에서 비틀거리지 않게 해 줍니다. 하느님의 말씀이 결코 그대의 마음을 떠나지 않는다면 하느님께서 그대와 함께 계십니다.

• 아우구스티누스 『시편 상해』 37,12.

### 하느님 가까이 있다는 것

겸손하게 그분의 발자국을 따라 하느님께 가까이 다가가십시오. 그러면 자비로우신 그분께서는 가까이 오셔서 당신의 모든 걱정을 없애 주실 것입니다. 물리적인 거리로 치면 하느님에게서 멀리 있는 사람은 아무도 없습니다. 문제는 우리의 태도와 감정입니다. 옳은 일을 하고자 열심인 사람은 언제나 하느님 가까이 있는 반면, 사악함에 빠져 길을 잃은 사람은 어디에 살든 그분에게서 멀리 있는 것입니다.

• 존자 베다 『가톨릭 서간 해설』(야고보서).

### 하느님의 뜻을 이루기 위한 길

"그분께서는 내 길을 알고 계시니"(욥 23,10). 이 말을 쉽게 표현하면 이와 같습니다. '내 입장에서는 엄밀하게 나 자신을 찾고 있지만 나는 자신을 철저히 알 수 없네. 그러나 내가 볼 수 없는 그분은 내가 하는 모든 것을 더없이 상세하게 보고 계시네.' … "나는 그분의 길을 지켜 빗나가지 않았네"(욥 23,11). 길을 지키며 빗나가지 않는 이는 마음이 좋아하는 것들을 실천합니다. 자기 마음의 과격한 기질을 계속 따르는 것은 실천에 실패하는 것입니다. 의인들은 진리의 길로 매일 자기들의 행동을 시험하는 것에 관심이 있습니다. 그래서 그들은 바른길에서 벗어나지 않을 수 있도록, 스스로 이것을 자신의 규범으로 삼습니다.

• 대 그레고리우스 『욥기의 도덕적 해설』 16,39-44.

전능하신 하느님께서는 때때로 사악한 이들이 자기들의 길을 가도록 오랫동안 허락하시는데, 이것은 의인들의 길을 더욱 정결하게 만들기 위해서입니다.

• 대 그레고리우스 『욥기의 도덕적 해설』 5,35.

### 의인들의 길

하느님은 특히 당신께서 인정하시는 이들의 길을 잘 알고 계십니다. 반대로 하느님께 심판을 받을 행위를 하는 이들의 길은 잘 모르신다고 말합니다. 그래서 이런 말씀이 있습니다. "의인들의 길은 주님께서 알고 계시고 악인들의 길은 멸망에 이른다"(시편 1,6).

• 라바누스 마우루스 『집회서 주해』 4,5.

"악인들의 길은 멸망에 이른다"(시편 1,6)라고 말하는 것은 '주님께서는 악인들의 길을 모르신다'고 말하는 것과 같습니다.

• 아우구스티누스 『시편 상해』 1,6.

### 그리스도 안에서 걸어라

"의인들의 길을 주님께서는 알고 계시고"(시편 1,6). 이 말을 달리 표현해 봅시다. 그리스도는 "길이요 진리요 생명"(요한 14,6)이십니다. 그러니 우리는 그리스도 안에서 걸읍시다. 그러면 아버지 하느님께서 우리의 길을 알게 되실 것입니다.

• 히에로니무스 『시편 설교 59편』 1.

### 의인들의 길이 되시다

하느님은 악인의 길은 알지 못하시지만 의인의 길은 아십니다. "나는 길이다"라고 말씀하시는 분, 성부께서 아시는 그분 외에 누가 "의인들의 길"(시편 1,6)이 될 수 있겠습니까?

• 오리게네스 『시편 발췌 주해』 1,6.

### 의인은 길을 바꾸지 않는다

[의인의] 마음속에는 하느님의 법이 있어서 그는 길을 바꾸지 않습니다. 악마는 그를 지켜보고 모욕을 주고자 하지만, 하느님께서는 그가 심판을 받을 때 그를 버리지도 저주하지도 않으십니다. 주님께 바라며 그분의 길을 따르십시오. 그러면 여러분은 땅을 상속받고, 때가 되면 죄인들이 망하는 것을 보게 될 것입니다.

• 소 아르노비우스 『시편 주해』 37.

### 겸손한 이들을 가르치시다

어떤 이들은 하느님보다 더 자신을 잘 다스릴 수 있다고 생각하기라도 하는 것처럼 앞서서 달려가기를 원합니다. 하느님께서는 이런 이들에게는 당신의 길을 가르쳐 주시지 않습니다. 오히려 으스대거나 과시하지 않으며, 고집스럽게 자신의 주장을 고수하지 않는 이들에게 당신의 길을 가르쳐 주십니다.

• 아우구스티누스 『시편 상해』 25,9.

잠재력의 실현은 항상 '커짐'을 내포합니다. 그들은 길을 준비하였지만, 그분은 "나는 길이요 진리다"(요한 14,6)라고 선언하시면서 그 길을 완성하셨습니다.

• 맹인 디디무스 『코헬렛 주해』 42,24.

## 주님의 길을 준비한 요한

### 주님의 길을 준비하러 온 요한

[바로 그 하느님께서] 당신 사자를 아들에 앞서 보내어, 그의 길을 준비하고 엘리야의 영과 힘 안에서 빛을 증언하게 하시겠다고 예언자를 통하여 약속하셨습니다(루카 1,17 참조).

• 리옹의 이레네우스 『이단 반박』 3,11,4.

### 순수한 영혼을 지니도록 준비시킨 요한

요한은 주님께서 그 안에서 걸으실 믿는 이들의 영혼을 준비시켰습니다. 이는 주님께서 "나는 그들과 함께 살며 그들 가운데에서 거닐리라. 나는 그들의 하느님이 되고 그들은 나의 백성이 되리라"(2코린 6,16; 레위 26,12)라고 말씀하시며, 순수한 영혼들 안에서 더없이 깨끗한 길을 걸으실 수 있도록 하려는 것이었습니다.

• 히에로니무스 『마태오 복음 주해』 1,3,3.

### 주님의 길을 겸손하고 절도 있게 준비하다

사치품인 양털 옷이 자신에게 어울리지 않는다고 여긴 복된 요한은 낙타 털 옷을 입고서 단순하고 참된 삶의 모범을 우리에게 보여 주었습니다. 그는 달콤한 영적 양식인 들꿀과 메뚜기를 먹고 살며(참조: 마르 1,6; 마태 3,4) 주님의 길을 겸손하고 절도 있게 준비하였습니다.

• 알렉산드리아의 클레멘스 『교육자』 2,112,1.

### 길에서 돌을 치우다

요한은 자비와 진리와 믿음과 의로움의 길을 준비했습니다. 이 길에 관하여 예레미야도 "갈림길에 서서 살펴보고 옛길을 물어보아라. 좋은 길이 어디냐고 물어 그 길을 걷고"(예레 6,16)라고 한 바 있습니다. 하늘 나라는 이 길에서 찾아집니다. 그러므로, "하늘 나라가 가까이 왔다"(마태 3,2)라는 요한의 말은 옳습니다. 여러분은 하늘 나라가 여러분 가까이 있기를 바라십니까? 여러분 마음 안에, 여러분의 정신 안에, 여러분의 영혼 안에 이런 길을 내십시오. 여러분 안에 순결의 길과 믿음의 길과 성덕의 길을 닦으십시오. 여러분의 마음에서 걸림돌이 될 모든 죄를 쓸어 버리십시오. '길에서 돌을 치워라'(이사 40,4 참조) 하고 쓰여 있기 때문입니다. 그러면 실로 여러분 마음의 생각들과 여러분 영혼의 움직임을 통하여 그리스도 임금님께서 그 길로 들어오실 것입니다.

• 아퀼레이아의 크로마티우스 『마태오 복음 강해』 8,1.

### 길을 준비하는 것은 회개의 열매를 맺는 것이다

예언자(이사야)는 그가 와서, "너희는 광야에 주님의 길을 닦아라. 우리 하느님을 위하여 사막에 길을 곧게 내어라"(이사 40,3)고 말하리라고 했던 것입니다. 요한도 와서는, "회개에 합당한 열매를 맺어라"(루카 3,8) 하고 말했습니다. 이 말은 "주님의 길을 마련하여라"(루카 3,4)와 같은 뜻입니다. 예언자의 말과 요한의 선포가 같은 것을 명시하고 있음을 잘 보십시오. 요한은 길을 마련하고 앞서 준비하려고 온 사람이지 죄를 용서하는 선물을 주는 사람이 아닙니다. 만물의 하느님을 맞아들이도록 영혼들을 제때에 준비시키러 온 사람입니다.

• 요한 크리소스토무스 『마태오 복음 강해』 10,3.

회개를 촉구한 선포자 요한은 거룩한 것을 베푼 사람이 아니라 거룩한 분께서 오실 길을 만든 사람입니다.

• 테르툴리아누스 『세례론』 10,3.

### 요한의 세례는 오래 계속되지 않았다

요한이 세례를 주는 사명을 받은 것은 회개의 물로써 주님의 길을 준비하기 위한 것이었습니다. 그 자신은 주님이 아니었기 때문입니다. 그러나 주님께서 알려지신 곳에서는 그분을 위하여 길을 준비할 필요가 없었습니다. 그분을 아는 이들에게는 그분 자신이 길이었기 때문입니다. 그래서 요한의 세례는 오래 계속되지 않았습니다. 하지만 주님의 겸손을 보여 주기에는 [충분할 만큼 긴 기간이었습니다]. …

주님께서 요한의 세례를 받으셨을 때 요한의 세례는 끝이 났습니다. 그리고 요한은 감옥에 갇혔습니다. 그 이후로 요한의 세례를 받았다는 사람을 우리는 알지 못합니다.

• 아우구스티누스 『요한 복음 강해』 4,12-13.

### 요한이 길 잃은 이들을 도우려고 외치다

광야에서 외치는 이 소리가 필요한 이유는 하느님을 모시지 못하고 진리를 지니지 못한 사람이 — 하느님과 덕이 없는 자보다 더 견디기 힘든 광야가 어디에 있겠습니까? — 올바르게 주님의 길을 곧게 내도록 훈계하기 위해서입니다. 그러한 자는 여전히 굽은 길을 걷고 있어 가르침을 받아야 하기 때문입니다.

• 오리게네스 『요한 복음 주해』 6,102.

### 요한이 설교한 목적

"너희는 주님의 길을 마련하여라. 그분의 길을 곧게 내어라"(마르 1,3). 참된 믿음과 선행을 설교하는 이야말로 듣는 이들의 마음에 오실 주님의 길을 마련하는 것 아니고 무엇이겠습니까? 그것이야말로 은총의 힘이 그들에게 들어오고 진리의 빛이 그들 안에 스며들게 하는 것입니다. 그는 훌륭한 설교로 사람들이 좋은 마음을 갖게 함으로써 주님의 길을 곧게 내고 있습니다.

• 대 그레고리우스 『복음서 강해』(40편) 6.

### 그리스도를 받아들일 준비를 갖추라

"주님의 길을 마련하여라"(마르 1,3)가 무슨 뜻입니까? 그리스도께서 무엇을 하라시든 그대로 받아들일 준비를 갖추라는 뜻입니다. 여러분 마음을 율법의 그늘에서 끌어내고, 흐릿한 모습들을 버리고, 더 이상 사악한 생각을 하지 마십시오. 우리 하느님의 길을 곧게 내십시오. 선善으로 인도하는 길은 항상 곧고 부드럽고 편한 반면, 굽은 길은 그 길을 가는 이들을 사악함으로 끌어내립니다.

• 알렉산드리아의 키릴루스 『루카 복음 주해』 6.

### 그리스도가 길임을 암시한 세례자 요한

[세례자 요한]의 말인즉슨, 여러분이 찾고 있는 분께서 마침내 문 앞에 와 계시다는 것입니다. 사실 주님께서는 이미 문 안으로 들어서셨습니다. 그분께서 가리키시는 길이라면 어디든지 갈 준비를 하고 있으십시오. 여러분은 모세를 통해서 여러분에게 주어진 길을 왔습니다. [그러나 이제는] 그리스도의 길을 걸으십시오.

• 알렉산드리아의 키릴루스 『요한 복음 주해』 1,10.

## 길이신 그리스도

### 교회의 머리, 하느님 나라에 이르는 길

그분 길들의 시작은 교회의 머리이며, 육화하신 그리스도이십니다. 그리스도를 통해 우리에게 삶의 본보기, 곧 우리가 하느님께 도달할 수 있게 해 주는 길이 우리에게 주어질 것이었습니다. … 그러므로 모든 것을 창조하신 말씀은 그분 길들의 시작 안에서 사람으로 창조되셨습니다.

• 아우구스티누스 『신앙과 신경』 4,6.

### 길들의 시작

잠언도 예수님의 입이 되어 "주님께서 당신 일을 위한 당신 길들의 시작으로 나를 지으셨다"(잠언 8,22 칠십인역)고 말합니다. … 주님의 인성은 "길들의 시작"으로 창조되었으며 그분은 우리의 구원을 위하여 그것을 우리에게 드러내셨습니다. 그로써 우리는 아버지께 나아가게 되었습니다. 그분은 우리를 아버지께 되돌아가게 이끄는 "길"(요한 14,6)이시기 때문입니다. 길은 주님의 인성처럼 눈에 보이는 물질적인 것입니다.

• 안키라의 마르켈루스 『신앙 해설』 3-4.

### 하느님이며 종이시다

종의 형상에 따르면 "주님은 당신 길들의 시작에 나를 지으셨다"(잠언 8,22 칠십인역)라고 합니다. 하느님의 형상에 따라서 그분은 "나는 진리다"라고 말씀하셨고, 종의 형상에 따라서 "나는 길이다"라고 말씀하셨기 때문입니다. "죽은 이들의 맏이"(묵시 1,5)이신 그분 자신이 당신 교회를 위해 하느님 나라와 영원한 생명에 이르는 길을 놓으셨고, 그분은 신체에 불멸성을 부여하는 데에 있어서도 머리이십니다. 그러므로 그분은 하느님의 일을 위한 길들의 시작에 창조되셨습니다.

• 아우구스티누스 『삼위일체론』 1,12,24.

### 종의 본성을 취하기 원하신 그리스도

우리와 인성을 나누어 갖기 원하시어 우리를 복되게 해 주시는 하느님께서는 우리가 당신의 신성을 나누어 가질 수 있는 가장 가까운 길을 보여 주셨습니다. 우리를 죽음과 불행에서 자유롭게 해 주심으로써, 천사들처럼 영원하고 복된 존재가 되게 하신 것이 아니라, 천사들도 그 친교를 즐거워하는 삼위일체의 신비에 다다르게 하신 것입니다. 우리의 중개자가 되기 위하여 천사들보다 낮은 "종의 모습을"(필리 2,7) 취하셨을 때에도 그분은 땅에서 생명으로 이르는 길이신 동시에 하늘에서는 생명 그 자체로서 천사들 위에 군림하시는 하느님으로 남아 계셨습니다.

• 아우구스티누스 『신국론』 9,15.

### 그리스도는 아버지께로 가는 길이다

그리스도께서는 여행을 마친 이들에게 상을 주고 싶어 하실 뿐 아니라 그 길을 가기 시작한 이들에게는 당신이 길이 되어 주기 원하시기에 육체를 취하기로 결정하셨습니다. … [아버지께] 가고자 하는 이는 [아들] 안에서 여행을 시작합니다. 그래서 사도는 아직 길에 있었지만 … 이미 길에 들어섰기에 더는 길잡이가 필요 없었습니다. 그러나 진리에 도달하여 영원한 삶 안에서 안식하기 바라는 모든 이는 이 길로 여행을 시작해야 합니다. "나는 길이요 진리요 생명이다"(요한 14,6)라고 예수님께서 말씀하시기 때문입니다. 이는 남자와 여자가 모두 나를 통해 가고, 내게로 오며, 내 안에서 안식한다는 뜻입니다.

• 아우구스티누스 『그리스도교 교양』 1,34,38.

"바른길"이란 "나는 길이요 진리요 생명이다"(요한 14,6)라고 하신 그리스도의 길입니다.

• 아를의 힐라리우스 『일곱 가톨릭 서간 해설』(베드로 2서).

### 완전한 길, 곧은길

우리는 "길"을 완전함으로 가는 길로 이해합니다. 우리는 그 길에서 복된 목적지, 곧 주님께서 당신을 믿는 이들에게 축복으로 주신 하느님에 관한 지식에 도달할 때까지, 의로움의 말씀과 지식의 비추임을 통해 한 걸음 한 걸음 앞으로 나아가며 언제나 그 앞에 놓인 것을 갈망하고 한 뼘이라도 더 가까이 가려고 애씁니다. 진정 우리 주님은 바른길이며, 갈림길도 굽은 길도 없이 우리를 곧바로 아버지께로 인도하는 곧은길입니다. 그래서 그분은 "나를 통하지 않고서는 아무도 아버지께 갈 수 없다"(요한 14,6)라고 하십니다. 이것이 바로 우리가 하느님의 아들을 통해 하느님께로 가는 길입니다.

• 대 바실리우스 『성령론』 8,18.

아들은 아버지에 관한 지식으로 가는 길과 같습니다. 예수님께서 "나를 통하지 않고서는 아무도 아버지께 갈 수 없다"(요한 14,6)라고 하신 것은 이런 의미입니다.

• 알렉산드리아의 키릴루스 『요한 복음 주해』 5,2.

### 하느님을 통해서 하느님께로

예수님께서는 '나는 길이다'라고 하십니다. 따라서 마귀들의 권능은 "길"을 통하여 길로 오는 이들을, 하느님을 통하여 하느님께로 가는 이들을 방해해도 힘을 쓰지 못합니다. 하느님을 통하지 않고는 하느님께 가 닿을 수 없습니다.

• 페트루스 크리솔로구스 『설교』 16,4.

### 제자들은 그분께서 길이심은 알았지만 그 외의 것은 이해하지 못했다

나는 "길"이다. 이는 "나를 통하지 않고서는 아무도 아버지께 갈 수 없다"(요한 14,6)는 증거다. … 뿐만 아니라, 내가 '길'이라면, 너에게는 손을 잡고 이끌어 줄 어느 누구도 필요 없다. … 제자들은 그분께서 '길'이시라는 것은 이해하고 인정했지만 그 외의 것은 이해하지 못했습니다. 사실 그들은 자신들이 알지 못하는 것을 감히 이야기하지 못했습니다. 그렇지만 그분께서 '길'이시라는 사실에서 큰 위로를 받았습니다. 그분은 '나만이 너희를 아버지께로 데려가는 권한을 지녔다면, 너희는 마땅히 이 길로 와야 할 것이다. 다른 길로는 갈 수 없기 때문이다'라고 하십니다.

• 요한 크리소스토무스 『요한 복음 강해』 73,2.

### 진리로 인도하실 것이다

길이신 분은 우리를 샛길이나 길 없는 황무지로 인도하지 않으십니다. 진리이신 분은 거짓말로 우리를 조롱하지 않으십니다. 생명이신 분은 우리를 죽음과 다름없는 미혹에 빠지도록 저버리지 않으십니다. 우리의 구원을 위해 당신께서 정하신 방법들을 나타내기 위해, 그분께서 몸소 이 매혹적인 이름들을 고르셨습니다. 길이신 그분은 우리를 진리로 인도하실 것입니다.

• 푸아티에의 힐라리우스 『삼위일체론』 7,33.

### 그리스도의 본보기를 따르는 길

인도자요 도움을 주는 이, 우리가 이런 일들에 성공하는 수단이 될 수 있는 이가 우리 주 예수 그리스도 말고 과연 있을 수 있습니까? 절대 없습니다! 있을 수 있을 거라는 생각조차 버리십시오! 그분께서 율법을 넘어서는 것들을 몸소 우리에게 가르쳐 주셨습니다. 우리에게 믿기 어려운 덕성스러운 삶과 일편단심 적극적으로 그리스도의 본보기를 따르는 행실로 안전하게 갈 수 있는 길을 가르쳐 주셨습니다.

• 알렉산드리아의 키릴루스 『요한 복음 주해』 9.

### 하늘 나라로 가는 길

그들이 이것을 '길'이라고 부른 것은 참으로 적절한 표현입니다. 진정 이것은 하늘 나라로 가는 길이니까요. 또는 그리스도께서 길로 불리시는 만치, 성경이 "그리스도는 길"(사도 19,9)이라고 이야기하는 것이기도 합니다. 또 '길'은 그것에 들어선 이는 누구나 하늘 나라에 이르는, 바오로가 선포하는 참신앙을 뜻하는 말이기도 합니다.

• 요한 크리소스토무스 『성경 주해 선집』(사도행전) 19,9.

모든 사람을 위하여 당신의 몸을 죽음에 내주심으로써 그분은 하늘로 이르는 길을 다시 한번 마련해 주셨습니다.

• 아타나시우스 『말씀의 육화』 25.

### 우리의 안내자

주님께서는 "나는 길이요"(요한 14,6), "나는 문이다. 누구든지 나를 통하여 들어오면 구원을 받을 것이다"(요한 10,9)라고 말씀하심으로써, 당신의 몸 안에서 천국과 아버지께로 가는 길에 우리의 안내자가 되셨습니다.

• 아타나시우스 『아리우스파 반박 연설』 2,61.

### 문이신 그리스도

문이 무엇입니까? 들어가는 길입니다. … "문"은 무엇입니까? 그리스도입니다. 그리스도는 무엇입니까? 진리입니다. 문을 열어 주는 이가 여러분을 모든 진리 안으로 이끌어 주실 분 아니고 누구겠습니까?

• 아우구스티누스 『요한 복음 강해』 46,3-4.

### 문과 길은 열려 있다

그분은 문이요(요한 10,9 참조) 길(요한 14,6 참조)이며, 그 문과 길은 열려 있고 또 열어 줍니다. 그 문을 두드리는 자들은 들어가고(참조: 마태 7,7-8; 루카 11,9-10) 나오는 자들은 그 길을 섬깁니다.

• 암브로시우스 『루카 복음 해설』 9,2.

### 문으로 들어가는 이는 누구인가?

그분은 머리 안에서는 문이고 몸 안에서는 목자이십니다. 그분께서는 몸소 당신[의 몸인] 교회를 대표하는 자로 뽑으신 베드로에게 이렇게 물으셨습니다. "요한의 아들 시몬아, 너는 나를 사랑하느냐?"(요한 21,16). … '네가 나를 사랑한다면, 내 양들을 먹여라. 문을 통하여 들어가고 다른 길로는 들어가지 마라'라는 말씀과 같습니다. … 문으로 들어가는 이는 누구입니까? 그리스도를 통해 들어가는 이입니다.

• 아우구스티누스 『설교』 137,3-4.

### 하늘로 들어가는 길을 마련하겠다

예수님의 말씀은 '내가 먼저 가서 하늘로 들어가는 길을 마련하겠다'는 뜻으로 생각됩니다. "너희가 바란다면, 그 거처들에 머무르는 것이 너희의 기쁨이라면, 하늘의 도성에 도달해 거룩한 영들과 함께 우리 안에 살기 위해 모든 것을 바쳤다면, '너희는 그 길', 곧 '나를 알고 있다'(요한 14,4). 너희가 그 굉장한 축복을 얻는 길은 나를 통하는 길 말고는 결코 없다. 나 말고는 아무도 너희에게 하늘의 문을 열어 주지도 지상의 인간이 걸을 수 있도록 길을 평탄히 해 주지도 못하기 때문이다."

• 알렉산드리아의 키릴루스 『요한 복음 주해』 9.

### 우리의 출발지

그때 그는 "주님의 분부에 따라"(민수 33,2) 그것들을 기록하였습니다. 우리가 그것을 읽고, 우리 앞에 놓여 있는 나라로 가는 여정의 출발지가 얼마나 많은지를 알고서, 이 생명의 길을 위해 우리 자신을 준비할 수 있도록 한 것입니다. [그러니] 우리 앞에 놓여 있는 그 여행을 생각할 때, [우리는] 게으름과 태만으로 우리 삶의 시간을 허비하는 일이 없어야 할 것입니다.

• 오리게네스 『민수기 강해』 27,7.

### 생명의 그림자 안에서 살게 되다

율법에서 벗어나 그리스도의 그림자 아래로 들어온 것은 참으로 좋은 일입니다. 그리스도는 길이요 진리요 생명이시기 때문입니다. 그분 그림자 아래로 들어오면 우리가 나아가는 길에 그늘이 드리워져 진리의 보호 아래 놓이게 되며 생명의 그림자 안에서 살게 됩니다. 지금은 거울에 비친 모습처럼 어렴풋이 볼 수밖에 없지만 계속해서 이 길을 나아가면, 처음에는 그림자처럼 희미하게 보이던 것도 결국에는 얼굴과 얼굴을 마주 보듯 뚜렷이 볼 것입니다(1코린 13,12 참조).

• 오리게네스 『아가 주해』 3.

### 율법과 생명

영원한 생명의 길 입구로 들어가는 이에게는 이 계명[마태 19,18 참조]들이면 족합니다. 그러나 완성은 말할 것도 없고 사람을 더 높은 삶으로 인도하기에는 이 계명들만으로는 부족합니다. 이 계명들 가운데 하나라도 지키지 못하는 사람은 생명의 시작으로 들어갈 수조차 없습니다. 생명의 길의 초입으로 들어가기 바라는 사람은 불륜과 살인과 모든 종류의 도둑질을 멀리해야만 합니다.

• 오리게네스 『마태오 복음 주해』 15,13.

그분은 어두운 죽음이라는 왕국의 영원한 문을 부수시고 죽음의 사슬로 그곳에 묶여 있던 죽은 이들이 생명을 되찾을 수 있도록 돌아오는 길을 만드셨습니다.

• 카이사리아의 에우세비우스 『복음의 논증』 4,12.

### 생명의 길을 열어 주셨다

주님께서 보통 인간들은 잠겨 버리는 죽음의 강에 가셨고, 당신께서 취하셨던 육의 옷을 잠시 벗으시고는, 죽으심으로써 죽음을 내리치셨으며, 부활하심으로써 우리를 위해 생명의 길을 열어 주셨습니다.

• 존자 베다 『복음서 강해』 2,15.

### 생명의 길을 알려 주셨다

그분께서 돌아가신 뒤 지하 세계에서 높은 곳으로 돌아가셨을 때, 그전에는 알려지지 않았던 생명의 길이 알려지게 되었습니다. 생명의 길은 그리스도 이전에는 알려지지 않았습니다. 그 길은 그 전에는 누구도 밟아 본 적이 없는 길이었기 때문입니다. 그 길은 죽음에서 부활한 이들만이 걸을 수 있는 길입니다. 주님께서 부활하시자 그 길은 알려지게 되었고, 이제 그 길은 많은 이들의 발길로 편편하게 되었습니다. 이 길을 걸었던 이들에 대하여 복음사가는 이렇게 말합니다. "많은 성도들의 몸이 그분과 함께 되살아나 거룩한 도성으로 들어갔다"(마태 27,52-53). 따라서 주님께서 당신의 부활로 "당신께서 저에게 생명의 길을 가르치셨습니다"(시편 16,11)라고 말씀하실 때 우리는 주님께 이렇게 말씀드릴 수 있습니다. "당신은 우리에게 생명의 길을 가르치셨습니다." 생명의 길을 우리에게 보여 주신 그분께서 직접 우리에게 생명의 길을 가르치셨습니다. 그분께서 나에게 신앙과 자비, 정의와 정결에 대해 가르치셨을 때 나에게 생명의 길을 알려 주셨습니다. 이 길로 사람은 구원에 이르게 됩니다.

• 토리노의 막시무스 『설교』 14,1.

### "생명으로" 가는 길

"뜻을 같이하고"(필리 2,2)는 아직 확증되지 않았

지만 그 아는 능력은 같은 것으로 보이는 지식을 암시합니다. … "같은 생각을 이루어"는 아직 계속되는 과정에 있다고 보입니다. 그것은 "생명으로" 가는 길입니다. 그러나 "같은 사랑을 지니고"는 지식이 인도하는 생명의 길입니다.

• 마리우스 빅토리누스 『바오로 서간 주해』(필리피서) 2,4-5.

살아 있는 길

바오로 사도는 주님께서 이를 준비하셨으며 당신 스스로 그 길을 가셨다는 뜻에서 '열어 주셨다'고 한 것입니다. 이어서 "새롭고도 살아 있는 길"(히브 10,20)이라는 표현으로 사도는 "확고한 믿음"을 나타냅니다. … 예전에는 저승으로 가는 길이 죽음의 길이었지만 이제 우리에겐 생명의 길이기 때문입니다. 이 또한 '생명의 길'이라고 직설적으로 말하지 않고 "살아 있는 길"이라고 표현한 것은 그 길이 하느님의 계명을 지킴으로써 나아갈 수 있는 길이라는 뜻입니다. 그리고 "휘장을 관통하는"(히브 10,20) 길에 대해 설명하며 주님의 몸을 "휘장"이라고 한 것은 그만한 이유가 있는 훌륭한 표현입니다.

• 요한 크리소스토무스 『히브리서 강해』 19,2.

휘장을 관통하는 새롭고도 살아 있는 길

"그분께서는 그 휘장을 관통하는 새롭고도 살아 있는 길을 우리에게 열어 주셨습니다. 곧 당신의 몸을 통하여 그리해 주셨습니다. 우리에게는 위대한 사제가 계십니다"(히브 10,20-21) 같은 말씀을 우리는 읽었습니다. 그분은 '길'이며 본향이시고, 신앙의 창조자이며 완성자이시고, 알파며 오메가이시고, 누구보다 먼저 계셨던 시작이시며, 누구도 통치자로 뒤를 이을 수 없는 마지막이시기 때문입니다.

• 프리마시우스 『묵시록 주해』 3,14.

당신은 저희의 길

주 예수님, 저희는 진정 당신을 따릅니다. 그러나 당신께서 명령하셔야 갈 수 있습니다. 당신 없이는 아무도 올라갈 수 없습니다. 당신은 저희의 길이요 저희의 진리, 저희의 생명이며 저희의 힘이고 저희의 확신이며 보상이기 때문입니다. 저희를 받아 주는 길이, 저희에게 힘을 주는 진리가, 저희에게 활기를 주는 생명이 되어 주십시오.

• 암브로시우스 『죽음의 유익』 12,55.

주님의 "길"

주님의 "길"이란 "나는 길이요 진리요 생명"(요한 14,6)이라고 말씀하시는 그리스도께서 인도하시는, 좋은 삶에 이르는 어떤 과정이라고 말할 수 있습니다. 따라서 "길"이란 곧 하느님의 놀라운 힘입니다. 그리스도께서 우리의 길이시고, 좋은 길이란 바로 그분이시기 때문입니다. 그 길은 신자들에게 하늘 나라를 열어 주었습니다. 나아가 주님의 길은 올곧습니다. 그래서 성경은 "오, 주님, 당신의 길을 제게 알려 주소서"(시편 25,4)라고 말합니다. 정결도 길이고, 믿음도 길이며, 절제도 길입니다. 실제로 덕의 길이 있고, 사악함의 길이 있습니다. '제게 사악함의 길이 있는지 보시어 …'(시편 139,24 참조)라는 말씀이 있기 때문입니다.

• 암브로시우스 『신앙론』 3,7,51.

그리스도는 참된 길이시다

그분이 길이시기에 우리는 그분께 달려갈 수 있습니다. 그분은 우리의 본향이시기에 우리가 달릴 길을 다 달린 뒤에는(2티모 4,7 참조) 그분이 계신 곳에 이르게 됩니다. 그분은 신적 본성으로는 천사들의 안식처와 고향이 되시며, 인간적 본성으로는 순례자들의 길이 되셨습니다. … 그때 우리는 주님의 길을 알지 못한 채 힘들고 외로운 길을 걸었습니다. 그런데 우리 본향의 임금님은 선하고 자비로우십니다. 임금이 직접 나서서 당신의 종들을 우리에게 자주 보내 주셨습니다. 그뿐 아니라 몸소 우리에게 내려오셔서 우리가 본향으로 되돌아갈 수 있도록 길을 마련하셨습니다. 오, 죽을 존재여, 만약 여러분이 그 길을 찾는 데 게으르다면 길이신 분께서 직접 여러분을 찾아 나서실 것입니다. 일어나 걸으십시오(루카 17,19 참조). 넓고 큰 길(마태 7,14 참조), 세상의 길에서 달아나십시오. 그 길은 잠시는 즐겁지만 영원한 저주입니다. 그리스도의 길을 따라 달리십시오. 그 길에서 여러분은 잠시 동안 고통을 겪겠지만 그 후에는 천사들과 함께 영원한 즐거움을 누리게 됩니다.

• 아우구스티누스 『설교』 67,3-4.

## 그리스도의 길을 따르다

### 마음의 준비

주님께서는 여러분 안에 길을 내고자 하십니다. 그 길을 통해 여러분의 마음 안에 들어가시어 당신의 길을 마련하시려는 것입니다. … 주님의 길은 여러분 마음 안에 마련되어야 합니다. 인간의 마음은 온 세상만큼이나 크고 넓습니다.

• 오리게네스 『루카 복음 강해』 21,5.

### 인도와 가르침

"바른길로 저를 인도하소서"(시편 27,11)를 아퀼라와 테오도티온은 "빛을 비추소서"라고 번역하였고, 반면에 심마쿠스는 "제가 당신의 길을 엿보게 해 주십시오"라고 번역하였습니다. … 당신이 저를 위하여 법을 주시고 그 법으로 인도하는 분이 되어 주십시오. 그리하여 당신께로 가는 길을 엿보게 해 주십시오.

• 키루스의 테오도레투스 『시편 주해』 27,7.

### 그리스도께서 가신 길

죄를 피하는 길은 힘들고, 올라가는 길은 늘 어렵습니다. 반면에 악덕으로 미끄러지는 길은 쉬운 내리막길입니다. 주 그리스도께서는 이 세상에 사시면서 완전한 온순함과 자기 수양의 규범을 제시하셨습니다. 따라서 그분은 주님의 명령에 따라 사람들이 어려워하는 길을 흠 없는 발걸음으로 걸으셨다고 정당하게 말씀하실 수 있습니다.

• 카시오도루스 『시편 해설』 17,4.

### 통로를 준비하다

그분이 떠나시는 것은 저 위의 거처들로 가는 길을 확보하기 위해서입니다. 여러분이 안전하게 갈 수 있는 통로를 준비하고, 전에는 지나갈 수 없었던 길을 평탄하게 닦기 위해서입니다. 옛날에는 죽을 운명의 존재들이 절대 하늘로 갈 수 없었습니다. 어떤 육도 천사들이 사는 순수하고 지극히 거룩한 영역에 발을 디딘 적이 없었습니다. 그러나 그리스도께서 처음으로 우리를 위해 당신께 다가갈 수 있는 수단을 성화하시어 육이 하늘에 들어갈 수 있는 길을 주셨습니다.

• 알렉산드리아의 키릴루스 『요한 복음 주해』 9.

### 주님께 간청하라

여러분이 가야 할 길을 보여 주시도록 주님께 간청하십시오(시편 143,8 참조). 주님께서 당신의 말씀에 따라 여러분의 발걸음을 인도하셔서 여러분이 죄의 지배를 받지 않을 수 있도록 기도하십시오(시편 119,133 참조). … 주님께서는 여러분에게 올바른 길을 보여 주셨고, 그분이 바로 여러분을 천국의 집으로 인도하실 안내자이십니다.

• 루스페의 풀겐티우스 『편지』 2,36,20-37,21.

### 죽어야 할 인간의 발걸음은 주님의 인도를 받는다

"사람의 발걸음은 주님께 달려 있다"(잠언 20,24). 죽어야 할 인간, 달리 말해 죄인은 [죄인이므로 스스로의 힘으로] 주님의 길을 알 수 없습니다. 그는 죽어야 할 인간이기 때문에 [아직까지] 죽지도 않았고 그리스도와 함께 살지도 않았습니다. 그렇기 때문에 하늘 나라로 향하는 여정에서 주님께서 사람의 발걸음을 이끌어 주십니다.

• 요한 크리소스토무스 『잠언 (주해) 단편』 20,24.

### 당신을 따르라고 부르시다

착한 목자께서는 양들을 위하여 자신의 목숨을 내놓음으로써 한 마리 양도 잃지 않았습니다. 그분은 그들을 버린 것이 아니라 안전하게 지키셨습니다. 그들을 버려 둔 것이 아니라 당신을 따르라고 그들을 부르셨습니다. 그리고 죽음의 길에서 그들을 인도하여, 한때인 이 세상의 저지대低地帶를 지나 생명의 풀밭으로 데려가셨습니다.

• 페트루스 크리솔로구스 『설교』 40.

### "발목이 흔들리지 않을 것"

"당신은 제 발걸음 닿는 곳을 넓히셨습니다"(시편 18,37). 발걸음, 곧 부도덕에서 도덕적 탁월함으로 건너가는 발걸음, 감각적인 것에서 지성적인 것으로 건너가는 발걸음, 현세에서 미래로 건너가는 발걸음이 처음에는 힘겹고 좁아 보였습니다. 내가 비뚤어진 길을 걷고 있었기 때문입니다. 그러나 그것을 넘어 계속 나아가자 넓은 곳을 보게 되었습니다. 넓은 곳으로 이끌린 뒤 계속해서 앞으로 나아가 그 끝에 도달한 사람은 지나오는 과정에서 경험했던 협소함이나 고단함, 슬픔을 더 이상 느끼지 않게 될 것입니다. … 예수님을 따르는 이는 예수 그리스도께서 이미 자주 지나가셔서 다져진 길로 나아갈 것이기 때문에 "발목이 흔들리지 않을 것"(시편 18,37)입니다.

• 카이사리아의 에우세비우스 『시편 주해』 18,37.

주님께서는 "나는 길이다"(요한 14,6) 하고 말씀하십니다. 그분을 본받으며 걷는 사람(마태 11,29 참조)은 그분의 길을 따릅니다.

• 올림피오도루스 『바룩서 주해』 3,13.

구원자를 따른다는 것은 그분을 본받고 그분께서 가신 길을 가는 것입니다. 그리스도를 믿는다고 말하는 사람은 누구나 그리스도께서 가신 길을 가야 합니다.

• 히에로니무스 『마태오 복음 주해』 3,21.

우리 구원자 그리스도의 거룩한 가르침을 따라가는 것이야말로 우리를 구원에 이르게 하는 참된 길입니다.

• 신 신학자 시메온 『교리교육』 3,8.

### 주님의 길

이것이 주님의 길입니다. 선택하신 이들에게 참되고 확실한 구원을 주시는 것이 당신의 일이요 길이며 행위임을 말하시려는 듯이 주님께서는 늘 진실과 자비를 연결시키십니다.

• 키루스의 테오도레투스 『시편 주해』 25,10.

### 주님의 길을 걷다

악마가 바로 죄인의 길이라고 할 수 있습니다. 이 길에 서 있는 자들이 있다면 그 길에 머물지 않도록 그들에게 경고를 해 주어야 합니다. 성경 말씀을 상기하십시오. "악마에게 대항하십시오. 그러면 악마가 여러분에게서 달아날 것입니다"(야고 4,7). 악마의 길에 서 있지 않는 사람은 "나는 길이다"(요한 14,6)라고 말씀하시는 주님께로 올 것입니다. 이 길을 따르고, 끝까지 이 길을 걷는 이들에게는 분명히 상급이 주어질 것입니다.

• 맹인 디디무스 『시편 단편』 1,1.

### 힘들어 보이지만 안전한 그리스도의 길

일단 그리스도의 길을 따르기 시작하였으면 자신에게 부귀영화를 약속하지 마십시오. 그분은 힘든 길을 걸으셨지만 위대한 것들을 약속하셨습니다. 그분을 따르십시오. 여러분이 가야 할 길에 대해 너무 많이 생각하지 말고, 오히려 목적지에 대해 더 많이 생각하십시오. 여러분은 가는 길은 줄곧 험할 테이지만 영원히 지속될 기쁨을 얻게 될 것입니다. … 여러분이 그리스도의 길을 선택하고 참된 그리스도인이 되면(그리스도인은 그리스도의 길을 거부하지 않고 그리스도께서 수난을 통해 걸어가신 그 길을 걸으려 하는 자입니다), 그분께서 걸으셨던 그 길이 아닌 다른 길로 나아가려 하지 마십시오. 그 길은 힘들어 보이지만 안전한 길입니다. 다른 길이 그럴듯해 보인다 하더라도 그것은 강도들이 막고 서 있는 길입니다.

• 아우구스티누스 『시편 상해』 37,16.

### 복수하는 것을 금하시다

주님께서는 원수들에게 같은 방법으로 복수하는 것을 금하셨을 뿐 아니라 친절한 행위로 우애를 구하라고 권고하셨습니다. 그렇게 하는 것이 우리가 성숙해지고 다른 이들을 영원한 생명으로 인도하는 길이기 때문입니다(마태 5,38-48 참조).

• 암브로시아스테르 『바오로의 열세 서간 주해』.

### 높은 곳을 향한 길

얼마나 심오합니까? 그들은 그분께서 영광을 추구하시도록 부추겼지만, 그분께서는 겸손으로써 높은 곳에 오르시고, 겸손의 길을 통하여 그 높은 곳에 이르시기를 원하셨습니다. 하나는 그분 오른쪽에 다른 하나는 왼쪽에 앉기를 바랐던 그 제자들은 영광을 청하였습니다(참조: 마태 20,20-23; 마르 10,35-40). 그들은 목표는 보면서도 길을 보지 못하였습니다. 주님께서는 그들이 본향에 안전하게 도착할 수 있도록 그들을 길로 다시 부르셨습니다. 교회가 본향이며 겸손한 길입니다. 본향은 그리스도의 길이고, 길은 그리스도의 죽음입니다(참조: 마태 16,25; 마르 8,35; 루카 9,24; 17,33). 본향은 그리스도의 집이고, 길은 그리스도의 수난입니다. 길을 거부하는 자가 어찌 본향을 찾습니까?

• 아우구스티누스 『요한 복음 강해』 28,5.

### 그분을 닮아 가는 길

비천하게 태어난 몸으로 그대는 무엇을 뽐냅니까? 그대는 그리스도께서 걸으신 그 길을 따라 걸어야 하지 않습니까? 그것이 그분을 제대로 알아 모시는 길이요, 중상을 받든지 칭찬을 받든지(2코린 6,8 참조) 그분을 닮아 가는 길입니다. 그 길을 걸을 때, 그대는 그분께서 영광을 입으셨듯이 십자가 안에서 영광을 입을 것입니다. 그렇게 주님의 길을 걸어서 영광을 누리는 바오로 사도가 말합니다. "나는 우리 주 예수 그리스도의 십자가 외에는 어떠한 것도 자랑하고 싶지 않습니다"(갈라 6,14).

• 암브로시우스 『루카 복음 해설』 6,100.

### 미래 삶에 대한 희망

주님의 길을 걸을 때에 우리는 이 현세 삶의 허

영을 끊으며 미래 삶에 대한 희망으로 기운을 얻읍시다. 이곳의 것들에 마음을 두지 말고 저 위의 것들을 마음껏 먹고 즐깁시다.

• 아우구스티누스 『설교』 263.

## 두 가지 길

### 두 가지 길

"모든 사람 특히 믿는 이들의 구원자"(1티모 4,10) 이신 우리의 교사 그리스도를 따르는 우리도 두 가지 길이 있다고 말하지 않을 수 없습니다. 하나는 생명의 길이고 하나는 죽음의 길입니다. 이 둘은 비교할 수가 없습니다. 너무나 다르기 때문입니다. 아니, 아예 분리되어 있습니다. 생명의 길은 본디부터 있던 길이지만 죽음의 길은 나중에 들어왔습니다. 하느님의 마음에 따라 생겨난 것이 아니라 원수의 덫에서 나온 것입니다.

• 『사도 헌장』 7,1.

### 죽음 또는 생명으로 이끄는 두 길

아주 짧은 순간에 [악마는] 오만한 이들과 사악한 이들을 훤히 트이고 넓은 죽음의 길로 이끕니다. 이와 달리 우리 주님이신 그리스도께서는 겸손하고 순종하는 이들을 곧고 좁은 생명의 길로 이끄십니다. 넓은 길과 좁은 길, 이 두 길은 모두 끝이 있으며 매우 짧습니다. 좁은 길에서 하는 수고도 길지 않으며 넓은 길에서 누리는 기쁨도 오래 지속되지 않습니다. 사악한 넓은 길을 즐기는 이들은 잠시 기쁨을 맛본 뒤 끝없는 벌을 받습니다. 좁은 길에서 그리스도를 따르는 이들은 잠시 고난을 겪은 뒤 영원한 보상을 받습니다.

• 아를의 카이사리우스 『설교』 233,7.

### 증오의 길과 평화의 길

증오의 길을 택함으로써 그들은 두 번째 죽음으로 향하고 있었습니다. 그들은 영원한 생명에 이르는 길에 대해서는 알고 싶어 하지 않았습니다. 이 길이 "평화의 길"(로마 3,17)이라 불리는 것은 하느님이 인도자이실 때 그 길에는 혼란이 없기 때문입니다. 선을 지향하는 이들은 하느님과 함께 이 안식을 누립니다(참조: 예레 6,16; 루카 1,78-79; 로마 8,6).

• 암브로시아스테르 『바오로의 열세 서간 주해』.

### 생명의 길

두 가지 길이 있습니다. 하나는 생명의 길이고 다른 하나는 죽음의 길인데, 두 길의 차이가 큽니다. 생명의 길은 이렇습니다. 첫째로, 당신을 만드신 하느님을 사랑하고, 둘째로 당신 이웃을 당신 자신처럼 사랑하시오. 또 무슨 일이든지 당신에게 닥치기를 원하지 않는 일이거든 당신도 남에게 하지 마시오.

• 『디다케』 1,1-2.

생명을 주는 계명의 길을 걷는 사람은 죽음에서 달아납니다.

• 브레시아의 가우덴티우스 『논고 또는 설교』 13,17.

### 좁은 길을 따라 인도하다

주님께서는 나를 당신의 의로움이라는 좁은 길로 인도하셨습니다. 이 길을 걷는 이는 얼마 되지 않습니다. 내가 이 좁은 길을 걷게 된 것은 나의 공로 때문이 아니라 주님의 이름 때문입니다.

• 아우구스티누스 『시편 상해』 23,3.

### 생명으로 인도하는 좁은 길

여러분을 죽음으로 끌어당기는 왼쪽에 있는 넓

은 길을 버리고, 여러분을 기쁘게 생명으로 인도하는 오른쪽에 있는 좁은 길을 따라가십시오. 왼쪽 길의 널찍함이 여러분을 붙잡거나 여러분에게 즐거움을 주는 것을 허락하지 마십시오.

• 아를의 카이사리우스 『설교』 151,5.

### 생명으로 가는 문이 왜 좁은가?

이제 생명으로 가는 문이 왜 좁은지를 이야기해야겠군요. 그리로 들어가려는 이는 누구든지, 무엇보다 먼저, 바르고 더럽혀지지 않은 믿음과 흠없는 도덕성을 갖추어, 인간적 의로움의 면에서 나무랄 데가 없어야 합니다. … 그 생각과 영적 능력에서 이 경지에 이른 사람은 쉽게 좁은 문을 통과하여 좁은 길로 달려갈 것입니다.

• 알렉산드리아의 키릴루스 『루카 복음 주해』 99.

### 좁은 문으로 들어가기

주님께서 유대인 군중을 가르치고 계실 때 어떤 사람이 "주님, 구원받을 사람은 적습니까?" 하고 물었습니다. 주님께서는 그의 질문을 적절치 못한 것으로 여기시고, 그보다 더 시급하고 중요한 문제인, 하늘 나라를 상속받을 자들이 걸어야만 하는 길을 일러 주셨습니다. "좁은 문으로 들어가도록 힘써라"(루카 13,24)라고 하셨지요.

• 알렉산드리아의 키릴루스 『루카 복음 주해』 100.

### 좁은 길로 들어서다

멸망으로 이끄는 길은 크고 넓지만 생명으로 이끄는 길은 좁다고 그리스도께서 밝히신 바 있습니다(마태 7,13-14 참조). 이처럼 좁은 길을 통해서만 생명에 이를 수 있는 것이라면, 생명으로 향하여 떠난 이들은 모두가 그 좁은 길로 들어선 이들입니다.

• 요한 크리소스토무스 『히브리서 강해』 29,2.

### 좁은 문으로 들어가려는 사람

"멸망으로 이끄는 문은 넓고 길도 널찍하여 그리로 들어가는 자들이 많다"(마태 7,13). 이 널찍함을 어떻게 이해해야 할까요? 그것은 육적인 욕망과 수치스러운 쾌락에 탐닉하는 삶으로 거침없이 쏠리는 성향을 뜻합니다. … 좁은 문으로 들어가려는 사람은 이 모든 것을 떠나, 그리스도와 함께 그분의 잔치에 참여해야 합니다.

• 알렉산드리아의 키릴루스 『루카 복음 주해』 99.

"오솔길"(창세 49,17)은 좁은 길을 뜻합니다. 이는 그가 죽음으로 이끄는 넓고 큰 길이 아니라 생명으로 이끄는, 장애물로 가득 찬 좁은 길을 가고 있음을 말해 줍니다.

• 아퀼레이아의 루피누스 『(열두) 성조의 축복』 2,17.

### 어째서 좁고 비좁은 길이 편한가?

예수님께서 나중에 "내 멍에는 편하고 내 짐은 가볍다"(마태 11,30)라고 말씀하신다는 것을 잊어버리지 마십시오. 그리고 여기서[마태 7,13-14 참조]도 주님은 같은 뜻을 나타내십니다. 그러면 선한 길은 좁고 비좁다고 하신 이 구절 말씀과 나중 말씀이 서로 어긋난다고 보이지 않습니까? 잘 들으십시오. 예수님께서는 그 짐이 무척 가볍고 편하며 기분 좋은 것임을 분명히 하셨습니다. '그런데 어째서 좁고 비좁은 길을 편하다고 하는 것이오?' 하고 묻는 사람들도 있을 것입니다. 그 이유는 그것이 문이면서 길이기 때문입니다. 물론 다른 길도 문이며 길이지만, 다른 길에는 영속하는 것이 아무것도 없습니다. 그 길에 있는 것은 모두, 기분 좋은 것이나 괴로운 것이나 일시적입니다.

• 요한 크리소스토무스 『마태오 복음 강해』 23,5.

### 좁은 길이 편안한 길

"우리가 견디어 내면 그분과 함께 다스릴 것"(2티모 2,12)이라고 쓰여 있습니다. "우리가 견디어 내면"이 무슨 뜻입니까? '환난과 박해를 끈기 있게 참아 내면, 좁은 길을 걷는다면'이라는 뜻입니다. "좁은 길"은 그 성격상 눈길을 끌지 못하지만, 우리가 그 길을 따르기로 선택하면 미래에 대한 희망 때문에 편안한 길이 됩니다.

• 요한 크리소스토무스 『요한 복음 강해』 87,3.

### 열렬한 마음으로 받아들이면 가벼워질 수 있다

"그러면 어찌하여 그분께서는 '내 멍에는 편하고 내 짐은 가볍다'(마태 11,30)라고 말씀하셨습니까? 그 길이 좁고 힘들다면, 그분께서는 어째서 당신의 멍에는 가볍고 편하다고 말씀하실 수 있습니까?"라는 물음이 나올 수 있습니다. 앞의 말씀은 시련의 본질에 관한 것이고, 뒤의 말씀은 기꺼이 길을 가는 여행자의 즐거운 마음을 말씀하신 것입니다.

• 요한 크리소스토무스 『라자로에 관한 설교』 3,6.

### 모든 사람의 찬사를 받지는 못한다

그리스도의 명령에 순종하여 곧고 좁은 길을 걷는 이들이 모든 사람으로부터 칭송과 존경을 받는 것은 불가능한 일입니다. 악의 충동과 은총에 대한 저항이 너무나 강한 때문이지요.

• 요한 크리소스토무스 『창세기 강해』 23,8.

### 열매를 보라

주님께서 우리에게 걸으라고 지시하신 이 길은 힘들고 고생스럽습니다. 위선자는 좀처럼 수고하려 하지 않으며 겉으로만 그렇게 보이려 합니다. 그래서 위선자는 쉽게 알아볼 수 있습니다. 예수님께서는 "그리로 찾아드는 이들이 적다"(마태 7,14)는 말로, 그 길을 찾아들지도 않았으면서 그 길에 들어선 척하는 자들과 실제로 그 길에 들어선 이들을 구별하십니다. 그러니 가면을 보지 말고 좁은 길을 따라 가는 이들의 행실이 맺는 열매를 보십시오.

• 요한 크리소스토무스 『마태오 복음 강해』 23,6.

### 좁은 길을 걷다

지상에 속한 나의 지체를 극복할 수만 있다면! 넓고 쉬운 길이 아니라 소수의 사람들만이 걸었던 좁은 길을 걸으며 내 모든 것을 영적인 일을 위해 쏟을 수 있다면! 이 세상 다음에 오는 것은 빛나고 위대하며, 우리가 희망하는 것은 내가 마땅히 받을 수 있는 것보다 더 크기 때문입니다.

• 나지안주스의 그레고리우스
『형제 카이사리우스 추도사』(연설 7) 23.

주님의 길은 많은 이를 지옥으로 이끄는 그런 넓은 길이 아닙니다. 소수에게만 알려진 당신의 좁은 길 안에서 저를 단련시켜 주소서.

• 아우구스티누스 『시편 상해』 25,4.

### 하늘 나라로 가는 길을 버리다

여러분은 여러분이 따라야만 했던 길을 가지 않았습니다. 여러분은 하늘 나라로 가는, 너무나 편하고 평탄한 길을 버리고 대신 거칠고 가파르고 힘든 길을 걸었습니다. 그 결과 여러분은 하늘 나라에 닿지 못했습니다.

• 요한 크리소스토무스 『사도행전 강해』.

### 멸망으로 이끄는 길은 넓고 편하다

'하느님의 포도 확'(묵시 14,19 참조)은 악마와 그의 천사들이 고통을 겪도록 마련된 장소입니다. 벌 받을 자들의 수가 많아 그 확은 '큽니다'. 멸망으로 이끄는 길은 넓고 편하기 때문입니다(마태 7,13 참조).

• 카이사리아의 안드레아스 『묵시록 주해』 14,19.

넓은 길을 걷는 이들은 좁고 곧은 길을 걷는 이들보다 훨씬 많아서, 그들의 피가 처벌을 이행할 임무를 띤 말들의 고삐를 적십니다. 비록 그 말들이 천사들일지라도 말입니다.

• 오이쿠메니우스 『묵시록 주해』 14,20.

### 죽음의 길

우리가 악한 생각들을 멀리할 때 그분은 죽음의 대문에서 참으로 한 길을 여시며, 고백한 우리에게로 오십니다. 이러한 이유로 그것들은 "죽음의 대문"(욥 38,17)이라 불리니, 죽음의 길은 언제나 악한 생각들을 통해 열리기 때문입니다.

• 대 그레고리우스 『욥기의 도덕적 해설』 29,29-30.

### 멸망의 길은 많고 다양하다

멸망의 길은 하나가 아니라 많고 다양하다는 것을 잘 알아 두시기 바랍니다. 어떤 이들은 길가에 떨어진 씨처럼 마음이 거칠고 무심하고 부주의합니다. 돌밭에 떨어진 다른 이들은 단지 나약함 때문에 실패한 사람들이라 하겠습니다(마태 13,3-8 참조).

• 요한 크리소스토무스 『마태오 복음 강해』 44,5.

그들이 악을 행하는 데 재빠르므로, 바오로는 그들의 길을 파멸과 불행의 길이라 부릅니다.

• 암브로시아스테르 『바오로의 열세 서간 주해』.

### 몸으로만 주님을 따른 유다

유다가 나쁜 길로 빠진 것은 유대인들의 뇌물을 받고 주님을 넘겼을 때가 아닙니다. 복음 말씀을 새겨 읽지 않는 적지 않은 사람이 유다는 주님을 배반하는 대가로 유대인들에게 돈을 받았을 때 멸망의 길에 들어섰다고 생각합니다. 유다가 멸망의 길로 들어선 것은 그때가 아니었습니다. 그는 이미 도둑이었고, 이미 타락했으며, 마음이 아니라 몸으로만 우리 주님을 따랐습니다.

• 아우구스티누스 『요한 복음 강해』 50,10.

### 돈을 받고 스승을 배신한 유다

유다는 그리스도와 함께 다스리는 것을 원치 않았습니다. 얼마나 큰 어리석음이 그 탐욕스런 인간의 마음을 눈멀게 했던 것입니까? 복음사가는 "사탄이 그에게 들어갔다"(루카 22,3)라고 말합니다. 탐욕이 악마가 들어간 문이요 길이었습니다. … 부자가 되고자 하는 사람들은 온갖 무익한 욕망에 사로잡혀 결국 파멸의 구렁에 빠지고 맙니다. 배신자가 된 제자 유다가 그 증거입니다. 몇 푼 안 되는 돈 때문에 스스로 파멸의 길을 갔으니까요.

• 알렉산드리아의 키릴루스 『루카 복음 주해』 140.

제멋대로 날뛰는 말처럼 육 안의 고삐를 느슨하게 내버려 두지 말고, 달려가는 방향을 멸망의 길에서 돌리도록 애쓰십시오.

• 위-로마의 클레멘스 『재인식』 7,37.

### 생명의 책

주님께서는 복음서에서 파멸로 이르는 길은 크고 널찍하여 그 길로 걷는 사람이 많으나 생명으로 이르는 길은 좁고 비좁아 그 길을 걷는 사람이 적을 뿐 아니라 그 길을 발견하는 이조차 적다고 하십니다(마태 7,13-14 참조). 요한이 많은 책과 또 다른 책 하나를 본 것은 이런 까닭입니다(묵시 20,12 참조). 많은 책이 있는 것은 인류 모두가 그 안에 적혀 있기 때문이며, 그 책들 안에는 많은 수의 사람이 올라 있습니다. 생명의 책은 하나뿐입니다. 그 안에는 선택된 사람들, 곧 온갖 험하고 가파른 덕의 길을 걸어 흠잡을 데 없는 덕을 이룬 사람의 이름이 적혀 있기 때문입니다.

• 오이쿠메니우스 『묵시록 주해』 20,11.

### 두 길을 걷는 죄인

예언자가 "불행하여라, 두 길을 걷는 죄인"(집회 2,12)이라고 말할 때 그는 동요하는 우리 마음 안에서 그와 비슷한 변덕스러움을 보기 때문에 우리를 향해 외칩니다. "여러분은 언제까지 양다리를 걸치고 절뚝거릴 작정입니까?"(1열왕 18,21). 야고보 사도는 또 이렇게 말합니다. "두 마음을 품은 사람은 그의 모든 길에서 안정을 찾지 못합니다"(야고 1,8).

• 오리게네스 『탈출기 강해』 8,4.

"불행하여라, 두 길을 걷는 죄인!"(집회 2,12). 자기 마음의 한몫은 하느님께, 다른 한몫은 악마에게 주는 이들은 불행합니다.

• 아우구스티누스 『요한 복음 강해』 7,7.

## 길과 인간

### 바른길에서 벗어난 이들

우리는 바른길에서 벗어난 이들을 멀리해야 합니다. 아니, 그들에게서 달아나야 합니다. 바른길을 놓아두고 오류와 잘못의 길을 넘나들며 사악하게 사는 이들과 가까이 지내다 보면 그 자신도 비슷한 잘못에 빠지게 되기 때문입니다.

• 키프리아누스 『가톨릭 교회의 일치』 23.

### "길을 벗어난" 이들

복음서에 나오는 그분 구원의 섭리를 받아들이지 않은 사람들은 망각에 빠진 사람들입니다. 그들은 자기들의 마음이 완고하다는 것을 믿으려고 하지 않았기 때문입니다. 그래서 그들은 "길을 벗어난" 이들이라 불리니, 길이신 그리스도를 영접하지 않았기 때문입니다.

• 사제 필리푸스 『욥기 주해』 28.

### 눈먼 두 사람

그리스도는 길이십니다. 그러므로 눈먼 두 사람[다른 민족 사람들]은 길에 앉아 있었지만 [아직 길을 보지는 못하고 있었습니다]. 그들은 우상들 속을 헤매며 진리에서 완전히 벗어나 있었습니다(마태 20,29 참조).

• 라틴인 에피파니우스 『복음서 주해』 30.

### 하느님의 말씀을 지킬 때 제 길을 깨끗이 보존할 수 있다

우리가 따라야 할 길들이 다르고, 지켜야 할 길들이 다릅니다. 주님의 길을 따라야 하고, 잘못된 곳으로 향하지 않도록 우리의 길을 지켜야 합니다. 그대가 함부로 말하지 않는다면 그 길을 지킬 수 있습니다. … 그대에게 하시는 하느님의 첫 말씀은 "들어라"입니다. 그대가 듣고 그대의 길을 지킨다면, 넘어지더라도 금세 바로잡을 것입니다.

• 암브로시우스 『성직자의 의무』 1,2,7.

### 바로잡을 수 있는 사람을 그릇된 길로 인도하지 마라

윗사람이 자기 아래 있는 형제에게 하느님을 경외하는 마음을 가르치고 그의 잘못을 바로잡으려 꾸짖는 경우를 예로 들어 봅시다. 그런데 그때 다른 이가 끼어들어 잘못한 이를 편들어 준다면, 이는 그의 마음을 또다시 그릇된 길로 빠지게 하는 것입니다. 이런 식으로 끼어드는 사람은 자신의 영혼에 죄를 짓는 것입니다. 바로잡을 수 있는 사람을 길 잃게 만들었기 때문입니다. 그는 일어서려는 사람을 다시 땅에 자빠뜨렸습니다. 선으로 돌아서려는 사람을 사악한 말로 속였습니다. 길 잃은 자가 다른 이들도 길을 잃게 만들었습니다.

• 호르시에시 『가르침』 24.

### 어리석은 자들을 멀리하다

여러분이 어리석은 자들에게서 발걸음을 멀리할 때, 여러분의 피신은 좋은 것입니다. 실로 사람은 나쁜 안내자를 따라가면 순식간에 길을 잃습니다. 그러니 여러분의 피신이 좋은 것이 되기를 바란다면, 그런 이의 말에서 멀리 떨어져 있으십시오(잠언 5,8 참조).

• 암브로시우스 『세상 도피』 9,56.

### 천상의 목적을 따르다

어떤 사람들은 삶에서 길을 잃은 후 지각을 되찾고 양심으로 자책하면서 악한 길을 그만두고, 행실을 바꾸어 오래된 악에 저항하고 세속적 방식에서 벗어나 천상의 목적을 따릅니다.

• 대 그레고리우스 『욥기의 도덕적 해설』 12,58.

### 그리스도를 짊어지다

그리스도를 짊어지면 여러분은 잘못된 길로 나갈 수 없습니다. 여러분에게 짐을 지우시는 그분과 함께 꾸불꾸불한 길을 헤쳐 나갈 수 있습니다. 주님께서 우리에게 머무시고 당신께서 원하시는 데로 우리를 이끄시며, 우리가 그분의 짐을 지는 짐승이 되어 예루살렘에 다다를 수 있게 되기를 빕니다. 그분이 우리에게 짐을 지우시지만 우리는 압도되지 않고 들어 높여집니다. 그분이 우리를 이끄시면 우리는 길을 잃거나 헤매지 않을 것입니다.

• 아우구스티누스 『설교』 189,4.

주님의 길을 걷는 동안 그(솔로몬)는 주님께 받은 은총을 지니고 있었습니다. 주님의 길을 버리자 그는 주님의 은총 또한 잃어버렸습니다.

• 키프리아누스 『가톨릭 교회의 일치』 20.

선하지 않은 길로 가까이 가면 갈수록 그는 악한 일을 궁리하고, 악을 싫어하지 않게 됩니다.

• 소 아르노비우스 『시편 주해』 36.

### 겸손하고 온유하게 행동하다

평화 가운데 잠들 수 있기를 갈망하는 사람은 겸손하고 온유하게 행동해야 합니다(마태 11,29-30 참조). 그것이 길이신 그리스도를 따르는 이들에게 어울립니다(요한 14,6 참조). 그것이 게으르거나 덜 전념하는 것이 되어서는 안 됩니다. 오히려 달릴 길을 끝까지 달려야 합니다(2티모 4,7 참조).

• 아우구스티누스 『시편 상해』 114,6.

만약 누군가 격정의 노예가 되었다면, 그는 구원자의 길에서 완전히 멀어진 자입니다. … 주님은 온유한 이들에게 당신의 길을 가르쳐 주시기 때문입니다.

• 폰투스의 에바그리우스 『악한 생각』 13.

우리 주님께서는 높이 들어 올려지는 그 길로 가는 다른 길을 놓고 계셨습니다. 그 길은 바로 겸손입니다.

• 아우구스티누스 『요한 복음 강해』 28,6.

### 사랑은 미덕으로 가는 탄탄대로다

사랑은 덕德으로 이끄는 길입니다. 큰길로 들어서는 길목만 찾으면 손잡아 이끌어 주는 길잡이 없이도 마냥 탄탄대로를 걸어가게 됩니다. 사랑도 이와 같습니다. 시작할 때만 손잡아 이끌어 주면 누구나 곧장 큰길로 나아가게 됩니다.

• 요한 크리소스토무스 『히브리서 강해』 19,4.

### 자연적 본성의 길

시편은 여기에서[시편 1,1 참조] 교회 안에 머물지만 교회의 법은 지키지 않는 이들[에 대하여 말하고 있습니다]. 이들은 탐욕스럽고 술에 취해 있으며, 말다툼하는 이들이고, 호색한이며, 거만하고 위선적이며, 거짓말쟁이이고 강탈하는 자들입니다. 자연적 본성의 충동으로 우리는 이런 죄에 기울게 됩니다. 하지만 서둘러 들어가려는 그 길에서 물러서는 것이 좋습니다. 그리고 그곳에서 쉽게 도망칠 수 있는 길이 우리에게 제시되어 있다는 것을 알고 그곳에 서 있지 말아야 합니다. 죄인들의 길에 서 있지 않는 이가 행복한 것은 바로 이 때문입니다. 본성은 그를 죄인들의 길로 이끌지만 신앙은 그가 돌아서도록 이끌어 주기 때문입니다.

• 푸아티에의 힐라리우스 『시편 주해』 1,9.

### 거룩한 영광으로 가는 길이 우리를 하느님께 인도한다

우리 구원의 영도자께서 영광과 사치의 길이 아니라 불명예와 역경의 길을 가셨으니, 우리도 같은 종착지에 도달해 거룩한 영광을 함께 나누려면 불평하지 말고 같은 길을 가야 합니다.

• 알렉산드리아의 키릴루스 『요한 복음 주해』 8.

### 나중에 바른길로 들어서다

라키스는 '길'로 해석됩니다. 성경에서 길은 찬미받기도 하고 책망받기도 합니다. 이를 증명하는 것은 어렵지 않습니다. 시편은 '악인의 길은 멸망에 이르리라'(시편 1,6 참조)고 하고 다른 곳에서는 그와 반대로 '네 발로 바른길을 걸어라'(참조: 히브 12,13; 잠언 4,26)고 합니다. 그러므로 여기에서도 라키스 성읍이 처음에는 악인들의 길이었지만 나중에 그 성읍이 정복되어 멸망하였을 때에는 이스라엘인들의 지배를 받음으로써 바른길로 들어섰다고 이해할 수 있습니다.

• 오리게네스 『여호수아기 강해』 13,2.

### 라합의 이름

라합, 이 이름이 지닌 힘은 무엇입니까? … 곧, 이 이름은 '넓은 곳' 또는 더 정확하게는 '교만'을 뜻합니다. 그렇다면 그 결과를 생각해 보십시오. 전에는 죽음에 이르는 널찍한 길(마태 7,13 참조)을 걷던 여인, 교만 때문에 파멸로 치닫던 여인이 나중에 겸손으로 돌아섰습니다.

• 히에로니무스 『시편 설교 59편』 18(제87편).

### 한 걸음씩 나아가기

여행자들도 마찬가지입니다. 첫날부터 발길을 재촉했다가 지쳐 버리면 결국 병이 나서 여러 날을 허비하게 됩니다. 그러나 걷기에 익숙해질 때까지 적당한 속도로 걷기 시작하면 먼 길도 지치지 않고 갈 수 있습니다. 이와 마찬가지로 거룩한 삶을 시작하려는 사람도 능력을 온전히 발휘할 수 있을 때까지는 자신을 서서히 담금질해야 합니다. 옛날 선조들이 서로 다른 여러 갈래의 길을 걸었다고 해서 당혹스러워하지 마십시오. 그분들을 모두 본받으려고 의욕만 앞세우지 마십시오. 여러분의 삶의 방식을 망칠 따름입니다. 오히려 여러분의 연약한 상태에 걸맞은 삶의 방식을 고르십시오. 그 길로 나아가십시오. 그러면

살 것입니다.

• 폰투스의 에바그리우스 『기도론』.

### 신앙의 길을 계속 걸어가자

우리가 걸어온 길을 계속해서 가다 보면 사도가 말한 대로 하느님께서는 우리가 모르지만 알아야 할 것을 계시하실 것이며, 우리가 알고 싶어 하는 다른 것들도 보여 주실 것입니다(필리 3,15 참조). 우리가 걸어온 길은 신앙의 길입니다. 흔들리지 말고 이 길을 계속 걸어갑시다. 그러면 이 길은 "지혜와 지식의 모든 보물이 숨겨져 있는"(콜로 2,3) 그 임금의 비밀로 우리를 안내해 줄 것입니다. 주 예수 그리스도께서 당신이 특별히 선택하신 위대한 제자들에게 "내가 너희에게 할 말이 아직도 많지만 너희가 지금은 그것을 감당하지 못한다"(요한 16,12)라고 말씀하신 것은 결코 시기심 때문이 아니었습니다. 우리는 계속 이 길을 걸으면서 성장하고 발전해야 합니다. 그래야만 우리 마음이 지금은 우리가 받아들일 수 없는 것들을 받아들일 수 있는 적합한 상태가 될 것입니다. 마지막 날에 우리가 충분히 진보하였다는 것이 드러나면 그때에 우리는 여기에서는 알 수 없었던 것들을 알게 될 것입니다.

• 아우구스티누스 『요한 복음 강해』 53,7.

# 깨어 있음

늘 깨어 있으며 하느님의 약속을 되새겨야 합니다.

• 히에로니무스 『편지』 8.

그분을 위하여 깨어 있는 사람은 행복합니다.

• 알렉산드리아의 클레멘스 『교육자』 2,9,79.

깨어 있음의 성과는 악인 어둠에서 벗어나려 노력하는 것입니다.

• 알렉산드리아의 키릴루스 『열두 소예언서 주해』(호세아서) 4,62.

악마는 어둠 속에서 깨어 있지 않은 사람들을 향하여 화살을 쏘고 있습니다.

• 예루살렘의 키릴루스 『예비신자 교리교육』 5,4.

## 잠과 깨어 있음

### 하느님의 행위는 이따금 인간적 행위로 표현된다

하느님께서 당신만 아시는 이유로 인하여 우리에게 마음을 쓰지 않으시는 듯 우리에게서 멀리 계실 때, 우리는 하느님께서 '주무신다'고 표현합니다. 사람들이 잠을 잘 때 이처럼 아무런 활동을 하지 않기 때문입니다. 또 하느님의 태도가 변하여 우리에게 갑자기 좋은 것을 베풀어 주시면, 그럴 때 우리는 하느님께서 '깨어나셨다'고 표현합니다. 깨어남은 잠이 끝난 것이고, 이는 어떤 이에게서 얼굴을 돌린 상태가 끝나고 그를 바라보는 것과 같기 때문입니다.

• 나지안주스의 그레고리우스 『성령』(연설 31) 22.

우리 구원자께서도 당신 인성 안에서 잠들어 계시던 그 죽음의 순간에도 당신 신성 안에서는 죽지 않은 상태로 남아 계시면서 깨어 계셨습니다.

• 대 그레고리우스 『에제키엘서 강해』 1,4,1.

### 잠든 동시에 깨어 있는 인성과 신성

십자가에서 그분은 '나는 잠 잔다'(아가 5,2 참조)고 말씀하십니다. 인류를 위해 죽음을 겪으시는 한에서 그렇습니다. 그러나 그분의 마음은 깨어 있습니다. 하느님으로서 저승을 쳐부수고 계시기 때문입니다.

• 알렉산드리아의 키릴루스 『아가 (주해) 단편』 5,2.

### 더 깊은 뜻이 담긴 '잠'

"나는 잠들었지만 내 마음은 깨어 있었지요"(아가 5,2). 여기서 '마음'으로 표현되는 거룩하신 말씀께서는 육신의 너울 안에 가려 계시는 동안 주무시는 적도 잠에 빠지는 적도 없으시며 자는 이를 지고 다니십니다. 당신을 믿으며 또 인간 구원의 기쁨에 참여하도록 당신께서 초대하신 친구들과 사랑하는 이들에게 그분은 매우 신비로운 방식으로 설명해 주십니다. 그들이 당신께서 인성에 따라 죽음의 잠에 붙들려 계신 것을 보더라도 당신 안에서 늘 깨어 있는 충만한 위엄을 볼 수 있게 하는 믿음을 잃지 않게 하시려는 [뜻입니다]. '육신으로 너희 곁에 없어서 너희에게는 자는 듯이 보일 터이나 나의 마음은 늘 깨어 있어서 나의 신성이 너희에게서 떠난 적이 없다'고 그분은 말씀하십니다.

• 아포니우스 『아가 해설』 7,59.

### 신성이 깨어 있음을 보여 주시다

잠자고 계시던 분께서 깨어나시어 호수를 잠재우십니다. 잠자고 있던 바다를 깨워, 당신의 신성은 결코 잠들지 않고 깨어 있음을 보여 주신 것입니다. 그분께서 바람을 꾸짖으시자 바람이 그쳤습니다. 이 능력은 어디서 오는 것일까요? 보십시오, 그분은 당신의 것이 아닌 힘을 사용하셨습니다. 우리 주님께서는 호수의 바람과 악령들을 잠재우심으로써, 당신께서 창조주의 아드님임을 보여 주셨습니다.

• 시리아인 에프렘
『타티아누스의 네 복음서 발췌 합본 주해』 6,25.

### 잠들어 계실 때도 같은 권능을 가지고 계시다

예수님께서는 "왜 겁을 내느냐? 이 믿음이 약한 자들아!"(마태 8,26) 하며 그들을 꾸짖으십니다. 그러고는 그들에게 인간의 두려움은 위험한 시련이 실제로 다가와서가 아니라 마음이 약한 데서 온다고 가르치십니다.

제자들이 예수님을 깨운 것은 그분이 누구신지 그들이 제대로 알지 못했다는 표시였습니다. 그들은 그분께서 깨어 계실 때 물을 꾸짖으시는 권능을 지니신 것은 알았지만, 잠들어 계실 때도 같은 권능을 가지고 계시다는 사실은 아직 몰랐습니다.

• 요한 크리소스토무스 『마태오 복음 강해』 28,1.

### 일깨워 주시다

제자들은 예수님께서 함께 계신 동안에는 잠들지 않았습니다. 그런데 예수님께서 조금 떨어진 곳으로 가신 뒤, 그분이 안 계신 동안에는 한 시간도 깨어 있을 수가 없었습니다. 그러니 우리는 잠시 동안이라도 예수님께서 우리를 버려두지 마시고, 당신께서 "내가 세상 끝 날까지 언제나 너희와 함께 있겠다"(마태 28,20)라는 말씀으로 우리에게 약속하신 것을 지켜 주십사고 기도해야 합니다. "잠도 자지 말고 졸지도 마라. 사냥꾼의 손에서 벗어나는 산양처럼, 새잡이의 손에서 벗어나는 새처럼 너도 벗어나라"(잠언 6,4-5)라는 주님의 명령을 우리가 이행할 수 있도록 주님께서 우리의 영혼으로부터 잠을 쫓아 주시는 동안에는 우리는 이처럼 깨어 있을 것입니다. 그러나 돌아오셔서 제자들이 자고 있는 것을 보신 예수님께서는 당신의 말을 듣고 있는 이들에게 하시는 듯한 투로, "너희는 나와 함께 한 시간도 깨어 있을 수 없더란 말이냐?"(마태 26,40) 하시며 그들을 일깨우십니다.

• 오리게네스 『마태오 복음 주해』 93.

### 지쳐서 잠들게 되다

늘 깨어 있으면서 신앙 안에 굳건히 서서 힘차게 일하며 영적으로 힘을 받는(1코린 16,13 참조) 데 소홀히 하는 이들은 지쳐서 드러누워 잠들게 됩니다. 사도의 다음 말은 이런 사람에게 아주 어울립니다. "잠자는 사람아, 깨어나라. 죽은 이들 가운데에서 일어나라. 그리스도께서 너를 비추어 주시리라"(에페 5,14).

• 존자 베다 『토빗기 우의적 해설』 2,11.

### 우리를 드러내는 거울

우리는 "눈먼 이들처럼 어둠 속을 더듬습니다"(이사 59,10 참조). 우리의 내적인 정신이 식별에 필요한 것을 갖추지 못한 까닭입니다. 순수한 비처럼 쏟아져 내리는 지극히 높으신 분의 자비가 졸고 있는 우리 위에 뿌려지면 그제야 우리는 깊은 잠에서 깨어나듯이 잠에서 깨어나 우리 자신을 비추어 보기 위해 용기 있게 이 거울을 집어 듭니다.

• 시리아인 에프렘 『푸블리우스에게 보낸 편지』 11.

### 깨어 있는 마음

그분께서 외치신다.
"죽음의 잠과 죄스러운 게으름
어리석은 휴식은 물러가라.
깨끗하고 올곧고
순수한 마음으로 깨어 있어라.
내가 가까이 왔으니 깨어 있어라!"

• 프루덴티우스 『매일 찬가』 1,5-8.

### 깨어 있어라

사람들이 자는 사이에 원수가 가라지를 뿌립니다(마태 13,25 참조). 이 때문에 주님께서는 당신 제자들에게 깨어 있으라고 명하십니다. 의로움의 열매를 활발하게 맺지 못하는 이들은 곧바로 가시덤불에 뒤덮여 숨이 막혀 버립니다. 그러나 하느님의 말씀을 부지런히 받아들여 그의 안에 뿌리 내리기만 하면, 하느님의 모상에 따라 하느님과 닮은 모습으로 창조된 인간의 첫 본성을 회복할 수 있습니다(창세 1,26 참조).

• 리옹의 이레네우스 『이단 반박』 5,10,1.

### 자는 동안에 가라지를 뿌렸다

주님께서는 우리의 원수 악마가 하느님께서 우리 안에 뿌리신 씨의 숨을 막아 버리려고 사악함과 악의의 가라지를 뿌렸음을 나타내십니다. 그래서 "사람들이 자는 동안에 그의 원수가 와서 밀 가운데에 가라지를 덧뿌리고 갔다"(마태 13,25)라고 말씀하십니다. 주님께서는 악마가 자는 사람들(태만으로 말미암아 무기력증에 빠진 듯 불신앙에 정복되어, 거룩한 명령을 받는 순간에도 잠에 빠진 사람들) 가운데에 가라지를 뿌린다고 알려 주십니다. 사도는 이런 이들에 관하여, "… 그러므로 이제 우리는 다른 사람들처럼 잠들지 말고 맑은 정신으로 깨어 있도록 합시다. 잠자는 이들은 밤에 자고 술에 취하는 이들은 밤에 취합니다"(1테살 5,6-7) 하고 말합니다.

• 아퀼레이아의 크로마티우스 『마태오 복음 강해』 51,1,1.

### 반쯤 깨어 있는 채로 자야 한다

우리는 반쯤 깨어 있는 채로 자야 합니다. … 잠든 사람은 죽은 사람과 마찬가지로 아무짝에도 쓸모없습니다. 그러므로 우리는 밤중이라도 자주 잠에서 깨어 하느님께 찬미를 바쳐야 합니다. 그분을 위하여 깨어 있는 사람은 행복합니다. 늘 깨어 있다는 천사들처럼 되어 가는 사람이기 때문입니다.

• 알렉산드리아의 클레멘스 『교육자』 2,9,79.

### 잠들면서 깨어 있다

의로운 사람은 "먹든지 마시든지, 그리고 무슨 일을 하든지 모든 것을 하느님의 영광을 위하여"(1코린 10,31) 합니다. 아가가 노래하듯이, 그런 사람의 마음은 그가 잠자고 있을 때도 깨어 있습니다. "나는 잠들었지만 내 마음은 깨어 있었지요"(아가 5,2). 자는 동안 꿈에 보이는 것들은 우리가 낮에 생각한 것들의 표상인 경우가 많습니다.

• 대 바실리우스『시편 강해』16,1 (제33편).

### 잘 때도 깨어 있을 때도 똑같다

어떤 고요한 잠을 자는 중이라도 그는 활기 있지 않겠습니까? 그가 자고 있는 중에도 그의 덕은 그를 버리지 않습니다. 어떤 고독 속에 있더라도 그는 군중 안에 있는 것 아니겠습니까? 행복한 삶이 그를 에워싸고 은총이 그를 옷처럼 감으며 영광의 의복이 그를 빛나게 합니다. 그는 여가 중에 있을 때도 일할 때보다 덜 행복하지 않으며 잘 때도 깨어 있을 때와 똑같이 영광이 가득합니다. 그는 잠자고 있을 때도 깨어 있을 때와 똑같이 안전하고 안정되어 있기 때문입니다.

• 암브로시우스『야곱과 행복한 삶』8,39.

### 깨어 있음의 성과

"그들은 나를 찾으리라"(호세 5,15)는 그들이 자기 안에 있던 생각 없음이라는 잠에서 깨어나 밤과 어둠에서 낮과 빛으로 옮겨진 사람들처럼 서로를 부르며 주님께 돌아가는 것이 옳다고 외치는 것을 가리키는 듯합니다. 이는 속임수에 빠졌던 이들과 우상 숭배에 현혹되었던 이들이 제정신을 차림을 의미합니다. 지금 깨어 있음의 성과는 악인 어둠에서 벗어나려 노력하는 것입니다.

• 알렉산드리아의 키릴루스
『열두 소예언서 주해』(호세아서) 4,62.

### 세상의 관심사들에는 깨어 있다

마음이 아무 걱정 없이 잠을 잡니다. 임박한 악을 예견하지 못하고 저지른 악을 알지도 못할 때, [마음은] 맞아도 아무런 고통을 느끼지 않습니다. 내팽개쳐져도 … 느끼지 못합니다. 마음이 악의 매력에 끌립니다. 그런데도 [마음은] 자신을 방어하기 위해 일어서지 않습니다. 그러면서도 마음은 술을 찾아 나서기 위해 깨어 있고 싶어 합니다. 다시 말해 잠에 너무 짓눌려 있어 스스로를 지키지도 못할 정도인데도 쾌락에 더 흠뻑 취하기 위해 세상의 관심사들에는 깨어 있으려 합니다. 늘 깨어 지켜야 할 것에 대해서는 잠자면서, 잠들어 있어야 칭찬할 만한 다른 것들에서는 깨어 있고 싶어 합니다.

• 대 그레고리우스『사목 규칙』3,32,33.

## 영혼의 깨어 있음

### 거룩한 깨어 있음

존재에 관한 묵상에서만 기쁨을 얻는 영혼은 감각적 쾌락을 가져오는 것들에 마음이 움직이지 않을 것입니다. 그런 묵상은 육신의 모든 움직임을 잠재우며, 순수한 통찰력을 지닌 벌거벗은 영혼은 거룩한 깨어 있음 안에서 하느님을 볼 것입니다. 우리도 아가가 노래하는 이런 잠에 들어 영혼이 깨어 있는 이가 되기를 기도합시다.

• 니사의 그레고리우스『아가 강해』10.

### 육체와 영혼이 다 깨어 있어야 한다

깨어 지키십시오. … 우리 주님께서 영혼과 육체가 깨어 지키는 것에 대해 말씀하신 이유는 육체가 무거운 잠에 가라앉고 영혼이 소심함으로 인한 나태함에 빠지는 일이 없게 하시려는 뜻이었습니다. [성경] 말씀대로입니다. '의로움이 여러분을 깨우게 하십시오'(1코린 15,34 참조), "제가 깨어 있을 때 저는 아직 당신과 함께 있습니다"(시편 138,18 칠십인역, 불가타)

• 시리아인 에프렘
『타티아누스의 네 복음서 발췌 합본 주해』18,17.

### 의인의 영혼

의인의 영혼은 현재의 일들을 이해하고 그 모든 것의 원인을 파악하기 위해, 낮이나 밤이나 잠에 빠지지 말고 깨어 있으면서(마르 14,37-38 참조) 언제나 경계하며 하느님의 뜻에 주의를 기울여야 합니다.

• 암브로시우스 『아브라함』 2,10,76.

### "깨어 기도하여라"

주님은 우리가 늘 경계하며 기도할 수 있도록 깨어 있으라고 지시하십니다. 깨어 있는 사람은 선행을 하는 사람이며, 수상한 가르침의 유혹에 빠져드는 일이 없도록 근면하게 믿음의 진리를 소중하게 간직하는 사람입니다. 이렇게 깨어 기도하는 사람의 기도는 이루어질 것입니다. "깨어 기도하여라"(마태 26,41)는 주님의 말씀은 이런 뜻입니다. 무엇보다 우리는 깨어 있어야 하며, 깨어 있는 동안 기도해야 합니다.

• 오리게네스 『마태오 복음 주해』 93.

### 항상 깨어 있어라

만약 그대가 사랑하는 사람을 눈앞에 보고 있다든가 마음속으로 생각하고 있다면, 그대는 항상 그 사람 생각으로 기뻐하며 정신이 깨어 있게 되고 생각도 나래를 타고 오르게 됩니다.

• 요한 크리소스토무스 『히브리서 강해』 26,6.

### 언제나 깨어 있으면서 자신을 지켜라

우리는 언제나 열망을 유지하고 주의 깊어야 하며, 하느님의 말씀께서는 노루나 젊은 사슴처럼 뛰어오르시는 분이므로, 그분을 추구하고 그분을 소유하기를 갈망하는 영혼은 언제나 깨어 있으면서 자신을 지켜야 합니다.

• 암브로시우스 『이사악 또는 영혼』 5,38.

### 잠자리에서도 밤에도 깨어 있어야 한다

그리스도 내 님은 마치 몰래 왔다 몰래 사라지는 분 같습니다. 이렇듯 정성을 다하여 주님을 찾는 이는 잠자리에서도 밤에도 깨어 있어야 합니다. 낮이나 밤이나 쉬는 날이 있어서는 안 됩니다.

• 암브로시우스 『이사악 또는 영혼』 5,38.

### 말씀에 주의를 기울여라

영적인 것을 청하도록 하십시오. … 깨어 있는 마음으로 말씀에 주의를 기울이십시오. 하느님께 청할 만한 것들을 청하여 여러분이 청하는 것을 얻도록 하십시오. 그러기 위해서 늘 정신 차리고 깨어 있고 주의가 흐려지지 않도록 하며 이랬다저랬다 마음을 바꾸지 말고, 경외와 전율로 자신의 구원을 위해 노력하십시오.

• 요한 크리소스토무스 『창세기 강해』 30,15.

### 마음은 삶에서 영혼을 인도한다

마음이 늘 깨어 있으면서 영혼을 지배하면, 어떤 것들을 미리 알아 극복하고 제압하며, 어떤 것들은 멀리합니다. 그리하여 현재의 위험은 대단한 노력으로 극복하고 앞을 내다봄으로써 미래의 난관과 맞설 힘을 모읍니다.

• 대 그레고리우스 『사목 규칙』 3,32,33.

"내 마음이 깨어 있는"(아가 5,2) 것은 외부의 공격으로부터 더 많은 자유를 얻을수록 내 내면의 눈은 그분께서 주님이심을 더 확실히 보기 때문입니다.

• 존자 베다 『아가 우의적 해설』 3,5,2.

### 마음이 깨어 있다

어떤 사람이 온갖 사악함에 무릎 꿇게 하는 부주의에 빠져들려는 마음을 잘라 버릴 때 우리는 그의 마음이 깨어 있다고 말합니다. 사람 마음 안에 있는 거룩한 빛이 흐려져서 마비 상태가 되면 위험을 피하기 어렵거나 아니면 이미 격렬한 폭풍의 위험 속에 있는 것입니다. 그리스도께서는 우리에게 깨어 있으라고 명하십니다. 그분의 제자들도 우리에게 "정신을 차리고 깨어 있도록 하십시오"(1베드 5,8)라며 같은 말을 합니다.

• 알렉산드리아의 키릴루스 『루카 복음 주해』 92.

### "늘 깨어 있으십시오"

"늘 깨어 있으십시오"(사도 20,31)라는 바오로의 말은 참으로 적절하며, 그는 이 말을 통해 그것이 매우 중대한 일이며(교회와 관련한 문제이니까요), 위험이 엄청나고(주님께서 그것을 피로 구원하신 일에서 볼 때), 싸움은 치열하게 양면으로 전개되리라는 것을 보여 줍니다.

• 요한 크리소스토무스 『사도행전 강해』 44.

### 영적 원수

바오로 사도는 이런 원수의 무리에 대해 이렇게 말하고 있습니다. "우리의 전투 상대는 인간이 아니라, 권세와 권력들과 이 어두운 세계의 지배자들과 하늘에 있는 악령들입니다"(에페 6,12). 원수의 무리가 이러하므로, 우리는 늘 깨어 있으면서 죄의 공격을 피해야 합니다.

• 요한 크리소스토무스 『시편 해설』 6,5.

### 악마인 "사자"

우리가 깨어 있다면 이 "사자와 독사"(시편 91,13)는 땅의 먼지보다 더 하잘것없으며, 우리를 공격하지도 못하고 짓밟힐 것입니다. "뱀과 전갈을 밟아라"(루카 10,19)라고 하신 성경 말씀을 기억하십시오.

• 요한 크리소스토무스 『시편 해설』 7,3.

### 늘 준비하고 살아라

"이것을 명심하여라. 도둑이 밤 몇 시에 올지 집주인이 알면, 깨어 있으면서 도둑이 자기 집을 뚫고 들어오도록 내버려 두지 않을 것이다"(마태 24,43). 여기서 집주인은 인간의 영혼을, 도둑은 악마를, 집은 육신을, 문들은 입과 귀를, 창문은 눈을 뜻합니다. 집주인에게서 훔치기 위해 문과 창문을 통해 들어오는 도둑처럼, 악마도 사람의 입과 귀와 눈을 통해 쉽게 그의 영혼으로 들어가 그를 포로로 잡습니다.

• 『마태오 복음 미완성 작품』 강해 51.

### 준비하고 있어라

도둑이 언제 이 출입구 가운데 하나를 통해 들어왔는지 영혼은 모르는 것입니까? 사실 영혼은 죄로 이끌려 들어가고 나서야 그 사실을 압니다. 그러므로 영혼은 깨어 있으면서, 도둑이 드나들 수 있는 입구를 모두 닫아야 합니다. 입은 부지런히 거룩한 말을 입에 올림으로써, 귀는 경건한 소리를 담음으로써, 눈은 하느님께서 이루신 놀라운 일들을 봄으로써, 그리고 마음은 거룩한 생각들을 함으로써 그렇게 해야 합니다.

• 『마태오 복음 미완성 작품』 강해 51.

### 주님께서 언제 오실지 모르다

여러분의 삶을 깨어 지켜보십시오. 여러분의 등잔불은 꺼지지 않게 하고 여러분의 허리띠는 풀어지지 않게 하여, 준비하고 있으십시오. 우리 주님께서 오시는 시간을 여러분은 모르기 때문입니다.

• 『디다케』 16,1.

### 나날의 준비

마지막 날이 언제인지 알고서도 중간 과정을 소

홀히 할 사람이 어디 있겠습니까? 그러나 그날을 알지 못한다면 날마다 더욱 잘 준비하지 않겠습니까? 그래서 구원자께서는 이렇게 말씀하셨습니다. "깨어 지켜라. 그때가 언제 올지 너희가 모르기 때문이다"(참조: 마태 25,13; 마르 13,33).

• 아타나시우스 『아리우스파 반박 연설』 3,49.

### 그러니 깨어 있어라

예수님의 말씀은 이런 뜻입니다. 자신이 죽을 날을 안다면, 사람들은 분명 남은 시간 동안 잘 살려고 분명 열심히 노력할 것입니다. 그래서 주님께서는 그들이 그 시간뿐 아니라 늘 노력하게 하시려고, 그날과 그 시간을 알려 주지 않으십니다. 주님은 우리가 언제나 방심하지 않고 노력하기 바라십니다. 주님께서 각 사람의 삶의 끝을 그토록 불확실하게 만드신 것은 이런 까닭입니다. … 여러분은 그분께서 언제 오실지 모릅니다. 그러나 그분께서 오시리라는 것은 확실히 알고 있습니다. 여러분이 늘 깨어 있지 않으면, 여러분은 그날에 태세가 갖추어져 있지 못할 것입니다. 준비가 되어 있지 않을 것입니다. 자는 중에 파멸이 닥칠 것입니다.

• 요한 크리소스토무스 『마태오 복음 강해』 77,2-3.

### 악마가 뚫고 들어오지 못하도록 깨어 있음

우리는 깨어 있으면서 우리 자신을 지켜 나쁜 악마가 처음부터 뚫고 들어오지 못하게 해야 합니다. 악마가 우리의 이성을 무디게 하고 우리 마음의 날카로운 시각을 어둡게 하여, 결과적으로 우리에게서 햇빛을 빼앗아 가 "의로움의 태양"(말라 3,20)의 빛을 보지 못하고 심연에 떨어지게 하는 일이 없도록 해야 합니다.

• 요한 크리소스토무스 『창세기 강해』 22,12.

그리스도인의 특징은 무엇입니까? 주님께서 예기치 않은 때에 오실 줄 알고 언제 어디서나, 하느님께서 기뻐하실 준비 태세를 갖추고 깨어 있는 것입니다.

• 대 바실리우스 『도덕 규칙서』 22.

### 평화로이 깨어 기다리다

지금 베드로 사도는 예수님께서 "행복하여라, 주인이 와서 볼 때에 깨어 있는 종들!"(루카 12,37)이라고 말씀하신 거룩한 기다림에 대해 이야기하고 있습니다. 모든 악에서 자신을 깨끗이 지키는 사람은 깨어 경계하고 있는 이라고 할 수 있습니다. 모든 사람과 평화로이 살기 위해 최선을 다하는 사람도 그러합니다.

• 존자 베다 『가톨릭 서간 해설』(베드로 2서).

주님께서는 우리 목숨이 다하기 전에 죄와 형벌로부터 속히 벗어날 수 있도록 늘 깨어 있어야 한다고 일깨워 주셨습니다.

• 알렉산드리아의 키릴루스 『루카 복음 주해』 95.

우리가 충분히 깨어 있어서 제대로 보기만 한다면, 사실 그분께서는 훨씬 더 많은 것을 약속하셨습니다.

• 요한 크리소스토무스 『창세기 강해』 36,15.

### 당신의 오심을 미루다

깨어 있으십시오. 여러분 행실의 거짓스러움을 마음의 눈으로 살피십시오. 최후의 심판이 무서운 것임을 잊지 마십시오. 얼마나 엄격한 심판관께서 오시는지 잘 생각하십시오. 그분은 회개하지 않는 자에게 무섭게 경고하십니다. 그러나 그분은 그들에게 회개할 시간도 주십니다. 그분은 우리를 참아 주십니다. 벌 줄 사람이 더 적어지도록 당신의 오심을 미루십니다.

• 대 그레고리우스 『복음서 강해』(40편) 10,7.

### 갑작스레 닥칠 심판

노아 때에는 홍수가 닥쳐 한 가족 말고는 모두를 멸망시켰고, 롯 때에는 불과 유황이 쏟아져 모두 멸망시켰습니다. 이는 무엇을 의미할까요? 주님께서 우리에게, 늘 깨어 있으면서 하느님의 재판정에서 자신을 변호할 준비가 되어 있을 것을 요구하신 것입니다.

• 알렉산드리아의 키릴루스 『루카 복음 주해』 117.

### 명령을 따른 이들을 모아들이시다

말씀이신 하느님께서 오시어 이 세상의 진행에 끝을 가져오실 때에, 그분은 “내 눈에 잠도, 내 눈가에 졸음도 허락하지 않으리라”(시편 132,4) 하며 “늘 깨어 있으라”(루카 21,36)라고 하신 분의 명령을 따른 사람들을 모아들이실 것입니다.

• 오리게네스 『마태오 복음 주해』 56.

# 꾸짖음, 질책, 훈계

'꾸짖음'은 지금 이 순간 죄를 짓고 있는 이들에게 하는 것입니다.

• 몹수에스티아의 테오도루스 『티모테오 2서 주해』.

바로잡음은 꾸짖음을 통해 이루어지는 경우가 많습니다.

• 알렉산드리아의 키릴루스 『요한 복음 주해』 4,5.

꾸짖음의 채찍을 사용할 줄 알아야 하지만,
말보다는 본보기로 가르쳐야 합니다.

• 『마태오 복음 미완성 작품』 강해 10.

양심의 꾸짖음을 듣는 사람은 자기가 가르친다는 사실을
부끄럽게 여겨야 합니다.

• 히에로니무스 『편지』 127,4.

질책을 당하지 않는 사람은 치유될 수 없습니다.

• 나지안주스의 그레고리우스 『침묵하시는 성부』(연설 16) 15.

훈계는 칭찬에 곁들일 때 가장 효과가 좋습니다.

• 요한 크리소스토무스 『필리피서 강해』 9,2,12-16.

훈계는 좋은 것이며 침묵하는 우정보다 나은 때가 많습니다.

• 암브로시우스 『성직자의 의무』 3,22,127.

## 꾸짖음, 질책, 훈계의 의미와 이해

### 타이름과 꾸짖음과 격려의 차이

"타이른다"(2티모 4,2)는 것은 줄곧 죄 속에 사는 이들에게 그것이 죄임을 깨닫게 만드는 것입니다. "꾸짖음"(2티모 4,2)은 지금 이 순간 죄를 짓고 있는 이들에게 하는 것입니다. "격려"(2티모 4,2)는 참회한 후에 다시 예전의 상태로 돌아갈 가능성이 있는 이들에게 하는 것입니다.

• 몹수에스티아의 테오도루스 『티모테오 2서 주해』.

견책은 바로잡기 위하여 표현된 책망 또는 강하

게 표현된 꾸짖음입니다.

• 알렉산드리아의 클레멘스 『교육자』 1,9,78.

훈계는 그 죄들을 빛 속에 갖다 둡니다. 훈계하는 사람은 자신이 빛을 비추는 상대방의 그 행위가 얼마나 위중한지 보여 주기 때문입니다.

• 마리우스 빅토리누스 『바오로 서간 주해』(에페소서) 2,5,13.

### 질책의 대상

[바오로 사도의] 이 질책[로마 9,20 참조]은 선하고 의롭게 살며 하느님을 신뢰하는 이들에게 하는 것이 아닙니다. … 신실한 이들과 성도들이 아니라, 불충하고 불경한 이들에게 하는 것입니다.

• 오리게네스 『원리론』 3,1,22.

### 꾸짖음의 대상

바오로는 자신과 동료들의 콧대가 꺾이기를 기도합니다. 곧, 코린토 신자들의 행실이 참으로 착실한 것을 보게 되어 감히 그들을 꾸짖을 일이 없기를 바라는 것입니다. … 훌륭하게 살고 있는 사람은 꾸짖을 수 없습니다. 율법의 원수인 이만 꾸짖을 수 있습니다. 사람들이 선을 행한다면 이 힘은 쓸 데가 없습니다.

• 암브로시아스테르 『바오로의 열세 서간 주해』(코린토 2서).

### 훈계의 말을 선포하라

하느님의 말씀은 듣는 이의 구원을 위한 것을 선포하고, 그가 자제하며 지각 있는 행동을 하도록 훈계하는 말을 선포해야 합니다. 쾌락이 아니라 일에 근면한 그 사람이 하느님께서 약속하신 것을 얻을 수 있도록 노력해야 하는 모든 것에 훈계가 되는 것을 [선포해야 합니다].

• 오리게네스 『에제키엘서 강해』 3,3.

### 침묵하는 우정보다 다정한 훈계가 낫다

훈계는 좋은 것이며 침묵하는 우정보다 나은 때가 많습니다. 친구가 자신이 상처를 입는다고 생각하더라도 계속해서 그를 훈계하십시오. 그리고 바로잡는 말의 신랄함이 그의 마음에 상처를 낸다 하더라도 계속해서 그를 훈계하고 두려워하지 마십시오. "친구의 매는 아첨꾼들의 입맞춤보다 낫습니다."

• 암브로시우스 『성직자의 의무』 3,22,127.

### 훈계 듣고 기분 나빠하지 마라

물만 마시며 너무나 오래 단식하여 몸이 많이 허약해진 사람도 "자신을 결백하게 지켜 가라"(1티모 5,22)는 훈계를 듣고 군소리 없이 그것을 따른다면, 우리는 더더군다나 누구한테 훈계를 듣든 기분 나빠해서는 안 됩니다.

• 요한 크리소스토무스 『티모테오 1서 강해』 16.

### 겸손한 자기 성찰

죄지은 이웃을 꾸짖기 전에, 또 걸맞은 징계를 가한 뒤에도 우리는 겸손하게 자기 자신을 성찰해야 한다는 것입니다. 그래야 우리가 꾸짖은 [이웃과] 똑같은 잘못을 저지르지 않으며 다른 잘못도 저지르지 않을 수 있기 때문입니다.

• 존자 베다 『복음서 강해』 1,25.

### 함부로 판단하지 마라

사실 인간 대부분은 성급하게 경솔한 판단을 하고 비판하기 일쑤라는 것을 보여 왔습니다. 다른 이를 판단하면서 자기는 판단받기를 바라지 않으면서 말입니다. 이러한 사실 때문에 성경은 우리에게 훈계합니다. "자세히 알아보기 전에 꾸짖지 마라. 먼저 생각해 보고 나서 질책하여라"(집회 11,7). 모든 사람은 먼저 질문받고 그다음에 유죄가 입증되면 인내하며 질책을 받아들이기 원합니다. 우리 모두는 타인이 우리에게 이렇게 해 주기 원하기 때문에, 우리도 다른 이들에게도 그렇게 해 주려고 애쓰는 것이 정당합니다. 먼저 우리는 인내심과 갈망에 대해 알아봅시다. 그러고 나서 우리가 매우 분명히 사실을 알고, 그것이 악이라 판단하면 기꺼이 질책하고, 선이면 기꺼이 옹호해야 합니다.

• 아를의 카이사리우스 『설교』 148,3.

### 모든 사람 앞에서 질책받은 베드로

바오로가 베드로를 "모든 사람 앞에서"(갈라 2,14) 나무란 것은 이 질책으로 모든 이를 개선시키기 위해 필요한 일이었습니다. 공동체에 해를 가져오는 잘못을 은밀한 곳에서 바로잡아 주는 것은 좋은 방법이 아니기 때문입니다. 주님으로부터 세 번이나 "너는 나를 사랑하느냐? 내 양들을 돌보아라"(요한 21,15-17)라는 말씀을 들은, 굳건함과 자애심을 지닌 베드로는 양 떼의 구원을 위해 자기보다 손아래인 목자로부터 이 질책을 들을 준비가 충분히 되어 있었습니다. 지금 질책을 듣고 있는 사람이 질책하는 사람보다 더 훌륭하고 독보적인 인물이었습니다. 자신의 고쳐야 할 점보다 남의 고칠 점들이 더 쉽게 눈에 보이는 법입니다. 스스로 자신을 바로잡는 것보다 훈계나 질책으로 남들을 바로잡는 것이 더 쉽습니다. 다른 이의 [훈계로], 게다가 모든 사람 앞에서 [훈계를 듣고] 자신을 바로잡는 것은 [더더욱 어렵습니다].

• 아우구스티누스 『갈라티아서 해설』 15 (1B,2,11-16).

### 질책할 필요가 있다

우리는 주의를 게을리하는 이들을 사적으로든 공개적이든 질책할 필요가 있습니다. 그런데 우리가 질책하는 사람이 사악한 이일 경우, 그는 자기 자신의 잘못을 떠올리기보다 자기를 질책하는 사람에게서 바로잡아야 할 점을 더 쉽게 찾아냅니다.

• 아를의 카이사리우스 『설교』 145,1.

### 혼자 조용히 성찰하다

사람은 나무람을 들으면 잠시 동안 낙심하고 고집 피우며 반항하는 경우가 많습니다. 그러나 나중에 하느님과 단 둘이 있을 때, 잘못을 지적받는 것이 남의 눈에 띄어 나쁜 평판을 들을 위험이 없고 잘못을 바로잡지 않음으로써 하느님을 불쾌하게 만들 수 있음을 두려워할 때 그는 혼자 조용히 성찰합니다. 그러고 나면 그는 질책받아 마땅했던 그런 행동을 되풀이하지 않습니다. 오히려 이제는 자기 죄의 적으로 생각했던 형제를 사랑하고 죄 자체를 미워합니다.

• 아우구스티누스 『편지』 210.

### 서로에게 소홀히 하지 마라

우리는 우리가 훈계하는 이들을 지지해 주어야 하고 우리가 지지하는 이들을 훈계해야 합니다. 우리가 이를 소홀히 한다면, 우리의 일에 용기가 모자라거나 온유함이 모자랄 것입니다.

• 대 그레고리우스 『복음서 강해』(40편) 17.

### 형제를 꾸짖어야 하는 의무

우리는 동료 봉사자들도 똑같이 꾸짖어야 한다는 사실을 요한에게서 배웁니다. 그 일로 죽음을 맞게 될지라도 형제를 꾸짖어야 하는 의무를 저버리지 마십시오. '나와 무슨 상관인가? 나는 그 사람과 아무런 관계가 없다'고 냉정하게 대답하지 마십시오. 우리는 마귀하고만 아무 상관이 없을 뿐, 모든 인류와 많은 면에서 공통점을 지닙니다. 모든 이가 우리와 똑같은 본성을 지니고 있고, 같은 지구에서 살아갑니다. 같은 음식으로 양육되고, 같은 주님을 모시고 있습니다. 모두가 똑같은 법을 받았으며, 모두가 우리와 더불어 같은 축복을 받도록 초대받았습니다. 그러니 우리가 그들과 아무런 상관이 없다고 말하지 맙시다.

• 요한 크리소스토무스
『(입상에 관해) 안티오키아 신자들에게 행한 설교』 1,12.

### 왜 꾸짖지 않는가?

우리는 나무람을 들은 사람이 멸망하게 될지 모른다는 두려움에 꾸짖음을 삼가지는 않습니다. 그렇다면 우리가 꾸짖지 않아서 어떤 이가 멸망할지 모른다는 두려움 때문에는 왜 꾸짖지 않는 것입니까?

• 아우구스티누스 『훈계와 은총』 16,49.

### 매서운 꾸짖음

심하게 꾸짖어야 할 일들이 있습니다. 어떤 잘못을 저지르는 사람이 그것이 잘못인 줄 모를 때 그에 대한 꾸짖음을 듣고 자신의 잘못이 얼마나 큰 것인지 깨닫게 하고, 자신이 저지른 악을 용케 숨기고 있는 사람이 매서운 꾸짖음 덕분에 큰 두려움을 느끼게 하기 위해서입니다.

• 대 그레고리우스 『사목 규칙』 2,10.

### 질책받을 일

이처럼[2사무 24,14 참조] 다윗은 겸손해짐으로써 하느님께서 보시기에 더욱 기꺼운 이가 되었습니다. 백성이 죄짓는 것은 드문 일이 아닙니다. 그러나 자신들이 잘못했다는 것을 깨닫지 못하고 하느님 앞에서 겸손할 줄 모른다면 그것이야말로 질책받을 일입니다.

• 암브로시우스 『편지』 3.

### 의인이 바로잡아 주면 좋겠다

“의인이 자비로 저의 잘못을 지적하고 저를 질책해도 좋습니다. 그러나 죄인이 제 머리에 기름을 발라 기름지게 되는 일은 없게 해 주십시오”(시편 141,5). 이것은 무슨 뜻입니까? 나의 죄를 본 의로운 사람이 나를 눈감아 주지 않고 바로잡아 주면 좋겠다는 말입니다. 나의 죄를 보고 격노해서, 내가 잘못한 것을 지적하고 그리하여 내가 거기에서 해방되게 해 주면 좋겠다는 말입니다. 그는 가혹하게 말하는 것처럼 보이겠지만 그의 속은 다음 말씀처럼 자애로 온유할 것입니다. “의인이 자애로 저를 바로잡아 줄 것이며 저를 질책할 것입니다.” 의로운 사람이 이렇게 질책하고 노하여 소리칠 때 그는 자애를 보여 주는 것입니다. 그 행동은 모두 적대적인 잔인함이 아니라 아버지 같은 연민에서 나오기 때문입니다.

• 아를의 카이사리우스 『설교』 59,6.

### 의인이 모질게 바로잡아 주기를 바란다

“의인이 저를 때려도 좋습니다. 그것은 자애일 것입니다. 그가 저를 꾸짖어도 좋습니다. 그러나 죄인의 기름에 제 머리가 길들지 않게 해 주십시오”(시편 141,5 참조). 이보다 더 명확한 말이 있습니까? 어떻게 더 명확합니까? 그가 자신은 의인의 가혹한 징계, 곧 자애로 질책받아 바로잡히는 편이 아첨하는 자의 달콤한 말로 기름이 발려 교만으로 부풀어 오르는 것보다 훨씬 좋다고 말하고 있으니 말입니다.

• 아우구스티누스 『페틸리아누스 서간 반박』 3,35-38.

### 죄를 지었을 때 자신을 고발하는 사람이 의로운 사람이다

자기 죄를 옹호하는 자보다 질책하는 자가 더 참된 그리스도인 아니겠습니까? “소송에서 먼저 말하는 자가 옳아 보여도"(잠언 18,17) 자신을 칭찬하는 사람이 아니라, 죄를 지었을 때 자신을 고발하는 사람이 의로운 사람입니다.

• 암브로시우스『편지』51,15.

### 꾸짖으면 미움을 사게 마련이다

구원자께서는 아직 세속적 마음과 태도를 벗어나지 못한 당신 형제들을 무척 부드럽게 꾸짖으십니다. '… 쾌락을 사랑하는 자들은 꾸짖음을 못마땅해하며, 맑은 정신으로 꾸짖음을 받아들이지 않는 이에게 꾸짖음은 분노만 키웁니다.'

주님은 올바로 행동하지 않는 이들을 바로잡으시는 분입니다. 바로잡음은 꾸짖음을 통해 이루어지는 경우가 많습니다. 죄를 죄라고 말하는 것 자체가 죄를 사랑하는 자들에게는 이미 꾸짖음이며, 불법을 꾸짖는 것은, 곧 그 불법을 저지른 자를 나무라는 것이기 때문입니다. 그래서 교사가 꾸짖을 일이 있거나 이런 식으로 치유가 일어나야 할 때, 원하지 않는 꾸짖음을 듣는 이는 몹시 화가 나고 따라서 악감정이 생겨나기 마련입니다. 구원자께서 세상이 당신을 미워한다고 말씀하신 것은 이 때문입니다. 자기 자신을 위해 꾸짖음을 들어야 하건만 훈계와 함께 주어지는 꾸짖음을 세상이 견뎌 내지 못한다는 뜻입니다. 나쁜 쾌락에 매여 있는 정신은 자신을 바로잡게 하려는 충고에 몹시 성을 내기 때문입니다.

• 알렉산드리아의 키릴루스『요한 복음 주해』4,5.

### 훈계를 받아들이지 않는 사람이 입는 피해가 크다

지금까지 살펴본 바를 통해서 우리는 말을 하는 사람이 입는 피해는 그 말을 듣고도 훈계를 받아들이지 않는 사람이 입는 피해에 비해 경미하다는 것을 알게 되었습니다. … 그러므로 이제 우리는 우리가 들은 말씀이 우리 안에서 자라날 수 있도록 영혼의 힘과 위대함을 주시도록 하느님께 간청합시다. 그래야만 우리는 거룩하고 신성한 말씀을 제대로 들을 수 있게 될 것입니다.

• 오리게네스『예레미야서 강해』6,3.

훈계는 훈계를 따르지 않았을 경우 맞게 될 무서운 결과를 함께 말해 줄 때 효과가 더 좋습니다.

• 마리우스 빅토리누스『바오로 서간 주해』(필리피서) 3,19.

### 올바른 길로 돌아설 때까지 꾸짖다

여러분의 형제가 여러분에게 죄를 지으면 꾸짖으십시오. 주님께서는 우리에게 죄인이 올바른 길로 돌아설 때까지 그들을 꾸짖으라고 명령하십니다. 그러나 그가 결코 바로잡히지 않는다면, 그는 이교인으로 여겨집니다. 우리 주님께서는 당신께서 가르치신 대로 행하셨기 때문입니다.

• 라틴인 에피파니우스『복음서 주해』27.

### 공동체의 징계

한 번, 두 번 훈계했는데도 잘못을 고치지 않는 사람은 윗사람에게 보고하여 더 큰 꾸지람으로 창피를 당하게 해야 합니다. 그렇게 해도 바로잡히지 않는 이는 걸려 넘어지게 하는 돌이므로 다른 사람들에게서 떼어 놓아야 하며, 다른 민족 사람이나 세리처럼 여겨야 합니다(마태 18,17 참조).

• 대 바실리우스『편지』22.

### 바로잡히지 않다

죄가 너무 클 때는, 하늘에 간구해도 소용 없습니다. 그들은 숱하게 꾸짖음을 들었지만 바로잡히지 않았습니다. 우리가 좋은 꾸짖음을 듣고도 고쳐지지 않은 것처럼, 그들 역시 계속해서 혼이 났지만 자신들의 태도를 고치지 않았습니다.

• 마르세유의 살비아누스『하느님의 다스림』1,12,57.

### 훈계에 저항하는 이들은 처벌받는다

바오로는 자신이 왜 지금 [처벌하지 않고] 기다리는지 설명합니다. 그는 가능한 한 많은 사람이 행실을 바로잡도록 설득하고 싶어 합니다. 그는 훈계에 계속 저항하는 이들만 처벌할 것입니다.

• 키루스의 테오도레투스
『바오로의 열두 서간 주해』(코린토 2서) 338.

### 멸망에 이르다

사악한 사람은 꾸짖음을 들어도 태도를 바꾸지 않지만, 선한 사람은 꾸짖음을 듣지 않으면 멸망에 이르게 됩니다. 그의 육신 안에서 선보다 악의 힘이 더 커지기 때문입니다.

• 『마태오 복음 미완성 작품』 강해 11.

## 꾸짖음, 질책, 훈계의 방법

### 돌을 던지는 목적

우리는 '돌을 던진다'(코헬 3,5 참조)는 말을 '꾸짖음'으로 풀이합니다. 슬기로운 스승은 꾸짖어야 할 사람과 꾸짖지 말아야 할 사람을 알고 있습니다. 꾸짖고 설득하여 나쁜 생활 태도를 고치게 할 때 그는 돌을 던지듯 꾸짖음을 던지는 셈입니다. 만약 그 사람이 꾸짖음을 통해 좋아진다면, 꾸짖음이 다시 모아들여지고 그에게 돌은 더 이상 던져지지 않습니다. 바오로는 "타이르고 꾸짖고 격려하십시오"(2티모 4,2)라고 하면서 이 사실을 지적하고 있습니다. 꾸짖고 타이를 때 그는 돌을 던지고 있는 것이었습니다. 꾸짖음을 들은 사람이 개선된 것을 보면 그는 격려하며 돌들을 모읍니다. 그러므로 다음과 같은 뜻입니다. 곧, "벌할 때가 있고 벌하지 말아야 할 때가 있다."

• 맹인 디디무스 『코헬렛 주해』 73,22.

### "타이르고 꾸짖고 격려"하라

위험에 처했든 감옥에 있든, 사슬에 묶여 있든, 또는 죽음을 앞두고 있든, 어느 때든 망설이지 말고 훈계하십시오. 훈계를 자제하지 마십시오. 꾸짖음은 그때그때 해야 때에도 맞고 효과도 가장 좋기 때문입니다. 바오로 사도는 "타이르고 꾸짖고 격려"(2티모 4,2)하라고 합니다. 그는 의사처럼 상처를 드러낸 다음 그것을 째고 치료를 합니다. 이 가운데 한 단계라도 빠뜨리면 나머지는 쓸모가 없습니다. 그대가 확신도 없이 꾸짖는다면 경솔한 사람으로 비칠 것이며 아무도 받아들이려 하지 않을 것입니다. 잘못을 입증해야만 상대방이 그대의 질책에 수긍할 것입니다. 그러나 그대가 입증하지 못한다면 그자는 끝내 고집을 피울 것입니다. 그대가 잘못을 입증하고 엄하게 꾸짖으며 격려는 하지 않는다면, 그때도 그대의 노력은 헛수고가 될 것입니다. 위로가 곁들여지지 않는다면, 잘못을 지적당하는 것은 견딜 수 없는 일이기 때문입니다.

• 요한 크리소스토무스 『티모테오 2서 강해』 9.

### 훈계할 때는 신중해야 한다

훈계는 속성상 듣는 이의 귀에 거슬립니다. 연장자가 들을 때는 더욱 그렇습니다. 젊은 사람이 훈계할 때도 그렇습니다. 주제 넘는다고 느껴지기 때문입니다. 그러므로 온화한 태도와 말로 설득하는 것이 최선입니다. 훈계에는 신중함이 필요하지만 할 수 있다고 믿는 것, 이 사실을 염두에 둔다면 상대의 감정을 다치게 하지 않고도 그의 잘못을 바로잡을 수 있습니다.

• 요한 크리소스토무스 『티모테오 1서 강해』 13.

### 효과를 거두지 못했을 것이다

임금(다윗)을 꾸짖으러 온 그(나탄)는 어느 모로

보나 그냥 묻는 것처럼, 어떤 부자가 한 가난한 사람에게 한 일에 대해 어떻게 생각하시는지 여쭈었습니다. 임금은 먼저 그 일에 대한 판결을 이야기했고 그런 다음 그 자신이 바로 그에 해당한다는 말을 들어야 했습니다. 그는 자신이 내린 올바른 판결을 부인할 수 없었고, 그것은 곧 자기 자신에 대한 판결이었습니다. 이 거룩한 예언자는 상대가 죄인이자 임금임을 고려하여, 상대의 입으로 이 뻔뻔한 죄인에게 유죄 선고를 내리게 한 다음 그 자신이 직접 그를 꾸짖는 훌륭한 방식을 택한 것입니다. 그는 잠시 동안은 자신이 누구를 염두에 두고 있는지 드러내지 않다가, 상대방이 유죄 선고를 내리자 즉시 그를 공격했습니다. 만약 그가 말문을 꺼내면서부터 직접적으로 죄를 꾸짖으려 했더라면 그의 꾸짖음은 이만큼 효과를 거두지 못했을 것입니다.

• 대 그레고리우스 『사목 규칙』 3,2.

### 넘치는 사랑으로 훈계하라

어떤 이가 다른 사람에게 훈계하는데, 그 과정에서 꾸짖음을 듣는 사람보다 그 자신이 더 큰 슬픔을 느낀다면, 그의 행동은 상대방을 슬프게 만들려는 것이 아니라 그가 상대방을 얼마나 깊이 사랑하는지 보여 주려는 것이 분명합니다. 이런 마음을 느끼지 않으면서 다른 이를 질책하는 사람은 상대방의 감정을 짓밟을 뿐입니다.

• 암브로시아스테르 『바오로의 열세 서간 주해』(코린토 2서).

### 사랑으로 서로 권고하다

언제나 사랑으로 서로를 권고합시다. 우리 가운데 한 사람이 죄를 지을 때마다 이웃이나 친구의 나무람을 참고 견디면서 기꺼이 받아들입시다. "지혜로운 이를 나무라라. 그가 너를 사랑하리라. 아둔한 이를 꾸짖어라. 그가 너를 미워하리라"(잠언 9,8)라고 쓰여 있기 때문입니다. 그러므로 형제 여러분, 거룩한 축일에 춤추고 앞장서 노래하며 속되고 음란한 말을 떠벌리거나 술에 취해 떠드는 사람을 보면 꾸짖고 나무라며 질책할 것을 부탁드립니다.

• 아를의 카이사리우스 『설교』 225,5.

### 부드러운 소나기와 폭우

주님께서는 왜 그 바리사이를 무섭게 꾸짖지 않으시고 대신 박해에 관한 비유(루카 18,9-14 참조)를 말씀하셨을까요? 그것도 아주 온화하게 그 비유를 말씀하셨습니다. 그 바리사이가 비록 고집 세고 반항적이지만 은연중에 자신의 잘못을 깨닫고 고치기 바라셨던 것이지요. 찬바람에 언 물은 태양의 열기에 스르르 녹습니다. 그래서 우리 주님께서는 반항적인 이가 또다시 반항할 기회를 주지 않으시려고 그를 엄하게 꾸짖지 않으셨습니다. … 우리 주님께서 그때 엄한 꾸짖음의 방식을 택하지 않으신 것은 당신의 오심이 은총의 오심이었기 때문입니다. 그분께서 꾸짖음을 삼가지 않으신 것은 당신의 재림이 응징이 될 것이기 때문입니다. … 우리 주님께서는 꾸짖기보다는 말씀으로 설득하여 사람들을 도우신 적이 훨씬 많았습니다. 부드러운 소나기는 땅을 부드럽게 만들어 깊은 속까지 적시기 때문입니다. 그러나 사나운 폭우는 땅을 매섭게 두드려 표면을 단단하게 만들기에 물이 스며들지 못합니다.

• 시리아인 에프렘 『우리 주님에 관한 설교』 22.

바오로는 코린토 신자들을 자신의 "자녀"(2코린 6,13)라고 부름으로써 자신의 꾸짖음이 좀 더 부드럽게 들리게 합니다.

• 키루스의 테오도레투스
『바오로의 열두 서간 주해』(코린토 2서) 321.

### 칭찬에 곁들인 권고

훈계는 칭찬에 곁들일 때 가장 효과가 좋습니다. 훈계는 그렇게 해야 환영받습니다. 그래서 우리는 누구에게 권고할 때면 상대가 최대한 열정적이 되도록 먼저 격려합니다. 우리가 훈계하는 이들에게 그들 자신과 경쟁하라고 촉구할 때, 그런 훈계는 환영받습니다.

• 요한 크리소스토무스 『필리피서 강해』 9,2,12-13.

하느님께서는 언제나 칭찬 먼저 하시고 꾸짖는 것은 나중에 하십니다.

• 『마태오 복음 미완성 작품』 강해 54.

### 훈계하기 전에 먼저 칭찬하는 바오로 사도

편지 나머지 부분이 분명히 보여 주듯이, 이 칭찬은 순전한 칭찬만은 아닙니다. 코린토 신자들에게 훈계할 참이므로 그들을 준비시키기 위해 집어넣은 칭찬의 말입니다. 듣기 싫은 말부터 시작하면 듣는 사람의 반감을 키우는 법입니다. 바오로 사도는 그런 일을 피하기 위해 칭찬으로 말을 시작합니다.

• 요한 크리소스토무스 『코린토 1서 강해』 2,5.

### 잘못을 바로잡고 칭찬한 후 부드럽게 꾸짖다

첫째 편지를 받고 코린토 신자들은 자신들의 잘못을 바로잡았습니다. … 여러 가지 이유로 바오로는 둘째 편지를 썼습니다. 그들이 잘못을 저지르고 있을 때는 꾸짖어야 옳았고 이제 그들이 잘못을 바로잡았으니 칭찬을 하는 것이 옳기 때문입니다. 그래서 이 둘째 편지는 어조가 부드럽습니다. … 바오로는 이들의 행동에서 바른 것은 칭찬하고 유대교 사상에 대한 그들의 어리석은 교만을 공격한 다음 부드럽게 꾸짖습니다.

• 요한 크리소스토무스 『코린토 2서 강해』 1,2.

### 낙담하지 말라고 위로하다

낙담과 걱정은 영혼에게서 생기를 빼앗습니다. 영혼에게 버거운 부담을 주지요. 그래서 바오로 사도는 그의 사정을 알지 못해 크게 상심해 있는 필리피 신자들을 위로합니다. 그들은 바오로가 이미 죽었다고 생각하였습니다. … 바오로 사도는 다짜고짜 훈계에 들어가지 않고 먼저 그들을 몹시 칭찬하고 놀라움을 표현한 다음에 또다시 그들을 칭찬합니다.

• 요한 크리소스토무스 『필리피서 강해』 11,3,1-3.

### 칭찬으로 격려하다

훌륭한 교사인 바오로는 사람들을 칭찬함으로써 그들이 더 발전할 수 있도록 북돋웁니다. 그러면 사람들은 자신이 바오로가 생각하는 그런 사람이 아니라는 생각에 얼굴이 붉어지며 더 노력합니다. 바오로는 싸움을 좋아하는 자들, 반대자들, 어리석은 자들을 냉엄하게 꾸짖는 것처럼 보이지 않도록 조심합니다.

• 펠라기우스 『로마서 주해 단편』.

### 나쁜 감정과 섞지 마라

여러분이 해야 할 일을 온건하게 하십시오. 그것이 주님의 뜻입니다. 사이를 틀어지게 하는 소동과 반대와 불화가 나쁜 감정과 곁들여지지 않게 하십시오. 그래서 바오로 사도는 하느님의 좋은 사람들의 잘못을 훈계해야 한다는 자신의 바람을 피력한 말에 이 말을 덧붙입니다.

• 암브로시아스테르
『바오로의 열세 서간 주해』(에페소서) 5,17.

### 상대에 맞게 처신하라

바오로 사도는 신앙과 관련한 말은 때와 장소를 잘 가려서 하라고 훈계합니다. 상대가 완고한 사람이면 입을 다무십시오. 세력 있는 사람들을 대할 때와 보통 사람을 대할 때, 신분이 낮은 사람을 대할 때, 적절한 처신 방법이 각기 다릅니다. 온유한 사람을 대할 때와 화난 사람을 대할 때도 태도가 달라야 합니다. "지혜롭게 처신하고 시간을 잘 쓰십시오"(콜로 4,5)는 이를 가리킵니다.

• 암브로시아스테르 『바오로의 열세 서간 주해』.

### 상황에 따라 다른 훈계

바오로 사도는 상황에 따라 다른 훈계를 합니다. "누가 과연 그분 앞에서 우리의 희망과 기쁨과 자랑스러운 화관이 되겠습니까?"(1테살 2,19)라고 하는가 하면, 어느 때는 "여러분이 주님 안에 굳건히 서 있다고 하니 우리는 이제 살았습니다"(1테살 3,8)라고 합니다. 또 어떤 때는 "나는 매우 괴롭고 답답한 마음으로 많은 눈물을 흘리며 여러분에게 그 편지를 써 보냈습니다"(2코린 2,4)라고 하고, "누가 약해지면 나도 약해지지 않겠습니까? 누가 다른 사람 때문에 죄를 지으면 나도 분개하지 않겠습니까?"(2코린 11,29)라고도 합니다.

• 요한 크리소스토무스 『마태오 복음 강해』 58,5.

### 교회를 이끌어 가는 방법

복된 바오로 사도는 티모테오에게 교회를 이끌어 가는 방법을 가르치며 이렇게 말합니다. "나이 많은 남자에게는 나무라지 말고 아버지를 대하듯이 권고하십시오. 젊은 남자는 형제처럼, 나이 많은 여자는 어머니처럼, 젊은 여자는 누이처럼, 오로지 순결한 마음으로 대하십시오"(1티모 5,1-2). 아랫사람들에게도 이런 온건함을 보이라는 것이 사도의 지시인 바, 우리의 형제인 동료 주교들에게 훈계할 때는 감정이 상하지 않도록 얼마나 더 주의해야 하겠습니까?

• 대 레오 『편지』 14,1.

### 지혜로운 훈계

아랫사람과 윗사람에게 각기 다른 방식으로 훈계해야 합니다. 아랫사람에게는 순종을 너무 강조해 기를 완전히 죽이는 일이 없도록 훈계해야 하고, 윗사람에게는 그들이 높은 지위로 말미암아 교만해지지 않도록 훈계해야 합니다. 아랫사람에게는 그들이 지시받은 것보다 더 적게 일하지 않도록 훈계해야 하고, 윗사람에게는 공정한 것 이상을 명령하지 않도록 훈계해야 합니다. 아랫사람에게는 겸손하게 순종하라고 훈계하고, 윗사람에게는 자신의 우월한 권위를 행사할 때 온건하라고 훈계해야 합니다.

• 대 그레고리우스 『사목 규칙』 3,4.

### 수치심에 호소하는 논법

우리의 수치심에 호소하는 이런 논법은 두 가지 이점이 있습니다. 하나는, 노골적인 독설보다 더 마음에 가닿는다는 것입니다. 둘째는, 꾸짖음을 듣는 사람으로 하여금 더 깊은 상처를 더 큰 인내로 견디도록 만든다는 것입니다.

• 요한 크리소스토무스 『코린토 1서 강해』 12,4.

잘못한 사람을 꾸짖을 때 장상은 화가 난 상태에서 꾸짖으면 안 됩니다. 화가 나 분개한 상태로 형제를 훈계한다면 장상도 잘못이 없지 않으며 그것은 과실입니다.

• 대 바실리우스 『대 수덕집』(긴 규칙서) Q.50,R.

### 자기들의 훈계에 대해 책임을 져야 한다

복된 욥의 친구들이 그 표상이라고 우리가 말했던 이교인들이든, 아니면 어떤 악인이든, 그들은 과도하게 비난을 하는 만큼 자기들의 훈계에 대해 책임을 져야 합니다.

• 대 그레고리우스 『욥기의 도덕적 해설』 5,34.

## 하느님의 꾸짖음, 질책, 훈계

### 하느님께서는 사랑하시는 이들을 꾸짖으신다

성경은 우리에 대한 하느님의 사랑이 채찍과 바로잡음을 통하여 더욱 분명히 드러남을 증언합니다. 이렇게 말하고 있기 때문입니다. "내 아들아, 주님의 교훈을 물리치지 말고 그분의 훈계를 언짢게 여기지 마라. 아버지가 아끼는 아들을 꾸짖듯 주님께서는 사랑하시는 이를 꾸짖으신다"(잠언 3,11-12). 주님께서도 "내가 사랑하는 사람들을 나는 책망도 하고 징계도 한다"(묵시 3,19) 하시며 당신은 당신이 사랑하시는 이들을 꾸짖으신다고 말씀하십니다.

• 루스페의 풀겐티우스 『편지』 7,16(베난티아에게).

### 하느님께 꾸짖음을 듣는 사람

하느님께 꾸짖음을 들을 자격이 있다고 인정되는 것은 기뻐할 일입니다. 주님께서는 "나는 내가 사랑하는 이를 꾸짖는다"(잠언 3,12)라고 말씀하십니다. 주님께서 바로잡아야겠다고 마음먹으신 이, 주님께서 화를 내어 주시는 이, 훈계를 하지 않으심으로써 기만에 빠지게 두시지 않는 종은 복됩니다.

• 테르툴리아누스 『인내』 11,4.

### 주님께서는 사랑하시는 이를 훈육하신다

형제 여러분, 아무에게도 거슬리지 않는 훈계를 받아들입시다. 서로가 서로에게 하는 훈육은 좋은 것이고 매우 유익한 것입니다. 사실, 훈육은 우리를 하느님의 뜻에 일치시켜 줍니다. 그러므로 거룩한 말씀은 말합니다. "주님께서는 나를 그토록 벌하셨어도 죽음에 내버리지는 않으셨네"(시편 118,18). "주님께서는 사랑하는 이를 훈육하시고, 아들로 인정하시는 모든 이에게 채찍질하신다"(히브 12,6). … 전능하신 분의 훈계를 물리치지 마십시오. 그분은 고통을 주시지만 다시 낫게 해 주십니다. 상처를 주시지만, 당신 손으로 직접 치료해 주십니다.

• 로마의 클레멘스
『코린토 신자들에게 보낸 첫째 편지』 56,2-7.

### 어떤 사람은 질책하지 않으신다

그분은 당신이 받아들이는 모든 이를 응징하시는 분인데, 그분께서 어떤 사람을 질책하지 않으신다면 그것은 그를 받아들이지 않으시는 것입니다. 그분은 당신이 사랑하시는 모든 이를 질책하시는 분이신데, 어떤 사람을 질책하지 않으신다면 그것은 그를 사랑하지 않으시는 것입니다.

• 아를의 카이사리우스 『설교』 5,3.

하느님을 거스르는 짓을 너무나 많이 하는 그들은 그분의 꾸짖음을 들을 자격도 없습니다.

• 히에로니무스 『에제키엘서 주해』 1,3,25.

### 견책의 말씀

하느님께서는 말씀으로 우리를 견책할 수 있는 완벽한 능력을 갖추신 훌륭한 교사이십니다. 그분께서 견책하시는 말씀은 게으른 마음을 지닌 사람들을 때리는 채찍입니다. 하느님께서는 먼저 그들을 때리신 다음에 권고를 하실 수도 있습니다. 칭찬으로 자극을 받지 않는 사람들은 질책으로 자극을 받기 때문입니다. 어떤 이들은 마치 죽은 사람처럼 질책으로도 구원에 대한 열망을 갖게 할 수 없습니다. 그런 경우에는 맹렬한 비난을 통해서 그들이 진리를 갈망하게 만듭니다. "회초리와 훈육은 언제나 지혜로 통하기 때문입니다"(집회 22,6).

• 알렉산드리아의 클레멘스 『교육자』 1,8,66,2-3.

당신은 저를 질책하시어 그릇된 길을 가지 않게 하셨습니다. 당신의 질책으로 저는 제가 무엇을 하든 그것을 당신과의 일치라는 목적에 연관시키게 되었습니다.

• 아우구스티누스 『시편 상해』 18,36.

### 하느님의 질책과 거룩한 헤아림

하느님의 질책과 거룩한 헤아림은 사람 자체보다 그의 행위를 대상으로 할 때가 더 많다는 것을 확실히 알고 싶으면, 당신 종 다윗에게 많은 호의를 보이신 하느님께서 심판관으로서 그에게 불리한 결정을 내리신 때가 많았다는 사실을 기억하십시오.

• 마르세유의 살비아누스 『하느님의 다스림』 2,4.

### 아버지의 꾸지람

우리가 잘못을 저질렀을 때에 돌아서는 것이 실수했을 때에 바로잡지 않는 것보다 더 낫습니다. 주님께서는 사랑하시는 이를 벌하십니다(잠언 3,12 참조). 꾸지람은 아버지로서 당연히 해야 할 일이기 때문입니다. 질책을 당하지 않는 사람은 치유될 수 없습니다. 그렇다면 질책을 당하지 않는 것이 힘든 일이 아니겠습니까? 그런데 질책을 당하고도 바로잡지 못하는 것은 더 힘든 일입니다.

• 나지안주스의 그레고리우스 『침묵하시는 성부』(연설 16) 15.

### 훈계받는 이의 마음을 바로잡으시다

하느님께서 지상에 임금들을 세우고자 하실 때에는, 백성의 뜻을 그들의 능력보다는 당신의 권능 안에 더욱 머물도록 하십니다. 이렇게 되면, 다른 누구도 아닌 바로 그분께서 유익한 훈계를 하시고 훈계 받는 이의 마음을 바로잡으시어 그가 하늘 나라에 우뚝 서게 하시지 않겠습니까?

• 아우구스티누스 『훈계와 은총』 14,45.

# 나눔과 도와줌

재물을 가난한 이들에게 나눠 주지 않는 것은
가난한 이들의 것을 훔치는 것입니다.

• 요한 크리소스토무스 『라자로에 관한 설교』 2,6.

줄 때는 기쁜 얼굴로 관대하게 주고 요청받은 것보다 더 많이 주십시오.

• 니네베의 이사악 『수덕 생활』 4.

물질적 재산이란 이렇습니다. 더 많이 나누어 줄수록 더 많이 남습니다.

• 요한 크리소스토무스 『창세기 강해』 30,7.

사랑이 없는 곳에는 도와주는 이가 한 사람도 없는 법입니다.

• 이코니움의 암필로키우스 『'아들은 스스로 만들 수 없다'에 관한 연설』 9.

사람은 자신의 것을 곤궁한 이들에게 줄 때 칭찬을 받습니다.

• 암브로시아스테르 『바오로의 열세 서간 주해』(에페소서) 4,28.

여러분은 하느님을 심판관으로 모시고 싶습니까,
아니면 여러분에게 빚진 이가 되시게 하고 싶습니까?

• 요한 크리소스토무스 『참회에 관한 설교』 7,6,23.

## 나눔의 의미와 이해

### 선행과 나눔의 뜻

"선행과 나눔을 소홀히 하지 마십시오"(히브 13, 16)에서 "선행"은 실천을 강조한 말이고 "나눔"은 신자들끼리 서로 걱정해 주고 성의껏 도움으로써 필요한 것을 서로 채워 주라는 뜻입니다.

• 몹수에스티아의 테오도루스 『히브리서 단편』 13,16.

### 함께 나누십시오

사도는 하느님께서 기꺼워하시는 제물이 어떤 것인지를 분명하게 설명해 주었습니다. 또한 이것에 더해 선행과 나눔을 연결시켜 함께 나누는 삶이야말로 하느님의 마음에 드는 제물이라고 합니다.

• 키루스의 테오도레투스
『바오로의 열두 서간 주해』(히브리서) 13.

### 거룩한 사랑과 참된 애덕의 특질

이렇듯 쓸수록 늘어나고 다른 이들에게 내어 줄수록 자기 안에 더욱 풍요롭게 쌓이는 것이 바로 거룩한 사랑과 참된 애덕의 특질입니다. 그대가 물질적인 양식을 가난한 이들에게 주고자 한다면, 그에게 준 것은 지금 그대에게 남아 있지 않습니다. 그러나 애덕의 빵을 백 명에게 베푼다면 그 빵은 온전히 그대로 남아 있습니다. 천 명에게 주더라도 그대에게 줄어들지 않습니다. 실제로, 그대가 그것을 온 세상에 후하게 베푼다 해도 그대는 조금도 잃어버리지 않을 것입니다. 그것은 줄어들지 않을 뿐 아니라, 그대가 베풀어 주는 모든 이의 이득이 그것을 그대를 위해 몇 배로 불려 줄 것입니다.

• 아를의 카이사리우스 『설교』 128,3.

### 어떤 밭을 살 것인가?

[그가 나에게 말하였습니다.] "따라서 저마다 제 능력에 따라 땅 대신에 곤궁한 영혼들을 사고 과부들과 고아들을 보살피며 그들을 업신여기지 마라. 너희가 하느님에게서 받은 부와 모든 소유물을 이러한 땅과 집을 위하여 사용하여라."

• 헤르마스 『목자』(비유) 1,8.

### 존엄한 사랑의 연대인 나눔

하느님은 이 세상에서 단 한 곳의 살 장소를 우리에게 주셨습니다. 하느님은 모든 창조물에게 동등하게 나누어 주셨습니다. 모든 이들에게 하나의 햇빛을 비추어 주시고, 우리 머리 위에 한 지붕인 하늘을 덮어 주셨고, 지구라는 하나의 식탁을 차려 주셨습니다. 그리고 하느님은 이것보다 더 크고 많은 또 다른 식탁을 주셨는데, 이것 역시 하나입니다. 그것은 바로 나눔이라는 하느님의 신비에 함께 참여하는 것입니다. 하느님은 부자라고 더 많고 풍부한 재물을 주지도, 가난한 이들이라고 더 인색하게 주지도 않으시고 모두를 동등하게 부르셨습니다. 하느님은 영적으로 아낌없이 일시적인 것들을 제공해 주십니다. 그렇다면 저 거대한 불평등의 상황은 어떻게 시작된 것입니까? 그것은 바로 부자들의 탐욕과 거만함에서 비롯되었습니다. 그러나 우리 형제들은 이러한 상황을 없애는 일에 나서야 합니다.

• 요한 크리소스토무스 『요한 복음 강해』 15,3.

### 친교의 핵심은 나눔과 공유다

이성을 지닌 우리가 지각없는 짐승보다 더 야만적으로 보이는 일이 없도록 합시다. 짐승들조차도 땅에서 절로 자라는 식물을 다 같이 이용합니다. 양 떼들은 같은 언덕배기에서 함께 풀을 뜯고, 말들은 같은 들판에서 풀을 뜯어 먹습니다. 모든 피조물은 서로 서로 양보하며 자신들이 필요로 하는 먹이를 먹습니다. 그런데 우리 인간은 공동의 것을 자신만을 위해 저장하고, 다른 많은 사람의 것을 자신만을 위해 간직합니다.

• 대 바실리우스 『기근과 가뭄 때 행한 설교』 8.

### 나눔과 환대의 참된 본보기

하느님의 뜻에 따라 사는 이들에게 그녀(나지안주스의 그레고리우스의 여동생)보다 더 기꺼이 자기 집 문을 열어젖히고 예의 바르고 관대한 태도로 맞아들인 사람이 누가 있습니까? 그녀보다 더 겸손하게 그들을 맞아들이고 하느님께서 참으로 흡족해하실 태도로 그들을 맞으러 나간 이가 누가 있습니까? 불행한 일을 당했을 때 그녀보다 더 차분한 태도를 보여 주었던 이가, 고난에 처한 이들에게 그녀보다 더한 동정심을 보여 주었던 이가 누가 있습니까? … 과부들에게 그녀가 보인 깊은 동정심에 대해서는, 그 [따스한 마음이 쌓은 덕] 덕분에 그녀가 평생 과부라 불릴 일이 없었다는 말이면 충분할 것 같습니다. 그녀의 집은 형편이 어려운 모든 일가친척이 드나드는 숙소였고 그녀의 소유물은 곤궁한 모든 이가 자기 소유물처럼 사용해도 되는 것이었습니다. 그녀는 "불쌍한 이들에게 후하게 나누어 주었습니다"(시편 112,9). 하느님께서 하신 약속은 결코 틀릴 수 없는 진실이므로 그녀는 하늘의 곳간에 많은 보물을 쌓은 것이며, 그녀가 친절을 보인 많은 이들 안에서 그리스도를 맞아들였다 하겠습니다. 무엇보다 기억해야 할 것은, 그녀는 보이는 것보다 더 깊은 내면을 가진 인간이었다는 사실입니다. 그녀는 숨겨진 것들을 보시는 분에 대한 신앙심을 남들 모르게 키워 나갔습니다. 그녀는 이 세상의 우두머리에게서 모든 것을 빼앗아 안전한 창고에 갖다 두었습니다. 그녀는 이 땅에 자기 육신 말고는 아무것도 남기지 않았습니다. 저 위의 희망을 위해 모든 것을 교환했습니다. 그녀가 자녀들에게 남긴 유일한 재산은 그녀의 덕을 따르고 본받을 수 있는 본보기들입니다.

• 나지안주스의 그레고리우스 『누이 고르고니아 추도사』(연설 8) 12.

### 선한 행실

덕으로 나아가는 첫째 단계는 다른 이의 재산을 보지 않는 것이고, 둘째이자 더 높은 단계는 필요로 하는 이들을 여러분의 재산으로 돕는 것을 거부하지 않는 것입니다. 그렇게 하면 비난을 들을 일이 없고, 형제적 사랑이라는 상을 받습니다.

• 카시오도루스 『시편 해설』 34,15.

### 교회에 가는 것으로는 충분하지 않다

기도 몇 마디 하거나 단식하고, 깊이 뉘우치러 교회에 가는 것으로는 충분하지 않습니다. 우리는 행위들을 보여야 하고, 많은 불행을 알아야 하며, 헐벗은 이들과 굶주린 이들, 학대받는 이들을 바라보아야 합니다.

• 요한 크리소스토무스 『요한 복음 강해』 82,4.

### 인간이라면 다른 이들의 고통을 함께 아파해야 한다

허약한 이들과 함께 아파하십시오. 우리 모두는 한 몸이며 서로 연결된 지체라는 것을 아십시오. 인간은 다른 사람 없이는 존재할 수 없습니다. 그래서 어떤 사람이 고통을 받으면 그 사람과 함께 아파하는 것입니다.

• 암브로시우스 『시편 제118편 해설』 8,54.

### 주는 것보다 더 큰 은혜를 받다

굶주린 이들에게 음식을 주고, … 우리가 도울 수 있는 어떤 방법으로든 그들을 진심으로 도우며, 이것을 "마지못해 하거나 억지로 하지 않고"(2코린 9,7) 오히려 진심에서 우러나와서 한다면, 우리는 주는 것보다 더 큰 은혜를 받게 됩니다. 왜냐하면, "하느님께서는 기쁘게 주는 이를 사랑하시기"(2코린 9,7) 때문입니다. 이 말은 우리가 굶주리는 이들과 고통받는 영혼을 단지 부분적으로만 회복시켜 줄 것이 아니라 그들을 넘치도록 회복시켜 주어야 한다는 것을 의미합니다. 만약 우리가 고통받는 이들과 함께 고통을 겪고, 슬퍼하는 이들과 함께 슬퍼한다면, 우리의 빛이 어둠 속에서 떠오를 것입니다.

• 히에로니무스 『이사야서 주해』 16,21-22.

### 궁핍한 형제와 나눌 상태는 되어 있어야 한다

여러분이 형제를 위해 죽을 준비가 아직 되어 있지 않다면, 적어도 여러분의 재산 일부라도 그와 나눌 상태는 되어 있어야 합니다. 궁핍한 형제를 가엾이 여기는 마음이 없다면, 여러분 안에는 여러분과 그 사람을 태어나게 하신 아버지의 사랑이 없는 것입니다.

• 존자 베다 『가톨릭 서간 해설』(요한 1서).

### 남에게 베푸는 동정의 크기

세례자 요한은 사람들이 하는 일에 따라 적절한 답을 제시했습니다. 세리들에게는 정해진 세금보다 많이 거두지 말라고 했고, 군사들에게는 받는 봉급으로 만족하고 더 많은 돈을 얻고자 사람들을 강탈하거나 갈취하지 말라고 했지요. 이 대답들은 다른 직업을 가진 사람들에게도 해당하는 말이고, 우리는 서로 가엾이 여기는 마음을 가져야 합니다. 그렇게 해서 하는 일과 나이와 인종에 관계없이 모든 사람이 살아가는 데 기본적으로 필요한 것들을 누려야 합니다. 세리나 군사들뿐만 아니라 시골 사람이든 도시 사람이든, 부자든 가난뱅이든, 모두가 가진 것을 없는 이에게 나누어 주어야 합니다. 가엾이 여기는 마음은 모든 덕의 완성이며 어떤 덕보다 앞에 두어야 하는 완전한 덕입니다.

누구도 음식이나 옷을 여벌로 쌓아 두어서는 안 됩니다. 사람이 남에게 베푸는 동정의 크기는 그가 처한 상황에 따라서 달라지게 마련이므로 우리는 무엇이든지 혼자 다 가지려 하지 말고 우리보다 가난한 이들에게 나누어 주어야 합니다.

• 암브로시우스 『루카 복음 해설』 2,77.

### 하느님 마음에 드는 사람

하느님께서 칭찬하고 인정하시는 것은 제물 자체가 아니라 그것을 바치는 사람의 뜻과 진실한 마음입니다. 가진 것이 많아 많이 바쳤지만, 순수한 사랑의 마음이 부족한 사람보다 적게 바쳤지만 진실한 마음으로 바친 사람을 하느님은 더욱 인정하시고 너그러이 보아 주십니다(참조: 마르 12,43-44; 루카 21,3-4). … 버린 것은 적을지라도 마음으로 완전히 버린 사람이야말로 하느님 마음에 드는 사람입니다. … 그들이 크나큰 사랑으로 그렇게 했다는 것을 아시기 때문입니다.

• 오리게네스 『마태오 복음 주해』 15,21-22.

### 자신의 것을 곤궁한 이들에게 줄 때

그리스도인은 단지 도둑질하지 마라는 명령이 아니라, 더 나아가 그 자신의 수고를 통해 적극적으로 가난한 사람들을 보살피라는 명령을 받습니다. 이처럼 좋은 일에 온 힘을 쏟음으로써 그는 과거에 자기가 훔친 것을 되돌려 줄 수 있습니다. 우리는 도둑질하기를 거부한다고 칭찬을 받지는 않습니다. 사람은 자신의 것을 곤궁한 이들에게 줄 때 칭찬받을 만한 사람이 됩니다.

• 암브로시아스테르
『바오로의 열세 서간 주해』(에페소서) 4,28.

### 땅의 본성을 본받다

땅은 받아들인 씨를 처음에 받은 것보다 몇 배로 되돌려 주곤 합니다. 그래서 이렇게 쓰여 있습니다. “어리석은 사람은 밭과 같고 지각없는 자는 포도원과 같아서, 네가 그를 지나가면 그는 황폐해질 것이다”(잠언 24,30-31 칠십인역 참조). 지혜로운 사람도 밭과 같습니다. 그는 자신이 받은 씨에 더 많은 이자를 붙여 되돌려 주려 하기 때문입니다. 땅은 자발적으로 열매를 내기도 하고, 맡긴 것을 더 풍성한 덤으로 되갚고 되돌려 주기도 합니다. 그대가 불모지처럼 버려지지 않으려거든 부모에게 물려받은 용도대로 이 둘을 모두 실천해야 합니다. 누군가 베풀지 않은 것에 대해 변명할 수 있다고 치더라도, 되돌려 주지 않은 것에 대해서는 어떻게 변명할 수 있겠습니까? 누구에겐가 베풀지 않는 것도 허용하기 어렵다면, 되돌려 주지 않는 것은 용인할 수 없는 일입니다.

• 암브로시우스 『성직자의 의무』 1,31,161.

### 부유한 이들이 실천할 수 있는 덕

부를 경멸하는 것에 대해 이야기할 때마다 제게 이렇게 말하는 부자들이 꼭 있습니다. '나는 부의 불확실함에 희망을 두지 않는 것을 배웠소. 유혹에 빠지는 일이 없도록 나는 부자가 되기를 원치 않소. 그렇지만 나는 이미 부자이니 지금 내가 가진 재산으로 무엇을 해야 할까요?' 바오로 사도는 말합니다. "아낌없이 베풀고 기꺼이 나누어 주는 사람이 되라고 하십시오"(1티모 6,18). '나누어 준다'는 것은 무엇입니까? 여러분의 재산을 아무것도 없는 사람과 나누는 것입니다. 그렇게 다른 사람과 나누기 시작한다면, 여러분은 다른 이의 재산에 눈독을 들이듯 가난한 이들의 생필품에 눈독을 들이는 약탈자나 도둑이 되지 않을 것입니다.

• 아를의 카이사리우스 『설교』 182,2.

### 달라고 하는 이들에게 주어라

"'달라는 사람에게 주고 꾸려는 사람을 물리치지 마라'(마태 5,42). 주님의 이 말씀은 나눔의 정신과 상호 사랑 그리고 우리 천성에 적절한 것을 지니도록 초대합니다. 인간은 정치적이고 사회적인 동물입니다. 그래서 사회관계와 공동생활에서 필요한 사람들을 돕기 위하여 자기 재산을 나누고자 하는 어떤 경향은 필연적입니다. '달라는 사람에게 주어라.' 주님은 우리가 청하는 사람에게 베풀 수 있도록 자비롭게 준비되어 있기를 요구하십니다. 더 나아가 우리는 각 사람의 필요를 분명하게 식별해야 합니다."

• 대 바실리우스 『시편 강해』 14,1.

### 살아갈 방도가 없는 이를 돕는 것은 인간다운 행동이다

주님의 법도 자신의 이익을 챙기기 위해 다른 사람에게서 아무것도 빼앗지 말라는 이 원칙을 지키라고 가르치면서 이렇게 말합니다. '네 선조들이 만들어 놓은 경계석을 옮기지 마라'(잠언 22,28 참조). 그 법은 그대 형제의 소가 길을 잃고 돌아다니는 것을 보면 되돌려 보내야 한다고 규정합니다(탈출 23,4 참조). 도둑은 죽음을 당해야 한다고 명령합니다. 마땅히 주어야 할 품삯으로 품팔이 노동자를 속이는 것을 금지합니다(참조: 레위 19,13; 신명 24,14-15). … 그대가 빚쟁이를 다른 사람[채권자]에게서 풀어 주는 까닭은 그대에게 변상케 하려는 것입니다. 그런데도 그대는 불의의 경매가 벌어지는 곳에서 인간애를 말합니까?

• 암브로시우스 『성직자의 의무』 3,3,20.

### 이중의 기근과 이중의 풍요

지금은 그때보다 기근이 훨씬 심한데도 아무도 이런 일을 하지 않습니다. 모두가 함께 재난을 견뎌 나가는 때와 다들 풍요 속에 살지만 가난한 사람들은 굶어 죽는 때는 같지 않습니다. 그때는 주는 이들조차 가난했습니다. 그들은 "저마다 형편에 따라"(사도 11,29) 구호 헌금을 냈습니다. 풍요가 이중의 풍요인 것처럼 기근도 이중의 기근입니다. 주님의 말씀을 듣는 일에서도 기근이었고 적선으로 살아가야 하는 점에서도 기근이었습니다. 그때 유대아 지방의 가난한 사람들과 구호 헌금을 낸 안티오키아 신자들 양쪽 다 은혜를 누렸지만 안티오키아 신자들이 더 큰 은혜를 누렸습니다. 지금은 우리도 가난한 사람들도 다 굶주리고 있습니다. 그들은 먹고사는 데 필요한 것이 없지만 우리는 호사스럽게 살면서 하느님의 자비를 누리지 못하고 있습니다.

• 요한 크리소스토무스 『사도행전 강해』 25.

어떤 형제나 자매가 아무것도 가진 것 없고 먹을 것조차 없다면, 우리는 그들에게 살아가는 데 필요한 것들을 주어야 합니다.

• 존자 베다『가톨릭 서간 해설』(요한 1서).

### 받을 생각 하지 말고 주어라

"달라고 하면 누구에게나 주고, 네 것을 가져가는 이에게서 되찾으려고 하지 마라"(루카 6,30). 사람들은 '돌려받지도 못할 것을 어떻게 주라는 것입니까?' 하고 말합니다. 그러나 주님 말씀에 담겨 있는 힘을 잘 생각해 보면, 법을 만드신 분의 선의에 고개가 숙여질 것입니다. 그대가 주님을 위하여 가난한 이들에게 무엇을 주면, 그것은 선물이면서 빌려 주는 것입니다. 돌려받을 생각 없이 주니까 선물이요, 가난한 자에게 준 얼마 안 되는 것을 주님께서 그들 대신 크게 되갚아 주시므로 빌려 주는 것입니다.

• 대 바실리우스『시편 강해』14.

### 가난한 이에게 자비를 베푸는 사람은 하느님께 꾸어 드리는 것이다

여러분이 주님 때문에 가난한 사람들을 도와주려고 할 때, 그것은 선물이면서 동시에 대출입니다. 되돌려 받을 가망이 없기 때문에 선물이고, 주님께서 당신의 크신 자비로 가난한 사람들을 대신해서 그것을 갚아 주실 것이기 때문에 대출입니다. 그분께서는 가난한 이들에게서 조금 받으시지만, 가난한 이들을 대신해서 훨씬 더 많은 것을 되돌려 주십니다. "가난한 이에게 자비를 베푸는 사람은 하느님께 꾸어 드리는 것이다"(잠언 19,17). 완전한 상환을 받기 위해서, 만물의 주님을 여러분의 보증인으로 두는 것이 좋지 않습니까?

• 대 바실리우스『고리대금업자 반박』5.

## 도움의 주체와 대상

### 짓밟힌 이들에 대한 사랑

여러분은 세상에서 보기에 건강하고 부자고 명성을 누리는 이들에게 눈길을 주는 대신 고생하는 사람들, 극한의 상황에 처한 이들, 감옥에 있는 이들, 철저히 버려져 아무런 위로도 받지 못하는 이들을 가까이 하고 싶다고 생각한 적 있습니까? 이런 이들을 가까이 하는 데에 높은 가치를 두십시오. 그들에게서 여러분은 많은 이익을 얻을 것이며 참지혜를 사랑하는 더 나은 사람이 될 것이고 모든 일을 하느님의 영광을 위해 하게 될 것이기 때문입니다. 누구를 방문해야겠다면, 명성과 유명세를 누리는 이들 대신 고아와 과부, 궁핍한 이들에게 이 영예를 베푸십시오.

• 요한 크리소스토무스『예비신자 교리교육』6,12.

### 누구에게 하신 명령인가?

여벌 옷도 지니지 말고, 음식을 담은 식량 자루도 전대에 돈도 가져가지 말고, 지금 신은 신발에 지팡이만 지니라는 계명(참조: 마태 10,9; 마르 6,8)은 모든 이에게 해당합니까? 가진 것을 다 팔아 가난한 사람들에게 나누어 주고 예수님을 따르라는 계명(마태 19,21 참조)은 모든 이에게 주어진 것입니까? 이는 완전해지기를 원하는 사람에게 필요한 계명입니다. … 주님께서는 청하지 않는 자에게는 무거운 과제를 주지 않으신 것 같습니다. 오히려 "네가 완전한 사람이 되려거든"(마태 19,21)이라고 말씀하시면서 그 말씀을 듣는 이의 의지에 맡겨 두셨습니다.

• 히에로니무스『요비니아누스 반박』2,6.

### 모든 사람이 가난한 이를 도와야 한다

부자만 자기보다 못사는 이들을 도와줄 필요가

있는 것이 아닙니다. 우리 각자도 본성에 따라서든 성령에 의해서든 우리가 받은 선물을 사용해야 합니다. 그리하여 아무도 우리가 이것들을 저 혼자 간직하고 이웃과 나누기를 거부했다고 말하지 못하게 해야 합니다.

• 크레타의 안드레아스 『성경 주해 선집』.

### 변명할 수 없다

“너희를 받아들이는 이는 나를 받아들이는 사람이다”(마태 10,40). 그런데 이 가르침을 어려운 것으로 만드는 많은 거짓 예언자와 거짓 선포자들이 있습니다. 예수님께서는 “의인을 의인이라서 받아들이는 이는 의인이 받는 상을 받을 것이다”(마태 10,41)라는 말씀으로, 사람들을 걸려 넘어지게 하는 이 장애물을 걷어치우셨습니다. 또 이렇게 말하는 사람도 있을 것입니다. ‘저는 가난 때문에 어쩔 수 없습니다. 가난해서 주인답게 행동할 수가 없습니다.’ 예수님께서는 시원한 물 한 잔이라도 온 마음으로 주라는, 쉽게 실천할 수 있는 계명을 주심으로써 이런 변명도 하지 못하게끔 하셨습니다. 주님은 ‘뜨거운 물’이 아니라 “시원한 물”(마태 10,42)이라고 하셨습니다. 그래서 우리는 가난해서라거나 불을 지필 땔감이 없다고 변명할 수가 없습니다.

• 히에로니무스 『마태오 복음 주해』 1,10,40-41.

### 가난한 이들을 돕기 위한 돈주머니

전대도 지팡이도 돈도 지니지 말라고 지시하신 분께서 가난한 이들을 돕기 위한 돈주머니를 가지고 계셨던 것은 무슨 까닭일까요? 이는 이 세상에서 극심한 고통을 받는 매우 가난한 이들조차도 더 가난한 이를 돕는 의무를 이행해야 한다는 것을 여러분에게 보여 주기 위해서입니다. 그분이 행하신 많은 일은 우리의 의무를 가르치기 위한 것이었습니다.

• 요한 크리소스토무스 『요한 복음 강해』 72,3.

### 행동으로 먼저 모범을 보이시고 가르치신 예수님

그분께서는 “나는 마음이 온유하고 겸손하니 내 멍에를 메고 나에게 배워라”(마태 11,29) 하고 말씀하셨습니다. 그분은 가난을 가르치셨고 몸소 가난하게 사셨습니다. 그래서 “사람의 아들은 머리를 기댈 곳조차 없다”(마태 8,20)라고 하신 것입니다. 그분은 원수를 사랑하라고 촉구하셨고, 십자가에서 함께 처형당하는 사람들을 위해 기도하심으로써 그 사랑을 가르치셨습니다. 그분은 “너를 재판에 걸어 네 속옷을 가지려는 자에게는 겉옷까지 내주어라”(마태 5,40)라고 하셨습니다.

• 요한 크리소스토무스 『사도행전 강해』 1.

### 도움받는 사람의 상태도 고려해야 한다

베푸는 일에서도 상대방의 나이와 허약함을 고려해야 하고, 때로는 타고난 염치도 고려해야 합니다. 자신의 노력만으로는 이미 양식을 구할 길이 없는 처지의 노인들에게 그대는 더 너그럽게 베풀어야 합니다. 마찬가지로 육체가 허약한 사람도 더 신속히 도움을 받아야 합니다. 부자였다가 궁핍에 빠진 사람, 특히 자기 잘못 때문이 아니라, 도둑질이나 몰수나 무고로 가진 것을 잃어버린 경우는 더욱 그러합니다.

• 암브로시우스 『성직자의 의무』 1,30,158.

### 상황을 숙고해 도와주어야 한다

빚이 있는 척하는 사람들이 많습니다. 진짜인지 살펴보아야 합니다. 그들은 도둑에게 털렸다고 울먹입니다. 그 피해가 믿을 만하거나 그들이 어떤 사람인지 알아볼 수 있다면 그들을 더욱 신속하게 도와주어야 합니다. 교회에서 쫓겨난 이들도 먹고살 방도가 없다면 생활비를 나누어 주어야 합니다.

• 암브로시우스 『성직자의 의무』 2,16,77.

### 식별의 필요

그는 정말로 도움이 필요한지, 욕심에서 청하는 것인지 판별하기 위해선 경험이 필요하다고 했습니다. 어려운 사람에게 베푸는 사람은 주님께 드리는 것이며 주님께 보상을 받게 되겠지만, 모든 부랑자에게 다 베푸는 사람은 그 처지를 동정받을 자격이 없는 성가시게 매달리는 개에게 적선하는 셈입니다.

• 대 바실리우스 『편지』 150,3.

### 다른 공동체에 기부금을 보내는 관습

여러분에게는 모든 형제를 여러 가지 방법으로 돕고 모든 도시에 있는 많은 공동체에 기부금을 보내는 관습이 처음부터 있었습니다. 로마인인 여러분은 전승된 로마 관습을 철저히 지켰기 때문에 예부터 희사금을 보내어 곤궁한 이들의 가난을 덜어 주었으며, 광산에 사는 형제들을 도와주었습니다.

• 카이사리아의 에우세비우스 『교회사』 4,23,10.

### 자선을 베풀 때 가난한 이의 자격을 따지지 마라

가난한 사람은 궁핍하다는 사실만으로도 자선을 받을 자격이 있습니다. 어떤 사람이 궁핍하기 때문에 우리에게 온다면 하나하나 따지지 마십시오. 우리는 행실이 아니라 사람 자체를 보고 자선을 베푸는 것입니다. 우리는 사람의 덕행이 아니라 불행 때문에 그에게 자비를 베풉니다. 이는 우리 자신이 주님으로부터 크나큰 자비를 받기 위해, 그리고 자격 없는 우리 자신이 그분의 호의를 누리기 위해서입니다. 우리가 동료 종들의 자격을 캐묻고 정확히 알아내려 한다면 하느님께서도 우리에게 똑같이 하실 것입니다. 우리가 동료 종들에게 어떻게 살았는지 설명하라고 요구한다면 우리 자신도 하늘로부터 오는 호의를 잃을 것입니다.

• 요한 크리소스토무스 『라자로에 관한 설교』 2,6.

### 캐묻고 따지지 말고 베풀어야 한다

불행을 당하여 괴로워하는 사람이 있거든 꼬치꼬치 캐묻지 마십시오. 그가 불행에 처해 있다는 사실만으로도 여러분은 마땅히 도움을 베풀어야 합니다. 이를테면, 숨이 막혀 헉헉거리는 당나귀를 지나가다 보게 되면 누구의 당나귀인지 캐묻기 전에 당장 일으켜 세워 주지 않겠습니까? 하물며 한 인간이 고통으로 신음하고 있는데 어디서 온 사람인지 캐묻고 따지고만 있겠습니까? 이교인이든 유대인이든 고통으로 괴로워하는 사람은 하느님께 속한 사람입니다. 설사 믿지 않는 사람이라 해도 그에게 도움이 필요한 것은 사실입니다. 조사하고 판단하는 일이 여러분의 직무라면 질문을 할 수도 있겠지요. 그러나 여러분은 그런 직책에 있지도 않은데 괴로워 신음하는 사람에게 그런 질문 공세를 퍼붓는 것은 도리에 어긋난 일입니다. 건강한 사람에게조차 지나치게 캐묻고 남의 일에 주제넘게 참견하는 것은 옳지 못한 행동인데, 환난 중에 있는 사람에게야 더욱더 몹쓸 짓을 하는 격입니다.

• 요한 크리소스토무스 『히브리서 강해』 10,8.

### 가난한 이들의 형편을 조심스레 살펴라

무턱대고 이런 말씀을 드리는 것이 아닙니다. 많은 이가 가난한 이들에 대해 지나치게 캐는 경우가 있기 때문에 하는 말입니다. 그들은 가난한 이들의 집안과 생활, 버릇과 관심사, 몸 상태까지 따집니다. 그들은 불평하고, 가난한 이들의 건강을 대놓고 꼼꼼히 검사하기를 요구합니다. 바로 이런 이유로, 많은 가난한 이들은 육체적 장애가 있는 척 가장하여 자신들의 비참을 극적으로 과장함으로써 우리의 잔인성과 몰인정이 비껴가게 합니다. 여름에는 이런 불평을 하는 것이 끔찍한 일이기는 하나 그리 지독한 일은 아닙니다. 그러나 엄동설한에 누군가 그런 야만적이고 몰인정한 재판관이 되어 일자리 없는 이들에게 전혀 관용을 베풀지 않는다면, 이는 지나치게 잔인하지 않겠습니까? "그러면 바오로가 테살로니카 신자들에게 '일하기 싫어하는 자는 먹지도 말라'(2테살 3,10)고 말하며 법으로 세운 것은 어떻게 됩니까?" 하고 말하는 이들이 있습니다. 여러분도 이런 소리를 듣지 않도록, 바오로의 말을 가난한 이들에게만 적용할 것이 아니라, 여러분 자신에게도 적용해야 합니다. 바오로의 법은 가난한 이들만이 아니라 우리를 위해 세워진 것이기도 하기 때문입니다.

부담스럽고 무거운 이야기를 좀 해야겠습니다. 여러분이 화낼 것을 알지만 말씀드려야겠습니다. 여러분을 찔리게 하려는 것이 아니라 바로잡기 위해서입니다. 우리는 사람들을 게으르다고 비판하는데, 이는 대부분 용서받을 수 있는 일입니다. 그런데 우리는 종종 게으름보다 훨씬 더 중대한 일을 저지르고는 합니다. 여러분은 '하지만 나는 조상의 땅이 있습니다' 하고 말할 것입니다. 가난하고, 가난한 부모에게서 났으며, 부유한 조상이 없는 사람은, 그럼 그는 완전히 망해도 됩니까? 말해 보십시오. 바로 이런 이유로 그는 자비와 연민을 받기에 합당하며, 가진 사람들보다 훨씬 더 자격이 있습니다. 극장이나 아무 이로울 것 없는 모임이나 단체에서 하루를 보내는 일이 잦고 수많은 사람들을 헐뜯느라 바쁜 그대, 그대는 스스로 고통을 전혀 낳지 않으며 게으르지 않다고 생각합니까? 하루 종일 눈물로, 가엾기 짝이 없는 모습으로 구걸하는 이, 그대는 그를 판단하며 법정에 끌고 와서 시시비비를 따져 달라고 요구합니까? 이런 일들이 인간답습니까? 말해 보십시오. 여러분이 '그러면 우리는 바오로에게 뭐라고 해야 합니까?' 하고 말할 때, 여러분 자신과도 대화를 나누어 보십시오. 그리고 이런 말들을 가난한 이들에게만 하지 마십시오. 처벌의 위협뿐 아니라 용서에 관해서도 읽으십시오. "일하기 싫어하는 자는 먹지도 말라"고 말한 사람은, "형제 여러분, 여러분은 낙심하지 말고 계속 좋은 일을 하십시오"(2테살 3,13)라고 덧붙였기 때문입니다.

• 요한 크리소스토무스 『자선(에 관한 설교)』 6,23-24.

### 성도든 죄인이든 감옥에 있는 이들을 찾아가시오

바오로 사도의 말씀에 힘입어 제가 여러분께 부탁드립니다. "성도들에게 봉사"합시다. 믿는 사람이면 누구나 성도입니다. 세속에 머물러 살고 있지만 거룩한 사람입니다. 사도는 "신자 아닌 남편은 아내로 말미암아 거룩해졌고, 신자 아닌 아내는 그 남편으로 말미암아 거룩해졌기 때문입니다"(1코린 7,14)라고 말한 바 있습니다. 믿음이 어떻게 사람을 거룩하게 만드는지 잘 보십시오. 그런 다음엔, 신자가 아닌 사람이라도 불행한 일을 당한 것을 보면 그에게 도움의 손길을 뻗읍시다. 산 속에 은둔하여 사는 고행자들만 너무 부러워하지 맙시다. 물론 그들은 믿음으로 보나 생활 태도로 보나 참으로 거룩한 이들입니다. 하지만 세속에 머물러 살면서도 믿음으로는 물론이고 생활 태도마저 거룩한 이가 많이 있습니다. 거룩한 이가 옥에 갇혔다면 그를 찾아가십시오. 거룩하지 못한 사람이라도 감옥에 있다면 찾아가기를 마다하지 맙시다. 옥살이를 하는 사람이 성도든 형제든 그를 찾아가십시오. '그가 깨끗하지 못하고 더러운 죄인이라면?' 하고 묻는 사람이 있다면, "남을 심판하지 마라. 그래야 너희도 심판받지 않는다"(마태 7,1)라고 하신 그리스도의 말씀을 귀 기울여 들으십시오. 하느님을 위하여 행동하십시오.

• 요한 크리소스토무스 『히브리서 강해』 10,7.

### 불행에 처해 있다면 예외 없이 도와야한다

믿지 않는 사람이라도 불행에 처해 있다면 우리는 친절을 베풀어야 합니다. 불행에 처해 있다면 누구에게나 예외 없이 도움을 베풀어야 할진데, 세속에 사는 믿는 사람이라면 더 말할 나위가 있겠습니까? 바오로 사도가 "모든 사람에게, 특히 믿음의 가족들에게 좋은 일을 합시다"(갈라 6,10)라고 하지 않았습니까? 그런데 여러분은 혼자 은둔하여 사는 고행자들에게만 열성을 쏟아부으며 좋은 일을 하려 하는 반면, 세속 사람들에 대해서는 온갖 호기심을 부리며 질문을 꼬치꼬치 늘어놓습니다. 그런 허황한 생각이 어디서 나온 것인지, 어찌하여 이처럼 관행이 되었는지, 저로서는 알 길이 없습니다. 이를테면 자선을 베풀 가치가 있는 사람인가, 의로운 사람인가, 기적을 행할 만한 사람인가를 확실히 알기 전에는 도움의 손을 내밀지 않겠다고 하니 말입니다. 이런 사람은 사랑의 골자를 내버리고 껍데기에만 매달리는 격입니다. 그런 사람은 세월이 흐르면 그런 빈껍데기 사랑마저 놓아 버리고 말 것입니다. 참된 사랑은 죄인에게, 잘못을 범한 이들에게 베푸는 것입니다. 사랑이란, 세상을 옳게 잘 사는 사람들이 아니라 잘못을 저지른 이들을 가엾이 여기는 마음입니다.

• 요한 크리소스토무스 『히브리서 강해』 10,7.

### 종교와 인종을 초월한 차별 없는 선행

여러분이 고통 속에 있는 어떤 이를 보면, 그가 누구인지 더 알아보려고 하지 마십시오. 그가 고통 속에 있다는 사실이 여러분의 도움에 대한 정당한 요구입니다. 이교인이든 유대인이든 가난한 사람은 누구나 하느님께 속합니다. 믿지 않는 사람도 도움을 받을 자격이 있습니다.

• 요한 크리소스토무스 『히브리서 강해』 10,4.

### 알지 못하는 사람에게 선을 행하는 사람

처형당하는 이들은 악한 자들입니다. 그런데도 그런 이들을 빼내기 위해 수고를 아끼지 않는 것이야말로 사랑입니다. 친구에게 선을 행하는 사람은 오직 하느님만을 위해서 그 일을 행하는 것이 아니지만, 알지 못하는 사람에게 선을 행하는 사람은 순수하게 하느님만을 위해 선을 행하는 것이기 때문입니다. 돈을 아끼지 마십시오.

• 요한 크리소스토무스 『히브리서 강해』 10.9.

### 이방인도 도와주어야 한다

외국인들이 도시에 들어오지 못하게 막는 사람들을 용인하지 말아야 합니다. 그들은 도와야 할 바로 그때 외국인을 내쫓습니다. 그들은 … 모든 이를 위한 재화에서 그들의 몫을 거부하며, 이미 시작된 공생의 운명을 거부합니다. 그들은 궁핍한 때에 공동의 권리를 누려 온 이들과 생필품을 나누려 하지 않습니다. 맹수도 다른 맹수를 내쫓지 않거늘, 인간은 인간을 배제합니다! 맹수와 짐승은 땅이 주는 음식을 모두에게 속한 공동의 몫이라고 여깁니다. 맹수와 짐승들은 같은 종끼리 돕기까지 합니다. 그러나 인간적인 것이라면 그 무엇도 자신에게 낯설지 않다고 여겨야 할 인간이 서로 공격합니다.

• 암브로시우스 『성직자의 의무』 3,7,45.

## 나눔의 의도와 태도

### 진심으로 나누면 주는 사람도 행복하다

주님께서는 많은 것을 요구하실 만큼 탐욕스럽지 않으십니다. 모든 것을 포기하고 그분을 따르는 이는 행복합니다(마태 19,21 참조). 그러나 자기가 가진 것을 진심으로 나누어 주는 사람도 행복합니다. 주님께서는 저 과부의 동전 두 닢을 부자들의 예물보다도 더 높이 평가하셨습니다. 과부는 가진 것을 모두 내놓았지만, 부자들은 자신들의 풍요로움에서 작은 부분만 내놓았기 때문입니다. 그러므로 헌금을 풍요롭게 하거나 빈약하게 만들고 사물에 가치를 부여하는 것은 정성입니다. 또 주님께서는 우리가 한꺼번에 전 재산을 쏟아붓기를 바라시지 않고, 재산이 나누어지기를 바라십니다.

• 암브로시우스 『성직자의 의무』 1,30,149.

### 아낌없이, 기쁜 마음으로

나누어 주려면 아낌없이(2코린 9,7-9 참조), 자비를 베풀려면 기쁜 마음으로, 돌보는 사람이면 부지런하게 하라고 바오로는 말합니다. 그는 우리가 가난한 사람들을 금전적으로만 돕지 말고 말과 행동으로 직접 모든 방법을 끌어내서 도와주기 바랍니다.

• 요한 크리소스토무스 『로마서 강해』 21.

### 기쁘게 주다

바오로 사도는 무엇보다 베푸는 이들이 기쁜 마음으로 내는 것을 중요히 여깁니다. 기쁘게 주어야 한다고 합니다. 그는 이렇게 말하기도 합니다. "저마다 마음에 작정한 대로 해야지, 마지못해 하거나 억지로 해서는 안 됩니다. 하느님께서는 기쁘게 주는 이를 사랑하십니다"(2코린 9,7). 그냥 주는 이가 아니라 즐거운 마음으로 주어야 한다는 말입니다.

• 요한 크리소스토무스 『자선』 10,4,16.

### 가난한 이들을 위해 따로 떼어 놓아라

곡식이나 포도를 수확할 때마다 당신이 들인 비용과 당신에게 속하는 모든 이의 비용을 정산하십시오. 당신의 지갑에 들어갈 것도 거기에 포함시키십시오. 그런 다음 남는 것은 정녕 당신에게 주어진 게 아니라 가난한 이들에게 나누어 주도록 당신에게 맡겨진 것이므로, 남는 것을 전부 또는 하느님께서 당신에게 영감으로 알려 주시는 만큼 따로 떼어 놓으십시오. …

하느님께 대한 사랑으로 가난한 이들을 위해 따로 떼어 놓은 것을 기꺼운 마음으로 주십시오.

• 아를의 카이사리우스 『설교』 30,6.

### 흔쾌히 그리고 기꺼이 기부하다

여러분은 기도를 드릴 때, 이와 같이 당연히 해야 하는 사랑의 행위에 흔쾌히 그리고 기꺼이 기부하였고 언제나 나누어 줄 준비가 되어 있는 우리 형제자매들을 기억해 주십시오. … 그들은 우리의 본보기에 따라 이곳에 머무를 때 능력에 따라 얼마간의 돈을 자신들과 공동체 이름으로 기부하였습니다. … 믿음과 사랑이 요구하듯이, 여러분의 기도와 화살기도를 통해 이 모든 이를 기억하는 것이 여러분의 도리라고 생각합니다.

• 키프리아누스 『편지』 62,4.

### 차별하지 말고 관대하게 주어라

줄 때는 기쁜 얼굴로 관대하게 주고 요청받은 것보다 더 많이 주십시오. "가난한 이가 있는 쪽으로 네 빵 조각을 보내라. 머지않아 보답을 받을 것이다"라고 쓰여 있기 때문입니다. 부자와 가난한 이를 구별하거나 자격 있는 이와 자격 없는 이를 차별하려 하지 말고 모든 사람을 동등하게 여기며 선행을 베푸십시오.

• 니네베의 이사악 『수덕 생활』 4.

관대하게 베푸는 것이 더 좋다고 생각하였다

실제로 [나의 아버지께서는] 자신의 재산을 마치 다른 사람의 것인 양 다루셨습니다. 그분은 다만 그 재산의 관리인이셨으며, 할 수 있는 한 가난을 구제하셨고, 남는 것뿐만 아니라 필수품까지도 내어 주셨습니다. 이것은 가난한 이들에 대한 명백한 사랑의 증거입니다. 또한 그분은 솔로몬의 명령(코헬 11,2 참조)에 따라 일곱 사람에게 몫을 나누어 주셨을 뿐만 아니라 여덟 번째 사람이 온다면 이 사람에게도 인색하게 굴지 않고 사람들이 재산을 얻었을 때 기뻐하는 것보다 더 기쁜 마음으로 재산을 나누어 주셨습니다. … 대부분의 사람들도 주기는 합니다. 하지만 그들에게는 하찮은 것 대신에 더 훌륭하고 완전한 것을 기꺼이 주려는 마음은 없습니다. 그런데 나의 아버지는 당신의 사랑을 받을 자격이 없는 이들이 자격이 있는 이들의 몫을 빼앗게 될까 봐 두려워하시기보다는 자격이 있는 이들을 위하여 자격이 없는 이들에게까지 관대하게 베푸시는 것이 더 좋다고 생각하셨습니다. … 그런데 이 모든 것 가운데 가장 좋고 위대한 것은 [내 아버지의] 관대함에는 욕망으로부터의 자유도 포함되어 있었다는 것입니다.

• 나지안주스의 그레고리우스
『부친 추도사』(연설 18) 20-21.

관대히 베풀면 영예로운 평판을 얻는다

오늘날에도 그들을(바벨탑을 쌓은 사람들) 본떠 으리으리한 집과 목욕탕과 주랑과 도로들을 짓고 그 공적으로 기억되고 싶어 하는 사람들이 많습니다. 만약 여러분이 그들 각자에게 왜 아무런 용도도 없는 일에 그런 수고를 쏟아부으며 고생을 하느냐고 묻는다면, 여러분이 들을 답은 뻔합니다. 자신들에 대한 기억이 영원히 남아 "이 집이 누구누구의 것이었지", "이것은 누구누구의 소유였지" 하는 말을 듣고 싶어 그런다는 말이지요. 그러나 이런 것은 기념될 만한 일이 아니라 오히려 비난받을 일입니다. "욕심쟁이 구두쇠, 과부와 고아들에게서 빼앗은 약탈자였던 누구누구의 소유였지" 하는 심한 말을 들을 것입니다. 그러니 그러한 행위는 다른 사람들에게 좋은 기억을 남기는 것이 아니라 끊임없는 비난을 듣고 죽은 뒤에도 악명을 얻으며 보는 이들로 하여금 욕을 쏟아 내게 하고 그것을 손에 넣은 사람에게서는 비난을 듣게 합니다. 그런데 여러분이 결코 사라지지 않는 명성을 몹시 누리고 싶다면, 하는 일 한 가지 한 가지마다 다 기억되고 그와 함께 훌륭한 이름을 얻으며 장차 올 세상에서 여러분 자신에게 든든한 확신을 줄 수 있는 길을 제가 보여 드리겠습니다. 그러면 어떻게 하면 여러분이 날마다 기억되면서 동시에 이 세상에서 저 세상으로 건너간 뒤에도 찬사를 받을 수 있을까요? 여러분의 재물을 가난한 사람들의 손에 넘기면, 값비싼 돌들과 으리으리한 집들, 소유지들, 목욕탕들을 내놓으면 그렇게 됩니다. 이것이 결코 사라지지 않는 명성입니다. 이 기억은 여러분이 무수한 보물들을 내주었음을 증명합니다. 이 기억은 여러분에게서 죄를 벗겨 주며, 여러분이 주님의 인정을 받게 된다는 큰 확신을 줍니다. 네, 그렇게 후하게 나누어 주는 사람에 대해 모든 사람이 어떻게 이야기할지 생각해 보십시오. "참으로 관대하고 친절한 분이었지, 참으로 온유하고 선한 분이었지" 그렇게 말하겠지요. 잊지 마십시오, 성경도 이렇게 말합니다. "불쌍한 이들에게 후하게 나누어 주니 그의 의로움은 길이 존속하리라"(시편 112,9). 물질적 재산이란 이렇습니다. 더 많이 나누어 줄수록 더 많이 남습니다. 반면에 거기에 매달리고 안전한 곳에 쌓아 놓고 자물쇠로 잠가 놓으면 그것은 그것에 애착하는 사람들마저 파괴합니다. "그는 불쌍한 이들에게 후하게 나누어 주니", 이 말씀을 기억하십시오. 그러나 이어지는 말씀에도 귀 기울이십시오. "그의 의로움은 길이 존속하리라." 그가 재산을 나누어 주는 데는 하루면 족하지만, 그의 선의는 길이 존속하여 그가 결코 기억에서 지워지지 않게 합니다.

• 요한 크리소스토무스 『창세기 강해』 30,7.

### 적선은 관대하고 겸손하게 하라

[그들 모두에게] 은총이 내린 것은 "그들 가운데에는 궁핍한 사람이 하나도 없었"기 때문입니다. 이는, 자신의 것을 내어 놓는 사람들이 너무나 많아서 가난한 사람이 아무도 없었다는 뜻입니다. 그들은 일부만 내어 놓고 일부는 간직하지도 않았고, 모든 것을 내어 놓으면서도 자신의 것을 내어 놓는다고 하지도 않았습니다. 뿐만 아니라 그들은 매우 풍족하게 살았습니다. 그들 사이에는 어떤 불평등도 없었고, 훌륭한 질서가 자리 잡았습니다. 무엇을 소유한 사람은 그것을 팔아서 사도들에게 갖다주었습니다. 그리고 그들은 매우 겸손하게 그 일을 했습니다. 감히 사도들 손에 돈을 쥐어 주지도 않았고, 거만하게 증정하듯이 하지도 않았습니다. 그들은 사도들의 발 앞에 돈을 놓았습니다. 그들은 모든 사람의 생활을 개인 재산이 아니라 공동 재산으로 꾸려 나갈 수 있도록 사도들을 그것의 분배자요 주인이 되게 했습니다. 이것은 그들이 허영을 멀리하는 데도 도움이 되었습니다.

• 요한 크리소스토무스 『사도행전 강해』 11.

### 베풂의 의도

그대가 자비의 동기보다 뽐내려는 목적으로 베푼다면 그 관대함은 완전하지 않습니다. 그대의 의도는 그대의 행위에 이름을 남기고, 어떻게 그대에게서 그런 행위가 나왔는지 평가받게 됩니다. … 이승에서 허영심의 보상을 좇다가 저승에서 상급의 열매를 잃는 일이 없어야 하겠습니다. 자신의 행위를 침묵으로 덮고, 한 사람 한 사람에게 필요한 일을 숨어서 도와줄 때 그 관대함은 완전합니다. 자기 입술이 아니라 가난한 이들의 입이 그를 칭찬하기 때문입니다(잠언 27,2 참조).

• 암브로시우스 『성직자의 의무』 1,30,147.

### 자발적 기부

아무도 내놓으라고 강요받지 않고, 자발적으로 기부금을 내놓습니다. 이것은 천상의 행복에 참여하기 위한 쌈짓돈과 같습니다. 그 가운데 어떤 것도 미식, 주연, 쓸모없는 탐식으로 낭비되지 않고, 가난한 이들, 가진 것 없는 고아들, 집에서 더 이상 아무것도 할 수 없는 노인들, 난파자들, 단지 하느님 단체에 속해 있다는 이유로 가령 광산, 섬, 감옥에 있는 사람들에게 나누어집니다.

• 테르툴리아누스 『호교론』 39,5-6.

### 아브라함의 참된 자손 자캐오

주님께서는 가난한 이들을 돕고 보살피는 데 열성적인 사람들을 아브라함의 자손이라고도 부르십니다. 자캐오가 "보십시오. 제 재산의 반을 가난한 이들에게 주겠습니다. 그리고 제가 다른 사람 것을 횡령하였다면 네 곱절로 갚겠습니다"(루카 19,8)라고 그분께 말씀드렸습니다. … 신앙의 진리를 지니고 있는 사람은 하느님을 경외합니다. 하느님을 경외하는 이는 가난한 사람에게 자비를 베풀면서 하느님을 생각합니다.

• 키프리아누스 『선행과 자선』 8.

## 상호 보완적인 나눔

### 가난한 이와 부자의 거룩한 나눔

학식 있는 사람이 음식이나 의복에 궁핍하고, 문자를 모르는 사람이 더 재산이 많은 경우가 자주 있습니다. 세상의 재화를 많이 가진 문맹자가, 가난하지만 학식 있는 사람을 초대하여 서로가 필요로 하는 것을 주고받습니다. 한 사람은 읽는 능력으로 하느님의 달콤한 말씀을 다른 사람에게 먹여 주고, 한 사람은 물질적 재화를 주어 이웃이 궁핍으로 고통받지 않게 해 줍니다. 학식 있는 사람은 부유한 사람의 영혼을 만족시켜 주어야 하고, 후자는 가난한 사람의 몸에 의복을 입혀 따뜻하게 해 주고 세상의 음식으로 그를 기운나게 해 주어야 합니다. 이것이 사랑으로 이루어진다면, "서로 마주치는 부자와 가난한 이, 이들을 모두 지으신 분은 주님이시다"(잠언 22,2)라는 말씀이 실현될 것입니다. 필요한 것 이상으로 많이 소유하여 무거운 짐에 짓눌린 부자는 걸을 수 없었고, 가난한 사람은 학식은 있었는지 모르나 삶에 필요한 것이 없었습니다. 이런 이유 때문에 두 사람의 거룩한 나눔이 있었습니다. 부자는 자신이 가진 물질적 재화를 떼어 가난한 사람에게 주었고, 가난한 사람은 부자에게 거룩한 가르침을 전해 주었습니다. 그들은 모두 이 인생길에서 행복하게 영원한 나라에 이릅니다.

• 아를의 카이사리우스 『설교』 8,1.

### 부자의 재물과 가난한 사람의 기도

부유한 이는 재물을 가지고는 있으나 부에 마음을 빼앗기기 때문에 주님이 보시기에 가난하다. 그가 주님께 드리는 청원기도와 찬양기도는 매우 보잘것없다. 그가 바치는 기도는 약하고 보잘것없으며 효력이 없다. 그래서 부유한 이는 가난한 이에게 의지하여 생활에 필요한 것을 대주고 가난한 이를 위하여 일하면, 하느님께 보상을 받을 수 있다고 믿는다. 가난한 이의 청원기도와 찬양기도는 풍요롭고, 그의 청원기도는 하느님께 큰 효력이 있기 때문이다. 그러므로 부유한 이는 망설이지 않고 (가지고 있는) 모든 것으로 가난한 이를 돌보아 준다. 부유한 이에게 도움을 받은 가난한 이는 하느님께 감사하며 자신을 돌보아 준 사람을 위하여 기도한다. 부유한 이는 자신의 삶에 아무 부족함이 없도록 끊임없이 가난한 이를 위하여 열심히 애쓴다. 그는 가난한 이의 청원기도가 주님께 잘 받아들여지고 풍요롭다는 것을 알기 때문이다. 따라서 두 사람은 (자신들의) 임무를 완수한다. 곧, 가난한 이는 자신의 풍요로운 기도로 (임무를) 행한다. 그는 주님에게서 받은 기도를, 자신을 돌보아 준 사람을 위하여 주님께 돌려드린다. 마찬가지로 부유한 이는 주님에게서 받은 부를 망설이지 않고 가난한 이에게 준다. 이 행위는 훌륭하고 하느님께 받아들여진다. 부유한 이가 자신이 가진 부의 의미를 이해하고, 주님께서 주신 선물들을 가난한 이들을 위하여 사용하고 올바로 봉사하였기 때문이다. … 이와 같이 가난한 이들도 부유한 이들을 위하여 주님께 기도하면 자신들에게 (부족한) 부를 채우고, 거꾸로 부유한 이들도 가난한 이들에게 필요한 것을 주면 자신들의 영혼(에 부족한 것)을 채운다.

• 헤르마스 『목자』(비유) 2,5-8.

### 물질적 · 영적 풍요

이 말씀은 사람들에 관한 것이라고 나는 생각합니다. '여러분의 풍요가 그들의 궁핍을 채워 주고, 그들의 풍요가 여러분의 궁핍을 채워 주게 하려는 것입니다'(2코린 8,14 참조). 곧, 이 백성의 풍요는 다른 백성의 식량 부족을 채워 주는 선행을 제공하고, 저 백성의 영적 풍요는 다른 백성 가운데 부족한 영적 공로를 도와주어 그들에게 은총을 베풀라는 말입니다.

• 암브로시우스 『성직자의 의무』 1,30,153.

### 상호 보완적인 부자와 가난한 이

어떤 사람들은 가난한 이들에게 재산을 나누어 주는 사람이 도움받은 이들의 기도로 덕을 입는다고 이야기할 것입니다. 사도가 코린토 신자들에게 보낸 둘째 서간에서 이야기한 대로(2코린 8,14 참조), 그런 사람은 물질적으로 가난한 사람들의 영적 풍요를 나누어 받아 자신에게 모자라는 것을 채움으로써 자신의 구원을 도모하는 것입니다. 그가 이런 일을 할 수 있도록 크게 돕는 이가 누구겠습니까? 하느님께서는 어려움에서 벗어난 많고 많은 가난한 사람들의 기도를 들으십니다. 사도들이나, 그들보다 조금 못하기는 하지만 물질적으로는 가난해도 영적인 선물은 풍성히 받은 사람들이 그런 사람들일 것입니다.

• 오리게네스 『마태오 복음 주해』 15,17.

### 가난한 이들을 통해 부자들을 시험하시다

부자와 가난한 이가 서로 마주쳤습니다. 이 세상의 삶에서가 아니면 어떤 식으로 마주쳤겠습니까? 부자든 가난한 이든 모두 태어났습니다. 여러분은 살아가면서 서로 마주칩니다. 가난한 이는 부자를 속여 빼앗아서는 안 됩니다. 부자는 가난한 이를 억압해서는 안 됩니다. 한 사람은 궁핍하고 한 사람은 넉넉하지만 "이들을 모두 지으신 분은 주님이십니다"(잠언 22,2). 주님께서는 가진 사람을 이용해 궁핍한 사람을 도우시고 갖지 않은 사람을 통해 가진 사람을 시험하십니다.

• 아우구스티누스 『설교』 35(85),7.

### 서로 도움을 받다

장차 올 세상에 희망을 두는 성도들은 이 세상에서 부유해 보이는 이들보다 가진 것이 훨씬 많습니다. 그러나 이들 양쪽은 균형을 이루게 될 것입니다. 지금 성도들을 돕기 위해 재물을 내놓는 이들은 미래에 곤궁한 처지에 놓일 때 그들에게서 도움을 받을 것이기 때문입니다.

• 암브로시아스테르 『바오로의 열세 서간 주해』(코린토 2서).

### 하느님께 부유했기 때문에 더 행복했다

거룩한 엘리야도 먹을 것을 찾아 나섰다면 먹을 빵이 없었을 터였지만, 찾아 나서지 않았기 때문에 빵이 부족하지 않았던 것 같습니다. 까마귀가 날마다 그를 보살폈습니다. 아침에는 빵을, 저녁에는 고기를 날라다 주었습니다. 그가 가난했기에 덜 행복했을 것 같습니까? 전혀 그렇지 않습니다. 그는 하느님께 부유했기 때문에 더 행복했습니다. 자신에게 부유하기보다 다른 이들에게 부유한 것이 낫습니다. 이 엘리야가 그랬습니다. 그가 기근 중에 과부에게 음식을 청했던 까닭은 과부의 밀가루 단지에는 삼 년 육 개월 동안 밀가루가 떨어지지 않도록 하고 가난한 과부의 기름병에 날마다 필요한 만큼 넉넉히 채워 주기 위해서였습니다.

• 암브로시우스 『성직자의 의무』 2,4,14.

### 전혀 줄어들지 않았다

다뉴브강 상부 지역 마을들이 파괴된 뒤, 세베

리누스는 … 어느 날 이 하느님의 사람이 기름을 배급하고자 곤궁한 사람들을 대성당에 모이게 했습니다. 그 지역에서는 상인들이 물품을 수입하기가 어려웠기 때문에 생필품을 구하기가 매우 힘들었습니다. 마치 축복을 얻게 되었다는 듯 엄청나게 많은 수의 가난한 사람이 모였습니다. 기름은 귀한 식품이었으므로 가난뱅이들이 엄청나게 모여든 것이었습니다. 이 거룩한 사람이 기도를 끝내고 십자가 성호를 긋고서는 모든 사람 앞에서 "주님의 이름은 찬양받으소서!"(시편 113,2)라며 성경 말씀을 외쳤습니다. 그러고는 섬김을 받으러 온 것이 아니라 섬기러 오신(참조: 마태 20,28; 마르 10,45) 충실한 종이신 그의 주님을 본받아, 기름을 배급할 봉사자들에게 자기 손으로 그것을 나누어 주기 시작하였습니다. 그렇게 구원자의 발자국을 따르던 그는 참으로 기쁘게, 자기의 오른손이 왼손 모르게(마태 6,3 참조) 부었던 그 물질이 늘어난 것을 보았습니다. 가난한 이들의 그릇이 가득 차 가는데도 봉사자들이 들고 있는 기름은 전혀 줄어들지 않았던 것입니다.

• 에우기피우스 『(성) 세베리누스의 생애』 28,1-3.

## 나눔 거부와 심판

### 나눔을 거부하다

우리는 우리가 받은 것을 다른 사람들과 나누지 않습니다. 우리는 선행을 찬양하면서도, 가난한 사람들에게 선행을 베풀지 않습니다. 이전에 종이었다가 지금은 자유인이 된 우리이면서도, 동료 노예들에게 아무런 동정심도 느끼지 않습니다. 우리는 배가 고플 때 얻어먹었으면서도, 가난한 이들을 못 본 체 지나쳐 버립니다. 하느님은 우리에게 모든 것을 베풀어 주시는데, 우리 자신은 가난한 이들에게 나누어 주는 데 인색하고 냉정합니다. 우리 양들이 많은 새끼를 낳지만, 입을 것이 없어 헐벗은 채 다니는 사람들이 털 깎은 양들보다 훨씬 더 많습니다. 물건을 쌓아 둘 수 없을 정도로 곳간이 가득 차서 신음하는데도, 우리는 빈곤으로 신음하는 가난한 이들을 측은히 여기지 않습니다. 그래서 하느님께서 공정한 심판으로 우리를 위협하시는 것입니다.

• 대 바실리우스 『기근과 가뭄 때 행한 설교』 2.

### 모든 재화는 우리의 것인 동시에 가난한 이들의 것이다

우리 모두가 가난한 이들과 함께하는 가난한 사람들이라면, 모든 재화는 우리의 것인 동시에 그들의 것입니다. 우리들에게 어떤 것이 꼭 필요하다 할지라도 그것은 우리 것만이 아니라 가난한 이들의 몫입니다. 사실이지 우리들에게 가난한 사람들을 돌보아야만 하는 책임이 있다고 할 때, 재화를 우리의 것으로만 주장하는 것은 횡령죄를 짓는 것입니다.

• 아우구스티누스 『편지』 185,9,35.

### 나누지 않는 재산은 아무한테도 쓸모가 없다

우물물을 다 퍼내면, 우물에서는 깨끗한 물이 더 많이 솟아 나옵니다. 그러나 물을 다 퍼내지 않으면, 우물은 막혀 버려 더 이상 물이 나오지 않습니다. 마찬가지로, 쓰지 않는 재산은 아무한테도 쓸모가 없습니다. 하지만 재산을 사용하고 순환시키면, 재산은 모든 이에게 도움이 되고 많은 열매를 맺습니다.

• 대 바실리우스 『내 곳간들을 헐어 내리라』 5.

### 가난한 이들에게 나눠 주지 않는 것은 그들의 것을 훔치는 것이다

우리의 재물을 가난한 이들에게 나눠 주지 않는

것은 가난한 이들의 것을 훔치는 것이고, 그들의 생계 수단을 강탈하는 것이라는 사실 하나만이라도 반드시 기억하기 바랍니다. 우리는 우리 자신의 재물이 아니라 그들의 재물을 소유하고 있는 것입니다. 우리가 이런 사고방식을 지니고 있다면 확실히 우리의 재물을 내놓을 것입니다.

• 요한 크리소스토무스 『라자로에 관한 설교』 2,6.

동정을 베풀지 않았다

부자는 라자로의 돈을 빼앗지 않았습니다. 하지만 라자로에게 자신의 것을 나누어 주지 않았습니다. 부자가 재물을 나누어 주지 않았기 때문에, 곧 동정을 베풀지 않았다는 이유로 고발당했다면, 다른 사람의 재산을 강탈한 사람은 자신이 나쁜 짓을 한 사람들에게 둘러싸였을 때, 용서받을 수 있을까요? … 성경은 다른 사람의 재산을 훔치는 것만이 아니라 자기 재산을 나눠 주지 않는 것도 도둑질이요 사기, 사취라고 증언합니다.

• 요한 크리소스토무스 『라자로에 관한 설교』 2,4.

탐욕 때문에 굶주린 이를 도와주지 않는 자

굶주린 사람들의 병, 곧 배고픔은 끔찍한 고통입니다. 그것은 인간이 겪는 최악의 질병이며, 굶어 죽는 것은 어떤 죽음보다 더 처참합니다. 굶주림 때문에 죽는 것이 아닌 경우에는, 그 고통이 그리 오래 가지 않습니다. 칼에 맞아 죽는 경우에도, 금방 죽습니다. … 그러나 배고픔은 몸속에 숨어든 병으로, 길게 이어지는 아픔이며 끝없이 계속되는 극한의 고통입니다. 이 죽음은 그 어떤 죽음보다도 서서히 다가오는 죽음입니다. … 이런 끔찍한 고통을 벗어나게 해 줄 수 있는 사람이 이기심이나 탐욕 때문에 도와주지 않는다면, 그는 살인자라고 심판받아야 옳을 것입니다.

• 대 바실리우스 『기근과 가뭄 때 행한 설교』 7.

이웃에게 음식을 아끼는 것은 살인이다

선을 행하지 않는 것도 잘못된 것입니다. 이웃이 굶어 죽을 위험에 처한 것을 보면서도 자신에게는 넘치는 음식을 주지 않는다면 이웃을 죽이는 것 아니겠습니까?(야고 2,15-16 참조). 죽기 직전에 있는 사람이 도움이 필요한 데도 도와주지 않으면 그 사람을 죽이는 것입니다.

• 펠라기우스 『로마서 주해 단편』.

부를 쌓아 놓는 것에 대한 단죄

일반적으로 말해, 주체할 수 없는 부는 악의 성채입니다. 탐욕스럽게 부를 바라보는 보통 사람은 결코 하늘 나라에 들어가지 못할 것입니다(마태 19,23 참조). 이 세상 것들로 오염되도록 자신을 내버려 두었고, 자신에게 허락된 이상으로 살았기 때문입니다. 자신의 구원을 염려하는 이들은 이것을 제1원칙으로 삼아야 합니다. 모든 창조물이 우리가 사용하도록 만들어졌다 해도, 우주가 자급자족하도록 만들어졌다 해도, 누구나 적은 노력으로 그것을 얻을 수 있다 해도 그렇습니다. 자기 곳간에 쌓여 있는 것을 보고 즐거워하는 이는 자신의 탐욕으로 바보가 된 자입니다. "품팔이꾼이 품삯을 받아 구멍 난 주머니에 넣는 꼴이다"(하까 1,6)라고 성경은 우리를 일깨웁니다. 그는 수확한 것을 쌓아 둔 사람입니다(루카 12,16-21 참조). 그는 자신의 부를 다른 이들과 나누지 않아 그의 처지가 더 나쁘게 되었습니다.

• 알렉산드리아의 클레멘스 『교육자』 2,3.

재화의 주인이 아니라 관리자

그대는 그대가 지니고 있는 재화의 주인이 아니라 관리자일 뿐인데, 그대는 황금을 땅속에 파묻고 있습니다. 황금의 주인이 되는 것보다 황금을 나누어 주는 사람이 되는 것이 낫습니다. "네 재물이 있는 곳에 네 마음이 있다." 그러므로 그대는 그 황금과 함께 그대 마음을 땅에 묻은 것입니다. 차라리 황금을 팔아서 구원을 사십시오. 값진 보석을 팔아서 하느님 나라를 사고, 그대 땅을 팔아서 영원한 생명을 얻으십시오.

• 암브로시우스 『나봇 이야기』 58.

### 베푸는 자가 얻는 이득

비참한 이들을 도와줄 때마다 우리는 자기 자신에게 베푸는 것입니다. 그들을 위하여 우리의 재산을 쓰는 것이 우리의 이득이 됩니다. 미래에 얻게 될 보상에 대한 희망을 생각한다면 가난한 이들에게 주는 것은 무엇이나 이익으로 여겨집니다. 이것이 바로 예언자가 말하는 바입니다. "행복하여라, 가련한 이를 돌보아 주는 이! 불행의 날에 주님께서 그를 구하시리라"(시편 41,2).

• 시미에의 발레리아누스 『설교』 8,2.

### 가난한 자에게 주어라. 그러면 나라를 얻을 것이다

"가난한 자에게 주는 이는 모자람이 없다"(잠언 28,27). 이 법칙을 절대 잊지 마십시오. 주님께서 가난한 이들에게 준 사람들에게 하시는 말씀을 여러분은 벌써 잊으셨습니까? "내 아버지께 복을 받은 이들아, 와서, 세상 창조 때부터 너희를 위하여 준비된 나라를 차지하여라"(마태 25,34).

• 아우구스티누스 『설교』 198,3.

### 영원한 보물을 쌓았다

"재물을 많이 가진 자들이 하느님 나라에 들어가기는 참으로 어렵다! 부자가 하느님 나라에 들어가는 것보다 낙타가 바늘귀로 들어가는 것이 더 쉽다"(루카 18,24-25). 모든 성인은 이 말씀을 듣고, 재물이라는 난관에서 벗어나야겠다고 생각했습니다. 그래서 가진 것을 모두 버렸지요. 재물을 가난한 이들에게 나누어 줌으로써 자신을 위해 영원한 보물을 쌓았던 것입니다.

• 다마스쿠스의 요한 『바를람과 요사팟의 생애』 15,128.

### 미래에 겪게 될 수치

시편 저자는 '그들이 부끄러워 얼굴을 붉히며 어쩔 줄 몰라 하게 하소서'(시편 6,11 참조)라고 말하는데, 나는 이 일이 의인들의 보상과 죄인들의 심판이 드러나는 그날이 아니라면 어떻게 일어나게 될지 모르겠습니다. … 자신의 의로움이 영원히 지속될 수 있도록 가난한 이들을 돕고, 그리스도를 따르기 위하여 지상의 재물을 모두 팔아 필요한 이들에게 나누어 주며, 가진 바를 나눔으로써 하느님의 계명의 숭고한 기대를 채우기를 원하는 이가 여기에 있다고 칩시다. … 그런 사람은 불경한 자들의 천박한 조롱거리가 되고, 건전한 정신으로 되돌아오기를 거부하는 이들로부터 미쳤다는 소리를 듣습니다. … 그런데 이 불경한 자들은 현세에서는 부끄러움을 느끼지 못합니다. … 그들이 수치스럽게 여길 때가 올 것입니다.

• 아우구스티누스 『시편 상해』 6,12.

그대가 그리스도 앞에 서서 의로운 재판관의 심판을 받아야 할 때, 그대가 실천한 선행의 삶이 혼례복을 입고 하늘 나라에 초대받을 수 있도록 하십시오.

• 대 바실리우스 『기근과 가뭄 때 행한 설교』 8.

### 지금 가난한 이에게 주시오

믿을 만한 사람이 여러분에게 '나에게 금 한 냥을 주시오. 그러면 내가 금 백 냥으로 돌려 드리겠소' 하고 말한다면, 백 냥을 돌려받기 위하여 그에게 한 냥을 기쁘게 주지 않겠습니까? 그런데 하늘과 땅의 하느님께서 여러분에게 말씀하십니다. "가난한 이를 가엾이 여기는 것은 하느님께 꾸어 드리는 것이다"(잠언 19,17). 더 나아가 "너희가 내 형제들인 이 가장 작은 이들 가운데 한 사람에게 해 준 것이 바로 나에게 해 준 것이다"(마태 25,40)라고도 하시고 시편에서는 "잘 되리라, 관대하게 꾸어 주는 이"(시편 112,5)라고 하십니다. 그렇다면 여러분이 영원한 생명에서 여러 배로 되돌려 받기 위하여 세상에서 하느님께 얼마나 더 많이 꾸어 드려야 하겠습니까? 그러면 여러분은 천사들이 보는 앞에서 영원한 심판이 이루어지는 재판정에 서서 깨끗한 양심과 확신을 지니고 말할 수 있습니다. "주님, 제가 주었으니 주십시오. 제가 자비를 베풀었으니 자비를 베풀어 주십시오."

• 아를의 카이사리우스 『설교』 158,6.

가난한 이들에게 자비롭고 관대하다면, 하느님의 심판을 겁낼 필요가 하나도 없습니다.

• 아를의 힐라리우스 『일곱 가톨릭 서간 해설』(야고보서).

# 나약함

나약함과 게으름은 악마의 발자국입니다.

• 테르툴리아누스 『기도론』 8,3-5.

우리 싸움의 유일한 원인은 자기 안의 나약함입니다.

• 아우구스티누스 『율리아누스 반박』 4,2,11.

자신의 나약함에 대한 인정은 하느님의 은총을 깨닫게 합니다.

• 아우구스티누스 『시편 상해』 85,4.

인간의 나약함은 마음을 불안하게 하지만
하느님의 평안은 마음을 위로합니다.

• 아우구스티누스 『시편 상해』 33,2.

## 인간의 나약함

### 인간 본성은 불안정하고 약하다

제자들 모두가 예수님의 가르침을 통해, 인간 본성은 불안정하고 약하여 죄로 기울며, 사람은 "권세와 권력들과 이 어두운 세계의 지배자들"(에페 6,12)에게 대항하여 싸울 때 사로잡히고 쓰러지거나 원수의 힘에 의해 나약해져서 악하게 될 수 있다는 것을 알고 있었다고 믿습니다.

• 오리게네스 『마태오 복음 주해』 81.

인간 본성은 하느님을 따르고 싶어 하지만 습성적인 나약함 때문에 행동이 마음을 따르지 못합니다.

• 대 그레고리우스 『아가 강해』 24.

### 그분의 면전에 동등하게 설 수 없다

인간이 아무리 거룩하게 드높여져도 하느님의 거룩한 행위와 성스러운 말씀에 비교할 때, 결코 그분의 면전에 동등하게 설 수 없습니다. 이런저런 나약함으로 짓눌려 있는 우리 육신은, 말하자면 뒤에서 하느님의 말씀에 의해 가르침을 받습니다. 그러므로 "내 뒤에서"(묵시 1,10) 큰 목소리가 울렸다는 것은 인간 본성의 나약함을 시사합니다.

• 베자의 아프링기우스 『묵시록 주해』 1,10.

### 쉽게 동요하는 인간의 나약함

인간이란 천국의 나무에서 떨어진 나뭇잎이 아니고 무엇이겠습니까? 유혹의 바람에 붙잡히고 욕망의 돌풍으로 나부끼는 나뭇잎이 아니고 무엇이겠습니까? 인간의 마음은 유혹을 겪을 때 쾌락에 흔들리듯 동요합니다. 그래서 분노가 인간의 마음을 동요하게 만드는 경우가 자주 있습니다. 분노가 사라지면 공허한 환락이 따릅니다. 환락은 욕정이 선동하여 움직입니다. 탐욕의 열병은 마음이 스스로 멀리 뻗치게 하고 땅에 속한 사물들을 획득하도록 꾀합니다. 때로는 교만이 그것을 들어 올리고 때로는 과도한 공포가 그것을 먼지보다도 낮게 가라앉힙니다. 그러므로 그토록 많은 유혹에 들뜨고 요동하는 존재가 인간이라는 사실을 인지한다면, 인간을 "나뭇잎"에 비유하는 것은 적절합니다.

• 대 그레고리우스 『욥기의 도덕적 해설』 11,60-61.

### 영혼을 나약하게 만드는 세 가지 충동

우리는 영혼을 나약하게 만드는 세 가지 충동 때문에 잘못을 저지르는 것에 대해 생각해 보았습니다. 세 가지 충동이란 르우벤이 상징하는 육적인 욕정과 시메온이 상징하는 분노, 레위가 상징하는 잘못 방향 잡힌 분별입니다.

• 아퀼레이아의 루피누스 『(열두) 성조의 축복』 2,14.

### 자신의 나약함을 더욱 분명하게 깨닫게 하다

"나는 말하였다. '큰일났구나. 나는 이제 망했다. 나는 입술이 더러운 사람이다. 입술이 더러운 백성 가운데 살면서 임금이신 만군의 주님을 내 눈으로 뵙다니!'"(이사 6,5). 이 환시는 예언자를 깜짝 놀라게 했습니다. 그를 움찔하게 했고 큰 두려움에 사로잡히게 했으며 절로 고백하게 만들었고 자신의 나약함을 더욱 분명하게 깨닫게 했습니다. 성인들은 모두 이렇습니다.

• 요한 크리소스토무스 『이사야서 주해』 6,4.

### 자신을 먼지요 재라 여기다

주님의 영광이 보이자 예언자는 얼굴을 땅에 대고 엎드립니다. 인간이 숭고한 것을 이해하도록 들어 올려졌지만, 하느님의 존엄함을 목격하자 인간인 자신의 나약함을 깨닫게 되어, 감히 하느님 눈앞에 서 있으면 안 될 것처럼 느꼈기 때문입니다. 그는 자신을 먼지요 재라 여겼습니다.

• 요한 크리소스토무스 『에제키엘서 강해』 1,12,4.

### 인간 의지의 나약함

사도는 "주님은 여러분의 마음과 생각을 그리스도 예수 안에서 지켜 주실 것입니다"(필리 4,7)라는 말씀으로 그 나약함을 지적합니다. 또 다윗은 "당신의 법령을 실천하려 제 마음을 기울입니다"(시편 119,112)라고 하면서 자유의지의 힘을 단언하지만 동시에 다음과 같은 기도로 우리에게 그 나약함을 가르칩니다. "제 마음을 잇속이 아니라 당신 법으로 기울게 하소서"(시편 119,36).

• 요한 카시아누스 『담화집』 13,10.

### 부자 청년의 도덕적 나약함

젊은이는 계명들을 지킬 태세가 되어 있었습니다. 그가 "제가 영원한 생명을 얻으려면 무슨 일을 해야 합니까?"(마태 19,16) 하고 묻기 때문입니다. 그는 주님께서 지시하시는 것을 행할 준비가 되어 있었다고 보입니다. … 그러나 그는 의지가 너무나 나약했습니다. 그는 진정으로 생명을 소망했지만, 심각한 도덕적 나약함에 빠져 있었습니다.

• 요한 크리소스토무스 『마태오 복음 강해』 63,1.

### 제자들의 인간적 나약함

제자들은 아직 높은 곳에서 오는 권능(루카 24,49 참조)을 부여받지 못했으므로, 그들이 때때로 인간적 나약함에 빠지고 "사람이 어떻게 자기 자신을 버립니까? 또 어떻게 사람이 자기 생명을 잃음으로써 생명을 얻을 수 있습니까?" 같은 말을 하거나 그렇게 생각하는 것은 어쩌면 당연하다 하겠습니다.

• 알렉산드리아의 키릴루스 『마태오 복음 단편』 195.

### 니코데모는 나약함이나 두려움 때문에 침묵했다

바리사이들이 "갈릴래아 출신"(요한 7,52)을 들먹이며 그리스도의 말씀과 행위를 업신여기는 말을 했을 때 니코데모가 대꾸하지 않은 것은 나약함 때문이었거나 율법 교사들을 두려워했기 때문입니다.

• 몹수에스티아의 테오도루스 『요한 복음 주해』 3,7,52.

### 육신의 나약함과 죽음에 대한 두려움

배에 탄 사람들 가운데에서 베드로만이 물 위를 걸어 주님께 가도록 해 달라고 청한(마태 14,28 참조) 사실은 수난 때에 베드로의 의지가 얼마나 강했나를 보여 줍니다. 그때에 홀로 돌아와 세상의 혼돈을 호수의 파도처럼 가볍게 여기며 주님의 발자취를 따르는 베드로에게는 죽음마저 가볍게 여기는 힘이 있습니다. 그러나 지금의 소심함은 미래의 유혹 앞에서 그가 나약해지는 것을 암시합니다. 육신의 나약함과 죽음에 대한 두려움으로 말미암아 그는 주님을 부인하는 데까지 이릅니다.

• 푸아티에의 힐라리우스 『마태오 복음 주해』 14,15.

### 인간 본성의 나약함이 드러나다

한때는 뜨거웠던 제자가 예수님께서 끌려가시는 지금은 기력이 완전히 빠졌습니다! 그런 일이 일어나자 그는 꼼짝하지 못하지만 그래도 자신의 몸을 덥히고 있습니다. 이 일이 일어난 것은, 하느님께서 우리를 버리시면 인간 본성이 얼마나 나약한지를 여러분이 깨닫게 하기 위해서입니다. 제자가 아니냐는 물음에 베드로는 또다시 부인합니다(요한 18,17 참조).

• 요한 크리소스토무스 『요한 복음 강해』 83,3.

하느님께서는 우리 자신도 모르는 우리를 아십니다. 세 번이나 당신을 모른다고 하리라는 말씀을 주님께 들었을 때 베드로는 자신의 나약함을 모르고 있었습니다.

• 아우구스티누스 『요한 복음 강해』 32,5.

### 베드로는 자신의 힘이 어느 정도인지 몰랐다

베드로는 자신이 몹시 바라는 것이 무엇인지 알고 있었습니다. 그가 몰랐던 것은 자신의 힘이었습니다. 그는 아직 나약하면서도 자신의 의지를 자랑했습니다. 그러나 '의사'께서는 그의 건강 상태를 꿰뚫어보셨습니다. … 베드로가 그리스도를 모른다고 함으로써 저지른 악을 눈물로 고백했을 때, 그의 나약함이 자기 죄를 인정했습니다. … 그를 보면서 우리는, 아무도 자신의 인간적 힘을 과신해서는 안 된다는 것을 배웁니다.

• 아우구스티누스 『요한 복음 강해』 66,1-2.

### 연민을 배우다

전능하신 하느님께서는 왜 당신 몸소 모든 교회의 머리로 세우신 사도로 하여금 하녀의 한 마디에 두려움에 사로잡혀 당신을 모른다고 잡아떼도록 허락하셨는지 물어야 하겠습니다(마르 14,66-72 참조). 이는 하느님 자비의 놀라운 섭리였음을 우리는 압니다. 교회의 목자가 될 사람이 자신의 실패를 통하여 타인에 대한 연민을 배우도록 배려하신 것이었습니다. 먼저 자기 자신을 들여다보게 하신 다음 다른 사람들 위에 세우심으로써, 타인의 나약함을 자비롭게 참아 주어야 한다는 사실을 자신의 나약함을 통해 깨달을 수 있게 해 주셨습니다.

• 대 그레고리우스『복음서 강해』(40편) 2,21.

### 우리의 유익을 위해 제자들의 나약함을 기록하다

제자들도 처음에는 나약했습니다. 그러나 전능하신 하느님의 영을 받자, 본디의 나약함을 떨쳐 버리고 그분과의 친교를 통해 엄청난 담대함을 얻었습니다. 그들의 나약함을 힘으로 바꾸어 놓으시고 작은 위험으로도 쉽게 겁에 질리고 때로는 고통에 대한 걱정만으로도 무너지곤 하던 그들의 영을 튼튼한 탑처럼 일으켜 세우신 하느님과 그분의 영광을 찬미하기 위해 성도들의 나약함이 기록되는 것은 마땅했습니다. 한 사람 또는 몇몇 성도에게 일어난 일은 우리에게 교훈인 동시에 위로가 됩니다. 우리는 이 본보기를 통하여, 경솔하게 우리 자신의 나약함 안에 안주하거나 하느님께 대한 봉사에 게을러지지 않는 것을 배우기 때문입니다. 오히려 우리는 우리 모두를 강하게 만드실 수 있는 분을 신뢰하며 하느님의 놀라운 일들과 희망 없던 우리에게 보여 주신 은혜를 자랑해야 할 것입니다.

• 알렉산드리아의 키릴루스『요한 복음 주해』12.

### 우리의 나약함이 그분을 지치게 하다

그리스도께서는 당신 백성에게서 덕을 찾아볼 수 없었기 때문에 지치신 것입니다. 오늘날에도 그렇습니다. 우리의 불순종이 그분을 지치게 합니다. 우리의 나약함도 그분을 지치게 합니다. 확고하고 영속적인 것을 추구하지 않고 일시적이며 덧없는 것을 따를 때 우리는 나약하기 때문입니다.

• 아를의 카이사리우스『설교』170,2.

어느 인간이 자신의 나약함에 대해 생각하면서 감히 자신의 순결함과 무죄함을 자기 힘에다 돌리겠습니까?

• 아우구스티누스『고백록』2,7,15.

### 잘못이나 나약함의 원인은 본성과 성별이 아니다

그 여인(드보라)은 과부들에게 남자의 도움은 필요 없다는 것을 보여 주었을 뿐만 아니라, 나아가 자기 성별의 나약함에 빠지지 않고 남자가 수행하는 임무들을 떠맡았으며, 자기가 맡은 임무보다 더 많은 일까지 수행해 냈습니다. … 이 여인의 판관직에 대한 이야기와 그의 행적에 대한 설명을 볼 때, 여자들이 여성은 나약하다고 믿고 용감한 행동에 나서지 못해서는 안 된다고 생각합니다. … 그렇다면 잘못이나 나약함의 원인은 본성이 아닙니다. 사람을 강하게 만드는 것은 성별이 아니라 용기입니다.

• 암브로시우스『과부』8,44.

### 율법에는 아무런 잘못이 없다

율법에는 아무런 잘못이 없음을 바오로가 어떻게 입증하는지 한번 잘 보십시오. 계명을 이용해 탐욕이 커지게 해서 율법이 의도한 것과 반대의 결과를 불러온 것은 율법이 아니라 죄였습니다. 이것을 초래한 것은 불의라기보다 나약함이었습니다.

• 요한 크리소스토무스『로마서 강해』12.

율법은 죄가 만연하도록 주어진 것이 아니라 범죄를 줄이고 없애기 위해서 주어진 것이었습니다. 그러나 그 반대의 결과가 일어난 것은 율법의 본성 때문이 아니라 율법을 받은 자들의 나약함 때문이었습니다.

• 요한 크리소스토무스『로마서 강해』10.

### 육의 나약함 때문에 죄를 짓다

바오로는 아이들이 하느님의 율법을 지킬 수 없는 육의 나약함 때문에 자연적 조건상 죄를 짓는다는 것을 보여 줍니다. 하지만 아이들은 아담과는 달리 계명이 아닌, 자연법을 거슬러 죄를 짓는 것이기 때문에 아담의 범죄와 비슷한 방식으로 죄를 짓는 것은 아닙니다. 이 구절이 육의 나약함 때문에 율법을 지키지 못한다는 뜻이 아니라면, 아이들은 아담과 비슷한 방식으로 죄를 짓지 않았는데 어떻게 죽음에 구속되었다고 말할 수 있겠습니까? 곧, 이 구절[로마 4,14 참조]은 아담과 비슷한 방식으로 죄를 짓지는 않았지만 대신 다른 악행을 저지른 사람들, 나아가 아이들마저도 죽음이 지배하게 되었다는 뜻입니다.

• 위-콘스탄티우스 『로마서 단편』.

나약함으로 말미암아 죄를 지은 사람을 다시 살리는 것보다 나태해서 죄를 지은 사람을 다시 살리는 것이 더 어렵습니다.

• 존자 베다 『사도행전 해설』 20,10.

반드시 해야 하는 것은 단 한 가지, 이 삶에서 우리가 자신의 모든 죄를 고백하는 것입니다. 이곳에서 우리는 인간적 나약함 때문에 잘못을 저지르기 때문입니다.

• 카시오도루스 『시편 해설』 55,10.

그분은 자신의 나약함을 알고 자기가 많은 잘못을 저질렀음을 부끄러움 무릅쓰고 고백하는(야고 3,2 참조) 사람들을 부르십니다.

• 존자 베다 『복음서 강해』 1,21.

주님께서는 베드로를 파도에서 건져 주셨습니다. 자신의 나약함을 고백하며 주님께 도움을 청한 이가 죽음을 당하도록 내버려 두지 않으셨습니다.

• 아우구스티누스 『설교』 75,10.

### 우리는 하느님을 섬기는 정도만큼 자유롭다

우리는 아직도 부분적으로 나약하고 그래서 부분적으로만 자유롭습니다. 우리가 과거에 어떤 죄를 지었건, 그 죄는 세례 때 씻겼습니다. 그런데 우리의 모든 죄악이 씻겼으니, 이것이 우리에겐 어떠한 나약함도 없다는 뜻이 됩니까? 어떠한 나약함도 남아 있지 않다면 우리는 세상에서 죄짓지 않고 살고 있어야 할 것입니다. 그러나 교만하고 구원자의 자비를 얻을 자격이 없는 자 아니고서야 감히 누가 그렇게 말하겠습니까? 자신을 속이고 싶어 하며 진리가 결여된 사람이 바로 이런 자입니다. 그러므로 나는, 나약함이 어느 정도 남아 있다는 사실에 근거하여, 이렇게 말하고 싶습니다. 우리는 하느님을 섬기는 정도만큼 자유롭다고. 우리가 어느 정도든 죄의 법을 섬기고 있다면 우리는 여전히 굴레에 매여 있다고.

• 아우구스티누스 『요한 복음 강해』 41,10.

인간의 나약함은 자신의 경험 너머에 있는 하느님의 일들을 자신이 경험한 사실들로 미루어 재단하고는 자신이 예리한 관찰을 해냈다 생각합니다.

• 아우구스티누스 『편지』 205.

### 인간의 나약함을 참작해야 한다

그리스도인인 재판관으로서 당신은 자애로운 아버지의 역할을 해야 하며, 잘못에 대한 분노를 보여 주어야 하지만 인간의 나약함을 참작해야 한다는 것도 기억하십시오. 죄인들의 나쁜 행동을 응징하려는 마음에 지나치게 빠지지 말고 죄인들의 상처를 치유하는 데 노력을 쏟으십시오.

• 아우구스티누스 『편지』 133.

### 다른 사람 눈 속의 티를 보다

어떤 사람을 꾸짖거나 비난해야 할 필요가 있을 때면 언제나, 경건한 마음으로 분별력과 신중함을 잃지 않고 그 일에 나서야 합니다. 무엇보다 그 사람과 같은 잘못을 나 자신은 한 번도 저지른 적이 없는지 또 나는 그런 잘못을 이겨 냈는지를 먼저 생각합시다. 그리고 우리가 그런 잘못을 저지른 적이 없다면, 우리는 인간이므로 그런 잘못을 저질렀을 수 있다는 사실을 기억합시다. 그러나 우리가 그런 잘못을 저지른 적 있고 지금은 그것을 완전히 끊었다면, 미움이 아니라 자비의 마음으로 바로잡고 훈계하는 일에 나설 수 있도록, 우리 모두가 지닌 나약함을 기억합시다.

• 아우구스티누스 『주님의 산상 설교』 2,19,64.

우리는 인간의 편협함을 용서하는 데, 인간성의 나약함을 고려하는 데, 불쑥불쑥 일어나는 화를 형제의 사랑으로 묻어 버리는 데 소홀합니다.

• 알렉산드리아의 키릴루스 『요한 복음 주해』 11,13.

### 용서를 청하다

한편 사랑으로 말미암아 하느님과 비슷한 모습을 얻은 사람은 선 자체를 즐겨서 기쁘게 선을 행합니다. 마찬가지로 그는 인내와 온유함을 사랑하기 때문에 이제 죄인들의 악행에 대해 분노를 느끼지 않습니다. 오히려 그들의 나약함을 동정하여 그들을 위하여 용서를 청할 것입니다.

• 요한 카시아누스 『담화집』 11,9.

### 인간의 것은 나약함에 복종한다

"호수 저쪽으로 건너가자"(마르 4,35). 지상의 것에서 천상의 것으로, 현재의 것에서 미래의 것으로 건너가자는 말씀입니다. 하느님의 것은 언제나 인간의 것과 맞서며, 인간의 것은 나약함에 복종하고 하느님의 것은 당신을 따르는 사람들을 덕을 향하여 일으켜 세우므로, "호수 저쪽으로"(마르 4,35) 건너갈 필요가 있습니다.

• 페트루스 크리솔로구스 『설교』 21,1.

## 인간의 나약함과 삼위

### 인간의 나약함을 헤아려 주시는 하느님

하느님의 자애는 놀랍습니다. 전능하신 분께서 "그대가 그곳에 다다르기 전까지는 내가 일을 하지 못하기 때문이오"(창세 19,22)라고 하십니다. 그분은 당신 종의 나약함마저 헤아려 주시며 그의 굼뜬 행동을 너그럽게 보아 주십니다.

• 알렉산드리아의 키릴루스
『성경 주해 선집』(창세기) 3,1144.

### 우리를 보살피시다

그분께서 우리를 보살피시는 것이 우리가 그분을 가벼이 생각해야 할 이유입니까? 오히려 우리의 나약함을 끈기 있게 참아 주시고 우리와 같은 나약함을 지닌 모습으로 내려오신 우리 구원자의 막강한 권능과 인류에 대한 사랑에 깜짝 놀라야 하는 것 아닙니까?

• 대 바실리우스 『성령론』 8,18.

### 내려오시다

그리스도의 예언자들은 도움을 청하는 기도를 올렸습니다. "주님, 당신 하늘을 기울여 내려오소서"(시편 144,5). 그분께서 지금 만물이 자리 잡고 있는 장소들을 바꾸어 놓으려고 [내려오시라는 것이] 아니라 우리의 구원을 위하여 인간의 나약함을 지닌 육을 입으시게 [내려오시라는] 뜻입니다.

• 대 레오 『편지』(증언) 19.

하느님께서 인간의 나약함을 돌보시려 할 때 내려오신다고 말할 수 있습니다.

• 오리게네스 『창세기 강해』 4,5.

### 육의 나약함을 취하기를 망설이지 않으시다

눈에 보이지 않는 영원한 본성이 우리를 위하여 육의 나약함을 취하기를 망설이지 않았습니다. 우주의 하느님이신, 하느님의 아드님께서 육신을 취하여 인간으로 태어나셨습니다.

• 아퀼레이아의 크로마티우스 『마태오 복음 강해』 5,1.

### 그리스도는 우리의 것을 취하시고 당신께서 받으신 것을 주신다

그리스도께서는 나약하지 않으면서도 우리의 나약함을 취하시고 배고프지 않으면서도 우리의 배고픔을 취하십니다. 그분은 우리의 것을 올려 보내시어 그것이 완전히 없어지도록 하십니다. 그분은 그렇게 하시는 한편 그와 똑같은 식으로, 당신과 하나 된 우리가 나누어 받을 수 있도록, 우리의 나약함 대신 하느님에게서 오는 선물들을 받기도 하십니다.

• 아타나시우스 『아리우스파 반박 넷째 연설』 7.

### 우리를 위해 짊어지시다

'하느님께서 그리스도를 죄로 만드셨다'(2코린 5,21 참조)라고 쓰여 있는 이유는 본성이나 죄의 작용 때문이 아니라, 그분께서 당신 육 안에서 우리의 죄를 십자가에 못 박기 위하여 이미 육적인 죄의 잘못이 있는 육체의 나약함이라는 짐을 우리를 위해 짊어지셨기 때문입니다.

• 암브로시우스 『주님의 육화에 관한 신비』 6,60.

### 그리스도 육신의 나약함

말씀께서는 본디의 당신으로서가 아니라 육신이 되시어 — 하느님의 모습이 아니라 종의 모습으로(필리 2,6-8 참조) — 오셨습니다. 그런즉 당신 스스로 할 수 있는 것은 하나도 없다고 말씀하신 분은 이분입니다. … 육신은 나약합니다. 그래서 성경에 "마음은 간절하나 몸이 따르지 못한다"(마태 26,41)라고 쓰여 있습니다.

• 키루스의 테오도레투스 『에라니스테스』 48.

인간의 나약함을 짊어지신 그분께서는 인간의 죄를 받아지시고 인간에게나 어울리는 겸손한 태도로 하느님께 기도하셨습니다.

• 푸아티에의 힐라리우스 『시편 주해』 54,4.

### "보이지 않는 하느님의 모상"을 통해 점차 힘을 얻다

하느님께서는 분명 보이신 적이 있습니다. 그렇다면 이는, 보이신 분은 한 번도 보이신 적 없는 아버지 하느님이 아니라, 내려오시기를 원하셨고 내려오셨기에 사람들 눈에 보이기를 원하신 아드님이셨다는 것을 의미할 수밖에 없습니다. 실로 그분은 "보이지 않는 하느님의 모상"(콜로 1,15)이시며, 우리의 유한한 인간 본성과 나약함은 머지않아 하느님의 모상, 곧 하느님의 아들이신 그분 안에서 아버지 하느님을 보는 데 익숙해지도록 자라납니다. 인간의 나약함이 언젠가는 아버지 하느님을 뵙는 영광을 입을 수 있도록 "모상"을 통하여 점차 힘을 얻어야만 했던 것입니다.

• 노바티아누스 『삼위일체론』 18,2-3.

예수님께서 우리의 나약함을 완전히 없애 버리는 하느님의 권능이 없었다면 어떻게 우리의 변호자요 속죄물이 되실 수 있었겠습니까? 예수님께서 주시어 믿는 이들의 영혼 안에 흐르게 하신 그 힘 말입니다.

• 오리게네스 『요한 복음 주해』 1,241.

### 우리 때문에 마음이 산란하신 예수님

당신의 목숨을 내놓을 권한과 그것을 다시 얻을 권한을 지니신 분(요한 10,18 참조)께서 마음이 산란해지셨습니다. 그 막강한 권능이 산란해지고, 그 흔들림 없는 바위가 불안해진 것입니까? 아니면 우리의 나약함이 그분의 마음을 산란하게 하는 것입니까? 그렇습니다. 우리 종들은 자기 주인에게 합당하지 않은 것을 아무것도 믿지 말고, 우리의 머리이신 분 안에서 자신의 위치를 깨닫도록 합시다. 우리를 위해 돌아가신 분께서는 우리 때문에 마음이 산란해지기도 하셨습니다. 권능 안에서 돌아가신 그분은 권능 안에 계셨으면서도 우리 때문에 마음이 산란해지셨습니다. 우리의 수치스러운 육체를 당신의 영광스러운 육체와 비슷한 모습으로 바꾸어 놓으실 분께서 우리 나약함에 기인하는 감정을 당신 안에 옮겨 담기도 하셨습니다.

• 아우구스티누스 『요한 복음 강해』 60,2-3.

### 예수님의 고통이 우리를 강하게 만들다

당신 말씀을 통해 저의 나약함을 당신의 힘으로 바꾸어 놓으신 바로 그 주님께서 지금 이렇게 말씀하시는 것을 듣습니다. "제 마음이 산란합니다"(요한 12,27). 이게 무슨 뜻일까요? 당신의 마음이 이토록 산란한 것을 제가 보는데 당신은 어떻게 제 영혼이 당신을 따르기를 요구하실 수 있습니까? … 그러나 주님께서는 이렇게 말씀하시며 이미 제 머릿속에 답을 던져 주십니다. '이제 너는 나를 훨씬 잘 따를 수 있다. 네가 이 일을 겪은 것은 너의 인내력을 키우기 위해서다. 너는 네게 말하는 것 같은 내 힘의 목소리를 들었다. 이제 내게서 네 나약함의 소리를 들어라. 나는 네가 속도를 줄이지 않고 달리는 데 필요한 힘을 준다. 네가 계속 걸어갈 수 있는 길을 닦고자, 네가 두려워하는 모든 것을 내가 짊어진다.'

주님, 당신의 자비를 알겠습니다! 끊임없이 자신의 나약함을 절감하며 마음 산란한 이들을 당신의 몸 안에서 위로하여 그들이 완전한 절망에 빠지지 않도록 몸소 마음의 산란함을 겪으시니 당신은 너무나 위대하십니다.

• 아우구스티누스 『요한 복음 강해』 52,2.

### 우리를 당신처럼 굳세게 만드실 수 없었을 것이다

[예수께서는] 직접 당신 몸에 우리 죄를 지시고 나무에 달리셨습니다. 본성으로는 언제나 이해할 수 없는 분으로 계시는 그분께서 인성을 취하시어 사람들이 이해할 수 있는 분이 되셨고, 채찍질을 당하셨습니다. 그분께서 우리의 나약함을 취하지 않으셨더라면, 결코 우리를 일으키어 당신처럼 굳세게 만드실 수 없었을 것이기 때문입니다.

• 대 그레고리우스 『에제키엘서 강해』 2,4,20.

### 나약한 육신 안에 있는 강한 영

그분께서는 당신 안에 "너무 괴로워 죽을 지경"(마태 26,38; 마르 14,34)인 영혼과 나약한 육신이 있다는 사실을 알고 계셨습니다. 당신 안에 있는 불안한 영혼과 나약한 육신을 통하여 당신의 영혼과 육신은 온전히 인간의 것임을 보여 주시려는 것이 그분의 뜻이었습니다. 어떤 사람들은 그리스도의 육신과 영혼이 우리 인간의 것과 완전히 다르다고 잘못 생각하고 있습니다. 그러나 그분께서는 육신과 영혼의 상호 작용을 뚜렷이 보여 주심으로써 육신이나 영혼은 영을 떠나서는 아무런 힘도 지닐 수 없다는 사실을 가르쳐 주셨습니다. 그래서 "마음(영)은 간절하다"(마르 14,38)고 말씀하신 것입니다. 이는 그대 안에 육신의 나약함 뿐 아니라 영의 강함이 있음을 깨닫게 하시려는 것입니다. 그대가 시험 중에 무엇을 어떻게 할 것인지, 또 어떤 방식으로 우선순위를 매길 것인지 배워 알기 바라신 것입니다. 약함은 강함 아래 두어야 할지니, 육신은 영에 복종시켜야 합니다. 그리하면 영의 강함을 깨닫지 못하고서 지금 늘어놓고 있는 그대 육신의 나약함에 대한 변명 따위는 피할 수 있을 것입니다(참조: 마태 26,41; 마르 14,38).

• 테르툴리아누스 『박해에서 도피』 8,1-2.

### 그리스도께서 우리의 힘이신 이유

그들[마니교도]이 "너무나 불순한"이라고 하는 대신 "너무나 나약한"이라고 말한다면, 우리는 전적으로 동의합니다. 그것이 바로 그리스도께서 우리의 힘이신 이유이니까요. 그분은 우리의 나약함 때문에 변하지 않으셨기 때문입니다. … 육의 나약함은 그분을 나쁜 쪽으로 변화시키지 못했고 오히려 그분 덕분에 더 나은 것으로 변했습니다.

• 아우구스티누스 『설교』 12,12.

### 인류를 회복시키시다

하느님께서는 자신을 우리 육의 나약함에 결합시키심으로써 당신 안에서 먼저 이 육의 나약함을 치유하셨습니다. 하느님께서는 이렇게 하심으로써 의사처럼 인류를 건강하게 회복시키셨습니다. … "하느님의 약함이 사람보다 더 강하고 하느님의 어리석음이 사람보다 더 지혜롭습니다"(1코린 1,25).

• 아우구스티누스 『설교』 247,1.

### 주님의 대리인

주님께서 보호자를 보내신 것은 인간의 나약함이 모든 것을 한 번에 받아들일 수 없으므로, 주님의 대리인 성령의 지도와 규제를 거쳐 완전한 수양의 단계에 이르도록 하기 위해서였습니다.

• 테르툴리아누스 『너울로 가려야 하는 동정녀』 1.

### 나약한 우리를 도와주시는 성령

환자가 의사에게 건강을 회복하게 해 줄 것을 달라고 하지 않고 오히려 병이 갈망하는 것을 달라고 하는 것처럼, 우리도 현세에서 나약해지면 때때로 하느님께 우리 자신에게 좋지 않은 것을 달라고 부탁할 것입니다. 그래서 우리에게는 성령의 도움이 필요합니다.

성령께서 도와주시는 우리의 나약함은 육입니다 … 성령께서는 우리의 영이 육과 싸우다 끌려가는 것을 보실 때마다 손을 내미시어 우리의 나약함을 도와주십니다.

• 오리게네스 『로마서 주해』.

### 하느님의 초월적인 힘

주어진 것들의 위대함도, 받은 이들의 나약함도 하느님의 힘을 보여 줍니다. 하느님께서는 위대한 것들을 주셨음은 물론 그것을 아주 하찮은 이들에게 주셨습니다. 바오로가 "질그릇"(2코린 4,7), 곧 흙이라는 용어를 쓴 것은 죽게 되어 있는 우리 본성의 나약함을 암시하는 한편 우리 육의 나약함을 선언한 것입니다. 죽음이나 질병, 나아가 온도의 변화 때문에도 걸핏하면 망가지고 소실되는 우리 본성은 질그릇보다 하나 나을 것이 없기 때문입니다. 하느님의 힘은 낮고 비천한 것들을 이용해 위대한 일을 이룰 때 가장 눈에 뜨입니다.

• 요한 크리소스토무스 『코린토 2서 강해』 8,3.

### 하느님 없이 우리는 아무것도 하지 못한다

주님께서는 우리에게 "너희는 나 없이 아무것도 하지 못한다"(요한 15,5)고 말씀하셨습니다. 우리의 나약함은 선행을 행하려는 마음이 일었을 때도 좋은 것들을 주시는 분 없이는 아무것도 완성에 이르게 할 수 없기 때문입니다. 인간 본성의 나약함을 깨달은 이들은 하느님의 권능을 체험합니다.

• 고백자 막시무스 『사랑에 관한 단상』 2,38.

### 하느님을 찬미하리라

우리는 찬미 노래를 부르고 나면, 우리의 나약함에 떠밀려 우리 육신을 새롭게 하기 위해 물러납니다. 우리가 이렇게 하는 이유는 우리가 지치기 때문 아니겠습니까? 게다가 육의 나약함은 너무나 크고 이승 삶의 괴로움은 너무나 숨이 막힐 듯해서 아무리 위대한 것일지라도 모든 것이 결국 혐오감으로 귀결됩니다. … 그러나 그때[부활한 삶]에는 나약함도 없고 싫증도 없을 것입니다.

• 아우구스티누스 『설교』 243,9.

### 나약함이 더 이상 남아 있지 않다

"승리가 죽음을 삼켜 버리면"(1코린 15,54) 더 이상 육체나 영혼이 부패하는 일이 없을 것입니다. 우리에게서 모든 죄악이 없어지면 나약함이 더 이상 남아 있지 않기 때문입니다.

• 루스페의 풀겐티우스 『트라사문두스에게』 3,19,3.

### 하느님의 심판을 누그러뜨리도록 힘써라

그리스도의 제자들 가운데 하나도 이렇게 말할[야고 3,2 참조] 정도이니, 우리가 인간의 나약함 때문에 잘못에 빠지고 우리 구원을 소홀히 한 시간들에 대해 만물의 하느님이며 재판관이신 분의 [분노를] 누그러뜨리기 위해 그런 실수를 저지르지 않도록 더욱더 노력해야 할 것입니다.

• 안티오키아의 세베루스 『성경 주해 선집』.

### 그분의 뜻에 맡겨라

인간의 나약함은 마음을 불안하게 하지만 하느님의 평안은 마음을 위로합니다. … '내 안에 반사된 네 자신을 보라'고 그리스도께서 말씀하십니다. 여러분에게 하느님의 뜻과 다른 무엇인가를 원할 수 있는 능력이 있기 때문입니다. 이것은 나약한 인간성에게는 당연한 것이며, 인간의 약함의 특징이자 피하기 어려운 것입니다. 하지만 그런 일이 일어날 때 여러분 위에 누가 있는지를 즉시 생각하십시오. 여러분 위에 계신 하느님을 생각하고, 여러분이 그분 아래 있음을, 그분은 주님이시며, 여러분은 그분의 종이고, 그분은 전능하시지만 여러분은 약하다는 사실을 생각하십시오. 여러분 자신을 바로잡고 여러분을 그분의 뜻에 맡기십시오.

• 아우구스티누스 『시편 상해』 33,2.

# 낙원

하느님께서 나와 함께 계시는 곳이 낙원입니다.

• 프리마시우스 『묵시록 주해』 17,3.

그리스도의 십자가는 낙원으로 들어가는 문의 열쇠입니다.

• 히에로니무스 『라자로와 부자에 관한 설교』.

낙원 한가운데에는 생명의 나무와 함께 죽음의 원인도 있었습니다.

• 암브로시우스 『낙원』 29.

낙원에서 쫓겨난 인류는 다시 낙원에서 살게 될 것입니다.

• 히에로니무스 『바오로 서간 주해』(에페소서) 2,4,16.

## 낙원의 의미와 이해

### 축복에 드는 것을 표현하는 용어

다가올 세상에는 모든 이해를 초월하는 많은 축복이 있는 까닭에, 그 축복에 드는 것을 표현하는 용어도 다양합니다. 그 축복들은 영광스럽고 영예롭기 때문에 때로는 '하늘 나라'로, 좋은 것들로 이루어진 영원한 잔치이기에 때로는 '낙원'으로 불리며, 그곳에서 쉬는 사람들이 누리는 안식 때문에 때로는 '아브라함의 품'으로 불리고, 하느님과 그분 종들의 완전하고 표현할 길 없는 합일과 그 끝없는 기쁨 때문에 때로는 '혼인 잔치'나 '혼인'으로 불립니다. 이 결합은 빛이 어둠과 다르고 향기가 악취와 다르듯이, 모든 육적이고 신체적인 결합과 다른 초월적인 것입니다.

• 카이사리아의 안드레아스 『묵시록 주해』 19,8-9.

### 낙원이라고 부르는 땅의 어떤 장소

내 생각에, 성인들은 이승을 떠나면 성경이 낙원이라고 부르는(참조: 창세 2,8 이하; 루카 23,43) 땅의 어떤 장소에 머물 것입니다. 그곳은 교육의 장소로서 이를테면 영혼들의 강의실이나 학교인데, 거기서는 지상에서 본 모든 것에 대한 교육을 받을 것이고, 이미 이승의 삶에서 그러하듯이 미래의 것들에 관한 암시도 받을 것입니다. … 누군가 마음이 깨끗하고(마태 5,8 참조) 정신이 더 순수하고 감각이 더 잘 훈련받는다면(히브 5,14 참조), 더욱 빠르게 진보하고 공중에 올라가 여러 지역을 거쳐 하늘 나라에 다다를 것입니다. 나는 이곳을 거처들이라고 부르고자 하는데(요한 14,2 참조), 그리스인들은 이를 스파이라스, 곧 천체라고 불러 왔고 성경은 하늘이라고 부릅니다(참조: 에페 4,10; 히브 7,26). 이 각각의 천체에서 그는 먼저 거기서 일어나는 모든 일을 볼 것이고, 그런 다음 그 원인을 알 것입니다. 그는 이렇게 단계적으로, 하늘에 들어가신 분, 곧 하느님의 아들 예수(히브 4,14 참조)를 따르면서 나아갈 것입니다. 그분은 "이들도 제가 있는 곳에 저와 함께 있게 되기를 바랍니다"(요한 17,24)라고 말씀하셨고, "아버지의 집에는 거처할 곳이 많다"(요한 14,2)고도 하면서 이 장소들이 다양하다는 사실을 알려 주십니다.

• 오리게네스 『원리론』 2,11,6.

### 하느님의 열매를 내는 낙원

우리는 우리 죄 때문에 하느님에게서 떨어져 나왔지만, 본디 우리는 모두 하느님의 자녀입니다. 비유적으로 말해서, 우리의 영혼은 하느님의 포도원이며 열매를 내는 낙원이라 할 수 있습니다.

• 히에로니무스 『이사야서 주해』 1,1,8.

### 낙원에 관한 비유

아가에서 보듯이, "정원"(아가 4,12), 곧 낙원은 교회를 가리킵니다. 낙원의 네 강은 네 복음서를, 열매 맺는 나무들은 성인들을, 그 나무의 열매들은 성인들의 행적을, 생명 나무는 당연히 성인들의 성인인 그리스도를 가리킵니다.

• 아우구스티누스 『신국론』 13,21.

'생명 나무'는 거룩한 영혼들이 천국 낙원에서, 그리고 현세에는 교회 안에서 그 모습을 봄으로써 자라는 그리스도이십니다.

• 존자 베다 『묵시록 해설』 2,7.

### 열매이며 나무이신 그리스도

의로움의 열매와 생명의 나무는 그리스도입니다. 그분만이 사람으로서 모든 의로움을 실현하셨습니다. 그분은 당신 자신의 삶으로 한 그루의 나무처럼 지식과 덕행의 열매들을 맺으셨습니다. 그리하여 그 열매들을 먹는 사람들은 영원한 생명을 얻을 것이며 아담과 모든 의인과 더불어 낙원에서 생명의 나무를 즐길 것입니다.

• 히폴리투스 『잠언 단편』.

### 우리는 교회 안에서 그리스도를 먹고 살아간다

"승리하는 사람에게는 내가 하느님의 낙원에 있는 생명 나무의 열매를 먹게 해 주겠다"(묵시 2,7). 생명 나무의 열매는 십자가의 열매를 말합니다. 낙원은 교회를 뜻합니다. … 진실로 생명 나무는 십자가에 달리셨던 하느님의 지혜 주 예수 그리스도이십니다. 그분은 교회 안에서, 그리고 영적인 낙원 안에서 당신을 믿는 이들에게 생명의 양식과 천상의 빵인 성체를 주십니다.

• 티코니우스 『묵시록 주해』 2,7.

### 낙원을 받을 것이다

다른 사람들은 제자들과 똑같은 것을 받지는 못할 수도 있습니다. 그러나 그들은 육에 따른 그들의 친척들 대신 하느님과 친족 관계가 되고 성도들과 형제가 될 것입니다. 이 성도들은, 사랑으로 맺어진 친척, 그 성향으로 인하여 사랑받으며, 육에 따른 친척들보다 그들을 더욱 사랑하는 교회의 나이 든 남자와 여자들입니다. 그들은 자신들을 위해 미래의 보물을 쌓는 동안, 필요한 곳에 쓰도록 이 성도들에게서 돈도 받았습니다. 그들은 자신들의 밭 대신 낙원을 받을 것입니다. 돌로 지은 집들 대신 그들의 맏이의 어머니, 천상 예루살렘을 받을 것입니다.

• 알렉산드리아의 키릴루스 『마태오 복음 단편』 221.

### 모든 이를 맞아들이는 낙원

'모든 의로운 사람이 살 만큼 낙원은 넓을까?' …

영은 맘대로 늘어나고 커지기도 하고, 맘대로 줄어들고 작아지기도 합니다. 영은 줄어들면 한 곳에 있을 수도 있고 늘어나면 모든 곳에 있을 수도 있습니다. … 이처럼 낙원은 영들로 가득하지만 잔치를 열 수 있을 만큼 넓습니다.

• 시리아인 에프렘 『낙원 찬가』 5,7-9.

### 에녹에 대한 찬양과 그의 사명

집회서의 저자는 거룩한 조상들을 열거하면서 하느님의 계명을 어기고 낙원에서 쫓겨난 아담에서부터 시작하지 않고 하느님과 함께 걷다가 낙원으로 들어 올려진 에녹(창세 5,24 참조)에서부터 시작합니다. 성인들은 이처럼 이 세상의 고통으로부터 천상 왕국의 평화로 들어 올려졌기 때문에 빛이 납니다.

• 라바누스 마우루스 『집회서 주해』 10,3.

### 아담이 사건을 증언하다

어떤 이들은 아담이 [에녹을] 보고 있었을 때, 하느님께서 에녹을 낙원으로 옮기셨다고 말합니다. 아담이 에녹도 아벨처럼 살해당했다고 생각하여 몹시 슬퍼하지 않도록 하기 위해서 말입니다. 이는 아담이 의로운 이 자손에 의해 위로받고, 에녹과 같은 모든 이가 죽기 전이든 부활한 뒤든 낙원이 그들이 모이는 곳임을 아담이 알도록 하기 위해서였습니다.

• 시리아인 에프렘 『창세기 주해』 5,2,1.

### 바오로와 엘리야

엘리야는 하늘로만 올라갔지만 바오로는 하늘에도 가고 낙원에도 갔으며 '인간이 발설해서는 안 되는 비밀스러운 말씀'을 듣기까지 했습니다. 그러나 바오로는 다시 하늘에서 내려왔는데, 그것은 그가 셋째 하늘에 머무를 자격이 없어서가 아니라 인간의 몫을 넘어서는 은사를 누린 것이었기 때문입니다.

• 예루살렘의 키릴루스 『예비신자 교리교육』 14,16.

### 두 번 들어 올려졌다

바오로는 자기가 두 번 하늘로 들어 올려졌다고 말합니다. 한 번은 셋째 하늘이었고 한 번은 낙원인데, 주님께서 십자가 위에서 강도에게 당신과 함께 있게 될 것이라고 말씀하신 곳이 여기입니다(루카 23,39-43 참조).

• 암브로시아스테르 『바오로의 열세 서간 주해』(코린토 2서).

### 세 겹으로 꼬인 줄의 예

바오로는 도망도 갔습니다. 사람들이 그를 광주리에 담아 성벽에 난 창문으로 내려 주었습니다(2코린 11,32-33 참조). 그렇습니다. 그는 세 겹으로 꼬인 줄은 끊어지지 않는다는 것을 알았습니다. 그러나 그가 도망친 것은 온 세상에 주님의 복음을 전하기 위해서였습니다(1코린 9,16-18 참조). 그 결과 그는 낙원으로 들어 올려졌습니다(2코린 12,2-4 참조).

• 암브로시우스 『세상 도피』 9,54.

### 아담과 바오로

한가하게 게으름을 피우며 살던 아담은 낙원에서 타락했습니다. 그러나 수고하고 고생하며 "밤낮으로 일했다"(1테살 2,9)고 쓴 사도는 낙원으로 들어 올려져 셋째 하늘까지 올라갔습니다!

• 요한 크리소스토무스
『(입상에 관해) 안티오키아 신자들에게 행한 설교』 2,8.

### 셋째 하늘까지 들어 올려지다

올라가는 바오로 사도를 보십시오. "나는 그리스도를 믿는 어떤 사람을 알고 있는데, 그 사람은 열네 해 전에 셋째 하늘까지 들어 올려진 일이 있었습니다. 나로서는 몸째 그리되었는지 알 길이 없고 몸을 떠나 그리되었는지 알 길이 없지만, 하느님께서는 아십니다. 낙원까지 들어 올려진 그는 발설할 수 없는 말씀을 들었는데, 그 말씀은 어떠한 인간도 누설해서는 안 되는 것이었습니다"(2코린 12,2-4). … 보십시오, 올라갔던 이가 내려갔습니다. 그가 올라갔던 곳을 추구하십시오. "셋째 하늘까지" 올라가십시오. 그가 내려간 곳을 추구하십시오.

• 아우구스티누스 『요한 복음 강해』 7,23,4.

바오로는 낙원과 그 안에서 춤추는 성인들의 아름다운 모습을 보았고 거기서 울려 퍼지는 찬미가의 조화로운 소리를 들었습니다.

• 몹수에스티아의 테오도루스 『로마서 단편』.

### 육체의 눈으로는 볼 수 없는 세계

여러분이 그리스도 안에서 학문과 지식을 초월한 신비의 경지로 나아가기를 배우고자 한다면, 그리하여 우리를 부르시는 그분께 어서 달려가고자 한다면, … 바오로 사도가 세 번째 하늘로 들어 올려져 낙원에 이르러 사람의 입으로 말할 수도 귀로 들을 수도 없는 소리를 들었다는 것, 이 사실을 여러분이 믿기만 한다면 곧바로 믿음의 결과로서, 바오로에게 계시되었던 형언하기 어려운 말보다 더 많은 것, 더 위대한 것을 깨닫게 될 것입니다. … 참으로 하늘 나라에는 이보다 훨씬 위대한 신비들이 보물처럼 쌓여 있습니다. 하지만 하늘 나라의 신비는 육체의 눈으로는 볼 수 없을 뿐 아니라, 육체와 관련된 모든 것을 완전히 벗어나지 않고서는 결코 깨달을 수 없는 세계입니다. 실로 하느님께서는 해와 달과 수많은 별들이 본 것보다 더 위대한 신비를, 당신께서 바람처럼 만드시고 타오르는 불처럼 만드신 거룩한 천사(참조: 시편 104,4; 히브 1,7)들이 본 것보다 더 위대한 신비를 간직하고 계십니다. "[모든] 피조물이 멸망의 사슬에서 해방되어, 하느님의 자녀들이 누리는 영광의 자유를 얻는"(로마 8,21) 그날 하느님께서는 이 모든 신비를 우리에게 환히 보여 주실 것입니다.

• 오리게네스 『순교 권면』 13.

## 낙원인 에덴 동산과 그곳에서 쫓겨남

### 하느님께서 아름답게 조성하신 곳

우리는 누가 낙원의 창조자인지 알 수 있습니다. 창세기에서 우리는 하느님께서 동쪽에 있는 에덴에 동산 하나를 꾸미시어, 당신께서 빚으신 사람을 거기에 두셨다는 내용을 읽습니다(창세 2,8 참조). 전능하신 하느님이 아니고서야 누가 "말씀하시자 이루어졌다"(시편 33,9)라고 할 수 있고, 당신께 전혀 필요 없는 것들을 만들기 원하시어 낙원을 창조할 힘을 지녔겠습니까? 그러므로 낙원을 창조하신 분은 당신 지혜를 통해 이렇게 말씀하시는 하느님입니다. "하늘의 내 아버지께서 심지 않으신 초목은 모두 뽑힐 것이다"(마태 15,13). 낙원은 하느님께서 아름답게 조성하신 곳입니다.

• 암브로시우스 『낙원』 2.

### 에덴은 사흗날에 창조되었다

에덴은 낙원의 땅으로, 하느님께서는 이미 사흗날에 에덴을 꾸미셨습니다. 모세는 이를 가리켜 "주 하느님께서는 보기에 탐스럽고 먹기에 좋은 온갖 나무를 흙에서 자라게 하시고"(창세 2,9)라고 말합니다. 그는 낙원이 어떤 곳인지 밝혀 주고자 "동산 한가운데에는 생명 나무와, 선과 악을 알게 하는 나무가 있다"(창세 2,9)고 덧붙여 설명합니다.

• 시리아인 에프렘 『창세기 주해』 2,5,2.

### 생명 나무와 선과 악을 알게 하는 지식의 나무

입법자(모세)는 하느님께서 꾸미신 낙원을 묘사한 창세기에서(창세 2,9 참조), 모든 나무가 보기에 탐스럽고 먹기에 좋다는 것을 알려 줍니다. 창세기에는 동산 한가운데에 생명 나무와 선과 악을 알게 하는 지식의 나무가 있다는 말도 쓰여 있습니다.

• 푸아티에의 힐라리우스 『시편 주해』 1,14.

### 나무들이 가까이 심겨짐은 생명과 지식의 밀접한 관계를 나타낸다

하느님께서는 지식을 통해 생명을 얻게 된다는 사실을 보여 주시고자, 한처음에 당신이 어떻게 낙원 한가운데 선과 악을 알게 하는 나무와 생명 나무를 심으셨는지 그 이야기를 전해 주십니다. 첫 사람들은 뱀의 속임수로 지식을 빼앗겼습니다. 순수한 마음으로 지식을 사용하지 않았기 때문입니다. 낙원에 참된 생명 없이 건전한 지식이 있을 수 없듯이, 지식 없이 생명이 더 이상 있을 수 없기 때문입니다. 그래서 두 나무는 서로 가까이 심겨졌습니다.

• 『디오그네투스에게 보낸 편지』 12,3-4.

### 생명의 나무

솔로몬 예언자는 지혜를 권고하는 그의 책에서 이 생명의 나무가 무엇인지에 대해 우리에게 가르쳐 줍니다. '지혜는 그것을 붙잡고 그것에 기대는 모든 이에게 생명의 나무다'(잠언 3,18 참조). 그렇다면, 이 나무는 살아 있습니다. 살아 있을 뿐만 아니라 이성의 인도를 받습니다. 이성의 인도를 받아 제때에 열매를 맺습니다. 이 나무는 하느님 나라의 영역, 곧 천국의 시냇가에 심겨 있습니다.

• 푸아티에의 힐라리우스 『시편 주해』 1,14.

### 선과 악을 알게 하는 나무

하느님께서는 [동산] 한가운데를 선과 악을 알게 하는 나무로 가꾸셨습니다.
그분은 그 나무에 경이로움을 주셨고 경외감으로 울을 치셨습니다.
그래서 그 나무는 낙원의 안쪽을 경계하는 표시가 되었습니다.

• 시리아인 에프렘 『낙원 찬가』 3,3.

### 에덴에서 흘러나온 강을 설명하다

모세는 이제 강으로 눈을 돌려 설명합니다. 그 강은 낙원에서 흘러나와 에덴 밖에서 뚜렷이 구별되는 네 줄기 원천으로 갈라졌습니다. 모세는 강 하나가 에덴에서 흘러나와 동산을 적셨다고 말합니다. 여기서도 기쁨의 땅인 낙원을 에덴이라고 합니다. 그 강이 참으로 낙원을 적셨다면, 에덴 밖으로 흘러 네 강으로 갈라지지는 않았을 것입니다. 따라서 "적시다"(창세 2,10)라는 말은 그저 으레 쓰는 표현이라고 말하고 싶습니다. 낙원에 있는 영적 나무들에게는 물이 필요하지 않기 때문입니다. … 낙원은 아주 높은 곳에 자리하고 있기에, 강들은 사라져 버리기도 하고, 마치 큰 송수관을 통해 흐르는 것처럼 바다로 흘러들어 가기도 합니다.

• 시리아인 에프렘 『창세기 주해』 2,6.

### 네 강의 상징적 의미

낙원에 물을 대는 개울은 땅을 일구지 않은 영혼

에서가 아니라 땅을 아주 잘 갈은 영혼에서 길어 올린 것입니다. … 피손강은 당연히 첫째 자리에 놓입니다. 히브리인들은 피손*Pishon*을 일컬어 "(강)어귀를 바꿈"이란 뜻을 지닌 피손*Pheoyson*이라 합니다. … 누군가 낙원을 떠나야 한다면, 그가 처음 만나게 되는 대상은 이 지혜의 강일 것입니다. … 둘째 강은 기혼입니다. 이스라엘 백성이 이집트에 머무는 동안, 그들은 율법을 세우고 이 강을 따라 이집트를 떠났습니다. …

셋째 강은 티그리스로 아시리아 땅으로 흘러갑니다. 하느님을 배반한 이스라엘이 포로로 잡혀 이 강으로 끌려갔습니다. … 아시리아인들은 불굴의 의지로 육체와 관련된 교활한 악덕을 억제하고, 더 높은 것에 자신들을 이끄는 모습이 이 강과 관련 있다고 생각했습니다. 같은 이유에서 불굴은 낙원에 있는 원천에서 나옵니다. 급물살인 경우에 불굴은 모든 것을 물길에 내맡기며, 이 강처럼 그 어떠한 걸림돌에도 방해받지 않습니다.

넷째 강은 유프라테스로, 라틴어로는 "비옥하고 결실이 풍부함"이라는 뜻을 지니며, 온갖 영혼에 자양분이 되는 정의를 상징합니다.

• 암브로시우스 『낙원』 3,14-18.

### 하나의 원천에서 흘러나온 네 강

집회서의 저자는 낙원이라는 하나의 원천에서 흘러나온(창세 2,10 참조) 네 강을 다윗이 낳은 임금의 지혜와 동일시하고 있습니다. 이것은 네 복음이 우리 주 예수 그리스도에게서 나온다는 사실을 가리킵니다.

• 라바누스 마우루스 『집회서 주해』 6,2.

### 아담의 집은 낙원이었다

아담은 온 땅을 받았지만 제 집으로는 낙원을 받았습니다. 그는 낙원을 떠나 다른 곳으로 갈 수 있었습니다. 그러나 사람이 살기에 좋은 곳은, 판단력 없는 짐승과 네 발 달린 짐승, 괴물처럼 생긴 야생동물, 기어다니는 벌레들만 득실대는 낙원 밖 어디에도 없었습니다. 사람이 사는 '바실리카'와 '궁전'은 낙원에 자리해 있었습니다. … 아담은 낙원에 남아 있었습니다.

• 가발라의 세베리아누스 『세상 창조』 6,1.

### 사람이 에덴에서 한 일은 수고스럽지 않았다

하느님께서는 사람이 낙원에서 일하고 그곳을 지키도록 그를 그곳에 두셨지만, 그렇게 훌륭한 일이 수고스럽지는 않았습니다. 낙원에서 하는 일은, 죄를 지은 뒤 단죄받은 사람이 땅에서 해야 하는 일과는 사뭇 달랐습니다. '그곳을 지키다'(창세 2,15 참조)라고 덧붙여진 말은 그것이 일종의 일임을 나타냅니다.

• 아우구스티누스 『마니교도 반박 창세기 해설』 2,11,15.

### 낙원의 열매를 먹었다

인간이 타락하여 눈이 멀기 전에는 모든 인간의 조상인 그는 천국에 있으면서 낙원의 열매를 먹었습니다. 그리고 하느님께서는 인간에게 지혜의 식물들을 돌보고 지키라고 명하셨습니다(창세 2,15 참조).

• 올림푸스의 메토디우스 『열 처녀의 향연』 8,3.

### 협력자를 만드셨다

하느님께서는 남자를 도와줄 협력자를 만드셨습니다. 협력자는 하느님께서 몸소 관심을 기울이신 만물에 대해 관심을 기울일 것입니다. 여자는 참으로 많은 일에서 남자를 도와줄 것입니다.

• 시리아인 에프렘 『창세기 주해』 2,11.

### 남자의 협력자로 창조된 여자

여자는 남자가 낙원에서 누리던 안전을 빼앗아 버렸고, 그를 멋진 낙원의 삶에서 쫓겨나게 만들었으며, 세상의 혼란 속에 던져지게 만들었습니다. 그런데 어떻게 여자가 협력자가 될 수 있습니까? … 하느님은 결코 거짓을 말씀하시는 분이 아니십니다. 여자는 과연 그런 목적과 이유로 만들어졌습니다. 그런데 여자는 그의 동반자와 마찬가지로 원래의 품위대로 머물러 있으려 하지 않았습니다.

• 요한 크리소스토무스 『동정』 46,1-3.

### 뱀이 하와에게 묻다

뱀은 낙원에 들어갈 수 없었고, 짐승도 새도 낙원의 바깥 지역에 가까이 갈 수 없었기에, 아담이 그것들을 만나기 위해서는 밖으로 나가야 했습니다. 뱀은 낙원에 무엇이 있고 어떻게 있는지 하와에게 물어서 낙원의 특성을 교활하게 알아냈습니다.

• 시리아인 에프렘 『낙원 찬가』 3,4-5.

### 언제 낙원 바깥으로 나갔는가?

하와가 무엇인가를 찾아 낙원 바깥으로 나가는 일이 언제 일어났습니까? 뱀의 말을 듣고, 먹어서는 안 된다는 지시가 있었던 열매로 욕심을 채우기 위해 그 나무의 열매를 먹었을(창세 3,1-13.22-24 참조) 때 아닙니까?

• 헬레노폴리스의 팔라디우스 『요한 크리소스토무스의 생애에 관한 대화』 12.

### 뱀은 영적으로 낙원에 들어갔다

뱀은 확실히 단순하지 않은 악마를 나타냅니다. 뱀의 영리함은 뱀이 모든 짐승보다 더 슬기롭다는 사실로 드러납니다. 뱀은 하느님께서 만드신 짐승들 가운데 속해 있지만, 낙원에 있다고는 말하지 않았습니다. 낙원은 행복한 삶을 나타내지만, 뱀은 이미 악마였기에 행복한 삶과는 전혀 무관하였기 때문입니다. … 그렇다고 여자는 낙원에 있었고 뱀은 없었는데, 어떻게 뱀이 여자에게 말할 수 있었는지 어리둥절해할 필요는 없습니다. 사도가 "여러분은 한때 이 세상의 풍조에 따라, 공중을 다스리는 지배자, 곧 지금도 순종하지 않은 자들 안에서 작용하는 영을 따라 살았습니다"(에페 2,2)라는 말로 암시하듯이, 뱀은 육적으로가 아니라 영적으로 낙원에 들어갔습니다.

• 아우구스티누스 『마니교도 반박 창세기 해설』 2,14,20.

### 속이는 뱀

뱀은 사람들이 낙원에서 죽지 않고 사는 것을 보고서는, 죽지 않는 존재들에게 신성을 약속합니다. 사람들에게 그들의 본질을 넘어서는 어떤 것을 덧붙여 주겠다고 맹세한 것입니다. 그러나 뱀은 사람들에게 그들이 가지고 있지 않던 것을 주겠다고 발림소리하면서, 간교하게도 사람들이 가지고 있던 것마저 빼앗아 버리고 말았습니다.

• 대 그레고리우스 『욥기의 도덕적 해설』 1,4,15.

### 야망으로 타락시키다

일찍이 악마는 먹는 것으로 아담을 꼬여 내, 그를 낙원의 영광에서 죄의 장소(먹지도 만져서도 안 되는 나무가 있는 곳)로 데려 갔습니다. 그러고는 신들과 비슷해지리라고 약속함으로써, 거룩한 이름을 얻으려는 야망으로 그를 타락시켰습니다.

• 푸아티에의 힐라리우스 『마태오 복음 주해』 3,5.

### 더 좋은 것들을 내팽개치다

죄나 불법은 본성에 따라 사악한 것을 찾는 것이 아니라 더 좋은 것들을 내팽개치는 것입니다. 성경에는 "하느님께서 창조하신 것은 다 좋은 것"이라고 쓰여 있습니다. 하느님께서 낙원에 심으신 나무는 다 좋은 나무였습니다. 그러므로 금지된 나무에 손을 댔을 때 인간은 본성에 따라 나쁜 것을 바란 것이 아니었습니다. 그러나 더 좋은 것에서 떠남으로써 스스로 사악한 행위를 저질렀습니다.

• 아우구스티누스 『선의 본성』 34.

### 무화과나무

무화과나무는 낙원에서 인간에 주어진 명령과 결부되어 있습니다. 인간이 악마에게 속아 넘어간 뒤 자기 알몸을 무화과나무 잎으로 가렸기 때문입니다(창세 3,7 참조). … 무화과나무는 그 감미로움과 풍요로움이 인간이 범죄 이전에 낙원에서 누렸던 기쁨을 나타냅니다. 나중에 살펴보겠지만, 참으로 성령께서는 자주 무화과나무의 열매를 선의 표지로 취하십니다(예레 8,13 참조).

• 올림푸스의 메토디우스 『열 처녀의 향연』 10,2.

### 비참한 처지가 되다

한때 우리는 영광스러운 지위를 누리며 낙원에 살았지만 거기서 쫓겨남으로써 창피스럽고 비참한 처지가 되었습니다. 과거의 우리가 어떤 처지에 놓였는지 볼 때, "하느님은 자비를 베푸시는 분"(시편 116,5)이십니다. 이런 이유에서 그분은 자비로운 목소리로 아담을 부르셨습니다. "아담아, 너 어디 있느냐?"(창세 3,9). 모든 것을 아시는 그분께서 모르셔서 물은 것이 아닙니다. 아담이 자기가 어떤 존재였다가 어떤 이가 되었는지 알기 바라신 것입니다. "그리 높은 곳에 있던 네가 어떤 지경으로 몰락했느냐고?" 물으시는 대신 "너 어디 있느냐?"고 하신 것입니다.

• 대 바실리우스 『시편 강해』 22.

### 아담은 자신이 속았다는 것을 숨겼다

그분께서 "아담아, 너 어디 있느냐?"(창세 3,9)고 물으셨을 때, 아담은 바로 자기 죄를 고백하지 않고 "오 주님, 제가 당신 목소리를 듣고 제가 알몸이라는 것을 알고 숨었습니다"(창세 3,10)라고 대답했습니다. 그때 하느님께서는 성내지도 않으시고 바로 외면하지도 않으셨습니다. … 그의 죄가 늘어나는 것을 바라지 않으시는 하느님께서는 "너는 네가 알몸이라는 것을 어떻게 깨달았느냐? 내가 너에게 따 먹지 말라고 명한 그 나무 열매를 따 먹었느냐?"(창세 3,11)라고 물으십니다. … 그는 겸손하지도 않았고 고개를 숙이지도 않았습니다. 그의 마음속 목은 마치 쇠로 만든 힘줄과 같습니다! 아담은 자신이 낙원에 머무를 수도 있다고 말했기 때문입니다. 바로 이 한마디로 그는 무수한 겹겹의 죄악에 대해 수고를 덜 들였을 수도 있습니다. 그는 추방을 견뎌 내고, 그토록 수많은 세기를 지옥에서 보냈습니다.

• 신 신학자 시메온 『교리교육』 5,5.

### 하와도 자기 죄를 고백하지 않다

하느님께서는 아담을 떠나 하와에게 가셨습니다. 그녀도 기꺼이 참회하지 않는다면 쫓겨나리라는 것을 알려 주시고자 함이었습니다. 그분께서 "너는 어찌하여 이런 일을 저질렀느냐?"(창세 3,13) 하고 물으셨을 때, … "뱀이 저를 속였습니다"(창세 3,13). 얼마나 몰상식한 말입니까! 그러니 당신은 주님을 거슬러 말하는 뱀과 이야기를 나누었습니다. 당신은 당신을 만든 하느님보다 뱀을 더 좋아했습니다. 당신은 뱀의 권고를 더 높이 평가했고 주님의 명령보다 뱀의 조언을 더 신뢰했습니다. 이처럼 하와도 "제가 죄를 지었습니다"라고 말할 수 없게 되자, 두 사람은 기쁨의 장소에서 쫓겨났습니다. 그들은 낙원과 하느님

(의 면전)에서 추방되었습니다.

• 신 신학자 시메온 『교리교육』 5,6.

### 죄를 지음으로써 노예가 되다

한처음에 하느님께서는 남자를 창조하시고, 그를 온갖 덕으로 꾸며 놓은 낙원(성경은 하느님이 계신 거룩한 곳으로 말합니다)에 두셨습니다. 그리고 그에게 낙원 한가운데에 있는 나무 열매만은 따 먹지 말라고 명을 내리셨습니다. 아담은 낙원에 있을 때 영예와 영광 한가운데에서 기도하며 관상하고, 감정과 감각에 의한 인식이 건전하며, 창조된 대로 본성이 완벽하였습니다. … 사람이 명령에 복종하지 않고 하느님께서 먹지 말라고 명하신 나무 열매를 먹었을 때, 그는 낙원에서 내쫓기게 됩니다. 그래서 자기 본성과 일치한 상태에서 본성을 거스르는 상태, 곧 죄와 야망, 쾌락적인 삶에 대한 갈망을 비롯한 여러 다른 욕정에 사로잡혀 먹잇감이 되는 상태로 떨어졌습니다. 이러한 것들이 그를 지배하였으며, 그는 죄를 지음으로써 이러한 것들의 노예가 되었습니다.

• 가자의 도로테우스 『영적 가르침』 1.

### 쫓겨나리라는 것을 미리 아셨다

만물의 하느님께서는 그때에 당신의 말씀으로 우리를 창조하셨고, 우리의 운명을 우리보다 더 잘 아시는 그분께서는 우리가 '선하게' 창조되었지만 계명을 어기고 불순종 때문에 낙원에서 쫓겨나리라는 것을 미리 아셨습니다.

• 아타나시우스 『아리우스파 반박 변론』 2,75.

하느님께서는 아담을 낙원으로 데려다 놓으셨습니다. 그것을 가꾸고 관리하라는 뜻이었습니다. 그러나 그는 그 일을 소홀히 하여 낙원에서 쫓겨났습니다.

• 『마태오 복음 미완성 작품』 강해 34.

### 아담이 낙원에서 내쫓기다

아담이 생명 나무에 손을 뻗지 않고 영원히 살지 못하도록, 하느님께서 그를 낙원에서 내쫓으셨습니다. '그분이 못 들어오게 하셨다'는 표현보다 '그분이 내쫓으셨다'(창세 3,23 참조)는 표현이 잘 어울립니다. 아담은 자신이 지은 죗값을 치르도록 자신에게 맞는 장소로 이끌려 간 듯합니다.

• 아우구스티누스 『마니교도 반박 창세기 해설』 2,22,34.

죄를 지은 아담은 낙원, 곧 "천상 예루살렘"(히브 12,22)에서 쫓겨나(창세 3,23 참조) 이곳으로 추락했습니다. 살아 있는 것들에서 지옥으로 떨어진 것입니다.

• 암브로시우스 『루카 복음 해설』 7,73.

### 커룹들이 지키다

칠십인역처럼 이 본문[이사 65,22 참조]을 '생명의 나무의 수명'으로 읽는다면 히브리어 본문보다 더 그 의미가 분명해집니다. 그 경우 이 나무는 낙원에 있던 생명의 나무를 가리키는 것으로 이해해야 합니다. 아담은 생명의 나무가 있던 곳에서 쫓겨났기 때문에 생명의 나무에 손을 뻗을 수 없어서 영원히 살 수 없게 되었습니다(창세 3,22 이하 참조). 그때부터 낙원은 커룹들이 지키게 되었습니다. 커룹들은 '풍부한 지식'을 의미합니다. 그리고 생명의 나무에 이르는 길을 지키기 위해 불 칼이 세워졌습니다.

• 히에로니무스 『이사야서 주해』 18,17.

### 하느님의 전능

성경은 하느님께서 그들을 에덴 동산에서 내쫓

으시고 커룹들과 번쩍이는 불 칼을 세워, 생명나무에 이르는 길을 지키게 하셨으며, 따라서 낙원으로 가는 길이 막혀 버린 아담과 하와는 동산 맞은편에 거처를 정하였다고 말합니다(창세 3,24 참조). … 하느님께서는 원하신다면 어느 때라도 이 세상을 평화의 땅, 곧 낙원으로 만드실 수 있습니다.

• 살라미스의 에피파니우스 『정박자』 61,4-7.

## 낙원의 회복

### 사람의 두 가지 모습

사람에게는 두 가지 모습이 있습니다. 하나는, "하느님께서는 이렇게 당신의 모습으로 사람을 창조하셨다"(창세 1,27)라고 창세기에 기록되어 있듯이, 그가 지음받을 때 하느님께 받은 것이고, 또 하나는 땅의 모습입니다(1코린 15,49 참조). 이 두 번째 모습은 사람이 나중에 얻은 것입니다. 그는 하느님께 불순종하고 "이 세상의 우두머리"(요한 12,31)를 좇아 죄를 지어 낙원에서 쫓겨났습니다.

• 오리게네스 『루카 복음 강해』 39,5.

### 하느님의 금령

그분은 그들을 당신의 동산으로 데리고 가셔서 그들에게 법을 주셨습니다. 그들이 은총을 지키고 선에 머물렀다면, 그들은 어떤 슬픔이나 고통, 걱정 없이, 게다가 하늘에서 죽지 않고 살으리라는 약속까지 받아 지금까지도 낙원에서 생명을 누렸을 것입니다. 그들이 법을 어기고 악을 일삼아 악하게 되었다면, 그들은 본성상 자신들의 것인 죽음으로 타락하게 되었음을 알고 있었을 것입니다. 더 이상 낙원에서 살지 못하고 쫓겨나 그때부터 죽게 되고, 죽음과 타락이 지속되었습니다.

• 아타나시우스 『말씀의 육화』 3,4.

첫 아담이 죄를 지은 뒤 우리는 지상 천국에서 눈물의 골짜기로 쫓겨나(창세 3,23-24 참조) 길과 고향 둘 다를 잃었습니다.

• 아우구스티누스 『설교』 67,3.

우리는 아담이라는 인간 안에서 낙원의 거처로부터 쫓겨났습니다. 본향의 복됨을 잃어버린 우리는 그리하여 이 땅에 거처를 갖게 되었습니다.

• 카시오도루스 『시편 해설』 118,54.

아담 안에서 나는 타락했고, 아담 안에서 나는 낙원에서 추방당했으며 아담 안에서 나는 죽었습니다.

• 암브로시우스 『형 사티루스의 죽음』 2,6.

### 애통해하다

사람은 자신이 잃어버린 것을 알면 알수록 자기가 받은 썩음의 선고를 더욱 애통해합니다. 그는 자신이 어떻게 천국의 기쁨에서 추락하여 현세의 저주를 받게 되었는지, 천사들의 동료였다가 필요한 것을 구하는 처지가 되었는지 보고 있기 때문입니다. … 그는 자신의 유배 상황을 애통해합니다. 죄를 지을 마음이 없었다면 안전하게 누릴 수도 있었던 천상적 영광의 상태를 선망하는 그는 지금 한숨을 쉬고 있습니다.

• 대 그레고리우스 『욥기의 도덕적 해설』 18,66-67.

### 은혜를 베풀어 주시다

하느님께서는 우리 인간을 만드신 다음에 곧바로 엄청난 은혜를 수없이 베풀어 주셨습니다.

곤, 낙원에 살며 하느님과 직접 친교할 뿐 아니라 걱정거리 없는 행복한 삶과 더불어 영원한 생명까지 누리게 해 주셨습니다. 하느님께서 인간을 갓 만드셨던 그때에 인간이 아직 아무 일도 이루지 못한 백지상태였음에도 불구하고 그처럼 많은 것을 베풀어 주셨다면, 힘써 일하며 하느님을 위하여 역경을 딛고 견뎌 온 이들에게 무엇을 못 해 주시겠습니까?

• 요한 크리소스토무스 『히브리서 강해』 23,6.

### 우리를 위해 하늘 나라를 준비하셨다

이 사악한 짐승(뱀)은 처음 지어진 인간이 불사로 창조된 것을 보자, 그 사악한 본바탕에 따라 인간을 명령에 불복종하도록 이끌었고 그로써 죽음이라는 벌을 받게 했습니다. 곧, 시샘이 속임수를 불러왔고, 속임수는 불복종을 불러왔으며, 불복종은 죽음을 불러왔습니다. 그래서 "악마의 시기로 세상에 죽음이 들어왔다"(지혜 2,24)라고 하는 것입니다. … 그자는 우리가 죽음이라는 선고를 받게 했고, 그분은 우리에게 불사를 주셨습니다. 그자는 우리에게서 낙원의 즐거움을 빼앗았고, 그분은 우리를 위해 하늘 나라를 준비하셨습니다.

• 요한 크리소스토무스 『창세기 강해』 46,15-16.

### 그리스도에 의해서만 치유될 수 있었다

낙원에서 영혼이 먼저 반항하기 시작했습니다. 명령을 어기도록 수락하는 과정이 일어났습니다. 이는 뱀이 "너희가 신들처럼 될 것이다"(창세 3,5)라고 말한 이유입니다. 완전한 사람이 죄를 지었습니다. 따라서 육은 사악한 육이 되었고, 육이 저지른 잘못은 사악한 육과 비슷한 모습으로 오신 분에 의해서만 치유될 수 있었습니다.

• 아우구스티누스 『율리아누스 반박』 5,4,17.

### 낙원으로 들어가는 첫 번째 문

저희를 낙원에서 쫓겨나게 하고 다시 그곳에 들어가지 못하도록 막은 여자가 낙원으로 들어가는 첫 번째 문이 되리라고 누가 감히 생각할 수 있었겠습니까? 또 어둠이 들어오도록 만든 여자에게서 빛이 나오리라고 누가 상상할 수 있었겠습니까?

• 『마태오 복음 미완성 작품』 강해 33.

### 낙원의 자유를 회복시키다

세상을 종살이에서 벗어나게 하고 낙원의 자유를 회복시키고 그분께서 우리 본성을 함께 나누신 덕분에 우리가 받은 영예를 통해 새로운 은총을 내려 주시기 위하여 그분께서 우리 대신 그 빚을 짊어지셨습니다.

• 암브로시우스 『요셉』 4,19.

### 낙원에서 쫓겨났다가 다시 낙원으로

아담의 범죄 안에서 우리 모두는 죄를 지어 낙원에서 쫓겨났습니다(창세 3,23-24 참조). 바오로 사도는 아담이 나중에 오게 되어 있던 우리 안에서도 타락했다고 가르칩니다. 그러므로 첫 번째 아담의 죄로 인해 낙원에서 쫓겨났던 우리가 이제 거룩한 아담인 그리스도 안에서 두 번째 아담의 의로움을 통해 낙원으로 돌아가게 되었다고 우리는 믿습니다.

• 히에로니무스 『시편 주해』 66.

### 아담은 낙원에서 광야로, 그리스도는 광야에서 낙원으로

첫째 아담은 낙원에서 광야로 쫓겨났고(참조: 창세 3,23-24; 1코린 15,45) 둘째 아담은 광야에서 낙원으로 돌아오셨습니다. … 아담은 광야에 살았고 그리스도 또한 광야에 계셨지만, 그것은 잃은 자를 찾을 곳이 어디인지 아셨기 때문입니다. 그분은 그들의 잘못을 지워 버리고 그들을 낙원으로 데려가실 수 있었습니다.

• 암브로시우스 『루카 복음 해설』 4,7.14.

### 지옥과의 계약을 무효로 하다

여러분이 사탄을 배척하고 그자와의 모든 계약을 무시한다면 여러분은 오래된 "지옥과의 맹약"(이사 28,15)을 무효로 하게 됩니다. 그리고 하느님의 낙원이 여러분 앞에 열릴 것입니다. 그 낙원은 동쪽에 만들어진 에덴으로서, 우리의 첫 조상은 범죄로 그곳에서 추방되었습니다.

• 예루살렘의 키릴루스 『예비신자 교리교육』 1,9.

그분은 우리에게 낙원을 주시어 그곳에서 살게 하셨습니다. 이제 그분은 하늘의 문을 우리에게 열어 주셨습니다.

• 요한 크리소스토무스 『요한 복음 강해』 25,2.

### 인류가 다시 낙원에 들어갈 수 있게 되다

당신의 길벗 강도에게 주신
당신 말씀을 저희가 믿나이다.
보소서,
낙원으로 가는 밝은 길이
믿는 이들에게 활짝 열렸나이다.
뱀에게 져 잃었던 낙원으로 사람이
다시 들어갈 수 있게 되었습니다.

• 프루덴티우스 『매일 찬가』 10,157-68.

### 낙원의 문이 열리게 하라

저는 남자들은 하나같이 열심이고 여자들은 하나같이 헌신적인 것을 보고 싶습니다. 여러분의 마음에서 불경을 모두 태워 버리십시오. 여러분의 영혼을 모루 위에 올려놓고 여러분의 완고한 불신앙을 망치 아래 두십시오. … 그리하여 모든 남자와 여자에게 낙원의 문이 열리게 하십시오.

• 예루살렘의 키릴루스 『예비신자 교리교육』 15.

### 다른 길로 돌아가라

우리의 고향은 우리가 배반을 저질러 떨어져 나온 낙원입니다. … 우리는 자만심과 순종하지 않는 마음으로 말미암아 눈에 보이는 것들을 과대평가하고 유혹에 빠져 금지된 열매를 따 먹음으로써 낙원을 떠났습니다. 이제 우리는 눈에 보이는 것들을 물리치며 눈물 흘리고 순종함으로써 그리고 우리 육신의 욕구를 다스림으로써만 돌아갈 수 있습니다. … 사악함에 이끌리는 우리의 성향이 우리를 낙원의 기쁨에서 멀리 떠나오도록 이끌었습니다. 회개하고 돌아서는 우리는 다른 길로 돌아가라는 지시를 받습니다.

• 대 그레고리우스 『복음서 강해』(40편) 10,7.

### 주님을 기쁘게 해 드리는 곳

그리스도를 임금으로 알고 경배하게 되면, 우리는 그때까지 걸어온 길, 곧 죄의 길을 버리게 됩니다. 이제 우리는 그리스도께서 인도하시는 다른 길로 나아갈 수 있습니다. 우리는 우리가 있어야 할 곳, 아담이 쫓겨난 낙원으로 돌아갈 수 있습니다. 시편은 이 낙원을 산 이들의 땅에서 우리가 주님을 기쁘게 해 드리는 곳(시편 116,9 참조)이라고 이야기합니다.

• 아퀼레이아의 크로마티우스 『마태오 복음 강해』 5,2.

### 낙원으로 가는 길

예수님께서는 중풍 병자를 일으켜 자기 집으로 돌아가게 하심으로써, 믿는 이들이 모든 인간의 조상 아담이 죄의 얼룩 때문에 떨어져 나온 낙원으로 가는 길로 돌아간다는 사실을 알려 주셨습니다(마태 9,6-7 참조).

• 푸아티에의 힐라리우스 『마태오 복음 주해』 8,7.

### 영원한 생명으로 돌아가라

죄가 끼어들어 여러분이 여러분의 집, 곧 낙원에서 쫓겨났을 때, 여러분의 육신이 여러분을 세상으로 내던졌습니다. 그러나 이제 하느님 자비의 선물에 힘입어 여러분의 들것을 드십시오. 그리고 온갖 선행을 통하여 여러분의 작은 몸을 다스려 집으로 돌아가십시오. 영원한 생명으로 돌아가라는 말입니다. … 우리는 거기에 있다가 이 세상으로 귀양살이에 처해진 것입니다. 그러니 주님께서 중풍 병자에게 하신 "네 들것을 들고 네 집으로 들어가거라"(요한 5,8)라는 말씀은 여러분에게 하시는 말씀이며 육신을 정결하게 다스려 여러분의 집이요 본향으로 돌아가듯 낙원으로 돌아오라는 뜻으로 알아들으십시오.

• 아를의 카이사리우스 『설교』 171,1.

### 집으로 돌아감은 낙원으로 돌아감이다

중풍 병자는 침상을 들고 걸어가라는 명령만이 아니라 집으로 돌아가라는, 그러니까 낙원으로 돌아가라는 명을 받습니다. 낙원은 처음에 인간을 길러 주었으나, 정당한 방법이 아니라 속임수로 잃어버린 우리의 본향입니다. 그런즉 속임수로 인한 빚을 모두 청산하고 율법을 새롭게 하시는 분이 오셨으니, 본향을 되찾게 됨은 지극히 당연한 일입니다.

• 암브로시우스 『루카 복음 해설』 5,14.

### 첫 번째 사람과 그리스도

첫 번째 사람은 분명 처음에 기쁨의 낙원에 있었습니다. 고통과 부패가 없었기에 그는 고상한 존재였습니다. 그런데 그가 하느님의 명령을 거역하여 저주로 떨어졌습니다. 금지된 나무 열매를 먹음으로써 죽음의 올가미에 걸려든 것입니다. 그리스도께서는 같은 것으로 그의 본디 상태를 회복시켜 주십니다. 우리를 위해 고귀한 십자가 고난을 견디심으로 그 나무의 열매가 되시어, [아담의] 나무 때문에 인간의 몸에 지워진 죽음을 파멸시키셨습니다.

• 알렉산드리아의 키릴루스 『루카 복음 주해』 강해 153.

### 십자가의 예형인 나무

다윗은 '주님은 나무에서 다스리신다'(시편 96,10 참조)고 하였습니다. 이 예언자는 다른 곳에서 이 나무의 열매에 대해서도 예고합니다. … "그리고 나무는 열매를 맺었다"(요엘 2,22). 이 나무는 첫 인간들에게 죽음을 가져다준 낙원의 나무가 아니라, 그리스도 수난의 나무입니다. 그러나 여러분은 그 나무에서 구원이 나온다는 것을 믿지 않았습니다!

• 테르툴리아누스 『유대인 반박』 12.

나무 기둥에 높이 달아 놓은 뱀은 생명이 없는 구리 뱀이었지만 낙원에서부터 원수였던 뱀을 믿음으로써 쳐다본 이들이 살게 된 것은 십자 나무 덕분이었습니다(민수 21,9 참조).

• 다마스쿠스의 요한 『신앙 해설』 4,11.

오늘 여러분은 구원받을 것입니다. 그 나무는 아담을 파멸시켰지만 (생명) 나무는 여러분을 낙원으로 반드시 이끌 것입니다.

• 예루살렘의 키릴루스 『예비신자 교리교육』 13,31.

### 한 사람의 범죄와 한 사람의 의로운 행위

아담과 하와가 나무의 열매를 따먹어 낙원에서 쫓겨났다면, 믿는 이들이 예수라는 나무 덕분에 낙원으로 들어가는 일은 더욱 쉬운 일이어야 마땅하지 않습니까? 흙으로 지어진 첫 사람이 모든 이의 죽음을 가져왔다면, 생명이신 까닭에 그를 지으신 분께서는 당연히 영원한 생명을 가져오시지 않겠습니까?

• 예루살렘의 키릴루스 『예비신자 교리교육』 13,2.

### 부활의 희망

아담도 하느님의 명령을 어겨 죽음을 선고받았으나 하느님의 아드님께서 오시어 당신께서 약속하신 부활의 희망으로, 아담을 낙원에서 쫓겨나게 한 선고를 풀어 주셨습니다.

• 시리아인 에프렘 『창세기 주해』 43,2.

## 낙원에 들어간 강도

### 낙원이 닫혀 있었다

구세주께서 인간의 육체를 취하시어 당신 자신을 낮추시고 종의 모습을 취하시기 전까지는(필리 2,7 참조), 율법이 닫혀 있었고 예언서들이 닫혀 있었으며 성경에 관한 모든 지식이 닫혀 있었고 낙원이 닫혀 있었습니다. 하지만 그분께서는 십자가에 달리신 뒤에 강도에게 "너는 오늘 나와 함께 낙원에 있을 것이다"(루카 23,43) 하고 말씀하셨습니다.

• 히에로니무스 『에제키엘서 주해』 13,44,2-3.

### 죄수를 위해 낙원을 열어 주시다

그분은 죄수를 낙원으로 데려가시려 할 때도 곧바로 말씀으로 뜻을 밝히시고 그를 낙원으로 데려가셨습니다. 아담 이후에 아무도 그리로 들어가지 못하게 하셨지만, 그리스도께서는 이 일을 하시기 위해 따로 기도하실 필요가 없었습니다. 하느님께서는 불 칼을 세워 낙원을 지키셨습니다(창세 3,24 참조). 그리스도께서는 당신의 권한으로 낙원을 여시고 죄수를 들어가게 하셨습니다.

• 요한 크리소스토무스 『비유사파 반박』 9,15.

### 그리스도의 십자가는 낙원으로 들어가는 문의 열쇠

번쩍이는 불 칼이 낙원을 안전하게 지키고 있었습니다(창세 3,24 참조). 그리스도께서 잠그신 그 문을 아무도 열 수 없었습니다. 그 죄수가 그리스도와 함께 그리로 들어간 첫 사람이었습니다. 그의 큰 믿음이 더 없이 큰 보상을 받은 것이지요. … 그리스도의 십자가는 낙원으로 들어가는 문의 열쇠입니다.

• 히에로니무스 『라자로와 부자에 관한 설교』.

### 당신 나라에 들어가실 때

강도들은 예수님께서 자신들과 함께 못 박히신 것을 보고, 한 강도는 그분이 나약하고 자기 자신도 구원하지 못한다고 비난했습니다. 그러나 다른 강도는 예수님께 감화를 받아, 수난당하시는 분이 누구인지 깨닫고 동료의 무지를 나무라면서 예수님께서 당신 나라에 들어가실 때 자신을 기억해 달라고 기도했습니다(루카 23,39-41 참조). 그러자 예수님께서는 즉시 그가 전에 지은 죄를 모두 용서하시고 낙원으로 데려가 신비하고 좋은 것들을 누리게 해 주셨습니다.

• 『사도 헌장』 5,3,14.

### 두 강도 가운데 한 사람이 구원받다

그는 십자가에 치욕을 가져다준 것이 아니라 그 영광에 공헌했습니다. 십자가에 달린 강도를 회개시켜 낙원으로 데리고 가는 것은 바위가 흔들리게 하는 것보다 더 어려운 일이기 때문입니다.

• 요한 크리소스토무스 『요한 복음 강해』 85,1.

### 믿음의 눈으로 주님의 영광을 보았다

"너는 오늘 나와 함께 낙원에 있을 것이다"(루카 23,43). "선생님의 나라에 들어가실 때 저를 기억해 주십시오"(루카 23,42). 강도는 믿음의 눈으로 주님의 수치가 아니라 위엄을 보고 그분의 몰락이 아니라 영광을 보았기에 이렇게 말씀드렸던 것입니다. '저를 기억해 주십시오. 지금 제 눈에 분명하게 보이는 십자가와 못들은, 아직 보이지 않지만 종말에 올 당신의 나라와 영광을 잊게 하지 못합니다.'

• 시리아인 에프렘
『타티아누스의 네 복음서 발췌 합본 주해』 20,24.

### 낙원에 있는 아담의 자리로 가는 죄수

낙원은 더러워진 그를 보고서 울 밖으로 내쫓았네.
마리아를 통해 아담은
다른 옷을 얻었고
그 옷으로 강도를 입혀 주었지.
그리스도의 약속으로 빛나는 강도를 보고서
낙원은 그를 아담 자리에 받아들였네.

• 시리아인 에프렘 『낙원 찬가』 4,5.

### 믿음에 대한 상

"내가 진실로 너에게 말한다. 너는 오늘 나와 함께 낙원에 있을 것이다"(루카 23,43). 이 약속은 인간의 조건을 넘어선 것입니다. 그것은 십자가 나무형틀이 아니라 권능의 옥좌에서 나온 약속이기 때문입니다. 그 높은 곳에서 주님께서 믿음에 대한 상을 내리십니다.

• 대 레오 『설교』 53,2.

믿음의 효력은 어찌나 빠른지, 그리스도와 함께 십자가에 달린 두 강도 가운데 하느님의 아들을 믿은 강도는 곧바로 의롭게 되어 낙원에 들어갔습니다.

• 대 레오 『설교』 55,3.

### 낙원에 함께 있다

그분께서 [강도에게] … "너는 오늘 나와 함께 낙원에 있을 것이다"(루카 23,43)라고 하셨을 때, 그날 그분의 인성에서 영혼은 저승에 있고 육신은 관 속에 있었습니다. 그러나 그분의 신성을 놓고 볼 때, 그분은 분명 낙원에도 계셨습니다. 따라서 과거의 범죄를 용서받고 이미 그분 은총의 축복을 누리고 있던 강도의 영혼은 그리스도처럼 모든 곳에 있을 수는 없었지만 언제나 모든 곳에 계시는 그분께서 아직 그곳에 계시던 그날 낙원에 그분과 함께 있을 수는 있었습니다.

• 아우구스티누스 『요한 복음 강해』 111,2.

### 참회하는 강도는 그리스도와 함께 있다

그는 주님께서 당신의 나라에 들어가실 때 자신을 기억해 주십사고 주님께 청했습니다. 그런데 주님께서는 그에게 말씀하셨지요. "내가 진실로 너에게 말한다. 너는 오늘 나와 함께 낙원에 있을 것이다"(루카 23,43). 이는 그리스도와 함께 있는 것이 생명이고, 그리스도가 계신 곳에 그 나라가 있기 때문입니다.

• 암브로시우스 『루카 복음 해설』 10,121.

### 낙원에서 그리스도와 함께 있다

"지금 네가 너를 누구에게 맡기고 있는지 아느냐? 너는 내가 내 나라로 갈 것이라고 생각하지만, 나는 어디에나 있어서 없는 곳이 없다. 그래서 이렇게 저승으로 내려가면서도 오늘 네가 나와 함께 낙원에 있다고 말하는 것이다. 너는 나와 함께 있을 뿐 다른 누구에게도 맡겨지지 않았다. 네가 알듯이, 나의 겸손은 나를 인간의 몸이 되게 했고 죽은 이들에게까지 가게 했지만 나의 신성은 한 순간도 낙원을 떠난 적이 없다."

• 아우구스티누스 『설교』 285,2.

모든 성도에게 낙원이 약속되다

낙원의 기쁨에서 쫓겨난 뒤 이 세상이라는 싸움터로 내려오는 "[흙으로] 빚어진 첫 사람"(지혜 7,1)의 표상 … "마지막에는 내가 그곳에서 너를 다시 데리고 올라오겠다"(창세 46,4)는 구절과 관련해서는, 앞에서 말했듯이, 이는 시대들의 마지막에 그분의 외아드님께서 세상의 구원을 위하여 저승에까지 내려가시어(에페 4,9 참조) "[흙으로] 빚어진 첫 사람"(지혜 7,1)을 그곳에서 데리고 나오신 것을 뜻한다고 나는 생각합니다. 그분께서 도둑에게 하신, "너는 오늘 나와 함께 낙원에 있을 것이다"(루카 23,43)라는 말씀은 그 한 사람만이 아니라 모든 성도들에게 하신 말씀이라고 이해하십시오. 그분께서는 이들을 위하여 저승에까지 내려가셨던 것입니다.

• 오리게네스 『창세기 강해』 15,5.

현세의 행복

예수님께서 도둑에게 "너는 오늘 나와 함께 낙원에 있을 것이다"(루카 23,43)라고 하십니다. '오늘'이라고 하셨습니다! 이처럼 예수님께서는 미래의 행복만 아니라 현세의 행복에 대해서도 이야기하십니다.

• 요한 크리소스토무스 『마태오 복음 강해』 15,3.

## 천국

☞ 하느님 나라, 하늘 나라, 천국

# 낙태와 유아 유기

### 낙태와 유아 유기

우리는 낙태약을 사용하는 부인들이 살인자이고 하느님 앞에서 그들의 낙태에 대해 해명해야 한다고 가르칩니다. 우리가 어떻게 인간을 죽일 수 있단 말입니까? 동일한 사람이 어떤 때는 모태에 있는 아기도 이미 생명체이고 이 때문에 하느님께 대단히 소중하다고 여기다가, 또 어떤 때는 태어난 아기를 죽일 수 있다고 생각합니다. 그렇게 생각해서는 안 됩니다. 그리고 우리는 새로 태어난 아기를 내다 버려서는 안 됩니다. 우리의 견해로는 젖먹이들을 내다 버리는 사람들은 유아 살인자이고, 젖먹이들을 양육한 뒤 죽이는 사람들도 유아 살인자이기 때문입니다. 우리는 분별 있게 생각하고 젖먹이에게 폭력 행위를 하지 않으며, 우리의 모든 행위에 있어 한결같습니다.

• 아테나고라스『그리스도인을 위한 청원』35,6.

### 낙태는 살인이다

우리에게는 살인이 절대적으로 금지되어 있습니다. 그래서 우리는 자궁에 임신된 태아를 제거하는 일조차 하지 않습니다. 이미 태아에게는 사람이 되기 위한 피가 흐르고 있습니다. 아기가 태어나는 것을 방해하는 일도 살인입니다. 이미 태어난 아기를 죽이거나 태어날 아기를 미리 끄집어내어 제거하는 것은 똑같은 일입니다. 모든 과일은 이미 씨앗 안에 존재하고 있는 것처럼, 자궁 안에 있는 태아는 사람으로서 존재합니다.

• 테르툴리아누스『호교론』9,8.

### 낙태하는 부인은 살인을 저지르는 것이다

의도적으로 태아를 낙태하는 부인은 살인을 저지르는 것입니다. 우리는 태아가 형태를 갖추기 이전과 이후를 정확히 구분할 수 없습니다. 낙태 행위에는 일반적으로 산모가 목숨을 잃을 위험이 따르고 태아뿐 아니라 산모도 위태롭게 합니다. 더욱이 태아를 유산시키는 것이 제2의 살인인 이유는 낙태하는 이들에 의해 의도적으로 이루어진다는 점입니다.

• 대 바실리우스『암필로키우스에게 보낸 편지』188,2.

### 율법의 가르침을 무시하지 마라

성경은 "적어도 이레 동안 새끼를 어미 품에 두어라"(레위 22,27)라고 합니다. 이유 없는 현상이 없고 어미에게서 새끼에게 먹일 젖이 흘러나오는데, 섭리로 주어진 그 젖을 먹지 못하도록 새끼를 어미에게서 떼어 놓는 사람은 자연에 폭력을 행사하는 것입니다. 그러므로 그리스 사람을 비롯하여 율법을 깔보는 사람들은 율법이 비이성적인 짐승에게조차 관대한 것을 보고 부끄러워해야 합니다. 그런데도 어떤 사람들은 실제로 태아를 낙태시켜 죽이기도 합니다. 율법은 예언자적 권위로 오랫동안 지금 우리가 이야기하고 있는 규정을 통하여 사람들의 잔인성을 막아 왔습니다. 율법이 비이성적인 피조물의 새끼가 젖을 먹기 전에 어미에게서 떼어 놓는 것을 금하였다면, 인간에게는 더더욱 [갓난아이를 죽음에 노출시키는] 잔인하고 야만적인 행위를 하지 못하도록 한층 강제적으로 규제합니다. 그들은 자연은 무시하더라도, 율법의 가르침을 무시해서는 안 됩니다.

• 알렉산드리아의 클레멘스 『양탄자』 2,92,2-4.

### 창녀의 아들은 죄인의 은총을 상징한다

간음을 하는 창녀는 자신의 일을 하고 있는 것이고, 창녀가 아기를 가지게 되는 것은 하느님의 일입니다. 결국 모든 인간은 한 분 창조주이신 하느님께서 만드십니다. 하느님께서는 인간의 죄 속에서도 훌륭하게 일하신다는 것도 놀라운 일이 아닙니다. … 만일 창녀가 자신이 잉태한 아기를 기꺼이 받아들이고, 자신의 수치스러운 벌이에 대한 욕정과 탐욕에 이끌려 낙태약을 먹거나 출산이 죄를 짓는 데 방해가 된다고 태중에 품은 것을 없애 버리려고 하지 않는다면, 온갖 수많은 것들에 탕진되었던 욕구는 이제 하느님의 한 가지 선물에 집중하며 이는 더 이상 탐욕이라 불리지 않고 사랑이라 불립니다. 그러니 창녀의 아들은 죄인의 은총을 상징하는 것으로 마땅히 이해될 수 있습니다. 옛 허물에서 태어난 새로운 인간은 죄의 용서입니다.

• 아우구스티누스 『설교』 10,5.

여느 사람들처럼 그리스도인들도 혼인하여 아이를 가지지만, 아이를 버리지는 않습니다.

• 『디오그네투스에게 보낸 편지』 5,6.

# 노동과 게으름

사실 일을 하면 건강합니다. 땀을 흘리면 구원이 있습니다.

• 대 바실리우스 『편지』 44.

일꾼은 수고한 만큼 자기 삯을 받을 뿐입니다.

• 펠라기우스 『바오로의 열세 서간 해설』(코린토 1서) 3.

이 땅에서 그대도 품팔이꾼입니다.

• 암브로시우스 『토빗 이야기』 24,92.

게으름은 죄를 낳는 큰 요인입니다.

• 키루스의 테오도레투스 『바오로의 열두 서간 주해』(에페소서) 4,28.

## 노동과 정당한 대가

### 생업의 고귀함

손으로 벌어 먹고사는 사람들은 절대 창피스러워하지 마십시오. 부끄러워해야 할 사람은 아무런 목표도 없이 키워지며 아무것도 하지 않는 사람들, 많은 종을 거느리며 드넓은 정원을 가질 사람들입니다. 쉼 없이 일하는 사람을 키우는 것이 철학의 본질입니다. 이런 사람들의 정신은 더 순수하고 더 힘찹니다. 아무것도 하지 않는 사람은 실은 허영이 많고 게으름으로 꽉 찼으며 하루 온종일 이루는 것이라고는 없는 사람입니다. 일에 몰두해 있는 사람은 행동에서건 말이건 생각에서건 불필요한 것을 성급히 취하는 일이 없을 것입니다. 이런 사람의 영혼은 온종일 수고로운 생업에 온통 쏠려 있기 때문입니다. 그러므로 우리는 손으로 일해 먹고사는 사람들을 경멸하지 말고, 바로 이런 이유로 그들은 복된 사람들이라 보아야 할 것입니다. … 바오로는 셀 수 없이 많이 여행을 했고 그처럼 놀라운 일들을 행했지만 천막장이 집에 머물며 가죽을 꿰맸습니다. 천사들은 그를 존경했고 마귀들은 그를 보고 떨었지만, 그는 주저 없이 "나와 내 일행에게 필요한 것을 이 두 손으로 장만하였다"(사도 20,34)라고 말한 사람이었습니다.

• 요한 크리소스토무스 『성경 주해 선집』(사도행전) 18,3-5.

### 일상의 노동

예수님께서 요르단 가까이 이르셨을 때 사람들은 그분을 목수 요셉의 아들이라 했고(마태 13,55 참조), 성경이 예언한 대로 모습은 볼품없었습니다(이사 53,2 참조). 당신 자신도 사람들 가운데 계시는 동안 목수로서 쟁기와 멍에를 만드셨고, 우리가 일하지 않고 빈둥거리며 살아가지 않도록 이러한 의롭고 활동적인 삶의 상징들을 통하여 가르치셨습니다.

• 순교자 유스티누스 『유대인 트리폰과의 대화』 88,8.

### 인간과 하느님이 같이 이룬 일

리디아는 여자였고 비천한 신분이었으며 노동자였습니다. 그렇지만 이 여인은 지혜를 사랑하는 자였음에 주목하십시오. 그 첫 번째 증거는 하느님께서 그녀를 부르셨다는 그녀의 증언입니다. 이 이야기를 기록한 저자가 이 여인의 직업을 스스럼없이 밝힌 것을 보십시오. … 그러니 우리도 이런 일, 이와 비슷한 일을 배우는 이들을 부끄럽게 여기지 맙시다. 베드로는 무두장이의 집에서 지냈고, 바오로는 자색 옷감 장수인 데다 다른 민족 출신인 여인의 집에 묵었습니다. 그들이 자존심이 없어서 그랬겠습니까? 그러니 우리는 하느님께서 우리의 마음을 열어 주시도록 기도합시다. 사실 굳은 마음을 알아보시는 하느님께서는 열리기를 고대하는 마음들을 열어 주십니다. 여는 것은 하느님께서 하시는 일이고, 귀 기울이는 것은 그 여인의 할 바였습니다. 실로 이 일은 인간과 하느님이 같이 이룬 일이었습니다.

• 요한 크리소스토무스 『성경 주해 선집』(사도행전) 16,13.

### 노동과 산물

율법은 정결하지 못한 짐승을 희생 제물로 바쳐서는 안 되며, 반드시 정결한 짐승을 바쳐야 한다고 규정하였습니다. 율법은 정결하지 못한 짐승인 나귀의 새끼는, 정결하며 희생 제물로 바치기에 적당한 양으로 대속해야 한다고 명합니다. 이것은 문자적인 의미입니다.

누가 이 문제를 심사숙고하여 이 구절의 영적 의미를 찾고자 한다면, 그는 양은 생산적인 동물인 반면에 나귀는 일을 하는 짐승이라는 사실을 알게 될 것입니다. 이는 노동은 산물로 교환되어야 한다는 것을 의미한다고 해석할 수 있습니다. 왜냐하면 일의 최종 결과는 산물이기 때문입니다. 또는 달리 해석할 수도 있는데, 우리의 모든 행위나 노동을 우리가 그것을 수행하는 순수하고 성실한 태도를 통해 훌륭한 것으로 만들 수 있다는 것입니다.

• 암브로시우스 『카인과 아벨』 2,2,8.

### 공을 하느님께 돌려라

"주님께서 집을 지어 주지 않으시면 그 짓는 이들의 수고가 헛되리라. 주님께서 성읍을 지켜 주지 않으시면 그 지키는 이의 파수가 헛되리라" (시편 127,1). 이로부터 우리는 하느님께서 집을 지어 주시는 것은 집 짓는 이가 빈둥거리며 앉아 있기 때문이 아니라 힘닿는 한 애쓰며 노동력과 관심을 기울이기 때문이라는 것을 알 수 있습니다. 그러나 모든 장애물을 치우고 일을 다 이루게 하시는 것은 하느님이십니다. 그러므로 인간은 힘닿는 한 열심히 일하도록 불렸으나 그 일에 성공의 왕관을 씌어 주시는 것은 하느님이십니다. 따라서 일을 다 이룬 공을 사람이 아닌 하느님께 돌리는 것은 경건하며 옳은 일입니다.

• 오리게네스 『로마서 주해』.

### 열매를 맺으시는 건 하느님

농사일을 아는 사람들은 … 쟁기로 땅을 갈아엎고 이랑을 지어 씨를 뿌린 다음엔 더 이상 자신의 기술에 의존하지 않고 나머지 — 흙에 묻힌 씨앗이 싹이 트고 자라나 완전한 열매가 되는 일 — 는 모두 하느님의 권능과 호의에 맡깁니다.

• 알렉산드리아의 키릴루스 『요한 복음 주해』 10,2.

### 고된 노동

요한이 왜 옷에 띠를 둘렀는지 묻고 싶습니까? 요즘처럼 부드럽고 촉감 좋은 옷이 나오기 전까지 고대인들은 이러한 복장에 익숙했습니다. … 엘리야를 비롯한 많은 성인도 그렇게 입었는데, 고된 노동을 하거나 여행을 다니거나 소임과 관련된 필요한 일에 투신했기 때문입니다.

• 요한 크리소스토무스 『마태오 복음 강해』 10,4.7.

허리에 띠를 매는 것은 찬미받아 마땅한 모든 일에 힘을 다하겠다는 마음이 되어 있음을 나타냅니다. 육체노동을 하거나 힘든 일을 하는 이들은 허리에 띠를 맵니다.

• 알렉산드리아의 키릴루스 『루카 복음 주해』 92.

### 사랑하면 일이 힘든 줄도 시간 가는 줄도 모른다

"야곱은 라헬을 얻으려고 칠 년 동안 일을 하였다. 이것이 그에게는 며칠로밖에 여겨지지 않았다. 그가 그만큼 라헬을 사랑하였던 것이다"(창세 29,20). 칠 년이라는 기간이 며칠로밖에 여겨지지 않은 것은 그 처녀에 대한 그의 사랑 때문이었다고 성경은 말합니다. 사람은 사랑에 빠지면, 아무리 위험이 가득하고 많은 어려움이 있더라도 단 한 가지, 자신이 바라는 것을 얻기 위해 도무지 힘든 줄 모르고 무슨 일이든 쉽게 견뎌 내는 법입니다.

• 요한 크리소스토무스 『창세기 강해』 55,7.

### 보상에 대한 기대

일꾼은 누구나 자신의 수고에 대한 대가가 있으리라 믿을 때는 기꺼이 수고를 감당합니다. 그런데 수고에 아무런 보상이 없다면, 영혼은 금세 낙심하고 더불어 육체도 기운이 빠집니다. 군인은 전리품을 나누어 받으리라고 기대할 때는 기꺼이 전쟁에 나섭니다. 그러나 임금이 수고에 대한 보상을 전혀 주지 않을 만큼 분별이 없다면, 그런 임금을 섬기느라 죽기를 마다할 사람은 아무도 없습니다.

• 예루살렘의 키릴루스 『예비신자 교리교육』 18,1.

바오로는 자신과 아폴로는 다른 사람의 농장에서 일하는 일꾼에 지나지 않는다고 지적합니다. 일꾼은 수고한 만큼 자기 삯을 받을 뿐입니다.

• 펠라기우스 『바오로의 열세 서간 해설』(코린토 1서) 3.

### 노동의 정당한 대가

품팔이 노동자에게 그의 품삯을 되돌려 주고, 노동자에게서 그의 노동의 대가를 착취하지 마십시오. 그대도 그리스도의 품팔이꾼이기 때문입니다. 그리스도께서는 그대를 당신 포도밭으로 데려가셨고(마태 20,1 참조), 그대에게는 천상 품삯이 예치되어 있습니다. 그러므로 진리 안에서 일하는 종과 자기 목숨을 내어 주는 품팔이 노동자를 아프게 하지 마십시오. 자기 노동으로 자신의 삶을 꾸려 가고 품삯으로 생계를 유지하는 가난한 사람을 경멸하지 마십시오. 가난한 사람의 삶에 필수적인 도움을 거절한다면, 이는 인간을 살해하는 것입니다. 이 땅에서 그대도 품팔이꾼입니다. 그대가 기도할 때 '주님, 당신을 떠받드는 이들에게 품삯을 주소서'(집회 36,15 참조) 라고 주님께 말씀드릴 수 있도록, 그대도 품팔이 노동자에게 품삯을 주십시오.

• 암브로시우스 『토빗 이야기』 24,92.

### 보상을 요구할 때 영리하게 하라

여러분이 쇠로 된 불가마 같은 이집트에서 나와서, 그 나라의 우상 숭배를 뒤로하고 모세의 인도를 받아 그가 전해 준 율법과 그의 다스림을 따르는 것이 그분을 기쁘게 하였습니다. … 이집트인들에게서 금과 은으로 된 물건을 빌리십시오. 그것들을 지니고 여러분의 여행을 떠나십시오. 모르는 사람들의 물건, 아니, 이제 여러분의 것인 그 물건들로 여행길에 대비하십시오. 여러분에게는 받을 돈이 있습니다. 곧, 여러분은 종살이에 대한 보수와 벽돌을 만든 노임을 받아야 합니다. 보상을 요구할 때 영리하게 하십시오. 정직한 강도가 되십시오. 여러분은 진흙(곧, 문젯거리인 더러운 육체)과 싸우고, 소란스럽게 기둥들이 무너져 내리는 낯선 땅의 안전하지 않은 도시들을 건설하는 동안, 억울한 고통을 겪었습니다. 그러니 어째야겠습니까? 임금도 받지 못한 채 빈손으로 나오시렵니까? 그런데 여러분은 왜 이집트인들, 그리고 여러분의 적들이 사악함으로 얻어 내고 더 큰 사악함으로 써 버릴 그것을 그들에게 남겨 주려 합니까? 그것은 그들의 것이 아닙니다. 그들은 그것을 강탈하였습니다. '은도 나의 것, 금도 나의 것이다. 나는 그것을 내가 원하는 자에게 준다'(하까 2,8 참조) 하고 말씀하신 분에게서 불경하게 약탈한 것입니다. 어제는 그것이 그들의 것이었습니다. 그렇게 되도록 허락되었기 때문입니다. 오늘 주인님께서 그것을 가져다가 여러분에게 주시어 여러분이 그것을 선용하고 알뜰하게 사용하게 하십니다. 불의한 맘몬이 우리의 친구가 되게 합시다. 그리하여 우리가 잘못하였을 때, 그들이 심판 때에 우리를 받아들이게 합시다.

• 나지안주스의 그레고리우스 『거룩한 부활절』(연설 45) 20.

### 노동자들의 비참한 현실

그대들의 쾌락을 준비하기 위하여 얼마나 많은 민중이 죽임을 당해야 합니까! 그대들의 배고픔은 헛되고, 그대들의 영화도 부질없습니다. 어떤 사람은 그대들의 곡식을 쌓아 둘 넓은 곳간을 짓다가 지붕 높은 곳에서 거꾸러집니다. 또 어떤 사람은 그대 식탁에 어울리는 포도주를 만들기 위해 어떤 포도를 따야할지 고르다가 나무 꼭대기에서 떨어집니다. 또 어떤 사람은 그대 식탁에 생선과 조개가 떨어지지 않게 하려고 일하다가 바다에 빠져 죽습니다. 또 다른 사람은 토끼 발자국을 따라다니거나 새 잡는 덫을 찾아다니다가 한겨울 추위에 얼어 죽습니다. 또 어떤 사람은 무언가 그대 마음에 들지 못하여 그대 눈앞에서 죽도록 채찍질을 당하고, 흘러내리는 피로 잔칫상을 적십니다.

• 암브로시우스 『나봇 이야기』 5,20.

### 일꾼들의 품삯을 등쳐서는 안 된다

아무도 삯꾼에게 주어야 할 품삯을 안 주는 일이 없도록 합시다. 우리 역시 하느님의 삯꾼들이고 그분께 우리 수고의 대가를 기대하기 때문입니다. 여러분이 어떤 직종에 종사하고 있든지 간에, 없어지고 말 하찮은 것인 삯꾼의 품삯 지불을 거부한다면, 약속된 하늘의 보상을 거부당할 것입니다. 율법의 말씀대로, 여러분은 품팔이꾼의 품삯을 등쳐서는 안 됩니다.

• 암브로시우스 『편지』 62(19),3.

### 주어야 할 품삯을 주지 않는 이

자신의 부를 가난한 이들과 나누기를 거부할 뿐 아니라 한 걸음 더 나아가 자기가 부린 이들에게 마땅히 주어야 할 품삯도 주지 않는 이들은 얼마나 사악한 자들인지 생각해 보십시오.

• 존자 베다 『가톨릭 서간 해설』(야고보서).

### 곤궁한 이들을 위한 봉사

노동하는 이는 자신에게 필요한 것을 얻기 위해

서가 아니라 "너희는 내가 굶주렸을 때에 먹을 것을 주었고 … "(마태 25,35)라는 주님 말씀에 담긴 뜻을 이루기 위해 임무를 실천한다고 생각해야 합니다. … 일하는 사람은 누구나 자신의 만족보다 곤궁한 사람을 돕는 일을 앞에 두어야 합니다. 그러면 자기만 사랑한다는 비난도 듣지 않을 것이며 형제애를 실천한 상으로 "너희가 내 형제들인 이 가장 작은 이들 가운데 한 사람에게 해 준 것이 바로 나에게 해 준 것이다"(마태 25,40)라고 말씀하신 주님께 복을 받을 것입니다.

• 대 바실리우스 『대 수덕집』(긴 규칙서) Q.42,R.

### 일하되 일에 목매지 마라

"도둑질하던 사람은 더 이상 도둑질을 하지 말고, 자기 손으로 애써 좋은 일을 하여 곤궁한 이들에게 나누어 줄 수 있어야 합니다"(에페 4,28). 바오로 사도의 이 말을 잘못 이해하는 자들도 물론 있습니다. 자기 손으로 열심히 일해서 남에게 나누어 줄 수도 있을 만큼 좋은 결과를 얻도록 하라는 바오로 사도의 말을 그들은 주님의 이 말씀과 반대되는 것이라고 생각합니다. "하늘의 새들을 눈여겨보아라. 그것들은 씨를 뿌리지도 않고 거두지도 않을 뿐만 아니라 곳간에 모아들이지도 않는다. … 들에 핀 나리꽃들이 어떻게 자라는지 지켜보아라. 그것들은 애쓰지도 않고 길쌈도 하지 않는다"(마태 6,26.28). 바오로 사도는 하늘의 새와 들에 핀 나리꽃을 본받았다고 보이지 않습니다. 그는 사람들에게 짐을 지우지 않으려고 자기 손으로 일한 사실을 여러 차례 언급했고(참조: 사도 20,34; 1코린 4,12; 1테살 2,9; 2테살 3,8), 그와 아퀼라가 복음 전파의 동반자가 된 것은 직업이 같아 함께 일해 생계를 꾸려 나가기로 한 것이 계기였다고 기록되어 있습니다(사도 18,3 참조). 이 구절들과 성경의 다른 구절들을 참고할 때 우리 주님께서는 사람이 일반적인 방식으로 이런 것들을 마련하는 것을 나쁘게 보시지 않는 것이 분명합니다.

• 아우구스티누스 『주님의 산상 설교』 2,17,57.

세속적인 직업에 적당하게 헌신함으로써 항상은 아니라 하더라도 자주 독서와 기도에 전념하지 않는다면 영적인 안식을 지킬 수 없습니다.

• 아를의 카이사리우스 『설교』 100,4.

### 노동의 보상인 잠

모두가 알 수 있듯이 잠에 관한 한 똑같은 일이 일어납니다. 부드러운 침상이나 은 도금을 한 침대틀, 집 전체에 흐르는 고요함, 이런 것들이 노동과 피로, 수면 부족, 잠자리에 누웠을 때의 졸음만큼 달콤하고 기분 좋게 잠을 자게 하지는 못할 것입니다. 이를 실제로 체험해 보지 않아도 성경 말씀이 이런 사실을 증언합니다. 호화로운 삶을 살았던 솔로몬은 이 사실을 "적게 먹든 많이 먹든 노동자의 잠은 달콤하다"(코헬 5,11)라며 분명하게 밝혔습니다. 그런데 그는 왜 "적게 먹든 많이 먹든"이라는 말을 덧붙였을까요? 이 두 가지, 곧 빈곤과 지나친 영양은 잠을 못 이루게 하는 게 보통입니다. 하나는 몸을 마르게 하고 눈꺼풀을 경직시켜 눈을 감지 못하게 하며, 다른 하나는 호흡을 곤란하게 하고 많은 아픔을 일으킵니다. 그러나 노동은 아주 강력한 동인이어서 이 두 가지 상황에 있더라도 종들은 잠을 잘 수가 있습니다. 하루 종일 사방을 뛰어다니며 주인들을 섬기고 들볶이고 스트레스를 받고 숨 쉴 겨를조차 없을 정도였기에, 달콤한 잠으로 노고와 노동에 대한 충분한 보상을 받는 것입니다. 그러므로 이와 같은 달콤함을 금이나 은으로 사는 것이 아니라, 노동과 힘든 노고와 필요와 온갖 단련을 할 때 얻게 되는 것은 인류에 대한 하느님의 선하심 덕분입니다. 부자는 그렇지 못합니다. 그들은 침대에 누워 밤새도록 잠을 이루지 못하는 때가 많습니다. 갖가지 방법을 써 보지만 그런 달콤함을 얻지 못합니다. 그러나 하루의 노동에서 해방된 가난한 사람은 완전히 지친 몸으로 잠자리에 들기 무섭게 잠에 빠져듭니다. 그날의 노고에 대한 보상인 이런 깊고 달콤하고 진한 잠은 결코 하찮은 것이 아닙니다.

• 요한 크리소스토무스
『(입상에 관해) 안티오키아 신자들에게 행한 설교』 2,23.

## 노동과 게으름

### 악한 일과 좋은 일

게으름은 죄를 낳는 큰 요인입니다. 그러니 바오로 사도가 그것과 반대되는 것으로 좋은 일을 권하는 것은 충분히 그럴 만합니다. 이 구절[에페 4,28 참조]을 보면, 악한 일인 도둑질과 좋은 일인 정직한 노동을 대비시키고 있습니다.

• 키루스의 테오도레투스
『바오로의 열두 서간 주해』(에페소서) 4,28.

### 그리스도를 팔아먹는 자들을 경계하라

주님의 이름으로 여러분에게 오는 모든 이를 받아들이십시오. … 그가 장인으로서 여러분과 함께 거주하기를 원한다면 일을 하여 먹고살도록 하십시오. 만일 그에게 장인 기술이 없으면 여러분의 판단에 따라 보살펴, 그리스도인이 여러분 가운데서 게으름을 피며 사는 일이 없도록 하십시오. 이를 따르려 하지 않으면 그는 그리스도를 팔아먹는 자입니다. 이런 자들을 조심하십시오.

• 『디다케』 12,1-5.

### 게으름에서 가난이 온다

가난보다 더 나쁜 것은 없습니다. 가난은 게으름뱅이에게 즉시 다가오며 강력한 주자를 순식간에 따라잡기까지 합니다. 가난은 궁핍과 같습니다. 곧, 가난은 지식의 결핍이며 궁핍은 덕행의 결핍입니다. '일'이 절대적으로 탁월하다는 것을 아시겠지요? 본능으로 모르시겠습니까? 그렇다면 어떤 것을 해 보려는 시도를 통해 배우십시오. 또는 더 비이성적으로 보이고 싶습니까? 그렇다면 가난에서 달아나 보십시오. 일이 처음에 어렵습니까? 그렇다면 그 결과를 그려 보십시오. 게으름이 달콤합니까? 그렇다면 그 끝이 어떤 것일지 생각해 보십시오. 그러므로 우리는 모든 일의 처음을 보지 말고 그 끝을 봅시다. 집을 나서는 사람은 길에서 멈추고자 하지 않습니다. 오히려 그는 자신의 여정을 시작할 때 이미 끝을 생각합니다. 그런 마음으로 출발하기에 그의 시작은 그를 끝으로 데려갈 것입니다. 그런데 여러분은 이와 정반대로 행하고 있습니다.

• 요한 크리소스토무스 『잠언 (주해) 단편』 6,11.

### 해야 할 일을 하지 않는 게으름뱅이

해야 할 일을 하지 않는 게으름뱅이는 자기에게 어떤 어려움이 있다고 상상하며 근거 없이 두려워합니다. 두려움을 가지는 것이 정당한 어떤 명백한 이유를 발견하면, 그는 일하지 않고 나태하게 지낸 것이 지극히 정당하다는 듯이 행동합니다. … 게으름뱅이는 춥다고 밭을 갈지 않으나 실은 게으름으로 무감각해져 마땅히 해야 할 좋은 일을 하지 못하는 것입니다. 게으름뱅이는 추위를 핑계 삼아 밭을 갈지 않습니다. 그러나 실은 하찮은 어려움이 두려워 가장 중요한 일을 하지 못합니다. 그러니 "수확 철에 소출을 찾지만 아무것도 없다"(잠언 20,4)는 옳은 말입니다. 지금

땀 흘려 좋은 일을 하지 않는 사람은 수확 철에 아무것도 얻지 못할 것입니다. 달리 말해 심판의 뜨거운 태양이 떠오를 때, 그는 왕국에 들어가게 해 달라고 청하지만 들어가지 못할 것입니다.

• 대 그레고리우스 『사목 규칙』 3,15,16.

### 게으름뱅이의 착각

지혜서에는 게으름뱅이라 불리는 자들이 있습니다. 그들은 자기 길을 엉겅퀴로 뒤덮습니다. 그들은 하느님의 계명을 따르려는 열정이 영혼에 해롭다고 생각합니다. 그들은 사도들의 권고에 불평하는 자들이며 품위 있게 자기 빵을 먹지 않고 다른 이들에게 아첨하며 삶의 기술을 사용하지 않는 자들입니다. 사람을 기만하는 꿈을 복음서의 가르침보다 더욱 신뢰하며 계시를 환상이라고 말하는 몽상가들도 있습니다. 그 밖에 자기 집에만 틀어박혀 있는 이들과, 사랑하라는 계명을 깨닫지 못하고 인내와 겸손의 열매를 알지 못한 채 비사교적이고 야만적인 태도를 덕행이라고 여기는 이들도 있습니다.

• 니사의 그레고리우스 『동정』 23.

### 게으름과 무관심에 몰두하는 이들

한처음에 사람은 일을 하는 데 타고난 소질을 가진 채 창조되었습니다. 아담은 낙원에서 흙을 일구고 돌보도록 명을 받았고, 우리에게는 선을 행하고 일을 하는 데 타고난 소질이 있기 때문입니다. 게으름과 무관심에 몰두하는 이들은 아무리 영적이고 거룩하더라도, 이상한 욕정에 사로잡혀 자신을 내던지게 마련입니다.

• 신 신학자 시메온 『교리교육』 10,3.

### 힘닿는 만큼 일하라

나태가 얼마나 큰 악인지 대해 깊이 숙고해야 하는 이유가 있습니다. 그래서 사도는 "일하지 않는 사람은 먹지도 말라"(2테살 3,10)라고 분명히 밝힙니다. 누구나 일용할 양식이 필요하듯이 자신의 힘에 맞게 노동하는 것도 꼭 필요한 일입니다. … 주님께서는 게으름과 악함을 짝으로 취급하며 "이 악하고 게으른 종아!"(마태 25,26)라고 말씀하십니다. 슬기로운 솔로몬도 앞에서 인용한 글에서 일하는 사람을 칭송했을 뿐 아니라, 게으름뱅이를 가장 작은 곤충과 대비하여 꾸짖으면서 이렇게 말합니다. "너 게으름뱅이야, 개미에게 가서 [배워라]"(잠언 6,6). 우리도 심판 날에 이런 잘못을 지적받지 않도록 두려워할 이유가 있습니다. 우리에게 일할 능력을 주신 그분은 우리가 능력에 맞갖게 노동할 것을 요구하시기 때문입니다.

• 대 바실리우스 『대 수덕집』(긴 규칙서) 37.

### 많은 가능성과 기회가 있다

빚쟁이는 "그렇다면 어떻게 살아야 하지?"라고 묻습니다. 그대에게는 두 손이 있고 기술이 있습니다. 품팔이를 하든가 하인이 되든가 하십시오. 인생에는 많은 가능성과 기회가 있습니다. 일할 능력이 없습니까? 그럼 부자들을 찾아다니며 구걸하십시오. 구걸하는 것이 수치스럽습니까? 빌린 돈을 갚지 못한다면 훨씬 더 수치스러울 것입니다. 어쨌든, 나는 이런 충고를 법률을 제정하듯이 강압적으로 하지는 않겠습니다. 다만 무엇이 됐든 돈을 빌리는 것보다는 낫다는 것을 지적하고 싶을 따름입니다. 개미는 구걸하거나 빌리지 않고도 자급자족할 수 있고, 꿀벌은 자신의 먹이 가운데 남은 것을 여왕벌에게 줍니다. 자연은 이런 생명체들에게 손도 기술도 주지 않았습니다. 그런데 그대는 인간이고 창의력 있는 동물인데도, 생명을 보존하기 위한 수많은 방책들 가운데

단 한 가지도 찾아내지 못한다는 말입니까?

• 대 바실리우스『고리대금업자 반박』 4.

### 그리스도인은 행동할 준비가 되어 있어야 한다

무익한 게으름을 조심해야 하는 것은 그리스도에 참여하는 이들의 의무라고 저는 단언합니다. 허리에 띠를 매지 않은 것과 같은 상태로 있어서는 안 되며, 성인에게 어울리는 어떠한 수고든지 기꺼이 행할 준비를 갖추는 것 또한 의무입니다. 하느님의 법이 그들을 이끄는 곳이면 어디로든 서둘러 따르며 민첩하게 행동해야 합니다.

• 알렉산드리아의 키릴루스『루카 복음 주해』 92.

그대가 부자라도 일하기를 그치지 마십시오. 사람은 게으름으로 인하여 많은 잘못을 저지르기 때문입니다.

• 시리아인 에프렘『설교』 15(훈계와 참회에 관하여).

### 자신의 생계를 스스로 책임져라

"일하기 싫어하는 자는 먹지도 말라"(2테살 3,10)는 사도의 말이 주님의 명령과 반대된다고 생각하는 사람도 있어서는 안 됩니다. 사도의 이 말은 제멋대로 굴고 게으른 사람들에게 한 말로서, 게으르게 살아 다른 사람에게 짐을 지우느니 적어도 자신의 생계는 스스로 책임지는 것이 낫다는 뜻입니다.

• 대 바실리우스『대 수덕집』(긴 규칙서) Q.42,R.

### 일하지 않는 자들을 멀리하다

바오로 사도는 테살로니카 신자들에게 일하지 않는 자들을 멀리하고 한가함이라는 종기를 곪아 있는 지체처럼 잘라 버리라고 지시합니다. 이는 게으름이라는 질병이 치명적인 전염병처럼 서서히 스며들어 지체의 건강한 부분마저 감염시키지 않도록 하려는 것입니다.

• 요한 카시아누스『규정집』 10,7.

### 개미와 꿀벌의 근면함

성경은 "너 게으름뱅이야, 개미에게 가서 [그 사는 모습을 보고] 개미보다 지혜로워져라"(잠언 6,6) 하고 말합니다. 개미는 혹독한 겨울에 대비하여 추수 때에 갖가지 양식을 많이 저장해 놓습니다. "또는 꿀벌에게 가서 그 근면을 배워라"(잠언 6,8 칠십인역)라고 합니다. 벌은 벌집 하나를 채우기 위하여 온 들판을 먹이로 삼기 때문입니다.

• 알렉산드리아의 클레멘스『양탄자』 1,6,33,5-6.

### 기쁨을 주다

하느님의 지혜는 "꿀벌은 모든 이에게 소중히 여겨지며 사랑받는다"라고 말합니다. … 더 나아가 꿀벌은 그 공로 때문에 사랑받습니다. 꿀벌의 노동은 임금들과 [모든] 인간에게 기쁨을 주기 때문입니다.

• 셰누테『이교인 철학자에게』.

### 개미의 근면함을 본받아라

개미는 조그마한 피조물이지만, 위험을 무릅쓰고 자신의 힘을 넘어서는 일을 이루어 냅니다. 개미는 노예처럼 강제로 일하지 않습니다. 오히려 강요 없이 앞을 내다보는 자주성으로 훗날을 위해 식량을 저장합니다. 성경은 우리에게 개미의 근면함을 본받으라고 권고합니다. … [개미는] 경작하는 땅이 없습니다. 그러나 양식을 비축할 때 지켜보고 죄어치는 감독자가 없어도 스스로 창고에 얼마나 많은 수확물을 쌓아 둡니까! 수확물은 수고의 결과로 모아집니다. 여러분은 자주 곤궁해지지만 개미에게는 결코 그런 일이 없습니다. 개미에게 닫혀 있는 곡물 창고는 없으며, 감시인이 있다 해도 개미는 어디든 지나가고 무엇이든 손댈 수 있습니다! 감시인은 도둑을 보고도 감히 막지 못합니다. 소유주는 손실을 지켜보지만 어떤 벌도 내리지 못합니다! 평지 위에 검은 줄이 움직입니다. 그 길은 떼로 모여든 여행자들로 불타오르며, 그 개미들은 작은 입으로 잡기 힘든 곡물 부스러기를 어깨에 져 나릅니다! 곡물 소유주는 이 모든 일을 바라보며, 그러한 미물이 이처럼 협력하여 근면하게 일하는 것에 스스로 부끄러워 차마 방해하지 못합니다!

• 암브로시우스 『육일 창조』 6,4,16.

### 개미를 본받지 않는 게으름뱅이

[게으름뱅이는] 개미를 본받지 않습니다. 그는 "여름에 양식을 장만"하지 않습니다. "여름에"(잠언 6,8)는 무엇을 뜻합니까? 평온하게 살며 이 세상에서 번영을 누릴 때, 여유가 있고 누구나 그를 가리켜 행복하다고 할 때, 그때가 바로 "여름"입니다. 그는 개미를 본받아야 했고 하느님의 말씀을 들어야 했으며, 곡물을 거두어들여 저장했어야 합니다. 그러나 재난의 시련이 닥쳐왔고, 온몸을 마비시킬 정도로 추운 겨울과 무시무시한 폭풍우, 냉혹한 슬픈 현실이 밀어닥쳤습니다. 그것은 손실일 수도 있고 신변의 안전을 위협하는 위험일 수도 있고, 가족과의 사별死別, 불명예나 수치일 수도 있습니다. 개미는 여름에 장만한 양식에 의지하여 겨울을 납니다. 여름에 수고하여, 아무도 볼 수 없는 비밀 창고에 마련한 양식으로 먹고삽니다. 개미가 여름에 자신을 위해 이 창고를 채우는 것을 누구나 보았지만, 겨울에 이 양식을 먹는 것을 본 이는 아무도 없었습니다. … 개미는 자기를 지켜보는 사람들 앞에서 자신의 길을 걸으며 나르고 쌓습니다. 때가 되면 겨울이 옵니다. 겨울이 찾아오지 않는 사람이 있습니까? 손실이나 사별은 있기 마련입니다. 개미가 먹을 양식을 안에 저장해 놓은 것을 모르는 이들은 아마 개미를 가련하게 여길 것입니다.

• 아우구스티누스 『시편 상해』 67,3.

### 이성이 없는 짐승에게서 일하는 것을 배워라

"너 게으름뱅이야, 개미에게 가서 그 사는 모습을 보고 지혜로워져라"(잠언 6,6). 그 말은 일하는 것은 좋은 것이며 일하지 않는 자는 먹지도 말아야 한다는 것을 성경에서 배우라는 뜻입니다. 이성이 없는 짐승에게서 그것을 배우십시오! 우리도 집안에서 이렇게 합니다. 잘못을 저지른 이들(그들이 나이가 많고 윗사람이라도)에게 사려 깊은 아이들을 보고 배우라고 합니다. "잘 보시오, 이 아이는 당신보다 어린데도 얼마나 주의 깊고 열심이냐?" 하고 말하지요. 이처럼 우리는 개미한테서 근면함에 관한 최고의 교훈을 얻습니다. 여러분의 주님께 경탄하십시오. 하늘과 태양을 만드셨을 뿐 아니라 개미도 만드셨으니 말입니다. 개미는 조그맣지만 하느님 지혜의 위대함을 입증해 줍니다. 개미가 얼마나 총명한지 잘 보십시오. 하느님께서는 그렇게 작은 몸 안에 일에 대한 그처럼 끊임없는 욕망을 어떻게 집어넣으셨을까요! 여러분은 개미한테서 근면함의 교훈을 배우는 한편, 벌한테서는 깔끔함과 부지런함, 협조의 정신을 배우십시오! 나날이 일하는 벌은 자기보다는 우리를 위해 수고하니 말입니다.

• 요한 크리소스토무스
『(입상에 관해) 안티오키아 신자들에게 행한 설교』 12,2.

### 성실히 생업에 힘써라

교회의 젊은 사람들은 모든 본질적인 일에 성실히 몸담고자 노력하십시오. 하느님의 교회에 짐을 지우지 않고 스스로 생계를 유지하고 곤궁한 사람들을 도울 수 있도록 성실히 생업에 힘쓰십시오. 우리는 복음 말씀에 귀 기울여야 하지만 그보다 낮은 소명도 소홀히 해서는 안 되기 때문입니다. 우리 가운데는 어부도 있고 천막장이도 있고 농부도 있습니다. 우리는 한가히 앉아서 놀 틈이 없습니다. … 개미는 우두머리도 없고 감독도 지도자도 없이 여름에 양식을 장만하고 수확철에 먹이를 모아들인다. 벌에게 가서 그가 얼마나 부지런한지, 그가 만들어 낸 것이 얼마나 귀한 것인지 배워라. 임금도 보통 사람도 꿀벌이 수고하여 거둔 것을 건강을 위해 사용한다. 꿀벌은 힘은 약해도 지혜를 존중함으로써 발전하는 멋지고 훌륭한 생물이로다"(잠언 6,6-9 칠십인역). … 그러니 늘 일하십시오. 게으른 자의 흠은 낫지 않기 때문입니다. 여러분 가운데에 일하지 않는 자가 있다면, 그자는 여러분과 함께 먹지도 말라고 하십시오. 주 우리 하느님께서는 게으른 이를 싫어하시기 때문입니다. 하느님께 봉헌된 이들은 아무도 게을러서는 안 됩니다.

• 『사도 헌장』 2,8.

### 선행의 열매들을 자신을 위해 저장하라

부지런히 일하는 개미는 나태하고 게으른 이에게는 자극제가 됩니다. 젊은 시절을 게으르게 보내는 사람은 이성도 없는 피조물에게서 배워야 합니다. … [개미가] 제때에 스스로 양식을 저장하는 모습을 보면, 개미를 본받아 다가올 세상을 위한 선행의 열매들을 자신을 위해 저장하십시오. 또 "꿀벌에게 가서 꿀벌이 얼마나 부지런한지 배워라"라고 합니다. 꿀벌은 온갖 종류의 꽃을 맴돌며 여러분을 위해 꿀을 모읍니다. 여러분도 성경을 맴돌며 여러분을 위해 구원을 얻기 바랍니다.

• 예루살렘의 키릴루스 『예비신자 교리교육』 9,13.

### 열심히 선을 행하며 게으름에 빠지지 않도록 노력하라

착한 일꾼은 수고의 빵을 당당하게 받지만, 게으르고 나태한 일꾼은 고용주의 얼굴을 감히 쳐다보지 못합니다. 그러므로 열심히 선을 실천하는 것이 합당합니다. 우리의 모든 것이 그분에게서 나오기 때문입니다. 성경은 우리에게 알려 주었습니다. "보라, 주님은 당신 앞에 상을 가지고 오시어 각자의 행적대로 갚아 주시리라"(묵시 22,12). 그러므로 이 말씀은, 온 마음을 다해 하느님을 믿는 우리가 온갖 선을 행할 때에 나태하지 말고 게으르지 말라고 권고합니다.

• 로마의 클레멘스 『코린토인들에게 보낸 첫째 편지』 34.

### 자기가 이룬 일에 따라 보상을 받다

바오로는 열심히 일하는 이들이 더 적게 일하는 이들보다 우월하다고 여기는 것을 허락하지 않으며, 적게 일하는 이들이 부지런한 사람들을 시기하는 것도 허용하지 않습니다. 하지만 모든 사람이 동등하게 취급받을 경우 자연스럽게 생겨나는 게으름의 유혹을 피하게 하기 위해, 열심히 일하는 이들이나 그렇지 않은 이들이나 각자 자기가 이룬 일에 따라 보상을 받게 된다고 덧붙입니다.

• 요한 크리소스토무스 『코린토 1서 강해』 8,6.

### 하나만 데려가다

주님은 또 말씀하십니다. "두 여자가 함께 맷돌질을 하고 있으면, 하나는 데려가고 하나는 버려둘 것이다"(루카 17,35). 노동으로 먹고사는 가난한 사람들에 관한 말씀인 것 같습니다. 그런데 여기서도 두 사람의 운명이 크게 달라지지요. 가난의 짐을 담대하게 지며 진지하고 덕스러운 삶을 사는 이가 있는가 하면, 정반대로 사는 사람도 있습니다. 이들은 사악한 일을 꾸미고 온갖 부끄러운 짓을 망설이지 않습니다. 가난한 사람들의 경우에도 그들이 어떻게 살았는지 똑같이 면밀하고 철저하게 조사하여, 선한 사람은 데려가시고 선하지 못한 사람은 버려 두실 것입니다.

• 알렉산드리아의 키릴루스 『루카 복음 주해』 118.

### 은총에 협력하다

모든 것을 하느님께 떠넘긴 채 잠들지 말라고 나는 권고합니다. 그러나 부지런히 일한다 할지라도 여러분의 힘만으로 모든 일을 이룰 수 있다는 생각도 하지 마십시오. 하느님께서는 우리가 게으름 피우는 것을 바라지 않으십니다. 당신 홀로 모든 것을 하지는 않으시기 때문입니다. 하느님께서는 우리가 혼자만의 힘으로 모든 일을 하기를 바라지도 않으십니다. 모든 것을 우리에게 다 맡겨 두지는 않으셨기 때문입니다(참조: 시편 146,5; 이사 41,10; 50,7; 사도 26,22).

• 요한 크리소스토무스 『마태오 복음 강해』 82,4.

### 부지런한 사람들에게는 더욱 풍성한 선물이 주어질 것이다

우리는 집안의 종들에게 똑같은 탈렌트가 주어지지 않는 것은 이해의 능력이 사람들마다 매우 다르기 때문이라고 생각합니다. 복음사가는 이들이 곧 가서 돈을 벌었다고 합니다. 이는 게으름을 피운 한 사람을 제외하고, 그들이 하느님의 일을 수행하기에 적격이었음을 알려 줍니다. 두려움과 게으름에 묶여 있는 사람은 끝내는 가장 질 나쁜 악에 빠지고 말 것입니다. 그는 자기가 받은 탈렌트를 땅에 묻었다고 예수님께서 말씀하시기 때문입니다. 그는 선물을 숨김으로써 자신에게는 쓸모없는 것으로 다른 이들에게는 유익을 가져오지 못하는 것으로 만들었습니다. 바로 이 때문에 주인은 그에게서 탈렌트를 빼앗아 이미 부유한 이에게 줍니다. 이런 이들에게서는 영이 떠났습니다. 거룩한 은사도 사라졌습니다. 그러나 부지런한 사람들에게는 더욱 풍성한 선물이 주어질 것입니다.

• 알렉산드리아의 키릴루스 『마태오 복음 단편』 283.

### 내일을 걱정하지 마라

우리는 생활에 필요한 것에 대해 걱정하지 않습니다. 우리가 이런 노동을 할 수 있으면 그분께서 우리를 보통 사람들이 먹고 입는 정도로 먹이고 입혀 주시기 때문입니다. 그러나 우리가 일할 수 없을 때는 그분께서 새들을 먹이시고 들의 나리꽃들을 입히시듯이 우리를 먹이고 입히십니다. 그러므로 이승에서 전투 중인 우리는 내일 걱정은 하지 맙시다. 우리는 그분께 내일과 관계된 세속적 걱정이 아니라 영원한 일들로 자신을 입증해야 하며, 우리가 세속 일에 얽혀 있다면 그분 마음에 들 수 없기 때문입니다.

• 아우구스티누스 『수도승의 노동』 27,35.

## 노래, 찬미(가)

성가는 두 배의 기도입니다.

• 아우구스티누스 『시편 상해』 72,1.

시편은 노래로 바치는 신앙고백입니다.

• 암브로시우스 『시편 해설』 1,9.

시편 노래가 바로 성령의 소리입니다.

• 아우구스티누스 『요한 복음 강해』 12,5.

수금과 현악기는 우리 안에 있습니다. 아니, 우리가 바로 악기입니다.

• 카시오도루스 『시편 해설』 33,2.

순수한 양심에서 나오는 찬미는 하느님을 기쁘시게 합니다.

• 레메시아나의 니케타스 『시편 송독의 유익 또는 찬가의 유익』 8.

여러분은 사랑으로 하나 되어 조화와 일치를 이루며 노래하십시오.

• 대 바실리우스 『시편 강해』 15,3 (제33편).

우리가 노래하고 시편을 바치고 하느님을 찬미하는 것은
목소리보다는 정신으로 하는 행위입니다.

• 히에로니무스 『바오로 서간 주해』(에페소서) 3,5,19.

### 노래의 의미와 이해

'노래를 부르다'(cantare)라는 것은 소리 내어 주님을 찬미함으로써 더없이 열렬한 그리스도인의 목소리를 봉헌하는 것입니다.

• 카시오도루스 『시편 해설』 97,4.

노래와 찬미

"노래"(시편 21,14)한다는 것은 주님의 말씀을 입술로 선포하는 것을 포함합니다. 또 "찬미"(시편 21,14)한다는 것은 선한 행위를 통하여 하느님의 명령을 한결같이 완수하는 것을 의미합니다. 이 두 가지가 모든 면에서 우리에게 요구됩니다. 우리의 입술로 주님께 대한 찬미를 성실하게 노래하는 것과 우리의 행위로 주님의 명령을 실천하는 것입니다.

• 카시오도루스 『시편 해설』 21,14.

### 찬미가와 시편과 영가

우리의 찬미가들은 하느님의 힘과 위엄을 언명합니다. 이 노래들은 그분께서 베푸신 은혜와 행위들에 대한 감사를 표현합니다. 우리의 시편들도 이러한 감사의 마음을 전합니다. "할렐루야"라는 말이 시편의 머리말이나 끝에 붙어 있다는 점에서 그렇습니다. 어떤 일을 행하고 어떤 일을 피해야 함을 우리에게 가르쳐 주는 시편들은 당연히 윤리의 영역에 속합니다. 시편의 영역은 은총의 도구로서의 몸입니다. 그러나 영가들의 영역은 정신입니다. 영가들을 부를 때면 우리는 천상의 것들에 관한, 세상의 조화에 관한, 섬세하게 안배된 모든 피조물들의 조화에 관한 강화講話를 듣게 됩니다. 이런 영적 노래들은 우리가 아는 의미들을 단순한 사람들을 위하여 더 쉽게 표현할 수 있도록 도와줍니다. 우리가 노래하고 시편을 바치고 하느님을 찬미하는 것은 목소리보다는 정신으로 하는 행위입니다.

• 히에로니무스 『바오로 서간 주해』(에페소서) 3,5,19.

### 영과 이성으로 찬미, 찬송하라

성령께서 마치 우리의 이성에 복종하시듯 이성을 위해 기도해 주시지 않는다면 우리의 이성은 기도할 수조차 없을 것입니다. 하느님의 깊은 비밀까지도 통찰하시는 성령께서 당신께서 비밀을 통찰하시고 이해하신 분(1코린 2,10 참조)을 먼저 찬미 찬송하시지 않는 한 우리는 적절한 음률과 곡조와 박자와 화음으로 그리스도 안에서 아버지께 노래하고 찬미를 바칠 수 없습니다.

• 오리게네스 『기도론』 4.

### 마음에 바른 영을 지니다

하느님을 찬양하는 것은 의로우므로, 찬미가 찬미에 어울리고 적합한 것이 되기 위해서는 의로운 마음이 필요합니다. "성령에 힘입지 않고서는 아무도 '예수님은 주님이시다' 할 수 없습니다"(1코린 12,3). 그러니 마음에 바른 영을 지니고 있지 않는다면 어떻게 합당한 찬미를 바칠 수 있겠습니까?

• 대 바실리우스 『시편 강해』 15,1 (제32편).

노래하는 이들의 기도가 하느님께 기꺼운 것이 되려면, 가사가 말하는 내용이 노래하는 이들의 순수한 마음에 담겨 올라가야 합니다.

• 카시오도루스 『시편 해설』 2.

### 온화한 사람

온화한 사람이 정직한 대답을 하고, 다가올 더 심한 고통을 평온한 마음으로 견딜 준비를 한다면 얼마나 더 훌륭하겠습니까? 의로움 때문에 부당하게 모든 고통을 받으며, '제 마음은 준비되었습니다. 하느님. 제 마음은 준비되었습니다' 하고 진정으로 말할 수 있는 사람은 행복합니다. 이런 사람만이 "제가 노래하며 찬미합니다"(시편 57,8) 하고 말할 수 있기 때문입니다.

• 아우구스티누스 『요한 복음 강해』 113,4.

### 마음으로 노래하다

우리가 잘 살고 있다면, 우리는 늘 성령으로 충만하여 하느님의 선물을 고백하고 찬양합니다. 성령께서는 우리가 이렇게 사는 것을 좋아하십니다. 이런 삶은 특히 노래로 잘 표현되는데, 이렇게 하느님께서는 모든 언어로 찬양받으십니다. 성령께서 어떤 사람 안에 머무르고 계시다면, 그는 늘 성령에 대하여 묵상합니다. 그런 노래는 입에서만이 아니라 그의 마음에서도 터져 나옵니다.

• 암브로시아스테르
『바오로의 열세 서간 주해』(에페소서) 5,19.

노래하는 이들의 큰 목소리는 그들의 진실한 마음을 나타냅니다. [그 목소리는] 거듭 찬미를 바치며, 사악한 자들의 멸망과 주님과 주님 사람들의 영원한 영광을 기뻐합니다.

• 존자 베다 『묵시록 해설』 19,6.

### 마음을 집중하라

"주님께 노래하며 찬양하라"(에페 5,19)는 것은 노래하는 동안 마음을 집중하라는 뜻입니다. 정신이 이리저리 떠돌게 두지 않는 것입니다. 노래하는 동안 하느님께 깊은 주의를 기울이지 않는 이들은 마음은 다른 것에 한눈 판 채 그저 입으로만 시편을 읊고 단어를 입 밖에 낼 뿐입니다.

• 요한 크리소스토무스 『에페소서 강해』 19,5,19-21.

### 종교적 명상에 잠긴 마음

기도와 성가 영창에도 모든 시간이 적절합니다. 손이 일로 바쁜 동안에도 때때로 우리는 입으로 하느님을 찬미할 수 있습니다. … 이렇게 해서 종교적 명상에 잠긴 정신이 우리 몸에 깃듭니다. 어떤 행위를 하건 우리가 하는 일의 성공을 하느님께 간청하며, 우리에게 그 일을 할 힘을 주신 분께 마음으로 고마움을 표현하는 한편 그분을 기쁘게 해 드리는 것이 우리의 목적임을 마음에 새기는 것입니다.

• 대 바실리우스 『대 수덕집』(긴 규칙서) Q.37,R.

### 영광을 얻기에 합당한 이가 되라

여러분에게는 시편과 예언, 복음 가르침과 사도들의 설교가 있습니다. 혀가 노래하게 하고, 정신이 자기가 들은 것의 의미를 해석하게 하십시오. 그러면 여러분은 자신의 영으로 노래하고, 자신의 정신으로 노래하게 될 것입니다. 하느님께서 찬양이 필요하셔서가 아닙니다. 하느님께서는 여러분이 영광을 얻기에 합당한 이가 되기를 바라십니다.

• 대 바실리우스 『시편 강해』 13,8 (제29편).

### 찬가와 노래로 찬미하라

강한 정신력을 가진 사람이 하늘로부터 오는 힘 있고, 가장 가치 있는 가르침을 듣게 된다면, 그는 이 가르침을 듣기 위하여 그의 정신을 들어 올릴 것이며, 그 가르침을 완전히 받아들이고, 그의 창조주이며 우주를 만드신 분을 찬가와 노래로 찬미할 것입니다.

• 카이사리아의 에우세비우스 『시편 주해』 18[19],2.

### 일치하여 노래하라

우리는 지성을 다하여 노래해야 합니다. 영(우리의 목소리지요)으로뿐만 아니라 정신으로도 노래해야 합니다. 분심을 일으키는 말이나 본질에서 벗어난 생각들로 우리 노력의 결실을 잃지 않도록 우리가 노래하는 바에 대해 생각해야 합니다. 우리가 부르는 노랫소리와 가락은 종교적으로 적절한 것이어야 합니다. 통속적인 노래여서는 안 되며, 참된 그리스도교 정신이 드러나야 합니다. 극적인 것이 되어서도 안 되며 우리의 죄에 대해 슬퍼하도록 내면을 움직이는 것이어야 합니다. 물론, 불협화음 없이 모두 일치하여 노래해야 합니다.

• 레메시아나의 니케타스
『시편 송독의 유익 또는 찬가의 유익』 13.

### 감미롭고 듣기 좋은 음악

역대기 상권을 읽어 보면, 다윗 예언자가 주님께 헌신하며 늙었을 때, 그는 주님의 영감으로 자신이 지은 시편들을 연주할 젊은이 사천 명을 이스라엘 백성 가운데서 뽑아, 피리와 비파와 수금과 손북과 자바라와 나팔과 자기 목소리로 천상은혜의 감미로움을 드높이도록 하였습니다. 이러한 감미로운 조화는 세 부분으로 분명히 나뉘었는데, 사람 목소리로 구성된 이성적 부분과 악기로 구성된 비이성적 부분 그리고 이 둘을 혼합한 공통부분입니다. 정해진 가락을 목소리로 부르면, 악기들의 선율이 화음 반주에 더해졌습니다. 이런 연주를 통해 감미롭고 듣기 좋은 음악은, 주님의 선물로 서로 다른 언어들과 다양한 혼합을 통해서 하나의 신앙의 화합을 믿게 된 가톨릭 교회의 전조가 되었습니다.

• 카시오도루스 『시편 해설』 2.

### 소리의 조화는 합창단의 지휘자에게서 온다

합창단 지휘자가 남녀 단원 각자에게 자리와 음조를 정해 주어 소리의 조화를 이끌어 내듯이, 조화를 이루어 하느님께 노래하는 사람들에게는 구원자께서 합창단의 지휘자이십니다. 합창단 지휘자는 현인일 수도 있는데, 현인으로서의 솔로몬의 역할을 생각한다면 여기서는 지휘자가 솔로몬입니다.

• 맹인 디디무스 『코헬렛 주해』 41,10.

### 성가를 맡은 이들

예언자 사무엘의 손자로서 시편을 읊은 헤만이 나옵니다. 사실 그는 사무엘의 아들인 요엘의 아들(1역대 6,18 참조)입니다. 그런가 하면, 성가를 맡은 이들 가운데 하나인 아삽(참조: 1역대 15,17; 16,7.37)은 레위의 아들이며 크앗의 형제인 게르솜의 가계에서 나왔습니다. 성가를 맡은 이들 가운데 하나인 에탄은 레위의 셋째 아들인 므라리의 후손입니다.

• 키루스의 테오도레투스
『열왕기와 역대기에 관한 질문』 서론.

"성가대"(느헤 7,1)는 이 천상본향의 달콤함을 신실한 목소리로 선포하는 이들입니다. "레위인"(느헤 7,1)들은 거룩한 예배를 지키기 위해 늘 깨어 있는 이들입니다.

• 존자 베다 『에즈라기와 느헤미야기 우의적 해설』 3,24.

### 성전의 성가 책임자인 여두툰

여두툰은 성전에서 성가를 맡은 이였습니다. 역대기의 역사가 이를 증언합니다. "그들과 함께 헤만과 여두툰은 나팔과 자바라를 비롯하여, 하느님을 찬양하는 악기들을 연주하게 하였다"(1역대 16,42). 조금 더 내려가면 이렇게 말합니다. "다윗과 예배 책임자들은 아삽과 헤만과 여두툰의 자손들을 뽑아, 그들에게 비파와 수금과 자바라를 연주하며 예언하는 일을 맡겼다"(1역대 25,1).

• 대 바실리우스 『시편 강해』 21,1 (제61편).

### 이해하며 노래하라

여러분은 이방인들이었지만 그리스도인이 되도록 부름을 받았습니다. 인간의 손으로 만든 신들을 섬기는 이교인들은 그 신들에게 찬가를 바치지만 그 내용을 이해하지 못한 채 그렇게 합니다. 만약 그들이 이해하며 찬가를 부른다면 돌들을 섬기지는 않았을 것입니다. 이성을 부여받은 인간이 이성이 없는 돌에게 노래할 때 과연 그것이 이해하고서 노래하는 것이었을까요?

• 아우구스티누스 『시편 상해』 47,9.

"이해하며 노래하라"는 구절(시편 47,8 참조)은 이미 이루어진 일을 인식하고 그 업적을 기억하며 노래하라는 뜻입니다.

• 타르수스의 디오도루스 『시편 주해』 47.

### 거룩한 사람과 거짓 예언자

거룩한 사람은 영 안에서 기도하고 이해력을 지니고 기도하며 영 안에서 노래하고 이해력을 지니고 노래하는 반면, 거짓 예언자는 자기 마음대로 예언하며 하느님의 성령이 아니라 제 영을 따릅니다.

• 오리게네스 『에제키엘서 강해』 2,3.

### 하느님을 보고자 하는 갈망을 일으키다

사랑에 빠진 이는 연인에게 노래를 불러 줍니다. 연인이 눈앞에 없어도 노래로 자기 마음을 달랩니다. … 하느님을 볼 수는 없지만 그분께 노래를 지어 드리고, 노래로 그분과 대화하며, 그분을 보고자 하는 갈망을 불러일으키고, 그분을 만날 때의 감동을 얻으려 합니다. 아니, 오히려 찬미가와 노래를 부름으로써 많은 이들의 마음에 하느님을 보고자 하는 갈망을 일으키려 합니다.

• 요한 크리소스토무스 『시편 해설』 9,2.

### 사람들의 말 안에서 육화하는 하느님의 말씀

귀에 들리는 모든 말은 소리가 되어 밖으로 나오지 않은 생각의 주제이기도 합니다. 육체의 입이 아무 소리 내지 않는 동안에도 마음속으로는 줄곧 시를 외울 수도 있는 것입니다. 우리가 들음이라고 하는 육체적 감각에 전해지는 연속되는 음절들과 노랫가락은 비영적인 것이지만 그 비영적 표상을 통해 마음속 생각에 제시되며 생각은 소리 없이 그것을 되풀이합니다. … 그것이 하느님의 말씀이라 불리는 까닭은 인간의 가르침이 아니라 하느님의 가르침이 그것을 통해 전해지기 때문입니다.

• 아우구스티누스 『삼위일체론』 15,11,20.

### 최초의 참된 음악

만물이 서로 간에 나누는 일치와 친화는 질서 있게 순차적으로 조절되고 있는데, 이 일치와 친화야말로 최초의, 원형적인, 참된 음악입니다. 이것은 우주의 지휘자가 계속되는 움직임을 통하여 무언의 지혜로 솜씨 좋게 지휘하는 음악입니다.

• 니사의 그레고리우스 『시편의 제목』 1,3,21.

### 구약성경의 일곱 노래

여러분은 이집트에서 탈출해야 합니다. 이집트 땅을 뒤로 한 지점에 도착하였더라도 홍해를 건너야만 "나는 야훼를 찬양하련다. 그지없이 높으신 분"(모세의 노래: 탈출 15장) 하고 첫 번째 노래를 부를 수가 있습니다. … 광야를 지나 영적 여행을 계속하여 마침내 왕들이 파놓은 우물에 다다르게 되면 그곳에서 여러분은 두 번째 노래를 부를 수 있습니다(민수 21,17-20 참조). 그런 다음에 거룩한 땅의 문턱에 이르면 요르단 강둑에 서서 여러분은 모세가 불렀던 또 하나의 노래를 부를 수 있습니다. "하늘아 귀를 기울여라. 내가 말하리라. 땅아 들어라. 내가 입을 열리라"(신명 32장). 다시 여러분은 여호수아의 지휘 아래 싸우며 거룩한 땅을 이어받아야 합니다. 그러면 꿀벌이 여러분을 위하여 예언해 주고 여러분을 주관하게 될 것입니다. "드보라"란 이름은 꿀벌이란 뜻입니다 이렇게 하여 판관기에 나오는 노래를 여러분은 소리 높이 부를 수 있을 것입니다(판관 5장: 드보라의 노래 참조). 여기에서 또 열왕기(사무엘기 하권)로 올라가면서 "다윗의 노래"에 다다르게 됩니다. 다윗이 원수들과 사울 왕의 손아귀에서 달아났을 때 "야훼는 나의 반석 나의 요새 나를 구원하시는 이" 하고 불렀던 노래입니다(2사무 22,2-51: 다윗의 노래). 다음으로 여러분은 이사야서에 다다라야 합니다. 그곳에서 이사야와 더불어 "임의 포도밭을 노래한 사랑의 노래를 내가 임에게 불러드리리라" 하고 노래하게 될 것입니다(이사 5장). 이 모든 노래를 다 거치고 나면 여러분은 더한층 높은 곳으로 향해야 합니다. 그곳에 이르러 비로소 신랑과 더불어 아름다운 영혼으로서 이 노래 중의 노래 아가를 부를 수 있게 될 것입니다.

• 오리게네스 『아가 강해』 1,1.

### 예언자들의 노래

모세는 홍해를 갈라 유대인들이 바다를 건널 수 있게 했습니다. 그때 그는 노래를 불렀습니다(탈출 15,1-18 참조). 그러자 갈라졌던 바로 그 물결이 이집트 군대를 덮쳐 군마와 기병들이 모두 물에 빠져 죽었습니다.

이사야는 자신이 사랑하는 포도밭을 두고 노래하며, 전에는 덕행으로 풍성한 열매를 내던 백성이 수치스런 행실로 황폐해질 것을 예언했습니다(이사 5,1-7 참조). 히브리인들은 타오르는 불길이 안팎으로 모두를 태우면서도 그들만은 건드리지 않았을 때 노래를 불렀습니다(참조: 1마카 2,59; 다니 3,19-25). 하바쿡 또한 넘치는 슬픔을 노래로 달랠 줄 알았고, 주님의 고귀한 수난은 믿는 이들을 위한 것임을 예언했습니다(하바 3,13 참조). 예언자들은 노래를 영적 도구로 삼아 인류의 구원에 관한 예언이 울려 퍼지게 했습니다. 그들은 울면서 구슬픈 노래로 유대인의 굳은 마음을 부드럽게 풀어 주었습니다(이사 46,12 참조).

• 암브로시우스 『루카 복음 해설』 6,6-7.

### 누가 그처럼 완전한 노래를 부르겠는가?

완전한 신랑의 완전한 신부로서, 그때 그녀는 완전한 가르침의 말씀을 받았습니다. 모세와 이스라엘 자손들은 "바닷가에 죽어 있는 이집트인들"(탈출 14,30)과 주님의 강한 손과 팔의 권능을 보고 하느님과 그분의 종 모세를 믿게 되었을 때(탈출 14,31 참조), 하느님께 첫 번째 노래를 지어 바쳤습니다. "주님께 노래하자. 그분은 그지없이 높으시다"(탈출 15,1). 저는, "바다 가운데로 마른 땅"(탈출 14,22)을 걸어 지나고, '물이 그들의 좌우 벽이 되어 주어'(탈출 14,22 참조) 이집트인들의 손에서 도망칠 수 있었던 사람이 아니라면 아무도 이 성경 본문에 기록된 완전하고 신비한 노래와 신부의 완전함에 이를 수 없다고 생각합니다.

• 오리게네스 『아가 주해』 서론 4.

### 모세의 노래는 그의 유언이다

모세는 이 세상을 떠날 무렵에 신명기에서 두려움을 불러일으키는 노래를 불렀습니다. 그는 그 노래(신명 31,30 참조)를 이스라엘 백성에게 일종의 유언으로 남겨 주었습니다. 그들이 하느님을 저버릴 경우에 어떤 죽음을 맞게 되어 있는지 가르치기 위해서였습니다.

• 레메시아나의 니케타스
『시편 송독의 유익 또는 찬가의 유익』 3.

### 승리는 절로 노래하게 만든다

넷째 노래가 판관기에 있습니다. 그 노래에 관하여 이렇게 쓰여 있습니다. "그날 드보라는 아비노암의 아들 바락과 함께 이렇게 노래하였다. '이스라엘에서 지도자들은 지휘하고, 백성은 자원하여 나서니, 주님을 찬미하여라. 임금들아, 들어라. 군주들아, 귀를 기울여라.'"(판관 5,1-3). … 이 노래는 승리를 한 다음에 불립니다. 적들을 정복하지 않고서는 아무도 완전한 것에 대하여 노래할 수 없기 때문입니다. 더 나아가 이 노래는 이렇게 말합니다. "깨어나라, 깨어나라, 드보라야. 수많은 사람들을 깨워라. 깨어나라, 깨어나라, 노래를 불러라! 일어나라, 바락아!"(판관 5,12).

• 오리게네스 『아가 주해』 서론.

### 승리의 노래

그(사울)는 다윗이 베푼 큰 후의를 그를 미워하는 동기로 삼았습니다. 첫째는, 다윗의 신묘하고 듣기 좋은 비파 연주로 자신의 광기를 치료하고서도 사울은 자신의 은인을 창으로 찌르려고 했습니다. 그 뒤 다윗이 그와 그의 군대를 원수에게서 구해 주어 골리앗 앞에서 치욕을 당하지 않게 해 주었습니다. 이 승리를 기리기 위해 승리의 노래가 울려 퍼질 때에 여인들이 다윗이 열 배로 큰 승리를 거두었다며 "사울은 수천을 치시고 다윗은 수만을 치셨다네"(1사무 18,7) 하고 노래하였습니다.

• 대 바실리우스 『질투에 관한 설교』.

### 다섯 번째 노래를 부를 자격

다섯 번째 노래는 사무엘기 하권에 나옵니다. "주님께서 다윗을 그의 모든 원수들과 사울의 손아귀에서 건져 주신 날, 다윗은 이 노래로 주님께 아뢰었다"(2사무 22,1)고 설명되어 있습니다. 그는 이렇게 말했습니다. "주님은 저의 반석, 저의 산성, 저의 구원자, 저의 하느님, … 당신께서는 저를 폭력에서 구원하셨습니다"(2사무 22,2-3). 사무엘기 상 · 하권에서 다윗이 무찌르고 쓰러뜨린 원수들이 누구인지, 그리고 그가 어떻게 해서 주님의 도움을 입고 이런 종류의 원수들에게서 구원받을 자격을 얻었는지 고찰하고 파악했다면, 여러분도 이 다섯 번째 노래를 부를 자격이 있습니다.

• 오리게네스 『아가 주해』 서론.

### 참회의 노래를 짓다

하바쿡 예언자는 자신의 노래에 이런 제목을 붙입니다. "하바쿡 예언자의 기도. 무지함에 맞추어"(하바 3,1). 그가 대담하게도 하느님에게 이렇게 말했기 때문입니다. "주님, 당신께서 듣지 않으시는데 제가 언제까지 살려 달라고 부르짖어야 합니까? 당신께서 구해 주지 않으시는데 제가 언제까지 '폭력이다!' 하고 소리쳐야 합니까? 어찌하여 제가 불의를 보게 하십니까? 어찌하여 제가 재난을 바라보아야 합니까? 제 앞에는 억압과 폭력뿐 이느니 시비요 생기느니 싸움뿐입니다. 그러니 법은 스러지고 공정은 영영 모습을 드러내지도 못합니다. 악인이 의인을 에워싸니 왜곡된 공정만 모습을 드러냅니다"(하바 1,2-4). 그는 무지에서 이러한 말을 했음을 인정하며 스스로 책망하여 참회의 노래를 짓습니다. 무지가 죄가 아니라면, 참회의 책을 만드는 것은 헛된 노력이고, 죄가 아닌 행동에 대해 슬픔을 표현하려는 그의 소망도 무의미했을 터입니다.

• 히에로니무스 『펠라기우스파 반박 대화』 1,39.

### 유배살이 하던 유대인들은 예배를 올릴 수도 율법을 지킬 수도 없었다.

그들이 바빌론에 살 때에 원수들은 그들이 노래하게 만들려 했고, 그들은 [하느님의 말씀을] 들을 수도 [율법을] 지킬 수도 없었습니다. 그들은 포로요 학대하는 주인들 밑에 사는 종이었기 때문입니다. 그러나 고향과 자유를 빼앗기고 (생명마저 위험에 처한 채로) 덫에 갇힌 듯 원수들 손에 쥐여 있을 때, 비파를 들고 노래 부르도록 강요당했을 때, 그들은 이렇게 노래했습니다. "바빌론 강기슭 거기에 앉아 우네. 우리를 포로로 잡아간 자들이 노래를 부르라 하는구나. … 우리 어찌 주님의 노래를 남의 나라 땅에서 부를 수 있으랴?"(시편 137,1.3-4).

• 요한 크리소스토무스

『그리스도의 신성에 관해 유대인과 이교인 반박』 17.

### 정해진 날 모여 성가를 부르다

그들(그리스도인들)은 정해진 날 동트기 전에 모이고, 말하자면 자신들의 신 그리스도를 위하여 번갈아가며 노래를 부르고, 죄를 짓지 않겠다고 맹세하며, 절도, 강도질이나 간통을 하지 않겠다고 약속하고, 신의와 신앙에 어긋난 일을 하지 않고 누가 맡긴 것을 달라고 하면 아무것도 거부하지 말고 주기를 약속하였습니다.

• 소 플리니우스 『트라야누스 황제에게 보낸 편지』 10,96.

### 교회 성가의 도입과 전파

형제들이 경건한 열성으로 영혼에서 우러나오는 큰 소리로 노래를 부르는 이러한 일종의 신심과 찬양을, 밀라노 교회가 관습으로 만든 것은 결코 오래전 일이 아닙니다. … 그때[황제의 군사들이 바실리카를 점거했을 때]에 신자들이 너무 의기소침하여 낙담하지 않도록 동방 교회의 관습대로 찬가와 시편을 노래하는 것이 도입되었습니다. 그 이후 오늘에 이르기까지 이 관습은 이어져 이미 많은, 아니 전 세계의 거의 모든 당신의 교회 공동체가 받아들였습니다.

• 아우구스티누스 『고백록』 9,7,15.

### 이교인의 찬가나 외설적인 노래

유흥을 즐길 때조차 두려움과 떨림으로 그렇게 해야 합니다. 충실한 그리스도인은 이교인의 찬가나 외설적인 노래를 불러서는 안 됩니다. 이교인의 찬가를 노래하게 되면 성령의 이름 대신에 우상과 마귀들의 이름을 불러야 하고, 그렇게 함으로써 그 사악한 자가 그 사람 안에 들어갈 수 있기 때문입니다.

• 『사도 헌장』 5,2,10.

## 새 노래

### 하느님께서 좋아하시는 노래

나는 불경한 우상 숭배 대신에 참되신 하느님께 찬미를 드리고, 노래를 불러 드리라는 가르침을 받았습니다. 낡은 노래가 아니라 새로운 노래, 새롭게 그분의 사랑을 받게 된 이들에게 어울리는 노래를 부르라는 가르침을 받았습니다. 보다시피 나는 더 이상 조가弔歌를 부르며 청원을 드리지 않습니다. 대신에 나는 사랑받는 이의 노래를 부릅니다. 앞에서 말한 대로, 이 노래는 예형인 다윗의 고통과 그에게 주어진 은총과 연관됩니다. 그리고 이 노래는 특히 죄의 심연 속에 가라앉아 죽음에 맡겨졌지만 구원자의 육화로 구출되어 부활의 희망을 얻게 된 인류와 연관됩니다.

• 키루스의 테오도레투스 『시편 주해』 40,3.

### 옛 노래와 새 노래

옛 노래는 이랬습니다. "시온에 자손을 두고 예루살렘에 친지를 둔 이는 복되다"(이사 31,9 칠십인역). 그러나 새 노래는 이렇습니다. "환성을 올려라, 아이를 낳지 못하는 여인아!"(이사 54,1). 또 이렇습니다. "나의 계약을 준수하는 고자들에게는 나의 집과 나의 울안에 아들딸들보다 나은 기념비와 이름을 마련해 주리라"(이사 56,4-5). … 어린 양께 이 노래를 부른다는 것은 썩지 않는 육신이 되어 모든 신자 앞에서 그분과 함께 영원히 기뻐하는 것입니다. 그러나 다른 선민들도 이 노래를 부를 수는 없지만 들을 수는 있습니다. 그들은 상을 받을 만큼 높이 올라서지는 못했지만, 사랑을 통해 자신들의 높은 지위를 기뻐하게 되었기 때문입니다.

• 존자 베다 『묵시록 해설』 14,3.

### 새로운 노래

"주님께 노래하여라, 새로운 노래를. 주님께 노래하여라, 온 세상아"(시편 96,1). 온 세상이 새로운 노래를 부른다면, 노래하면서 세울 것입니다. 노래하는 것 자체가 세우는 일입니다. 그러나 옛 노래를 부르지 않을 때만 그러합니다. 육의 욕망은 옛 노래를 부릅니다. 하느님 사랑은 새로운 노래를 부릅니다. 왜 새로운 노래인지 들어 보십시오. 주님께서 말씀하십니다. '이것이 내가 주는 새로운 계명이다. 서로 사랑하여라'(요한 15,12 참조). 그럴 때 온 세상이 새로운 노래를 부릅니다.

• 아우구스티누스 『시편 상해』 96,2.

### 새로운 노래를 불러 드려야 하는 이유

"주님께 노래하여라, 새로운 노래를"(시편 98,1). 왜일까요? 그분이 무슨 일을 하셨기에 그래야 할까요? 왜 그분을 위한 새로운 노래가 있어야 할까요? "그분께서 기적들을 일으키셨다"(시편 98,1). 그분은 유대인들 가운데서 기적을 행하셨습니다. … 그러나 엘리사도 그런 일을 했습니다(2열왕 4,42-44 참조). 그렇다면 새로운 노래를 불러 드려야 할 그분의 새로움은 무엇일까요? 그분께서 어떤 새로운 일을 하셨는지 알겠습니까? 인류가 살도록 하느님께서 사람으로서 죽으셨습니다. 하느님의 아드님께서 십자가에 못 박혀 돌아가시어 우리를 하늘로 들어 높이셨습니다.

• 히에로니무스 『시편 설교 59편』 25 [제97(98)편].

### 새로운 백성

시편 저자는 새로운 백성의 입이 되어 이 시편(시편 40,1-18 참조)을 노래합니다. 새로운 백성은 주님을 바랐던 이들로, 진창과 같이 그 안에 사로잡힌 이들을 더럽히는 죄의 깊은 구덩이에서 건져진 이들입니다. 주님은 그들의 발을 반석 위에 들어 올려 주셨습니다. "반석"(시편 40,3)은 곧 그리스도입니다. 그리고 그들의 입에 "새로운 노래"를 담아 주셨습니다. "새로운 노래"(시편 40,4)란 셀 수 없이 많은 기적을 행하신 하느님 복음의 찬가입니다. 그분께서 "나에게 몸을 굽히시고 나의 외치는 소리를 들어 주셨습니다"(시편 40,2).

• 위-아타나시우스 『시편 해설』 40.

### 그리스도께서 교회에 새 노래를 주셨다

그리스도께서 두 성경의 조화로운 진리로 새 노래를 쓰셨습니다. … 그분은 당신께서 얻으신 교회의 모든 이가 쉬지 않고 이 노래를 부를 수 있도록, 그리고 그들이 "새로운 삶을 살아가게"(로마 6,4) 될 날인 재판관의 도래를 희망 속에 기다리는 동안 이 [교회] 안에서 안전히 쉴 수 있도록 이 새 노래를 그들에게 주셨습니다.

• 프리마시우스 『묵시록 주해』 5,9.

### 새 노래인 이유

"그들이 새 노래를 불렀습니다"(묵시 5,9). 그것이 새 노래인 이유는 육이 되신 하느님께 바치는 노래였기 때문입니다. 육화 이전에는 이 노래가 바쳐진 적이 없기 때문입니다. 그 노래는 어떤 노래였을까요? 당신은 인류를 구원하기 위해 우리를 위해 살해되시고 당신의 피로 하늘 아래 많은 민족에게서 사람들을 속량하셨으니 "주님은 합당하십니다"(묵시 5,9) 하고 그들은 노래합니다.

• 오이쿠메니우스 『묵시록 주해』 5,8-9.

### 영을 통해 노래를 부르다

이 구절[묵시 5,9-10 참조]은 하느님께서 구약과 신약 성경의 원로들을 어여삐 여기시며, 살해당하시어 우리를 구원하신 하느님의 어린양께 그들이 온 세상을 대신해 감사[의 노래]를 바친다는 것을 알려 줍니다. 이 노래는 모든 종족과 언어에서 속량되어 낡은 문자에서 해방되고 영을 통해 빛을 받은 우리가 부르도록 배운 '새 노래'입니다. 이 노래는 주님께서 겸손한 이들에게 약속하신 새 땅을 이들이 다스릴 것이라고 합니다.

• 카이사리아의 안드레아스 『묵시록 주해』 5,9-10.

### 그리스도인의 신앙고백

'스물네 원로와 네 생물은 수금과 대접을 가지고 있었고 새 노래를 불렀습니다.' 신약성경과 구약성경의 가르침은 그리스도인들이 새 노래를 부르는 것을 보여 줍니다. 새 노래는 그들이 공개적으로 신앙을 고백하는 것입니다. 그것이 새 노래인 까닭은 하느님의 아들께서 사람이 되셨기 때문입니다. 그것이 새 노래인 이유는 그분께서 인간에 의해 죽음에 넘겨지셨기 때문입니다. 그것이 새 노래인 까닭은 그분께서 사흗날에 부활하셨기 때문입니다. 그것이 새 노래인 이유는 그분께서 몸을 지니신 채로 하늘로 올라가셨기 때문입니다. 그것이 새 노래인 까닭은 그분께서 인간들의 죄를 용서해 주셨기 때문입니다. 그것이 새 노래인 이유는 인간이 성령으로 봉인되었기 때문입니다. 그것이 새 노래인 까닭은 그들이 탄원할 수 있는 사제의 직무를 받고서 엄청난 약속의 나라를 기다리기 때문입니다.

• 페타우의 빅토리누스 『묵시록 주해』 5,3.

### 그리스도의 피로 깨끗해진 자들만이 새 노래를 안다

"그 노래는 땅으로부터 속량된 십사만 사천 명 말고는 아무도 배울 수 없었습니다"(묵시 14,3) 하고 묵시록은 말합니다. 그것을 부르기에 합당하다고 인정된 이들을 제외하고는 이 새 노래의 신비를 들을 수 있는 사람조차 없다고, 아무도 그만큼 강하지 못하다고 저는 생각합니다. 이 노래에 관한 지식은 각자의 순결한 정도에 따라 주어지기 때문입니다.

• 오이쿠메니우스 『묵시록 주해』 14,1-2.

### 신자들에게는 새 노래에 관한 지식이 주어졌다

묵시록은 이들 말고는 아무도 이 노래를 배울 수 없다고 말합니다. [이 노래에 관한] 지식은 인간 세상에서 종들이 그 선한 정도에 따라 주인의 비밀을 알게 되는 것처럼, 사람의 행실에 따라 주어지기 때문입니다. … 우리는 이들이 스물네 원로 다음가는, 나머지 사람들의 지도자라고 생각합니다. 이들은 그리스도께서 오셨다 가신 뒤 자신들의 말과 행동이 지닌 정결과 순수함으로 인하여 밝은 덕을 지니게 되었기 때문입니다. 덕의 가르침을 받은 이들은 대부분의 사람들에게 알려지지 않은 이 새 노래를 이승에서만 아니라 다가올 생에서도 부릅니다.

• 카이사리아의 안드레아스 『묵시록 주해』 14,3-4.

### 참된 동정인들이 부르는 노래

여러분은 어린양의 혼인 때 수금을 켜며 새 노래를 부르게 될 것입니다. 온 땅이 지시를 받고 부르는 "주님께 노래하여라, 새로운 노래를. 주님께 노래하여라, 온 세상아"(시편 96,1) 같은 노래가 아니라 여러분들밖에 부를 수 없는 노래를 말입니다. … 이 길을 따를 수 없는 많은 신자가 여러분을 지켜볼 것입니다. 그들은 여러분을 지켜보겠지만 여러분을 질투하지는 않습니다. 그리고 여러분과 그 기쁨을 나눔으로써 자신들이 지닐 수 없는 것을 여러분 안에서 지니게 됩니다. 그들은 여러분만의 것인 새 노래를 부를 수는 없지만, 그 노래를 듣고 여러분의 더할 수 없이 훌륭한 선을 보고 기뻐할 수는 있습니다. 그러나 동정인 여러분은 그 노래를 부르고 들을 수 있습니다. 여러분은 그 노래를 부르면서 자기 입술에서 나오는 그 노래를 듣기도 할 테기 때문입니다. 여러분의 기쁨은 더욱 복된 것이 되고 여러분의 주권은 더욱 감미로운 것이 될 것입니다.

• 아우구스티누스 『거룩한 동정』 12,14,28-29.

### 그리스도를 더 가까이서 뵈올 동정인들

"그들은 어좌와 네 생물과 원로들 앞에서 새 노래를 부르고 있었습니다"(묵시 14,3)라고 했습니다. 이 말은 천상 도성의 거리 전체에서 모든 성도가 하느님께 기쁨의 새 노래를 부르지만 이승에서 거룩한 동정이라는 특별한 자격으로 일반 신자들의 삶을 넘어선 사람들은 다른 사람들보다 더 높은 특별한 자리로 들어 올려져 이 노래의 기쁨을 누림을 보여 줍니다.

• 존자 베다 『성막과 제구』 1,25.32.

## 찬미(가)

### 찬미의 노래

찬미가는 찬미의 노래입니다. 주님을 부를 때는 그분에게 무엇을 강요하기 위해서가 아니라 찬미하기 위해 부르십시오. 만약 주님께서 그대의 원수를 억압하시도록 간청하기 위하여 주님의 이름을 부르거나, 누군가의 불행을 기뻐하려는 의도로 주님을 그대 편으로 만들고자 주님의 이름을 부른다면, 그것은 주님을 그대의 악의와 공모하게 만드는 것입니다. 만약 그대가 그렇게 한다면 그것은 주님을 찬미하는 것이 아니라 그분을 그대 뜻대로 조종하려 드는 것입니다.

• 아우구스티누스 『시편 상해』 40,4.

### 하느님을 끊임없이 찬미하다

다니엘은 찬미가를 지어 부를 때나 찬미가의 주제인 꿈의 뜻을 밝힐 때만 아니라 모든 일에서 감사하는 마음을 고백합니다. 그는 영원하시고 영속하시며 지혜와 이해력의 샘이시고 만물을 바르고 은혜롭게 다스리시는 하느님을 끊임없이 찬미하며 노래 불러야 마땅하다고 말합니다.

• 키루스의 테오도레투스 『다니엘서 주해』 2,19-22.

### 하늘 나라의 일

우리가 부르는 찬미가도 하늘 나라 일처럼 거룩하지 않습니까? 하늘 아래에 있는 우리도 하늘 위 합창단과 소리 맞추어 그들과 같이 거룩한 노래를 부르지 않습니까? 제대 또한 하늘 나라에 속한 것 아닙니까? 어찌하여 그러하냐고요? 육적인 것이 하나도 없기 때문입니다. 영적인 것은 모두 봉헌물이 됩니다.

• 요한 크리소스토무스 『히브리서 강해』 14,3.

### 하늘의 영광

신학은 첫째 서열의 천사들이 부른 찬미가를 땅에 사는 사람들에게 전달합니다. 그 찬미가들에는 이들의 영광스러운 초월적 깨달음이 표현되어 있습니다. 그 찬미가 가운데 어떤 것들은, 인간이 지각할 수 있는 표상을 사용해 표현한다면, "큰물이 밀려오는 소리"(에제 1,24)처럼 들립니다. 그 천사들이 "이 자리에서 주님의 영광이 찬미받으소서"(에제 3,12 칠십인역)라고 외칩니다.

• 위-디오니시우스 『천상 위계』 7,4.

### 즈카르야의 예언은 찬미가다

믿음, 경건, 기도, 단식, 인내, 정결, 찬미 노래 등, 구약성경의 영적인 것들이 모두 신약성경에서 줄어들지 않고 더욱 고조되었습니다. 우리가 복음서에서 요한의 아버지 즈카르야가 오랜 침묵을 깨고 찬미가 형식으로 예언하는 것을 보는 것도 그런 까닭입니다.

• 레메시아나의 니케타스
『시편 송독의 유익 또는 찬가의 유익』 9.

### 찬미받으셔야 할 분의 존귀함

이 노래[다니 3,51-90 참조]는 끝이 없는 뜨거운 사랑을 담고 있습니다. 그들은 그 사랑에 완전히 빠져, 찬미받으셔야 할 분의 존귀함을 표현하기에 족한 낱말들을 찾지만 적절한 말을 찾아내지 못하자 최상급을 나타내는 비교구문을 사용하여 하느님을 '드높은 칭송과 찬양을 그 누구보다도 많이 받으실 분'(다니 3,52 참조) 하는 식으로 표현합니다. 그들은 또한 여기에서 그치지 않고, 그 분의 이름도 찬미받으셔야 한다고 덧붙입니다.

• 키루스의 테오도레투스 『다니엘서 주해』 3,53.

### 모든 피조물은 하느님을 찬양하도록 초대받았다

'당신은 모든 곳에 계시기에 온 우주를 채우며 모든 피조물을 품고 계시다'고 그들은 말합니다. 그러한 찬미가를 노래하고 난 그들은 창조된 모든 본성 — 이성을 받은 피조물만 아니라 이성을 지니지 않은 것들과 생명이 없는 것들까지도 — 을 하나하나 꼽으며 공통적인 찬미를 바칩니다.

• 키루스의 테오도레투스 『다니엘서 주해』 3,56.

### 자연 질서를 통하여 계시되는 하느님

정해진 질서에 따라 밤과 낮이 연속되는 것은 창조주께서 정해 놓으신 경계들을 보여 줍니다. … 눈에 보이는 무생물은 일종의 가면과 같습니다. 이 가면은 모든 사람을 가르쳐, 보이는 것에서 보이지 않는 하느님을 보도록 이끌어 주고 하느님께 찬미의 노래를 바치게 합니다. … 그들의 고유한 질서를 보여 줌으로써 온 땅과 바다를 불러 하느님께 찬미의 노래를 드리게 합니다.

• 키루스의 테오도레투스 『시편 주해』 19,3.

### 역대기와 시편

역대기 상권에는 아삽과 그 형제들이 부르는, 주님을 찬미하는 시편이 나옵니다. "주님을 찬송하여라. 그 이름을 받들어 불러라"(1역대 16,8)로 시작되는 이 노래는, "나의 예언자들을 괴롭히지 마라"(1역대 16,22)라는 구절까지는 시편 제105편과 거의 똑같습니다. "주님께 노래하여라. 온 세상아"(1역대 16,23)로 시작되는 그 다음 부분은 시편 제96편과 거의 동일합니다.

• 오리게네스 『율리우스 아프리카누스에게 보낸 편지』 21.

### 아삽과 그 형제들의 찬양

여섯 번째 노래는 역대기 상권의 다윗이 주님을 찬송하도록 처음으로 아삽과 그 형제들을 세우는 대목입니다. 노래는 이렇게 시작됩니다. "주님을 찬송하여라, 그분께 감사드려라. 그 이름을 받들어 불러라. 그 업적을 민족들에게 알려라. 그분께 노래하여라. 그분께 찬미 노래 불러라. 그 모든 기적을 이야기하여라"(1역대 16,8-9).

• 오리게네스 『아가 주해』 서론 4.

### 누가 찬미의 대상이어야 하는가?

바빌론에서 구원을 얻을 수 있는 칭찬받을 만한 고백을 하고 불가마에 던져진 이들은 하느님의 업적들을 꼽으며 그분을 이렇게 찬미하였습니다. "주님의 업적들아, 모두 주님을 찬미하여라"

(다니 3,57). 그들은 여기까지만 하고 찬미가를 끝냈어도 되었습니다. … 그러나 그들은 자기들 자신에게 이 사실을 선포하는 것이 아니라 하느님을 찬미하고 있는 것이므로, 그리고 그곳에 있는 칼데아인들에게 그 노래를 통해 가르치고 있으므로, 그들의 찬미가는 창조계 전체를 하나하나 훑어 가며 이야기합니다. 그릇된 믿음에 빠져 있는 칼데아인들이, 그 노래가 이야기하는 분이 누구이며 그 찬미를 바치는 이는 누구인지 배우게 하려는 것이었습니다.

• 가발라의 세베리아누스 『방탕한 아들에 관한 비유』.

### 주님을 찬미하여라

다윗 예언자는 그들(모든 영적 존재들)에게 "주님을 찬양하여라. 주님의 모든 천사들아. 주님을 찬양하여라. 주님의 모든 군대들아"(시편 148,2) 하고 지시하면서, 그 이유를 이렇게 설명합니다. "주님께서 말씀하시자 저들이 창조되었고, 주님께서 명령하시자 저들이 만들어졌다"(시편 148,5 이문). … 그리고 세 젊은이도 불가마 속에서 기뻐하며 하느님께 바치는 찬미가를 지어 부를 때, "주님의 업적들아, 모두 주님을 찬미하여라"(다니 3,57)라며 참으로 적절하고 뛰어난 말머리로 시작한 다음 곧바로 이렇게 덧붙였습니다. "주님의 천사들아, 주님을 찬미하여라. 주님의 모든 능품천사들아, 주님을 찬미하여라."

• 키루스의 테오도레투스 『팔경에 관한 질문』(창세기) 2.

### 나는 주님을 찬송하리라

그(다윗)는 누구를 위해서도 덫을 놓지 않았고, 함정도 파지 않았습니다. 그는 악행을 경멸하였습니다. 그는 심판 때에 사악한 자들이 멸망할 것을 알기에 이렇게 말하였습니다. 법정에서 내 올바른 행위가 드러나게 하셨으니, "나는 주님을 찬송하리라, 그분의 의로움에 따라"(시편 7,18). 주님을 통한 구원, 주님의 은덕으로 이루어질 구원에 들어갈 이들의 합창대에 나를 받아 주시리라는 희망으로 나는 "지극히 높으신 주님의 이름에 찬미 노래 바치리라"(시편 7,18).

• 카이사리아의 에우세비우스 『시편 주해』 7,18.

### 언제나 주님을 찬미하라

"언제나"(시편 34,2) 주님을 찬미해야 합니다. 이런 때나 저런 때나 똑같이 주님을 찬미해야 합니다. 그렇지 않으면 이런 좋은 것들이 여러분을 실망시키게 되거나 여러분에게서 사라지게 될 것입니다. … "나 언제나 주님을 찬미하리라. 내 입에 늘 그분에 대한 찬양이 있으리라"(시편 34,2). 그러니 주님께서 좋은 것들을 주실 때 주님을 찬미하십시오. 그리고 그것들을 거두어 가실 때에도 주님을 찬미하십시오. 주시는 것도 그분이요 거두어 가시는 것도 그분이십니다. 그러나 주님은 당신을 찬미하는 이들에게서 당신 자신을 거두어 가시지는 않습니다.

• 아우구스티누스 『시편 상해』 34,3.

### 큰 소리로 찬미하라

하느님은 찬미받지 않을 수 없는 분이십니다. 그런데도 이스라엘 민족은 그렇게 하지 않았습니다. 한때 우상들을 숭배하던 자들은 돌처럼 단단했지만 이윽고 그 잘못을 뉘우치고 돌이켜 원수의 손에서 해방되었습니다. 악마의 어둠에서 벗어난 것이지요. 그리하여 그들은 진리의 빛으로 부름받고 술 취함에서 깨어나듯이 창조주를 알아보게 되었습니다. 그래서 그들은 주님을 찬미하는데, 몰래 숨어서 소리 없이 찬미하지 않고 자유롭게 큰 소리로 찬미합니다. 그들은 거리낌 없이 목청을 높여 서로를 부르며, '자, 우리 함께 주님을 찬미하고 우리를 구원하신 하느님께 노래를 불러드리자!'고 말합니다. 그들은 그리스도께서 만유의 구원자이심을 알았습니다.

• 알렉산드리아의 키릴루스『루카 복음 주해』130.

### 하늘과 땅의 평화

제자들은 만유의 구원자 그리스도를 임금이요 주님이라고 부르며 찬미하고 하늘과 땅의 평화를 노래합니다. 우리도 시편 저자의 수금 소리에 맞추어 그분을 찬미합니다. "주님, 당신의 업적들이 얼마나 많습니까! 그 모든 것을 당신 슬기로 이루시어 세상이 당신의 조물들로 가득합니다"(시편 104,24).

• 알렉산드리아의 키릴루스『루카 복음 주해』130.

### 다윗의 자손

"그리고 앞서 가는 군중과 뒤따라가는 군중이 외쳤다. '다윗의 자손께 호산나!'"(마태 21,9)라고 하였습니다. 히브리어를 그리스어로 옮길 때 이 구절("다윗의 자손께 호산나")은 "다윗의 자손을 찬양하라, 찬미가를 바쳐라"로 번역됩니다. 예수에 관해서는, 곧 인간을 두고서는 이런 영광을 바치거나 찬미가로 찬양하는 것이 적절하지 않습니다. 이런 것은 본성으로 인하여 하느님이신 분에게만 적절합니다. "내 입에 새로운 노래를, 우리 하느님께 드리는 찬양을 담아 주셨네"(시편 40,4), "나의 하느님께 노래하리라, 내가 사는 한"(시편 104,33)이라고 쓰여 있기 때문입니다. …

그리고 그들이 하느님께나 합당한 방식으로 찬미받으시는 분에게 환호하며 흔드는 나뭇가지는 승리자를 매고 가는 사람들을 나타낸다고 보십시오.

• 안티오키아의 세베루스『대성당 설교』20.

### 종려나무 가지는 승리를 찬양하는 찬미가다

"이튿날, 축제를 지내러 온 많은 군중이 예수님께서 예루살렘에 오신다는 말을 듣고서, 종려나무 가지를 들고 그분을 맞으러 나가 이렇게 외쳤다"(요한 12,12-13). … 종려나무 가지들은 우리 주님께서 당신의 죽음으로는 죽음을, 십자가로는 죽음의 왕자 악마를 이기고 거두신 승리를 찬양하는 찬미가입니다.

• 아우구스티누스『요한 복음 강해』51,2.

### 찬미의 제물을 바치는 사도들

성경은 그들이 마음속으로만이 아니라 사람들 귀에 들리도록 찬미가를 불렀다고 분명하게 말하고 있습니다. 그것은 "큰 소리로 나 주님께 부르짖네. 큰 소리로 나 주님께 간청하네"(시편 142,2)라는 시편의 말씀대로였습니다. 행동으로 큰 명성을 얻은 사도들은 그 모든 것에 대해 하느님께 찬미의 제물을 바칠 필요가 있었습니다. 그 제물은 바오로가 말하듯이, "그분의 이름을 찬미하는 입술의 열매"(히브 13,15)입니다. 다윗도 같은 말을 합니다. "찬양받으실 주님을 불렀을 때 나는 원수들에게서 구원되었네"(2사무 22,4).

• 안티오키아의 세베루스『성경 주해 선집』(사도행전) 16,25.

### 예언 찬미가를 부르다

[수도원에서는] 수탉이 울면 장상이 와서 잠자는 이들을 발로 가볍게 건드려 깨웁니다. … 그들은 깨자마자 일어나서 화음에 맞게 아름다운 음조로 예언 찬미가를 부릅니다. 이 성도들이 깊고 고요한 고독 속에서 노래하는 것을 들으면 하프나 파이프 오르간이나 다른 어떤 악기도 이토록 달콤한 음을 낼 수 없음을 느낄 것입니다. 그리고 그들이 부르는 노래는 하느님께 대한 사랑을 표현하는 데 적합하고 그 사랑으로 가득 차

있습니다.

• 요한 크리소스토무스 『티모테오 1서 강해』 14.

### 참된 믿음으로 노래하다

사도들도 [시편과 찬미가를 노래했다는] 것을 우리는 압니다. 감옥에서조차 그들은 노래하기를 멈출 수 없었던 것입니다. … 참된 신앙과 헌신으로 바치는 것이라면 이런 찬미 행위는 잠이나 다른 업무로 방해받는 일 없이 그치지 않고 하늘의 주님을 찬미하고 구세주를 송축하는 천사들의 찬미와 같은 것이라는 사실을 결코 의심해서는 안 된다고 결론지어도 좋을 것입니다.

• 레메시아나의 니케타스
『시편 송독의 유익 또는 찬가의 유익』 10.

### 예수님을 통하여 찬양을 바치자

아드님에 대한 믿음 없이는 하느님께 올리는 찬양 노래도 아무 소용 없습니다. 히브리인들은 전통적으로 아버지 하느님께만 찬양을 올려 온 백성이었습니다. 바오로 사도는 지금 이 히브리인들을 상대로 편지를 쓰는 터라 언제나 하느님께 찬양을 올리되 "예수님을 통하여"(히브 13,15) 바치라는 말을 덧붙일 필요가 있었습니다.

• 키루스의 테오도레투스
『바오로의 열두 서간 주해』(히브리서) 13.

### 찬양 노래를 올리자

이제 옛 율법과 새 율법을 주신 분께 찬양 노래를 올립시다. 율법을 주신 분에게서 은총도 받을 수 있도록 기도합시다. 하느님의 율법을 지킴으로써, 하느님께서 약속하신 온갖 좋은 것을 우리 주 예수 그리스도를 통하여 얻게 될 것입니다.

• 키루스의 테오도레투스
『바오로의 열두 서간 주해』(히브리서) 13.

### 아버지에 대한 찬미가는 아들에 대한 찬미가다

여기서[필리 4,20 참조] 바오로 사도는 아버지만을 찬미하는 반면 다른 곳에서는 아들만을 찬미합니다. … 그는 아들을 아버지와 나누어 생각하지도 아버지를 아들과 나누어 생각하지도 않습니다. 그는 거룩한 본성 전체에 대해 찬미가를 바치고 있습니다.

• 키루스의 테오도레투스
『바오로의 열두 서간 주해』(필리피서) 4,20.

### 동정 마리아의 예언

동정 마리아의 예언을 살펴봅시다. 그는 말합니다. "내 영혼이 주님을 찬송하고 내 마음이 나의 구원자 하느님 안에서 기뻐 뛰니"(루카 1,46-47). 두 주체, "영혼"과 "마음"이 이중으로 찬송을 합니다. 영혼은 주님을 찬송하고 마음은 하느님을 찬송하는데, 이는 주님을 찬송하는 것과 하느님을 찬송하는 것이 달라서가 아니라 하느님이신 분이 곧 주님이시고 주님이신 분이 곧 하느님이시기 때문입니다.

• 오리게네스 『루카 복음 강해』 8,1.

### 천사들의 합주

"누가 하늘의 합주를 잠들게 할 수 있느냐?" "하늘의 합주"를 거룩한 천사들로 해석할 수 있습니다. 천사들은 하늘에 거주하기 때문에 예언자는 그들을 "하늘"(욥 38,37)이라 부릅니다. "주님께서는 모든 민족 위에 높으시고 그분의 영광은 하늘 위에 높으시다"(시편 113,4). '누가 하늘의 합주를 잠들게 할 수 있느냐?' 하고 주님께서 말씀하십니다. 그들이 끊임없이 [주님을] 찬미하고 노래하고 축복하다 말고 마치 잠들기라도 하듯, 과연 누가 그들을 그만두게 할 수 있겠습니까?

• 사제 필리푸스 『욥기 주해』 38.

### 개선과 신비의 찬미가를 부르다

천사들은 무엇을 하고 있습니까? 그들은 하느님께 영광을 드리고 그분을 흠숭하며, 심오한 경외심으로 쉬지 않고 개선과 신비의 찬미가를 부르고 있습니다. 어떤 이들은 "지극히 높은 곳에서는 하느님께 영광"(루카 2,14)이라고 노래하는데, 사람들은 "거룩하시다, 거룩하시다, 거룩하시다"(이사 6,3) 하고 노래합니다.

• 요한 크리소스토무스 『비유사파 반박』(설교 11) 1,35.

### 세 번에 걸친 거룩하시다

사람들이 '주님'이라는 칭호를 단수로 사용하는 데 비해, (삼위일체와 관련하여) "거룩하시다"를 세 번 되풀이하는 데에서 우리는 이 말이 신성이라는 하나의 본질을 가리킨다는 사실을 압니다. "거룩하시다, 거룩하시다, 거룩하시다"(이사 6,3)라는 찬양은 바로 삼위를 가리키며, "만군의 주님"(이사 6,3)이라는 호칭은 신성이라는 하나의 본질을 가리킵니다. 더 나아가 사람들은 그들의 노래에서 하늘과 땅을 하느님의 영광으로 가득 채우는 영원한 본질을 찬양합니다.

• 키루스의 테오도레투스 『이사야서 주해』 6,3.

### 아버지의 이름을 찬미하다

"거룩하시다, 거룩하시다, 거룩하시다"(이사 6,3; 묵시 4,8) 하며 사람들도 찬미했듯이, 하느님의 이름을 거룩히 드러내시기를 바라는 기도는 "너희의 빛이 사람들 앞을 비추어, 그들이 너희의 착한 행실을 보고 하늘에 계신 너희 아버지를 찬양하게 하여라"(마태 5,16)라고 하신 예수님의 가르침과 통합니다. 그러므로 '거룩히 드러내시며'는 '찬미받으시며'라는 뜻입니다.

• 요한 크리소스토무스 『마태오 복음 강해』 19,4.

### 천사들이 삼위일체께 '할렐루야' 하고 노래하다

천사들이 "할렐루야!"(묵시 19,1) 하고 외쳤습니다. "할렐루야"는 '하느님을 찬미하라' 또는 '하느님께 노래하라'는 뜻의 히브리말입니다. 그러므로 그들은 영적인 바빌론에 대한 의로운 심판을 두고 감사의 찬미를 바치고 있는 것입니다. 그들은 같은 찬미를 또 외치고 나중에 또다시 같은 말을 외칩니다. 이렇게 할렐루야를 세 번 외침으로써 그들은 거룩하시며 한껏 찬미받으셔야 할 삼위일체께 영광을 바칩니다.

• 오이쿠메니우스 『묵시록 주해』 19,2-3.

### 세 번씩 바치는 찬미

"할렐루야!"(묵시 19,1)는 거룩한 찬미를 나타내며, "아멘"은 '참으로' 또는 '그렇게 되기를'이라는 뜻입니다. 이 찬미는 천사들만 아니라 천사들과 비슷한 인류도 바치는 찬미이며, 이 찬미는 아버지와 아들과 성령께서 세 위격이신 한 분 하느님이신 까닭에 세 번씩 바쳐집니다.

• 카이사리아의 안드레아스 『묵시록 주해』 19,1-2.

### 주일에 교회는 '할렐루야'를 노래한다.

'아멘'과 '할렐루야'(묵시 19,4)라는 말은 믿음이나 진실 또 주님께 대한 찬미를 가리키는 말이기에 번역이 가능한 단어입니다. 그러나 원래 언어의 거룩함을 존중하는 뜻에서 이 단어들은 그 용법과 형식을 그대로 사용합니다. 교회는 주일과 오순절까지 부활 기간 내내 할렐루야를 노래하는데, 이는 주님께 대한 찬미 노래가 미래의 일로 묘사하는 부활에 대한 희망 때문입니다.

• 존자 베다 『묵시록 해설』 19,4.

### 할렐루야를 노래하는 마리아

지금 우리에게는 할렐루야가 순례자의 노래입

니다만, 이 고단한 여정이 끝나 모든 분주한 일을 마치고 안식처에서 쉬게 될 그때에는 할렐루야만 남아 있을 것입니다.

마르타가 갖가지 일로 분주할 때, 아무 일도 않고 주님 앞에 앉아 배우며 그분을 찬양하는 것이 마리아가 선택한 즐거운 몫이었습니다. 마르타가 한 일은 필요한 일이었지만 영원히 계속될 일은 아니었습니다.

• 아우구스티누스 『설교』 255,1-2.

### 원로들과 네 생물이 천사들과 함께 찬미를 바치다

원로들과 네 생물이 "아멘"(묵시 19,4)이라고 한 것은 거룩한 천사들이 바친 찬가에 그들도 한마음임을 타냅니다. 히브리말을 그리스어로 옮기면, '아멘'은 '그렇게 되기를'(γένοιτο)이기 때문입니다. 하늘에서 "낮은 사람이든 높은 사람이든 우리 하느님을 찬미하여라"(묵시 19,5) 하는 소리가 들려 왔습니다. '낮은 사람'은 성덕이 남보다 뛰어난 사람들을 가리키고, '높은 사람'은 성덕이 특출한 사람들을 가리킵니다.

• 오이쿠메니우스 『묵시록 주해』 19,1-5.

## 시편과 아가

### 시편은 노래로 바치는 신앙고백이다

시편보다 마음을 더 기쁘게 하는 것이 있겠습니까? … 시편은 백성에게 내리는 하느님의 축복이고, 하느님께 바치는 찬양이며, 회중이 드리는 찬미의 노래이고, 모든 이가 치는 손뼉입니다. 보편적인 교훈이고, 교회의 목소리요, 노래로 바치는 신앙고백입니다.

• 암브로시우스 『열두 시편 해설』 1,9.

### 아름다운 조화

시편은 수금이나 현금과 같은 현악기의 반주에 맞추어 부르는 찬가입니다. 영적 의미나 신비적 의미에서 볼 때, 이 시는 진리에 대한 관상입니다. 진리에 대한 관상은 정신 안에서 이루어질 뿐만 아니라 아름답게 조화를 이룬 음악을 통해서도 이루어집니다. 시편 저자는 자신이 효과적인 삶의 길을 따르고 있다고 노래하고, 또 관상의 삶을 따르고 있다고 노래합니다.

• 맹인 디디무스 『시편 단편』 4, 서론.

### 미래에 관한 많은 예언들

시편은 하느님 찬미가와 성가들로만 이루어져 있어서 그 안에서 미래에 관한 예견이나 예언들을 찾아보려 해도 헛수고가 되리라고 몇몇 사람들은 생각해 왔지만, 시편은 많은 예언들을 담고 있다는 것을 깨달아야 합니다. 너무 많아서 지금 다 인용할 수도 없지만, 다윗 시대에 쓰인 아삽의 시편이라고 이사야가 밝힌 것만 살펴보아도 그 증거로 충분할 것입니다. 역대기에 적혀 있듯이 아삽은 당시에 성전에서 성가를 맡은 이들 가운데 하나였으며, 자신의 이름으로 새겨진 시편을 읊도록 거룩한 영의 영감을 받았습니다.

• 카이사리아의 에우세비우스 『복음의 논증』 10,1.

### 시편은 죄를 짓지 않게 하는 무기다

여러분, 우리가 시편의 말씀을 자주 찾아 읽는다면, 속된 생각들로 다가가려는 마음을 닫게 됩니다. 영적 노래가 우세하게 되면 육적인 생각들은 떠납니다. 시편은 하느님 종들의 무기입니다.

• 아를의 카이사리우스 『설교』 238,2.

### 승리의 찬가

다윗은 원수와 적수들을 이겼을 때 이 승리의 찬

가를 모든 승리의 주인이신 분께 바쳤습니다. 다윗이 승리를 거두었기 때문에 그는 승자라 불립니다. 곧, "그를 승자로 만드셨다." … 이 시편[시편 제18편 참조]은 "마지막을 위하여" 기록되었습니다. 다윗의 생애 말년에, 그가 모든 역사적인 업적들을 이룬 후에 이 노래를 지었기 때문이기도 하고 또한 이 노래가 미래 세대에 일어날 일들에 대한 예언을 선포하고 있기 때문입니다.

• 카이사리아의 에우세비우스 『시편 주해』 18,1.

### 완벽한 찬미의 노래

'사실 저는 하느님께 대한 사랑과 갈망을 느낍니다. 당신이 필요한 때에 저에게 전부가 되어 주셨기 때문입니다. 전쟁 때에는 힘이, 인내의 때에는 항구함이, 불행의 때에는 피신처가 되어 주셨고, 모든 음모에서 구출해 주신 분이시기 때문입니다.' 이 시편[시편 제18편 참조]은 시작 부분만으로도 완벽한 찬미의 노래가 되기에 충분합니다. 하느님에 대한 사랑을 지닌 이는 누구나 하느님의 은총을 회상할 때마다 이 시편에 언급된 것 같은 종류의 열렬한 감사의 정을 거듭 느끼게 됩니다.

• 타르수스의 디오도루스 『시편 주해』 18.

### 다른 민족들의 존경을 받는 다윗

야만인이든, 그리스인이든, 어떤 언어를 사용하는 사람이든, 세상의 모든 민족이 다윗을 존경스럽게 기억할 것이며, 그의 이름을 영예롭게 여기고, 그리스도의 모든 교회를 통해 그의 말을 칭송할 것입니다. 다윗이 전혀 몰랐던 나라들에서 모여 온 사람들이 다윗의 노래와 찬가로 예배를 드리고, 오래전에 쓰여 다윗에게 위탁된 시편들을 받아들여 그 노래들을 반복해서 듣고 낭독한다는 사실을 진지하게 고려한다면 앞의 말씀들이 진리를 담고 있음을 부정하지 못할 것입니다.

• 카이사리아의 에우세비우스 『시편 주해』 18,44-46.

### 승리를 주신 분께 찬미가를 드리라고 권고하다

이 시편[시편 제47편 참조]은 모든 민족의 구원을 예고하며, 원수들에 대한 승리를 예언합니다. 이 시편은 또 찬미가를 부르라고 모든 민족에게 촉구하는 사도들의 무리에 대해서도 슬며시 알려 줍니다. 손뼉을 치는 행위는 승리를 나타내는 전형적 동작이고, 환호는 승리자들이 내는 소리입니다. 그런즉 이 시편이 뜻하는 바는 바로 앞의 시편과 일치합니다. 바로 앞의 시편이 혼란과 소요 후에 다가올 승리를 예고하는 것이라면, 이 시편은 승리한 이들에게 그 승리를 주신 분께 찬미가를 드리라고 권고합니다.

• 키루스의 테오도레투스 『시편 주해』 47,1.

### 한계가 없다

시편 저자는 이 말을 덧붙입니다. "그분은 드높이 찬양받으실 분이시다"(시편 48,2). 알다시피 주님의 위대하심에는 한계가 없습니다. 이 말씀은 이런 의미를 갖습니다. '그분을 찬미하고 그분께만 찬미의 노래를 바쳐야 합니다. 그 무엇과도 비교할 수 없는 정도로 그렇게 해야 합니다. 무한하고 불가해한 주님의 위대하심에 대해서도 노래해야 하고, 우리에게 넘치도록 베푸시는 그분의 사랑에 대해서도 찬미해야 합니다.'

• 요한 크리소스토무스 『시편 해설』 48,1.

우리는 찬미 노래 한 편(시편 제68편)을 들었습니다. 아버지 하느님의 권능과 아드님의 겸손함이 어우러진 하늘 나라의 조화를 드러내 보여 주는 놀라운 찬미가입니다.

• 카시오도루스 『시편 해설』 68,37.

### 영원한 생명의 기쁨을 상징

창조주께 감사의 찬미 노래를 부르는 것은 천상 시민에게만 허락된 평화와 기쁨의 행위이기 때문입니다. "행복합니다, 당신의 집에 사는 이들!"(시편 84,5). 그래서 같은 예언자(다윗)는 마지막 일곱 시편을(시편 145,1-147,11; 147,12-150,6) 하느님 찬미의 달콤함으로 채웠고, 끝에서 여덟 번째 시편(시편 제144편)에서는 주님을 축복함으로써 거인[골리앗]을 친 전투에서 이긴 자신의 승리를 기립니다. 이렇게 그는, 이승에서 악한 원수에 맞선 싸움에서 승리한 모든 이는 참된 휴식을 누릴 그곳에서 자신을 창조하고 도우시는 분께 찬미의 노래를 부르리라고 분명히 밝혀 놓았습니다.

• 존자 베다 『복음서 강해』 2,24.

### 감사와 찬미를 노래하라고 초대하다

[하느님께서] 행하신 모든 것은 바르고 영원합니다. 시편 저자는 앞에서[시편 33,3 참조] 하느님께 감사와 찬미를 노래하라고 초대하였는데, 그는 이 초대가 이 두 가지, 곧 올바른 도우심과 항구한 은혜를 베푸신 것에 대한 응답으로 솟아나오게 하려고 감사를 권하며, 승리로 드러난 정의와 선물의 영원성을 보여 주려고 했습니다.

• 키루스의 테오도레투스 『시편 주해』 33,4B.

차분한 영을 지닌 이는 시편을 노래합니다. 이 시편들을 통하여 그는 가르침을 풀어내고, 영의 차분함을 통하여 그 가르침을 이해합니다.

• 폰투스의 에바그리우스 『시편 발췌 주해』 48[49],4-5.

### 성령으로 충만하기 위해 시편을 노래하는 법을 배워라

여러분은 행복하게 되고 싶습니까? 시간을 참으로 복되게 보내는 법을 알고 싶습니까? 제가 여러분께 영적 음료를 드리겠습니다. 이것은 만취하면 말도 제대로 못하는 그런 음료가 아닙니다. 이 음료는 우리를 더듬거리게 만들지 않습니다. 눈을 흐릿하게 만들지도 않습니다. 그것이 무엇인지 알려 드리죠. 시편을 노래하는 법을 배우십시오! 그러면 여러분은 실로 즐거움이 무엇인지 알게 될 것입니다. 시편으로 노래하는 법을 배운 이들은 쉽게 성령으로 충만해집니다. 그러나 여러분이 악마의 노래들만 부른다면, 여러분은 여러분 자신이 더러운 영들로 충만해졌다는 것을 곧 발견하게 될 것입니다.

• 요한 크리소스토무스 『에페소서 강해』 19,5,19-21.

### 시편을 노래하게 하다

다윗은 훗날 성전 건축과 이 성전의 예식에 관련된 모든 것을 세심하게 준비하는 일에 관심을 기울였습니다(참조: 2역대 7,4-13; 1역대 22,1-10). 그는 날마다 제사 때에는 찬양을 맡은 이들이 악기 반주에 맞추어 시편을 노래하도록 했습니다. 이는 노랫말의 웅장함뿐만 아니라 노랫소리의 달콤함을 통해서도 백성의 마음을 천상것에 대한 기억과 사랑으로 고양시키기 위한 것이었습니다.

• 존자 베다 『복음서 강해』 2,19.

### 한목소리로 시편을 노래하다

하느님의 이 성전, 그리스도의 이 몸, 믿는 이들의 이 모임은 마치 한 사람인 것처럼 오로지 한 목소리로 시편을 노래합니다. 우리가 원하면, 이 목소리는 우리의 것이 될 수 있습니다. 우리가 원하면, 노래하는 이에게 귀 기울일 수 있으며 우리 자신도 마음속으로 노래할 수 있습니다. 그러나 우리가 그렇게 하지 않으려 한다면, 그것은 우리가 파는 자들과 사는 자들처럼 우리 자신의 이익에만 몰두해 있음을 뜻할 것입니다.

• 아우구스티누스 『시편 상해』 130,3.

### 그리스도의 지체가 내는 소리

이 시편은 그리스도의 몸, 그리스도의 지체가 내는 소리입니다. 여러분은 이 노래에서 자신의 목소리를 듣고 싶습니까? 그리스도의 지체가 되십시오. 시편은 이렇게 노래합니다. "두려움과 떨림이 저를 덮치고 전율이 저를 휘감습니다. 제가 생각합니다. '아, 내가 비둘기처럼 날개를 지녔다면 날아가 쉬련마는'"(시편 55,6-7).

• 아우구스티누스 『설교』 305A,5.

### 마음으로 노래하며

주님께 노래를 부른다는 것은 시편 말씀을 입으로 그저 읊조리는 것이 아닙니다. 깨끗한 마음으로 시편을 바치며 하느님 앞에서 의로움을 유지하는 거룩한 모든 사람은 영적 리듬의 안내에 따라 조화롭게 하느님께 노래를 바칠 수 있습니다. … 성경은 성도들에게 시편을 노래하라고 초대합니다. "나쁜 나무가 좋은 열매를 맺을 수 없고"(마태 7,18) 나쁜 마음은 생명의 말씀을 발설할 수 없습니다. 그러기에 "나무가 좋으면 그 열매도 좋다"(마태 12,33)라고 하였습니다. 여러분의 영이 열매를 맺을 수 있도록, 그리고 성도가 되어 주님께 훌륭히 시편을 바칠 수 있도록, 여러분의 마음을 깨끗이 하십시오.

• 대 바실리우스 『시편 강해』 14,3 (제30편).

에바그리우스 압바가 또 말했다. "분심 없이 기도하는 것은 위대한 일이지만 분심 없이 시편을 노래하는 것은 더 위대한 일입니다."

• 『사막 사부들의 금언』(에바그리우스) 3.

### 시편을 노래하다

우리는 하느님이 어디에나 계시며 그분의 눈은 선한 이들과 악한 이들을 항상 지켜보고 계신다고 믿습니다. … 그렇기 때문에 우리는 "경외하며 주님을 섬기고"(시편 2,11) "하느님께 노래하며"(시편 47,7) "천사들 앞에서 하느님께 찬미 노래를 부릅니다"(시편 138,1)라는 예언자의 말을 늘 기억해야 합니다. 그러니 어떤 태도로 하느님과 천사들 앞에 나아가는 게 옳은지 성찰하고, 우리의 마음이 배어 나오는 목소리로 시편을 노래합시다.

• 베네딕도 『수도 규칙』 19.

### 새로운 시편이 시작되다

시편은 그 음조와 강세 때문에 노래로 불립니다. 그리고 "노래"라는 말은 여러 시편에서 볼 수 있듯이 보통 그 시편의 서두에 나타납니다. 그런데 이 시편[시편 9,17 참조]에서는 그렇지 않습니다. "셀라" 다음에 노래가 시작되고, 제목이 셀라와 노래 사이에 있습니다. 따라서 여기서부터 새로운 시편이 시작된다고 보는 것이 합리적입니다.

• 맹인 디디무스 『시편 단편』 9,16.

### "셀라"의 의미에 관한 추론

위대한 다윗이 성령의 해석자 역할을 했을 때, 그는 이전에 알았던 것들을 노래로 이야기하였습니다. 그런데 말하고 있는 동안에 무엇인가 새로운 것을 배우게 되면 그는 성령께 굴복하여 음악을 멈추었습니다. 성령께서는 그의 영혼이 듣고 있는 것을 반복해서 들려주셨습니다. 그래서 그가 새로운 생각들로 충만하게 되면 그것을 이야기하기 위하여 다시 가락에 말을 맞추었습니다. "셀라"라는 말의 정의를 알고 있는 사람은 "셀라"(*diapsalma*)는 시편을 노래하는 중간에 갑자기 등장하는 쉼표이며, 하느님께서 주시는 새로운 생각을 받아들이기 위해 멈추는 시간이라고 말합니다. 또는 "셀라"를 다음과 같이 정의할 수도 있습니다. "셀라"는 한 영혼 안에 신비한 방법으로 주어지는 성령의 가르침인데, 이 새로운 생각에 주의가 집중되면 노래의 흐름은 중단됩니다. … 시편 제3편에서 다윗은 먼저 그의 원수들이 그를 "거슬러 일어났을" 때 겪었던 고뇌와 시련에 대해 말합니다. 이어서 그 단락은 "셀라"로 분리됩니다. 그다음에 다윗은 그의 내면에 신비롭게 구원의 소리를 들려주시는 분께 신뢰를 드러내며 이렇게 말합니다. "그러나 주님, 당신은 저를 에워싼 방패, 저의 영광, 저의 머리를 들어 올려 주시는 분이십니다." 그리고 잘 다듬은 우아한 목소리로 "내가 큰 소리로 주님께 부르짖으면 당신의 거룩한 산에서 응답해 주시네"라고 노래한 후에 다시 음악을 멈춥니다. 이 잠깐의 침묵 동안 그는 인간이 겪는 공통된 불행 중의 하나인 시련을 이겨 낼 수 있는 해결책이 무엇인지를 배웁니다.

• 니사의 그레고리우스 『시편의 제목』 2,10,115-16.121-22.

### 리듬과 형식의 변화

간주, 곧 "셀라"(시편 3,3)는 음조나 리듬이 바뀌는 것을 의미하지 어떤 주석가들이 생각하는 것처럼 생각의 변화를 의미하지 않습니다. 간주곡도 마찬가지입니다. 보통 가수들은 사용되는 악기에 따라 음조를 바꾸기 때문입니다. 따라서 "셀라"는 리듬이나 곡의 형식의 변화를 말하는 것이지 생각의 변화를 의미하지 않습니다. … 한 시편 안에서 어떻게 생각의 흐름이 바뀌는지를 관찰해 보면 다음 사실이 드러납니다. "셀라"가 언급될 때, "셀라" 이전에 언급된 것과 정반대되는 생각이 "셀라" 다음에 따라오는 경우는 없습니다. 대신에 앞의 것과 일관되거나 연결되는 생각들이 이어집니다. 따라서 시편 중간에 나오는 "셀라"는 본문의 사고의 흐름을 방해하는 것이 아님이 분명합니다. 그보다는 이미 사용되고 있던 음악이나 리듬에 조화를 유지하면서 리듬을 변경하는 것을 의미할 것입니다.

• 타르수스의 디오도루스 『시편 주해』 3.

### 혼인 찬가

이 책(아가)은 솔로몬이 혼인을 앞둔 신부의 입장이 되어 신랑에 대한 거룩한 사랑으로 불타오르는 마음을 연극 형식으로 노래한 '에피탈라미움', 곧 혼인 찬가입니다. 신랑은 말씀이신 하느님입니다.

• 오리게네스 『아가 주해』 서론.

### 달콤한 혼인 노래

평화와 주님을 사랑하는 솔로몬이 도덕을 바로잡고 자연 세계에 대하여 가르치며 그리스도와 교회를 하나로 결합시키고 그 거룩한 혼례를 축하하는 달콤한 혼인 찬가를 부르는 것이 아가입니다.

• 히에로니무스 『편지』 53,8.

### 혼인 노래

신부가 신랑의 안식처로 인도되었을 때 그들은 혼인 노래를 부르며 예루살렘 아가씨들의 사랑을 표현했습니다. "나와서 보아라, 시온 아가씨들아, 혼인날, 마음이 기쁜 날에 그 어머니가 면류관을 씌워 준 솔로몬 임금을!"(아가 3,11). 그들은 결혼 축가를 부르며, 그리스도께서 예루살렘 아가씨들에게 품고 계신 사랑을 보라고 천상의 세력들과 영혼들을 부릅니다.

• 암브로시우스 『이사악 또는 영혼』 5,46.

### 솔로몬의 작품들의 소실消失

솔로몬의 삼천 개의 잠언 가운데 한 권의 책만

남아 있고 나머지는 유배 기간 동안 모두 사라졌습니다. 천다섯 편의 노래 가운데 아직 한 권이 남아 있는데, 그 책이 바로 아가입니다.

• 메르브의 이쇼다드 『열왕기 상권 해설』 4,32.

### 가장 아름다운 노래

현자 솔로몬이 왜 이 책을 그냥 '노래'라고 하지 않고 '노래 중의 노래', 곧 "가장 아름다운 노래"(아가 1,1)라고 이름 붙였는지 생각해 봅시다. … 사실 복된 다윗이나 그 이전과 이후 사람들이 지은 많은 노래, 시편, 찬가, 송시들이 구전으로 또 기록으로 전해지고 있습니다. … 이 책이 "가장 아름다운 노래"로 불리는 것은 하느님의 호의가 어떤 모습으로 드러나는지에 대해 알려 주고 거룩한 자애라는 신비의 지성소와 같은 가장 깊숙한 곳을 우리에게 드러내 주기 때문입니다.

• 키루스의 테오도레투스 『아가 주해』 서론.

### 아가가 "가장 아름다운 노래"인 이유

"가장 아름다운 노래"(아가 1,1)라고 불리는 노래가 어떤 노래인지 알아봅시다. 그것은 옛날에 예언자들이나 천사들이 부른 노래라고 저는 생각합니다. 율법은 "천사들을 통하여 중개자의 손을 거쳐 공포"(갈라 3,19)되었다고 하기 때문입니다. 이처럼 그들을 거쳐 이루어진 모든 선포는 그 이전에 신랑의 친구들이 부른 노래들입니다. 그러나 아가는 신랑이 신부와 혼인하기 직전에 신랑에게 혼인 찬가로 불려진 노래입니다. … 이 노래가 다른 어떤 노래보다 윗자리에 있는 까닭은 다음과 같습니다. 율법서와 예언서의 노래들은 신부가 아직 어린 소녀여서 성숙함으로 가는 문지방을 넘기 전에 신부에게 바쳐진 노래지만 아가는 성숙하고 무척 강해져서 성인의 힘과 완전한 신비를 받아들일 수 있게 된 신부에게 바쳐진 노래이기 때문입니다.

• 오리게네스 『아가 주해』 서론.

### 빛나도록 빛을 받다

오, 여인들 가운데 아름다운 그리스도의 신부여! 온통 흰옷을 입은 채 사랑하는 이에게 기대어 올라오는 여인이여! 그대가 빛나도록 그분의 빛이 그대에게 비칩니다. 그분의 도우심으로 그대는 넘어지지 않도록 부축을 받습니다! 그대의 혼인 찬가인 아가는 그대에게 얼마나 어울리는 노래인지요. "정녕 아름답고 사랑스럽구려, 오, 사랑, 환희의 여인이여!"(아가 7,7).

• 아우구스티누스 『요한 복음 강해』 65,3,2.

### 속된 표상이 사용된 이유

아가에는 창녀들이 읊을 법한 격렬한 갈망의 노래가 나옵니다. 하느님을 대담하게 묘사한 종교적인 그림 같은 구절들도 있습니다. 이는 숨겨진 것들을 환히 드러내고 늘리며 유일무이하고 나누어지지 않는 것들을 나누고 형태도 모양도 없는 것에 다양한 형태와 모양을 부여하기 위한 것입니다. 이 모든 것은 이 표상들 아래 감추어진 아름다움을 볼 수 있게 하여 그것들이 참으로 신비로우며 하느님께 어울리는 것이고 위대한 신학적 빛으로 가득 차 있음을 알게 하기 위한 것입니다.

• 위-디오니시우스 『편지』 9.

## 악기의 의미와 상징

### 음악과 조화를 이룬 선포

현악기는 목소리의 가락에 조화롭게 소리를 맞춰 주는 악기입니다. 따라서 이성적인 현악기는 특히 행위가 말씀과 조화를 이루며 이루어질 때 울리게 됩니다. 그분은 행동하고 가르치셨던 영적 현악기이십니다. … 그분의 삶에는 음조를 벗어나거나 조화를 이루지 않는 것은 하나도 없습니다.

• 대 바실리우스 『시편 강해』 19,2 (제49편).

### 완전한 조화 속에 기도하다

주의가 흐트러짐 없이 기도하기 위해 손을 들 때마다 우리는 열 줄짜리 현악기를 주님께 연주해 드리는 것입니다. 시편 저자가 노래했듯이, '열 줄짜리 현악기와 피리로, 수금과 비파로 주님을 찬양'(시편 150,3-4 참조)하는 것입니다. 우리의 육체와 영혼과 영(우리의 수금)이 모두 조화를 이루고 모든 현이 가락이 맞습니다.

• 히에로니무스 『시편 설교 59편』 21.

### 비파와 수금의 차이

비파를 타며 하느님을 찬송하는 것과 수금을 타며 하느님을 찬송하는 것의 차이는 무엇입니까? … 둘 다 손에 들고 손가락으로 현을 뜯는 것입니다. … 연주자가 훌륭하다면 둘 다 듣기 좋습니다. … 하지만 차이도 있습니다. 수금은 위쪽이 아치형으로 되어 있습니다. 나무로 된 오목한 울림통이 북 같이 생겼습니다. 그 울림통 위에서 현을 뜯으면 공명이 생깁니다. 비파는 아랫부분에 큰 울림 구멍이 있습니다. 따라서 수금으로 연주할 때와 비파를 연주할 때의 손의 움직임이 다릅니다. 그러나 둘 다 하느님을 기쁘게 하고 그분의 귀를 즐겁게 하는 고운 선율을 냅니다. 우리가 하느님의 명령에 순종하고, 그분의 규범을 주의 깊게 따르며, 하느님과 계명과 조화를 이루면서 무엇인가를 할 때, 그리고 그렇게 하는 것이 하나도 수고스럽게 느껴지지 않을 때, 그것이 바로 수금을 타는 것입니다. 천사들은 언제나 수금을 연주하고 있으며, 그들은 그것을 결코 수고스럽다고 느끼지 않습니다.

• 아우구스티누스 『시편 상해』 43,5.

### 비파

비파는 인간이 사용하는 도구입니다. 그러나 거기에서 울려 나오는 노래는, 육이 되신 분을 통해 우리에게 분명하게 드러나셨으며 "민족들의 신들은 모두 헛것"(시편 96,5)임이 드러나도록 악령들에게서 비롯하는 광기를 뿌리 뽑기 위해 오신 '말씀'이십니다.

• 니사의 그레고리우스 『시편의 제목』 2,16,269.

### 그리스도의 십자가를 상징하는 비파

거룩한 영으로 가득 차 하느님의 신비들에 관해 노래한 많은 남자와 여자를 여러분은 발견할 것입니다. 다윗도 그들 가운데 한 사람이었습니다. 그는 소년일 때 이 직무로 특별한 부르심을 받았고, 하느님의 은총으로 노래하는 이들 가운데서 일인자가 되어 우리에게 보물 같은 노래의 곳간을 남겨 주었습니다. 그가 비파를 타며 부르는 아름답고 힘 있는 노래가 사울을 괴롭히던 악령을 물러가게 한 것은 그가 아직 소년일 때였습니다. 이는 그 비파에 무슨 특별한 힘이 있어서가 아니라, 비파의 나무틀과 거기 매단 줄들이 그리스도의 십자가를 상징하기 때문이었습니다. 거기서 울리는 노래는 수난이었고, 악마의 영을 진압한 것은 바로 그것이었습니다.

• 레메시아나의 니케타스
『시편 송독의 유익 또는 찬가의 유익』 4.

### 비파 연주와 성령의 오심

사울이 악령에 시달릴 때마다 다윗이 비파를 타

면 그가 기름부음받을 때 내린 성령께서 오셨습니다. 그러면 사울을 괴롭히던 악령이 떠나곤 했습니다. 그러니까 다윗이 받은 성령께서 늘 그와 함께 계신 것은 아니었습니다. 그가 비파를 탈 때에만 오시곤 하셨습니다.

• 아프라하트 『논증』 6,16.

### 다른 민족들의 회개의 상징

"악사가 연주하는 동안, 물이 개울 바닥으로 흘렀다"(2열왕 3,15 이문). 이 표상을 통해 그리스도의 목소리가 적절히 예시됩니다. 십자가 위의 그분께서는 영의 비파를 지니고 계셨기 때문입니다. 실제로 주님께서는 두 번 부르짖으셨고, 큰 소리로 당신 영을 내주셨습니다(참조: 마태 27,46-50; 마르 15,34-37). 그러고 나서 이교인 백인대장이 주님께 영광을 돌렸습니다(참조: 마태 27,54; 마르 15,39). … 비파를 연주한 악사는 주님의 이름으로 다른 민족들을 위해 연주할 것입니다.

• 시리아인 에프렘 『열왕기 하권 주해』 3,16.

### 완전한 조화

[수금]은 오롯이 [하느님을] 찬미하는 그리고 두 성경의 조화로운 진리를 통해 완전한 조화 속에 있게 된 그들의 마음을 가리킵니다. 또는 이 표상은 나무에 매달렸던, 수난당하는 육신을 말하는 것일 수도 있습니다. 이 경우 수금은 소리의 울림만이 아니라 선행의 결과도 나타냅니다.

• 프리마시우스 『묵시록 주해』 15,2.

열 줄 수금에 맞춰 하느님께 시편을 노래하십시오. 율법에는 열 가지 계명이 있습니다. 이 열 가지 계명 안에서 여러분은 그 수금을 발견할 수 있습니다.

• 아우구스티누스 『시편 상해』 33,6.

### 수금인 우리의 몸

수금에 가락 맞춰 주님께 찬미를 드리는 것이 필요합니다. … 죄를 고백한 연후에야 그대는 열 줄 수금으로 하느님께 연주할 자격이 있습니다. 먼저 우리 몸의 행위를 바로잡는 것이 필요합니다. 그래야 우리는 하느님의 말씀과 조화롭게 행동할 수 있고, 지성적인 것을 관상하는 경지에까지 이를 수 있습니다. … 그러므로 모든 규정을 지키고, 그것으로부터 조화와 일치를 만들어 내는 사람, 바로 이런 사람이 하느님을 위하여 열 줄 수금을 연주한다고 나는 말하겠습니다.

• 대 바실리우스 『시편 강해』 15,2 (제33편).

수금은 죽을 준비가 된 몸을 나타냅니다. 줄이 팽팽히 당겨져 나무에 묶여 있기 때문입니다.

• 존자 베다 『묵시록 해설』 5,8.

줄을 잡아당겨 나무에 묶은 수금은 그리스도의 몸, 곧 수난이 예정된 그리스도의 육신을 나타냅니다.

• 페타우의 빅토리누스 『묵시록 주해』 5,3.

### 선택된 도구

주님께서는 적절한 기관이나 알맞은 도구를 발견하시면, 그동안 닫혀 있던 주제나 문제를 열어 보이십니다(사도 9,15 참조). 적절한 기관이나 알맞은 도구를 수금이라고 해 봅시다. 바오로가 바로 그런 경우였습니다. 그는 수금의 모든 현으로 아름다운 소리를 내면서 감미로운 은총의 찬가를 연주하였습니다. 그는 성령의 은총으로 자기 내면의 현을 뜯으면서 내적으로도, 외적으로도 아름다운 가락을 연주하였습니다. … 그는 신앙과 삶이, 육체와 영혼이 조화를 이룬 훌륭한 수금이었습니다. 절제된 삶으로 찬가를 노래하는 귀한 수금이었습니다.

• 암브로시우스 『열두 시편 해설』 49,7.

### 듣기 좋은 거룩한 찬가

수금은 조화롭고 듣기 좋은 거룩한 찬가를 나타내며, 향은 사도가 "우리는 그리스도의 향기입니다"(2코린 2,15)라고 했듯이 지극히 정결한 삶을 통해 바쳐지는 신자들의 향기로운 봉헌물을 나타냅니다.

• 카이사리아의 안드레아스 『묵시록 주해』 5,7-8.

### 의인들의 노래

그 소리가 수금을 타며 노래하는 사람들의 목소리 같았다는 것(묵시 14,2 참조)은 노래가 조화롭고 듣기 좋다는 뜻입니다. 성경 말씀처럼, "죄인의 입에는 찬미가 어울리지 않지만"(집회 15,9) 의인의 입에는 적절하고 어울릴 것이 분명합니다.

• 오이쿠메니우스 『묵시록 주해』 14,1-5.

"수금"(묵시 15,2)은 성령의 채가 뜯어 울리는, 덕들의 화음 안에서 이루어지는 조화로운 삶과 지체들의 죽음을 나타냅니다.

• 카이사리아의 안드레아스 『묵시록 주해』 15,2.

### 성도들의 아름다운 노래

'큰 물 소리와 천둥소리와 수금을 타며 노래하는 이들의 목소리 같다'는 것은 성도들의 노랫소리와 그 노래의 조화롭고 듣기 좋은 음이 맑아서 잘 들린다는 것을 나타냅니다. 그래서 그 소리는 "하늘에 등록된 맏아들들의 모임"(히브 12,23)에 온통 울려 퍼지며, 잘 조화된 현악기들처럼 성도들의 하나 된 숨결과 함께 멀리 퍼져 나가며, 몸의 욕망이 죽음으로써 완성됩니다.

• 카이사리아의 안드레아스 『묵시록 주해』 14,2-3.

영혼은 연주자고 육은 연주자의 지시에 따라 소리를 내는 수금입니다. 곡조가 불협화음이라면, 악기가 아니라 연주자에게 잘못이 있습니다.

• 요한 크리소스토무스 『로마서 강해』 12.

### 닫힌 하와의 입이 다시 창조주를 찬미하게 되리라

뱀은 저주받아 불구가 된 채 묶이고
하와의 입은 유익한 침묵으로 닫히었으나
그는 또다시 수금이 되어
창조주를 찬미하는 노래를 부르게 되리라.

• 시리아인 에프렘 『낙원 찬가』 6,8.

### 이단자들은 하느님을 찬미하지도 찬양하지 않는다

우리의 자녀들은 수금과 비파에 맞추어 하느님을 찬미하고 찬양합니다. 그러나 어리석은 "그들(이단자들)의 자녀들"도 "수금과 비파에 맞추어 뛰놉니다"(욥 21,11 칠십인역). 그들이 구약성경의 말씀을 강탈할 때마다, 그들은 뛰놀며 율법과 예언자들의 말씀을 흉내 내는 것입니다. 그들은 율법의 수금과 예언자들의 비파가 이루었던 조화를 탈취하여 그것들을 가지고 놉니다.

• 오리게네스 『욥기 단편』 15,25.

"하느님은 없다"(시편 14,1)니. 기초가 없는데 어떻게 건물이 서 있습니까? … 음악이 없다면 수금이 가락을 낼 수 있습니까?

• 설교가 아스테리우스 『시편에 관한 설교』 25,8.

## 노래와 음악의 효과

### 음악의 힘

음악 수련은 기쁨을 가져오는 지식을 큰 힘과 통합합니다. 세속 학문을 가르치는 교사들은 유익한 모든 것을 주시는 하느님의 관대하심 덕분에 학문적인 전거를 통해 자연 세계에서 감추어져 있다고 여겨지던 것들을 알아낼 수 있었습니다. 이 수련의 첫 번째 부문은 화성학과 음률학, 운율학으로 이루어집니다. 두 번째 부문은 악기에 관한 것으로, 타악기와 현악기, 관악기가 있습니다. 세 번째 부문은 여섯 개의 화음에 관한 것이고, 네 번째 부문은 열다섯 가지 음조에 관한 것입니다. 이 가장 아름다운 수련의 미덕은 옛사람들이 만들어 놓은 이런 구분을 통해 드러납니다. … 성경은 예리코 성벽이 나팔 소리에 단번에 무너졌다고 증언합니다(여호 6,20 참조). 그러니 주님의 명령 또는 허락에 따라 음악 소리가 큰 힘을 발휘하는 것이 확실합니다.

• 카시오도루스 『시편 해설』 80,4.

### 조화로운 음악의 효력

단 두 사람이라도 거룩한 영적 음악에서 발견되는 조화로운 소리로 하늘에 계신 아버지께 청을 올리면 아버지께서 어떤 청이라도 들어주신다고 하였습니다. 그렇다면 '잘 조율된 악기에 맞추어 힘 있게 노래'하는 사람들이 만들어 내는 조화로운 소리는 단연코 대단한 힘을 지녔다 할 것입니다.

• 오리게네스 『마태오 복음 주해』 14,1.

### 깊은 감방에서 찬미가를 바친 사도들

[여기(사도 16,25 참조)에는] 사도들의 진심 어린 마음과 기도의 힘이 나타나 있습니다. 그들은 깊은 감방에서 찬미가를 바쳤고, 그들의 찬미는 지진을 일으켜 감옥의 기초가 뒤흔들리고 문들이 열리게 했으며 마침내 감옥 속에 묶여 있던 사람들의 사슬을 풀었습니다. … 이런 사람은 두말할 것도 없이 바오로와 실라스와 함께 어두운 감옥에서 찬미가를 바치며 시편 저자처럼 주님께 이렇게 노래할 것입니다. "당신은 저의 피신처. 곤경에서 저를 보호하시고 구원의 환호로 저를 에워싸십니다"(시편 32,7).

• 존자 베다 『사도행전 해설』 16,25.

### 찬미의 힘

"좋기도 하여라. 우리 하느님께 찬미 노래 부름이. 즐겁기도 하여라. 그분께 어울리는 찬양을 드림이"(시편 147,1). 이처럼 하느님을 찬미하는 일이 그분을 얼마나 기쁘게 하는지를 아십시오. 시편 저자는 또 이렇게 선언합니다. "하루에도 일곱 번 당신을 찬양합니다"(시편 119,164). 이어서 그는 이런 약속을 드립니다. "저의 혀도 당신의 의로움을, 당신 찬양을 날마다 전하오리다"(시편 35,28). 의심할 여지없이 시편 저자는 하느님을 찬미하는 데서 오는 유익을 체험하였습니다. 그가 이 시편에서 다음 말로 그것을 회상하고 있기 때문입니다. "찬양받으실 주님을 불렀을 때 나는 원수들에게서 구원되었네"(시편 18,4). [다윗이] 소년으로서 거대한 힘을 지닌 거인 골리앗을 물리치고, 또 외적을 수차례 물리쳤을 때 그를 보호해 주었던 것은 바로 이 찬미의 방패였습니다.

• 레메시아나의 니케타스
『시편 송독의 유익 또는 찬가의 유익』 8.

### 하느님 안에서 힘을 얻을 것이다

그분은 내 발걸음을 인도해 주시고, 내 입에 새로운 노래를 담아 주실 것입니다. 다윗은 자신을 생각하며 노래한 것도 아니고, 파라오에게 자신의 노래를 바치지도 않습니다. 하느님 없이는 구원이 없기 때문입니다. 그래서 그는 하느님을 찬미하는 노래를 부릅니다. 우리는 하느님 안에서 힘을 얻을 것이며, 하느님께서는 우리의 원수들을 아무것도 아닌 것이 되게 하십니다.

• 소 아르노비우스 『시편 주해』 40.

### 신앙의 본보기인 다윗

그(다윗)는 그리스도 신앙에 이르게 된 이들의 입을 빌려 이 시편을 노래합니다. 그는 그리스도를 부르며 그분의 도우심을 간청합니다. … 이 시편[시편 제28편]은 앞서 나왔던 시편들과 마찬가지로, 이런 종류의 재앙에 맞닥뜨린 사람 누구에게나 들어맞는 노래입니다. 그런 사람이라면 복된 다윗처럼 끈질기게 하느님께 청원을 드리며 하느님의 섭리 안에서 안전을 얻고자 할 것입니다.

• 키루스의 테오도레투스 『시편 주해』 28,1.

### 은총에 취하다

"너희는 와서 내 빵을 먹고 내가 섞은 술을 마셔라"(잠언 9,5). 잔치에 온 손님들을 매혹하는 노래에서 기쁨이 느껴지십니까? 교회의 목소리에 귀를 기울이십시오. 교회는 찬가들뿐 아니라 아가로 우리에게 권고합니다. "먹어라, 벗들아. 마셔라, 내 형제들아, 사랑에 취하여라"(아가 5,1). 그러나 이 취함은 사람들의 정신을 맑게 합니다. 이 취함은 은총의 선물이지 만취가 아닙니다.

• 암브로시우스 『카인과 아벨』 1,5,19.

### 격정을 가라앉히다

다윗은 제정신을 잃고 광포해진 사울에게 오면 노래로 그의 격노를 진정시켜 그를 낫게 했고, 그러면 사울의 이해력이 본디대로 돌아왔습니다. 그렇다면 이 이야기에서 노래가 상징하는 바는 명백합니다. 우리 삶의 상황에 따라 다양한 모습으로 일어나는 이런 격정을 가라앉히라고 권고하는 것입니다.

• 니사의 그레고리우스 『시편의 제목』 1,3,24.

### 마음이 차분해지다

교회의 사람인 그대는 피타고라스에게 배울 것이 아니라 교회 음악을 통해 배워야 합니다. 사울에게 다윗의 비파가 어떤 역할을 했는지 생각해 보십시오. 악령에 시달리던 그는 이 거룩한 사람이 비파를 타면 마음이 차분해졌습니다. 육의 욕망이 때로는 음악 소리에 억제된다고 해서 그것을 좋은 것이라 생각하지 않도록 조심하십시오.

• 아우구스티누스 『율리아누스 반박』 5,5,23.

### 사탄을 좌절시키기 위해 노래하라

교회에서 우리의 목소리를 드높여 노래하고 기도합시다. 그래서 우리의 적수인 사탄이 거룩한 소리에 멍해져서 떠나게 합시다. 악마는 행위로만이 아니라 생각이나 말을 통하여, 침묵을 지키거나 쓸데없는 말을 늘어놓는 이들에게 몰래 숨어듭니다. 그러나 그들이 노래하거나 기도한다면 악마는 정신이나 목소리로 하느님을 찬미하는 데 몰두하는 그들을 속일 길이 없게 됩니다.

• 아를의 카이사리우스 『설교』 80,2.

### 회개의 눈물

교회에 울려 퍼지는 찬미가와 송가와 감미로운 노래들을 듣고 얼마나 눈물을 흘렸는지 모릅니다! 얼마나 큰 감동을 받았는지요! 그 노래들은 제 귀로 흘러들어 제 가슴에 진리를 퍼뜨렸습니다. 저는 신심의 약동으로 고양되었으며, 뺨 위로 눈물이 흘러내렸습니다. 그 눈물은 유익한 눈물이었습니다.

• 아우구스티누스 『고백록』 9,6,14.

# 노예, 노예제도

하느님이 본디 인간을 창조한 자연 본성에 따르면
어떤 인간도 노예가 아닙니다.

• 아우구스티누스 『신국론』 19,15.

노예제도는 세상에 악이 존재한다는 표시입니다.

• 암브로시아스테르 『바오로의 열세 서간 주해』(콜로새서).

돈에 목숨을 건 사람은 돈의 노예이며 명성과 영예와 현세 삶의 노예입니다.

• 요한 크리소스토무스 『동정』 81.

주님께 죄를 고백하는 사람은 노예 상태에서 벗어난 사람입니다.

• 암브로시우스 『편지』 54.

## 노예의 의미와 이해

### 종과 아들

백인대장은 여기[마태 8,6 참조]서 자기 집안의 종을 '아들'이라고 표현합니다. 그런가 하면 루카는 그를 "종" 또는 "노예"라고 표현함으로써 그의 신분을 분명하게 드러냅니다(루카 7,2-10 참조).

• 몹수에스티아의 테오도루스 『마태오 복음 단편』 41A.

### 자발적으로 종이 되다

야고보는 자신을 "종"(야고 1,1)이라고 표현합니다. 그렇지만 종살이에는 두 가지, 곧 자발적인 종살이와 강제로 하는 종살이가 있다는 것을 우리는 기억해야 할 것입니다. 억지로 종살이하는 종은 처벌을 두려워하는 노예입니다. 따라서 그가 하는 일은 당연히 사랑에서 나오는 것이 아닙니다. 그러나 자기가 원해서 종살이하는 이는 실로 아들과 다름없습니다.

• 아를의 힐라리우스 『일곱 가톨릭 서간 해설』(야고보서).

### 노예도 영에서는 형제다

우리는 인간의 모든 것을 육체의 기준이 아니라 영의 기준으로 평가하기 때문에, 우리의 노예들은, 그들이 육체에 따라 달리 정해졌지만 우리의 노예가 아닙니다. 우리는 그들을 영에서 형제로, 종교에서 동료 노예(종)로 여기며 그들을 이와 같이 부릅니다.

• 락탄티우스 『거룩한 가르침』 15,3.

### 누구의 노예도 아니다

요셉과 다니엘은 노예였지만, 세상의 속박에서 여러분을 풀어 주신 그리스도를 섬기는 이들 가운데 하나로 남아 있는 한 여러분은 누구의 노예도 아닙니다. 여러분은 그리스도의 본을 따라 행동합니다. 그분은 낮은 신분으로 겸손하게 사셨습니다.

• 테르툴리아누스 『우상 숭배』 18,4-5.

### 그리스도 안에서 하나다

주님께서 그리로 가신 것은 당신께서 꼭 가셔야만 병을 고칠 수 있어서가 아니라, 지체 높은 사람이나 낮은 사람이나 똑같이 대하는 겸손의 본보기를 보여 주시려는 뜻이었습니다. 그분께서는 왕실 관리에게, "가거라. 네 아들은 살아날 것이다"(요한 4,50)라고 하시어, 사람들이 신성의 권능과 겸손의 은총을 함께 알도록 하신 적도 있습니다. 그때는 부자를 남달리 위한다는 오해를 낳지 않도록, 관리의 아들에게 가지 않으셨습니다. 반면 이번 경우에는 백인대장 종의 낮은 신분을 가볍게 여긴다는 오해를 피하고자 몸소 그가 있는 곳으로 가십니다. 노예든 자유인이든, 우리 모두는 그리스도 안에서 하나입니다(참조: 갈라 3,28; 콜로 3,11).

• 암브로시우스 『루카 복음 해설』 5,84.

### 구별이 없다

그(베드로)는 (아직 그 의미를 밝히지 않은 채) "모두"(사도 2,21)라고 합니다. 사제든, 노예든, 자유인이든. 그렇습니다. 그리스도 예수 안에서는 남자와 여자의 구별도 없고 노예와 자유인의 구별도 없습니다. 이런 구분은 모두 그림자일 뿐이기 때문입니다.

• 요한 크리소스토무스 『사도행전 강해』 5.

### 황제와 노예의 차이

콘스탄티누스 황제와 내 노예의 차이는 무엇입니까? 곧, 소유물이 전혀 없는 사람과 넘칠 만큼 부를 지닌 사람의 차이가 무엇입니까? 그들을 나중에 구분하는 유일한 것은 무덤입니다.

• 나지안주스의 그레고리우스 『시가』 1,2,15.

### 더없이 어리석은 짓이다

하느님의 사랑과 부르심, 복음, 자녀 됨, 은총, 평화, 성화 등 가장 중요하고 영적인 것들이 노예와 자유인에게 모두 공통적인 것이라면, 하느님께서 하나 되게 하시고 더 영적인 것들에서 동등한 영예를 누리게 하신 이들을 세속적인 것들 때문에 나누는 것은 더없이 어리석은 짓 아니고 무엇이겠습니까? 이러한 이유로 바오로는 처음부터 이 어리석은 나쁜 폐단을 던져 버리고 로마인들을 은총의 어머니인 겸손으로 이끕니다.

• 요한 크리소스토무스 『로마서 강해』 1.

바오로는 우리를 하느님의 종이나 노예가 아니라 "협력자"(1코린 3,9)라고 합니다.

• 몹수에스티아의 테오도루스 『로마서 단편』.

### 우리는 모두 종이었다

주님과 우리가 같은 행동을 한다 해도, 그것은 같은 것이 아닙니다. 그분은 주님이며 스승이시고, 여러분은 서로 같은 종이기 때문입니다. … 우리의 경우 '노예'와 '자유인'은 단어가 다를 뿐입니다. 그러나 그분과 우리는 실질적인 차이가 있습니다. 본성상 그분은 주님이시고 우리는 종이었습니다. 그런데도 그때 그분은 그 일을 마다하지 않으셨습니다. 지금 우리는 자유인을 종이나, 돈으로 산 노예처럼 대하지 않으면 칭찬받을 만한 일이라고 여깁니다. 그런 인내의 증거를 보고서도 우리가 그것을 조금도 본받지 않고 그리스도의 말씀과 정반대로 행하며 빚을 면제해 주지 않는다면 장차 그날에 우리가 무슨 말을 할 수 있겠습니까?

• 요한 크리소스토무스 『요한 복음 강해』 71,1.

### 천부적 자유와 예속의 원인

예속의 첫째 원인은 죄이며, 악한 의지를 지닌 인간은 다른 사람 소유의 노예가 아니더라도 자기 정욕의 노예가 됩니다. … 성경에서는 의인 노아가 아들의 죄를 벌주는 장면이 나오기 이전에는 "종"이라는 말이 나오지 않습니다(창세 9,25-26 참조). 그러니까 종이라는 그 이름은 자연 본성에서 온 것이 아니고 죗값으로 얻은 것입니다. 라틴어에서 "종"(servus)이라는 단어의 기원을 살펴보면, 전쟁법상 죽일 수 있는데 승리자들에 의해 목숨이 보존된 자들을 종이라고 한다고 전합니다. "보존된다"(servare)는 뜻에서 그렇게 불렸다는 것입니다. … 종살이의 첫째 원인은 죄입니다. 인간이 사슬에 매여 인간에게 예속되기 때문입니다. 이런 일은 하느님의 심판 없이는 일어나지 않으며, 하느님 앞에는 불의가 없으니 그분은 죗값에 따라서 악인들에게 다양한 죄벌을 배당할 줄 압니다. 지존한 주님의 말씀대로입니다. "죄를 짓는 자는 누구나 죄의 종입니다"(요한 8,34). 그래서 다수의 경건한 사람들이 사악한 주인들 밑에서 종살이를 하고 있지만, 그런 경우는 사실상 자유인 밑에서 하는 종살이가 아닙니다. "누구에게 굴복하는 자는 그의 종이 됩니다"(2베드 2,19). 물론 정욕을 섬기는 종보다 사람을 섬기는 종이 더 행복합니다. 그 이유는 지배하려는 정욕이야말로, 다른 얘기는 다 제쳐두더라도, 가장 잔인무도한 지배권을 행사하여 사멸할 인간들의 마음을 철저히 파괴하기 때문입니다. 그 대신 저 평화의 질서 속에서는, 한 인간이 다른 인간에게 종속된 질서에서 본다면, 종노릇하는 사람들에게는 겸손이 유익함을 주고 지배하는 사람들에게는 오만함이 손해를 끼칩니다. 사람의 종이 되었든 죄의 종이 되었든, 그 어느 인간도 하느님이 본디 인간을 창조한 자연 본성에 따라서는 종이 아닙니다. 하지만 죄벌로 인한 종살이는 자연의 질서를 보존하라고 명하고 그 질서를 유린하지 말라고 금하는 바로 그 법리에 의해 질서 지어진 것도 사실입니다. 왜냐하면 그 법리를 거슬러 무슨 짓을 저지르지 않았다면, 죄벌로 인한 종살이에 강제로 처해지는 일도 없었을 것이기 때문입니다. 그래서 사도는 종들을 훈육하여 주인에게 복종하라고, 선의를 갖고 진심으로 주인을 섬기라고 합니다(참조: 에페 6,5-8; 콜로 3,22-26; 티토 2,9-10). 비록 주인의 손으로 자유의 몸이 되지 못할지라도 자신의 종살이 자체를 어느 방도로든 자유로운 것으로 만들어 보라는 뜻에서, 교활한 두려움으로 그렇게 할 것이 아니라 신실한 사랑으로 그렇게 섬기라는 것입니다.

• 아우구스티누스 『신국론』 19,15.

### 타고난 자유의 권리를 확인하게 되다

"종은 제 주인에게서 풀려나는 곳"(욥 3,19)이라는 말은 적절합니다. 왜냐하면 "죄를 짓는 자는 누구나 죄의 종이다"(요한 8,34)라고 나와 있기 때문입니다. 사악한 욕망에 굴복하는 사람은 누구든지, 이전에 악의 지배에서 자유로웠던 자기 정신을 내어 주는 사람일 뿐입니다. 우리를 사로잡았던 악과 투쟁할 때, 나쁜 습관에 강하게 저항할 때, 저런 모든 욕망을 경멸할 때, 우리는 이러한 감독관에게 저항하는 것입니다. 우리가 참회하면서 우리의 죄를 걷어치우고 눈물로 불결함을 씻을 때, 우리는 노예 상태를 거슬러 우리가 타고난 자유의 권리를 확인하게 됩니다.

• 대 그레고리우스 『욥기의 도덕적 해설』 4,70-71.

### 노예 상태에서 벗어난 사람

우리는 그리스도의 피로 속량되었으므로 죄를 짓지 맙시다. 사람들이나 정열의 노예가 되지 맙시다. 우리 죄를 고백하기를 부끄러워하지 맙시다. "내가 만일 큰 군중을 두려워하여 잘못을 감추려 입 다물고 문을 나서지 않았다면"(욥 31,34) 하고 말할 수 있었던 사람이 얼마나 자유로운지 보십시오. 주님께 죄를 고백하는 사람은 노예 상태에서 벗어난 사람입니다.

• 암브로시우스 『편지』 54.

### 죄를 짓고자 하는 욕망은, 이성을 노예로 만드는 폭군이다

잔인하고 광포한 폭군인 억제할 수 없는 욕망이 영을 노예로 만듭니다. 이 폭군은 희생물인 영에게 채찍질을 함으로써 쾌락을 느끼게 합니다. 또 다른 폭력인 탐욕은 노예가 된 사람에게 안식을 주지 않습니다.

• 니사의 그레고리우스 『모세의 생애』 2,129.

### 모든 죄인은 카인과 같다

카인은 노예처럼 표를 받았으며, 죽음을 피할 수 없었습니다. 죄인은 두려움에 사로잡힌 노예, 욕망의 노예, 탐욕의 노예, 정욕의 노예, 죄의 노예, 분노의 노예입니다. 그러한 사람은 스스로 자유로운 이처럼 보이지만, 폭군 아래에 있다면 더 철저한 노예가 됩니다.

• 암브로시우스 『편지』 54 (사제들에게).

### 몸종을 필요로 하지 않는 이들

양이나 노예를 사고파는 상인들처럼 많은 하인을 줄줄이 거느리고 나다니는 것이 그리도 대단하게 보입니까? 이들은 교만하고 허세 부리는 자들입니다. 단출하게 사는 이들은 지혜롭고 삼갈 줄 아는 사람들입니다. … 적은 것으로 만족하는 여성이야말로 참으로 고귀한 여성입니다. 그러나 많은 것을 요구하는 여성은 하인이며 노예보다 못한 사람입니다.

홀로 세상 여기저기를 다니는 천사들이 언제 한 번이라도 몸종을 요구한 적 있습니까? 그래서 천사들이 우리보다 못한 존재입니까? 몸종을 필요로 하지 않는 천사들이 하인을 필요로 하는 우리보다 못하다는 말입니까? 아니지요, 그렇다면 몸종을 필요로 하지 않는 이들은 천사와 같은 이들입니다. 하인이 많은 여성과 하인이 없는 여성 둘 중에 누가 더 천사와 같은 삶을 살고 있습니까? 참으로 부끄러운 일은 무엇입니까? 분에 넘치게 사는 것이야말로 부끄러운 일입니다.

• 요한 크리소스토무스 『히브리서 강해』 28,10.

### 노예들의 특성과 습관

당신은 왜 노예처럼, 두려움 때문에 굽실거리고 양심의 가책으로 괴로워하면서 하느님 앞에 나타납니까? 당신은 왜 노예처럼, 신뢰에 바탕을 둔 기도를 바칠 때, 자유로운 영혼 안에만 있고 본디 우리의 본질에 속한 용기를 스스로 내지 않습니까? 왜 당신은 노예처럼, 아첨이 통하지 않는 사람에게 아첨합니까? 당신은 왜 노예처럼, 비굴하고 위선적인 말로 사람에게 도움을 청합니까?

• 니사의 그레고리우스 『주님의 기도』 5,1.

## 노예제도

### 모든 인간은 자유인으로 창조되었다

사실 노예제도란 본디부터 있던 것이 아닙니다. 하느님께서 사람을 만드셨을 때 그를 노예가 아니라 자유인으로 지으셨기 때문입니다. 하느님은 아담과 하와를 지으셨고, 그들은 둘 다 자유인이었습니다. 그러면 노예제도는 어떻게 시작되었습니까? 인류가 제 길에서 벗어나 욕망의 적절한 한계를 넘어서 방탕에 흠뻑 빠졌습니다. 이런 일이 어떻게 일어났는지 들어 보십시오.

• 요한 크리소스토무스 『라자로에 관한 설교』 6,7.

### 탐욕 때문에 생겨난 노예제도

우리는 모든 이에게 똑같이 선을 행하고 모든 이에게 공정한 권리를 주도록 불렸습니다. 하느님의 법은 이런 사회적 [신분의] 차이를 인정하지 않습니다. 어떤 사람이 노예제도가 어디에서 왔으며 그것이 어쩌다가 인간의 삶 속으로 숨어 들어왔느냐고 묻는다면 — 많은 사람이 이에 대해 묻고 싶어 하고 알고 싶어 한다는 것을 나는 압니다 — 대답해 드리지요. 그것은 탐욕 때문입니다. 만족을 모르는 탐욕입니다. 애초의 인간 조건은 이렇지 않았습니다. 잊지 마십시오. 노아에게는 종이 없었습니다. 아벨에게도 셋에게도 그의 후대 사람들에게도 없었습니다. 이 끔찍스러운 제도는 죄 때문에 생겨났습니다. 그것은 우리의 첫 조상들 시대에 생겨난 것이 아닙니다.

• 요한 크리소스토무스 『에페소서 강해』 22,6,9.

### 지배할 수 있는 대상은 이성이 없는 짐승들이다

당신은 자신이 가진 권위의 한계를 망각하였고, 당신이 지배할 수 있는 것은 오직 이성이 없는 것들에 국한된다는 사실을 잊었습니다. 성경은 "그들이" 날개 달린 동물들과 물고기들, 네 발 달린 것들과 땅을 기어 다니는 것들을 "다스리게 하여라"(창세 1,26) 하고 말합니다. 왜 당신은 당신에게 속한 것을 넘어서려고 합니까? 왜 당신은 자유로운 종족에 맞서서 자신을 들어 높이고자 합니까? 왜 당신과 같은 종족을 네 발 달린 짐승이나 발 없는 것들의 수준으로 하락시키려 합니까? 예언을 통해 선포된 말씀에 따르면 하느님께서는 "만물을 사람의 발 아래 두셨습니다"(시편 8,7). … 비이성적인 짐승만이 인간의 노예입니다. 그러나 당신은 이런 일들을 대수롭지 않게 여깁니다. … 당신은 사람을 '노예'와 '노예 주인'으로 나눔으로써 사람을 사람의 노예가 되게 하고, 또 같은 사람을 사람의 주인이 되게 만들었습니다.

• 니사의 그레고리우스 『코헬렛 강해』 4.

### 동료 인간들의 주인이 될 수 있다는 교만한 생각

호화로운 저택과 풍성한 포도나무, 그리고 잘 자란 채소밭과 정원에 물을 대 주는 저수지들을 만든 일 등 이 모든 일 가운데서 인간이 스스로를 인간의 주인으로 여기는 것보다 더 오만함을 드러내는 끔찍한 예가 있습니까? 코헬렛은 말합니다. "나는 나를 위하여 남종들과 여종들을 얻었고 씨종들이 나를 위하여 태어났다." 그가 이것을 대단한 자랑거리로 여기고 있다는 것을 눈치채셨습니까? 이런 말은 하느님께 도전장을 던지는 말입니다.

• 니사의 그레고리우스 『코헬렛 강해』 4.

### 자기 본성의 도를 넘는 것이다

어떤 사람이 하느님의 소유를 자신의 것으로 돌리고, 동료 인간에게 지배권을 휘두르며, 자신을 다른 인간의 소유주로 생각한다면, 그는 자신을 자신에게 속한 이들과는 다른 무엇으로 여기면서 자만으로 자기 본성의 도를 넘는 것 아니고 무엇이겠습니까?

• 니사의 그레고리우스 『코헬렛 강해』 4.

### 노예 문서가 주인이 되는 결정적 증거가 아니다

당신은 자신이 '하느님의 모상'의 주인이라도 되는 듯이 생각합니다. 종잇조각과 계약서, 은화가 당신을 속였단 말입니까? 얼마나 어리석은 짓입니까! 계약서를 잃어버렸다면, 벌레가 그 종잇조각을 먹어 치웠다면, 물방울이 스며들어 글씨가 지워져 버렸다면, 그들이 당신의 노예임을 무엇이 보증해 주겠습니까?

• 니사의 그레고리우스 『코헬렛 강해』 4.

### 주인과 노예의 차이는 칭호뿐이다

노예 소유주라는 직함을 유지하기 위해 당신은 무엇을 해야 할까요? 그것은 단순한 직함일 뿐입니다. 당신에게 예속된 이들에 대한 우월성이 그 직함에서 생기는 것은 아니라고 봅니다. 노예를 소유하는 이 권력이 한 인간으로서 살아가는 데 도움을 주는 것은 무엇입니까? 그것은 장수나 아름다움, 건강이나 덕의 뛰어남을 주지 못합니다. 당신이 소유하고 있는 노예나, 그 노예를 소유하는 당신이나 모두 같은 조상들에게서 나왔고, 같은 삶을 살며, 다같이 영과 육의 고통을 겪습니다. 고통과 쾌락, 즐거움과 번민, 슬픔과 기쁨, 분노와 공포, 질병과 죽음을 겪습니다. 노예나 노예 소유주나 이런 것들에 있어서 무슨 차이가 있습니까? 그들은 같은 공기를 들이마시지 않습니까? 그들은 같은 태양을 바라보지 않습니까? 그들은 똑같이 음식을 먹음으로써 삶을 유지하지 않습니까? 그들의 내장 기관의 배열 또한 같지 않습니까? 둘 다 죽으면 한 줌의 먼지가 되지 않습니까? 그들 둘 다 같은 심판을 받지 않습니까? 둘 다 같은 천국에 가거나 같은 지옥에 가지 않습니까?

• 니사의 그레고리우스 『코헬렛 강해』 4.

### 저승에는 노예와 주인이라는 구별이 없다

바오로 사도는 노예와 주인이라는 신분의 구별은 이승에만 한정된 것임을 보여 줍니다. 우리가 여기를 떠나면, 더 이상 이런 구별은 없을 것입니다. 그곳에는 종과 주인처럼 사회적 지위에 근거하는 것은 아무것도 없고 덕과 악덕으로만 [사람들이 구별될] 것입니다.

• 키루스의 테오도레투스
『바오로의 열두 서간 주해』(에페소서) 6,8.

### 주인과 노예는 자연적 품위에서는 동등하다

우주의 주재자께서 비이성적 본성만 예속되도록 정하셨습니다. … 이와 달리 그분께서 인간들에게는 자유라는 은총의 선물을 주셨습니다. 따라서 법률과 관습에 따라 당신에게 예속된 사람일지라도 자연적 품위에서는 당신과 같습니다.

• 니사의 그레고리우스 『주님의 기도』 5,5.

### 노예라 할지라도 덕스러운 사람은 자유인이다

무엇이 노예입니까? 그것은 단지 명칭입니다. 얼마나 많은 주인이 술에 취해 잠자리에 드는 반면, 노예들은 늘 맑은 정신으로 그들 곁에 서 있습니까? 누구를 노예라고 불러야 합니까? 맑은 정신을 지닌 사람입니까, 술 취한 사람입니까? 사람의 노예입니까, 아니면 정욕에 사로잡힌 사람입니까? 사람의 노예는 겉으로만 노예 신분이고 정욕의 노예는 내면이 속박되어 있습니다.

• 요한 크리소스토무스 『라자로에 관한 설교』 6,8.

### 종살이에서 자유로

노예제도에서 비롯된 자유를 여러분에게 보여 드릴까요? 오네시모스라는 노예가 있었습니다. 그는 아무 쓸모없는 탈주자였습니다. 그는 도망가다가 바오로에게 가, 세례를 받고 죄를 씻은 뒤 바오로의 곁에 머물렀습니다. … 여러분은 오네시모스가 고결해졌다는 사실을 아시겠습니까? 자유로우냐, 그렇지 못하느냐는 성품에 달려 있다는 것을 아시겠습니까? 노예와 자유인은 단순히 명칭에 불과합니다.

• 요한 크리소스토무스 『라자로에 관한 설교』 6,7-8.

### 존중받는 노예들

대가문의 노예들 가운데는 집안의 잡다한 일을 도맡아 처리하는, 상당히 존중받는 이들이 더러 있습니다. 이들은 모든 일을 자기 재량으로 꾸려 나가며 주인에게도 매우 자유롭게 처신합니다. 오히려 주인 쪽에서 노예 아무개의 주인으로 불리며 실상 이렇게 노예의 이름에 따라 알려진 주인이 한두 사람이 아닙니다.

• 요한 크리소스토무스 『히브리서 강해』 24,6.

### 어리석은 죄인이 진짜 종이다

[주인과 종에 관한] 바오로 사도의 말은 하느님께서 모든 인간을 자유로운 존재로 창조하셨음을 암시하며, 그가 이 말을 한 것은 주인들이 거만해지지 않도록 하기 위해서입니다. 노예제도는 세상에 악이 존재한다는 표시입니다. 카인의 저주를 상징하는 것이지요. 사실, 지혜로운 사람은 종의 모습을 하고 있더라도 언제나 자유롭습니다. 진짜 종은 어리석은 죄인들입니다.

• 암브로시아스테르 『바오로의 열세 서간 주해』(콜로새서).

### 달아난 종은 주인에게 돌려보내야 한다

주인에게서 달아나 종교 공동체를 피난처로 삼은 노예는 훈계하여 도리를 깨치게 한 다음 주인에게 돌려보내야 합니다. 이는 바오로 사도의 본보기를 따르는 것으로서, 사도는 복음을 통해 오네시모스를 얻었지만 그를 필레몬에게 돌려보냈습니다. 사도는 오네시모스에게 종살이의 멍에를 훌륭하게 감당하는 것이 주님께서 기꺼워하시는 일이며 하늘 나라에 들어갈 자격을 갖추는 것임을 이해시켰습니다. 바오로 사도는 필레몬에게는 "너희가 다른 사람들의 허물을 용서하면, 하늘의 너희 아버지께서도 너희를 용서하실 것이다"(마태 6,14)라는 주님의 말씀을 되새겨 주며 종 오네시모스에게 가하고자 했던 응징을 취소하라고 권고합니다. 거기에서 그치지 않고 오네시모스에 대한 필레몬의 마음이 더욱 너그러워지기 바라며 이렇게 씁니다. "그가 잠시 그대에게서 떨어져 있었던 것은 아마도 그를 영원히 돌려받기 위한 것이었는지도 모릅니다. 이제 그대는 그를 더 이상 종이 아니라 종 이상으로, 곧 사랑하는 형제로 돌려받게 되었습니다"(필레 15-16). 그러나 주인이 종들에게 불법적인 명령을 내리고 우리의 주인이신 주 예수 그리스도의 계명을 어기도록 강요하는 사악한 자일 경우, 종이 하느님께서 싫어하실 일을 하여 하느님의 이름이 모독당하는 일이 없도록 우리가 나서서 주인에게 이의를 제기해야 합니다.

• 대 바실리우스 『대 수덕집』(긴 규칙서) Q.11,R.

### 노예 매매는 하느님 법을 뒤집어엎는 것이다

"나는 나를 위하여 남종들과 여종들을 얻었다"(코헬 2,7). 이게 무슨 말입니까? 당신은 본성이 자유롭고 자유의지를 소유한 사람을 노예로 만들고, 하느님에 맞서서 법을 제정하며, 인류를 위한 하느님의 법을 뒤집어엎고 있으니 말입니다. 당신은 땅의 주인이 되어 그것을 다스리도록 창조주께서 명하신 사람에게 노예의 멍에를 씌웠습니다. 그것은 마치 하느님의 명령을 거역하고 그것에 맞서 싸우려는 것과 같습니다.

• 니사의 그레고리우스 『코헬렛 강해』 4.

### 노예 매매는 하느님의 권한보다 자신을 더 높이 평가하는 것이다

당신이 노예로 산 이들은 하느님을 닮은 존재이고, 온 땅을 다스리며, 하느님께서 그들에게 땅 위의 모든 것에 대한 권한을 주신 이들입니다. 그런데 누가 그들을 사고팔 수 있단 말입니까? 말해 보십시오. 그렇게 할 수 있는 권한은 오직 하느님께만 있습니다. 아니 하느님께도 있지 않습니다. "하느님의 은사는 철회될 수 없는 것이기 때문입니다"(로마 11,29). 그러므로 하느님께서는 사람을 노예로 강등시키지 않으실 것입니다. 우리가 죄의 노예가 되었을 때 하느님께서 직접 나서서 우리에게 자유를 되돌려 주시기 때문입니다. 하느님께서도 자유로운 이를 노예로 삼지 않으신다면 자신을 하느님의 힘보다 더 위에 두는 이는 도대체 누구입니까?

• 니사의 그레고리우스 『코헬렛 강해』 4.

### 세상 전체의 주인인 인간을 팔 수 있는가?

사람을 노예로 판다는 것은 온 땅의 소유주를 경매장에 내놓는 것과 다르지 않습니다. 그렇게 된다면, 짐작건대 그에게 속한 소유물 역시 경매에 부쳐질 것입니다. 그것은 곧 땅들과 섬들, 바다 그리고 그 안에 있는 모든 것을 경매에 부친다는 뜻입니다. 이 거래에 포함될 소유물의 엄청난 규모를 고려할 때 이것을 사는 이는 어떤 값을 지급할 것이며, 그것을 파는 이는 또 어떤 값을 받겠습니까?

• 니사의 그레고리우스 『코헬렛 강해』 4.

### 인간을 매매하는 것은 동물을 매매하는 것과 다르다

당신은 이 모든 면에서 다른 인간과 다를 바 없습니다. 그런데 당신은 인간이면서 자신을 인간의 주인으로 생각하고, 마치 염소 떼나 돼지 떼를 소유하듯이 자신을 위하여 남종들과 여종들을 얻었다고 말합니다. 그렇다면 당신이 어떤 면에서 그렇게 할 만큼 대단한지 말해 보십시오. 그는 "나를 위하여 남종들과 여종들을 얻었다"(코헬 2,7)라고 말한 다음에 많은 양 떼와 소 떼가 그의 것이 되었다는 말을 덧붙입니다. 마치 가축과 노예들이 같은 정도로 그의 권위에 종속되기라도 하는 양 그는 많은 양 떼와 소 떼가 그의 것이 되었노라고 말합니다.

• 니사의 그레고리우스 『코헬렛 강해』 4.

### 악에 대한 종살이를 비난하다

"신자를 주인으로 둔 종들은 그 주인이 형제라고 해서 소홀히 대해서는 안 됩니다. 오히려 주인을 더욱 잘 섬겨야 합니다. 자기들의 선행으로 덕을 보는 사람들이 사랑받는 신자들이기 때문입니다." 바오로 사도는 에페소서와 콜로새서에서도 같은 지시를 합니다. 이것을 볼 때 바오로 사도는 사회적 관습인 노예제도를 폐지할 뜻이 없었던 것이 분명합니다. 오히려 그는 가장 나쁜 형태의 종살이를 비난합니다. 어떠한 외적 자유도 존중하지 않는, 악에 대한 종살이가 그것입니다.

• 요한 크리소스토무스 『코린토 1서 강해』 19,4.

### 노예 해방을 위한 공정한 방법

돈 때문에 자유를 포기한 모든 사람은 스스로를 판매한 자이며 따라서 구매자의 노예가 됩니다. 판매자도 다른 이들도, 자유의지로 그러한 운명에 빠진 이들이 귀족이라 할지라도 해방을 요구할 권한이 없습니다. 어떤 사람이 팔린 사람을 위해 스스로 구매자를 거슬러 폭력을 사용한다면, 그는 법 절차에 따라 구입한 사람을 불법적인 방법으로 해방시키려 하는 것이므로, 부당한 일을 저지르는 사람으로 여겨야 합니다. 이와 달리 그가 팔린 사람을 다시 살 마음이 있다면, 이는 어떤 법률도 금하지 않습니다. 이와 마찬가지로, 우리가 우리 자신을 자유의지로 판 뒤, 하느님께서 당신의 호의에 따라 우리를 다시 자유롭게 하기 원하셨을 때, 당신을 위해서 해방을 시키는데 폭력적 방법이 아니라 공정한 방법을 떠올리는 것은 당연했습니다. 공정한 방법이란 소유자가 소유물에 대한 값으로 요구한 모든 것을 제공하는 데 있습니다.

• 니사의 그레고리우스 『대 교리교육』 22.

### 노예가 주인에게 두들겨 맞는 징벌로 죽었을 경우

우리는, 자신의 권리를 훼손당하지 않은 상태로 주인 노릇을 하는 것이 주인의 관심사인 이와 같은 사건에서 사람을 죽인 것이 의도적인 징벌이었는지 단순히 일어난 것인지 조사하기를 바라지 않는다. 주인이 단순한 조치로 집안에서 폭력을 행했다면, 주인은 노예의 죽음 때문에 살인죄를 선고받아서는 안 된다. 노예들이 불가피하게 절박하고 운명적인 일 때문에 두들겨 맞는 징벌로 죽었다면, 주인들은 어떤 조사도 두려워할 필요가 없다.

• 『테오도시우스 법전』 9,12,2.

### 부인의 시기심 때문에 여종이 죽은 경우

극도의 시기심에 불타 부인이 여종을 채찍으로 때려 여종이 사흘 안에 처참한 고통을 겪으면서 죽었을 경우, 부인이 의도적으로 죽였는지 우연히 죽었는지 불확실하다면, 의도적인 경우는 칠 년 뒤, 우연인 경우는 오 년 뒤에 그 부인은 합당한 참회를 한 뒤 다시 성체를 영할 수 있다.

• 엘비라 교회회의 『법규』 5조.

# 노인

노인의 백발은 온유함이며, 그의 삶은 진리에 대한 인식입니다.

• 폰투스의 에바그리우스 『수도승에게』 111.

노인들이 지닌 참된 부는 백발로 얻는 것이 아니라
젊은 시절의 노력과 지나간 날의 수고로 쌓은 것입니다.

• 요한 카시아누스 『담화집』 2,13.

아무리 근사한 몸도 나이가 들면 변하기 마련입니다.
지혜만이 더해지고 나머지는 모두 삭아 갑니다.

• 히에로니무스 『편지』 52,3 (네포티아누스에게).

### 노인의 칭호

"아브라함과 사라는 이미 나이 많은 노인들로서"(창세 18,11)라고 합니다. 육체적 나이로 보면 그들 이전에 산 이들 중에 훨씬 오래 산 이들이 많았지만, 아무도 "노인"으로 불리지 않았습니다. 이 칭호는 오래 살아서가 아니라 성숙한 성도들이 받는 칭호로 보입니다.

• 오리게네스 『창세기 강해』 4,4.

### '노인'이나 '원로'의 뜻

우리 이전에도 일부 주의 깊은 사람들은 성경에서 '노인'이나 '원로'는 나이가 많이 들도록 산 사람을 부르는 말이 아니라 성숙한 사상과 존경할 만한 인생의 품위를 보여 준 이들에 대한 경칭임을 알아보았습니다. '노인'이라는 말에 "한껏 살다가"(창세 35,29) 같은 구절이 덧붙을 때는 더욱 그렇습니다. 나이가 많기 때문에 '노인'이나 '원로'라고 불린다면, 이 세상에서 그 누구보다 많은 햇수를 살았다고 분명히 밝혀진 아담이나 나아가 므두셀라, 노아를 이렇게 부르는 게 훨씬 더 적절하지 않겠습니까? 그렇지만 실로 성경에서 이들 가운데 그 누구도 '노인'이나 '원로'로 불리지 않는다는 것을 우리는 압니다. 그러나 훨씬 더 짧은 생애를 산 아브라함은 성경에서 '노인' 또는 '원로'로 불리는 첫 번째 사람입니다(창세 18,11-12 참조).

• 오리게네스 『여호수아기 강해』 16,1.

### '노인'으로 불리다

저는 성경에서 "장수를 누렸다"(창세 25,8)는 표현이 처음 나오는 곳이 어딘지 주의 깊게 살펴보는 중입니다. 아담은 구백서른 살을 살았지만 '노인'으로 불리지 않습니다. 므두셀라는 구백예순아홉 해를 살았지만 '노인'으로 불리지 않습니다. 저는 대홍수 때까지의 기록을 죽 살펴보고, 대홍수 이후 거의 삼천 년이 흐를 때까지를 살펴보아도 '노인'으로 불린 사람을 발견하지 못했습니다. 아브라함이 처음입니다. 그리고 그는 분명 므두셀라보다 훨씬 나이가 적었는데도 '노인'으로 불립니다. 그의 노년이 풍요로운 기름부음을 받았기 때문입니다. 그래서 성경은 "아브라함은 장수를 누린 노인으로, 한껏 살다가"(창세 25,8) 숨을 거두었다고 기록합니다. 그의 노년은 좋은 노년이었습니다. 그의 생애 전부가 밤이 아니라 낮이었기에 그의 노년은 낮들로 가득한 노년이었기 때문입니다.

• 히에로니무스 『시편 설교 59편』 21.

### 예지가 곧 원숙한 노년이다

그 의인은 행복한 노년기를 보냅니다. 성경은 "긴" 노년기라고 하지 않고 "행복한" 노년기라고 말합니다(창세 15,15 참조). 그 의인은 행복하게 나이가 들어가고 있기 때문입니다. 불경한 자들의 경우는 그렇지 않습니다. 그들이 가장 나이 많은 수사슴보다 더 오래 산다 하더라도 말입니다. 사실 현자나 어리석은 자나 모두 장수를 누릴 수 있습니다. 그러나 잘 사는 것은 현자에게 속한 것입니다. 현자는 "노령으로 존경을 받고, 노년에도 티 없는 삶을 삽니다". 또 이런 말씀도 있습니다. "영예로운 나이는 살아온 햇수"나 백발로 "셈해지지 않고" 지혜로 정해집니다. 그러므로 현명한 사람은 행복하게 나이가 듭니다.

• 암브로시우스 『아브라함』 2,9,64.

### 만물의 으뜸이신 예수님

이 본문[여호 13,1 참조]에서 '늙고 나이가 많이 든' 이는 '시작'이시며 "모든 피조물의 맏이"(콜로 1,15)이신 주님이라고 이해되지 않습니까? 아마도 그러한 까닭에, 그분 앞에는 아무도 없으므로 그분 홀로, 참으로 또 당연히 '노인'이라고 불려 마땅합니다. 그러므로 성경에서 '노인'이 '원로'나 대사제로 불리는 이들이 있다 하더라도, 우리는 주님이신 예수님을 노인이나 원로들 가운데에서 으뜸으로, 감독이나 주교들 가운데에서 으뜸으로 알아 모셔야 합니다.

• 오리게네스 『여호수아기 강해』 16,2.

### 요셉의 배려와 예의 바름

요셉은 그들을 식사에 초대했습니다. 그들의 의심은 흔들렸고, 요셉은 계속 친절했습니다. … "전에 너희가 말한 늙은 아버지(야곱)는 잘 계시느냐?"(창세 43,27). 상대방만 아니라 그들의 부모 안부까지 묻는 것은 높은 사람이 아랫사람을 대화로 이끄는 방법의 하나고 자신의 말이 진실성 있게 들리게 하는 방법이기도 합니다. 그들이 대답합니다. "나리의 종인 저희 아버지는 잘 있습니다"(창세 43,28). 요셉은 그들의 아버지에게 경의를 표하듯 그를 '노인'['늙은 아버지']으로 표현하고, 그들은 자신들의 겸손을 나타내려고 자기들 아버지를 "나리의 종"이라고 표현합니다. "늙은"은 영예와 존귀함을 암시하는 말인 반면, "종"은 교만보다 겸양을 그리고 복종하는 태도를 보이는 말입니다.

• 암브로시우스 『요셉』 10,54-55.

### 훌륭한 노인과 그렇지 않은 노인

젊은 사람들이 모두 똑같이 영적 열성을 가지거나 규율을 잘 지키고 품행이 뛰어난 것이 아니듯이 노인들도 모두 똑같이 완전하고 덕망이 있는 것은 아닙니다. 노인들이 지닌 참된 부는 백발로 얻는 것이 아니라 젊은 시절의 노력과 지나간 날의 수고로 쌓은 것입니다. 성경에 이런 말이 나옵니다. "네가 젊어서 아무것도 벌어들이지 못했다면 늙어서 무엇을 찾을 수 있겠느냐"(집회 25,3). "영예로운 나이는 장수로 결정되지 않는다. 살아온 햇수로 셈해지지 않는다. 사람에게는 예지가 곧 백발이고 티 없는 삶이 곧 원숙한 노년이다"(지혜 4,8-9). 따라서 우리는 백발과 노령밖에 내세울 것이 없는 노인이라면 무조건 그의 발자취를 따르거나 교훈과 충고를 받아들이지 않습니다. 오히려 우리는 이미 젊었을 때부터 훌륭한 삶을 살았고, 자기 재량이 아니라 원로들의 전통에 따라 수행을 해 온 사람의 교훈과 충고를 받아들여야 합니다.

• 요한 카시아누스 『담화집』 2,13.

### 존경받을 만한 노인

일반적으로 볼 때, 젊은 사람들이 나이 든 사람들보다 실로 훨씬 빨리 듣습니다. 젊은 사람들 가운데 많은 이가 여행을 다니며 바깥에서 하는 일에 종사하기 때문입니다. 그러나 한 노인(야곱)은 이 소식(창세 42,1-2 참조)에 대해 가장 먼저 듣습니다. 이 노인은 믿음 안에서 장수한 사람이며, 존경받아 마땅한 노인이고, 이 나이가 되기까지 그의 삶은 흠 없는 삶이었습니다.

• 암브로시우스 『요셉』 8,43.

"그런데 너는 그들을 동정하지 않고 노인들에게도 네 멍에를 너무나 무겁게 짊어지웠다"(이사 47,6). 너는 나이조차도 존중할 가치가 있다고 여기지 않았다.

• 키루스의 테오도레투스 『이사야서 주해』 14,47,6.

### 늙은 나이와 영혼의 돌봄

젊음이라는 꽃이 만개하는 스물다섯 살이 나타내는 것이 모든 악과의 싸움 아니고 무엇이겠습니까? 희년의 휴식을 담고 있는 쉰이라는 나이가 정신의 싸움에서 승리한 뒤에 오는 내적인 평화를 뜻하는 것 아니고 무엇이겠습니까? 성막의 집기들은 무엇이겠습니까? 믿는 이들의 영혼 아니겠습니까? 그래서 레위인들은 스물다섯 살부터 성막에서 복무하고, 쉰 살부터는 집기들을 지키는 사람이 됩니다. 이것은 아직 악과 싸우며 악을 따를 위험이 있는 사람들은 남을 보살피는 일을 맡아서는 안 된다는 것을 뜻합니다. 선택된 사람들이 여전히 유혹에 굴복할 때, 그들은 직무에 매여 [다른 데 관심을 돌릴 틈이 없도록] 의무와 임무로 피곤에 지쳐야 합니다. 그러나 그들이 유혹과의 싸움에서 이기고 내적 평온을 공고하게 이루었을 때, 그들에게는 영혼들을 보살피는 일이 주어집니다. 마음이 평온한 나이가 되고 유혹의 열기가 가라앉으면, 그들은 집기들을 지키는 사람이자 영혼을 치유하는 이들이 됩니다.

• 파테리우스 『구약성경과 신약성경 해설』(민수기) 4.

### 온유한 젊은이와 자제력이 부족한 노인

온유한 젊은이는 많은 것을 견디지만, 자제력이 부족한 노인을 누가 견딜 수 있겠습니까? 나는 옥좌에 오른 성난 노인을 보았지만, 그 젊은이가 그보다 훨씬 더 위대한 희망을 품고 있었습니다.

• 폰투스의 에바그리우스 『수도승에게』 112.

사악한 삶은 고약하고 미성숙한 노인의 나쁜 성질을 악화시키지만 선한 삶은 일찍 죽은 젊은이라도 하느님 나라로 이끕니다.

• 루스페의 풀겐티우스 『편지』 2,7,4.

### 신체적 겉모습은 별로 중요하지 않다

"사람들에게는 백발이 지혜다"(지혜 4,9 이문)라는 말씀이 의인과 교회의 지체를 두고 하는 말이라면, 왜 이단자의 불의를 두고는 "희끗희끗한 머리는 그의 어리석음이다"라고 말하지 않겠습니까? 다니엘은 사악한 노인의 나이에 대해 이렇게 말하였습니다. "당신은 악한 세월 속에 나이만 먹었소"(다니 13,52). 『목자』라는 책에는 (누구든지 그 책의 내용을 기꺼이 받아들이고자 한다면) 교회가 다양한 모습으로 헤르마스에게 나타나는데, 처음에는 희끗희끗한 머리를 가진 모습으로, 그다음에는 머리를 아름답게 장식한 처녀와 신부로 나타납니다.

• 히에로니무스 『소예언서 주해』 2,7,8,10.

### 아비삭은 연륜에서 우러난 지혜의 상징

한때는 전쟁의 사람이었던 다윗도 일흔 살이 되자 늙어 몸이 식어서 무엇으로도 몸을 덥힐 수 없었었습니다. 그래서 이스라엘 전역을 뒤져 임금과 동침하여 그의 노구를 덥혀 줄 젊은 처녀를 찾았는데, 바로 수넴 여자 아비삭이었습니다. … 몸이 식은 노인이 이불 밑에서 처녀 품에 안기자 비로소 온기가 돌더라는 식의 이야기 말입니다. … 아무리 근사한 몸도 나이가 들면 변하기 마련입니다. 지혜만이 더해지고 나머지는 모두 삭아갑니다. 신비주의적 의미를 담고 있는 아비삭이라는 이름 자체가 연륜의 지혜를 가리킵니다. … 노인들은 큰 지혜의 보고를 간직하고 있고 그 지혜는 너무나 넉넉하여 흘러넘치기도 한다는 뜻입니다.

• 히에로니무스 『편지』 52,2-3 (네포티아누스에게).

### 슬기로운 노인들

백발을 지혜라 부릅니다. 힘센 모든 이는 필요한 일을 수행하고 지극히 슬기로운 노인들은 어떤 일을 행해야 하는지에 관해 이롭게 숙려할 때, 그때라야 성읍의 질서가 제대로 잡히며, 그때라야 거룩한 교회의 운영이 제대로 이루어집니다.

• 존자 베다 『솔로몬의 잠언 우의적 해설』 2,20,29.

### 노인에게서 배우기

약삭빠른 원수가 젊은이들을 속이려고 노인들의 백발을 악용합니다. 하지만 그대들은 몇몇 노인의 무지와 경박 때문에 앞에서 설명한 구원의 길을 떠나거나 원로들의 전통을 무시해서는 안 됩니다. 오히려 아무 부끄럼 없이 노인들에게 모든 것을 밝혀야 하며, 신뢰하는 마음으로 그들에게서 상처를 치료할 약을 받고 수도승생활의 본보기를 찾아야 합니다. 마찬가지로 우리가 아무것도 우리의 판단과 재량으로 감행하지 않을 때, 우리는 그들과 같은 도움을 받고 비슷한 결과를 보게 될 것입니다.

하느님께서 이러한 처신을 얼마나 좋아하시는지 성경에서 쉽게 증명할 수 있습니다. 일례로 하느님께서 당신 결정으로 어린 사무엘을 택하셨지만 소년을 직접 당신 말씀으로 가르치려 하시지 않고 한두 번 노인에게 갔다 오기를 원하셨습니다(1사무 3장 참조). 하느님은 그 노인이 당신께 죄를 지었지만 당신 말씀을 듣도록 부름받은 그 아이가 먼저 원로이며 상전인 노인의 교훈을 받기를 원하셨습니다. 하느님은 그 소년을 당신 부르심에 아주 합당한 자로 보셨지만 노인의 지도를 받기를 원하셨던 것입니다. 이처럼 하느님께서는 당신께서 봉사자로 부르신 이의 겸손을 시험하시고 그의 복종으로 젊은이들에게 좋은 표양을 남기고자 하셨습니다.

• 요한 카시아누스 『담화집』 2,13-14.

### 원로의 가르침

그리스도께서 바오로를 친히 부르시고 직접 말씀하셨으니 곧바로 그에게 완덕의 길을 보여 주실 수도 있었습니다. 그러나 주님은 그러지 않으시고 그에게 하나니아스에게 가서 그에게서 진리의 길을 배우라고 하셨습니다. "일어나 성안으로 들어가거라. 네가 해야 할 일을 누가 일러 줄 것이다"(사도 9,6)라고 하시면서 바오로도 선배에게 보내어 당신의 직접 가르침보다 선배의 지도 하에 교육을 받게 하셨습니다. 사실 바오로의 경우에는 주님께서 마땅히 손수 가르치실 수도 있었겠지만 그것이 후대 사람들에게 월권과 자만의 표양이 될 위험을 피하기 위하여 그렇게 하신 것입니다. 이제 아무도 바오로를 핑계 삼아 선배들에게 교육을 받지 않고 오직 하느님에게만 교훈과 지도를 받아야 한다고 주장할 수 없게 되었습니다.

• 요한 카시아누스 『담화집』 2,15.

### 원로들의 가르침을 존중하라

선택된 그릇 바오로가 동료 사도들과 협의할 필요가 있었다고 증언하니, 감히 자기만의 판단과 분별에 자신을 맡길 만큼 주제넘고 눈먼 사람이 어디 있겠습니까? 따라서 누가 원로들의 교훈과 규정을 교육받을 기회를 무시한다면 주님께서는 완덕의 길을 보여 주시지 않는다는 것이 명백히 입증된 셈입니다.

• 요한 카시아누스 『담화집』 2,15.

### 하늘에 있는 이들의 충만한 나이

예루살렘 도성에서는 아기와 노인의 사이처럼 연령에 따른 차이가 없습니다. 며칠 살지 못하고 죽는 아기도 없고, "제 수명을 채우지 못하는 노인"(이사 65,20)도 없기 때문입니다. 대신에 부활의 자녀들처럼 모두 "성숙한 사람이 되어 그리스도의 충만한 경지에 이르게 됩니다"(에페 4,13). 그리하여 아무도 지나치게 짧게 살거나 지나치게 길게 살지 않을 것이며, 어떤 이는 도로 힘을 얻고 어떤 이는 나이와 함께 쇠약해져서 이전의 모습을 잃게 되는 경우도 없을 것입니다. 모두가 아브라함처럼 백수를 누리게 될 것입니다. 아브라함은 백 세 때 아들 이사악을 얻게 되리라는 약속을 받았습니다(창세 17,17 참조).

• 히에로니무스 『이사야서 주해』 13,15.

성도들은 "장수를 누린 노인으로, 한껏 살다가 죽은"(창세 25,8) 아브라함처럼 장수를 누립니다.

• 히에로니무스 『이사야서 주해』 11,38,12.

### 그리스도인은 언제나 성숙한 나이에 죽는다

하느님을 두려워하며 산 그리스도인은 몇 살에 죽든 쓰라리고 때 이른 죽음 때문에 망연자실해하지 않습니다. 그는 하느님께서 인정하신 성숙함의 도움을 받아 이 상황을 잘 넘어갑니다. 지혜서에는 이런 말씀이 있습니다. "영예로운 나이는 장수로 결정되지 않고 살아온 햇수로 셈해지지 않는다. 사람에게는 예지가 곧 백발이고 티 없는 삶이 곧 원숙한 노년이다. 그는 하느님의 마음에 들었기에 그분의 사랑을 받았다"(지혜 4,8-10).

• 루스페의 풀겐티우스 『편지』 2,7,4.

# 눈

영적으로 깨끗해지는 것은 눈에 보이지 않습니다.

• 암브로시아스테르 『바오로의 열세 서간 주해』.

육신의 눈에 태양이 있다면, 마음의 눈에는 주님께서 계십니다.

• 아우구스티누스 『설교』 78,2.

마음의 눈은 끊임없이 사랑으로 씻기고 강화되어야 합니다.

• 아우구스티누스 『요한 서간 강해』 9,10.

"눈은 몸의 등불"(마태 6,22)이라고 하였거니와,
이는 영혼의 눈을 가리킵니다.

• 암브로시우스 『편지』 20.

눈으로 본 증거보다 더 확실한 것은 영의 증언입니다.

• 요한 크리소스토무스 『사도행전 강해』 1.

올바른 것을 볼 줄 아는 눈은 기쁨을 가져다줍니다.

• 알렉산드리아의 클레멘스 『교육자』 3,11,69-70.

## 눈의 의미와 이해

### 영혼을 눈으로 표현하다

[눈과 손과 발]은 영혼과 관련한 말이라 생각합니다. 예수님께서는 영혼을 눈으로 표현하십니다. 곧, 영혼이 마음으로 보는 것입니다. 다른 곳에서는 "네 눈이 맑으면 온몸도 환하다"(마태 6,22)라고 하십니다. 영혼이 없는 육욕적인 눈은 눈이 아닙니다. 마음은 내적 눈의 거울입니다.

• 『마태오 복음 미완성 작품』 강해 12.

### 정신과 영혼의 관계는 눈과 몸의 관계와 같다

그분은 우리가 그것을 쉽게 이해하고 정신에서 배우지 못한 것을 육신에서 배울 수 있도록, 우리 눈앞에 있는 외적인 것들을 보는 눈과 그에 관한 가르침에 주의를 기울이십니다. 정신과 영혼의 관계는 눈과 몸의 관계와 같기 때문입니다.

• 요한 크리소스토무스 『마태오 복음 강해』 20,3.

### 눈과 몸의 다른 지체들

눈이 건강하여 똑똑히 잘 볼 수 있는데 몸의 다

른 지체들이 없다면 눈에게 무슨 기쁨이 있겠습니까? 손 없이, 발 없이, 몸의 다른 지체 없이 눈이 완전한 눈으로 보이겠습니까?

• 오리게네스 『레위기 강해』 7.

눈에 어떤 뛰어난 영광이 있다면, 그것은 특히 이 점 때문입니다. 눈이 육체의 지도자이기 때문이거나, 다른 지체들의 기능들에 눌려 저버려지지 않는다는 것 때문입니다

• 오리게네스 『레위기 강해』 7,2,9.

### 지혜로운 이의 눈

솔로몬은 코헬렛에서 '지혜로운 이의 눈은 머리에 있다'(코헬 2,14 칠십인역)고 했습니다. 바오로 사도는 머리의 중요성을 이해하고 있었습니다. 눈이 왜 머리에 있는지 알고 있었습니다. 그리스도께서 믿는 이의 머리이시고 '지혜로운 이의 눈은 머리에 있다'면, 우리의 모든 지각과 정신, 생각, 말과 분별은 (우리가 지혜로울 경우에) 그리스도 안에 있습니다.

• 히에로니무스 『바오로 서간 주해』(에페소서) 3,6,17.

### 여정에 빛을 비추게 하여라

성경 말씀에 "지혜로운 이의 눈은 머리에 있다"(코헬 2,14 칠십인역)고 하였습니다. 사람의 머리에 눈이 없다면 그의 발걸음이 그릇된 길로 가는 것이 당연하지 않습니까? 눈은 인도하고 발은 따릅니다. 여러분이 길을 가고 있는데, 어둠 속에 있다면 어떻게 길을 찾을 수 있겠습니까? 밤에는, 달이 세상의 눈이나 되는 듯이 그 빛을 보내어 길을 비춰 주지 않는 한, 쉽게 비틀거리게 됩니다. 교회가 여러분의 여정에 빛을 비추게 하십시오. "의로움의 태양"(말라 3,20)이 높은 데서 여러분을 비추게 하십시오. 그렇게 하면 여러분은 넘어질까 두려워하지 않아도 됩니다.

• 암브로시우스 『열두 시편 해설』 36,26.

### 무엇을 두려워해야 하는가?

무엇이 하느님을 기쁘게 하고 불쾌하게 할지 항상 생각한다면 '하느님을 두려워하는 빛이 항상 눈에 있다'고 말할 수 있습니다. 그러나 그런 사람은 율법을 실천하며 부단히 가르침을 받아 두려워할 이유가 없을 때는 두려워하지 않아야 합니다. 하느님을 두려워하는 빛이 늘 우리 눈에 있어야 하는데, 우리는 지금 보이는 것이나 육체적인 것에 대해 이야기하고 있는 것이 아니기 때문에, 그것은 육의 눈이 아닌 정신의 눈이어야 합니다. 정신의 눈에는 하느님을 두려워하는 것에 대한 이해와 인식이 뚜렷이 보이며, 앞에서 말했듯이 무엇을 두려워해야 하고 두려워하지 말아야 할지를 이 눈으로 발견할 수 있습니다.

• 오리게네스 『로마서 주해』.

### 악인들의 눈

"악인들의 눈은 스러져 가고 그들에게는 도피처가 없어진다네"(욥 11,20)라고 합니다. 여기서 "눈"은 우리에게 제시된 지향의 힘입니다. "진리"께서는 복음서에서 이렇게 말씀하십니다. "눈은 몸의 등불이다. 그러므로 네 눈이 맑으면 온몸도 환하다"(마태 6,22). 순수한 지향이 우리의 행동보다 앞선다는 사실 때문에 행동은 인간에게 달리 보일 수도 있습니다. 그러나 우리의 내적 심판관이 보기에 뒤이어 행위를 하는 몸이 아직은 순수하게 제시됩니다. 그러므로 악인들의 "눈"은 그들 안에서 육체적 욕망을 탐하려는 의도입니다. 그들은 영원한 관심사를 소홀히 하고 덧없는 관심사를 추구하는 까닭에 실패합니다.

• 대 그레고리우스 『욥기의 도덕적 해설』 10,41.

그녀의 내적인 눈이 뻔뻔하다면 그것이 무슨 소용이겠습니까? 그리고 하느님의 작품들을 나쁜 것으로 여기도록 육의 눈을 부추기는 그 눈길보다 더 뻔뻔한 것이 어디 있겠습니까?

• 요한 크리소스토무스 『동정』 6,1.

### 육신의 눈을 잃은 것을 슬퍼하지 마라

사람만 아니라 개미와 파리와 기어다니는 벌레들한테도 있는 육신의 눈을 잃었다고 해서 슬퍼하지 마십시오. 오히려 여러분은 아가에서 이렇게 묘사된 눈을 가지고 있음에 기뻐해야 합니다. "나의 누이 나의 신부여, 그대는 내 마음을 사로잡았소. 한 번의 눈짓으로, 그대 목걸이 한 줄로 내 마음을 사로잡았소"(아가 4,9). 하느님을 보는 눈은 이 눈이며, 모세의 다음 말이 가리키는 눈도 이 눈입니다. "내가 가서 이 놀라운 광경을 보아야겠다"(탈출 3,3).

• 히에로니무스 『편지』 76,2.

하느님을 알기 위하여 모든 것을 말하고 행하는 이는 언제나 영혼의 눈을 하느님께로 향합니다.

• 폰투스의 에바그리우스 『시편 발췌 주해』 24[25],16.

### 더 높은 것을 생각하라

"너희의 눈을 들어 올려라"라는 말씀은 성경 여러 곳에 나옵니다. 특히 다소 병약한 상태에서 마음이 가라앉았을 때나 움츠러든 나머지 위를 쳐다볼 수 없게 된 상황에서 하느님의 말씀은 생각을 고양시키고 시선을 들어 올리라고 권고합니다. 예를 들면 이사야서에서는 이렇게 말합니다. "너희는 눈을 높이 들고 보아라. 누가 저 모든 것들을 창조하셨는가?"(이사 40,26).

• 오리게네스 『요한 복음 주해』 13,274.

### 위험을 피하는 법

발을 내딛기 전에 땅을 잘 살펴보지 않는 사람은 덫으로 빠지거나 우물 속으로 떨어지기 쉽습니다. 늘 눈을 주님께로 들어 올린다면 신중하게 발걸음을 내디딜 수 있습니다. 이 말은 사실이며 새길 만합니다. 우리의 시선이 늘 하느님을 향할 때, 우리는 걸려 넘어질 일이 없습니다.

• 카시오도루스 『시편 해설』 25,15.

### 눈을 하늘로 들어라

"하늘에 좌정하신 분이시여, 당신께 저의 눈을 듭니다"(시편 123,1)라고 말한 이처럼 당신의 눈을 하늘로 드십시오. 의로움의 태양을 바라보십시오. 가장 빛나는 별빛을 닮은 주님의 계명들에 의해 인도되는 그대이니 깨어 있는 눈을 지니십시오. [영혼의] "눈에 잠도, 눈가에 졸음도 허락하지"(시편 132,4) 마십시오. 그리하여 계명들이 당신을 끊임없이 인도하게 하십시오.

• 대 바실리우스 『잠언 시작에 관한 설교』 17.

하느님께서 여러분에게 눈을 주신 것은 아무것도 자제하지 말고 마음껏 보라고 주신 것이 아니라 시선을 절제로 장식하라고 주신 것입니다.

• 요한 크리소스토무스 『시편 해설』 12,2.

### 눈에 주의를 기울여라

우리는 눈에 특별히 주의를 기울여야 합니다. 눈으로 미끄러져 넘어지는 것보다 발로 미끄러져 넘어지는 것이 훨씬 더 낫기 때문입니다. … "아름다운 것들을 보는 눈은 마음을 기쁘게 합니다." 곧 올바른 것을 볼 줄 아는 눈은 기쁨을 가져다줍니다.

• 알렉산드리아의 클레멘스 『교육자』 3,11,69-70.

참된 눈으로 볼 때에, 그리스도 안의 모든 것은 그것을 보는 이를 참행복에 들게 합니다.

• 오리게네스 『마태오 복음 주해』 141.

### 하느님을 섬기지 않다

사람들은 눈으로 볼 수 없는 하느님을 섬기기보다 육체의 눈으로 볼 수 있는 동료 피조물들을 섬기려는 경우가 훨씬 많습니다. 그들이 하는 모든 일 안에서 그들의 눈은 단지 그들이 볼 수 있는 것에만 가닿을 뿐 그들의 육체의 눈을 하느님에게까지 뻗어 가지 못합니다. 그들은 하느님께 경의를 표하는 일을 경멸하게 됩니다. 그런 일을 싫증 내게 됩니다. 여태까지 말한 것처럼, 그들은 육체의 시야에 담을 수 없는 그분을 섬기지 않기 때문입니다. … 그러나 보이지 않는 것이 그들에게서 떠난다면 보이는 것은 즉시 썩어 없어질 것입니다. 육체의 눈은 열려 있지만 시각이 사라졌기에 아무것도 보거나 감지할 수 없습니다. 거주자가 살던 곳을 떠났기에 육의 집은 빈 채 남아 있습니다. 보이지 않는 영이 자기의 창문을 통해서 바라보곤 했던 것을 떠났기 때문입니다.

• 대 그레고리우스 『욥기의 도덕적 해설』 15,52.

## 주님의 눈

"주님의 눈"(1베드 3,12)은 모든 것을 보는 거룩한 권능들에 대한 비유입니다. 의로운 이들을 지켜 주는 것이 그 권능들입니다.

• 크레타의 안드레아스 『성경 주해 선집』.

### 하느님은 온통 눈이시고 온통 발이시다

성경에 몹시도 해박한 그 사람은 "백성 가운데 미욱한 자들아, 깨달아라. 미련한 자들아, 언제 알아들으려느냐? 귀를 심으신 분께서 듣지 못하신단 말이냐? 눈을 빚으신 분께서 생각하지 못하신단 말이냐?"(시편 94,8-9)라는 시편 말씀을 주해하며 무엇보다 이렇게 말했습니다. 이 구절은 무엇보다 하느님은 우리와 똑같은 지체들을 지니셨다고 말하는, 하느님을 사람의 모습으로 연상하는 자들을 공박하고 있습니다. 예를 들어, 하느님께는 눈이 있다, 주님의 눈은 모든 것을 본다(잠언 15,3 참조), 주님의 손이 만물을 만들었다(이사 64,7 참조)고 합니다. 그리고 "아담은 주님께서 동산에서 거니시는 소리를 들었다"(창세 3,8)라고 쓰여 있습니다. 그런 자들은 이 표현들을 글자 그대로 받아들여서는 하느님의 훌륭함을 우리 인간의 불완전한 수준으로 낮추어 생각합니다. 그러나 나는 말합니다, 하느님은 온통 눈이시고 온통 손이시며 온통 발이시라고. 그분께서 온통 눈이신 것은 만물을 보시기 때문이고, 온통 손이신 것은 그분께서 만물을 생겨나게 하셨기 때문이며, 그분께서 온통 발이신 것은 그분은 어디에나 계시기 때문입니다. 그래서 "귀를 심으신 분께서 듣지 못하신단 말이냐?"(시편 94,9)라고 쓰여 있는 것입니다. 성경은 "심으신 분께서 귀가 없으시단 말이냐?"라고 하지 않습니다. "눈을 빚으신 분께서 눈이 없으시단 말이냐?"라고 하지도 않습니다. 뭐라고 합니까? "귀를 심으신 분께서 듣지 못하신단 말이냐? 눈을 빚으신 분께서 생각하지 못하신단 말이냐?"(시편 94,9) 그분께서 지체들을 결합시키셨고, 그것들에 기능을 주셨습니다.

• 아우구스티누스 『편지』 148.

하느님께 눈이 있다는 표현은, 그분께서 모든 것을 보신다는 뜻입니다(참조: 시편 33,15; 34,16).

• 노바티아누스 『삼위일체론』 6,6.

### 하느님의 눈

하느님의 눈은 빛입니다. 그래서 하느님께서는 당신께서 바라보시는 이들에게 빛을 주십니다. 하느님께서는 의인들의 나날들을 바라보시기 때문에, 의인들의 나날들은 곧 그분은 눈입니다.

• 암브로시우스 『열두 시편 해설』 37,33.

그분의 눈, 곧 모든 것을 보시는 그분의 권능에서 불꽃이 나옵니다. 이 불은 의로운 이들에게는 아무런 해를 끼치지 않으며 그들을 비추어 밝게 해 줍니다.

• 카이사리아의 안드레아스 『묵시록 주해』 19,11.

### 하느님은 마음으로 보신다

하느님께서는 사람들이 보는 것과 같은 방식으로 보시지 않습니다. 사람들은 육체의 눈으로 보지만 하느님은 마음으로 보십니다. 그래서 사람들은 하느님처럼 보지 않습니다. 하느님께서 보신 것, 하느님께서 칭찬하신 것에 주의를 기울이십시오. 여러분의 눈으로 가치를 재거나 창조계의 문제를 여러분의 정신으로 무게 달지 마십시오. 하느님께서 보시고 [좋다고] 인정하신 것을 논쟁의 주제로 삼을 생각일랑 마십시오.

• 암브로시우스 『육일 창조』 2,1,3.

### 하느님의 눈은 모든 것을 꿰뚫어 보신다

불이 자기가 품고 있는 모든 것을 꿰뚫고 그 타는 열기의 힘이 건드리지 않는 부분이 하나도 없듯이, 주님의 눈도 피할 수 없습니다. 그 눈은 모든 곳에 있고 모든 것을 꿰뚫어 보시며, 사람들이 하는 모든 일을 보시고 거룩한 눈길로 그것들을 살피시기 때문입니다.

• 베자의 아프링기우스 『묵시록 주해』 19,11.

그분은 모르시는 것이 없습니다. 사실 그분의 눈은 늘 온 세상을 주의 깊게 살피십니다. 일을 알기만 하시는 것이 아니라 그것을 바로잡고자 하십니다.

• 요한 크리소스토무스 『시편 해설』 11,2.

### 주님의 눈

"주님의 눈은 당신을 경외하는 이들에게 머무르신다"(시편 33,18)라고 합니다. 또 다른 곳에서는 "주님의 눈은 의인들을 굽어보신다"(시편 34,16)라고 합니다. 그런데 여기서는 "당신을 경외하는 이들에게"라고 합니다. 우리가 주님을 바라보고 우리 눈이 그분에게 가 있을 때, 그래서 우리가 "보소서, 종들의 눈이 제 상전의 손을 향하듯 그렇게 저희 눈이 저희 주 하느님을 우러릅니다"(시편 123,2) 하고 말한다면, 말하자면 우리는 주님의 눈이 우리를 굽어보시게 하는 것입니다.

• 대 바실리우스 『시편 강해』 15,10.

주님의 눈은 자기 힘을 믿는 이들이 아니라 당신의 자비를 바라는 이들을 바라보십니다. 주님은 그들의 영혼을 죽음에서 빼내시고 그들을 보호하십니다.

• 소 아르노비우스 『시편 주해』 33.

### 높은 데서 살피시는 분

높은 데서 우리를 살피시는 분을 생각하십시오. 인간의 일을 굽어보시는 분을 생각하십시오. 여러분이 어디를 가든, 무엇을 하든, 어둠 속이든 대낮이든 하느님의 눈은 여러분을 지켜보십니다. "당신 머무시는 곳에서"(시편 33,14) 지켜보십니다. 문이 닫혀 있고 커튼이 드리워져 있어도 하느님은 당신의 거처에서 언제든 보실 수 있습니다. 그분은 모든 사람을 굽어보십니다. 아무도 그분의 시선을 벗어날 수 없습니다. 어둠도, 둘러친 벽도, 아무것도 하느님의 눈에는 장애물이 되지 않습니다.

• 대 바실리우스 『시편 강해』 15,8 (제33편).

### 철저하게 살펴보신다

그분께서는 성전에서, 천상의 거처에 서서, 그리고 당신 어좌에 꿈쩍도 않고 앉으셔서 지상의 피조물 가운데 그 어느 것도 놓치지 않고 두루 보십니다. 그리고 가난한 이를 보실 때는 은총의 눈길을 보내십니다. 그 눈길은 자비로운 보상을 의미합니다. 주님은 그 눈길로 가난한 이들을 관대하게 바라보십니다. 그분의 눈꺼풀은 섭리이며, 바로 이 섭리로 판단하시고 식별하시며 행위들을 철저하게 살펴보십니다.

• 카이사리아의 에우세비우스 『시편 주해』 11,4-6.

### 주의를 기울이시다

가짜 신들을 섬기는 자들은 쉽사리 그 신들을 봅니다. 그러나 그들이 보는 신들은 눈이 있으나 보지 못하는 신들입니다. … 그런데 아무런 힘도 들이지 않고 여러분을 창조하신 하느님께서 여러분에게 주의를 기울이시는 것이 그분께 조금이라도 힘든 일일 것 같습니까? 여러분의 눈을 만드신 분께서 당신의 눈길을 여러분에게 돌리지 않으시겠습니까?

• 아우구스티누스 『설교』 69,3.

### 일곱 눈

교회는 일곱 뿔을 가지고 있는 것으로 알려져 있는데, 성령께서는 세상에서도 일곱 가지 은총으로 당신의 일곱 가지 활동을 하십니다. 또한 이곳에서 비추는 일을 설명하기 위하여 눈이 언급되어 있습니다(묵시 5,6 참조). 제 생각으로는 바로 이러한 관계 때문에 즈카르야가 "이 일곱 눈은 온 세상을 두루 살피시는 주님의 눈이시다"(즈카 4,10) 하고 말했습니다.

• 프리마시우스 『묵시록 주해』 2,5.

### 주님은 마음을 보신다

당신은 인간입니다. 그래서 다른 사람을 겉으로만 알 뿐입니다. 당신은 당신이 보는 것을 안다고 생각하지만, 당신의 눈이 보여 주는 것만 볼 뿐입니다. 그러나 "주님의 눈은 높다"(4에즈 8,20) 하였습니다. 사람들은 겉모습만 보지만 주님은 마음을 보십니다.

• 테르툴리아누스 『이단자들에 대한 항고』 3.

그 누구도 자신의 양심 저 깊은 곳에 묻어 둔 것이 주님의 눈을 피할 수 있다고 생각해서는 안 됩니다.

• 카시오도루스 『시편 해설』 32,3.

### 그분의 실체를 부인하다

하느님은 아무것도 보지 못한다고 말하는 자들은 그분을 눈 없는 존재로 보는 것과 다름없으며 그분의 실체를 부인하기까지 합니다. 그분께서 보시지 못한다고 말하는 것은 그분이 존재하지 않으신다는 말이기 때문입니다.

• 마르세유의 살비아누스 『하느님의 다스림』 4,9.

### 하느님으로부터 도망칠 수 없다

고집불통 예언자 한 사람(요나)도 자신이 하느님에게서 도망칠 수 있다는 듯이 야포에서 바다를 건너 타르시스로 달아났습니다. 그러나 하느님께서는 땅도 바다도 아닌 괴물 배 속에서 그를 찾아내십니다. 그곳에 있는 사흘 동안 그는 죽을 수도 없고(요나 2,1 참조) 그런 식으로라도 하느님의 눈에서 벗어날 수도 없었습니다.

• 테르툴리아누스 『박해에서 도피』 10,2.

"사람이 은밀한 곳에 숨는다고 내가 그를 보지 못할 줄 아느냐?"(예레 23,24) 하고 말씀하시는 하느님의 눈은 아무도 피할 수 없습니다.

• 키프리아누스 『배교자』 27.

### 하느님의 눈길은 피할 수 없다

여자가 요셉과 단둘이 있고 싶어 남편과 집안의 하인들 눈길을 피할 수 있는 기회를 애타게 기다리고 있었기 때문에 요셉이 "제가 어찌 이런 큰 악을 저지르고 하느님께 죄를 지을 수 있겠습니까?"(창세 39,9)라고 한 것입니다. '당신은 무슨 생각을 하는 것입니까? 우리가 모든 사람의 눈길을 피할 수 있다 쳐도 잠들지 않는 눈에 뜨이는 것을 피할 수는 없습니다.'

• 요한 크리소스토무스 『창세기 강해』 62,18.

### 피할 수 있다고 생각하지 않았을 것이다

"그의 눈에 하느님을 무서워하는 빛"(시편 36,2)이 있었다면, 그는 (모든 것을 분명히 알고 이해하고 계신 하느님의 눈을 피할 수는 없으며, 그분께는 모든 것이 드러나 있다는 사실을 깨닫고) 우리의 시선을 피할 수 있다고 생각하거나 속임수를 쓰지는 않았을 것입니다.

• 몹수에스티아의 테오도루스 『시편 해설』 36,3A.

### 그분의 무시무시함과 경고

성경은 "그분의 눈은 불꽃 같았다"(묵시 1,14)라고 말합니다. 불꽃은 그분의 광휘를 나타냅니다. … 그분의 눈이 불꽃 같았다는 말은 묵시록의 환시들을 전해 받는 일곱 교회가 마땅히 느껴야 할 그분의 무시무시함과 경고를 나타낸다고 볼 수도 있습니다. 이들이 그분의 율법을 완전하게 따르고 있지 않기 때문입니다.

• 오이쿠메니우스 『묵시록 주해』 1,12-16.

묵시록이 말하는 불꽃 같은 눈[묵시 2,18 참조]은 의인들이 받는 빛과 죄인들이 받는 벌을 나타냅니다.

• 카이사리아의 안드레아스 『묵시록 주해』 2,18.

### 눈에 보이는 것을 바라보지 않다

온 세상은 완전한 수인 엿새 동안 창조되었기에 이 창조는 완전합니다(참조: 창세 1,31; 탈출 20,11; 31,17). 그러나 세상 모든 것, 곧 '엿새'에 속하는 모든 것을 뛰어넘는 분이 계십니다. 영원하신 이 분은 눈에 보이는 한시적인 사물뿐 아니라, 눈에 보이지 않는 영원한 것도 보십니다. 예수님께 이끌려 높은 산으로 가서 그분의 변모를 볼 자격이 있다고 여겨지고 싶은 사람은 '엿새'를 넘어서십시오. 그러면 그는 더 이상 눈에 보이는 것을 바라보지 않고, "세상도 또 세상 안에 있는 것들도"(1요한 2,15) 더 이상 사랑하지 않습니다.

• 오리게네스 『마태오 복음 주해』 12,36.

인간의 눈을 즐겁게 하는 것을 추구하지 말고 그리스도의 눈을 괴롭히는 것을 찾지 마십시오. 그분께서 사랑하시는 것을 그대 안에서 보실 수 있게 하십시오.

• 루스페의 풀겐티우스 『편지』 2,25.

### 하느님 안에서만 분명하고 완전하게 볼 수 있다

사실 아무도 자기 눈으로 위대함과 장엄함, 정의의 아름다움과 지성 또는 평화를 바라볼 수 없습니다. 그러나 '나는 있는 나'라고 하시는 분(참조: 탈출 3,14; 묵시 1,4.8) 안에서 그것들을 있는 그대로 분명하고 완전하게 볼 수 있습니다.

• 올림푸스의 메토디우스 『열 처녀의 향연』 8,2.

## 눈에 보이는 것과 보이지 않는 것

### 하느님의 일차적 창조물은 눈에 보이지 않는다

눈에 보이지 않은 것들이 참된 의미에서 하느님의 창조물들이라고. 그것들은 영원합니다. 시간적이며 눈에 보이는 것들은 이차적이며 우연적인 것들이고 영원한 것들을 위하여 창조되었습니다. 눈에 보이는 이것들은 인간을 위하여 존재하게 되었습니다. 인간의 영혼과 내적 존재는 본성상 눈에 보이지 않습니다. 눈에 보이는 것들은 하느님의 일차적 창조물들이라고 할 수 없습니다. 하느님께서 그것들을 창조하신 것은 확실하지만, 그것은 다른 목적을 위한 창조였기 때문입니다.

• 맹인 디디무스 『코헬렛 주해』 87,6.

### 보이지 않는 것에 대해 더 깊이 생각하라

사실 우리는 자주 우리 눈에 속습니다. 실제 모습을 그대로 보지 못하는 경우가 많습니다. 우리는 귀에도 속습니다. 그러니 속지 않고자 한다면 눈에 보이는 것이 아니라 보이지 않는 것에 대해 깊이 생각하십시오.

• 암브로시우스 『죽음의 유익』 3,10.

### 정신의 눈으로 보다

명백한 것들을 보고 숨겨진 것들을 찾아내는 법을 배우는 인간의 정신은 창조주께서 해 놓으신 일들을 보고 그분의 위대함을 느낄 수 있습니다. 정신의 눈으로 그것을 보는 것입니다.

• 노바티아누스 『삼위일체론』 3.

### 보이지 않는 것을 보이는 것들을 통해 유추하다

신랑의 아름다움에 관한 이 모든 표현은 우리를 위한 것이지 눈에 보이지 않으며 불가해한 그의 아름다움을 드러내 주는 말은 아닙니다. … 따라서 눈에 보이는 세상을 보며 피조물의 아름다움으로 드러난 지혜를 이해하는 사람이라면 누구든지 보이지 않는 아름다움을 보이는 것을 통하여 유추할 수 있습니다.

• 니사의 그레고리우스 『아가 강해』 13.

### 눈에 보이고 묘사도 할 수 있는 존재가 되시다

지금 제가 하는 것과 같은, 사람의 입에서 나오는 말은 고유의 본성상 만져지지 않고 보이지 않습니다. 그러나 비유컨대, 이 말을 종이에 쓰면, 말이 육신을 취한 것입니다. 그러면 눈에 보이고 만질 수도 있습니다. 육체가 없고 몸이 없는 하느님의 말씀도 이와 같습니다. 말씀은 신성을 지닌 존재시기에 우리 눈에 보이지도 않고 우리가 묘사할 수도 없지만, 육화로 말미암아 우리 눈에 보이고 묘사도 할 수 있는 존재가 되십니다.

• 오리게네스 『마태오 복음 주해 단편』 11.

주님께서는 인간의 몸으로 나타나셨습니다. 그분께서는 육을 취하신 하느님으로 오셨기 때문에 그분의 육체는 눈에 보이지만 그분의 위엄은 눈에 보이지 않습니다.

• 대 그레고리우스 『복음서 강해』(40편) 4.

### 하느님은 보이지 않는다

하느님은 보이지 않는 분이시기에, 그분을 본 사람은 아무도 없습니다. 육체의 눈은 육체를 지니지 않은 것은 볼 수 없기 때문입니다. 그런데 그분을 보았다는 사람 이야기가 가끔 나온다는 이유로, 구약성경은 눈에 보이는 신에 관해서 이야기하는 반면 신약성경은 결코 보이지 않는 하느님에 관한 것이라고 떠드는 이단자들이 있습니다. 그러니 우리는 그분께서 어떤 실체를 지니셨기에 눈에 보이는지 물어보아야겠습니다. 정신 나간 사람이 아닌 한, 그들은 신은 육체라고 대답해야 할 것입니다.

• 맹인 디디무스 『가톨릭 서간에 관한 짧은 상해』(요한 1서).

### 하느님의 실체가 아니었다

육체의 형태로 보인 모든 것은 하느님의 실체가 아니었다는 사실도 알아 두십시오. 우리는 그것들을 육체의 눈으로 보았는데, 어떻게 하느님의 실체가 보이겠습니까? … 하느님의 지혜는 눈으로 볼 수 없습니다.

• 아우구스티누스 『요한 복음 강해』 4,18.

### 아버지와 아들이 하나임을 알려 주는 아버지의 목소리

우리가 비둘기 형상으로 성령을 보았으니 하느님도 보아야 하겠지만, 아무도 그분을 눈으로 볼 수 없으니(요한 1,18 참조), 목소리를 들읍시다. … 아버지는 사람 눈에 보이지 않는 분이시니까요(참조: 콜로 1,15; 1티모 1,17). 아들도 신성神性에 따라서는 우리 눈에 보이지 않습니다. 그래서 아무도 하느님을 본 적이 없습니다(요한 1,18 참조). 그러므로 하느님이신 아드님은 우리 눈에 보이지 않습니다. 그러나 그분은 몸으로 당신을 보여 주기 원하셨지요. 아버지께서는 몸을 입지 않으셨기에 당신께서 아들 안에 계심을 알려 주시고자 "너는 내가 사랑하는 아들, 내 마음에 드는 아들이다"(마태 3,17) 하고 말씀하셨습니다.

• 암브로시우스 『루카 복음 해설』 2,94.

### 창조주의 얼굴을 바라볼 수 없다

'누가 내 얼굴을 보고 살 수 있겠느냐?'(탈출 33,20 참조). 성경은 이렇게 말합니다. 옳은 말입니다. 우리 눈은 태양의 직사광선을 견디어 낼 수 없어서 그것을 오래 보고 있으면 눈이 먼다고 합니다. 피조물이 피해를 입지 않고 다른 피조물을 바라볼 수 없는데, 그가 이 육체라는 옷을 입은 채로 어떻게 영원하신 창조주의 빛나는 얼굴을 바라볼 수 있겠습니까?

• 암브로시우스 『죽음의 유익』 11,49.

### 알아보는 눈이 가리어 있다

살아 계신 그리스도께서 당신 제자들의 마음이 죽어 있는 것을 보시고 그들에게 나타나셨지만, 그들의 눈은 그분을 알아보지 못했습니다(루카 24,16 참조). … 그들의 눈에 분명히 보였지만 그분이 누구신지 알아보지 못한 것입니다. 성경이 알려 주듯이, 그들의 눈이 가리어 있었기 때문이지요. 그분을 보는 눈이 가리어 있은 것이 아니라 그분을 알아보는 눈이 가리어 있은 것입니다.

• 아우구스티누스 『설교』 235,2.

### 왜 어떤 사람은 그리스도를 알아보지 못하는가?

해가 모든 사람 위에 떠오르지만 눈먼 이들은 그 빛을 볼 수 없듯이, 우리는 해의 빛에 이상이 있어서가 아니라 시력에 장애가 있기 때문에 볼 수 없다고 말합니다. … 외아들이 "참빛"(요한 1,9)이라는 말도 이런 식으로 이해해야 합니다. 그러나 바오로 사도도 말하듯이, 이 세상의 신이 불신자들의 마음을 눈멀게 하여 하느님을 알게 하는 빛을 보지 못하게 했습니다(2코린 4,4 참조). 우리는 인간이 눈이 멀게 되긴 했지만, (하느님께서 주신 이해력이 인간의 본성 안에 분명히 보존되어 있기에) 빛을 완전히 잃지는 않았다고 말합니다. 그보다는 인간이 어리석은 생활 방식으로 [하느님을 보고자 하는 원의를] 누르고 있었으며, 더 나쁜 길로 들어서서 주어진 은총을 낭비하고 사라지게 만들었다고 우리는 말합니다.

• 알렉산드리아의 키릴루스 『요한 복음 주해』 1,9.

### 예수님께서 오신 목적

예수님께서는 눈먼 이가 누구이며 볼 수 있는 이가 누구인지 확인하기 위하여 사람들을 시험하러 왔다고 하십니다. 이제, 눈멀었다고 여겨지던 이가 보는 눈을 두 번 받았습니다. 육체의 눈을 받았고, 영혼이 완전해지도록 구원의 가르침을 받았습니다. 자기들은 눈으로 본다고 생각하는, 율법의 계명들을 가르치도록 위임받았던 그들[바리사이들]은 눈먼 이들로 보입니다. 진리를 받아들이지 않으며 또한 자기들 눈으로 직접 본 일들도 믿지 않기 때문입니다.

• 몹수에스티아의 테오도루스 『요한 복음 주해』 4,9,40-41.

### 예수님을 모독한 사람들

예수님을 모독한 사람들이 머리를 가만히 두지 못하고 절레절레 "흔든"(마태 27,39) 것이 목격되었습니다. 그들은 지혜롭지 못할 뿐 아니라, "지혜로운 이의 눈은 제 앞을 보지만"(코헬 2,14)이라는 성경 말씀처럼 그들의 눈은 마땅히 보아야 할 것을 보지 못합니다.

• 오리게네스 『마태오 복음 주해』 132.

### 눈에 보이는 것들만을 생각하는 이들

눈에 보이는 것들만을 생각하는 이들은 성령의 오심을 알아채지 못합니다. … 그들은 눈에 보이지 않는 것은 알지 못할 뿐더러 그런 것이 존재한다는 것을 상상조차 하지 못하기 때문입니다. 반면 영에 참여할 수 있는 이들은 그분께서 오시는 것을 감지할 수 있습니다.

• 라오디케아의 아폴리나리스 『요한 복음 단편』 104.

하느님은 영적인 눈이 아직은 순수하지 않은 영혼에게 당신에 대한 지식을 허락하지 않으시는데, 이를 두고 성경은 '당신의 얼굴을 돌리신다'(시편 13,2 참조)라고 표현합니다.

• 아우구스티누스 『시편 상해』 13,1.

### 세례로 다시 태어나는 것을 눈으로 볼 수는 없다

"육에서 태어난 것은 육이고 영에서 태어난 것은 영이다"(요한 3,6). 영은 그 본성상 보이지 않지만 육은 그 본성상 볼 수 있습니다. 그래서 육을 통해 생성되는 것이나 그것이 자라는 것은 눈으로 볼 수 있습니다. 육에서 태어난 것은 시간의 경과와 더불어 자라납니다. 이와 반대로 영을 통해 생성되는 것은 전혀 눈에 보이지 않습니다. 우리는 세례를 받는 이가 샘으로 내려가 물속에 잠겼다가 다시 올라오는 모습을 봅니다. 그러나 세례를 통해 새로 태어난 것이 어떤 영향을 미쳤는지에 대해서는 전혀 볼 수 없습니다(티토 3,5 참조). … 어리석은 자의 눈에는 그가 그저 샘 안으로 들어갔다가 나온 것으로 보이고, 이 모든 것이 한갓 유희에 불과한 것으로 여겨집니다. … 하느님의 은총에 의해 우리 눈으로 볼 수 없는 방법으로 새로워진 사람은 영적이며, 하느님의 자녀입니다. 그가 여전히 볼 수 있는 육을 지니고 있으며, 인간의 자녀라고 하더라도 그렇습니다.

• 존자 베다 『복음서 강해』 2,18.

우리가 깨끗하게 되는 것도 이중으로, 곧 물과 성령으로 이루어집니다. 하나는 눈에 보이게 육체에 부어지는 것이고, 다른 하나는 육체와 상관없이 보이지 않게 이루어집니다.

• 나지안주스의 그레고리우스 『거룩한 세례』(연설 40) 8.

## 눈이 멀다

### 눈멂은 악이 아니다

그 남자는 눈멂을 통해서도 은혜를 입었습니다. 내적인 눈의 시력을 회복했기 때문입니다. 유대인들이 그들의 눈으로 얻은 유익이 무엇입니까? 그들은 눈으로 보면서도 눈멀어 더 무거운 죄를 불러왔습니다. 이 남자가 눈먼 것 때문에 어떤 해를 입었습니까? 그는 눈멂 덕분에 시력을 회복했습니다. 현세의 재난이 악이 아닌 것처럼, 좋은 것들이 선은 아닙니다. 죄만이 악일 뿐 눈멂은 악이 아닙니다.

• 요한 크리소스토무스 『요한 복음 강해』 56,1.

이 남자가 태어나면서부터 눈먼 것은 죄 때문이 아닙니다. … 우리 주님께서 이유를 설명해 주십니다. … "하느님의 일이 저 사람에게서 드러나려고 그리된 것이다"(요한 9,3).

• 아우구스티누스 『요한 복음 강해』 44,3.

### 눈이 있어도 보지 못하다

주님께서 이렇게 말씀하십니다. "너희 귀먹은 자들아, 들어라. 너희 눈먼 자들아 눈을 뜨고 보아라. 귀먹은 자가 누구냐? 나의 종이 아니냐? 눈먼 자가 누구냐? 내가 내 전령들을 보낸 자가 아니냐!"(이사 42,18-19 불가타). 그리고 아무도 그들이 자기 선택이 아니라 본성에 따라 눈멀게 되었다고 말하지 못하도록 주님께서는 다른 데서 "눈이 있어도 눈먼 이 백성을, 귀가 있어도 귀먹은 이 자들을 나오게 하여라"(이사 43,8)라고 하시며 "눈이 있어도 보지 못하고 귀가 있어도 듣지 못하는 구나"(예레 5,21)라고 하셨습니다.

• 요한 카시아누스 『담화집』 13,12.

눈먼 사람들은 영혼만이 볼 수 있는 것들을 보지 못하는 사람들을 나타내며, 이들이야말로 참으로 눈먼 사람들입니다.

• 오리게네스 『마태오 복음 주해』 13,4.

### 두 종류의 맹인

눈먼 이들은 진리의 길을 보지 못하는 사람들이었습니다. 그들은 불의에 빠져 진리를 거부하고 피했기에 더 이상 구원의 은총에 이를 수 없었습니다. 예언서에서 인용한 이 예들은 두 가지 종류의 장님이 있음을 보여 줍니다. 첫째는 영원히 눈이 멀어 결코 구원받지 못할 사람들입니다. 이들은 너무도 사악한 의지를 갖고 있어 자신들이 듣는 것을 알면서도 모른다고 말합니다. … 둘째는 율법에 따라 살려고 노력하나 그리스도의 의로움을 받아들이지 않는 사람들입니다. 이런 사람들은 악한 마음에서 그러는 게 아니라 자기 조상들의 전통을 그릇되게 따르려 해서 그런 것입니다. 이들은 결코 무시할 수 없는 그리스도의 위대한 행적을 인정하지 않을 수 없으므로 당분간 눈이 먼 상태입니다. … 이들은 하느님을 잊고 그 대신 인간의 생각을 따르고 있습니다.

• 암브로시아스테르 『바오로의 열세 서간 주해』.

### 눈먼 이들의 눈먼 인도자들

"그들은 눈먼 이들의 눈먼 인도자다"(마태 15,14). 이 눈먼 인도자들은 누구입니까? '이 세상의 신이 마음을 어둡게 한 불신자' 바리사이들입니다. … 우리는 이 눈먼 인간들에게 인도받는 일이 없어야 합니다. 그래야 할 뿐 아니라 건전한 가르침의 길로 인도한다고 주장하는 이들의 말도 신중하게 살펴 들으며 그들이 하는 말을 건전한 정신으로 판단해야 합니다. 우리가 이렇게 해야 하는 이유는 우리가 성경의 뜻을 이해하지 못하여 우리 또한 눈먼 이가 되지 않기 위해서입니다.

• 오리게네스 『마태오 복음 주해』 11,14.

여러분에게 볼 수 있는 눈이 있는데 왜 눈먼 인도자에게 의존하려 듭니까? 여러분이 그리스도를 입고 있는데 왜 벌거벗은 자의 옷을 입으려 합니까?

• 테르툴리아누스 『죽은 이들의 부활』 3.

### 누구나 눈이 멀 수 있다

"눈먼 이가 눈먼 이를 인도하면 둘 다 구덩이에 빠질 것이다"(마태 15,14). 이 말씀에서 우리는 교사든 학생이든 누구나 어리석음과 방자함 때문에 눈이 멀 수 있다는 사실을 깨달아야 합니다.

• 맹인 디디무스 『시편 단편』 7,15.

### 악이 그들의 눈을 멀게 하였다

"네가 하느님의 아들이라면 십자가에서 내려와 보아라. 다른 이들은 구원하였으면서 자신은 구원하지 못하는군"(마태 27,40.42). 이 말에는 지혜서의 말씀을 빌려 대답할 수 있습니다. "이렇게 생각하지만 그들이 틀렸다. 그들의 악이 그들의 눈을 멀게 한 것이다"(지혜 2,21).

• 아우구스티누스 『시편 상해』 56,4.

### 악마가 눈멀게 하다

여기에[요한 12,40 참조] 인용된 이사야 예언자의 말은 '하느님께서 백성의 눈을 멀게 하셨다'는 뜻이 아닙니다(이사 6,9-10 참조). 유대인들이 회개하고 돌아와 고침받는 일이 없도록, 아마도 다른 누가 그들의 눈을 멀게 하였을 것입니다. 그러나 하느님께서 그들의 눈을 멀게 하셨다 하더라도, 하느님께서 악마의 손에 그들이 눈멀도록 내버려 두신 것은 그들의 사악한 성품 때문이라고 이해해야 합니다.

• 알렉산드리아의 키릴루스 『요한 복음 주해』 8.

그리스도를 미워하는 이들은 자기가 영원한 불의 상속자가 된 것을 깨닫지 못합니다. 악마가 그들을 그렇게 만듭니다. 그들의 내적인 눈을 멀게 한 것입니다.

• 크레타의 안드레아스 『성경 주해 선집』.

### 눈멀었다는 사실

스스로 눈멀었거나 다른 사람들에 의해서 눈멀게 된 사람들은 영원히 빛의 혜택을 누릴 수 없습니다. 그들에게 볼 수 없는 벌을 내린 것은 빛이 아닙니다. 눈멀었다는 사실 자체가 그들에게 불행을 안겨 준 것입니다.

• 리옹의 이레네우스 『이단 반박』 5,27,2.

### 눈먼 상태로 남아 있는 이들

"보는 이들은 눈먼 자가 되게 하려는 것이다"(요한 9,39)는 무슨 뜻입니까? 당신께서 오셨기 때문에, 지금 보는 이들은 눈먼 자가 된다는 말입니까? 이어지는 말씀을 들어 보십시오. 그러면 이해가 될 것입니다. "몇몇 바리사이가 이 말씀을 듣고"(요한 9,40) 동요하며 "예수님께, '우리도 눈먼 자라는 말은 아니겠지요?' 하고 말"(요한 9,40) 했습니다. 그러자 예수님께서 그들에게 이르셨습니다. "너희가 눈먼 사람이었으면 오히려 죄가 없었을 것이다"(요한 9,41). 이 말씀은 '너희가 눈먼 사람이라고 스스로 판단한다면 의사에게 갈 것이다. … 나는 죄를 없애러 왔기 때문이다. 그러나 너희는 '우리는 잘 본다'(요한 9,41)고 말한다. 그래서 너희의 죄는 남아 있다. 어째서 그러냐고 묻느냐? '우리는 잘 본다'고 말하는 동안 너희가 의사를 찾지 않기 때문이며, 그것이 너희가 눈먼 채 남아 있는 까닭이다'라는 뜻입니다.

• 아우구스티누스 『요한 복음 강해』 44,16.

### 그들을 내버려 두다

예언자는 그들의 의지 말고 또 다른 원인이 있다고 말합니다. 예언자가 어떤 원인이 있다고 합니까? '하느님께서 그들에게 후회의 영과 보지 못하도록 하는 눈과 듣지 못하도록 하는 귀를 주셨다. 그리하여 그들을 눈멀게 하고 마음을 무디게 하셨다'(참조: 이사 6,9-10; 요한 12,40)고 합니다. 저는 이 역시 그들의 의지에 해당한다고 대답하겠습니다. 하느님께서는 이처럼 단지 당신의 도움을 거두고 그들을 내버려 둠으로써 그들을 눈멀고 귀먹게 하시기 때문입니다.

• 아우구스티누스 『요한 복음 강해』 53,6.

### 더러움과 야망은 눈멀게 한다

우리 영혼의 눈에서 온갖 더러움을 씻어 버립시다. 오물과 진흙이 육의 눈을 멀게 하듯 세속적 관심사와 돈벌이 타령은 그 어떤 오물보다 더 확실하게 우리 마음의 귀를 막고 더럽힐 뿐 아니라 사악한 짓을 하게 시킬 수 있기 때문입니다.

• 요한 크리소스토무스 『성경 주해 선집』.

### 눈먼 유대인

사도들의 마을에 눈먼 이가 있습니다. 사도들이 태어난 그곳을 눈멂이 다스리고 있다는 말입니다. 제가 말씀 드리고자 하는 바를 아시겠습니까? 이 "눈먼 이"(마르 8,22)란 바로 사도들의 마을에 살고 있던 유대 백성입니다.

• 히에로니무스 『마르코 복음 강해』 5.

### 현재 눈이 먼 유대인들에 대한 희망

유대인들이 가장 사악한 원수가 품고 있는 지독한 악의를 깨닫게 될 때 그들은 잃었던 빛을 되찾게 될 것입니다. 그들의 눈을 가렸던 하얀 막은 방종의 어리석음을 나타냅니다. … 우리는 눈의 검은 동공을 통해 봅니다. 그러나 그 검은 동공이 희게 덮이면 시력은 어두워집니다.

• 존자 베다 『토빗기 우의적 해설』 11,14-15.

### 영원히 눈이 먼 유대인들

하느님께서는 당신의 은사를 거부한 유대인들에게 준엄하시어 그들의 눈을 멀게까지 하셨습니다. 여기서 바오로가 가리키는 것은 자신들의 불의 때문에 영원히 눈이 먼 유대인들입니다. 이러한 이유로 그는 이 유대인들은 쓰러졌다고 말하는 반면, 앞에서 언급한 다른 유대인들은 비록 죄를 지었지만 쓰러졌다고 말하지 않습니다. 바오로는 후자에 속하는 유대인들은 당분간 눈이 먼 것임을 보여 줍니다. 그러나 하느님께서는 전자에 속한 이들에게는 준엄하시어 그들은 영원히 눈이 멀고 변절자가 되었습니다.

• 암브로시아스테르 『바오로의 열세 서간 주해』.

### 보지도 못하고 말도 못한 사람

예수님께서 회당을 떠나셨을 때 … 온 세상이 그분께 한 사람을 데려왔습니다. 그는 눈멀고 말 못하는, 보지도 못하고 입으로 소리를 내지도 못하는 사람이었습니다. 상징적으로, 그는 자신의 창조주를 알아보지도 못하고 그분께 감사를 바치지도 못했습니다. 한 사람 안에서 눈에 보이게 행해진 일은 모든 사람에게 의미를 지니는 일로 이해할 수 있습니다. 사실, 주님께서 유대아를 제쳐 놓지 않으셨다면, 다른 민족들은 모두 지금까지 악마의 권능 아래서 눈멀고 말 못하는 신세로 있을 것입니다.

• 『마태오 복음 미완성 작품』 강해 29.

### 눈먼 두 사람은 누구를 상징하는가?

눈먼 두 사람(마태 20,30 참조)은 노아의 두 아들과 같은 모습이었습니다. 그들은 예수님께서 지나가신다는 말을 들었습니다. 다른 민족 사람들은 유대인처럼 보지도 못했는데 듣기만 하고서도 구원자를 믿었다는 것이 분명하지 않습니까? 그리고 예수님께서 지나가셨다는 말은 무슨 뜻입니까? 구원 사건이 유대인들을 지나 민족들에게로 간다는 것을 암시하는 것 아닙니까? 주님께서도 "나는 이 세상을 심판하러 왔다. 보지 못하는 이들은 보고, 보는 이들은 눈먼 자가 되게 하려는 것이다"(요한 9,39)라고 하지 않으셨습니까?

• 라틴인 에피파니우스 『복음서 주해』 30.

### 악으로 눈이 멀다

마음의 눈이 먼 상태는 그것이 죄가 아니라면 책망하는 것이 부당하게 여겨질 수 있습니다. 하지만 "눈먼 바리사이야!"(마태 23,26)라고 말할 때는 그 책망이 정당하다고 할 수 있습니다. 이 구절뿐만 아니라 성경의 수많은 구절들에 대해서도 이와 같이 말할 수 있습니다. 만약 눈이 먼 상태 자체가 죄에 대한 벌이 아니라면 다음과 같이 말하지는 않았을 것입니다. "그들의 악이 그들의 눈을 멀게 한 것이다"(지혜 2,21). 만약 그들의 눈이 먼 것이 하느님의 심판이 아니었다면 이런 말씀도 없었을 것입니다. "그들의 눈은 어두워져 보지 못하고 그들의 허리는 늘 휘청거리게 하소서"(시편 69,24). 육신의 눈이 멀기를 바라는 사람은 아무도 없습니다. 마찬가지로 누가 마음의 눈이 멀어지는 것을 스스로 선택하겠습니까?

• 아우구스티누스 『율리아누스 반박 미완성 작품』 1,47.

### 자기 눈으로 그리스도를 보지 못하다

눈먼 사람은 빛이 비치는 곳에 있어도 빛을 실제로 느끼지 못하며 사실상 그 앞에 없는 셈입니다. 마찬가지로, 믿지 않고 불경한 자 — 또는 믿지만 불경한 자 — 는 지혜의 빛을 똑바로 바라볼 능력이 없습니다. 그가 있는 곳에 그리스도가 계시지 않는 일은 있을 수 없지만, 그 사람은 실제로 자기 눈으로 그리스도를 보지 못합니다.

• 아우구스티누스 『요한 복음 강해』 111,2.

### 눈을 해친다면

여러분의 눈이 완전히 멀었다면, 금이나 비단을 걸치려 하겠습니까? … 여러분이 건강을 잃거나 나빠지게 한다면, 여러분의 삶 전체가 불행해질 것입니다. 눈이 멀면 다른 지체들도 기능이 약해지고 빛이 꺼지듯이, 정신이 타락하면 여러분의 삶은 악으로 가득 찰 것입니다. 그러므로 우리가 육신의 눈을 건강하게 지키려 하듯이, 영혼과 관련해서는 늘 건전한 정신을 지키려 해야 합니다. 그런데 나머지 모두를 밝혀야 하는 눈을 해친다면, 우리가 무엇으로 확실히 보겠습니까?

• 요한 크리소스토무스 『마태오 복음 강해』 20,3.

### 어두워진 마음

어두워진 마음은 빛에서 나온 것을 알아보지 못합니다. 눈먼 사람에게 아름다운 것을 보여 주면 무슨 소용이겠습니까? 영적인 눈멂은 사악한 마음에서 비롯하며, 사악한 사람들은 맹인이 빛의 광휘를 바라볼 수 없는 것과 마찬가지로 신앙의 신비를 이해하지 못합니다.

• 『마태오 복음 미완성 작품』 강해 39.

신앙의 빛이 묻혀 있을 때 마음의 눈은 죽음의 잠을 잡니다. 이 눈은 육체의 쾌락으로 닫혀 있습니다. 이것이야말로 원수가 기뻐하는 잠입니다.

• 카시오도루스 『시편 해설』 13,4.

복음의 밝은 빛을 보지 못하다

아직 보지 못하지만 완전히 눈멀지는 않았습니다. "사람들이 보입니다. 그런데 걸어다니는 나무처럼 보입니다"(마르 8,24). 내가 지금까지 보아 온 것은 그림자일 뿐 진리가 아닙니다. … 나는 율법 나부랭이를 알기는 하지만 아직 복음의 밝은 빛을 보지는 못합니다.

• 히에로니무스 『마르코 복음 강해』 5.

어리석은 질문

"누가 우리에게 좋은 일을 보여 주랴?"(시편 4,7). 이것은 어리석고 부정의한 사람들이 던지는 평범한 질문이자 잡담입니다. 그들 가운데 더러는 이 지상 삶에서 평화와 고요를 바라지만 그것을 찾는 일에 쉽게 지치기 때문에 찾지 못합니다. 그들은 현재 일어나고 있는 일에 눈이 멀어서, 당연히 그렇게 되어야 하는 것을 두고 트집을 잡습니다. … "누가 우리에게 좋은 일을 보여 주랴?" 이런 질문을 던지는 이들에게 답하기 위하여 … 시편 저자는 이렇게 말합니다. "주님, 저희 위에 당신 얼굴의 빛을 비추소서"(시편 4,7). 이 빛은 인간을 위한 참되고 완전한 선입니다. 이 빛은 눈이 아니라 마음으로만 볼 수 있습니다.

• 아우구스티누스 『시편 상해』 4,8.

## 눈이 열리다

위대한 신비들을 보다

다윗은 "제 눈을 열어 주소서. 당신 가르침의 기적들을 제가 바라보오리다"(시편 119,18)라고 합니다. 아버지께서 우리 눈을 열어 주시지 않는 한, 우리가 어떻게 성조들 안에서 계시된, 때로는 우물로(창세 24,11-20 참조) 때로는 혼인으로(창세 29,22-27 참조) 때로는 탄생으로(창세 25,21-26 참조) 나아가 때로는 불임(창세 11,30; 29,31 참조)을 통하여 계시된 이 위대한 신비들을 볼 수 있겠습니까?

• 오리게네스 『창세기 강해』 12,1.

"주님께서는 눈먼 이들의 눈을 열어 주신다"(시편 146,8). 그리스어로는 '키리오스 소포이 티플루스' Κύριος σοφοῖ τυφλούς인데 그 뜻은 주님께서 눈먼 이들을 지혜롭게 만드신다는 뜻입니다.

• 요한 카시아누스 『담화집』 3,15.

하가르가 생수가 솟는 우물을 보다

아기를 살릴 길 없다고 생각하여 버려둔 채 엄마가 울고 있을 때에, 주님의 천사가 나타납니다. "그런 다음 하느님께서 하가르의 눈을 열어 주시니, 그가 우물을 보게 되었다"(창세 21,19)라고 쓰여 있습니다. 이 말씀이 어떻게 역사와 관련 있을 수 있습니까? 하가르의 눈이 언제 감겼다가 나중에 열렸다는 기록이 있습니까? 이 구절은 영적이며 신비적인 의미를 담고 있다는 것이 불보다 명확하지 않습니까? "육에 따른" 사람들은 [유대인] 회당의 눈이 열릴 때까지는 버려져 굶주리고 목마른 채 엎어져, "양식이 없어 굶주리는 것이 아니고 물이 없어 목마른 것이 아니라 주님의 말씀을 듣지 못하여 굶주리는"(아모 8,11) 기근으로 고통받을 것이라는 뜻 아니겠습니까? … 그러므로 그것은 "육에 따라" 자식을 낳은 하가르의 눈멂입니다. 주님의 천사에 의해 '문자라는 너울'이 걷힐 때까지 눈멀어 있다가 그제서야 '생수'를 보게 됩니다. 지금 유대인들은 우물 가까이 엎어져 있습니다. 그러나 그들은 눈이 감겨 있어 율법과 예언자들의 우물에서 물을 마시지 못합니다. 그런데 우리도 조심합시다. 우리 또한 자주 '생수'의 우물, 곧 성경 곁에 엎어져서 헤매기 때문입니다. 우리는 책을 들고 읽지만 그 영적 의미는 건드리지 않습니다. 그래서 주님께서 우리의 눈을 열어 주시도록 울며 끊임없이 기도할 필요가 있습니다. 예리코의 길에 앉아 있던 눈먼 사람들도 주님께 외치며 간청하지 않았다면 눈이 열리지 않았을 테기 때문입니다(마태 20,30 참조). 이 말이 무슨 뜻입니까? 이미 열려 있는 우리의 눈이 열려 있는 것입니까? 예수님께서는 "보지 못하는 눈을 뜨게"(이사 42,7) 하려고 오셨기 때문입니다. 덕분에 우리의 눈은 열렸고, 율법의 문자라는 너울이 걷혔습니다.

• 오리게네스 『창세기 강해』 7,6.

### 이스라엘에게 진짜 눈이 열리다

영이 거의 꺼진 듯 보였다가 '되살아난' 사람이 야곱이라는 사실도 허투루 넘겨서는 안 됩니다. 그러나 영적 요셉 안에 있는 생명은 위대한 것이라는 사실을 알아보고 이해하는 듯, "내 아들 요셉이 살아 있다니, 이제 여한이 없구나!"(창세 45,28)라고 말하는 사람은 이제 더 이상 야곱이 아니라 "이스라엘"(창세 45,28), 다시 말해, 마음의 눈으로 참생명이며 참하느님이신 그리스도를 보는 이로 불립니다.

• 오리게네스 『창세기 강해』 15,3.

### 참된 요셉이 이스라엘의 눈을 회복시키다

"요셉의 손이 네 눈을 감겨 줄 것이다"(창세 46,4). 여기에는 본성적 사랑의 의미가 분명히 나타나 있기는 하지만, 이 성조가 누가 자신의 눈을 감겨 줄 것인지 걱정했다는 뜻은 아닙니다. … 이 구절[창세 46,4 참조]은 신비적 의미에서는, 나중에 유다 백성이 그들의 하느님을 알게 된다는 뜻으로 이해할 수도 있습니다. 참된 요셉이 다른 이의 눈에 손을 얹어, 전에는 보지 못했던 사람이 이제는 보게 되는 것은 신비이기 때문입니다(요한 9,6-7 참조). 복음으로 오십시오. 눈먼 이가 어떻게 치유되었는지 읽으십시오. 예수님께서 그의 눈에 손을 얹으시자, 보지 못하던 이가 보게 되었습니다.

• 암브로시우스 『요셉』 14,83.

### 잃었던 시력을 회복시켜 주셨다

"요셉의 손이 네 눈을 감겨 줄 것이다"(창세 46,4)라는 말씀을 어떻게 이해해야 하는지 알아봅시다. … 금송아지 둘을 만들어 백성을 미혹시켜 그것들을 섬기게 한 예로보암은 요셉 지파에 속했으며, 그는 마치 이스라엘의 눈에 손을 올려놓은 것처럼 그 금송아지들로 그들의 눈을 감기고 눈멀게 하여 그들이 자신들의 불경을 보지 못하게 했습니다(1열왕 12,28 참조). …

우리는 참된 요셉이신 우리 구원자 주님께서 눈먼 이의 눈에 손을 대시어 그가 잃었던 시력을 회복시켜 주셨듯이, 그분께서는 율법 학자들과 바리사이들의 육체적 이해로 눈이 멀어 버린 율법의 눈에 당신의 영적인 손을 대셨다고 말할 것입니다. 그분께서는 그들의 시력을 회복시켜 주셨습니다. 그래서 주님께서 성경을 열어 주신(루카 24,32 참조) 이들은 영적 눈과 이해력을 지니고서 율법을 봅니다.

우리도 "보이는 것이 아니라 보이지 않는 것을"(2코린 4,18) 바라보기 시작하도록 주 예수님께서 우리의 "눈"에도 손을 얹어 주시면 좋겠습니다. 우리를 위해 현재의 것이 아니라 미래의 것을 보는 눈을 열어 주시고, 주 예수 그리스도를 통하여 영 안에서 하느님을 보는 마음의 창을 드러내 주시면 좋겠습니다.

• 오리게네스 『창세기 강해』 15,7.

### 예수님께서 창조주이심을 입증한 사건

예수님께서는 땅에 침을 뱉어 그것으로 진흙을 개어 눈먼 이의 눈에 바르셨습니다(요한 9,6-14 참조). 예수님께서는 흙으로 아담을 빚으신 분이 바로 당신임을 그 진흙으로 보여 주고자 하셨습니다. … 그래서 그분께서는 단순한 방식으로 치유하지 않고 그런 식으로 눈을 열리게 하셨던 것입니다. 그분은 눈을 만들고 열어 주셨을 뿐 아니라 볼 수 있는 능력까지 얹어 아름답게 꾸며 주셨습니다. 이것은 그분께서 아담에게 영혼을 불어넣어 주기도 하셨다는 확실한 증거입니다. 눈이 만들어졌다 하더라도, 아담에게 불어넣어진 생명의 영이 작용하지 않았다면 그는 볼 수 없었을 테기 때문입니다.

• 알렉산드리아의 암모니우스 『요한 복음 단편』 317.

중개자께서 오시어 육화하신 당신의 손으로 우리 눈을 씻어 주셨습니다. 우리 눈 안에 숨겨져 있던 모든 빛을 그분께서 선명하게 밝혀 주셨습니다.

• 파테리우스 『구약성경과 신약성경 해설』(탈출기) 43.

### 태생 맹인과 토빗

복음사가가 맹인의 눈이 뜨였다고 말하고 있는지, 아니면 그가 보았다고 말했는지, 어떤 표현을 사용하고 있는지 유의할 필요가 있습니다. 복음사가는 주님께서 그의 눈을 뜨게 해 주셨다고 말합니다. "예수님께서 진흙을 개어 그 사람의 눈을 뜨게 해 주신 날은 안식일이었다"(요한 9,14). 또 그가 보게 되었다고도 말합니다. "그가 가서 씻고 앞을 보게 되어 돌아왔다"(요한 9,7). 우리는 토빗 이야기에서도 두 표현의 차이를 발견할 수 있습니다. 그의 눈에 흰 막이 생겼고, 나중에 그가 보게 되었을 때 그의 눈이 열렸다고 표현한 것이 아니라 그가 보게 되었다고 말합니다.

• 오리게네스 『요한 복음 주해 단편』 66.

### 눈먼 이가 눈을 뜨는 것

성경은 "나는 너를 이 백성과 다른 민족들에게서 구해 주겠다. 이제 내가 너를 그들에게 보낸다. 그들의 눈을 뜨게 하여, 그들이 어둠에서 빛으로, 사탄의 권세에서 하느님께로 돌아와 죄를 용서받고 나에 대한 믿음으로 거룩하게 된 이들과 함께 상속 재산을 받게 하려는 것이다"(사도 26,17-18) 하고 말합니다. 이것이 '눈먼 이들이 눈을 뜨는 것'이며, 그것은 곧 아들을 통해 아버지에 관한 분명한 지식을 얻는 것, 그리스인들이 어렴풋이 헤아리기만 했던 것들을 분명하게 이해하는 것입니다.

• 알렉산드리아의 클레멘스 『양탄자』 1,19.

"보지 못하는 눈을 뜨게 한다"(이사 42,7)는 것은 [그리스도께서] 성자를 통하여 성부를 명확히 알게 해 주셨다는 뜻입니다.

• 알렉산드리아의 클레멘스 『양탄자』 1,19,92,2.

### 선택받은 사람들의 눈

죄를 지어서는 안 되는 선택받은 사람들은 조심합니다. 그들의 눈은 그들이 넘어지기 전에 열립니다. 그러나 악인들의 눈은 그가 넘어지고 난 뒤에야 열립니다. 그는 죄를 저지르고 난 뒤 벌을 받으면서, 자기가 저지른 그 죄악을 피했어야 했다는 사실을 그제야 보기 때문입니다.

• 파테리우스 『구약성경과 신약성경 해설』(민수기) 20.

### 엠마오로 가던 두 제자

두 제자는 그리스도께서 살아 계시지 않다고 생각하니 슬펐습니다. 그들은 엠마오로 가던 길에 그분에 관해 이야기를 나누고 있었습니다. 그때 예수님께서 가까이 오시어 함께 걸으셨지만 그들은 그분을 알아보지 못했지요. 아직은 그분을 알아뵐 때가 되지 않은지라 그 눈이 열리지 않았던 것입니다.

• 알렉산드리아의 키릴루스 『루카 복음 주해』 24.

### 그들의 눈을 통제하시다

그분은 알려지지 않았을 때와 알려졌을 때가 서로 다른 분입니까? 아닙니다. 그분은 같은 분입니다. 그렇다면 그들이 그분을 알았느냐 아니냐는 그들의 눈에 달려 있었습니다. 보이는 분에게 달린 일이 아니었습니다. 그렇지만 그들이 당신을 알아보지 못하도록 그들의 눈을 통제하신다는 점에서는 그분께 달린 일이기도 했습니다. 그리고 마지막으로, 그들이 알아보지 못한 잘못이 주님의 육신 탓이 아니라 그들의 눈이 닫혀 있었기 때문이라는 것을 여러분이 알도록, 성경은 이렇게 말합니다. "그들의 눈이 열려 예수님을 알아보았다"(루카 24,31).

• 히에로니무스 『예루살렘의 요한 반박』 35.

### 마음을 열어 주시다

주님과 함께 길을 가던 두 제자가 눈이 가리어 주님을 알아보지 못했다(루카 24,13-35 참조)는 말씀을 여러분은 방금 들었습니다. … 주님께서는 제자들의 마음을 열어 성경을 이해하게 하셨습니다. 그러니 우리의 눈도 열어 주십사고 주님께 기도합시다.

• 아우구스티누스 『요한 서간 강해』 2,1.

### 눈먼 이에게 빛을 주시다

우리 구원자께서는 육신의 눈이 망가진 이에게는 볼 수 있는 힘을 주심으로써 눈먼 이에게 빛을 주시고, 먼 옛날부터 마음으로 진리에 눈먼 자들에게는 참종교의 빛으로 진리를 볼 수 있게 하셨습니다.

• 카이사리아의 에우세비우스 『복음의 논증』 3,1,88.

그대가 눈이 멀어 빛을 받지 못한다면, 죽음 속에 잠들지 않도록 그대의 눈을 밝히십시오. 하느님의 빛으로 빛을 보고, 하느님의 성령 안에서 성자의 비추임을 받으십시오.

• 나지안주스의 그레고리우스 『거룩한 세례』(연설 40) 34.

### 빛을 보다

불신자는 누구나 이 세상에 속한 자입니다. 이 세상을 이기고 장차 올 세상을 맞을 자격이 있다고 여겨진 이는 이해력에서 눈먼 이가 없습니다. 그들의 눈은 빛을 받아 밝기 때문입니다.

• 맹인 디디무스 『코린토 2서 주해 단편』.

바오로 사도는 눈이 먼 적 있습니다. 그러나 그것은 구원되기 위한 병이었습니다(사도 9,8-9 참조). 바오로의 눈멂은 빛을 가져다주었습니다.

• 암브로시우스 『요셉』 8,44-45.

## 마음의 눈과 믿음

### 마음의 눈

바오로 사도가 말하는 "마음의 눈"(에페 1,18)이란 지각과 지성이 없이는 우리가 이해할 수 없는 일들을 가리키는 것이 확실합니다. … 믿음은 육체의 눈이 보는 것 너머를 봅니다. 육체의 눈은 지혜로운 이들만 아니라 지혜롭지 못한 이들의 머리에도 달려 있습니다.

• 히에로니무스 『바오로 서간 주해』(에페소서) 1,1,15 SEQ.

### 비유의 의미

비유란 눈에 보이는 사물에 관한 말이 아니라 지성으로 이해할 수 있는 영적인 것의 표상이라고 말할 수 있겠습니다. 비유는 육신의 눈에는 보이지 않고 마음의 눈으로 볼 수 있는 것들을 가리킵니다. 눈으로 볼 수 있고 손으로 만질 수 있는 것들을 방편으로 삼아, 마음에만 보이는 미묘한 것들을 아름답게 그려 보여 주는 것이지요.

• 알렉산드리아의 키릴루스『루카 복음 주해』41.

### 마음 안의 이성을 깨우시오

눈에 보이지 않는데 존재한다고 믿을 수 있는 것은 무슨 까닭입니까? 눈에 보이는 만물이 보이지 않는 분에게서 생겨난 것이 아니라면 달리 어디서 생긴 것입니까? 물론 무엇인가를 믿기 위해서는 먼저 눈에 보여야 합니다. 먼저 보이는 것을 믿는 데에서부터 다음 단계로 보이지 않는 것을 믿게 되는 것입니다. 볼 수 있는 능력을 주신 분께 감사하십시오. 아직은 볼 수 없는 것을 믿을 수 있는 능력 또한 볼 수 있는 능력 덕분입니다.

• 아우구스티누스『설교』126,3.

### 마음의 눈이 필요하다

이렇게 묻는 사람도 있을 것입니다. '유대인들이 성령을 보았다면 어떻게 믿지 않을 수 있었는가?' 그러나 이렇게 보려면 육체의 눈이 아니라 마음의 눈이 필요합니다. 그리스도께서 행하신 기적들을 본 사람들이 악한 마음으로 취해 있어 자신들이 목격한 것을 부인한 경우도 있는데, 성령께서 비둘기 모습으로 나타나셨다고 해서 그들의 불신이 단번에 사라졌겠습니까? 그런데 이 광경이 모든 이에게 보인 것이 아니라 요한과 신앙이 두터운 이들에게만 보였다고 하는 이도 있습니다. 그러나 성령께서 비둘기처럼 내려오신 것을 육체적 눈으로 보았다 하더라도, 모든 이가 그것을 보았으니 모든 이가 그 일을 이해했다고 결론지을 수는 없습니다.

• 요한 크리소스토무스『요한 복음 강해』17,3.

### 시력이 맑아지다

흐릿한 시력으로는 참된 빛의 밝음을 볼 수 없습니다. 밝고 깨끗한 마음에는 행복이 될 수 있는 것이 흠결이 있는 이들에게는 징벌이 될 것입니다. 그러므로 한낱 안개와 같은 지상의 헛된 것들은 피하고 내적인 눈이 모든 사악한 때를 벗어 버리게 합시다. 그러면 시력이 맑아져서 하느님의 위대한 현현을 즐기게 될 것입니다,

• 대 레오『설교』95,8.

### 하느님의 모습도 보게 되리라

하느님을 있는 그대로 볼 수 있는 눈을 얻으려면 마음이 정화되어야만 합니다. … 육체의 눈에 보이는 모습으로 나타나셨을 때, 그분께서는 마음이 깨끗한 이들은 본디 보이지 않는 당신의 모습도 보게 되리라고 약속하셨습니다. "나를 사랑하는 사람은 내 아버지께 사랑을 받을 것이다. 그리고 나도 그를 사랑하고 그에게 나 자신을 드러내 보일 것이다"(요한 14,21).

• 아우구스티누스『편지』147,19,48.

### 영혼 상태를 똑똑하게 볼 수 있게 하시다

그리스도께서는 모든 사물을 똑똑하게 볼 수 있도록 당신 손을 그의 눈에 얹어 주셨습니다. 눈에 보이는 것들을 통하여 눈에 보이지 않는 것들, 아직 본 적 없는 것들을 이해할 수 있게 해 주시고, 죄의 꺼풀을 벗긴 다음 깨끗한 마음의 눈으로 자신의 영혼 상태를 똑똑하게 볼 수 있게

하시려는 뜻이었습니다(참조: 이사 6,5; 1코린 2,9). … "똑똑히 보게 되었다"(마르 8,25)는 무슨 뜻입니까? 우리 모두는 시력을 지니고 있고, 참된 빛이신 그리스도를 믿고 있습니다. 그러나 보는 사람들 사이에도 어마어마한 차이가 있습니다. 예수님께서는 신자 한 사람 한 사람의 신앙에 따라 당신을 크게 드러내시기도 하고 작게 드러내시기도 하기 때문입니다.

• 히에로니무스 『마르코 복음 강해』 5.

### 마음의 눈을 열어 주시다

만물의 근원이신 당신 이름에 희망을 두게 하시고 "저희 마음의 눈을"(에페 1,18) 열어 주시어 하늘보다 더 높은 곳에 홀로 계시는 지극히 높으신 분(이사 57,15 참조), 성인들 가운데 계시는 거룩하신 분(이사 57,15 참조)이신 당신을 알게 해 주셨나이다.

• 로마의 클레멘스 『코린토 신자들에게 보낸 첫째 편지』 59,3.

유대인들의 육체의 눈에 드러나 보였던 표징들은 그들에게 별 유익을 가져다주지 못했습니다. 그러나 믿음은 다른 민족들의 마음의 눈을 열어 주었습니다.

• 시리아인 에프렘 『우리 주님에 관한 설교』 32.

### 구름과 어둠을 치워 주소서!

우리는 "제 눈을 열어 주소서. 당신 가르침의 기적들을 제가 바라보오리다"(시편 119,18)라고 말한 이를 따라 주님께, 성령께, 죄의 얼룩들로 완고해진 우리 마음의 눈을 흐리게 하는 모든 구름과 어둠을 치워 주시어 영적인 당신 율법의 훌륭한 진리를 바라볼 수 있게 해 주십사고 청해야 합니다.

• 오리게네스 『레위기 강해』 1,4.

### 육신을 입으신 주님을 시메온이 알아보다

의인 시메온은 그분을 마음으로 보았습니다. 그래서 아기가 누군지를 알아보았지요. 그는 그분을 눈으로 뵈었습니다. 그래서 아기를 두 팔로 안았던 것입니다. 이렇게 두 가지 방식으로 그분을 뵙고, 동정녀에게서 태어난 하느님의 아들을 품에 안은 그가 말했습니다. "주님, 이제야 말씀하신 대로 당신 종을 평화로이 떠나게 해 주셨습니다. 제 눈이 당신의 구원을 본 것입니다"(루카 2,29-30). 그의 말을 새겨 보십시오. 그는 이미 믿음 안에서 안 일을 자기 눈으로 보게 될 때까지 죽지 않으리라는 말을 들은 사람이었습니다. 그는 아기를 두 팔로 받아 안고는, 그렇게 육신을 입으신 주님을 바라보며 "제 눈이 당신의 구원을 본 것입니다"(루카 2,30) 하고 말했습니다. 모든 육신이 이런 방식으로 하느님의 구원을 보게 된다는 것을 아시겠습니까?

• 아우구스티누스 『설교』 277,17.

### 영의 눈으로 보아야 보이는 분

목소리는 눈으로 보는 것이 아니라 귀로 듣는 것이지만, 우리는 탈출기에서 사람들이 주님의 음성을 보는 이야기를 읽습니다(탈출 20,18 참조). 그렇습니다. 눈으로 분별되지 않고 귀에 들리기만 하면 그냥 소리일 뿐, 그것이 목소리일 수 있겠습니까? 실로 모세는 최고의 재능으로, 하느님의 음성을 눈에 보이는 것이라고 표현했던 것입니다. 속마음의 눈에는 그것이 보이니까요. 복음서에서 우리가 보는 것은 보통 음성보다 훨씬 탁월한 말씀의 음성입니다. 그러니까 하느님 말씀이 사도들에게 보이고 들렸던 것입니다. 그들은 육이신 주님만 본 것이 아니라 말씀이신 주님도 보았습니다. 그들이 모세, 엘리야와 함께 계신 말씀의 영광을 보았으니까요(마태 17,3 참조). 영광에

싸인 그분을 본 이들은 예수님을 '본' 것입니다. 그분의 육신만 '본' 사람들은 그분을 보지 못한 것입니다. 예수님은 육신의 눈이 아니라 영의 눈으로 보아야 보이는 분입니다.

• 암브로시우스 『루카 복음 해설』 1,5.

### 볼 수 있는 말씀

왜 하느님의 아드님은 인간으로 나타나셨고, 성령께서는 비둘기 형상으로 나타나셨을까요?(참조: 마태 3,16; 마르 1,10; 루카 3,22; 요한 1,32). 하느님의 아드님께서는 인간에게 삶의 모범을 보여 주러 오셨고, 성령께서는 잘 살아갈 수 있게 하는 선물을 주러 나타나셨습니다(참조: 로마 8,2; 갈라 6,8). 이 두 가지 나타나심은 육적인 인간을 위해서 눈으로 볼 수 있게 이루어졌습니다. 그러나 우리는 육적인 눈으로 보는 것에서 영으로 인식하는 데로 옮겨가야 하는데, 이는 성사들을 통해 점진적으로 이루어집니다.

• 아우구스티누스 『여든세 가지 다양한 질문』 43.

### 마음의 눈이 없다

드러나지 않고 감추어지는 것은 아무것도 없기에, '거짓을 만들어 내는 자들'이요 '거짓 교설을 숭배하는 자들'(이사 45,16 참조)인 그들은 자신들에게는 밝은 마음의 눈이 없음을 곧바로 드러냈습니다. 그들은 '우리의 두 눈은 비둘기라오'(아가 1,15 참조)라고 말할 수 없었습니다. 오히려 그들은 그들의 말을 듣고 있는 사람들의 오른쪽 눈, 곧 거룩하고 초월적인 관상을 인식하는 눈을 후벼 내어, 오로지 사악하고 비뚤어진 일들만 보도록 그들의 시선을 돌리고 "하늘에 있는 악령들과"(에페 6,12) 싸우는 전쟁에서 그들을 무력하게 만들려고 애씁니다.

• 존자 베다 『사무엘기 상권 우의적 해설』 2,11.

### 마음의 눈으로 보지 못하는 이들

[예수님의 말씀에서] "세상"(요한 14,19)은 세속적이고 육적인 삶에 묶여 물질적 눈으로만 진리를 보는 까닭에 부활에 대한 불신앙으로 우리 주님을 더 이상 마음의 눈으로 보지 못하도록 정해진 이들을 가리킵니다.

• 대 바실리우스 『성령론』 22,53.

### 마음의 눈멂은 뉘우치지 않은 것에 대한 응보다

정의의 빛을 빼앗긴 사악한 인간이 육의 눈멂이 아니라 마음의 눈멂으로 인하여 미리 심판받아 어둠 속에서 헤매도록 허락되는 이 응보를 작은 일로 여겨서는 안 됩니다. 그 눈먼 사람이 빛을 지각할 수 없을 뿐만 아니라 눈멂으로 인한 어둠을 키우는 것을 즐거워하며 추구한다면, 이 역시 응보를 쌓는 것입니다.

• 루스페의 풀겐티우스 『죄의 용서에 관해 에우티미우스에게』 2,13,1.

### 눈먼 이들이 보게 되다

비록 눈먼 이들(마태 9,27-31 참조)이 육체적 눈은 없었지만, 믿음과 마음의 시각으로 참되고 영원한 빛이신 하느님의 아들을 볼 수 있었습니다. 이분에 관하여 "모든 사람을 비추는 참빛이 세상에 왔다"(요한 1,9)라고 기록되어 있습니다.

• 아퀼레이아의 크로마티우스 『마태오 복음 강해』 48,1.

### 특별한 눈

여러분은 이사야가 보았던 저 빛을 보지 못한다고 말합니다. 믿으십시오. 여러분도 그것을 볼 것입니다. 아마도 여러분은 그것을 볼 수 있는 눈을 갖지 못하였을 것입니다. 아름다움을 알아볼 수 있는 특별한 눈 말입니다. 빛을 볼 수 있는 육의 눈이 있는 것처럼 기쁨을 알아보는 마음의 눈도 있습니다. 어쩌면 여러분의 눈은 욕정과 탐욕, 탐닉과 무분별한 음욕으로 상처 입고 흐려졌으며 장애를 입었을 수도 있습니다. 여러분의 눈에 장애가 있다면 빛을 볼 수 없습니다. 보기 전에 먼저 믿으십시오. 그러면 여러분은 치유되어 보게 될 것입니다.

• 아우구스티누스 『설교』 97,16.

### 믿으면 보게 된다

이제 여러분의 시선을 우리에게 오신 우리 구원의 의사, 우리 주 예수님께 돌리십시오. 그분께서는 우리 마음이 눈먼 것을 보시고서 "어떠한 눈도 본 적이 없고 어떠한 귀도 들은 적이 없으며 사람의 마음에도 떠오른 적이 없는"(1코린 2,9) 빛을 우리에게 약속하셨습니다. 이것이 천사들이 보고 기뻐하는 것입니다. 건강한 사람들은 눈먼 이들이 볼 수 없는 것을 보듯이, 천사들은 사람들이 보지 못하는 것을 본다는 말입니다. 사람은 왜 그것을 볼 수 없습니까? 그것은 사람이 여전히 '사람'이기를 원하기 때문입니다. 그러므로 사람[인류]도 치유를 받아 '사람'에서 하느님의 자녀 가운데 하나가 되도록 해야 할 것입니다.

• 아우구스티누스 『설교』 360B,15.

### 믿음의 눈을 치유받아야 한다

필립보가 예수님께 "주님, 저희가 아버지를 뵙게 해 주십시오. 저희에게는 그것으로 충분하겠습니다"(요한 14,8) 하고 말했을 때, 그분께서는 필립보가 아버지를 보면 만족할 수 있으리라는 것을 잘 아셨습니다. 그러나 아버지와 동등한 분으로도 만족하지 못한 그가 아버지라면 만족하겠습니까? 왜 그분으로도 만족하지 못할까요? 그분이 보이지 않기 때문입니다. 그분이 왜 보이지 않습니까? 아직 그의 눈이 그분을 볼 수 있는 온전한 눈이 아니기 때문입니다. 이런 눈은 주님의 육신을 볼 수 있지만, 그 육신은 그분을 보고 공경하는 이들만 아니라 그분을 십자가에 못 박은 유대인들도 볼 수 있었습니다. 그러니 그분께서 또 다른 방식으로 보이기 원하셨다는 것은 그분께서 다른 눈을 요구하셨음을 뜻합니다. … 그래서 필립보는 믿음의 눈을 치유받아 눈이 열리도록, 먼저 믿음과 관계된 훈계를 듣습니다. 그리고 그가 육신으로 계신 주 예수 그리스도를 본 것과 같은 식으로 하느님을 생각하지 않도록, 예수님께서는 곧바로 "내가 아버지 안에 있고 아버지께서 내 안에 계시다는 것을 너는 믿지 않느냐?"(요한 14,10)라고 덧붙이십니다.

• 아우구스티누스 『설교』 88,4.

믿음의 눈으로는 설명할 수도 말할 수도 없는 일들 안에서 하느님을 볼 수 있습니다. … 하느님께서 활동하고 계심이 분명한 사람들을 통하여 우리는 하느님을 알아볼 수 있습니다.

• 알렉산드리아의 키릴루스 『이사야서 주해』 5,5,64,4-5.

### 언제 눈에 보이게 되나?

여러분은 여러분이 보지 못하는 것 안에서 즐거워할 수 있습니까? 아니면, 우리는 진정 주님을 뵙니까? 우리는 이에 대해 틀림없는 약속을 받았습니다. 그러나 지금은, '우리가 주님에게서 떠나 이 몸 안에 사는 동안에는 우리는 믿음으로 살아갑니다'(2코린 5,6-7 참조). 눈에 보이는 것이 아니라 믿음으로 살아간다는 말입니다. 언제 그것이 눈에 보이게 됩니까? 요한이 말하는 이것이 이루어질 때입니다. "사랑하는 여러분, 이제 우리는 하느님의 자녀입니다. 우리가 어떻게 될지는 아직 드러나지 않았지만, 그분께서 나타나시면 우리도 그분처럼 되리라는 것을 알고 있습니다. 그분을 있는 그대로 뵙게 될 것이기 때문입니다"(1요한 3,2).

• 아우구스티누스 『설교』 21,1.

### 미래에는 눈으로 보게 될 것이다

우리가 지금 믿음으로 따르는 것을 미래에는 눈으로 보게 될 것입니다. … 그러면 우리는 언제 눈으로 보며 걷게 될까요? 미래에 우리가 생명의 빛을 얻어 눈으로 보게 되어 이 밤이 사라질 때입니다.

• 아우구스티누스 『요한 복음 강해』 34,7.

### 믿음으로 의롭게 되고, 눈으로 볼 때 영광스럽게 된다

우리는 의롭게 된 이들과 영광스럽게 된 이들에 관한 이야기를 동시에 들을 때, 의롭게 되는 것과 영광스럽게 되는 것이 현세에 동시에 일어나는 일이라 여기지 맙시다. 의롭게 되는 은총은 현세에 주어지지만 영광스럽게 되는 은총은 미래에 받을 은총으로 보존되어 있기 때문입니다. 하나는 믿음의 은총이고 하나는 눈으로 보게 되는 은총입니다. 바오로는 지금은 우리가 "보이는 것이 아니라 믿음으로 살아간다"(2코린 5,7)라고 합니다. 성인들은 지금 믿는 것을 그때엔 보게 될 것입니다.

• 루스페의 풀겐티우스 『모니무스에게』 1,11,5.

### 하느님을 볼 수 있는 마음의 눈을 바라다

지금은 하느님을 볼 수 있는 마음의 눈을 바라고 그 눈을 깨끗이 하는 이들의 희망이며, 그때는 천사들의 군대에 둘러싸여 영적 육신으로 하느님을 바라보게 될 복된 이들의 실재입니다.

• 존자 베다 『에즈라기와 느헤미야기 우의적 해설』 3,33.

### 마음의 눈으로 하느님을 뵐 수 있다

"행복하여라, 마음이 깨끗한 사람들! 그들은 하느님을 볼 것이다"(마태 5,8)라는 말이 마음의 눈(우리의 능력 안에 있는)과 하느님에 관한 생각에 관련된 말인 것처럼 천사들에 관해서도 그들은 깨끗하고 항구적인 본성으로 말미암아 언제나 하느님만을 생각한다고 말할 수 있습니다.

• 요한 크리소스토무스 『요한 복음 강해』 15,1-2.

### 성인들의 광채

'성인들의 광채'란 부활 때에 그들이 하느님의 천사들처럼 빛날 것을 말합니다. 그들은 더없이 깨끗하게 정화되고 밝게 빛나 마음의 눈으로 위엄 높으신 분을 바라볼 수 있게 될 것입니다. 더 나은 존재로 변화하지 않은 이들은 빛이신 분을 바라볼 수 없습니다.

• 카시오도루스 『시편 해설』 3.

# 눈물, 울음

눈물은 부끄러워서 소리 내어 고백할 수 없는 허물을 씻어 낼 수 있습니다.

• 암브로시우스 『루카 복음 해설』 10,88.

기쁨의 힘과 슬픔의 힘이 다 눈물을 흘리게 합니다.

• 페트루스 크리솔로구스 『설교』 64,3.

눈물처럼 영을 살찌게 할 수 있는 것은 없습니다.

• 폰투스의 에바그리우스 『시편 발췌 주해』.

겸손한 이의 눈물은 육적인 욕정을 씻어 내는 훌륭한 해독제입니다.

• 루스페의 풀겐티우스 『편지』 4,9,5.

## 눈물의 의미와 이해

### 울어야 할 때

우리는 우는 이들과 함께 우는 일에 있어서도, 죽은 이나 이 세상에서 잃어버린 것 때문에 슬퍼하는 이들과는 함께 울어서는 안 됩니다. … 우리의 눈물은 이런 이들의 눈물과 섞여서는 안 됩니다. 우리는 자신의 죄를 슬퍼하는 사람, 잘못을 한 후에 회개하고 자신의 잘못을 눈물로 씻어 내는 사람들을 위해 울어야 합니다. 또한 자신이 어떤 처지에 있는지 깨닫고 괴로워하며 그리스도에게로 돌아가려는 사람들과 함께 울어야 합니다. 그러면 이러한 사람들의 거룩한 소망이 쏟아져 흘러내리는 눈물로 위로를 받습니다(예레 30,15 참조).

• 오리게네스 『로마서 주해』.

### 웃음과 울음의 더 깊은 뜻

우는 것이 다른 의미들을 지니고 있으므로, 웃는 것도 그에 따라 이해해야 합니다. 우는 것에 한 가지 의미만 있는 것이 아니듯이, 웃는 것도 그렇기 때문입니다. 웃는 것은 두 가지 의미로 — 칭찬할 만한 것과 비난할 만한 것으로 — 나뉘므로 우는 것도 이런 식으로 이해되어야 합니다. 칭찬할 만한 웃음은 칭찬할 만한 울음에 상응하고, 마찬가지로 비난할 만한 웃음과 울음도 상응합니다. … 비난할 만한 웃음을 버리고 그와 반대되는 울음에 몰두하면 더없이 행복합니다.

• 맹인 디디무스 『코헬렛 주해』 71,4.

### 하느님께서 흘리신 동정의 눈물

인간의 눈물에 감정이 북받치시어 하느님께서 우셨습니다. 그분은 당신의 권능으로 곧바로 라자로를 죽음의 속박에서 풀어 주실 참이었지만 동정의 눈물을 흘리심으로써 거기에서 오는 위로로 인간적 사랑을 완전하게 보여 주셨습니다. 젊은 남자가 당신보다 먼저 죽은 것을 아셔서가 아니라 자매들의 한없는 슬픔을 가라앉히기 위해 하느님께서 우셨습니다. 인간들이 같은 인간을 위해 하는 행동을 눈물과 연민으로 표현하기 위해 하느님께서 우셨습니다. 인간 본성이 영원에서 쫓겨난 뒤 천한 세상을 사랑할 정도로 낮게 떨어졌기에 하느님께서 우셨습니다. 불멸의 존재가 될 수 있었던 이들을 악마가 죽을 운명의 존재로 만들었기에 하느님께서 우셨습니다. 당신께서 모든 은혜를 내리고 당신 권능 아래 두셨던 이들, 당신께서 고난이라고는 없는 낙원의 꽃들 사이에 두셨던 이들이 악마에게 죄를 배워 거의 모든 즐거움을 잃어버렸기에 하느님께서 우셨습니다. 당신께서 순결무구한 존재로 창조하신 이들이 악마의 사악함으로 인하여 죄 있는 존재가 되었기에 하느님께서 우셨습니다.

• 리스본의 포타미우스 『라자로』.

### 마리아와 유대인들과 그리스도께서 우신 이유

마리아가 웁니다. 유대인들이 웁니다. 그리스도께서도 우십니다. 여러분은 [모두가] 같은 감정으로 울었다고 생각하십니까? 라자로의 누이 마리아는 오빠의 죽음을 막지 못해 그를 붙들어 둘 수 없었기 때문에 울었습니다. 마리아는 부활을 확신했지만 그럼에도 불구하고 그 순간에는 그 사실이 위로가 되지 않아서, 부활이 미래의 일이므로 오빠가 없는 기간이 길 터이므로, 그리고 오빠가 하느님에게서 떨어져 있다는 사실이 슬퍼서 울지 않을 수 없었습니다. …

유대인들은 자신의 처지를 생각하며 그리고 미래의 삶에 절망하여 울었습니다. … 죽은 사람을 볼 때면 자신도 죽게 되어 있다는 사실에 탄식하게 마련입니다. 죽을 운명을 타고 난 존재는 이처럼 죽음을 두고 슬퍼하지 않을 수 없습니다.

그러면 그리스도께서는 이 가운데 어떤 이유로 우셨을까요? 만약 이런 이유가 아니라면, 그분께서 눈물 흘리신 까닭은 무엇일까요? … 라자로를 잃으셨을 때는 눈물을 흘리지 않더니, 그를 일으켜 세우고는 우십니다. 생명의 영을 쏟아 내실 때 그분은 인간의 눈물을 쏟으십니다. 형제 여러분, 우리 인간 육체의 본성이 이런 경향을 지니고 있습니다. 기쁨의 힘과 슬픔의 힘이 다 눈물을 흘리게 합니다. … 이것이 그리스도께서 우신 이유입니다. 죽음과 마주친 슬픔 때문이 아니라 장차 당신 자신의 목소리로, 오직 당신의 목소리만으로 모든 죽은 이를 영원한 생명으로 되살릴 때의 행복함을 떠올리셨기 때문입니다.

• 페트루스 크리솔로구스 『설교』 64,3.

### 기쁨이 넘치면 눈물이 나온다

기쁨이 넘치면 눈물이 나올 때가 많다고 했지요. 본문을 보면, "요셉은 그를 보자 목을 껴안았다"(창세 46,29)라고 되어 있습니다. 그리고 그냥 '울었다'가 아니라 "눈물을 펑펑 흘리며 울었다"(창세 46,29)라고 합니다. 순간적으로 그에게는 자신이 겪었던 고생과 자기 때문에 아버지가 겪었을 일들이 떠올랐던 것입니다. … 그래서 넘치는 기쁨과 이 일이 일어나도록 해 주신 주님께 감사하는 마음에 눈물을 쏟았던 것입니다.

• 요한 크리소스토무스 『창세기 강해』 65,8.

### 슬플 때도 기쁠 때도 울다

눈물은 언제나 같은 감정이나 같은 덕행에서 나오는 것이 아닙니다. 어떤 눈물은 죄악의 가시들이 우리 마음을 찌를 때에 생깁니다. 이에 대하여 "저는 탄식으로 기진하고 밤마다 울음으로 잠자리를 적시며 눈물로 제 침상을 물들입니다(시편 6,7)라는 말과 "낮에도 밤에도 눈물을 시내처럼 흘려라. 너는 휴식을 하지 말고 네 눈동자도 쉬지 마라"(애가 2,18)라는 말이 있습니다. 그리고 어떤 눈물은 영원한 행복을 내다보고 장래의 영광을 갈망할 때 터져 나옵니다. 그럴 때 기쁨은 억제할 수 없고 황홀은 끝이 없어서 더욱 풍부한 눈물샘이 분출하여 우리 영혼은 힘세고 살아 계신 하느님을 목말라하며 "하느님의 얼굴을 언제나 가서 뵈올 수 있겠습니까? 낮에도 밤에도 제 눈물이 저의 음식이 됩니다"(시편 42,3-4)라고 말하게 됩니다.

• 요한 카시아누스 『담화집』 9,29.

### 고통과 눈물이 가득한 것을 찾아라

누구든지 위로 올라가기를 원하는 사람은 세상의 기쁨이나 즐거움 또는 즐거움을 주는 것들이 아니라 고통과 눈물이 가득한 것을 찾아야 합니다. "초상집에 가는 것이 잔칫집에 가는 것보다 낫기"(코헬 7,2) 때문입니다. 사실 아담은 쾌락에 현혹되지 않았더라면 낙원에서 내려올 일도 없었을 것입니다.

• 암브로시우스 『세상 도피』 1,3.

### 눈물로 자신을 정화하라

그대 눈물로 그대 자신을 정화하십시오. 슬퍼함으로써 그대를 씻으십시오. 그대가 그대를 위해 울면 다른 이들이 그대 때문에 울지 않을 것입니다. … 죄인인 사람은 자기를 위하여 울고 자기를 책망함으로써 의로운 사람이 될 수 있습니다.

• 암브로시우스 『루카 복음 해설』 5,55.

### 육적인 욕정을 씻어 내는 훌륭한 해독제

우리가 계속 겸손한 마음을 유지하며 눈물과 기도로 싸울 때에만 그 적수를 물리칠 수 있습니다. 겸손한 이의 눈물은 육적인 욕정을 씻어 내는 훌륭한 해독제입니다. 양심의 가책으로 흘리는 눈물은 원수를 물리치고 우리에게 승리에 찬 행복을 선물로 안겨 줍니다.

• 루스페의 풀겐티우스 『편지』 4,9,5.

### 에사우의 눈물

에사우의 회개와 눈물은 진정으로 동생보다 더 축복받기를 원해서가 아니라, 동생을 휘어잡을 수 있는 권력을 얻고 싶어 나온 것입니다. 에사우는 "눈물을 흘리며 축복을 받으려고 애썼지만"(히브 12,17) 뜻대로 되지 않았습니다.

• 시리아인 에프렘 『히브리서 주해』.

### 눈물의 골짜기

그분께서 놓으신 순례 길, "그분께서 정하신 곳, 눈물의 골짜기"(시편 83,6 칠십인역)를 생각해 봅시다. 판관기에 보면, 천사가 와서 백성에게 참회하라고 선포합니다. '너희가 주님을 저버렸으니, 주님께서 너희를 버리실 것이다.' 이스라엘 자손들은 그 경고를 듣자 목 놓아 울었습니다. 그래서 그 장소는 눈물의 골짜기로 불렸습니다. … 나아가 이 눈물의 골짜기는 우의적으로 이 세상이라고 이해할 수 있습니다. 우리가 산, 곧 하늘 나라에 있지 않고, 골짜기에, 곧 이 세상의 어둠 속에 있기 때문입니다. 죄로 말미암아 우리는 아담과 함께 낙원에서 쫓겨나 회한과 통곡만이 있는 눈물의 깊은 골짜기로 내던져졌습니다.

• 히에로니무스 『시편 둘째 설교집』 63 (제84편).

바룩은 유대인들에게 과거의 죄에 대해 알려 주었습니다. 그렇게 함으로써 그들이 현재 겪고 있는 치욕의 이유를 알고 많은 눈물을 흘리게 하려는 것이었습니다.

• 키루스의 테오도레투스 『열두 소예언서 주해』(바룩서) 1.

## 눈물을 흘리고 통곡을 하라

어떤 형제가 안토니우스에게 "제 죄를 어떻게 할까요?" 하고 물었습니다. 안토니우스는 이렇게 대답하였습니다. "자기 죄에서 자유로워지기를 원하는 사람은 눈물을 흘리고 통곡을 하면 자유롭게 될 것입니다. 덕행을 쌓기 원하는 사람은 통곡을 하고 눈물을 흘리면 쌓을 수 있습니다.

• 두미움의 파스카시우스
『그리스 교부들의 질문과 답변』 38,1.

눈물 흘림은 마음의 감정을 움직입니다. 속죄의 고행이 성실히 치러지고 나면 마음의 분노가 가라앉습니다.

• 로마의 칼리스투스
『갈리아의 모든 주교에게 보낸 편지』 2,6.

## 탄식하며 슬피 울어라

한 형제가 원로께 "제 죄를 어찌해야 합니까?" 하고 물었습니다. 그 원로가 대답하셨습니다. "자기 죄에서 풀려나기를 바라는 사람은 눈물로 거기에서 풀려날 것입니다. 자기 안에 덕을 쌓고자 하는 사람은 눈물로 그것을 쌓을 것입니다. 성경에도 슬픔에 관한 말씀이 많습니다. 우리 선조들은 자기 제자들에게 '탄식하며 슬피 울어라'(예레 4,8 등)라고 가르쳤습니다. 생명으로 가는 길은 이 길밖에는 없습니다." 한 형제가 어르신께 '사부님, 저는 어찌해야 합니까? 하고 물었습니다. 어르신께서 말씀하셨습니다. 아브라함은 약속의 땅에 들어갔을 때에 가장 먼저 자기 자신을 위해 묘지를 사서 무덤 주위의 땅을 확실하게 자기 소유로 만들었습니다'. 그 형제가 그분께 물었습니다. "무덤이 무엇입니까?" 어르신께서 대답하셨습니다. "탄식하며 슬피 우는 곳이라네."

• 브라가의 마르티누스 『이집트 사부들의 금언』 33-34.

## 눈물의 은총

자기 죄를 생각할 때에, 영벌이 두려워 눈물이 마구 흘러내립니다. 그렇게 오래 슬퍼하며 참회하면 이 두려움이 가라앉으면서, 용서를 받으리라는 확신에서 안도감이 우러나오고 그 영혼은 천상 기쁨에 대한 사랑에 불타오르기 시작합니다. 징벌이 두려워 눈물을 쏟던 바로 그 사람이 이제는 하늘 나라에 들어가는 것이 늦어지고 있기 때문에 많은 눈물을 흘립니다. 우리가 마음속으로 천사들의 무리를 그려 보고 성인들의 모임과 지극히 엄위하신 하느님의 모습에 시선을 고정시키게 되면, 그 기쁨에 함께하지 못한다는 생각에 우리는 이전에 지옥에 대한 공포와 영원한 불행에 대한 예상으로 슬퍼할 때보다 훨씬 더 통렬히 눈물을 흘리게 됩니다. 이처럼 두려움의 뉘우침은 완전함에 도달하면, 그 영혼을 사랑의 뉘우침으로 이끌어 줍니다. … 우리도 깊이 탄식하며 우리 창조주께 눈물의 은총을 청해 얻어야 합니다. 목청 높여 정의를 부르짖고 억눌린 이들을 옹호하며 가진 것을 가난한 사람들과 나누고 자신의 신앙을 열렬히 고백하는 은총을 받았지만 눈물의 은총은 지니지 못한 이들이 있습니다. 이들은 "네겝 땅"(판관 1,15), 곧 "샘"(판관 1,15)이 전혀 없는 "남쪽의 메마른 땅"을 받았다고 할 수 있습니다. 그러나 선한 일에 열중하여 선행을 하는데 많은 시간을 바치는 사람도 영벌에 대한 두려움 때문이든 하느님 나라에 대한 열망 때문이든 과거에 지은 자기 죄를 슬퍼하며 눈물을 흘려야 한다는 사실은 대단히 중요합니다.

• 대 그레고리우스 『대화』 3,34.

어떤 눈물은 대죄로 인한 가책이 없어도 무서운 심판을 생각하며 지옥을 두려워할 때에 흐르게 됩니다.

• 요한 카시아누스 『담화집』 9,29.

### 눈물과 용서

눈물의 은총을 받기 위하여 먼저 기도하십시오. 그래야 양심의 가책을 통하여 그대 영혼 안에 자리한 난폭함을 가라앉힐 수 있을 것입니다. 그리고 그대가 저지른 잘못을 주님께 고백하면 그분의 용서를 얻을 수 있을 것입니다.

• 폰투스의 에바그리우스 『기도론』 5.

여러분 가운데 자기가 세례 후에 지은 죄들 때문에 오늘날까지 진심으로 눈물 흘리는 모든 이는 자신이 이미 용서받았다는 것을 아십시오.

• 암몬 『편지』 28.

### 하느님의 말씀을 듣는 이라고 말할 수 없다

귀로는 듣지만 마음의 소망으로 받아들이지 않는 이들도 있습니다. 하느님의 말씀을 쉽게 받아들이고 감동을 받아 눈물까지 흘리는 이들도 있습니다. 그러나 나중에 다시 죄로 돌아가면, 하느님의 말씀을 듣는 이라고 말할 수 없습니다. 그 말씀을 실천하는 데 소홀하기 때문입니다.

• 대 그레고리우스 『복음서 강해』(40편) 16.

### 같은 죄를 다시 범하다

눈물을 흘리고서도 계속해서 죄를 짓는 사람은 씻은 뒤에도 깨끗하게 머무는 데 소홀합니다. 그런데 씻은 뒤에도 깨끗하지 않은 사람은 자신들이 지은 죄에 대하여 눈물은 흘리면서도 같은 죄를 다시 범하게 됩니다.

• 대 그레고리우스 『사목 규칙』 3,30.

### 눈물을 더럽히다

과거의 잘못을 통회하지만 그것에서 완전히 떠나지 못한 사람은 더 큰 죄에 대한 벌을 받게 됩니다. 왜냐하면 그는 눈물로써 얻을 수 있었던 용서를 무시했기 때문입니다. 이것은 진창에 뒹구는 것과 같아서 눈물로써 얻은 정화된 삶을 포기함으로써 자신이 하느님 앞에서 흘린 바로 그 눈물을 더럽히는 것입니다. … 회개의 눈물을 흘린 후에 순결한 삶을 유지하지 못하는 사람은 눈물로써 받은 정화를 등한시하는 사람입니다. 자신이 범한 잘못에 대해 울부짖기를 멈추지 않으면서 자신이 울부짖는 바로 그 일을 반복해서 저지르는 사람은 씻기는 하였어도 결코 깨끗하지 않습니다. … 시체를 만진 후에 깨끗해진 사람은 눈물로써 자신의 죄에서 정화된 사람입니다. 그러나 눈물을 흘린 뒤에 다시 죄를 짓는 사람은 정화된 후에 다시 시신을 만진 사람입니다.

• 대 그레고리우스 『사목 규칙』 3,30.

### 타락한 영혼들을 불쌍히 여기자

우리 역시 눈물과 애통한 마음으로 멸망에 떨어진 타락한 영혼들을 불쌍히 여깁시다. 바오로 사도가 보여 준 자비의 모범에 따라, '약한 사람에게는 약해지고'(2코린 11,29 참조) "우는 이들과는 함께 웁시다"(로마 12,15). 우리는 많은 눈물로써 그리고 죄인들 편에서의 합당한 속죄를 통하여 하느님의 자비를 얻게 되기를 기대해 봅시다.

• 대 레오 『설교』 34,5,2.

눈물처럼 영을 살찌게 할 수 있는 것은 없습니다. 지금 우는 사람은 행복합니다. 그들은 웃게 될 것이기 때문입니다.

• 폰투스의 에바그리우스 『시편 발췌 주해』.

### 함께 슬퍼하고 눈물을 흘리다

넘어진 자의 죄를 알게 될 때마다 그와 함께 괴로워하도록, 거만하게 꾸짖는 대신 함께 슬퍼하고 눈물 흘릴 수 있게 해 주소서. 다른 이들을 위해 우는 것이, "타마르가 나보다 더 옳다"(창세 38,26)라고 말하며 저 자신을 위해 우는 것이 되게 하소서.

• 암브로시우스 『참회론』 2,8.

여러분이 이 세상에서 눈물과 수고로 의로움의 열매들을 거두어 들였다면, 아침에, 곧 장차 올 세상에서 기뻐하게 될 것입니다.

• 오리게네스 『창세기 강해』 10,3.

## 참회의 눈물

죄의 깊은 구덩이에 빠진 사람은 물로 씻을 수 있는 오물이 묻은 것이 아니기에 오랜 시간 엄격하게 참회하고 눈물과 비탄 속에 탄식을 쏟아야 합니다.

• 요한 크리소스토무스 『히브리서 강해』 12,7.

### 마음에서 흘러나오는 눈물

선행의 씨앗들에 눈물의 강물로 물을 주어야 한다고 가르치는 거룩한 예언자는 얼마나 지혜롭습니까! 물을 주지 않아도 싹이 트는 씨앗은 어디에도 없습니다. 씨앗에 물을 주지 않으면 그 어떤 열매도 맺을 수가 없습니다. 우리도 마찬가지입니다. 우리 씨앗이 열매 맺기 바란다면, 몸이 아니라 마음에서 흘러나오는 눈물로 우리 씨앗에 물 주는 일을 그쳐서는 안 됩니다.

• 루스페의 풀겐티우스 『편지』 9.

### 남몰래 흘리는 눈물

나는 남에게 보이려고 흘리는 눈물이 아니라 뉘우침으로 흘리는 눈물을 찾고 있습니다. 아무도 보지 않는 골방에서 부드럽게 소리 없이 남몰래 흘리는 눈물, 마음 깊숙한 곳에서 솟아오르는 눈물, 고뇌와 슬픔 속에서 흘리는 눈물, 오로지 하느님만을 위하여 흘리는 눈물을 찾습니다. 한나의 눈물이 바로 그러한 눈물이었습니다.

• 요한 크리소스토무스 『마태오 복음 강해』 6,8.

주님께서는 육으로 오셨을 때 유대 백성에게 양심이라는 집으로 돌아가 눈물로 그들 행실의 더러움을 씻어 내라고 하셨습니다.

• 대 그레고리우스 『욥기의 도덕적 해설』 3,28.

### 참회의 눈물에 길을 내주다

그리스도께서 마음이 산란하고 속이 북받치신 이유가 무엇이겠습니까? 자기 자신을 불만스럽게 여길 합당한 이유를 가진 사람의 믿음이 사악한 행위들에 대한 비난에 신음함으로써, 죄짓는 습관이 진정한 참회의 눈물에 길을 내주도록 해야 함을 암시하는 것 아니겠습니까?

• 아우구스티누스 『요한 복음 강해』 49,19.

### 죄를 씻어 버릴 수 있다

"울음으로 잠자리를 적시며 눈물로 제 침상을 물들입니다"(시편 6,7)라는 말씀대로 눈물을 흘림으로써도 죄를 씻을 수 있습니다. 그리고 눈물을 흘리는 것이 헛되지 않다는 것을 보여 주기 위하여 시편 저자는 이런 말을 덧붙입니다. "내게서 모두 물러들 가라, 나쁜 짓 하는 자들아. 주님께서 나의 울음소리를 듣고 계신다"(시편 6,9).

• 요한 카시아누스 『담화집』 20,8.

### 다윗의 눈물

잘못한 이(다윗)가 겸허히 자신의 죄를 인정하고 몹시 후회하며 고백하고 눈물을 흘렸습니다. 그는 참회하며 용서를 청했고, 임금의 보석 달린 장신구와 금박 입힌 겉옷과 자색 옷을 벗고 왕관을 벗었습니다.

• 마르세유의 살비아누스 『하느님의 다스림』 2,4.

### 자기가 저지른 죄악을 씻었다

우리 모두는 다윗이 탐욕에 붙잡혀서 다른 남자의 아내를 탐냈고 그 여자를 자신의 것으로 만든 일을 알고 있습니다(2사무 11,2-4 참조). 그의 죄에 합당한 처벌이 뒤따랐고, 그는 뉘우침의 눈물로 자기가 저지른 죄악을 씻었습니다.

• 대 그레고리우스 『복음서 강해』(40편) 34.

### 참회의 눈물

하느님의 자비를 통하여 임금이자 예언자가 된 다윗은 … 간통과 살인을 저지를 정도로 죄에 완전히 사로잡혔었습니다. 하지만 그는 노년에 이르면 참회의 치유를 얻어 안식을 누리고자 생각하지 않았습니다. 그는 즉시 자루옷을 뒤집어쓰고, 머리에 재를 뿌리며, 큰 소리와 눈물로써 참회하였습니다. 이렇게 하여 그가 여러 시편에서 말한 것이 이루어졌습니다. “밤마다 울음으로 잠자리를 적시며 눈물로 제 침상을 물들입니다”(시편 6,7).

• 아를의 카이사리우스 『설교』 65,2.

눈물의 세례. 이는 더욱 힘든 세례인데, 밤마다 자기 침대와 잠자리를 눈물로 적셔야 하기 때문입니다(시편 6,7 참조).

• 나지안주스의 그레고리우스 『거룩한 빛』(연설 39) 17.

### 눈물의 세례

세례로 씻긴, 우리가 이전에 지은 죄는 헤아려지지 않을 것입니다. 그러나 나중에 다시 죄를 짓고 참회의 눈물로 죄를 씻지 않는다면 고발자에게 물고 늘어질 기회를 주게 될 것입니다.

• 오리게네스 『로마서 주해』.

주님을 부인한 죄를 씻기 위해 베드로에게 눈물의 세례가 필요했습니다.

• 아우구스티누스 『설교』 229,1.

베드로는 울었습니다. 베드로는 눈물로 자신의 잘못을 씻었습니다. 눈에서 물을 쏟아부어 자신이 양심에 세례를 주었습니다.

• 아우구스티누스 『설교』 229P,4.

### 죄를 쓰디쓴 눈물로 닦아 내다

베드로는 늘 열렬한 신앙으로 불타는 사람입니다. … 베드로는 구원자와 함께 산으로 올라간 첫 사람들 가운데 하나이며 그분의 수난 때에 그분을 따라간 유일한 사람입니다. 그는 두려운 마음에 그분을 부인한 죄를 즉시 쓰디쓴 눈물로 닦아 냅니다.

• 히에로니무스 『마태오 복음 주해』 2,14,28.

베드로는 슬피 울었습니다. 그렇게 울어서 눈물로 죄를 씻어 낼 수 있었습니다. 그대도 죄를 용서받고 싶으면, 눈물로 죄를 씻어 내야 합니다.

• 암브로시우스 『루카 복음 해설』 10,90.

### 남다른 덕을 보여 주다

저는 베드로의 부인을 비판하기보다 눈물 흘린 그를 칭송합니다. 스승을 부인하는 베드로는 어쩔 수 없는 인간의 본성을 보여 주지만, 울고 있는 베드로는 남다른 덕을 보여 줍니다.

• 암브로시우스 『루카 복음 해설』 10,52.

### 자기 죄에 스스로 놀란 베드로

베드로는 왜 울었을까요?[루카 22,62 참조] 자기 죄에 스스로 놀라섭니다. … 베드로가 슬피 운 것은 한 인간으로서 잘못된 길로 들어섰기 때문입니다. 저는 그가 무슨 말을 했다는 이야기는 듣지 못했습니다. 그러나 그가 울었다는 사실은 알지요. … 말로 옹호할 수는 없는 죄라도 깨끗이 닦일 수는 있습니다. 눈물은 부끄러워서 소리 내어 고백할 수 없는 허물을 씻어 낼 수 있습니다. … 두려움 없이 죄를 밝히고 부끄러움의 장애 없이 허물을 고백하는 것이 눈물이지요. 눈물은 용서를 강요하지 않으면서 용서받을 자격을 갖추게 합니다. 제 생각에 베드로가 아무 말 하지 않은 것은 용서를 구하는 말조차 자신의 허물을 더 크게 할 뿐임을 알았기 때문입니다. 그는 우선 먼저 울고 그런 다음엔 기도해야 했습니다.

• 암브로시우스 『루카 복음 해설』 10,88.

주님의 수난으로 베드로 사도의 믿음이 흔들렸지만, 쓰디쓴 눈물 덕분에 베드로는 "내 양들을 돌보아라"(요한 21,16)라는 위로의 말씀을 들었습니다.

• 히에로니무스 『편지』 38,1.

### 참회의 쓴맛

우리는 구원자의 몸을 받아 모실 때 우리 죄에 대해 눈물을 흘림으로써 겸손한 태도를 취합시다. 그러면 참회의 쓴맛이 우리 마음의 배에서 악한 생활의 흔적을 모두 씻어 줍니다.

• 대 그레고리우스 『복음서 강해』(40편) 22.

### 저승에 가기 전에 뉘우치다

어느 날 그 산의 원로들이 스케티스에 있는 마카리우스 압바에게 이런 전갈을 보냈다. "주님께 가시기 전에 저희를 방문하시어 저희가 당신을 보게 해 주십시오. 그렇지 않으면 모두가 슬플 것입니다." 그래서 그는 그 산으로 갔고, 모든 이가 그 주위로 모였다. 원로들이 형제들에게 한 말씀 해 주십사 그에게 청했다. 그가 이 말을 듣고서 말했다. "형제들이여, 웁시다. 우리 눈에서 눈물이 흐르게 합시다. 우리 눈물이 우리 육신을 태울 그곳으로 우리가 가기 전에 말입니다." 그들은 모두 울었고, 땅에 얼굴을 떨구며 말했습니다. "사부님, 저희를 위해 기도해 주십시오."

• 『사막 사부들의 금언』(대 마카리우스) 34.

### 에즈라의 기도가 이룬 것

에즈라의 기도와 눈물과 슬픔이 얼마나 많은 것을 이루었는지는 남녀노소 큰 무리가 그에게 몰려들어 울었다는 사실에서 잘 드러납니다. 죄지은 이들은 자기 죄를 참회하느라, 또 깨끗하게 남아 있던 이들은 형제들의 죄와 타락을 슬퍼하느라 울었습니다. … 아무 잘못 없고 의로운 이들이 먼저 에즈라에게 몰려왔고, 그러자 죄를 지은 이들도 아내와 자식들을 데리고 뉘우치러 나왔을 것입니다.

• 존자 베다 『에즈라기와 느헤미야기 우의적 해설』 2,13.

### 밤에 흘리는 통회의 눈물

은으로 된 침상을 가진 이들은 저 임금의 침상은 어떤 것인지 들어 보십시오. 그것은 보석이 박혔거나 금박을 입힌 것이 아니라 눈물로 씻긴 침상입니다. 그의 밤은 휴식의 밤이 아니라 탄식과 애도의 밤이었습니다. 밤에도 그는 많은 걱정에 휩싸였고, 모든 사람이 쉬는 밤에 더욱 간절하게 애원하며 죄를 고백하였습니다. 통회의 눈물을 흘리는 것은 언제나 좋은 일이지만 특히 아무도 이 놀라운 체험을 제지하지 않는 밤에는 더욱 그러합니다. 선한 의지를 가진 이는 온 힘을 다하여 그렇게 할 수 있습니다. 내가 말하는 것을 시도해 본 이들은 눈물의 홍수에서 솟아나는 그 기쁜 기분을 알 것입니다. 이처럼 눈물은 끌 수 없는 불을 끄고, 우리를 심판으로 휩쓸어 가는 홍수를 막아 낼 수 있습니다. 그래서 바오로 사도도 부적절한 열정을 바로잡기 위하여 삼 년 동안 밤낮으로 눈물을 흘렸습니다. … 깨어 있는 이들은 영혼의 안위를 돌보며 소나기처럼 눈물을 쏟고 덕의 성장을 위해 노력합니다. 이와 같은 눈물을 흘린 침상에는 어떤 악이나 환락도 접근하지 못합니다. 이런 눈물을 흘린 이는 지상의 것에 가치를 두지 않으며, 그의 영혼은 어디에도 묶여 있지 않고, 그의 정신은 태양보다 더 맑습니다. … 그들 안에는 어떤 분노도 숨어 있지 않고, 어떤 탐욕도 타오르지 않으며, 재산에 대한 부러움도 없고, 질투도 없으며, 이런 종류의 것들 가운데 그 어떤 것도 그들 안에 자리를 잡지 못합니다. 보다시피 이 모든 격정은 동굴 속에 숨어 있는 들짐승과 같으며, 밤에 흘리는 통회의 눈물로 이 들짐승들을 길들일 수 있습니다.

• 요한 크리소스토무스 『시편 해설』 6,4.

### 보속의 삶을 살다

"너희는 단식하고 울고 슬퍼하면서 마음을 다하여 나에게 돌아오너라"(요엘 2,12). … 부활절을 합당한 즐거움으로 맞이하기 위해 우리가 사순시기 동안 슬퍼하는 것처럼, 우리는 이 세상에 사는 한 보속의 삶을 살아야 합니다. 미래에 죄를 용서받고 영원한 즐거움에 이르기 위해서 말입니다. 저마다 자기 죄에 대해 탄식하고, 눈물 흘리고, 자선을 베풀며 하느님의 도움으로, 살아가는 동안 다시는 같은 잘못을 저지르지 않도록 늘 애써야 합니다. 사소한 잘못도 저지르지 않은 영혼은 예전에도 없었고 지금도 없으며 영원히 없을 것입니다. 그러니 하느님의 도움과 협조로 중대한 죄를 짓지 않도록 합시다.

• 아를의 카이사리우스 『설교』 198,1.

### 이생에서는 성덕이 클수록 눈물 흘릴 일이 많다

이생에서는 성덕이 크고 거룩한 욕망으로 가득 찬 사람일수록 기도하며 눈물 흘리는 일이 많을 것입니다. 그래서 "낮에도 밤에도 제 눈물이 저의 음식이 됩니다"(시편 42,4). 그리고 "밤마다 눈물로 제 침상을 물들입니다"(시편 6,7) 같은 말씀이 있는 것입니다.

• 프리마시우스 『묵시록 주해』 21,4.

### 빵과 고기의 상징적 의미

"까마귀들이 그에게 아침에는 빵을, 저녁에는 고기를 날라 왔다"(1열왕 17,6 페쉬타). 빵은 함께 성취된 완덕과 정의를 상징합니다. … 고기와 관련해서는, 저녁에 날라졌다는 사실이 두 가지를 보여 줍니다. 하나는, "저녁에는 울음이 깃들지라도"(시편 30,6)라고 한 시편 저자의 말처럼 참회의 눈물과, 완덕을 향해 나아가는 참회자가 겪는 육의 고행과 고된 수고입니다.

• 시리아인 에프렘 『열왕기 상권 주해』 17,2.

### 눈물을 필수 조건으로

회개에는 유익한 슬픔이 따르기 때문에, 주님께서는 우리에게 눈물을 필수 조건으로, 웃음을 그에 따라오는 은택으로 제시하십니다. 주님께서는 복음서에서 이렇게 말씀하시지요. "행복하여라, 지금 우는 사람들! 너희는 웃게 될 것이다"(루카 6,21). 그런즉 울음은 필수 조건이요 웃음은 지혜의 보상입니다. 그분께서 말씀하시는 웃음은 기쁨을 뜻합니다. 그냥 깔깔거리고 웃는 것이 아니라 기뻐 뛰는 것입니다.

• 아우구스티누스 『설교』 175,2.

회개의 눈물로 죄가 씻기고 비탄이 끝날 때, 하늘로부터 오는 보상의 기쁨을 관상하는 동안 마음속에 커다란 확신이 샘솟습니다.

• 대 그레고리우스 『욥기의 도덕적 해설』 16,25.

### 죄를 눈물로 씻은 이들은 복되다

주님께서는 재생의 씻김을 통해 주님의 수난의 피로 자신들의 혼인 예복을 빠는 이들과 현세에서 저지른 죄를 슬퍼하는 마음과 눈물로 씻은 이들을 복되다고 하십니다. 이 말씀은 이들이 분명 생명나무의 열매를 먹는 권한을 갖게 되리라는 것을 알려 줍니다. 이것은 그들이 참 생명이신 우리 주 예수 그리스도의 얼굴을 보고 기쁨을 누리는 권한, 그리고 성문들, 곧 사도들과 예언자들이 완수하느라 애썼던 가르침을 통해 그분께서 계신 곳으로 들어갈 수 있기를 소망하는 권한입니다.

• 베자의 아프링기우스 『묵시록 주해』 22,14.

### 눈물을 닦아 주실 것이다

주님께서는 당신께서 영원한 기쁨을 상으로 주시는 이들과 영원한 축복으로 빛나게 해 주시는 이들의 울음을 그치게 하시고 그들의 눈에서 친히 모든 눈물을 닦아 주실 것입니다.

• 베자의 아프링기우스 『묵시록 주해』 21,4.

### 눈물이 멈추리라

이사야는 "끝없는 즐거움이 그들 머리 위에 넘치리라"(이사 35,10) 하고 말합니다. 부활하기 전까지는 영원한 것이 없습니다. 그는 계속하여 "슬픔과 탄식이 사라지리라"(이사 35,10) 하고 말합니다. 천사가 요한에게 같은 말을 들려줍니다. "하느님께서는 그들의 눈에서 모든 눈물을 닦아 주시리라"(묵시 7,17). 만일 하느님께서 사랑 가득한 당신의 호의로 모든 눈물을 닦아 주시지 않는다면, 이전에 눈물을 흘렸던 그들의 눈은 또다시 눈물을 흘리게 될 것입니다. "하느님께서는 그들의 눈에서 모든 눈물을 닦아 주실 것이며 더 이상 죽음이 없으리라"(묵시 21,4).

• 테르툴리아누스 『죽은 이들의 부활』 58.

### 모든 눈물을 닦아 내셨다

"정녕 당신께서는 제 목숨을 죽음에서, 제 눈을 눈물에서, 제 발을 넘어짐에서 구하셨습니다"(시편 116,8). 그는 이승의 것들과의 비교를 통해 미래를 묘사합니다. 이곳에서는 죽음의 슬픔이 나를 에워쌌지만 그곳에서는 그분께서 나의 영혼을 죽음에서 구하셨다고 그는 말합니다. 이곳에서는 고난 때문에 눈에서 눈물을 쏟지만 그곳에는 하느님 영광의 아름다움을 바라보며 즐거워하는 이들의 눈을 어둡게 할 눈물 같은 것은 없습니다. "주 하느님께서 모든 사람의 얼굴에서 눈물을 닦아 내셨"(이사 25,8)기 때문입니다.

• 대 바실리우스 『시편 강해』 22.

### 구원받은 기쁨

지금 평화로이 잠든 테오도시우스 황제는 이 세상의 걱정들에서 구원받은 기쁨을 누리고 계십니다. … 하느님께서는 그의 눈을 눈물에서 구하셨습니다. 슬픔과 설움과 탄식이 사라질 것이기 때문입니다(이사 51,11 참조). 또 다른 곳에는 이런 말씀도 있습니다. "[하느님께서] 그들의 눈에서 모든 눈물을 닦아 주실 것이다. 다시는 죽음이 없고 다시는 슬픔도 울부짖음도 괴로움도 없을 것이다"(묵시 21,4).

• 암브로시우스 『죽음의 유익』 30.

### 그리스도의 혼례방으로 들어가자

주님의 분노로부터 오는 가혹한 처사 — "그분의 노여움으로 우리 살은 성한 데 없고"(시편 38,4)라는 말이 있습니다 — 로 응징받는 대신 아버지의 사랑이 담긴 매를 맞게 되도록, 그리하여 죄의 얼룩이 묻었던 우리의 겉옷을 참회의 눈물로 씻고 우리의 혼인 예복을 입고서 그리스도의 혼례방으로 들어갈 수 있도록 기도합시다.

• 카이사리아의 안드레아스 『묵시록 주해』 16,1.

# 단식, 금식

참된 단식은 악습을 멀리하는 것입니다.

• 대 바실리우스 『단식에 관한 첫째 설교』 10.

단식은 간소함과 깊은 연관이 있으며, 가장 고귀한 정결의 행위입니다.

• 대 바실리우스 『단식에 관한 첫째 설교』 6.

단식은, 위로 올려다 주는 날개처럼, 기도를 천국으로 올려 보냅니다.

• 대 바실리우스 『단식에 관한 첫째 설교』 7.

자주 단식하는 것은 우리 자신 안에 있는 하느님의 덕들의 한 부분입니다.

• 토리노의 막시무스 『설교』 35,4.

기도와 눈물과 단식은 착한 채무자의 재산입니다.

• 암브로시우스 『참회론』 2,9,81.

## 단식의 의미와 이해

### 단식이란?

단식은 절제의 학교, 바른 행실의 가르침, 영의 겸손, 육에 대한 징계, 말짱한 정신의 행실, 덕행의 규범, 영혼의 정화, 자비의 확산, 의젓한 관행, 사랑의 유혹, 노인의 영예, 젊은이의 보호이며, 병의 완화제요 건강의 양식입니다.

• 암브로시우스 『엘리야와 단식』 10,34.

### 바람직한 단식

그대가 실천하기에 바람직한 단식이 어떤 것인지 내가 알려 주기를 아직도 바랍니까? 모든 죄를 굶으십시오. 악의라는 음식을 입에 넣지 마십시오. 정욕이라는 요리를 먹지 마십시오. 비싼 술로 입을 얼얼하게 하지 마십시오. 악행을 굶으십시오. 사악한 말을 끊으십시오. 가장 악한 생각에서 그대를 지키십시오. 잘못된 가르침이라는 비밀의 빵을 건드리지 마십시오. 그대를 꾀어 진리에서 멀어지게 하는, 사람을 현혹시키는 철학이라는 음식을 원하지 마십시오. 그런 단식이 하느님을 기쁘게 합니다. 그러나 "믿어서 진리를 알게 된 이들이 감사히 받아먹도록 하느님께서 창조하신 음식들을"(1티모 4,3) 끊는 것은, 게다가 그리스도를 십자가에 못 박은 자들을 따라 그렇게 하는 것은 하느님께서 받아 주시지 않는 단식입니다.

• 오리게네스 『레위기 강해』 10,5-6.

### 참된 단식

이제 참된 단식이 무엇인지 아시겠습니까? 이런 단식을 실천합시다. 많은 이가 단식의 본질은 저녁때까지 음식을 먹지 않고 지내는 것이라고 생각하지만 우리는 그런 쉬운 개념에 사로잡히지 맙시다. 이것이 전부가 아닙니다. 음식을 절제하는 것과 함께 무엇이든지 해로운 것에서 절제하는 것을 보여 주어야 하고, 영적인 의무에도 세심한 주의를 기울여야 합니다. 단식하는 사람은 점잖고 평화로우며 온화하고 겸손하며 세상의 존경에 무심해야 합니다.

• 요한 크리소스토무스 『창세기 강해』 8,15.

### 단식의 핵심

우리가 단식하면서 생활이 완전한 절제에서 오는 순결함과 동떨어져 있다면, 불신자들로부터 비난을 받아 마땅합니다. … 단식의 핵심은 음식의 절제에 국한되어 있지 않습니다. 마음이 불의에서 되돌아서지 않고 혀가 악담을 끊어 버리지 않는다면, 육체에 음식을 줄이더라도 아무런 결실도 맺지 못합니다.

• 대 레오 『설교』 4,2.

### 올바른 단식

하느님을 위하여 다음과 같이 단식하여라. 네 삶에서 결코 악을 행하지 말고 깨끗한 마음으로 주님을 섬겨라. 그분의 계명들을 지키고 그분의 규정들에 따라 살아라. 어떤 악한 욕망도 네 마음에 일어나지 않도록 하여라. 하느님을 믿어라. 네가 이것들을 행하고 하느님을 경외하며 모든 악한 행위를 자제한다면 너는 하느님을 위해 살 수 있을 것이다. 네가 이를 행한다면 너는 주님께서 받아들일 수 있는 올바른 단식을 행하는 것이다.

• 헤르마스 『목자』(비유) 5,1,4-5.

### 단식의 다양한 특성

단식은 불의 열기를 잠재우고, 사자의 입을 막아냅니다. 단식은, 위로 올려다 주는 날개처럼, 기도를 천국으로 올려 보냅니다. 단식은 가정의 성장이고, 건강의 어머니이며, 청년들에게는 교육자이고, 노년기의 자랑이요, 여행자들의 좋은 동반자이고, 부부를 위한 안전한 동거자입니다. 남편은 단식하며 사는 아내를 보면 혼인생활에서 배반당하지 않을까 하는 의심을 하지 않습니다. 아내도 남편이 단식하는 것을 보면 질투할 줄 모릅니다. 누가 단식할 때 재산을 잃어버렸습니까? 오늘 그대의 재산을 세어 보고, 단식한 후에 다시 세어 보십시오. 단식한다고 해서, 그대의 재산이 없어지지 않습니다.

• 대 바실리우스 『단식에 관한 첫째 설교』 7.

### 세 가지 단식을 상징하다

백성을 세 부대로 나눈 것(1사무 11,11 참조)은 우리가 뱀인 나하스를 하나의 전선만으로는 물리치지 못할 수도 있기 때문입니다. 세 부대로 나뉜 백성은 거룩한 단식의 열매와 품위를 드러냅니다. 단식을 통하여 우리는, 우리가 금지된 열매를 따 먹어 잃어버린, 거룩하신 삼위일체에 대한 관상으로 되돌아가도록 불립니다. 백성이 세 부대로 나뉜 또 다른 이유는 율법서와 예언서와 복음서가 단식을 명하기 때문입니다. 모세는 사십 일씩 두 번이나 단식을 한 뒤에야 율법을 받을 수 있었습니다. 엘리야는 이제벨의 손아귀에서 도망칠 때에, 하루 한 끼니 음식으로 버티며 사십 일을 걸어 호렙산으로 갔습니다. 우리 주님이신 구원자 예수 그리스도께서도 광야에서 사십 일 동안 단식하시며 어떠한 종류의 음식도 드시지 않았습니다. 그러므로 사울이 백성을 세 부대로 나눈 것은 음식을 절제하는 이들을 위한 본보기로서 율법서와 예언서와 복음서의 단식을 권장하고 있습니다.

• 대 그레고리우스 『사무엘기 상권 해설』 5,20.

### 자루옷을 걸치고 단식하는 올바른 방식

아합이 나봇을 죽이고 그의 포도밭을 빼앗고 의로운 피를 쏟게 했을 때 주님께 질책을 받았습니다. 예언자 엘리야가 그에게 파견되어 이렇게 말합니다. "너는 살인을 하고 땅마저 차지했다"(1열왕 21,19). 곧바로 그의 양심이 그를 때리고 괴롭혔습니다. 그는 머리를 숙이고 눈을 내리뜬 채 걸었습니다. 이 불경한 임금이 자색 옷을 입었습니다. 성경에 따르면, 나중에는 왕의 복장 속에 염소 털옷을 입고 돌아다녔습니다. 하느님께서 그를 보시고 말씀하셨습니다. "아합이 내 앞에서 자신을 낮추었기에 그에게 재앙을 내리지는 않겠다"(1열왕 21,29). 털옷과 단식의 힘을, 그리고 겸손한 눈물이 얼마나 많은 피를 씻어 내는지를 보십시오! 이것이 털옷을 걸치는 올바른 방식, 단식하는 올바른 방식입니다. 그런데 아무도 이를 지키지 못할 것입니다.

• 히에로니무스 『시편 설교 59편』 51 [제140(141)편].

### 자제력을 올바로 사용하다

우리가 옛 가르침에 따라 우리의 영혼과 몸을 깨끗이 하기 위하여 9월에 단식을 행하는 것은 법의 명에에 굴복하는 것이 아닙니다. 이는 우리가 그리스도의 복음에 봉사하기 위하여 우리 스스로 자제하는 것입니다. 이 점에서도 율법을 무시하는 것이 아니라 세속의 지혜를 거부함으로써, 그리스도인의 의로움이 "율법 학자들과 바리사이들의 의로움을 능가할 수 있습니다"(마태 5,20).

• 대 레오 『설교』 92,2.

### 단식 자체가 좋은 것은 아니다

그대들이 보는 바와 같이 주님께서 단식을 본질상 미덕으로 보시지 않는다는 것입니다. 단식은 그 자체로서가 아니라 다른 행동에 의하여 좋고 하느님이 기뻐하시는 일이 된다는 것입니다. 그뿐 아니라 경우에 따라 헛된 짓이나 하느님께서 지겨워하시는 짓마저 될 수 있습니다. 주님께서는 과연 "그들이 단식하여도 내가 그들의 호소를 듣지 않겠다"(예레 14,12)라고 하셨습니다.

• 요한 카시아누스 『담화집』 21,14.

### 단식의 목적과 한계

자비와 인내와 사랑 그리고 앞에서 말한 본질상 선한 덕행은 단식 때문에 그것을 지킬 것이 아니라 그 덕행을 위해서 단식을 해야 합니다. 참으로 선한 그 덕목들을 얻기 위하여 우리가 단식을 하는 것이지, 단식이 그 덕목들의 목표가 될 수는 없습니다. 육신을 괴롭히는 것이 유익하며 굶는 것이 좋은 일이 될 수는 있지만, 그것은 오직 사랑을 얻기 위하여 했을 때에 그렇습니다. 사랑은 면제되는 시간이 있을 수 없는 변함없는 선입니다.

• 요한 카시아누스 『담화집』 21,15.

### 사랑과 내적 완성으로 이어지는 단식

너는 다음과 같이 해야 한다. 너는 앞에 기록한 것을 행한 뒤에, 단식하려고 한 그날에 빵과 물만 먹어야 한다. 단식하려고 한 그날에 네가 단식하지 않았으면 먹었을 음식비의 총액을 계산하여 따로 떼어 놓고, 그것을 과부나 고아나 곤궁한 사람에게 줘야 한다. 그것을 받은 이가 네 겸손으로 인해 자신의 영혼을 만족시키고 너를 위해 주님께 기도하도록 해야 한다. 내가 너에게 명한 대로 그렇게 단식을 행한다면 하느님께서 네 희생을 받아 주실 것이고, 이러한 단식은 기록될 것이다. 이렇게 행한 봉사는 좋고 즐거우며 주님께서 잘 받아 주실 것이다. 너는 네 자녀와 온 집안사람들과 함께 이와 같이 단식을 해야 한다. 네가 이것을 지키면 너는 복될 것이다. 이를 듣고 지키는 모든 사람도 복될 것이고, 그들은 주님께 청하는 무엇이든 받을 것이다.

• 헤르마스 『목자』(비유) 5,3,7-9.

### 주님이 선택한 단식

그는 단식에 관해 이렇게 말합니다. "주님께서 말씀하신다. '오늘 너희가 외치는 소리를 내가 듣는다면, 왜 너희는 나를 위해 단식하느냐? 이것은 내가 선택한 단식도 아니고, 사람의 영혼을 겸손하게 하는 단식도 아니다. 너희가 목을 깊이 숙이고 자루옷을 입고 머리에 재를 얹는다 하더라도, 너희는 이를 나의 마음에 드는 단식이라 부르지 못한다.'" 또한 그는 우리에게 다음과 같이 말합니다. "주님께서 말씀하신다. '보라, 이것이 내가 선택한 단식이다. 모든 부당한 속박을 풀고 강제로 맺은 계약의 끈을 풀어라. 억압받는 이들을 해방시켜 주어라. 모든 부당한 계약을 깨뜨려라. 너희의 먹을 것을 배고픈 이들에게 나누어 주고, 헐벗은 이들을 보거든 옷을 입혀 주어라. 집 없는 이들을 너희 집에 맞아들이고, 비천한 이들을 보거든 멸시하지 말고, 혈족을 멀리하지 마라. 그럼 그때 너의 빛이 서광처럼 솟아오르고, 네 옷은 즉시 환하게 빛나며, 정의가 네 앞을 지나며 하느님의 영광이 너를 감싸 줄 것이다. 그리고 네가 말하면, 하느님께서 이렇게 말씀하실 것이다. '네가 온갖 음모를 멀리하고, 손을 들고 증언하고, 험담하는 말을 하지 않으며, 네가 배고픈 이들에게 먹을 것을 주고, 지친 영혼에 자비를 베푼다면 네가 부르짖을 때 '내가 바로 여기 있다' 하고 응답하실 것이다.'"

• 『바르나바의 편지』 3,1-5.

### 단식보다 애덕이 먼저다

카시아누스 압바가 말했다. "거룩한 게르마누스와 나는 한 원로를 방문하려고 이집트로 갔습니다. 그가 우리를 환대하기에 우리가 그에게 물었습니다. '어째서 단식 규정을 지키지 않으십니까? 언제 방문하는 형제들을 맞이하십니까? 저희가 팔레스티나에서 환대를 받았을 때입니까?' 그가 대답했습니다. '단식은 늘 할 수 있지만, 내가 여러분을 항상 대접할 수 있는 것은 아닙니다. 단식은 확실히 유익하고 필요한 것이지만 우리 선택에 달려 있는 반면, 하느님의 법은 우리에게 절대적 의무인 애덕을 행하도록 요구합니다. 따라서 내가 여러분 안에 계신 그리스도를 맞이하는 것이니, 나는 온갖 열성을 다해 여러분을 섬겨야 합니다. 여러분이 떠나면 나는 다시 단식 규정을 지킬 수 있습니다."

• 『사막 사부들의 금언』(카시아누스) 1.

### 거룩한 방식으로 단식하라는 선포

"너희는 시온에 뿔 나팔을 불어 단식을 선포하라"(요엘 2,15). 이 뿔 나팔은 경고성 나팔로서, 우리가 단식할 때는 거룩한 방식으로 해야 함을 진지하게 명령하는 나팔입니다. 하느님은 거룩하시며 거룩한 당신 백성을 기꺼워하시는 분이기 때문입니다(시편 16,3 참조). 그러나 하느님을 부른다고 누구나 그분을 영예롭게 하는 것은 아닙니다. 그분을 더럽히는 이도 있습니다. 그러한 일은 사실상 불가능하기에 실제로 그분을 더럽히는 것은 아닙니다. 그러나 그들의 양심이 더러워집니다. 바오로 사도는 하느님을 사람들이 어떻게 모욕하는지 알려 줍니다. 율법을 어기는 이들은 하느님을 모욕하는 자입니다(로마 2,23 참조). 그래서 예언자는 단식을 오염시키는 이들을 지적하며 이렇게 말합니다. '단식을 거룩히 행하여라.' 단식을 행하고 있지만 여전히 자신의 마음으로 더러운 사람이 많습니다. 형제자매에게 악을 행하거나 기만하길 두려워하지 않기 때문입니다. 많은 이가 이웃 사람들보다 자기가 더 잘났다고 생각하는데, 이것도 큰 잘못입니다.

• 아타나시우스 『축일 서간』 1.

### 기쁜 마음으로 단식하다

주님께서는 이렇게 말씀하십니다. '위선자들처럼 슬픈 얼굴을 하지 말고 머리에 기름을 바르고 얼굴을 씻어라'(마태 6,16-17 참조). 그러므로 우리는 배운 대로, 단식 날에 우울한 표정을 짓지 말고 성도들답게 기쁜 마음으로 단식에 임합시다. 왕관을 쓴 사람은 낙심하지 않습니다. 침울한 사람은 우승컵을 들어 올리지 못합니다. 치료받는 동안 우울해하지 마십시오. 영혼의 건강을 기뻐하지 않고 오히려 단식으로 음식이 바뀌었다고 슬퍼하며, 영혼을 돌보는 것보다 위장의 즐거움을 더 좋아하는 것처럼 구는 것은 어리석은 일입니다. 따지고 보면, 방종은 위장을 만족시킬 뿐이지만, 단식은 영혼에 유익을 가져다줍니다. 의사가 그대에게 죄를 없애는 약을 주었으니 기뻐하십시오. 어린아이의 창자에서 번식하는 해충을 아주 독한 약으로 완전히 박멸하는데, 단식도 그렇게 부를 만한 치료제입니다. 단식이 영혼에 주입되면, 영혼 깊숙히 숨어 있는 죄를 죽입니다. … 단식의 선물을 향해 기쁘게 달려가십시오. 단식은 오래된 쓸모없는 것이 아니라, 항상 신선하고 활력이 넘치는 유서 깊은 선물입니다.

• 대 바실리우스 『단식에 관한 첫째 설교』 1-2.

### 이것이 주님을 기쁘게 할 단식인가?

"오늘 너희가 하는 것과 같은 단식으로는 저 높은 곳에서 너희 목소리가 들리게 하지 못한다. 그런 단식이 사람이 고행하는 날로 내가 선택한 것이냐?" 단식하려거든 악한 생각을 완수하려는 목표를 가진 사람처럼 하지 마십시오. 단식하려거든 이것이나 저것을 얻기 위해 서원하는 사람처럼 하지 마십시오. 그래서 예언자는 말합니다. 이런 종류의 단식과 기도로는 주님의 뜻이 아니라 자신의 뜻을 만족시키는 것을 추구할 뿐이라고. 저들은 하느님을 경멸하였기에 높은 곳에 서서 이렇게 말합니다. "저희가 단식하는데 왜 보아 주지 않으십니까? 저희가 고행하는데 왜 알아주지 않으십니까?"(이사 58,3).

• 시리아인 에프렘 『이사야서 주해』 58,4-5.

### 금식과 분노하지 않음

카시아누스 압바가 이야기했다. "대수도원의 장상 압바 요한이 아주 멀리 떨어진 사막에서 40년 동안 살고 있는 파에시우스 압바를 방문했습니다. 요한 압바는 그에 대해 깊은 애정을 가지고 있었고 그와 자유롭게 이야기할 처지이기에 그에게 물었습니다. '그렇게 오랫동안 이곳에 은거해 살면서, 또 누구에게도 쉽게 방해받지 않으면서 어떤 선을 행했습니까?' 그가 대답했습니다. '내가 고독 속에서 생활한 이래 태양은 절대 내가 식사하는 것을 보지 못했습니다.' 요한 압바가 그에게 말했지요. '나의 경우, 태양은 절대 내가 화난 것을 보지 못했습니다.'"

• 『사막 사부들의 금언』(카시아누스) 4.

### 단식할 때는 뽐내지 마라

단식할 때는 뽐내지 마십시오. 단식이 그대에게 조금이라도 도움이 되게 하려거든 영광을 드러내지 마십시오. 과시를 위해 한 일들은 그 열매를 미래까지 오래 지속하지 못하며, 현재의 행위에 대한 상급을 삼켜 버립니다. 엘리야는 까마귀 말고는 아무도 보지 못하도록 광야에 있었고, 까마귀가 그에게 먹을 것들을 갖다주었습니다. 엘리사는 독이 든 국 말고는 아무 먹을 것이 없는 광야에 있었습니다(2열왕 4,39 참조). 요한도 메뚜기와 들꿀밖에 없는 광야에 있었습니다(마태 3,4 참조). 그러한 단식에 천사들의 거룩한 직무가 잔치들을 베풀어 주었습니다. … 단식하는 이들에게는 풍성한 음식이 날아서 찾아오고, 식사하는 이들의 발은 휘청거립니다. 단식하던 이들에게는 하늘에서 만나가 내려왔고(참조: 탈출 16,13-15; 32,6), 흥청거리며 먹고 마시던 이들에게서는 태만함의 죄가 올라갔습니다.

• 암브로시우스 『엘리야와 단식』 11,40.

### 단식을 자랑해서는 안 된다

여러분이 이틀이나 사흘 동안 단식했다고 단식하지 않은 이들보다 여러분이 더 낫다고 여기지 마십시오. 여러분은 단식하고 분노에 사로잡혀 있지만 다른 이들은 먹고 즐거운 표정을 짓습니다. 여러분은 싸움으로 여러분의 짜증과 배고픔을 만회하려 합니다. 다른 이는 음식을 적절하게 먹고 하느님께 감사를 드립니다.

• 히에로니무스 『편지』 22,37(에우스토키움에게).

### 단식한다는 표지를 얼굴에 나타내어서는 안 된다

불의한 자들은 하느님께서 그들이 한 선행을 존중하지 않는다고 하느님을 비난합니다. 그러면서 그들은 하느님께 배고픔의 고통만 바칠 뿐 덕행을 실천하지는 않습니다. 그들은 믿어서 진리를 알게 된 이들이 감사히 받아먹도록 하느님께서 창조하신 음식도 먹지 않습니다(1티모 4,3 참조). … 주님께서도 광야에서 홀로 지내시는 동안 단식하셨습니다(마태 4,2 참조). 이는 우리에게 단식해야 할 엄숙한 날들을 물려주시기 위함이었습니다. 그런데 텅 빈 위장은 견디어 내면서 하느님을 불쾌하게 하는 다른 일들을 한다면 아무런 소용이 없습니다. … 단식한다는 표지를 얼굴에 나타내어서는 안 됩니다. 오히려 세수를 하고 머리에는 기름을 발라야 합니다. 요한 복음사가는 이에 관하여 이렇게 기록하였습니다. "여러분은 거룩하신 분에게서 기름부음을 받았습니다"(1요한 2,20). 이것을 통하여 기름부음받은 자는 거룩하게 되었습니다.

• 히에로니무스 『이사야서 주해』 16,16-17.

### 단식과 소식

요셉 압바가 포이멘 압바에게 물었다. "어떻게 단식을 해야 합니까?" 포이멘 압바가 대답했다. "내 생각엔, 배부르지 않으려면 매일 조금만 먹는 것이 더 낫습니다." 압바 요셉이 말했다. "압바가 젊었을 때에는 한 번에 이틀이나 단식하시지 않았습니까?" 원로가 말했다. "그렇습니다. 심지어 사나흘이나 주간 내내 단식하기도 했습니다. 사부들은 할 수 있는 모든 것을 시도했고 결국 매일 조금 먹는 것이 더 낫다는 것을 깨달았습니다. 그들은 우리에게 가벼운 이 왕도王道를 남겨주었습니다."

• 『사막 사부들의 금언』(포이멘) 31.

### 좋아하는 것을 삼가다

단식하는 동안에는 기분을 좋게 하는 음식("맛있는 음식"이라는 표현은 이런 뜻이라 생각합니다)을 삼가며 고기도 먹지 않고 술도 마시지 않으며 특히 향유 바르는 것도 삼가야 한다는 것을 배웁니다.

• 히에로니무스 『다니엘서 주해』 10,2.

### 풍성한 음식을 절제하는 단식

신클레티카 암마가 또 말했습니다. "세상의 부가 주는 헛된 쾌락에 유혹을 당해 마치 그 안에 쓸모 있는 것이 담겨 있는 듯 여기지 마십시오. 세속적인 사람들은 요리법을 찬미하지만, 당신은 단식을 하면서 단순한 음식으로 그들의 풍부한 음식을 극복해야 합니다. '배부른 자는 꿀도 짓밟아 버린다'(잠언 27,7)고 기록되어 있습니다. 빵으로 배불리지 않으면, 포도주를 갈망하지도 않을 것입니다."

• 『사막 사부들의 금언』(신클레티카) 4.

### 하느님의 신뢰를 받을 수 있는 방법

음식에 대한 절제뿐 아니라 우리가 하느님의 신뢰를 받을 수 있는 방법은 참으로 많이 있습니다. 따라서 단식할 수 없는 사람은 음식을 먹는 대신에 가난한 이들을 돕고 기도를 바쳐야 하며 거룩한 말씀을 더 열심히 들어야 합니다. 몸이 허약해도 이런 일을 하는 데에는 아무 지장이 없습니다. 몸이 약한 사람은 원수진 사람과 화해하고 복수심을 없애야 합니다. 이 모든 것을 실천한 사람은 우리 통치자께서 모두에게 요구하신 참된 단식을 한 것과 같습니다. 그분은 우리의 몸을 만족시키기보다 거룩한 계명을 기꺼이 지키라는 바로 이 한 가지 이유에서 음식을 절제하라고 명하셨습니다.

• 요한 크리소스토무스 『창세기 강해』 10.

### 하느님을 기쁘게 하는 단식

어떤 형제가 노인에게 물었습니다. "두 형제가 있었습니다. 한 형제는 독방에서 엿새 동안 단식하며 힘든 노동을 했습니다. 또 다른 형제는 비록 단식하지는 않았지만 병자들을 돌보았습니다. 어떤 형제의 일이 하느님을 더 기쁘게 해드릴까요? 노인이 대답했습니다. 엿새 동안 단식한 형제가 무슨 수를 쓴다고 해도, 병자들을 돌본 형제와 같아질 수는 없습니다."

• 『사부들의 생애』 17,18.

### 더 나쁜 악들을 낳다

단식하는 이들은 배의 욕망들에서 달아나다가 훨씬 더 나쁜 악들을 낳아, 마치 그들의 덕이 그 악들을 낳는 것처럼 보이는 일이 없도록 몹시 조심해야 합니다. 육의 고행을 하기는 쉬우나 그러다 보면 영이 매우 성말라지고 그런 성마름은 세상의 욕망을 끊은 많은 사람의 마음을 뒤집어 놓기 때문입니다.

• 대 그레고리우스 『복된 사도 베드로 2서 해설』.

### 악덕을 모르는 사람이 되는 것

단식의 좋은 점이 음식을 절제하는 데에 있다고만 보아서는 안 됩니다. "진정한 단식은 악덕을 모르는 사람이 되는 것"이기 때문입니다. … 단식한다면서 다투고 싸우지 마십시오(이사 58,4 참조). 그대는 고기를 삼키지 않지만, 그대의 형제를 삼킵니다. 그대는 술을 멀리하지만 오만함을 억제하지 못합니다. 그대는 저녁까지 음식을 먹지 않고 기다리지만, 다른 사람을 판단하면서 하루를 보냅니다. '술에 취한 자들에게는 화가 있으되 술에는 화가 없느니라!'(이사 51,21 참조). 분노는 영혼이 술에 취한 상태입니다. 왜냐하면 분노는 술처럼 영혼에게서 지각을 강탈하기 때문입니다. 슬픔도 정신을 압도하기 때문에 술 취한 상태와 같습니다.

• 대 바실리우스 『단식에 관한 첫째 설교』 10.

### 악을 저지르고 있다면 단식은 쓸데없다

사랑이신 주님께서 마음이 완고한 유대인들에

게 예언자들을 통하여 말씀하십니다. "너는 이 땅의 온 백성과 사제들에게 이렇게 말하여라. '너희가 지난 일흔 해 동안 다섯째 달과 일곱째 달에 단식하며 슬퍼할 때 참으로 나를 위하여 단식하였단 말이냐? 너희가 먹고 마실 때에도 자신을 위하여 먹고 마신 것이 아니냐?' … 만군의 주님이 이렇게 말한다. '너희는 진실한 재판을 하여라. 서로 자애와 동정을 베풀어라. 과부와 고아, 이방인과 가난한 이를 억누르지 마라. 서로 남을 해치려고 마음속으로 궁리하지 마라'"(즈카 7,5-6.9-10). 어둠 속에 앉아 있거나 오류의 그림자에 잡혀 있는 사람들이, 다른 선행을 하지 않거나 이웃을 거스르려는 악한 마음을 버리지 않은 채 단식만 할 때 아무런 이득도 얻지 못한다면, 단식이 더 많은 것이 요구되는 우리는 어떤 해명을 할 수 있겠습니까? 우리는 그런 나쁜 일을 하지 말라는 단순히 명령이 아니라 원수를 사랑하고 그들에게 친절을 베풀라는 명을 들은 사람들입니다.

• 요한 크리소스토무스 『창세기 강해』 4,17.

### 다투는 중이라면 단식은 무익하다

'만취가 너희에게 흉한 짓을 하게 할 때, 탐식이 불경한 짓을 하게 만들 때, [너희는] 그때 단식했어야 한다. 지금이 아니다. 지금 너희가 하는 단식은 시기적절하지 않으며 오히려 역겹다.' 누가 이런 말을 했습니까? 이사야입니다. 그는 큰 소리로 다음과 같이 외쳤습니다. "'내가 좋아하는 단식은 이런 것이 아니다.' 주님께서 말씀하신다"(이사 58,6 칠십인역). 왜 그렇습니까? "너희는 단식한다면서 다투고 싸우며 못된 주먹질이나 하고 있다"(이사 58,4). 동료 종에게 주먹질하며 하는 단식이 혐오스러운 것이었다면, 주인을 죽인 여러분이 하는 단식이 그분 마음에 들겠습니까? 어떻게 그럴 수 있겠습니까?

• 요한 크리소스토무스 『유대인 반박』 1,6.

### 무리한 단식을 원하지 않으시다

우리가 절제 없는 극기나 지나친 이완으로 저울을 한쪽으로 기울게 한다면 과도한 이완이나 극기 때문에 "네가 옳게 바쳐도 옳게 나누지 않으면 죄를 짓지 않았느냐?"(창세 4,7 칠십인역)라는 말씀을 들을 것입니다. 우리는 내장을 마구 괴롭히면서 억지로 자아내는 무리한 단식을 주님께 올바른 희생 제물로 드린다고 믿을지 몰라도 "자비와 정의를 사랑하시는"(시편 32,5 불가타) 주님께서는 "나 주님은 올바름을 사랑하고 탈취물로 바치는 번제물을 미워한다"(이사 61,8 불가타)라는 말씀으로 그런 제물을 저주하십니다. 반대로 자신이 행하는 일 가운데 바칠 만한 대부분의 것들을 자기 육신의 쾌락과 개인의 필요를 위해 써 버리고 지극히 적은 남은 것만 주님께 바치는 사람들을 "주님의 일을 속이면서 하는 자는 저주를 받으리라"(예레 48,10 칠십인역)라는 말씀으로 하느님께서는 부정한 일꾼으로 단죄하십니다.

• 요한 카시아누스 『담화집』 21,22.

### 두려움에서 하는 단식

단식하는 사람이 단식하지 않는 사람을 늘 심판할 가능성이 있고, 그들 중 일부는 특정한 날에만 단식할 것입니다. … 바오로는 단식이란 기본적으로 중요하지 않은 일이라고 말함으로써 두려움에서 단식하는 사람들을 속박에서 벗어나게 해 주고 있습니다.

• 요한 크리소스토무스 『로마서 강해』 25.

### 중용 지키기

바오로는 토요일에 단식하는 사람들과 그렇지

않은 사람들 사이에서 중용을 지킴으로써 이들이 서로 비방하지 않기를 바랍니다. 그러면 음식을 가리지 않는 사람이 음식을 가리는 사람을, 단식하는 사람이 단식하지 않는 사람을 심판하지 않을 것입니다.

• 아우구스티누스 『편지』 36.

### 단식을 하지 못한다는 핑계를 대지 마라

신체적 약점과 질병을 단식을 못하는 핑계로 대지 마십시오. 그대가 변명해야 하는 상대는 내가 아니라 이미 알고 계시는 분이시기 때문입니다. 말해 보세요, 단식을 할 수 없다고요? 평생 그대의 배를 채울 수 있나요? 지나치게 많이 먹은 음식 때문에 그대의 몸을 망칠 수 있나요? 아, 그래요. 나는 의사들이 아픈 사람들을 위해 다양한 음식을 처방하는 대신, 먹지 말고 음식 없이 살라고 처방하는 것을 알고 있습니다. 그렇다면, 그대가 한 가지 치료법을 준수할 수 있다면, 어떻게 다른 치료법은 따를 수 없다고 주장할 수 있을까요? 위장에 더 쉽고 편한 것이 무엇인가요? 조촐한 음식으로 밤을 보낼 것입니까? 아니면 폭식에 짓눌려 누워 있을 것입니까? 아니면 침대에 누워 있는 것이 아니라, 계속 속이 불편하고 더부룩하여 투덜거리는 것이 더 좋을까요?

• 대 바실리우스 『단식에 관한 첫째 설교』 4.

### 질병을 핑계 대지 마라

신클레티카 암마는 또 말했습니다. "단식을 해야 할 때 질병을 핑계 대지 마십시오. 단식하지 않는 사람들도 자주 같은 질병에 걸리기 때문입니다. 어떤 좋은 일을 시작했다면 적의 압박 때문에 되돌아가지 마십시오. 인내를 통해 적은 파괴되기 때문입니다. 출항하는 사람들은 처음엔 훈풍에 돛을 펼치고 항해합니다. 하지만 후에 역풍에 직면하면 배는 파도에 흔들리고 더 이상 방향타로 통제되지 않습니다. 그러나 잠시 후 바람이 잠잠해지고 폭풍우가 가라앉으면 배는 다시 항해합니다. 우리 역시 그렇습니다. 우리를 거스른 영들에게 쫓길 때 십자가를 붙들면 항해할 때처럼 안전한 길에 들어설 수 있습니다."

• 『사막 사부들의 금언』(신클레티카) 9.

## 단식의 효과

### 단식의 유익

단식은 예언자를 낳고, 전사를 강하게 합니다. 단식은 입법자를 현명하게 합니다. 단식은 영혼의 좋은 수호자, 몸의 안전한 동반자, 최고의 무기, 운동선수들의 훈련법입니다. 단식은 유혹을 몰아냅니다. 단식은 경건함을 위한 '준비'입니다. 단식은 절주節酒의 동반자이자 자제력의 장인匠人입니다. 단식은 전쟁터에서는 용맹함을 가르쳐 주고, 평화로울 때에는 평온함을 가르쳐 줍니다. 단식은 나지르인을 거룩하게 하고 사제를 완벽하게 해 줍니다. 우리 시대의 거룩하고 참된 전례에서 뿐만 아니라 예표로 율법에 규정된 전례에서도 단식 없이 사제직을 수행하는 것은 불가능하기 때문입니다.

• 대 바실리우스 『단식에 관한 첫째 설교』 6.

### 천사들이 곁에 서 있다

단식은 이런 싸움을 하는 사람들에게 항상 유익합니다. 악마들은 단식하는 사람들은 감히 비방하지 못합니다. 우리의 생명을 부지런히 지켜 주는 천사들이 단식으로 자기 영혼을 정화하는 사람들 곁에 서 있기 때문입니다.

• 대 바실리우스 『단식에 관한 둘째 설교』 2.

### 단식은 잘 어울리는 장신구다

단식은 아이들을 보호하고, 젊은이들을 순화하며, 노인들을 존경받게 만듭니다. 흰머리는 단식으로 장식될 때 더 존경스럽기 때문입니다. 단식은 여성들에게 아주 잘 어울리는 장신구입니다.

• 대 바실리우스 『단식에 관한 둘째 설교』 5.

### 기쁨을 느끼는 기회

단식은 기쁨을 느끼는 기회입니다. 목이 말라야 음료를 마실 때 기쁨을 느끼고 식사 전의 배고픔이 먹는 즐거움을 느끼게 하듯이, 단식 또한 먹는 즐거움을 더해 줍니다. 단식이 중재자로 개입하여 그대의 지속적인 방종을 중단시킬 때, 그 중단이 길어질수록 더 먹고 싶다는 것을 알게 될 것이기 때문입니다. 따라서 식욕을 돋우는 식탁을 만들고 싶다면, 단식에서 오는 변화를 받아들이십시오. 그러나 호화로운 음식에 대한 강렬한 중독 때문에, 그대는 그 중독성을 하찮게 생각하고 쾌락에 대한 애착으로 음식의 즐거움을 망친다는 사실을 깨닫지 못하고 있습니다. 끊임없이 즐겨도 혐오스러워지지 않을 정도로 바람직한 쾌락은 없습니다. 우리를 가장 즐겁게 하는 것은 우리가 좀처럼 누리기 힘든 것들입니다. 그래서 우리를 창조한 분께서는 이 세상의 변화 속에서도 당신의 은총이 지속되도록 하셨습니다. 밤이 지나면 태양이 더 빛난다는 것을 깨닫지 못합니까? 잠자고 나서 깨어 있는 것이 더 즐겁다는 것을 깨닫지 못합니까? 아파 본 후에야 건강이 더 소중하다는 것을 깨닫지 못합니까? 마찬가지로 단식 후에 식탁이 더 매력적이라는 것을 깨닫지 못합니까? 이는 손에 잡히는 대로 먹는 가난한 사람들에게만이 아니라 호화롭게 식사하는 부자들에게도 마찬가지입니다.

• 대 바실리우스 『단식에 관한 첫째 설교』 8.

### 단식과 철야의 유익

모세 압바가 질문을 받았다. "인간이 하는 단식과 철야는 어디에 도움이 됩니까?" 그가 대답했다. "그것들은 영혼을 겸손하게 합니다. '저의 비참과 고생을 보시고 저의 죄악을 모두 없이하소서'(시편 25,18)라고 기록되어 있습니다. 그래서 영혼이 이 수고를 마다하지 않는다면 하느님께서 그에게 자비를 베푸실 것입니다."

• 『사막 사부들의 금언』
(모세: 모세 압바가 포이멘 압바에게 보낸 일곱 가르침) 5.

### 단식은 영혼을 강인하게 한다

단식의 경기장에서 음식만 절제하면 만족스런 운 결과를 얻으리라고 생각하지 마십시오. 육체에 음식을 줄이면 영혼은 강해집니다. 사람이 겉으로는 고통을 조금 당하겠지만, 안으로는 영양을 섭취하게 됩니다. 육체는 육적 풍만이 줄어들겠지만, 정신은 영적 즐거움으로 강인해질 것입니다.

• 대 레오 『설교』 1,5.

### 단식의 진가

경건한 단식은 하느님의 자비를 얻고 나약한 인간을 강건하게 하는 데 큰 진가를 발휘합니다. 친애하는 형제 여러분, 우리는 이러한 사실을 거룩한 예언자들의 가르침을 통하여 알고 있습니다. 그들은 이스라엘 백성이 자주 그들의 악으로 불러일으킨 하느님의 공정한 격노를 단식으로 가라앉혔다고 알려 줍니다.

• 대 레오 『설교』 88,1.

### 부분적 단식의 유용함

특정한 종류의 음식을 먹지 않는 것은 부분적 단식입니다. … 다니엘과 그의 동료들은 궁중 음식과 술을 마다하고 채소만 먹고 물만 마셨는데도 "용모가 더 좋아졌다"(다니 1,15)고 판명되었고 … 거기에 더해 영적으로도 더 깊어졌습니다. 하느님께서 이 젊은이들에게 모든 종류의 문예에 관한 지식과 이해력을 주셨기 때문입니다. 특히 다니엘에게는 모든 언어와 꿈과 온갖 지혜에 관한 지식을 주셨습니다. 그것[지혜]은 그를 바로 이 일, 곧 신비들에 담겨 있는 하느님의 뜻을 파악하는 일에도 정통하게 해 줄 터였습니다.

• 테르툴리아누스 『단식』 9.

### 모세의 모습이 변하다

모세는 사십 일 동안의 단식으로 정결하게 되었고 육체에서 자유로워져서 하느님 같은 영광스러운 모습이 되었습니다. 그는 아직 우리 육체의 어둠 속에 있을 때, 하느님의 충만한 빛으로 빛났습니다. 유한한 존재의 눈은, 유한한 존재들의 양식이 주는 모든 도움을 완전히 잊고 오랫동안 하느님께서 주시는 양식을 먹은 그의 모습을 바라볼 수 없었습니다. 이를 통해 그는, 하느님의 눈앞에서 그분과 함께 사는 사람들을 생명의 자양물이 지켜 준다는 것을 배웠습니다.

• 페트루스 크리솔로구스 『설교』 166.

단식으로 인한 좋은 행동의 예를 보십시오. 위대한 모세는 사십 일 동안 단식한 뒤 율법이 적힌 돌 판을 받을 수 있었습니다.

• 요한 크리소스토무스 『창세기 강해』 1,7.

### 단식의 은총

사십 일 낮과 밤을 단식함으로써 거룩한 모세도 하느님과 이야기하고 그분 곁에 머물러 서 있을 수 있는 자격을 얻었고 그분의 손에서 율법 규정을 받을 수 있었습니다. 인간적인 조건은 그가 하느님을 보지 못하게 하였으나, 단식의 은총이 그를 신성에 가까이 다가갈 수 있도록 이끌었습니다. 왜냐하면 하느님은 늘 아무것도 드시지 않으시므로, 자주 단식하는 것은 우리 안에 있는 하느님 덕의 한 부분이기 때문입니다. 그분은 그 안에서 당신의 일이 더 많이 보이는 사람과 더 친숙하고 가깝고 다정하십니다. "주님께서는 마치 사람이 자기 친구에게 말하듯, 모세와 얼굴을 마주하여 말씀하시곤 하였다"(탈출 33,11)라는 성경 말씀대로입니다.

• 토리노의 막시무스 『설교』 35,3.

주님 몸소 사십 일 동안 단식하시면서 당신 세례를 거룩하게 하셨고(참조: 마태 4,2; 루카 4,2-3), 기도와 단식 없이는 더 사나운 마귀를 이길 수 없다고 가르치셨습니다.

• 히에로니무스 『요비니아누스 반박』 2,15.

### 사람을 하느님의 옥좌로 들어 높이다

단식은 질병을 낫게 하고, 몸에 활력을 불어넣어 주며, 마귀를 몰아냅니다. 단식은 불순한 생각으로부터 정신을 자유롭게 하고 마음을 깨끗하게 하며, 몸을 거룩하게 하여 사람을 하느님의 옥좌로 들어 높입니다.

• 아타나시우스 『동정』 28,259.

단식은 사악한 마귀를 물리치는 데 효과적인 무기입니다(참조: 마태 17,21; 마르 9,29).

• 테르툴리아누스 『단식』 8,3.

### 단식의 효력

열정의 사람이었던 다니엘은 단식을 통해 미래의 일을 알게 되었고(다니 9,3 참조), 니네베 사람들은 단식으로 주님의 분노를 누그러뜨렸습니다. 엘리야와 모세는 사십 일 동안 단식하고(참조: 탈출 34,28; 1열왕 19,8), 하느님의 우정으로 충만해졌습니다.

• 히에로니무스 『이사야서 주해』 16,17.

### 단식의 효과

단식을 경시할 때 하느님께서 얼마나 못마땅해하시는지 아시겠습니까? 반대로 우리가 단식을 높게 생각할 때 하느님께서 얼마나 기뻐하시는지도 아십시오. … 그분은 니네베 사람들이 살고 있던 거대하고 멋진 성읍의 단 두세 명 또는 스무 명이 아니라 백성 전체를 단식으로 용서하셨습니다. 그들은 멸망의 구덩이 너머에 무릎을 꿇고 머리를 조아렸으며, 높은 곳으로부터 내릴 벌을 기다렸습니다. 니네베의 죄를 주시하던 천상의 힘처럼 단식은 죽음의 문으로부터 이 성읍을 구했고 니네베는 생명으로 돌아갔습니다.

• 요한 크리소스토무스 『참회와 자선에 대한 설교』 5,4.

### 단식은 회개의 열쇠다

[단식에 대해] 사도가 말한 것이 너무 적다면 [시편에 나와 있는] 예언을 경청합시다. "저는 단식하며 눈물을 흘립니다"(시편 69,11). 단식하지 않는 자는 벌거벗은 알몸이 되어 상처 입을 것입니다. 아담이 단식으로 자신을 보호했다면 알몸이 되지는 않았을 것입니다(창세 3,7 참조). 니네베는 단식을 통해 죽음에서 벗어났고 주님은 이렇게 말씀하십니다. '그러한 것은 기도와 단식이 아니면 나가지 않는다'(참조: 마태 17,21; 마르 9,29).

• 암브로시우스 『편지』 44.

### 니네베 사람들이 완전히 악을 끊다

그들은 그들의 상처에 단식을 시켰습니다. 그렇습니다. 그들은 자루옷과 재를 뒤집어쓰고 땅에 엎드려 소리 높여 애도하면서 철저히 단식했습니다. 그러나 무엇보다 더 중요한 것은 그들이 삶을 바꾸기로 결심한 것입니다. 그러면 무엇이 그들을 완전하게 만들었는지 살펴봅시다. 우리는 그것을 어떻게 알아낼 수 있습니까? 우리가 의사에게 가서 진지하게 충고를 구한다면, 그는 치유책을 숨기지 않고 솔직하게 말할 것입니다. 오히려 누구나 다 알 수 있고 질문할 필요가 없도록 의사는 죄인들을 치유할 수 있는 약이 무엇인지 분명하게 적어 줍니다. 그러면 이것은 무엇입니까? 예언자는 "하느님께서는 그들이 악한 길에서 돌아서는 모습을 보셨다. 그래서 하느님께서는 마음을 돌리시어 그들에게 내리겠다고 말씀하신 그 재앙을 내리지 않으셨다"(요나 3,10)라고 말합니다. 그는 단순하게 하느님께서 그들의 단식과 자루옷, 재를 보셨다고 하지 않고 그들 모습을 보셨다고 표현합니다. 저는 단식을 하찮게 여겨[절대 아닙니다!] 이렇게 말하는 것이 아닙니다. 단식보다 더 나은 것은 악을 끊는 일임을 여러분에게 강조하기 위해서입니다.

• 요한 크리소스토무스 『코린토 2서 강해』 4,6.

### 단식의 힘

단식의 덕은 위대합니다. 그 싸움은 무척이나 훌륭하기에 그리스도께서도 기쁘게 단식하셨고, 무척이나 힘이 있기에 사람들을 천상으로 들어 높였습니다. 신적 본보기가 아닌 인간적 본보기를 들어 보더라도, 엘리야의 단식하는 입에서 나온 말 한 마디가 신성을 모독한 유대인들에게 하늘을 닫아 버렸습니다. … 엘리야는 단식하는 동안 과부의 아이를 다시 살아나게 했고(1열왕 17,22 참조), 단식하는 동안 말 한 마디로 큰비가 내리게 했으며(1열왕 18,45 참조), 단식하는 동안 하늘에서 불을 내리고 단식하는 동안 불 병거에 실려 하늘로 올라갔으며(2열왕 2,11 참조), 사십 일 동안의 단식으로 하느님 면전에 이르렀습니다(1열왕 19,8 참조). 마지막으로, 그는 더 많이 단식했을 때 더 많이 누릴 자격을 얻었습니다. 단식하던 입으로 그는 요르단강의 물을 가두어 두었으며, 넘실대다가 갑자기 말라 버린 강 사이로 난 길을 마른 발로 건넜습니다(2열왕 2,8 참조). 하느님의 뜻은 그를 의롭고 천상에 합당하다고 판단하셨기에, 그는 몸이 낚아 채여 하늘로 올라갔습니다. 그는 몸으로 천상의 삶을 살았으며, 땅에서 천상 삶의 방식의 모범을 보였기 때문입니다.

• 암브로시우스 『엘리야와 단식』 2,2-3.

### 단식으로 육신의 무게를 덜어 낸 엘리야

단식은 절제하는 힘으로 위를 가볍게 하여, 마음을 사뿐히 더 높은 곳으로 들어 올리고 덕행으로 오르게 하며 신심을 지어내신 분께로 온전히 새처럼 날아오를 수 있게 합니다. 엘리야의 경우가 이를 증명합니다. 주님께서 마련하신 단식을 계속함으로써 육신의 무게를 덜어 낸 엘리야는 죽음의 승리자처럼 하늘로 날아 올라갔습니다.

• 페트루스 크리솔로구스 『설교』 2.

### 하느님을 바라보며 하는 단식

하느님을 바라보며 하는 단식은 경외심에서 하는 일입니다. 그때까지 아이를 못 낳던 엘카나의 아내 한나도 바로 그런 단식으로 하느님께 호소하여 쉽게 응답을 얻었습니다. 하느님께서는 음식을 먹지 않은 그 여인의 텅 빈 배를 아들로 채워 주셨습니다.

• 테르툴리아누스 『단식』 7.

### 거룩한 단식은 죄를 치유할 수 있다

하느님께서 단식을 원하시지 않는다면, 어째서 레위기(레위 16,29 참조)에서는 모든 백성이 일곱째 달 초열흗날에, 저녁 때까지 단식하라고 명령하시고, 그의 영혼을 억누르지 않는 사람은 죽게 되며 당신 백성에서 제외될 것이라고 경고하셨을까요? 욕심 때문에 벌받은 탐욕스런 이들의 무덤(민수 11,34 참조)이 어째서 오늘날까지 광야에 남아 있을까요? 우리는, 어리석은 백성이 하느님의 진노가 쏟아질 때까지 메추라기를 씹어 먹고 있었다고 읽지 않았습니까? 예언 능력으로 예로보암 임금의 손을 굳어지게 하여 오므릴 수조차 없게 했던 하느님의 사람이 왜 갑자기 죽었습니까? 하느님의 명령을 무시하고 음식을 먹어서지요(1열왕 13,24 참조). 사자가 당나귀를 그냥 두고 대신 지금 막 식사를 마친 예언자를 잡아먹었다는 것도 이상한 일입니다. 단식을 하는 동안에는 기적을 행한 그였지만, 음식을 먹자마자 즉시 욕구 만족에 대한 벌을 받은 것입니다. 요엘도 강렬하게 외칩니다. '단식과 치유의 때 선포하여라'(요엘 1,14 참조). 이를 보건대, 거룩한 단식은 죄를 치유할 수 있음이 분명합니다.

• 히에로니무스 『요비니아누스 반박』 2,17.

### 성령에 이끌려 광야로 가시어 단식하시다

"그리고 성령에 이끌려 광야로 가시어, 사십 일 동안 악마에게 유혹을 받으셨다"(루카 4,1-2). … 그런데 무엇 때문에 단식을 하셨을까요? 왜 그 고생을 하셔야 했습니까? 그분은 타락한 욕망을 품는 것이 무엇인지 모르십니다. 우리는 단식을 쾌락을 죽이고 육신에 잠재된 죄의 법을 누르며(1코린 9,27 참조) 탐욕으로 인도하는 온갖 감정들을 박멸하는 매우 유익한 방편으로 삼지만, 그런 욕망이라고는 없는 그리스도께 어째서 단식이 필요했던 것일까요? 아버지께서는 그분의 몸으로 육신 안에 있는 죄를 죽이십니다. 우리 안에 있는 육신의 움직임들도 죽이십니다. 그분께서는 비참한 존재들(우리) 안의 죄를 없애셨습니다. 그런데 그런 분께서 당신과 관련된 무슨 일로 단식이 필요했겠습니까?

• 알렉산드리아의 키릴루스 『루카 복음 주해』 12.

히페레키우스 압바가 또 말했다. "수도승에게 단식은 죄에 대한 견제입니다. 단식을 저버리는 사람은 미쳐 날뛰는 종마와 같습니다."

• 『사막 사부들의 금언』(히페레키우스) 2.

### 단식으로 죄를 닦아 구원을 받아라

성경이 우리에게 베드로가 배가 고팠으며 다른 민족들의 세례에 관한 신비가 그가 허기진 상태에서 기도할 때 계시되었다는 것을 알려 주는 이유가 무엇이겠습니까? 성도들은 단식할 때 영적인 눈이 더욱 날카로워진다는 것을 알려 주려는 것 아니겠습니까? 모세가 단식하는 동안에 율법을 받았듯이(탈출 34,28 참조), 베드로도 단식하던 중에 새 계약의 은총에 대해 배웠습니다. 다니엘도 단식한 덕분에 사자의 아가리에서 벗어났고 미래의 일들을 보았습니다(참조: 다니 6,10-8,27; 9,2-3). 그리고 단식과 자선이 죄를 없앤다는 성경 말씀(토빗 12,8-9 참조)을 생각할 때, 우리가 단식으로 우리 죄를 닦아 버리지 않는다면 어떻게 구원을 받을 수 있겠습니까?

• 암브로시우스 『편지』 59(63).

### 인간의 구원을 맡기셨다

단식이 인간을 얼마나 아름답게 꾸며 주는지 알고 싶습니까? 단식이 우리를 얼마나 위험에서 지켜 주고 보호해 주는지 알고 싶습니까? 당부하건대, 복되고 훌륭한 수도승들을 생각해 보십시오. 그들은 소란을 피해 산꼭대기로 재빨리 달음질쳤습니다. 그들은 마치 안전한 항구에 정박하듯 적막한 사막에 오두막을 지었습니다. 그리고 한평생 단식을 벗 삼으며, 함께 성체를 받아 모시는 동지로 여겼습니다. 그리하여 단식은 인간인 그들을 천사들로 만들어 주었습니다. 그들뿐 아니라 도시에서도 단식을 따르는 많은 이를 모두 하느님 지혜의 높이까지 들어 높였습니다. 마찬가지로, 구약 예언자들의 기둥인 모세와 엘리야는 다른 덕에서나, 인간으로서 가능한 만큼 최대한 하느님께 다가가 그분과 대화하는 담대함에서나 모두 뛰어나고 대단했지만, 단식을 피신처로 삼아 그 힘으로 하느님께 다가갔습니다. 이런 까닭에 하느님께서는 처음에 사람을 만드실 때, 그를 곧바로 단식의 손에 넘겨 단식에게 맡기셨습니다. 또한 마치 다정한 어머니요 뛰어난 교사에게 맡기듯 단식에게 인간의 구원을 맡기셨습니다.

• 요한 크리소스토무스 『참회에 관한 설교』 5,2,3.

### 단식과 희망

위대하고 보편적인 단식이 있습니다. 세상의 불법과 부정한 쾌락을 삼가는 완전한 단식은 "불경함과 속된 욕망을 버리고 현세에서 신중하고 의롭고 경건하게 살도록 해 줍니다"(티토 2,12). 이런 단식에는 또 어떤 상이 따른다고 사도는 말합니까? "복된 희망이 이루어지기를, 우리의 위대하신 하느님이시며 구원자이신 예수님의 영광이 나타나기를 기다리는 우리를 그렇게 살도록 해 줍니다"(티토 2,13)라고 합니다. 따라서 이 세상에서 우리가 건전하게 살 때, 불법과 부정한 쾌락을 삼갈 때, 말하자면 우리는 금욕의 사순절을 지내는 것입니다.

• 아우구스티누스 『요한 복음 강해』 17,4.

## 단식 규정과 준수

### 파스카 이전에 행한 서로 다른 단식 기간

논쟁은 파스카 날짜에 대한 것뿐만 아니라 단식의 형식에 관한 것이기도 합니다. 어떤 사람은 하루만, 어떤 이는 이틀을, 어떤 이들은 더 많은 날을 단식해야 한다고 생각합니다. 어떤 이들은 밤낮의 마흔 시간을 자신들의 단식일로 정합니다. … 단식에 대한 분분한 의견은 우리의 일치된 믿음을 확신하도록 해 주는 것일 뿐입니다.

• 카이사리아의 에우세비우스 『교회사』 5,24.

### 유대인의 단식 규정과 거리를 두다

여러분의 단식은 위선자들과 함께하지 마십시오. 유대인들은 주간 둘째 날(월요일)과 다섯째 날(목요일)에 단식합니다. 여러분은 주간 넷째 날(수요일)과 준비일(금요일)에 단식하십시오.

• 『디다케』 8,1.

만일 주교나 성직자가 히브리인들과 함께 단식하거나 또는 무교절이나 이와 비슷한 축일을 그들과 함께 지내면 면직되어야 한다. 만일 그가 평신도라면 파문되어야 한다.

• 『사도 규정』 70.

### 세례를 받기 전의 단식 규정

세례를 베푸는 이와 세례를 받는 이는 세례 전에 단식하십시오. 그리고 다른 이들도 할 수 있으면 (미리 단식을 하십시오). 당신은 세례를 받을 이에게 하루나 이틀 전에 단식하라고 명하십시오.

• 『디다케』 7,4.

### 교회 구성원이 하는 단식

과부와 동정녀들은 자주 단식하고 교회를 위해 기도해야 한다. 사제들은 원할 때에 단식하고, 평신도들도 이와 같은 모양으로 단식해야 한다. 주교는 모든 신자가 단식하는 날 이외에는 단식하면 안 된다.

• 히폴리투스 『사도 전승』 23.

### 사순 시기와 수요일, 금요일 단식 규정

만일 주교와 사제, 부제와 차부제, 독서자나 설교하는 사람이 거룩한 사순 시기와 수요일이나 금요일에 단식하지 않으면 면직되어야 한다. 다만 신체적 질병으로 장애가 있으면 그렇지 아니한다.

• 『사도 규정』 69.

거룩한 주일이나 성토요일이 아닌 다른 토요일마다 단식을 하는 성직자가 있다면 면직되어야 한다. 만일 그가 평신도라면 파문되어야 한다.

• 『사도 규정』 64.

### 주님의 날에는 단식할 수 없다

부활절과 관련한 법을 지킬 때, 우리는 열넷째 날을 부활의 날로 여기지 않습니다. 그날, 또는 그와 몹시 가까운 날은 수난의 날입니다. 부활 축일은 주님의 날에 기립니다. 게다가 우리는 주님의 날에는 단식할 수 없습니다. 우리가 마니교도를 비판하는 이유가 그들이 이날에 단식한다는 점입니다. 부활의 날에 우리가 단식해야 한다는 법을 제안하는 이는 그리스도의 부활을 믿지 않는다는 사실을 보여 줄 뿐입니다. 율법에, 파스카 날에는 쓴 풀을 먹어야 한다고 되어 있기 때문입니다. 쓴 풀은 슬픔을 뜻하며, 이는 우리 구원의 영도자께서 인류의 엄청난 신성모독으로 살해당하셨기 때문입니다. 예언자는 우리에게 주님의 날에는 기뻐하라고 명합니다. "이날은 주님께서 만드신 날, 우리 기뻐하며 즐거워하세" (시편 118,24).

• 암브로시우스 『편지』 36.

만일 어떤 사람이 금욕적인 이유로 주일에 단식한다면, 파문되어야 한다.

• 『강그레 교회회의 법규』 18.

### 성찬례 단식 규정

제대의 거룩한 신비는 단식하는 사람들에 의해서만 완성되어야 한다. 다만 주님의 만찬 기념을 기억하는 날은 단식을 예외로 한다. 만일 주교나 다른 성직자가 오후에 사망한 경우, '죽은 이의 영혼을 위로하는 직무'를 수행하는 이들(주교나 사제)이 이미 음식을 먹은 경우라면 단지 기도만 드리도록 한다.

• 『카르타고 교회회의 법규』 41.

### 단식 규정을 지키지 않은 이들

몸 상태 때문이 아니라 단지 자만심에 빠져 자신은 이미 완덕의 경지를 지향했다는 은밀한 생각 때문에, 수도자(고행자)가 전통에 의해 그리스도교 안에서 규정되고 지켜져 내려온 단식을 지키지 않는다면 파문되어야 한다.

• 『강그레 교회회의 법규』 19.

### 수도승의 단식 준수

수도승은 자신의 몸으로 백 년을 산 사람처럼 단식을 해야 합니다. 실제로 다음과 같은 내용이 단식 준수를 판단하는 원칙입니다. 곧, 수도승은 육체적인 피로에도 불구하고 단식 규정을 포기하지 않고 언제나 동일한 엄격함을 지녀야 합니다. 영혼의 열정을 생각하고 모욕을 잊으며, 슬픔을 거부하여 마치 오늘 죽을 것처럼 고통을 참아야 합니다. 영혼의 위대함은 세상에서 행복하게 보이는 것을 무시하는 능력이고, 슬픔과 불행에도 무너지지 않는 요새입니다. 날마다 하느님의 부르심을 받는다고 믿으며 온 마음으로 정신을 바짝 차리고 깨어 있을 때에 영혼의 위대함이 드러납니다.

• 요한 카시아누스 『규정집』 1,2.

### 남에 대한 배려와 단식

어느 날 실바누스 압바와 그의 제자 자카리아스가 한 수도원을 방문했다. 그들은 떠나기 전 먹을 것을 조금 제공받았다. 그들이 밖으로 나갔을 때, 제자가 길가에서 물을 발견하고 마시고 싶어 했다. 원로가 그에게 말했다. "자카리아스, 오늘은 단식일이오." 제자가 말했다. "하지만 사부님, 저희가 이미 식사하지 않았습니까?" 원로가 말했다. "우리가 식사한 것은 애덕 때문이었소. 하지만 이제는 단식을 지킵시다."

• 『사막 사부들의 금언』(실바누스) 1.

### 슬퍼할 때가 아니다

"혼인 잔치 손님들이 신랑과 함께 있는 동안에 슬퍼할 수야 없지 않으냐?"(마태 9,15; 루카 5,34). 눈에 보이는 말씀으로서 육신의 형상으로 오신 말씀을 통하여 깨끗해진 사람들이 왜 육신의 단식을 해야 합니까? 그분께서 우리와 함께 사셨던 때는 슬픔의 때가 아니라 기쁨의 때였습니다.

• 나지안주스의 그레고리우스 『성자』(연설 30) 10.

### 신랑과 함께 있을 동안에는 단식할 필요가 없다

바리사이들과 요한의 제자들은 단식을 했지만, 사도들은 단식하지 않았습니다. 그러나 예수님께서는 요한의 제자들에게 영적으로 대답하시며, 당신께서 신랑이심을 나타내셨습니다. … 예수님께서 신랑이 함께 있는 동안은 당신의 제자들이 단식할 필요가 없다고 말씀하신 사실은 그분 현존의 기쁨과, 그분께서 계시는 동안, 곧 마음의 빛 안에 그리스도를 모시고 있는 동안에는 누구나 누리는 거룩한 양식이라는 상징을 설명해 줍니다. 그러나 당신께서 가시고 나면 그들은 단식할 것이라고 예수님은 이야기하십니다. 그리스도께서 부활하셨다는 사실을 믿지 않는 모든 이는 생명의 양식을 누리지 못할 테기 때문입니다.

• 푸아티에의 힐라리우스『마태오 복음 주해』9,3.

### 주님의 만찬 때에 늘 우리와 함께 계시는 신랑

그리스도께서 우리와 함께 계시기에 우리는 단식을 할 수 없습니다. 우리는 그리스도의 살과 피를 배불리 먹습니다(요한 6,53 참조). 배고프지 않은 사람이 어떻게 단식하는 사람처럼 보이겠습니까? 목마르지 않은 사람이 어떻게 단식하는 사람처럼 보이겠습니까? "내가 주는 물을 마시는 사람은 영원히 목마르지 않을 것이다"(요한 4,14)라고 하신 그리스도를 마시는 사람이 어떻게 목마를 수 있겠습니까? 따라서 이어지는 말씀이 이야기하는 단식은 영적 단식을 가리키는 것이 확실합니다.

• 암브로시우스『루카 복음 해설』5,22.

### 사순 시기에 단식을 지키다

사순 시기에 단식을 지키는 것은 낡은 욕정을 억누르는 것이 아니라 새로운 즐거움을 위한 기회가 됩니다. 이러한 태도가 여러분에게 슬그머니 들어서지 않도록 미리 최대한 부지런히 대책을 강구하십시오. 단식에 검소함을 더하십시오. 배를 채우는 일이 질책받아야 하듯, 욕구를 자극하는 것들도 잘라 내야 합니다. 몇몇 음식만 꺼려야 하는 것이 아니라, 육적인 즐거움을 견제해야 합니다. … 거룩한 임금 다윗은 물을 지나치게 바랐던 것을 뉘우쳤습니다.

• 아우구스티누스『설교』207,2.

### 단식을 깬 것에 대한 벌

하느님께서 의로운 일들을 좋아하시지만 이러한 일들에는 희생이 따르지 않는 것이 아니며, 이는 단식으로 힘들어하는 영혼을 보여 줍니다. 어쨌거나 그분은 식욕을 억제하지 못하는 개인이나 사제나 예언자가 기쁘게 해 드릴 수는 없는 하느님이십니다. … 하느님의 사람인 스마야[1]는 예로보암 임금이 도입한 우상 숭배 문제를 예언(제단이 쪼개지고 임금의 손이 굳었다가 곧 회복되는 것)한 뒤, 이러한 표징들 때문에 보답으로 임금의 집에 초대받지만 그는 그곳에 있는 음식에 일체 손대지 않았습니다. 그러나 거짓말로 예언자를 자처한 다른 늙은이에게서는 경솔하게 음식을 받아먹는 바람에, 식탁에 내리신 하느님의 말씀에 따라 조상들의 무덤에 묻힐 수 없게 되었습니다. 그는 길에서 사자의 공격을 받아 죽어서는 이방인들 사이에 묻혔습니다. 단식을 깬 죗값을 이렇게 치른 것입니다. 이는 심지어 영적인 이들이라고 해도 식욕을 절제하지 못하면 어떻게 되는지 백성들과 주교들에게 두루 보여 주는 경고가 될 것입니다.

• 테르툴리아누스『단식』16.

### 금욕을 통한 승리

시간이 정해진 단식을 지키지 않는 것은 결코 가벼운 죄가 아닙니다. 이것을 사례를 들어 간략하

---

1 히브리어 본문에는 예언자의 이름이 나오지 않고, 칠십인역과 불가타에만 스마야라는 이름이 나온다. 아마도 1열왕 12,22의 스마야와 혼동한 듯하다.

게 설명하려고, 우리는 열왕기[사무엘기]의 대목을 읽었습니다. 이스라엘 임금 사울이 이민족과 전쟁을 벌이고 있을 때에, 그는 자신의 온 군대에 단식을 선포하였습니다. 그리하여 모든 군사가 단식하는 가운데 적의 세력과 싸우기 시작하였습니다. 무기보다는 신앙심으로 적들을 이겨 내고 또 창이 아니라 신심으로 싸웠던 이 사람은 분명히 훌륭한 임금입니다. 이렇게 사울이 자기의 모든 군사에게 하루의 단식을 선포하였는데, 그의 아들 요나탄은 그 명령을 모르고 막대기 끝으로 벌집에서 꿀을 찍어 맛보았습니다. 군대가 의기양양하게 적진 속으로 진군하고 있을 때에 갑자기 이런 불미스러운 일이 일어나자 승리는 지연되고 하느님께서 분노하시게 되었습니다. 그리하여 전쟁은 끝나지도 못했고, 임금은 예언의 응답을 받지도 못했습니다. 여기에서 우리는 사울이 자기 군사들의 힘만으로 적군을 물리친 것이 아니라 군사들의 금욕으로 적군을 이겨 냈다는 것을 알게 됩니다. 그리고 그렇게 한 사람의 죄로 모든 사람이 그 벌을 받게 되고, 한 사람의 범죄로 모든 사람이 나약해지는 것입니다. 단식이 깨지자 그 군대가 힘을 잃어버렸기 때문입니다. 그러나 사울은 하느님께서 마음이 상하셨다는 사실에서 죄가 저질러졌음을 인식하였기 때문에, 그는 곧바로 요나탄은 결코 용서를 받을 수 없으며 요나탄이 인정한 죄는 그 자신의 피를 흘려 속죄해야 한다고 말하였습니다. 사울 임금의 행동이 얼마나 종교적이었는지 보십시오. 자기 자식을 죽여 가면서까지 그는 마음이 상하신 하느님과 화해하기를 열망하였습니다! 그리고 단식을 어긴 데 대하여 어떠한 벌이 내리는지 보십시오. 오로지 피를 흘림으로써 그 벌을 받는 것입니다! 그리고 자기 아버지가 선포한 단식을 모르고 깨뜨린 요나탄이 죽음에 넘겨진다면, 그리스도께서 선포하신 단식을 알고서도 깨뜨린 사람은 어떤 벌을 받아야 마땅하겠습니까? 그러니 형제 여러분, 우리가 우리의 영적 원수들과 육적 원수들을 이겨 낼 수 있도록 우리를 위하여 널리 알려진 단식을 매우 철저하게 준수합시다. 여러분도 아시다시피, 우리에게는 육적 원수들도 있기 때문입니다. 사울의 군사들처럼 우리의 군사들이 그들을 이기고 사로잡을 수 있도록 단식합니다.

• 토리노의 막시무스 『설교』 69,4.

### 단식으로 욕망을 못 박자

겸손함의 스승께서 당신 자신을 낮추셨던 날이 다가오기 때문에, 우리 모두 단식하며 마음을 낮추도록 합시다. 십자가에서 돌아가신 그분의 죽음을 본받아 단식함으로써 우리 안에 여전히 복종하지 않는 욕망을 십자가에 못 박읍시다.

• 아우구스티누스 『설교』 207,2.

## 사십 일 단식

### 사십 일 단식

사순절에 하는 사십 일 단식은 구약성경에서는 모세와 엘리야의 단식(1열왕 19,8 참조)에서, 복음서에서는 주님께서 사십 일 동안 단식하신 데서(마태 4,2 참조) 그 권위가 유래합니다. 이는 복음서가 율법서나 예언서와 다르지 않다는 것을 보여 줍니다. 모세는 율법서를, 엘리야는 예언서를 나타내는데, 주님께서는 산에서 그들 가운데에 계실 때 거룩한 모습으로 변하셨습니다(마태 17,2-5 참조).

• 아우구스티누스 『편지』 55.

### 사십이라는 수의 의미

이것이 모세와 엘리야 그리고 중개자이신 우리 주 예수 그리스도께서 사십 일 동안 단식하신 이유입니다. 사십 일이라는 이 기간 동안 우리는 육체적 이끌림이나 유혹에서 자제하는 것이 필요하기 때문입니다. 이스라엘 백성 또한 광야에서 사십 년을 떠돌아다녔고, 사십 일 동안 비가 내려 홍수가 일어났습니다(창세 7,12 참조). 주님께서는 부활하신 뒤 사십 일 동안 제자들과 함께 지내시며 당신의 부활한 육체가 실재임을 확인시켜 주셨습니다. 이것은, 우리가 주님에게서 유배되어 사는 이 세상 삶에서 사십이라는 수는, 제가 말씀드린 것처럼, 우리가 주님의 몸을 기념하는 전례를 거행할 필요가 있음을 나타내며, 우리는 그분께서 오실 때까지 교회 안에서 이를 행합니다(1코린 11,26 참조).

• 아우구스티누스 『설교』 51,32.

### 사순절 단식의 예표

친애하는 여러분, 그러니까 사순절에 우리가 단식하는 것은 인간이 만들어 낸 전통이 아닙니다. 이 단식은 거룩하고 신비로운 권위가 세운 것이며, 까닭 없이 생겨난 전통으로 여겨서는 안 됩니다. 또한 이 전통은 세상의 관습에서 생겨난 것이 아니라 하늘의 비밀에 뿌리를 두고 있습니다. '사순'(Quadragesima)이라는 말에는 사십 년 간의 믿음이라는 사면적四面的 가르침이 담겨 있습니다. 완전한 것은 모두 네 면으로 되어 있기 때문입니다. 사각형은 닫힌 모양이므로 하늘에서나 땅에서나 거룩한 상징적 의미를 지니는 '사십'(quadragesimus)이라는 수와 '십'(denarius)이라는 수는 주님의 단식을 설명해 줍니다.

• 페트루스 크리솔로구스 『설교』 11,4.

### 사십 일의 단식이 필요하다

합이 사십이 되는, 여기[마태 1,17 참조] 열거된 세대의 수는 임금이신 그리스도의 훈육 아래 우리가 끊임없이 악마와 싸우게 될 고된 시대를 상징합니다. 이 수는 영혼을 겸허히 하는 데 사십 일의 단식이 필요하다고 일찍이 엄숙히 규정한 율법과 예언서에서도 예시되었습니다. 사십 일을 단식한 모세와 엘리야의 이야기를 보면 이 관습이 이미 확고하게 자리 잡혀 있었습니다(참조: 탈출 34,28; 1열왕 19,8). 주님의 단식에 관한 복음 기사도 이 수를 예시했습니다.

• 아우구스티누스 『복음사가들의 일치』 2,4,9.

### 물질적 실재의 네 양상과 비슷하다

"사십 일"(마태 4,2)에서 '사십'은 십이 넷 모여 이루어진 수입니다. 이 수는 물질적 실재의 네 양상과 비슷하다고 할 수 있습니다. 우리가 감지할 수 있는 세상은 네 가지 요소로 이루어져 있기 때문입니다. 또는 인간이 태 안에서 사십 일 동안 형성되는 것과 관계있을 수도 있습니다. '죄를 짓지 않으신'(히브 4,15 참조) 것 말고 모든 점에서 우리와 같아지시고 고통을 겪으심으로써 우리와 같은 처지에 놓이신 예수님께서는 이 기간보다 더 오래 단식하시어 어쩌다가 한 사람이라도 당신께서 실제로 육신을 취하신 것이 아니라고 생각하는 일이 없도록, 사십 일이 지나자 시장하셨습니다.

• 오리게네스 『마태오 복음 주해 단편』 61.

### 예수님께서 사십 일 동안 단식하신 사실

성경에 쓰여 있듯이, 악마는 그리스도께서 "시장하실"(마태 4,2) 때에 그분을 유혹하기 시작했습니다. 그자는 예수님께서 사십 일 동안 단식하신 것에 그다지 놀라지 않았습니다. 엘리야도 같은 기간 동안 단식한(1열왕 19,8 참조) 사실을 알고 있었기 때문입니다. 그런 까닭에 악마는 그분을 하느님이 아니라 엘리야 같은 사람이라고 생각하고 대담하게 공격했습니다.

• 몹수에스티아의 테오도루스 『마태오 복음 단편』 18.

### 예수님의 배고픔은 자발적인 것이었다

예수님께서는 사십 일 동안 단식하셨습니다. 이유는 두 가지였습니다. 첫째는, 우리에게 단식으로 유혹을 피하는 본보기를 주시려는 뜻에서였습니다. 둘째는 단식에 사십 일이라는 한도를 정해 주시려는 뜻에서였습니다. 뿐만 아니라 예수님께서는 배고픔을 느끼셨습니다. 이는 과도한 단식을 하지 않으심으로써 하느님께서 분명하게 이해되시도록 하고, 유혹하려는 악마의 희망을 좌절시켜 그가 승리를 거두지 못하게 하시기 위해서였습니다. 악마는 그분께서 사십 일 동안 단식하시는 것을 보고 희망을 버렸습니다. 그런데 그리스도께서 시장하신 것을 알고서 희망이 되살아났습니다. 악마는 그분께서 시장하신 모습을 보고 접근했지만, 그분께서는 내적으로는 조금도 시장하지 않다는 것을 발견했습니다. 그는 시장하신 그리스도를 유혹했지만, 시장하지 않으신 그리스도께 정복당했습니다. 배고픈데도 먹지 않는 것은 인간의 인내가 할 수 있는 일입니다. 그러나 배고픔을 느끼지 않는 것은 거룩한 본성만 그럴 수 있습니다. 그러므로 주님께서 사십 일 동안 시장하지 않으셨다가 시장해지셨다는 사실은 당신의 배고픔이 자발적인 것이었지 필연적인 것은 아니었음을 알려 줍니다.

• 『마태오 복음 미완성 작품』 강해 5.

### 예수님과 함께 파스카 음식을 먹을 준비가 필요하다

이스라엘은 예루살렘으로 가는 길에 광야에서 정화되었고 이집트의 관습을 잊도록 단련받았습니다. 그와 비슷하게, 자비로우신 말씀께서는 우리에게 사순절 사십 일 동안의 거룩한 단식을 명하셨지요. 그러니 이 기간을 우리 몸을 정화하고 거룩하게 하는 기회로 삼고, 이층 방에 들어가 그분과 함께 먹으며 하늘 나라의 기쁨을 함께 맛볼 수 있도록 준비하는 단식 기간이 되게 합시다. 예루살렘으로 올라가 파스카 음식 먹을 준비를 갖추는 길은 사십 일 단식을 하는 길밖에 없습니다.

• 아타나시우스 『축일 서간』 6.

### 사십 일의 의미

예수님께서 돌아가시기 전이라 아직 음식이 필요하던 때인 유혹당하시던 기간에 단식하신 것은 바로 이런 이유에서입니다. 그분께서는 영광스럽게 되셨을 때 음식을 드시고 마시셨지만, 부활 이후의 그분에게는 사실 음식이 필요 없었습니다. 앞의 경우에 그분께서는 우리의 고통을 보여 주고 계셨습니다. 뒤의 경우에 그분께서는 우리 안에서 당신의 위로를 보여 주고 계셨습니다. 이 두 가지 일이 일어난 기간은 똑같이 사십 일이었습니다. 다시 말해, 복음서에 쓰여 있듯이, 그분께서는 육신의 죽음을 당하기 전 광야에서 유혹을 받으시던 사십 일 동안 단식하셨고(마태 4,2 참조), 베드로 사도가 사도행전에 기록했듯이, 육으로 부활하신 뒤 역시 사십 일 동안 제자들과 함께하시면서 나고 드시며 음식을 먹고 마시셨습니다(사도 10,41 참조). 이 '사십'이라는 수는 '율법을 폐지하러 온 것이 아니라 오히려 완성하러 오신'(마태 5,17 참조) 분을 통하여 은총으로 불린 이들이 사는 이 시대의 경과를 나타낸다고 보입니다. 먼저, 십계명이 있습니다. 이제 십계명은 그리스도의 은총을 통해 온 세상으로 퍼져 나갔습니다(세상은 사각四脚 형태인데, 10에 4를 곱하면 사십이 되지요). 그래서 "주님께 구원받은 이들, 그분께서 그들을 모아들이신 지역에서, 동녘과 서녘과 북녘과 바다에서 모아들이신 이들"이라고 쓰여 있습니다. 그분께서 육신의 죽음을 맞기 전 사십 일 동안 단식하신 것은 말하자면 "이 세상의 욕망들로부터 너희 자신을 지켜라" 하고 외치신 것이라 하겠습니다. 부활 이후에 사십 일 동안 육신 안에서 먹고 마시신 것은 "보라, 내가 세상 끝 날까지 너희와 함께 있겠다"(마태 28,20)라고 외치신 것과 같습니다.

• 아우구스티누스 『설교』 263A,4.

# 덕(행)

덕행의 시작도 끝도 사랑입니다.

• 요한 크리소스토무스 『로마서 강해』 23.

덕행의 법칙은 뽐내지 않고 자기를 낮추는 마음입니다.

• 알렉산드리아의 키릴루스 『루카 복음 주해』 101.

인간은 타락하고 멸망하지만, 덕은 그렇지 않습니다.

• 히에로니무스 『시편 설교 59편』 35 (제108편).

오직 덕만이 죽은 자의 동반자입니다.

• 암브로시우스 『루카 복음 해설』 7,122.

이승에서 덕이란 사랑받아야 할 것을 사랑하는 것입니다.

• 아우구스티누스 『편지』 155,4,13 (마케도니우스에게).

하느님의 은총 없이 덕행의 길을 흠 없이 걷는 것은 불가능합니다.

• 키루스의 테오도레투스 『시편 주해』 37,8.

덕행 생활의 목적은 하느님을 닮는 것입니다.

• 니사의 그레고리우스 『참행복 강해』 1.

덕성스러운 삶의 목표는 하느님 안에 참여하는 것입니다.

• 니사의 그레고리우스 『아가 강해』 9.

## 덕(행)의 의미와 이해

### 모든 덕의 시작이신 그리스도

그리스도께서는 우리가 갖추어야 할 덕의 시작입니다. 그분은 순결의 시작으로서 처녀들에게 인간적 애착을 찾지 말고(1코린 7,29.34 참조), 자신들의 몸과 마음을 남편보다는 성령을 섬기는 데에 사용하라고 가르치셨습니다. 그리스도께서는 겸소함의 시작입니다. 그분께서는 부유하셨지만 가난하게 되셨기 때문입니다. 그리스도께서는 인내심의 시작입니다. 그분께서는 모욕을 당하셨어도 모욕으로 응답하지 않으셨으며, 맞으실 때도 되받아치지 않으셨기 때문입니다.

• 암브로시우스 『신앙론』 3,7,52.

### 그리스도를 안다는 것

그리스도를 안다는 것은 덕을 안다는 것과 같은 것입니다. 그리스도에 대해 듣는 것은 모든 덕 — 지혜, 정의, 절제, 용기 등 그리스도를 부르는 다른 모든 이름들 — 에 주의를 기울인다는 말과 같은 뜻입니다.

• 히에로니무스 『바오로 서간 주해』(에페소서) 2,4,20.

하느님의 말씀께서는 전능하신 분이시며, 또한 당신이 바로 모든 덕이시기에 헤아릴 수 없이 많은 덕을 지니셨고 그로 인해 많고도 많은 이름을 지니신 분입니다.

• 오리게네스 『마태오 복음 주해』 86.

### 모든 덕의 이름들

그리스도는 지혜이시고 정의이시며 평화이시고 기쁨이시며, 절제를 비롯한 많은 것이십니다. 이 모든 덕의 이름들은 그것을 추구하지 않는 이들도 사랑한다는 점에 주목하십시오!

• 히에로니무스 『바오로 서간 주해』(에페소서) 1,1,6.

그분은 모든 덕을 항구하게 지니시며, 줄어들지도 늘어나지도 않게, 언제나 동일한 정도와 방법으로 갖고 계십니다.

• 예루살렘의 키릴루스 『예비신자 교리교육』 4,5.

### 모든 덕행의 총합

그리스도는 우리가 애타게 관심을 갖는 대상이시며, 우리의 모든 갈망과 소망의 대상이십니다. 그분은 전 우주의 절정이자 완성이십니다. 그분은 모든 덕행의 총합이요, 최고봉이십니다.

• 암브로시우스 『열두 시편 해설』 41,1.

그리스도께서는 자신을 비우심으로써(필리 2,7 참조) 온전히 충만한 덕이 인간의 육 안에 살게 하셨습니다(콜로 2,9 참조).

• 암브로시우스 『열두 시편 해설』 49,23.

모든 종류의 덕은 그분에게서 유래하며, 그분으로 말미암아 움직여집니다.

• 암브로시우스 『노아』 12,39.

밀알은 그리스도입니다. 그분은 우리에게 영적 누룩이시니까요. 많은 사람이 그리스도는 우리가 받은 덕에 활기를 불어넣는 누룩이라고 생각합니다.

• 암브로시우스 『루카 복음 해설』 7,187.

### 모든 덕행의 기원이자 원천

하느님께서는 본성적으로 선하시고 모든 덕행의 기원이자 원천이시기 때문에 악을 사랑하는 이들이 아니라 덕을 쌓기 위해 노력하고 부정한 것을 싫어하는 이들 안에 당신 거처를 두십니다.

• 알렉산드리아의 키릴루스 『요한 복음 주해』 10,14,24.

성령은 본성에서는 하나이지만, 그분이 하느님의 뜻에 따라 그리스도의 이름으로 자라게 하는 덕의 종류는 아주 많습니다.

• 예루살렘의 키릴루스 『예비신자 교리교육』 16,12.

### 일곱 은사의 성화가 의미하는 것

이사야가 말한 것처럼, 성령께서 내리시는 이 일곱 은사의 성화가 의미하는 것은 모든 덕, 곧 지혜와 슬기의 영, 경륜과 능력의 영, 지식과 독실함의 영, 하느님을 경외하는 영의 충만함입니다. 강은 하나이지만 성령의 은사는 여럿입니다. 이 강은 생명의 샘에서 흘러나옵니다.

• 암브로시우스 『성령론』 1,16.

### 일곱 가지 덕

일곱 덕을 꼽으면서 우리는 하느님께서 당신의 교회가 지니기 바라시는 이 덕들을 요한이 왜 이 자리에서 이야기하는지 생각해 볼 필요가 있습니다. 이 [덕들을] 하느님께 돌리며 찬미할 때, 그들은 자신들이 이 덕들 하나하나를 다 그분께 받았음을 고백하는 것입니다. 우리는 여기에 언급된 [덕들]이 오직 하느님께만 있을 수 있는 것이라 보아서는 안 되며, 그분께서 믿는 이들에게 주어도 좋을 만한 것이라 생각하셨다고 여겨야 합니다. 우리는 그리스도의 교회가 이 모든 좋은 것들에 참여하도록 허락되었음을 기뻐합니다. 찬미와 영광, 지혜, 감사, 영예, 권능, 힘. 여기서 전능이나 위엄, 영원은 언급되지 않습니다. 이런 것들은 마땅히 하느님만 지니시는 것이기 때문입니다. 그러나 이 일곱 가지 덕 안에서 우리는 믿는 이들에게 하느님의 아들들이 되는 권능을 주신 분으로부터 그들에게 주어질 수 있는 그 모든 덕을 봅니다. 그러므로 우리가 이 좋은 것들 중 어느 하나라도 얻는다면 우리는 하느님의 관대함 덕분에 우리가 그것을 얻는다는 것을 확신하게 될 것입니다.

• 프리마시우스 『묵시록 주해』 7,11-12.

좋은 생각을 가짐으로써 성령의 일곱 가지 덕이 우리 안에 일어날 때에 우리에게 일곱 자녀가 태어납니다.

• 대 그레고리우스 『욥기의 도덕적 해설』 1,1,27.

### 네 가지 기본 덕목

루카가 여덟 가지 복을 어떻게 네 가지로 함축하고 있는지 봅시다. 우리는 네 가지 기본 덕목을 알고 있습니다. 절제, 정의, 신중, 인내가 그것이지요. … 이 모든 덕목은 서로 연결되어 있어서, 그 가운데 어느 하나를 가진 사람에게서 여러 가지 덕이 나타나고, 어느 한 덕목에만 충실해도 성인다워집니다. … 그러므로 절제에는 순결한 마음과 정신이, 정의에는 자비가, 신중에는 평화가, 인내에는 온유함이 있습니다.

• 암브로시우스 『루카 복음 해설』 5,62-63.68.

### 덕들의 일치

정통한 이들은 덕들이 따로따로 존재하는 것이 아니어서, 다른 덕이 아무것도 없는 채 어떤 한 가지 덕을 제대로 얻을 수는 없으며 한 가지 덕을 지녔다면 다른 덕도 따르게 되어 있다고 말합니다.

• 니사의 그레고리우스 『동정』 15.

### 새겨진 모상

바오로 사도는 지금 예술가의 어법을 빌려, '하느님 마음에 들 모든 일의 본보기이자 윤곽, 원칙을 여러분 영혼에 심어 놓음으로써 덕의 모상을 여러분에게 새겨 놓았다'라고 말하고 있습니다. 믿음이나 사랑, 건전한 마음 등 어떤 것에 관하여 묵상을 하여도 이 모상을 고수하십시오.

• 요한 크리소스토무스 『티모테오 2서 강해』 3.

### 온갖 덕 안에서 하느님의 모습을 보다

우리는 인간의 의로움, 용기, 절제, 지혜, 훈련과 본디 하느님의 것인 온갖 덕 안에서 하느님의 모습을 봅니다. 이에 관해 주님께서는 복음서에서 다음과 같은 말로 지적하십니다. … "너희 아버지께서 완전하신 것처럼 완전한 [사람이] 되어라"(마태 5,48). 이는 하느님 안에 이 모든 덕이 늘 존재하여 그분께 결코 다가갈 수도 물러날 수도 없는 반면, 인간들은 모든 덕을 점차적으로 그리고 하나씩 얻는다는 것을 분명하게 알려 줍니다.

• 오리게네스 『원리론』 4,10.

### 하느님 모상의 흔적들

인간에게서 식별되는 신적 모상의 표시는 썩는 육체의 형태가 아니라 영혼의 현명과 의로움, 자제, 용맹, 지혜, 규율, 짧게 말해 덕들의 모든 합창에서 분명하게 드러납니다. 이것들은 하느님 안에는 본질적으로 존재하며, 인간 안에는 그의 노력과 하느님 모방을 통해 존재할 수 있습니다. 이에 관해 주님께서는 복음서에서 다음과 같은 말로 지적하십니다. "너희 아버지께서 자비하신 것처럼 너희도 자비로운 사람이 되어라"(루카 6,36). 그리고 "너희 아버지께서 완전하신 것처럼 완전한 [사람이] 되어라"(마태 5,48). 이는 하느님 안에 이 모든 덕이 늘 존재하여 그분께 결코 다가갈 수도 물러날 수도 없는 반면, 인간들은 모든 덕을 점차적으로 그리고 하나씩 얻는다는 것을 분명하게 알려 줍니다.

• 오리게네스 『원리론』 4,4,10.

하느님께서는 사람을 당신과 비슷하게 만드셨으며, 곧 불멸하고 자유로이 행동할 수 있는 능력을 지니게 하셨으며, 모든 덕으로 꾸미셨습니다.

• 가자의 도로테우스 『영적 가르침』 1.

### 하느님의 모든 계획

하느님의 모든 계획과 그분께서 행하시는 조처 하나하나에는 당신을 섬기는 이들을 등불처럼 더욱 눈에 뜨이게 하고 모든 면에서 그들의 덕이 분명히 드러나게 하려는 뜻이 들어 있습니다.

• 요한 크리소스토무스 『창세기 강해』 45,23.

진주는 진창에 묻어도 특유의 아름다움을 드러내듯이, 덕은 어디에 던져 넣더라도 고유의 힘을 드러냅니다.

• 요한 크리소스토무스 『창세기 강해』 63,2.

### 덕행의 겉모습을 보석으로 부르다

성인들을 나타내는 표지는 다양합니다. 그런데 그 모든 표지는 똑같이 주님을 기쁘게 해 드리는 것들입니다. 바로 이런 이유로 주님께서는 각각의 덕행이 다른 특성을 가지고 있음에도 불구하고 그것들을 모두 "보석"이라고 부르십니다. "석탄"은 하느님의 불타는 사랑을 상징합니다. "청옥"은 자신의 덕행을 감추는 이를 나타냅니다. 왜냐하면 청옥의 빛깔은 중심 깊은 곳에서 나오기 때문입니다. … 제 생각에 "홍옥"은 … 기적을 행하는 이의 광채를 나타냅니다. … 이어서 이사야는 사실을 보다 분명하게 묘사하기 위하여 비유적인 어법을 중단합니다. "너의 아들들은 모두 주님의 제자가 되리라"(이사 54,13). 이사야는 덕행의 겉모습을 비유적으로 "보석"으로 표현하였습니다.

• 키루스의 테오도레투스 『이사야서 주해』 17,54,12-14.

### 덕의 모습은 여러 가지다

덕의 모습은 한 가지가 아닙니다. 마르타와 마리아의 경우에서 보듯이, 한쪽에는 분주한 섬김이 있고 다른 쪽엔 하느님 말씀에 대한 경청이 있지요. 그런데 하느님 말씀을 경청하는 일이 분주히 일하는 것보다 먼저입니다. 그래서 주님께서는 말씀하셨습니다. "마리아는 좋은 몫을 선택하였다. 그리고 그것을 빼앗기지 않을 것이다"(루카

10,42). … 마르타가 열심히 시중들어 책망을 들은 것이 아닙니다. 다만 더 좋은 몫을 택한 마리아가 인정을 받은 것입니다.

• 암브로시우스 『루카 복음 해설』 7,85-86.

### 포도나무 가지처럼 갖가지 덕이 늘어져 있다

"자기 포도밭에서 일할 일꾼들을 사려고"(마태 20,1)라는 말에서 하느님의 포도밭은 무엇입니까? 다른 비유에서처럼 사람들이 아닙니다. 포도밭에서 일하도록 사람들이 불려 가니까요. 포도밭은 정의이고, 이 포도밭에는 갖가지 덕이 포도나무 가지처럼 늘어져 있습니다. 예를 들어, 친절함, 순결, 인내, 고결함을 비롯하여 일반적으로 덕이라 불리는 무수한 좋은 자질들 말입니다. 그러니 거룩한 포도밭을 우리가 얼마나 열심히 가꾸어야 할지 잘 생각해 봅시다.

• 『마태오 복음 미완성 작품』 강해 34.

포도밭의 포도나무는 저마다 다른 종류의 정의를 나타내며, 각 사람은 자신의 덕에 따라 더 많은 포도나무를 가꾸거나 남보다 적게 가꿉니다.

• 『마태오 복음 미완성 작품』 강해 40.

### 알록달록한 저고리를 입히다

야곱은 덕의 표시가 더 뚜렷이 보이는 아들(요셉)을 더 사랑했습니다. 그런 점에서 이는 아버지가 한 아들을 치우쳐 사랑한 것이라기보다는 예언자로서 거룩한 표징에 더 마음을 둔 것이라 할 수 있습니다. 야곱이 이 아들에게 알록달록한 저고리를 지어 입혀, 그가 다양한 덕이라는 옷 때문에 형제들보다 더 사랑받게 되어 있음을 나타낸 것은 옳았습니다.

• 암브로시우스 『요셉』 2,6.

### 덕행의 금빛 장식

많은 사람 가운데 간택된 왕비가 덕행의 금빛 장식을 단 옷을 입고 하느님 오른쪽에 서 있습니다. 임금의 사랑을 받는 왕비의 아름다움은 흠없이 복된 육입니다. …

시편 시인은 불사불멸을 상징적으로 황금빛 옷술이라고 표현합니다. 이 옷은 여러 색깔로 이루어졌고, 정결과 현명함, 믿음과 사랑, 인내와 같은 여러 가지 덕행으로 짜였습니다. 이 덕행들은 인간 육의 추함을 가려 주는 덮개처럼 인간을 금빛 장식으로 꾸며 줍니다.

• 올림푸스의 메토디우스 『열 처녀의 향연』 7,8.

### 본성에 맞게 규정되고 있다

예수님께서는 덕의 정의는 간단하고 쉬우며 모든 사람이 이미 알고 있는 것임을 보여 주십니다. … "이것이 율법과 예언서의 정신이다"(마태 7,12)라고 하시니까요. 이로 볼 때, 덕이 우리의 본성에 맞게 규정되고 있음을 분명히 알 수 있습니다.

• 요한 크리소스토무스 『마태오 복음 강해』 23,5.

### 본성을 따라가다

자연을 거스르는 모든 것은 거짓입니다. 덕은 본성을 따라갑니다. 창조주께서는 태초에 우리를 만드실 제 우리 안에 덕의 씨앗을 심으셨기에 악은 우리의 본성과 어긋나는 것입니다. 우리 몸이 건강한 것이 자연스럽고 병이 든 것이 부자연스럽듯이, 보고 듣는 것은 자연스럽고 반면 보지 못하고 듣지 못하는 것은 부자연스러우며, 우리 영혼 안의 덕은 자연스럽고 악은 부자연스럽습니다.

• 오이쿠메니우스 『묵시록 주해』 22,17-18.

에바그리우스는 … 덕이 존재하지 않았던 시간이란 없으며, 덕이 존재하지 않을 시간도 없다고 말합니다.

• 메르브의 이쇼다드 『욥기 주해』 42,16.

## 인간과 덕

### 덕은 나이와 상관없다

성경은 왜 요셉의 나이를 밝히는 것일까요? 덕을 기르는 데 젊음은 아무런 방해가 되지 않는다는 것을 여러분에게 가르치고, 이 젊은이가 아버지에게 순종하고 형들이 잔인하게 굴었음에도 그들을 동정한 것을 여러분이 깨닫게 하려는 것입니다. …

그들은 처음부터 이 어린 동생이 덕에 이끌리고 있다는 것과 아버지가 그를 특별히 사랑하는 것을 보고 그를 미워했습니다.

• 요한 크리소스토무스 『창세기 강해』 61,2.

하늘은 자연계의 요소들을 품어 안고 있는 궁창이고, 인간은 덕들을 품어 안고 있는 궁창입니다. 그리고 이 궁창이 앞의 궁창보다 훨씬 훌륭한 궁창입니다.

• 암브로시우스 『편지』 49.

### "훈련된 지각"이 있으면 덕을 쌓는 데 유리하다

신과 인간에 대한 과학적 지식을 심어 주는 것이 바로 교육입니다. 가난해도 올곧게 살 수 있습니다. 부유해도 마찬가지로 올곧게 살 수 있습니다. 하지만 기초 교육을 갖춘 사람은 빠르고 수월하게 덕을 배웁니다. 배우지 않아도 덕을 쌓을 수 있긴 합니다만, 배우고 익힌 이들은 "훈련된 지각"(히브 5,14)을 지니고 있기에 훨씬 유리한 처지에 있는 것입니다.

• 알렉산드리아의 클레멘스 『양탄자』 1,6,35.

어떤 상황에서든 우리에게는 모든 덕의 어머니며 구원의 요약인 믿음이 필요합니다. 믿음 없이 우리는 숭고한 문제에 관한 어떤 가르침도 이해할 수 없습니다.

• 요한 크리소스토무스 『요한 복음 강해』 33,1.

### 덕으로 들어가는 입구

교회 안에 있는 이는 누구나 믿음이 있고 이미 그 집의 대문 안으로 들어왔습니다. 대문이 집의 나머지 부분으로 들어가는 입구이듯이 믿음은 나머지 덕들로 들어가는 입구입니다.

• 대 그레고리우스 『아가 강해』 26.

### 믿음에 덕을 더해야 한다

그리스도께서 알려 주신 그 영광스럽고 소중한 삶의 길을 따라 살도록 선택된 이들은 먼저 단순하고 흠 없는 믿음으로 꾸며져야 하고, 그다음엔 믿음에 덕을 더해야 합니다. 그러고 나면 그리스도의 신비에 관한 앎을 한층 더하여 그분에 관한 완전한 이해에 도달하기 위해 애써야 합니다.

• 알렉산드리아의 키릴루스 『편지』 1,3.

### 하느님의 은총으로 얻었다

요한이 인간인데도 힘과 덕으로 말미암아 천사라고 불린 것은 그가 이름과 본성에서 천사였던 것보다 더 영광스러운 일이었다고 말합니다. 천사를 천사라고 부르는 것은 그의 본성 때문에 그렇게 부르는 것이지, 그가 지닌 덕 때문에 그렇게 부르는 것은 아닙니다. 그러나 인성을 지닌 사람이 천사의 성성聖性 안으로 들어가고, 본성으로 얻을 수 없는 것을 하느님의 은총으로 얻었다면, 그야말로 놀라운 사람입니다.

• 『마태오 복음 미완성 작품』 강해 27.

그리스도를 믿어서 의로움을 인정받고 온갖 덕행으로 아름답게 장식된 이는 누구든지 하늘 나라에 합당한 이로 여겨질 것입니다.

• 알렉산드리아의 키릴루스 『루카 복음 주해』 117.

우리 영혼의 깊은 곳에 자리 잡은 것들은 너무 악하고 치유되기 어려우며 강력해서 인간적 노력과 덕행만으로 그것을 닦아 내거나 없애는 것이 가능하지 않습니다.

• 니사의 그레고리우스 『그리스도인의 생활 방식』.

참된 덕의 행실을 생각해 봅시다. 덕은 오직 하느님의 은총만을 필요로 합니다. 덕은 최상의 유일한 선을 추구하며, 그 유일한 선으로만 만족합니다. 우리는 유일한 선에서 모든 것을 받지만 우리가 그것에게 주는 것은 하나도 없습니다.

• 암브로시우스 『야곱과 행복한 삶』 2,4,15.

### 하느님의 은총으로 생겨난 것

"덕이 되는 것과 칭송받는 것이라면 무엇이든지"(필리 4,8)라는 바오로 사도의 표현은 세상의 본질을 간파한 사람의 표현입니다. "… 하는 것이라면"이라며 조건 구문을 사용한 것은 그런 까닭입니다. 우리 안에서 길러지는 덕들은 우리에게서 생겨난 것이 아니라 하느님의 은총으로 생겨난 것이기 때문입니다. 그러니 칭송조차도 우리의 것이 아닙니다.

• 마리우스 빅토리누스 『바오로 서간 주해』(필리피서) 4,8-9.

### 덕은 그 무엇보다 강력하다

여러분은 모든 사건이 차례로 질서 있게 전개되는 것을, 또 요셉이 모든 상황에서 자신의 특별한 덕과 인내를 드러내는 것을 보십니까? … 사실 덕보다 강한 것, 덕보다 강력한 것은 없습니다. … 덕이 그 자체로 그처럼 큰 힘이 있어서가 아니라 덕을 갖추는 이는 높은 데에서 오는 은총도 누리기 때문입니다. 높은 곳에서 오는 은총을 누리며 높은 곳의 도움을 받을 때, 덕은 그 무엇보다 강력하여 아무것도 그것을 이길 수 없으며, 인간의 간계만이 아니라 마귀들의 올가미도 막아 냅니다.

• 요한 크리소스토무스 『창세기 강해』 61,20.

### 은총을 겸손하게 간직하게 하다

전능하신 하느님께서는 당신의 복을 내려 주시는 데에서 놀라운 섭리를 보여 주십니다. 큰 덕을 베풀어 주신 이들에게는 작은 은혜를 주지 않으시어, 그 영혼들이 자책할 기회를 만들어 주십니다. 자신이 열망하는 완덕에 이를 수 없다는 것을 알고 자신에게 부여되지 않은 덕을 얻으려고 헛되이 분투하고 있다는 것을 깨달을 때에, 아마도 그들은 자기가 받은 은혜에 자만하지는 않을 것입니다. 자기 힘만으로는 작은 잘못이나 가벼운 결점도 극복할 수 없다는 것을 알 때에 자신의 큰 덕이 스스로 얻은 것이 아님을 깨닫기 시작하는 것입니다. … 이처럼, 그가 아무리 노력해도 이루지 못하는 그 선은 하느님께서 그에게 주신 은총을 겸손하게 간직하도록 만듭니다.

• 대 그레고리우스 『대화』 3,14.

### 은총이 없으면 덕을 진실로 사랑하지 못 한다

"죽음의 독침은 죄이며 죄의 힘은 율법입니다"(1코린 15,56). 전적으로 옳은 말입니다. 금지는 부당한 행위를 저지르고 싶다는 욕망을 북돋우기 때문입니다. 성덕을 진정으로 사랑해서 그 덕이 주는 쾌감이 죄를 지으려는 욕망을 극복하지 못하는 한, 죄를 짓지 말라는 금지는 죄를 짓고 싶은 욕망을 북돋울 뿐입니다. 그러므로 하느님의 은총이 붙들어 주지 않으면, 사람은 성덕을 진실로 사랑하거나 거기에서 즐거움을 찾지 못합니다.

• 아우구스티누스『신국론』13,5.

### 크나큰 힘

베드로가 괴로워하지도 두려움에 떨지도 않으며 잠을 자는 것을 보십시오. 재판을 앞둔 전날 밤 그는 모든 것을 하느님께 맡기고 잠을 잤습니다. 덕을 지니고 있을 때에 사람들은 실로 막강해집니다. 그래서 문이 닫혀 있고 사도는 사슬에 묶여 있고 옆에는 파수병들이 자고 있었지만, 천사는 그를 감옥에서 데려 나와 모든 어려움에서 구해 주었습니다. 이처럼, 덕이 있을 때 사람들은 크나큰 힘을 갖게 되지만, 악이 함께 있을 때는 아무런 도움도 얻지 못합니다.

• 요한 크리소스토무스『성경 주해 선집』(사도행전) 12,6-7.

### 어떤 쪽으로도 벗어나지 마라

"오른손과 왼손에 의로움의 무기를 들고"(2코린 6,7) 임금의 큰길을 걷고자 하는 사람은 사도의 가르침에 따라 "명예를 얻거나 모욕을 당하거나 중상을 받거나 칭찬을 받거나"(2코린 6,8) 그 길을 가야 합니다. [그런 사람은] 주님께서 우리에게 부어 주시는 (성)령과 지도로, 굽이치는 유혹의 소용돌이 한가운데에서 신중하게 고결한 길을 걸어야 합니다. 우리는 오른쪽으로나 왼쪽으로 조금만 빗나가도 험하디 험한 바위산으로 굴러 떨어지리라는 것을 알고 있기 때문입니다. 그러므로 현인 솔로몬은 경고합니다. "오른쪽으로도 왼쪽으로도 벗어나지 마라"(잠언 4,27). 오른쪽으로 벗어나지 말라는 말은 자신의 덕행에 우쭐하지 말고 영적으로 이루어 낸 것에 잘난 척하지 말라는 뜻입니다. 또한 악덕의 길인 왼쪽으로 벗어나, (사도의 표현대로) "자기네 수치를 영광으로"(필리 3,19) 삼는 자가 되지 말라는 뜻입니다.

• 요한 카시아누스『규정집』11,4.

많은 사람이 선하게 보이려고 지나치게 관대하게 굽니다. 그렇지만 꾸민 것이나 거짓은 참된 덕의 형태를 감당하지 못합니다.

• 암브로시우스『성직자의 의무』2,22,112.

### 덕행이라는 아름다운 옷을 빼앗기다

그리스도는 부유하시면서도 우리를 위하여 가난하게 되셨습니다(2코린 8,9 참조). 그분의 나라에서 그분은 부유하셨습니다. 그러나 육 안에서 그분은 가난하셨습니다. 가난한 이의 육을 취하셨기 때문입니다. 사실 우리는 매우 가련했었습니다. 저 뱀이 우리에게 행한 거짓으로 덕행의 값비싼 옷을 잃고 낙원에서 쫓겨났기 때문입니다. 우리는 고향에서 쫓겨나 유배를 갔습니다. 우리는 발가벗기기까지 했습니다. 죄로 인하여 한때 우리의 몸을 감쌌던 덕행이라는 아름다운 옷을 빼앗기고 말았습니다.

• 암브로시우스『열두 시편 해설』41,4.

### 덕이라는 옷을 보존한 요셉

요셉은 덕이라는 옷을 더럽히지 않고 보존했기에, 알몸이 되었다기보다 [천으로 된 물건만] 빼앗긴 것입니다. 그는 창조주의 모상에 따라 새로워져 지식으로 들어가는 새 인간을 입기 위해 행동으로 옛 인간을 벗었습니다. 반면 아담은 특별히 부여받은 덕을 잃어버려 자기 몸을 가릴 수 없었던 까닭에 알몸으로 남았습니다.

• 아를의 카이사리우스『설교』92,3.

### 인간 본성이 덕성스러운 삶으로 피어나다

예수님께서는 사람을 소생시키는 성령의 선물을 "생수"(요한 4,10)라고 표현하십니다. 인간의 본성이 악마들의 죄 때문에 뿌리까지 바싹 말라 아무런 덕도 열매 맺지 못하는 상태가 되었기 때문입니다. 그러나 이제 인간 본성이 원초의 아름다움을 되찾습니다. 생명을 주는 물을 마심으로써 온갖 좋은 것들로 아름다워지며 덕성스러운 삶으로 꽃 피어나고 하느님을 향해 건강한 사랑의 새싹들을 내밀고 있습니다.

• 알렉산드리아의 키릴루스 『요한 복음 주해』 2,4.

### 속박에서 자유로 옮겨 가다

하느님께서 함께 계셔 주시는 이들만이, 바빌론의 속박에서 예루살렘의 자유로 옮겨 가듯 실제로도 죄의 '혼란'에서 벗어나와 덕행으로 옮겨 갈 수 있다는 것을 모를 이가 누구겠습니까?

• 존자 베다 『에즈라기와 느헤미야기 우의적 해설』 1,1.

우리는 덕의 길을 어떻게 걸어야 하는지를 성경에서 배웁니다. 의로운 삶을 산 이들의 모든 훌륭한 행적이 거기에 기록되어 있기 때문입니다.

• 사도나 『완덕에 관한 책』 50.

### 덕의 길을 가는 영혼

덕의 힘은 삶의 어려움에 쉽게 무너지지 않으며, 사람들에게 못되게 구는 모든 사람 저 위에 서서 안전하게 보호받으며 살게 합니다. 이것만큼 좋은 것이 무엇이 있겠습니까? 왕관을 쓴 자도 자신에게 이런 것을 줄 수 없으니 말입니다. 그러나 덕의 길을 가는 이는 이런 안정을 누리며 살 수 있습니다. 그런 사람만이 온전한 마음의 평정을 지니고 있기 때문입니다. … 덕의 길을 가는 영혼은 사람에게 닥칠 수 있는 이런 재앙 가운데 어느 것에도 무너지지 않는다고 합니다.

• 요한 크리소스토무스 『마태오 복음 강해』 24,2.

### 모세가 백성들에게 지시한 것

지도자를 따라 덕을 향해 가는 사람들에게는 이집트의 부가 결핍되어서도, 이민족들의 보물을 박탈당해서도 안 된다고 저는 생각합니다. 오히려 원수들의 재산을 모두 차지하고서 그것을 자신들에게 필요한 곳에 써야 합니다. 그때에 모세가 백성들에게 지시한 것이 바로 이것입니다. … 곧, 덕을 통해 자유로운 삶에 참여하는 사람들은 믿음에 든 이민족들을 아름다운 모습이 되게 한 이교인의 교육의 풍요로움도 이용하라는 것입니다. 덕의 길로 우리를 이끄는 이 인도자(모세)는 부유한 이집트인들로부터 '빌리는' 이에게 도덕과 자연철학, 기하학, 천문학, 변증법을 비롯하여 교회 밖의 사람들이 추구하는 것들을 받으라고 지시합니다. 신비의 거룩한 장소를 이성의 풍요로움으로 장식해야 할 때 이런 것들이 유용하기 때문입니다.

• 니사의 그레고리우스 『모세의 생애』 2,112.115-16.

### 덕의 길을 선택한 이들

그분께서는 무수히 많은 사람 가운데 한 사람이라도 당신께 기꺼운 행동을 하는 이를 발견하면, 그를 경멸하시기는커녕 당신의 특별한 섭리로 그를 기쁘게 해 주시며, 다른 사람들이 악에 기울어 있어 더욱 힘들게 덕의 길을 선택한 사람일수록 그에게 더욱 세심한 배려를 보여 주십니다.

• 요한 크리소스토무스 『창세기 강해』 22,18.

### 성별에 얽매이지 않다

바오로가 이름을 거론한 여성들이 얼마나 고귀한 사람들인지 주목합시다. 그들은 덕의 길을 따르는 데 성별에 전혀 얽매이지 않았는데 이것은 마땅한 일입니다. '그리스도 예수님 안에서는 남자도 여자도 없기'(갈라 3,28 참조) 때문입니다.

• 요한 크리소스토무스 『로마서 강해』 30.

창조는 남자와 여자 모두를 똑같이 영예롭게 한 것이기에 남자의 덕이나 여자의 덕이나 같습니다. 그러므로 덕에 대한 보상도 동일합니다.

• 대 바실리우스 『시편 강해』 10,3 (제1편).

덕행의 길을 걷는 당신은 부모의 집을 떠나는 출발을 잊지 말고 마땅히 경계하여 구원을 얻을 줄 알아야 합니다.

• 바바이 『키리아쿠스에게 보낸 편지』 3.

### 하느님과 함께 있게 되다

덕을 위해 견딘 모든 환난의 결과는 기쁨이고, 모든 수고의 결과는 안식이며, 모든 치욕스러운 대우를 견딘 결과는 영광입니다. 간단히 말해, 덕을 위한 모든 고난의 결과는 하느님과 함께 있게 되는 것입니다. 영원히 그분과 함께 머물며 영원한 안식을 누리는 것입니다.

• 고백자 막시무스
『(성자의) 하느님성과 구원경륜에 관한 단상』 1,44.

### 우리의 마음을 그분께 두는 덕

주님을 신뢰하고 주님 안에서 확신을 갖는 것은 결코 사소한 덕이 아닙니다. 하느님께서는 의로움과 함께 우리에게 이런 덕을 요구하십니다. 곧, 하느님을 신뢰하며 그분께 희망을 두고, 이 세상의 것에 신뢰를 두지 않고 모든 것에서 이탈하여 우리의 마음을 그분께 두는 덕을 지니기를 바라십니다.

• 요한 크리소스토무스 『시편 해설』 4,9.

### 시들지 않는 영광의 화관

올림픽 경기에서 승리한 뒤에 받는 화관은 월계관이나 군중의 박수와 환호에 불과합니다. 저녁이 되면 이 모두는 사라져 없어지지만, 덕행과 덕행을 얻기 위해 벌인 투쟁으로 받는 화관은 물질로 된 것이 아닙니다. 그 화관은 이 세상에서 썩지 않고 영원하며 세세 대대 영속합니다.

• 요한 크리소스토무스 『창세기 강해』 42,4.

땅에서 올곧고 덕성스럽게 사는 이들에게는 옷 같은 것이 아니라 금보다, 어떤 상이나 보상보다 값진 화관과 수만 가지 축복이 기다리고 있다는 것을 우리는 압니다.

• 요한 크리소스토무스 『하느님의 이해할 수 없는 본성』 6,7.

## 영혼의 덕

우리 영혼의 본질은 덕입니다. 이 덕은 당신의 모습으로 만드신 우리 마음에 하느님께서 쏟아부어 주신 것입니다.

• 암브로시우스 『열두 시편 해설』 39,28.

### 영혼의 덕을 나타내는 사라

저는, '공주' 또는 '제국을 다스리는 이'라는 뜻의 '사라'는 영혼의 덕인 '아레테'aretē를 나타낸다고 생각합니다. 그렇다면 이 덕은, 지혜에 대해 "나는 지혜를 아내로 맞아들이려고 애를 썼다"(지혜 8,2)라고 말한 그 지혜로운 남자 같은, 지혜롭고 충실한 사람과 결합하여 그와 밀착되어 있습니다. … 이는 덕과 혼인한 사람이라면 모든 일에서 그녀의 충고에 귀 기울이라는 뜻입니다.

그러므로 아브라함이 [사라를 자기 누이라고 말하는 것은] 이제 덕이 자기 아내로 불리는 것을 바라지 않는 것입니다. 덕이 그의 아내로 불리는 한, 덕은 그에게 속하고 아무와도 나눌 수 없기 때문입니다. 그리고 우리가 완덕에 도달할 때까지 영혼의 덕은 우리 안에 개인적인 것으로 남아 있는 것이 적절합니다. 그러나 우리가 완덕에 도달해 다른 사람들을 가르칠 수도 있게 되면, 더 이상 덕을 나의 아내로 내 가슴 안에 가두어 두지 말고 누이가 되게 합시다. 그가 그녀를 원하는 다른 사람들과도 결합하게 합시다. 거룩한 말씀께서 완전한 이들에게 '지혜가 내 누이'라고 말씀하시기 때문입니다(잠언 7,4 참조). 그래서 아브라함도 이런 의미에서 사라를 자기 누이라고 한 것입니다. … 사실 파라오도 한때 사라를 받아들이기 원했지만(창세 12,15 참조), 그는 순수한 마음으로 원한 것이 아니었습니다. 그리고 덕은 깨끗한 마음과만 결합할 수 있습니다. 그래서 성경은 "주님께서는 파라오에게 여러 가지 큰 재앙을 내리셨다"(창세 12,17)라고 합니다. 덕은 '파괴자' — 우리의 언어에서 '파라오'는 이런 뜻입니다 — 와 함께 머무를 수 없기 때문입니다.

• 오리게네스 『창세기 강해』 6,1-2.

### 인간의 악과 덕은 형제

"형제들"(창세 13,8)이라는 말은 앞에서 말했듯이 이성적 차원이 비이성적 감각들과 결합되어 하나인 영혼 그리고 이성적 부분이 덕들과도 결합되어 있는 영혼을 가리키는 말로 보는 것이 훨씬 적절합니다. 그렇게 볼 때, 인간의 악과 덕은 형제라는 필연성에 의해 묶여 있습니다. 사실, 악덕은 육적이고 덕은 이성적 영혼에 속합니다.

• 암브로시우스 『아브라함』 2,6,28.

"참된 것은 무엇이든지"(필리 4,8)는 덕성스러운 것을 가리킵니다. 실로 참된 것은 덕이기 때문입니다. 거짓은 악덕입니다.

• 요한 크리소스토무스 『필리피서 강해』 15,4,9.

악과 덕이 같은 영혼 안에서 함께 자라는 것은 옳지 않습니다.

• 니사의 그레고리우스 『그리스도인의 생활 방식』.

### 두 가지 요소에 다 참여할 수는 없다

빛과 어둠이 함께 존재한다는 것은 있을 수도 없는 모순된 일이기에, 이 상반된 속성을 둘 다 지니고 있는 사람은 덕과 악의 두 길로 나뉘어 자기가 자기의 원수가 됩니다. 그의 안에서는 적들끼리 싸우는 전투가 벌어집니다. … 우리가 양손으로 서로 다른 것을 계속 붙들고 있더라도 우리 안의 두 가지 요소에 다 참여할 수는 없습니다. 우리가 악을 붙들고 있다면 덕을 붙들 힘을 잃어버리기 때문입니다.

• 니사의 그레고리우스
『그리스도인의 완덕에 관해 올림피우스 수도승에게』.

악은 세상과 우애를 쌓는 것이고 덕은 하느님과 우애를 쌓는 것이기에 덕과 악은 공존할 수 없습니다.

• 오리게네스 『성경 주해 선집』.

### 이성의 인도를 받다

하느님께서는 이성적 영혼에게 유리하게 모든 힘을, 곧 사랑하는 힘과 미워하는 힘을 주셨습니다. 이는 이성의 인도를 받아 우리가 덕을 사랑하고 악덕을 미워하게 하려는 뜻이었습니다.

• 대 바실리우스 『시편 강해』 17,8.

### 덕의 씨앗을 뿌리다

주님께서는 믿는 이들의 마음에 온갖 종류의 덕

의 씨앗을 뿌리십니다. 그분께서 신랑으로 불리는 것은 바로 이 때문입니다! 그런데 어떤 이들은 하느님에게서 오는 빛을 받고 있는데도 그에 맞갖은 모습이 되지 못했습니다. … 부주의한 처녀들은 기름을 가지고 있지 않았습니다. 그들의 영혼은 어두워지기 시작합니다. 그리고 마치 심지가 다 타 버린 것처럼 어지러운 상태에 빠집니다. 그러면 그들은 다른 사람들의 덕을 빌려 자비를 얻을 수 있지 않을까 생각합니다. 그러나 그들은 소원을 이루지 못합니다. 다른 처녀들이 우리도 너희도 모자랄 터이니 안 된다고 하기 때문입니다. 각 사람의 덕은 자기 영혼의 구원에도 충분하기가 어렵습니다. 무척 슬기로운 이들조차도 많은 면에서 잘못을 저지르기 때문입니다.

• 알렉산드리아의 키릴루스 『마태오 복음 단편』 280.

### 덕으로 양육되다

덕과 악덕은 영혼의 양식입니다. 영혼은 자기가 원하는 쪽으로 돌아서서 그 쪽만 먹을 수 있습니다. 도덕적 훌륭함 쪽으로 기울어 있는 영혼은 덕(의로움, 절제, 온유함, 인내)의 양식을 먹을 것입니다.

• 아타나시우스 『축일 서간』 1,5.

### 모든 덕행을 다 받아들일 수 있다

하느님께서는 인간이 시련을 통해 회개하게 하십니다. 인간에게 나타난 악, 곧 사악함은 회개를 통하여 태워 없앨 수 있습니다. 그렇게 되면 불의가 지배하던 영혼의 자리가 덕행과 은총을 받을 수 있는 자리가 됩니다. 영혼은 하느님과 비슷하게 만들어졌기 때문에(창세 1,26-27 참조) 고귀한 본성을 지니고 있어서 모든 덕행을 다 받아들일 수 있습니다.

• 암브로시우스 『열두 시편 해설』 1,48.

### 영혼을 좋은 옷으로 꾸미다

성령께서는 사실상 아무것도 다음 날로 미루지 말고 가능한 모든 좋은 것을 우리 영혼에게 해주라고 가르치십니다. 우리는 천국에 들어가게 하는 모든 덕행으로 영혼을 꾸미고 "네 옷은 항상 깨끗하게 하고 네 머리에는 향유가 모자라지 않게 하여라"(코헬 9,8)라는 기분 좋은 말에 따라 영혼을 좋은 옷으로 꾸미기 위해 이렇게 합니다.

• 호르시에시 『교리교육』 4,1.

### 고귀한 덕을 닦고 있는 사람들

매우 드문 소수의 사람들은 지혜와 지식에 관심을 기울이고 마음을 깨끗하고 순결하게 지키며 자기 영혼을 위하여 고귀한 덕을 닦고 있습니다. 그들은 가르침으로 영향을 미쳐, 더 단순한 사람들에게 살아가는 길과 구원에 이르는 길을 밝혀 줄 수 있습니다.

• 오리게네스 『여호수아기 강해』 17,2.

### 하느님에 대한 두려움과 경외

하느님께서는 믿음, 순수함, 참됨 같은 배 속이 아니라 영혼 깊은 곳에 존재하는 우리의 덕들을 기꺼워하십니다. 우리가 이런 덕을 지니게 해 주는 것은 썩고 마는 지상의 음식이 아니라 하느님에 대한 두려움과 경외입니다.

• 노바티아누스 『유대인의 음식』 5,17.

### 유혹이 자라게 하지 마라

그대의 내면이 악과 덕 사이에서 갈팡질팡하는 낌새를 보인다면 다음과 같이 말하십시오. "내 영혼아, 어찌하여 내 안에서 신음하느냐? 하느님께 바라라. 나 그분을 다시 찬송하게 되리라. …"(시편 42,12). … 원수가 아직 보잘것없을 때 죽이십시오. 그리고 가라지를 거두게 되는 일이 없도록 악의 싹을 잘라 버리십시오.

• 히에로니무스 『편지』 22,6.

덕행을 위한 자리를 만들기 위해서는 악을 쫓아 내어야 합니다.

• 아를의 카이사리우스 『설교』 210,5.

### 자기중심주의는 덕과 상극이다

물은 불과, 불은 물과 언제나 상극이며 이런 것들은 결코 같이 살 수 없듯이, 자기중심주의와 덕은 서로 정반대되며, 이 둘은 한 영혼 안에서 결코 쉽게 더불어 살 수 없습니다. 그러므로 우리는 자신의 영혼에서 자기중심주의를 몰아내고 그리스도의 계명을 지키며 살아야 합니다.

• 오리게네스 『마태오 복음 주해 단편』 114.

### "껴안을 때"와 "떨어질 때"의 더 깊은 의미

솔로몬 역시 지혜와 사랑에 빠진 사람의 영성적 혼인을 시적으로 묘사하면서 우리가 덕행과 일치할 수 있는 많은 방식을 언급하며 "지혜를 소중히 여겨라. 그것이 너를 껴안아 주리라"(잠언 4,8 칠십인역)라고 덧붙입니다. … 시온산은 예루살렘의 높은 지대에 솟아 있습니다. 그러므로 예루살렘을 껴안으라는 것은 높은 원칙들을 지키라는 명령입니다. 그렇게 할 때 당신이 서둘러 덕행의 성채 자체, 그가 우의적으로 "시온"이라는 이름으로 가리킨 성채에 도달하게 됩니다. 그리고 당신으로 하여금 지혜와 더불어 살게 하는 이는 당신이 누릴 미래에 포옹의 기쁜 소식을 알립니다. 그러므로 시온을 껴안을 때가 있고 지혜에게 껴안길 때가 있습니다. "시온"이라는 이름은 품행의 절정을 나타내고, "지혜"는 모든 덕행을 뜻하기 때문입니다.

만약 우리가 이 말씀들을 통해 껴안아야 할 올바른 순간을 배웠다면, 동일한 말씀을 통하여 어떤 경우에 떨어짐이 껴안음보다 더욱 유익한지도 배웠습니다. "떨어질 때가 있다"(코헬 3,5)라고 하기 때문입니다. 덕행에 친숙한 사람은 악의 상태에는 낯선 사람입니다. … 당신이 선을 굳게 지켰다면, 당신은 확실히 악을 멀리합니다.

• 니사의 그레고리우스 『코헬렛 강해』 7.

### 영혼은 더 높은 곳으로

숭고한 영혼은 똑바로 꼿꼿하게 서 있지만 낮추어진 영혼은 구부러져 있습니다. 덕행이 지닌 천상적인 특징과 천상의 것들에 대한 갈망으로 영혼은 더 높은 곳으로 들어 높여집니다.

• 대 그레고리우스 『열왕기 상권 해설』 5,57.

### 열정적이며 깨어 있는 영혼

열정적이고 깨어 있는 영혼은 이렇습니다. 장애물들이 있다고 해서 덕의 증거를 내보이는 일에 방해받기는커녕 오히려 그 장애물들에 자극을 받아 더 높은 곳으로 올라가고 더욱 환한 욕망의 불꽃으로 타오릅니다.

• 요한 크리소스토무스 『창세기 강해』 43,9.

덕이라는 장식물로 우리 육체와 영혼을 꾸밉시다. 우리의 지체들을 죄의 도구가 아니라 의로움의 도구로 만듭시다.

• 요한 크리소스토무스
『(입상에 관해) 안티오키아 신자들에게 행한 설교』 4,10.

### 우리 영혼의 벽을 장식하는 덕행들

우리 영혼을 하느님과 비슷하게 하느님의 모습이 되도록 들어 올립시다. 악으로부터 달아남으로써 하느님과 비슷하게 되고, 덕행을 통해 하느님의 모습을 얻게 됩니다. 그렇게 되면 하느님께서는 화가처럼 온갖 덕행의 색깔로 우리를 꾸며 주십니다. "보라, 예루살렘아, 내가 너의 성벽을 칠하였다." 아름답게 칠해진 우리 영혼의 성벽을 받쳐 주는 버팀목들을 소홀함이라는 붓질로 지워 버리지 맙시다.

• 암브로시우스 『죽음의 유익』 5,17.

### 공덕을 쌓아라

당신의 영혼이 깨끗한 양심으로 영원한 임금의 엄숙한 잔치, 곧 우리 주님이요 구원자의 생일잔치에 참석할 수 있도록, 그리스도의 도움을 받아 그와 같은 정성으로 당신의 영혼이 다양한 덕으로 치장되도록 최대한 노력하십시오. 그것이 소박함이라는 보석들과 절제라는 꽃들과 광채를 발하는 정결과 빛나는 자비와 즐거운 적선으로 치장되게 하십시오. … 그리스도를 손님으로, 그리고 식구로 맞을 공덕을 쌓을 수 있도록, 하느님의 도우심 아래 자신의 삶을 이런 식으로 사는 영혼은 참으로 행복합니다.

• 아를의 카이사리우스 『설교』 187,3.

### 변화되다

"정신을 새롭게 하여 여러분 자신이 변화되게 하십시오"(로마 12,2). 이 말은 어떤 형태가 유죄인지 말해 줍니다. 모든 영혼은 한때 불의한 형태를 지니고 있었습니다. 그러나 바오로의 말은 우리에게 그러한 모습을 벗어 버리고 각각의 덕의 형태를 갖추라고 촉구합니다. 그러면 우리 마음의 얼굴이 드러날 때 우리는 하느님의 모습에 의해 변화하여 그분의 영광을 바라볼 수 있습니다.

• 오리게네스 『로마서 주해』.

## 덕의 단계

### 덕의 목적

덕의 목적은 지혜로운 사람이 먼저 준비 교육과 그림자를 통해 훈련을 거침으로써 더 위대한 것들에 도달하게 하는 것입니다. 이것이 바람직한 순서입니다. … 다른 것들을 덕보다 앞세우는 사람은 덕의 이름을 더럽히는 것입니다. 덕 자체를 위해서가 아니라 다른 것 — 예를 들어, 칭찬이나 영광 — 을 위하여 덕을 선택한다면, 비록 선 자체는 모욕을 당할 수 없는 것이지만, 어떤 의미에서 그것은 선을 모욕하는 것입니다.

• 맹인 디디무스 『창세기 주해』 237-38.

### 초보적 단계에 갇혀 있는 사람

사실, 초보적 단계인 문자 안에 갇혀 있는 사람은 아무도 '지혜' 자체를 가졌다고 내세울 수 없습니다. 그렇다면 예비 단계에 속한 것들을 이용하는, '지혜'를 사랑하는 이들이 거기에 머물러 있다면, 그것은 덕을 멸시하는 것이라고 할 수 있습니다. 그러나 그들이 더 나은 생각으로 진보하면, 예비적인 방식을 제쳐놓아 그것이 달아나게 합니다. … 덕의 위대함에 [질려] 달아나던 하가르를 발견한 천사는 그녀가 온 길을 다시 돌아가게 합니다. 실로 '스승'의 말은 예비적 훈련에 속한 것조차도 덕으로 귀결되게 만듭니다. …

덕 높은 사람은 실제로 원칙들과 목표를 알지만, 아직도 입문 단계에 있는 이는 덕이 너무 높은 것이라는 핑계 아래 그 단계에 남아 있는 때가 많습니다. 말하자면 완전함이 요구하는 노력을 피해 달아나는 것입니다. "저의 여주인 사라이를 피하여 도망치는 길입니다"(창세 16,8)라는 말은 바로 이것을 드러내 줍니다.

• 맹인 디디무스 『창세기 주해』 243.

### 사라는 완전한 덕과 철학을 나타낸다

필론은 사라가 완전한 덕과 철학을 나타낸다고 풀이했습니다. 사라는 출신이 고귀하며 합법적인 남편과 사는 자유인이고 본처이기 때문입니다. 덕은 남편에게 거룩한 후손을 낳아 줄 수 있도록 합법적인 관계 안에서 지혜로운 남자와 살아갑니다. … 사라는 우의적으로, 완전하고 영적인 덕을 나타냅니다. 이집트인 여종 하가르는 필론에 따르면 준비 훈련들을, 바오로에 따르면 [장차 올 좋은 것들의] "그림자"(히브 10,1)를 상징합니다. … 열정이 지혜로운 이들을 자극하여 순서를 밟아 더 높은 실재로 올라가게 하듯이, 덕은 그들이 먼저 기초 학문을 이용하여 거기서 자녀를 얻도록 거룩한 의향으로 그들을 자극합니다. 사실, 덕에 와닿은 지 얼마 안 되는 사람이 덕에게서 자녀를 얻을 만큼 성공적으로 완덕에 이르는 것은 불가능하므로, 덕은 그런 이에게 먼저 준비 훈련에 힘쓰라고 충고합니다. 그가 할 수만 있다면 그 길을 통해 덕을 완전하게 파악할 수 있게 하려는 것입니다.

• 맹인 디디무스 『창세기 주해』 235-36.

### 열성적인 인간이 충고를 받아들이다

열성적인 인간은 비록 아직 입문 단계에 있을지라도 덕에 완전히 낯선 자가 아니므로 기꺼이 덕의 꾸짖음을 받아들이고 그에 따라 시시한 것들을 곧바로 버림을 나타냅니다. 덕에 복종하는 이로서 그(아브라함)는 준비 훈련을 통하여 덕의 지시를 따르며 덕이 자신을 조종하도록 놓아둡니다. 그는 덕이 자신의 모든 말과 행동과 생각의 목적이 되기를 바라므로, 덕의 충고는 무엇이든 기꺼이 받아들입니다.

• 맹인 디디무스 『창세기 주해』 241.

### 덕의 단계

이 구절[2베드 1,11 참조]은 에제키엘서의 이 말씀을 떠올리게 합니다. "그리로 올라가는 층계가 여덟 개 있었다"(에제 40,31). 이 두 말씀을 연관 짓는 것은 베드로 사도가 여기서 덕의 여덟 단계를 나열하고 있기 때문입니다. 그는 세상의 욕정이라는 타락에서 달아난 이들이 하늘 나라에 들어가려면 이 덕들의 단계를 통해 올라가야 한다고 합니다.

• 존자 베다 『가톨릭 서간 해설』(베드로 2서).

### 덕의 정점에 오르기 위한 기도의 단계

그리스도께서는 사랑하라고만 이르시지 않고 기도하라고도 하십니다. 여러분은 그리스도께서 얼마나 많은 계단을 올라가시어, 우리를 덕의 최정점에 올려놓으신 것을 아시겠습니까? 처음부터 하나씩 세어 봅시다. 불의로 시작하지 않는 것이 첫 계단입니다. 그렇게 시작한 사람이 자기가 당한 대로 되갚지 않는 것이 둘째 계단입니다. 셋째는 우리에게 해를 입히는 자에게 똑같은 식으로 대하지 않고 평정을 유지하는 것입니다. 넷째는 억울한 고통도 기꺼이 당하는 것입니다. 다섯째는 악행자가 빼앗고자 하는 것보다 더 많이 주는 것입니다. 여섯째는 우리에게 잘못한 이를 미워하지 않는 것입니다. 일곱째는 그런 이를 사랑하기까지 하는 것입니다. 여덟째는 그런 이에게 선을 베풀기까지 하는 것입니다. 아홉째는 원수를 위해 하느님께 간청하는 것입니다. 그리스도인의 자세가 얼마나 향상되었는지 확실히 아시겠지요? 따라서 그 상 또한 영광스럽습니다.

• 요한 크리소스토무스 『마태오 복음 강해』 18,4.

### 영적 생활의 출발지

첫 번째 출발지는 라메쎄[라메세스]였습니다. 영

혼이 이 세상에서 출발하여 미래로 가든지 또는 잘못된 삶에서 방향을 바꾸어 덕과 앎의 길로 들어서든지, 그것은 라메쎄로부터 출발합니다. 우리 언어에서 '라메쎄'는 '혼란스러운 동요'나 '벌레의 꿈틀거림'을 뜻합니다. 이는 이 세상의 모든 것은 동요와 무질서, 그리고 부패 가운데 있다는 것을 분명히 말해 줍니다. 영혼은 그러한 동요 가운데 머물러서는 안 되고, 그곳을 떠나 속코트[수콧]으로 가야 합니다.

• 오리게네스 『민수기 강해』 27,9.

### 영혼은 투쟁해야 한다

그런 다음 영혼은 자신이 준비되었다고 생각하면, 수콧을 떠나 부탄[에탐]에 진을 칩니다. '부탄'은 '계곡'을 뜻합니다. 우리는 이 단계들이 덕의 진보를 가리킨다고 말한 바 있습니다. 그리고 덕은 훈련과 노력이 없으면 얻을 수 없고, 번영할 때는 역경 때만큼 단련이 되지 않습니다. 그래서 영혼은 골짜기로 갑니다. 낮은 골짜기는 악마를 비롯한 반대 세력과의 싸움이 벌어지는 곳이기 때문입니다.

• 오리게네스 『민수기 강해』 27,9.

### 영혼을 강하게 만드는 유혹

다음에 그들은 가드가드[호르 깃갓]에 왔습니다. 이 이름은 '유혹' 또는 '수많은 군중'을 뜻합니다. 제가 생각하기에, 유혹은 일종의 힘이며 영혼을 위한 방어입니다. 유혹은 덕과 긴밀하게 섞여 있어서, 유혹이 함께 모습을 드러내지 않는 완성된 덕은 없습니다.

• 오리게네스 『민수기 강해』 27,12.

### '유혹의 벌집'

그곳을 떠나 그들은 이제 다이본 가드[디본 가드]로 옵니다. 이 이름은 '유혹의 벌집'을 뜻합니다. 하느님 섭리의 신중함은 얼마나 놀라운가요! 하늘로의 여행길을 가는 나그네가 덕의 과정을 거쳐 가장 높은 완전한 단계에 도달합니다. 그럼에도 불구하고 유혹이 그를 떠난 것은 아닙니다.

• 오리게네스 『민수기 강해』 27,12.

### 세상으로부터 분리

그다음 단계는 나바우[느보] 앞 아바림인데, 이 이름은 '통과'라는 뜻입니다. 그러나 "나바우"(민수 33,47)는 '분리'를 뜻합니다. 영혼이 이 모든 덕을 지나는 여행을 마치고 최고의 완전함에 도달하면, 그다음에는 에녹에 관해 쓰여 있는 것처럼, 세상을 '통과'하고 세상으로부터 '분리'됩니다. "[에녹은] 사라졌다. 하느님께서 그를 데려가셨기 때문이다"(창세 5,24).

• 오리게네스 『민수기 강해』 27,12.

### 덕들은 대문 안쪽의 층계들이다

우리는 층계들이 덕에서 덕으로 가는 것이라는 해석에 놀라지 말아야 합니다. 모든 덕은 하나하나가 말하자면 어떤 층계들을 거쳐 자라며 그리하여 공로들이 늘어남으로써 높은 곳으로 올라가기 때문입니다.

• 대 그레고리우스 『에제키엘서 강해』 2,3,4.

### 하늘에 닿아 있는 층계

땅에 고정된 채 하늘에 닿아 있는 층계는 그리스도의 십자가입니다. 하늘로 들어가는 길이 그것을 통해 우리에게 주어졌고, 그것은 실제로 우리를 하늘로 인도하기 때문입니다. 이 층계에는 서로 다른 덕의 계단들이 자리 잡고 있으며, 그것을 통해 우리는 하늘을 향해 올라갑니다. 믿음, 의로움, 정결, 성덕, 인내, 신심 같은 모든 덕이 이 층계의 계단입니다. 우리가 성실하게 그것을 기어오르면, 틀림없이 하늘에 닿습니다. 그러므로 우리는 이 층계가 그리스도의 십자가를 상징한다는 것을 잘 압니다. 실제로 층계들이 두 개의 수직 기둥 사이에 가로걸려 있듯이 그리스도의 십자가는 두 계약 사이에 걸려 있으며 그 안에 거룩한 계명들의 층계를 지니고 있습니다. 우리는 그것들을 딛고 하늘로 올라갑니다.

• 아퀼레이아의 크로마티우스 『설교』 1,6.

사람은 누구나 먼저 고침을 받고 조금씩 조금씩 덕을 기름으로써 산 위로 올라갑니다. 그리스도께서는 각 사람을 평지에서 고쳐 주십니다.

• 암브로시우스 『루카 복음 해설』 5,46.

### 첫 발을 내딛는 행동이 필요하다

덕을 지니고 하늘 높이 올라가는 일은 뜻을 세우기만 하면 되니, 이런 갖가지 재주보다 쉬운 일입니다. 뜻을 세워 첫 발을 내딛는 행동이 필요할 뿐, 나머지는 모두 절로 따라옵니다.

• 요한 크리소스토무스 『히브리서 강해』 16,9.

### 조금씩 올라가다

아버지[야곱]는 "요셉이 장성한 아들"(창세 49,22 칠십인역)이라고 합니다. "장성한 이"란 누구겠습니까? 잘못과 오류 속에 있었지만 새롭게 되고 덕의 여러 단계를 거쳐 돌아와 가장 위대한 승리를 거둔 이 아니겠습니까? 그러나 그는 조금씩 조금씩 올라가기에 한 단계씩 커지는 것으로 묘사됩니다.

• 아퀼레이아의 루피누스 『(열두) 성조의 축복』 2,27.

### 덕행의 순서

바오로 사도는 다양한 덕행을 열거하면서 그 순서를 짚어 주었습니다. 곧, 어느 덕행이 어떤 덕행에서 생기는지 설명하면서 이렇게 말했습니다. "밤샘과 단식으로, 순결과 지식과 인내와 호의와 성령과 거짓 없는 사랑으로"(2코린 6,5-6). 이렇게 그는 덕행을 서로 연결해 틀림없이 밤샘과 단식에서 순결로, 순결에서 지식으로, 지식에서 인내로, 인내에서 호의로, 호의에서 성령으로, 성령에서 거짓 없는 사랑의 상급으로 다다르게 된다고 가르치려 했을 것입니다. 그대도 이 방법과 이 순서로 영적 인식을 얻게 되면 무익하고 공허한 학식이 아니라 우리가 말한 살아 있고 열매가 풍요로운 가르침을 전할 수 있게 될 것입니다.

• 요한 카시아누스 『담화집』 14,16.

### 덕행에서 진보하라

앞으로 나아가십시오. 덕행에서 진보하십시오. 바오로 사도의 말에 따르면, 점점 더 사악해지는 사람들이 있다고 합니다. 여러분이 앞으로 나아가고 있다면 진보하는 것입니다. 덕행에서 진보하십시오. 믿음에서 진보하십시오. 선행에서 진보하십시오. 계속 찬미하십시오. 계속 앞으로 나아가십시오. 헤매지도 말고, 돌아가지도 말고, 가만히 있지도 마십시오.

• 아우구스티누스 『설교』 256.

그분의 눈은 언제나 자신의 건물에 가 있습니다. 그분께서는 각 사람이 덕에서 얼마나 진보했는지 끊임없이 지켜보십니다.

• 대 그레고리우스 『에제키엘서 강해』 2,1,16.

덕의 영적 날개를 타고 하늘로 들어 올려질 수 있도록 집비둘기의 단순함과 산비둘기의 순결을 지니도록 합시다.

• 아를의 카이사리우스 『설교』 82,3.

### 순종하며 잘 응답하는 영혼

순종하며 잘 응답하는 영혼은 이처럼 스스로 덕성스러운 삶으로 힘차게 나아갑니다. 덕성스러운 삶은 한편으론 자유 자체입니다. 현세 삶의 사슬을 벗어남이요 저급하고 공허한 것을 추구하는 종살이에서 벗어남입니다. 다른 한편으로, 이런 영혼은 믿음과 하느님만을 위한 삶에 자기 자신을 바칩니다.

• 니사의 그레고리우스『그리스도인의 생활 방식』.

씨가 어떻게 싹이 터서 자라는지 자신은 알지 못합니다. 자기 안에 심겨 자라나고 있는 덕이 얼마나 성장했는지 아직 헤아릴 길이 없기 때문입니다.

• 대 그레고리우스『에제키엘서 강해』2,3,5.

### 영근 낟알

땅은 처음에는 줄기를 내고, 그다음에는 이삭을, 또 그다음에는 이삭에 가득 달린 낟알을 냅니다. 아직 여린 줄기이지만 좋은 시작입니다. 영혼에 심어진 덕이 선행으로 발전할 때 줄기에 이삭이 팹니다. 덕에서 훌륭하고 완전한 행동이 나올 정도로 진보하면 마침내 이삭에 낟알이 가득 달립니다. 그 낟알들이 영글면 곧 낫을 댑니다. 추수 때가 되었기 때문입니다.

• 대 그레고리우스『에제키엘서 강해』2,3,5.

### 행복한 삶인 영원에 이르게 될 것이다

그대가 지닌 덕들이 받은 것이라는 사실을 깨달았다면, 그리고 그대에게 그것을 주신 분께 고마운 마음을 가지고 있다면, 세속의 직무를 행할 때에도 그분을 섬기는 데 그 마음을 쓰십시오. 그대가 사랑으로 다스리든 두려움을 가지게 해 다스리든, 그대의 신심 깊은 생활의 본보기와 그들의 복지에 대한 그대의 열정으로 사람들을 일깨워 그대의 권위에 복종하게 만들고 그리하여 그들이 하느님을 섬기도록 이끈다면, 그대가 그들의 더 확실한 안전을 위해 일하면서 그들이 그들의 행복이 되실 분께 이르게 되는 것만을 목표로 삼는다면, 그대의 덕들은 참된 덕이 될 것이며, 그 덕들은 그대에게 많은 것을 베풀어 주시는 그분의 도우심으로 더욱 커지고 결국엔 완전하게 되어 틀림없이 그대는 진정 행복한 삶인 영원에 이르게 될 것입니다. 그 삶에서는 더 이상 분별의 덕으로 선과 악을 구별할 필요가 없을 것입니다. 그곳에는 악이라는 것이 아예 없기 때문입니다. … 그곳에는 한 가지 덕만 있을 것이며, 그것은 덕에 대한 보상과 같을 것입니다. 거룩한 책의 저자가 자신이 사랑하는 대상이라고 이야기한 바로 그것이지요. "그러나 저는, 하느님께 가까이 있음이 저에게는 좋습니다"(시편 73,28). 이것이 곧 완전하고 영원한 지혜가 될 것이며, 진정으로 행복한 삶이 될 것입니다.

• 아우구스티누스『편지』155.

## 덕을 추구하고 본받다

### 언제든 열려 있는 덕행의 문

성경에서 "죽음의 성문"은 멸망에 이르는 죄를 가리키고, 반대로 "시온의 성문"은 선한 행위들을 가리킵니다. 그래서 성경은 "의로움의 성문"에 관해서도 말하는데, 이는 덕행의 성문과 같은 의미입니다. 이 성문은 열심히 덕성스러운 행위를 추구하는 사람에게 기꺼이 저절로 열립니다.

• 오리게네스『켈수스 반박』6,36.

우리가 덕행의 영광에 속한 것들을 하나하나 열

심히 또 재빨리 추구할 때에는 언제나 “요르단강을 서둘러 건너는 것”(여호 4,10)이라고 나는 생각합니다.

• 오리게네스 『여호수아기 강해』 5,1.

### 악에서 돌아서서 덕을 추구하다

이시도루스 압바가 또 말했다. “악은 사람들을 하느님에게서 멀어지게 하고 서로 갈라놓지요. 그래서 우리는 재빨리 악에서 돌아서서 덕을 추구해야 합니다. 덕은 우리를 하느님께 인도하고 서로 일치시켜 줍니다. 덕과 철학의 정의는 바로 ‘현명함을 갖춘 단순함’입니다.”

• 『사막 사부들의 금언』(펠루시움의 이시도루스) 4.

형제 여러분, 이 가족 안에서 평화롭게 살아가도록 우리를 불러 주신 아버지의 뜻을 실행합시다. 거기서는 우리 본성이 덕을 추구하는 쪽으로 이끌릴 것입니다.

• 위-로마의 클레멘스
『코린토 신자에게 보낸 둘째 편지』 10,1.

### 더욱더 목말라하다

덕을 맛보고 선에 대한 직접적인 경험을 통하여 그 본성을 이해하게 된 사람은 강제나 경고를 통해 악에 대한 과도한 집착에서 끌어내어 억지로 덕을 바라보게 해야 하는 그런 사람이 더 이상 아닙니다. 오히려 그는 더욱 탁월한 것을 몹시 목말라하게 됩니다.

• 니사의 그레고리우스 『시편의 제목』 1,5,40.

죄를 저지를 때마다 우리는 악마에게서 태어납니다. 그러나 덕을 추구할 때마다 우리는 다시 하느님에게서 태어납니다.

• 크레타의 안드레아스 『성경 주해 선집』.

인간은 어떤 때 자발적으로 덕행을 추구할 수 있지만 언제나 주님의 도움이 필요합니다.

• 요한 카시아누스 『담화집』 13,9.

### 모든 덕은 십자가다

복된 수도승 마르쿠스는 성령의 계명을 따라 이룬 ‘모든 덕은 십자가다’라고 하였습니다. 이것이 주님을 경외하며 예수 그리스도 안에서 살고자 하는 모든 이가 박해를 당하는 이유입니다.

• 니네베의 이사악 『설교』 72.

바오로 사도는 환난과 슬픔을 “박해”(2티모 3,12)라고 표현합니다. 덕의 길을 추구하는 이는 누구든지 슬픔과 환난과 유혹을 피하기를 기대해서는 안 됩니다.

• 요한 크리소스토무스 『티모테오 2서 강해』 8.

### 튼튼하게 쌓은 덕행은 유혹을 물리친다

거룩한 도성을 짓는 이들의 공사를 방해하려고 그들에게 겁을 주려던 이들이 이제 이 도성이 완공되자 도리어 겁을 먹고 있습니다. 그들은 이 공사가 하느님의 권위를 통해 시작되고 완성된 것을 깨닫고 낙심했습니다. 거룩한 교회에서도 애덕과 자제와 평화와 다른 덕목들의 튼튼한 건물이 세워질 때, 더러운 영들이 두려워하며, 그들의 유혹이 우리의 힘에 쫓겨나 설 자리를 잃고, 우리의 승리가 더욱 커지게 됩니다.

• 존자 베다 『에즈라기와 느헤미야기 우의적 해설』 3,24.

### 덕은 언제든 다시 잃을 수도 있다

본질상 변할 수 없는 것과, 변할 수 없는 하느님의 은총으로 덕행을 추구하고 선을 충실히 지키는 것은 서로 다른 것입니다. 자기 노력으로 얻거나 지키는 것을 소홀히 해서 다시 잃을 수도 있기 때문입니다. … 인간은 어떤 덕이라도 변함없이 소유할 수 없으니, 얻어 놓은 덕을 계속 유지하려면 그것을 얻어 냈을 때와 같은 열성과 노력으로 지켜야 합니다.

• 요한 카시아누스 『담화집』 6,16.

### 젊을 때에 고결한 습관을 열심히 추구해야 한다

주님께서는 많은 노인이 변화되게 해 주시며 젊은 시절에 행하던 악행들에서 벗어나게 해 주신다는 것은 잘 알려져 있습니다. 한편, 젊었을 때 행하던 덕행들을 노년에 들어 그만두는 이들이 있다는 것도 잘 알려져 있습니다. 그러나 사람들은 아이 때 젖은 습관들을 평생 이어 가는 경우가 훨씬 더 흔하므로, 모두가 그런 것은 아니지만 어렸을 때 시작한 것을 노년에 바꾸지는 못한다는 것, 곧 세 살 버릇 여든까지 간다는 속담이 있습니다. 이 잠언도 여기서 나왔습니다. 곧 철없는 아이 때 실천을 소홀히 하여 성인成人이 되어서도 배우지 못하는 일이 없도록 독자들에게 젊을 때에 덕행을 열심히 추구하라고 설득하는 말입니다. "새 항아리에 스며든 향기는 오래 지속된다"고 하기 때문입니다.

• 존자 베다 『솔로몬의 잠언 우의적 해설』 22,6.

우리가 덕을 추구한다면, 무엇보다 우리 자신이 오직 하느님에게서 오는 승인을 얻고자 노력합시다. 인간의 칭찬에는 신경도 쓰지 맙시다.

• 요한 크리소스토무스 『예비신자 교리교육』 6,10.

### 하느님을 영광스럽게 하면

하느님을 흠숭하고 영광스럽게 하는 이는 자기 자신의 구원과 가장 드높은 은혜를 받기 위하여 그렇게 하는 것입니다. 어째서 그렇습니까? 그는 덕을 추구하여 그분에 의해 영광스럽게 되기 때문입니다.

• 요한 크리소스토무스 『티모테오 1서 강해』 4.

우리가 덕행으로 그분을 영광스럽게 한다면, 그때 우리는 번영을 누리고 기쁘고 훌륭한 삶을 살 것입니다.

• 알렉산드리아의 키릴루스
『열두 소예언서 주해』(미카서) 5,1.

### 덕을 추구하라

이 말씀[시편 9,9 참조]은 우리가 악과 불신앙을 멀리하고 탁월한 덕과 의로움을 추구해야 한다고 경고합니다. 이것을 믿는다면 신중한 이는, 비난받아 마땅한 행위와 사악한 생각들로 말미암아 마땅히 심판의 손에 떨어질 일을 두려워하지 않아도 될 것입니다. 사실 그런 심판에 떨어지는 자는 저주를 피할 수 없을 것입니다.

• 맹인 디디무스 『시편 단편』 9,8.

### 예수님의 덕

예수님의 제자들은 모든 것을 오직 하느님께만 보이기 위해 행했습니다. 그들이 그들의 손에 묶은 유일한 장식은 선행이었습니다. 그들은 거룩한 가르침을 묵상하며, 무슨 일을 하든지 영혼의 눈으로 볼 때 옳은가를 생각하며 하느님의 계명을 지켰습니다. 그들의 유일한 옷자락 술은 그들이 본받던 예수님의 덕이었습니다.

• 오리게네스 『마태오 복음 주해』 11.

### 다른 사람들의 덕을 본받아라

바오로 사도는 모든 사람이 좋은 본보기들을 보고 이익을 얻기를 바랍니다. 사람들의 너그러운 마음이 그들의 일상적인 삶의 방식으로 뚜렷이 드러나면 그들의 행실은 빛을 발할 것입니다. 그들의 덕을 본받는 이들에게는 모자라는 점이 하나도 없게 될 것입니다.

• 암브로시아스테르 『바오로의 열세 서간 주해』(필리피서) 4,7,1.

### 선조들의 덕을 본받다

우리에게 덕성스러운 선조들이 있다면 그들의 덕을 본받기 위해, 또는 이와 반대의 경우로 우리의 선조들이 평판이 나쁜 사람들이라면 그 사실이 우리에게 불리한 조건이라 생각하지 말고 덕이 따르는 수고를 시작하자는 것입니다.

• 요한 크리소스토무스 『창세기 강해』 43,7.

### 당시 부패한 상황을 빛낸 노아의 덕

성경은 날로 심각해지는 인간의 사악함과 그 사악함으로 인해 엄격한 형벌을 받는 인간 모습을 보여 줍니다. 그러고 나서 그렇게 많은 사람 가운데 진지하게 덕을 지킬 수 있었던 한 사람을 밝혀 줍니다. 사실 덕은 그 자체로도 훌륭합니다. 누군가 덕을 거부하는 이들에게 덕을 장려한다면, 그는 더욱더 감탄할 만한 가치가 있는 덕으로 만들 것입니다. 성경은 이 의로운 사람에게 감탄하려는 듯이, 이렇게 대조하여 설명합니다. 하느님의 진노를 곧바로 체험할 사람들 가운데 살아 있는 한 사람, 노아만이 "주 하느님 눈에 들었다"(창세 6,8). 그는 "눈에 들었다"는 정도가 아니라 "하느님 눈에 들었다"고 합니다. 그저 "그는 눈에 들었다"가 아니라 "주 하느님 눈에 들었다"고 합니다. 이는 노아가 단 하나의 목적만을 가진다는 사실, 곧 결코 자거나 쉬지 않고 보시는 그분에게서 칭찬받으려 한다는 것을 보여 주기 위해 말해진 것입니다. 그는 인간의 영예나 경멸이나 불손을 마음 쓰지 않았습니다.

• 요한 크리소스토무스 『창세기 강해』 23,4.

### 자신의 선택으로 경건한 노아

백성은 사악함을 저지르는 데 열광하여 벌을 받지만, 이 사람(노아)은 덕을 택하고 그들과 교제하지 않음으로써 벌의 결과를 받지 않았습니다. 이러한 일이 어떻게 일어날 수 있단 말입니까? 사람마다 분명 자신의 의지로 사악함이나 덕을 선택하지 않습니까? 아시다시피 그런 경우가 아니라면, 그리고 자유가 우리 본성에 뿌리를 박지 않았다면, 백성은 벌을 받지도 않았을 테고 다른 이들도 덕에 대한 보상을 받지도 않았을 것입니다. 그러나 모든 것은 하늘에서 내려온 은총에 기인한 우리 선택에 달려 있기에, 형벌은 당연히 죄인을 기다리고 보상과 보답은 덕을 행하는 이들을 기다립니다.

• 요한 크리소스토무스 『창세기 강해』 22,5.

### 정신을 나타내는 아브라함

아브라함은 정신을 나타냅니다. 사실 아브라함은 '옮겨 감'을 뜻합니다. 아담 안에서 자신을 쾌락과 육체적 유혹에 빠지도록 두었던 정신이 덕의 이상적인 형태로 돌아가도록 하기 위해, 우리가 본받을 지혜로운 사람이 본보기로 주어진 것입니다. 실제로 히브리어로 '아브라함'은 '아버지'를 뜻합니다.

• 암브로시우스 『아브라함』 2,1.

### 믿는 이들의 아버지

아브라함은 믿는 이들의 아버지였습니다. 하느님께서는 그가 덕성스러운 사람들에게 본보기가 되기 바라시며 그에게 "네 고향과 친족과 아버지의 집을 떠나, 내가 너에게 보여 줄 땅으로 가거라"(창세 12,1) 하고 말씀하셨습니다.

• 『마태오 복음 미완성 작품』 강해 1.

### 상이 주어지다

아브라함은 믿었습니다. 금이나 은에 대한 약속에 끌려서가 아니라, 마음으로부터 믿었습니다. "주님께서 그 믿음을 의로움으로 인정"(창세 15,6) 해 주셨습니다. 그가 치른 덕의 시험에 걸맞은 보상이 주어졌습니다.

• 암브로시우스 『아브라함』 2,8,48.

### 아브라함의 본보기

그(아브라함)는 팔레스티나의 주민들에게 지혜의 교사로 파견된 자신의 역할을 중요하게 여겼기에, 나쁜 본보기를 보인다거나 다툼을 부추기는 일은 있을 수 없었습니다. 자신의 태도로 자제에 관한 명쾌한 본보기를 보여 그들을 가르치고, 그리하여 그들이 회개하고 그의 덕을 본받으려는 마음을 먹게 합니다.

• 요한 크리소스토무스 『창세기 강해』 33,7.

'돌이었다가 아브라함의 자녀가 된'(마태 3,9 참조) 이들은 아브라함의 살과 영을 지닌 이들이 아니라 그와 같은 덕을 지닌 이들입니다.

• 헤라클레아의 테오도루스 『마태오 복음 단편』 15.

### 하느님의 자애가 이사악을 일깨우다

그가 모든 일에서 완전한 순종의 증거를 보이고 명령을 따랐으므로 그의 자식인 너(이사악)를 내가 그에게 한 약속의 상속자로 만든다. 그러니 그의 순종을 본받고 나의 말을 믿어서 네 아버지의 덕에 대한 그리고 너 자신의 순종에 대한 상을 받을 자격이 있는 자임을 보여라. 이집트로 내려가지 말고 여기 머물러라. 이사악이 자기 아버지의 덕을 떠올림으로써 결의를 굳게 하도록 만드시는 하느님의 자애를 알아보시겠습니까?

• 요한 크리소스토무스 『창세기 강해』 51,11.

### 아브라함의 덕을 기억하다

하느님의 말씀을 요약하자면, '아브라함은 나의 말에 순종하여 그런 굉장한 약속을 받을 자격이 있다고 판단되었으며, 그의 덕 때문에 내가 그의 자식인 너에게서 그 약속이 이루어지게 할 참이니, 네가 그를 본받아 그의 길을 걷는다면 나에게서 얼마만큼의 호의를 누리고 보살핌을 받게 될지 생각해 보라'는 뜻입니다. 그러니까 제가 하고 싶은 말은, 다른 사람의 덕 덕분에 번영하도록 운명 지어진 사람은 그 자신이 덕성스러움을 입증할 경우 더 큰 은혜를 받게 되어 있다는 것입니다.

• 요한 크리소스토무스 『창세기 강해』 51,9.

이사악의 선함을 본받읍시다. 그의 순수함을 본받읍시다. 이사악은 선하고 덕성스러운 사람, 하느님께 충실하고 자기 아내에게 성실한 사람이었음이 분명합니다.

• 암브로시우스 『형 사티루스의 죽음』 2,99.

### 덕과 고결한 태도를 본받다

우리가 어떻게 해야 주님께서 우리와 함께 계시며 모든 일에서 우리를 인도해 주실까요? 우리가 방심하지 않고 깨어 있으면서 이 젊은이(요셉)의 자제력과 또 여러 가지 다른 덕과 고결한 태도를 본받으면, 그리고 우리의 모든 의무를 주님께서 꾸짖으실 일 없게 이행하면 그렇게 됩니다.

• 요한 크리소스토무스 『창세기 강해』 62,24.

### 덕의 본보기

사실 그 당시 이집트에서 나올 때 무기를 들고 다니는 사람들의 수효가 육십만 삼천 명이었다고 하지만(민수 1,46 참조), 그 가운데 두 사람만 약속된 땅에 들어 갈 수 있었습니다(민수 14,38 참조).

그래서 우리는 지극히 적고 귀한 사람들이 보여준 덕행의 모범을 따라가기를 주저하지 말아야 합니다.

• 요한 카시아누스 『담화집』 3,7.

### 다니엘의 높은 덕

야만족들 가운데에 살면서도 신실하게 하느님을 공경하는 다니엘의 삶의 태도는 우리가 본받을 만합니다. 임금의 할머니인지 어머니인지 하는 여인이 다니엘을 이토록 칭찬하는 것은 그의 덕이 더없이 높았던 때문입니다.

• 히에로니무스 『다니엘서 주해』 5,10[11].

### 인간의 언어로 불충분하다

사도들의 적통이며 지극히 올곧은 인간인 사제 아이밀리아누스가 우리 시대와 아주 가까운 시대에 행한 놀라운 행위와 기적들은 너무나도 새로워서 그들은 우리에게 그 이야기를 해 달라고 몹시 졸라 댑니다. 세상의 것들에 매여 있는 사람의 펜이 거룩한 인간의 행동들을 어찌 그에 맞갖게 묘사할 수 있겠습니까? 과거의 시대들과 비교할 때 가장 밝은 별처럼 빛나는 사람, 현재와 비교하면 아무도 본받을 수 없을 만큼 덕행에서 우뚝한 사람을 말입니다.

• 사라고사의 브라울리오 『아이밀리아누스의 생애』 4.

우리보다 나은 이들의 덕을 함께 기뻐하는 것은 결코 소소한 흉내가 아닙니다. … 그 뛰어난 미덕에서 그들을 따를 수 없다면, 그들과의 긴밀한 관계만이라도 놓치지 맙시다.

• 아우구스티누스 『설교』 280,6.

### 천사들의 덕을 본받다

썩지 않고 영적이며 불사인 몸을 지닌 우리가 어떻게 부패하고 죽음에 이르게 될 이전 육체의 악덕을 다시 추구할 수 있겠습니까? 우리가 이런 말을 하는 것은 육체의 본질이 영광스럽게 되리라는 것을 부인하는 것이 아니라 천사와 같게 된 사람들에게서 이전의 일을 철저하게 뿌리 뽑기 위함입니다. 그런가 하면 우리는 여전히 이 육체 속에 머물러 있는 동안 단식과 절제, 계속되는 정결과 애덕을 통해 천사들의 덕을 본받습니다. 그럼에도 불구하고 우리는 우리 육신의 본질을 잃지 않습니다.

• 히에로니무스 『이사야서 주해』 16,24.

### 인간의 참된 고결함은 각 사람의 덕스러운 성품이다

진정한 고결함은 훌륭한 조상들의 명성이 아니라 여러분의 덕스러운 성품입니다. … 바오로 사도가 아버지이고, 순교자들이 형제라도 그들의 덕행을 본받지 않는다면 가족 관계는 여러분에게 도움이 안 되며, 도리어 해가 되고 죄가 될 뿐입니다. … 어머니가 훌륭하더라도 그녀의 덕행을 본받지 않으면 그 덕행이 아무 도움이 되지 않듯이, 어머니가 사악하더라도 그녀와 다른 생활 방식을 받아들이면 아무런 해가 되지 않습니다. 자신의 가정에 본받을 사람이 있는데도 그녀의 덕행을 본받지 않으면 저승에서 더 큰 비난을 받는 것처럼, 어머니가 사악한 데도 그녀를 본받지 않고 나쁜 혈통에서 좋은 열매를 맺은 사람은 저승에서 더 큰 칭찬을 받을 자격이 있습니다. 이처럼 여러분에게 꼭 필요한 것은 조상들의 명성이 아니라 여러분의 덕스러운 품행입니다.

• 요한 크리소스토무스 『라자로에 관한 설교』 6,6.

### 건전한 말씀을 본보기로 삼아라

"나(바오로)에게서 들은 건전한 말씀을 본보기로 삼으십시오"(2티모 1,13). 이는 '나는 예술가의 방식을 따라 그대의 영혼에 일종의 규칙을, 본보기를, 하느님 마음에 드는 모든 것의 윤곽을 심음으로써 그대에게 덕의 형상을 새겼습니다. 그러니 이것들을 고수하십시오. 그리고 믿음이나 사랑 또는 건전한 정신과 관련한 어떤 것에 대하여 묵상하든 내가 그대에게 가르쳐 준 것들로 그대의 생각을 정리하십시오. 모든 것이 이미 그대 안에 있는데 다른 사람에게서 본보기를 찾을 필요가 없습니다'라는 뜻입니다.

• 요한 크리소스토무스 『티모테오 2서 강해』 3,1.

## 덕을 실천하다

선을 행하는 것, 맑은 정신으로 깨어 있는 것, 덕을 실천하는 것보다 더 하느님의 기억을 불러일으키는 것은 없습니다.

• 요한 크리소스토무스 『시편 해설』 13,1.

베드로 사도가 말하는 "덕"(2베드 1,5)은 기적을 행하는 능력이 아니라 선한 삶을 살게 하는 힘을 가리킵니다. 곧, 믿음을 실천하게 하는 힘을 뜻합니다.

• 존자 베다 『가톨릭 서간 해설』(베드로 2서).

자신에게서 악을 없애고, 비난받을 일을 하지 않으며, 모든 덕행을 꾸준히 실천하는 것이 필요합니다. … 말은 행위에 앞서고, 생각은 말에 앞섭니다.

• 키루스의 테오도레투스 『시편 주해』 15,2.

우리 생각을 체로 치면, 덕을 실천하는 데 필요한 단단한 음식과 깨끗한 영양물이 걸러집니다.

• 암브로시우스 『카인과 아벨』 2,1,5.

### "사람들"은 덕을 실천하는 인간들이다

거룩한 성경이 덕을 실천하는 인간만 "사람"이라 부르고 그렇지 못한 자들은 사람으로 여기지 않는다는 것을 아십니까? 그래서 선한 사람의 족보를 알려 주겠다고 하는 여기에서도 "노아는 사람이었다"(창세 6,9)라고 합니다. 그 혼자만 사람이었습니다. 반면에 다른 인간들은 사람이 아니었습니다. 그들은 사람의 모습은 하고 있었지만 의향의 사악함으로 인하여 그들 종의 고귀함을 상실하였습니다. 사람으로 있는 대신 그들은 비이성적인 들짐승들이 되어 버렸습니다. … 그들이 이 짐승의 속임수와 이중성을 닮았음을 강조하는 표현이지요. 그런 자들을 "벙어리 개들"(이사 56,10)이라 부르기도 하고, "제 귀를 틀어막아 귀먹은 독사처럼"(시편 58,5)이라는 말로 덕을 가르치는 말에 귀를 막은 자들을 가리키기도 합니다.

• 요한 크리소스토무스 『창세기 강해』 23,11.

### 덕의 실천은 현재 진행형이다

덕의 실천은 현재 진행형의 일이며 그 자체로 내적인 역동성을 지니고 있습니다. 우리가 그처럼 살지 않고 미래의 언제까지로 그 일을 미룬다면, 그것은 조금도 덕이라고 할 수 없습니다.

• 테오필락투스 『요한 1서 주해』.

### 나날이 덕을 실천하는 훈련을 하다

경기에 참여하는 운동선수처럼 그는 경기장으로 들어섭니다. 그는 고개를 들어 하늘을 바라봅니다. … 그는 자신의 임무가 기다리고 있는 것을 봅니다. … 그는 자신의 육체가 경기에서 그를 좌절시키는 일이 없도록 그것을 단련하며 자비의 기름을 바릅니다. 그는 나날이 덕을 실천하는 훈련을 합니다. … 땅은 인간이 훈련하는 장소고 하늘은 그가 화관을 쓰는 곳입니다.

• 암브로시우스 『편지』 49 (사제들에게).

### 덕성스럽게 살다 죽은 이들

그리스도께서 오실 날이 가까워 우리의 가치관이 더 깊은 의미를 지니게 된 오늘날 장례 같은 것 때문에 근심하는 사람은 비난받아 마땅합니다. 낯선 땅에서 자신의 날을 다하거나 홀로 이승을 떠나는 사람을 불행하다고 생각하지 마십시오. 사실, 불행하다고 여겨야 할 사람은 그런 사람이 아니라 죄 속에서 죽는 사람입니다. 제 집에서, 자기 침상에서, 가족들 품에서 죽는 것은 [중요하지 않습니다]. … 덕이 높은 사람들에게 이런 것들은 하나도 중요하지 않다는 증거를 원하신다면, 선한 이들은 — 예언자들과 사도들 말입니다 — 몇몇 예외를 제외하곤 대체로 우리가 알지 못하는 곳에 묻혔다는 것을 아십시오. … 덕을 지닌 사람은 도적 떼 속에 떨어져도, 맹수의 밥이 되어도, 영예롭게 죽습니다. … 성경의 본보기를 따라, 덕성스럽게 살다 세상을 떠난 이들은 복되다고 하고, 죄 속에서 죽은 이들을 위해 탄식합시다. … 이러한 진리들에 대해 깊이 생각한다면, 우리는 덕에 세심한 주의를 기울이며 이승의 삶을 경기장처럼 여기고 있는 힘을 다해야 할 것입니다. 그리하여 경기가 끝나면, 우리는 헛되이 후회하는 대신 빛나는 관을 쓰게 될 것입니다. 경기가 계속되는 한, 늦지 않았습니다. 우리가 원하기만 한다면, 우리를 위해 준비된 화관을 얻을 수 있도록 무관심을 떨쳐 버리고 덕을 키우는 데 힘차게 나아갈 수 있습니다.

• 요한 크리소스토무스 『창세기 강해』 66,3-5.

### 가르침과 실천

영적인 옷은 가르침의 말씀과 그에 수반된 행위가 서로 엮어질 때 만들어집니다. 육체적인 옷이 씨실과 날실이 서로 엮어질 때 만들어지는 것과 마찬가지로, 말씀이 선행되고 이어서 그 말씀에 따른 행위가 이어지면, 말씀과 행위로 얻은 덕스러운 삶을 사는 영혼을 위한 가장 멋진 옷이 만들어집니다.

• 대 바실리우스 『시편 강해』 17,11 (제45편).

### 우리는 물마시듯 덕을 실천해야 한다

주님께서는 당신이 오시는 때가 올 것이므로 너의 입을 생명의 샘에 갖다 대라고 하십니다. 이는 곧 덕을 실천하라는 뜻입니다. 주님께서 오시기 전에도 이사야는 "돈이 없는 자들도 와서 사 먹어라. 와서 돈 없이 값 없이 술과 젖을 사라"(이사 55,1)라고 촉구하는 비슷한 말을 한 바 있습니다. … 노력하고 수고해서 덕을 얻는 것은 거저로 주어진 선물입니다.

• 오이쿠메니우스 『묵시록 주해』 22,15-18.

### 덕을 실천하여라

야고보도 의인들에게 믿음을 잃지 말라고 격려하며, 죄인들에게는 헛되이 죄짓는 짓을 그치고 덕을 실천하여, 성사를 받은 이들에게 유죄 선고를 받고 나아가 지옥에 떨어지는 일이 없도록 하라고 꾸짖습니다.

• 존자 베다 『가톨릭 서간 해설』(야고보서).

야고보가 여기서[야고 2,24 참조] 말하는 "실천"은 율법 실천이 아니라 의로움을 비롯한 여러 가지 덕을 실천하는 것을 뜻합니다.

• 테오필락투스 『야고보서 주해』.

사랑과 열정 두 가지 다로 불리기에 합당한 것은 덕에 관한 지식이 아니라 그 실천입니다. … 실천이 지식과 함께할 때면 언제나 결코 작지 않은 것을 얻습니다.

• 알렉산드리아의 키릴루스 『요한 복음 주해』 9.

## 율법에서 그림자를 거두어 주신 예수님

야곱은 나뭇가지의 껍질을 벗겨 하얀 부분과 푸른 부분이 번갈아 드러나게 했고, 그 옆에서 짝짓기를 한 양들은 얼룩진 것과 점박이들을 낳았습니다. 예수님께서는 율법의 그림자와 예언서들의 너울을 벗겨 내셔서는 그 안에 들어 있는 깨끗하고 아름다운 것들을 보여 주시고, 백성을 덕으로 인도하기 위하여 그것을 영적 노래로 바꾸어 놓으셨습니다. 그들이 점박이가 되고 싶어 했기 때문입니다. 곧, 그들은 말씀과 행동으로 이중의 덕을 실천하고 싶어 했습니다.

• 알렉산드리아의 키릴루스
『모세 오경의 격조 있는 해설』(창세기) 5,4.

## 그리스도인 덕목의 상징

각 받침대의 길이가 네 암마, 너비가 네 암마였다는 점은 쉽게 이해가 됩니다. 길이는 오래 참는 인내를, 너비는 드넓은 사랑을, 높이는 천상 상급에 대한 희망을 가리키기 때문입니다. 여기에다가 나머지 덕들의 구조가 의지하는 사추덕이 있으니, 예지와 용기와 절제와 정의입니다. 길이와 너비가 네 암마인 까닭은, 외적으로 세상의 역경과 기나긴 유배와 현세의 수고로움을 견디든, 내적 기쁨으로 창조주와 이웃에 대한 사랑으로 자신의 마음을 넓히든, 거룩한 설교자들은 선한 것과 악한 것을 신중하게 식별하고, 역경을 용감하게 견디며, 쾌락의 욕구에서 마음을 억누르고, 행동거지에서 의로움을 잃지 않음으로써 언제나 덕에 주의를 기울이기 때문입니다. 받침대의 높이가 세 암마인 것은, 그들이 악을 참고 선을 사랑하며 덕행을 실천함으로써 거룩한 삼위일체를 뵙는 데 이르고자 끊임없이 다짐하며 노력하기 때문입니다.

• 존자 베다 『솔로몬의 성전』 2,20,3.

## 많은 덕을 동시에 실천할 수 있다

아낌없이 손님 환대를 한다면, 여러분은 손님을 환대하는 덕을 아내로 맞아들인 사람으로 보일 것입니다. 거기에 더해 가난한 이들을 보살핀다면, 여러분은 두 번째 아내를 얻은 사람으로 보일 것입니다. 그런데 여러분이 여기에다 인내와 온화함을 비롯해 다른 덕들도 실천한다면, 여러분은 여러분이 지닌 덕들만큼 많은 아내를 둔 사람으로 보일 것입니다. 몇몇 성조가 동시에 많은 아내를 두었다거나 아내가 죽자 다른 아내를 맞아들였다는(참조: 창세 16,3; 25,1) 성경 이야기는 이런 뜻입니다. 어떤 이들은 동시에 많은 덕을 실천할 수 있고 어떤 이들은 한 가지 덕을 완성에 이르게 하기 전에는 다른 덕을 실천하기 시작할 수 없다는 것을 비유적으로 나타내기 위해 그렇게 기록한 것입니다. 그래서 솔로몬에게 동시에 여러 아내가 있었다고 하는 것입니다(아가 6,8 참조). 주님께서는 그에게 '너같이 지혜로운 사람은 네 앞에도 없었고 네 뒤에도 다시 나오지 않을 것'(참조: 2역대 1,1; 1열왕 3,13)이라고 하셨습니다. 이는 그가 지혜로운 판단으로 백성을 다스리도록 주님께서 그에게 분별하는 마음을 "바닷가의 모래처럼"(창세 22,17) 풍부하게 주셨기 때문이며, 덕분에 그는 많은 덕을 동시에 실천할 수 있었습니다.

• 오리게네스 『창세기 강해』 11,2.

하느님에게서 태어난 이들은 덕을 실천함으로써, 아브라함처럼 그분의 자녀요 벗(야고 2,23 참조)이 되었습니다.

• 크레타의 안드레아스 『성경 주해 선집』.

### 덕을 실천하는 이

성인들은, 그리고 참으로 덕을 실천하는 이들은 '자기 안에 있는 현세적인 것들을 죽입니다'. 그리고 그 결과, "행복하여라, 마음이 깨끗한 사람들! 그들은 하느님을 볼 것이다"(마태 5,8)라고 하신 우리 구원자의 약속을 믿으며 티 없이 순수한 사람이 됩니다.

• 아타나시우스 『축일 서간』 7,3.

덕을 실천하는 사람은 '그에게 힘을 주시는 그리스도'(필리 4,13 참조)로 말미암아 모든 것을 해낼 수 있는 사람이 됩니다.

• 알렉산드리아의 키릴루스 『마태오 복음 단편』 89.

### 희망을 자신의 덕에 둘 수 있다

지금까지는 부주의했을지라도, 하느님의 자비를 입은 이후에는 자신의 희망을 다른 무엇도 아닌 자신의 덕에 둘 수 있기에 아무도 절망할 필요가 없습니다. 그리스도와 같은 혈통에 같은 집안 출신이라도 덕을 입증하지 못하면 아무런 이득을 얻을 수 없다면, 우리가 매우 충실하고 덕 안에 살지 않은 한 의로운 친족이나 형제들을 내세워 탄원한들 무슨 호의를 얻을 수 있겠습니까?

• 요한 크리소스토무스 『마태오 복음 강해』 5,7.

### 영광을 얻으려고 덕행을 하는 일이 없어야 한다

바오로 사도는 우리의 모든 생활을 한 말에 담아 "여러분은 무슨 일을 하든지"(1코린 10,31)라고 하며, 우리가 인간의 영광을 얻으려고 덕행을 하는 일이 없기 바라는 마음을 표현하였습니다.

• 요한 크리소스토무스 『예비신자 교리교육』 6,10.

### 입으로 인간의 영광을 떠드는 자들

입으로 인간의 영광을 떠드는 자들은 이런저런 덕행을 하더라도 그것으로 아무런 은택도 입지 못한다는 사실을 명심하십시오. 온갖 덕을 다 실천하더라도 그것을 자랑삼는 사람은 결국 빈손으로 돌아가며 모든 것을 잃고 맙니다.

• 요한 크리소스토무스 『창세기 강해』 31,4.

영혼은 덕행을 실천하는 데 무관심해질 때마다 그 반대되는 것에 이끌리고 맙니다.

• 니네베의 이사악 『종교적 완성』 2.

덕행에서 멀어지는 것은 더러운 영이 들어올 자리를 마련하는 것입니다.

• 아타나시우스 『축일 서간』 3,3.

### 항상 두려워하고 조심하라

종종 우리의 좋은 점들은 우리를 짓밟는 기만 때문에 손상되며, 그 안에서 세속적 욕망 자체가 우리의 의로운 행동과 연합합니다. 의로운 행동은 훼방을 놓는 게으름 때문에 헛일이 되며, 그 안에서 사랑은 차갑게 되고 의로운 행동을 시작했을 때의 열정을 목말라합니다. 그러므로 은밀한 죄는 덕행 속에서조차 좋은 점을 거의 갖지 못하니, 우리를 지켜 줄 수 있는 게 무엇이겠습니까? 우리는 덕행을 실천하면서도 항상 두려워하고 조심합니다.

• 대 그레고리우스 『욥기의 도덕적 해설』 9,53.

허리띠를 매십시오. 열정을 억눌러야 할 때 덕행은 허리띠 역할을 해야 합니다. 덕행이라는 허리띠를 푸는 사람은 육체적 악행을 극복할 수 없습니다.

• 페트루스 크리솔로구스 『설교』 22.

### 나는 너희를 도무지 알지 못한다

처음에는 제대로 믿고 덕을 쌓으려 힘껏 애쓴 사람들이 있었을 것입니다. 그들이 기적을 일으키고 예언을 하고 마귀를 내쫓았을 수도 있습니다. 그런데 나중에 그들은 악과, 자기를 내세우는 거짓된 모습과 욕망으로 기우는 모습을 보입니다. 예수님께서는 이런 이들에 대해 "나는 그들을 도무지 알지 못한다"(마태 7,23)라고 하십니다.

• 알렉산드리아의 키릴루스 『마태오 복음 단편』 88.

## 덕의 열매

### 덕에 속하는 것과 덕의 열매에 속하는 것

"참된"(필리 4,8) 것들이란 무엇입니까? 그것들은 복음에서 시작됩니다. 예수 그리스도는 하느님의 아드님이시라는 것과, 그 기쁜 소식과 함께 가는 모든 것이 그것입니다. 여러분의 생각이 "참"되면, 결과적으로 그 생각들은 "영예로운"(필리 4,8) 것들이 됩니다. … '의롭고 영예롭고 참되고 정결한' 모든 것은 '사랑스러우며' 또한 '고귀합니다.' … 이 목록[필리 4,8 참조] 중에 몇 가지는 참된 덕 그 자체에 속하고, 뒤에 나오는 덕들은 덕의 열매에 속합니다. 진리를 사랑하는 것과 영예, 의로움, 정결은 덕에 속하고, 사랑스러운 것과 고귀한 것은 덕의 열매에 속합니다.

• 마리우스 빅토리누스 『바오로 서간 주해』(필리피서) 4,8-9.

### 덕의 여러 수준

진정으로 아는 이는 깨달을 뿐 아니라 열매도 맺습니다. 그러나 깨달은 것처럼 보이지만 열매를 맺지 못하는 이는 깨닫지 못한 사람입니다. 깨닫지 못했는데 열매를 맺은 듯이 보이는 이는 열매를 맺지 못한 사람입니다. 이는 이 본문이 이야기하는 덕의 여러 수준, "백 배, 예순 배, 서른 배"(마태 13,23)에 대해 알려 줍니다. 모든 이가 똑같이 완벽한 덕을 보여 주지는 않습니다. 더러는 그다지 관심을 두지 않고, 더러는 남보다 더 관심을 보입니다.

• 오리게네스 『마태오 복음 주해 단편』 295.

### 결실을 풍성하게 맺다

그리스도 안에 있는 이들은 영적인 단련을 할 수 있도록 굳건해지고, 모든 준비를 잘 갖추어 어떤 덕행이든 기꺼이 임하고자 합니다. 그들은 결실을 풍성하게 맺는다는 점에서, 그리고 탁월한 덕행에서 나오는 많은 화려한 아름다움을 지녔기에 신부와 같습니다.

• 알렉산드리아의 키릴루스 『이사야서 주해』 5,5,61,11.

"닫혀진 정원, 나의 누이 나의 신부, 닫혀진 정원, 봉해진 우물"(아가 4,12)이라고 쓰여 있듯이, 이 정원은 온갖 덕의 열매가 맺히는 정원입니다.

• 암브로시우스 『루카 복음 해설』 8,128.

신랑은 신부를 "정원"(아가 4,12)이라고 부릅니다. 경건과 덕이라는 한 종류 열매만 내지 않고 많은 종류의 다양한 열매를 낸다는 뜻입니다.

• 키루스의 테오도레투스 『아가 주해』 4.

가장 단단한 나무가 가장 아름다운 열매를 내듯이 하느님께서 보시기에 가장 아름답고 좋은 덕들은 성인들의 영혼들 가운데 있습니다.

• 알렉산드리아의 키릴루스 『이사야서 주해』 5,4,58,11.

### 단단하고 잘 깨지지 않다

"호두나무 정원"(아가 6,11)은 거칠고 탈 많고 힘든, 그러나 그 안에 덕의 열매를 감추고 있는 현세를 가리킵니다. 호두의 속껍질은 씁니다. 바깥 껍질은 단단하고 잘 깨지지 않습니다. 먹을 수 있는 부분은 마치 내실에 보관되어 있듯 감추어져 있어서 노력 없이는 꺼낼 수 없습니다.

• 키루스의 테오도레투스 『아가 주해』 6.

우리는 극기로 강인해진 삶을 선택해야 합니다. 그러면 덕의 열매는 도둑이 감히 근접하지 못하며 자제라는 쓴 껍데기로 가려져 보호받습니다.

• 니사의 그레고리우스 『아가 강해』 9.

### 밀 이삭과 밭의 우의적 의미

밭은 온 세상이고, 밀 포기는 인류의 성인들이 뿌린 씨의 풍성한 결실이고, 이삭은 사도들이 씨 뿌리고 먹이고 키워 온 교회입니다. 밀 포기마다 풍성한 덕행의 이삭들이 맺혀 있습니다. 우리의 덕행이 맺은 열매들을 이삭에 견줄 수 있는 것은, 둘 다 소나기에 꺾이고 땡볕에 시들고 홍수에 잠기고 폭풍에 흩어지면서 마침내 주인의 복된 곳간에 쌓이기 때문입니다. 땅은 이미 하느님의 말씀을 받았고, 하늘 씨가 뿌려진 밭은 풍성한 결실을 맺었습니다.

• 암브로시우스 『루카 복음 해설』 5,28-29.

### 야곱에게서는 좋은 냄새가 난다

야곱에게서는 그런 열매들의 향기 때문에 좋은 냄새가 났습니다. 그는 위험 속에서도 하느님을 따랐고, 주님의 인도를 받는 자신은 어디서나 안전하다고 믿었습니다. 들의 냄새는 자연의 냄새이기에 향기롭고 기분 좋은 것이지만, 이 거룩한 성조에게서는 거기에 더해 은총과 덕의 향기가 풍겼습니다. 그는 얼마나 온건하고 자제심이 큰지요! 그는 자신을 위해 마련한 음식을 제 것이라 우기지 않고, 형이 달라고 하자 망설이지 않고 내주고는 그에게서 맏아들 권리를 받았습니다(창세 25,29-34 참조). 부모님은 또 얼마나 공경했습니까! 그는 어머니의 사랑 덕분에 형보다 높은 위치에 올라섰고(창세 27,1-17 참조), 아버지의 축복이라는 선물을 통해서는 성별되었습니다(창세 27,18-29 참조). 하느님의 명령을 그는 얼마나 존중했는지요! 그는 자기 형에게 나쁜 짓 하는 것을 거부했습니다. 얼마나 올바른 사람입니까! 그는 아버지를 속이는 짓도 하지 않으려 했습니다(창세 27,12 참조). 얼마나 공손한 사람입니까! 어머니의 명령을 거부하지 못했으니 말입니다(창세 27,13-14 참조).

• 암브로시우스 『야곱과 행복한 삶』 2,1,4.

### 덕의 열매는 달콤하다

교회도 이렇게 말합니다. "그래서 나는 말하였다오. '나 야자나무에 올라 그 꼭대기를 붙잡으리라'"(아가 7,9 칠십인역). 말씀의 숭고함을 보고 그 꼭대기로 그리고 지식의 정상으로 올라갈 수 있기를 바라는 이는 '나 야자나무에 올라가겠다'고 말합니다. 낮은 것들은 모두 버리고 높은 것들을 추구하여 그리스도의 상을 받기 바라는 것입니다. 그 열매를 따 맛볼 수 있기 위해서입니다. 덕의 열매는 달콤하기 때문입니다.

• 암브로시우스 『육일 창조』 3,13,53.

### 덕행에 진전하기를 그치지 않다

아직 열매를 보여 주지 않는 나무의 푸른 잎은 분명 미래를 뜻합니다. 그리고 의인들은 푸른 나뭇잎처럼 번성합니다. 신앙을 통한 희망으로 구원을 받은(로마 8,24 참조) 그들은 갈망하는 보상의 열매를 얻을 때까지 은총으로 덕행에 진전하기를 그치지 않기 때문입니다.

• 존자 베다 『솔로몬의 잠언 우의적 해설』 2,11,28.

### 덕행의 열매를 맺었을 때

"성령에 힘입지 않고서는 아무도 '예수님은 주님이시다' 할 수 없습니다"(1코린 12,3). 제가 잘되고 덕행의 열매를 맺었을 때 온 정신과 마음으로 이렇게 고백하였습니다.

• 맹인 디디무스 『시편 주해』 29,7.

### 열매의 혜택을 입게 하실 것이다

새로운 시대에 들어설 자격이 있으며 주님께서 약속하시는 일들에 참여할 이들에게는 이제 이런 약속을 하십니다. 주님께서는 그들의 열매를 더 이상 원수들에게 넘기지 않으실 것이며, 그들 스스로가 이 열매의 혜택을 입게 하실 것입니다. 왜냐하면 그들이 자신의 삶을 바로잡고 덕행의 길을 가며, 경건하게 의로움을 추구하면서 자신이 수확한 것을 누리고 있기 때문입니다.

• 카이사리아의 에우세비우스 『이사야서 주해』 2,52.

### 좋은 열매를 맺을 수 없다

선한 사람은 타락하는 일이 없다는 뜻입니까? 또는 타락한 사람은 선하게 될 수 없다는 뜻입니까? 세상에는 이렇게 정반대로 변하는 사람이 너무도 많지 않습니까? 그러나 구세주의 말씀은 악인은 변화할 수 없다거나 선인은 결코 나쁜 길로 빠지지 않는다는 뜻이 아닙니다. 그분의 말씀은, 사람이 타락한 생활을 하는 한 좋은 열매를 맺을 수 없다는 뜻입니다. 악하게 살다가 실제로 덕으로 돌아설 수 있지만, 사악함 안에 사는 동안은 좋은 열매를 맺지 못하기 때문입니다. 그러면 어떻게 되는 것입니까? 다윗은 선했지만 나쁜 열매를 맺지 않았습니까? 아닙니다. 그는 선한 상태에 있을 때가 아니라 악하게 변하던 중에 악한 열매를 맺었습니다. 실로 그가 처음처럼 계속 선하게 남아 있었더라면, 나쁜 열매를 맺지 않았을 것입니다. 그가 감히 저지른 그 짓을 감히 저지르게 된 것은 분명 그가 덕을 실천하며 살 때가 아니었습니다.

• 요한 크리소스토무스 『마태오 복음 강해』 23,7.

### 아무도 제외되지 않는다

포도나무를 기르는 위대한 농부는 열매를 많이 맺는 가지와 열매가 달리지 않은 가지에 낫을 달리 사용합니다. 그는 좋은 가지에도 나쁜 가지에도 다 낫을 댑니다. 한쪽은 더 많은 열매를 맺도록 깨끗이 손질하고 다른 한쪽은 다 쳐냅니다(요한 15,1-3 참조). 발전하거나 굳건히 서기 위하여 또는 자신의 덕을 입증하기 위하여 환난으로 시련을 받을 필요가 없을 만큼 의로운 사람은 아무도 없습니다.

• 아우구스티누스 『마니교도 파우스투스 반박』 22,20.

### 열매를 거둘 수 없다

"나는 들판의 꽃, 골짜기의 나리꽃이랍니다. … 엉겅퀴 사이에 핀 나리꽃 같구나"(아가 2,1-2). 이 말씀은 덕이 영적 사악함의 가시들에 둘러싸여 있으며 따라서 조심스럽게 덕에 다가가지 않고는 아무도 그 열매를 거둘 수 없다는 분명한 선언입니다.

• 암브로시우스 『동정녀』 1,8,43.

우리들 가운데 그리스도와의 친밀한 결합에서 떨어져 나간 이들은 어떤 덕의 열매도 맺지 못합니다.

• 알렉산드리아의 키릴루스 『요한 복음 주해』 10,2.

### 이를 갈며 비통하게 울 것이다

"저희는 주님 앞에서 먹고 마셨고, 주님께서는 저희가 사는 길거리에서 가르치셨습니다"(루카

13,26). 자, 이들이 누구입니까? 많은 사람이 그리스도를 믿고 그분을 기리는 거룩한 잔치를 거행합니다. 교회에 자주 드나들며 복음의 가르침을 듣기도 하지요. 그러나 성경의 진리에 대해서는 아무것도 기억하지 못합니다. 힘겹게 몇 가지 덕행을 실천하기도 하지만 그 마음속에 영적 열매가 하나도 맺혀 있지 않습니다. 그들은 이를 갈며 비통하게 울 것입니다. 주님께서 그들을 모른다고 하실 테니까요.

• 알렉산드리아의 키릴루스 『루카 복음 주해』 99.

## 완덕의 길

### 완덕의 경지에 이르지는 못했다

덕이란 전적으로 하느님께서 주신다고 할 수도 없고, 그렇다고 전적으로 우리의 힘만으로 이루어 내는 것도 아님을 바오로 사도는 훌륭히 설명해 줍니다. 먼저, '선행을 통하여 완덕에 이르도록' 하라고 합니다. 여러분은 덕을 실천하고는 있지만 아직 완덕의 경지에 이르지는 못했다는 것입니다.

• 요한 크리소스토무스 『히브리서 강해』 34,6.

### 완덕에 이르는 것은 불가능하다

10이라는 숫자를 아는 사람은 완전이란 시작과 마침이 있는 데에 있다는 것쯤은 잘 알고 있습니다. 그러나 덕행에 있어서 사도 바오로 자신의 말대로 하면 그분의 완덕은 한 가지 한계밖에 없었습니다. 곧, 어떠한 한계도 두지 않는 것입니다. … 생명의 마침이 죽음의 시작인 것처럼 덕행의 길을 더 달리지 않는다는 것은 죄악의 길을 달리기 시작한다는 것입니다. 이 까닭에 덕에 관한 한, 완덕을 한계지울 수 없다고 했을 때 내 말이 그다지 틀린 것이 아닙니다. 사실 제한되어 있는 것이 덕이 아니라는 것을 증명한 셈입니다.

덕행의 생활을 하는 사람으로서 완덕에 이르는 것이 불가능하다는 또 하나의 긍정적인 이유를 살펴봐야겠습니다. 일차적이고 근원적인 의미에서 선성善性이 본질인 신성神性은 그 자체가 완전합니다. 그런데 덕행은 악습 외에 다른 어떤 한계를 두지 않고 있습니다. 그 때문에 우리는 선성이 한정되어 있는 것이 아니라 무한정이라고 결론지을 수 있습니다. 그런데 참된 덕행을 닦는 사람으로서 완전한 덕은 하느님 자신이기 때문에 하느님께 관여되어 있지 않다면 어디에 관여되어 있겠습니까? 게다가 선善 자체를 아는 것들이 그 선에 참여하려고 갈망한다면 선 자체가 무한하기 때문에 이를 얻으려는 사람의 원욕도 필연적으로 무한하고 휴식도 모를 것입니다.

그 까닭에 완덕에 이른다는 것은 완전히 불가능합니다. 이미 규정한 대로 완덕이란 어떤 한계 내에 포함되어 있는 것이 아닙니다. 또한 어떤 한계가 없고 무한합니다. 추구하는 한계가 없다면 어떻게 그 한계에 이를 수 있습니까? 그렇지만 우리가 추구해 온 것이 절대로 우리 힘이 미치지 못하는 것이라고 말했다 해서 … 사실은 참다운 선은 비록 그것을 완전하게 얻을 수 없다 하더라도 그것을 얻겠다는 기대에 차 있으면 결코 어긋남이 아니라는 것을 깨닫는다는 의미에서 이 또한 큰 소득입니다. 그 때문에 완덕을 얻기에 가능한 일을 소홀히 하지 않도록, 또 그것과 관련되는 것은 무엇이나 다 얻도록 커다란 열성을 기울여야 합니다. 사실 더욱 큰 선을 언제나 추구하는 마음이라면 그것이 바로 인간성의 본질이 아니겠습니까?

• 니사의 그레고리우스 『모세의 생애』 서론 5-10.

### 완덕은 내부에서 나온다

우리에게 필요한 것은 완덕을 이루겠다는 의지, 그것뿐입니다. 완덕이란 우리의 능력 안에 있고 우리가 발전시키는 것입니다. 영혼이 그 자연 상태에 있는 인식을 간직하고 있을 때 완덕이 확인되기 때문입니다. 영혼은 창조된 그대로 남아 있을 때 그 자연 상태로 있는 것입니다. 영혼은 아름답게 또 매우 올바르게 창조되었습니다. … 영혼의 올곧음은 창조된 그대로 자연 상태의 지성을 간직하는 데 있습니다. 그러나 그 지성이 빗나가거나 그 자연 상태에서 벗어날 때, 그 영혼이 악하다고 합니다. 따라서 이 문제는 어려운 일이 아닙니다. 만일 우리가 창조된 그대로 남아 있다면, 우리는 덕의 상태에 있는 것입니다. 그러나 우리가 악한 생각을 한다면 우리는 악하다고 여겨집니다. 만일 완덕이 외부에서 얻어지는 것이라면 실제로 완덕에 이르기는 어려운 일일 것입니다. 그러나 완덕은 우리 내부에 있는 것이니 악한 생각에 맞서 우리 자신을 지킵시다.

• 아타나시우스 『(성) 안토니우스의 생애』 20.

### 완덕의 길에는 쓸모없는 율법

율법은 쓸모없는 것이었습니까? 아닙니다. 율법은 매우 쓸모가 있었습니다. 하지만 인간을 완덕에 이르도록 이끄는 데에는 아무 쓸모가 없었습니다. 이런 이유에서 바오로 사도는 "율법은 아무것도 완전하게 하지 못하였습니다"(히브 7,19)라고 한 것입니다. 할례, 희생 제물, 안식일, 이 모두가 상징이요 그림자일 뿐입니다. 율법은 영혼을 꿰뚫고 속으로 들어갈 수 없었기에 시간이 흐르면서 자연히 폐지되어 버렸습니다. 그러나 "더 나은 희망이 주어져, 우리는 그 희망을 통하여 하느님께 다가갑니다".

• 요한 크리소스토무스 『히브리서 강해』 13,4.

### 덕의 완성에 관해 생각해야 할 것

덕의 완성에 관해 생각할 때마다, 그대는 다른 사람들이 그대보다 덜 가진 것을 생각할 것이 아니라 그대가 지녀야 하는 만큼 지니지 못한 것이 무엇인지를 생각하십시오.

• 루스페의 풀겐티우스 『편지』 4,6 (프로바에게).

### 완덕의 길로 서둘러 나아가다

여러분은 갓 개종한 예비신자 수준에 머무르지 말고, 하느님의 은총을 가득히 받는 완덕의 길로 서둘러 나아가십시오. … 복된 사도가 히브리인들에게 권고한 대로 "그리스도에 관한 초보적인 교리는 놓아두고 성숙한 경지로 나아갑시다"(히브 6,1).

• 오리게네스 『여호수아기 강해』 9,9.

### 완덕을 향한 전진

시편 저자는 '저는 당신의 성전에서 경배드립니다'라고 하지 않고, "저는 당신의 성전을 향하여 경배드립니다"(시편 5,8)라고 하였습니다. 이는 완덕 자체가 아니라 완덕을 향한 전진을 말하려는 것으로 이해해야 합니다. "저는 당신 집으로 들어가리이다"(시편 5,8)라는 구절은 완덕을 의미합니다. 그런데 이런 일이 이루어지기 위해서 시편 저자는 먼저 이렇게 말합니다. "당신의 성전을 향하여 경배하리이다." 그가 "당신을 경외하는 마음으로"(시편 5,8)라는 구절을 덧붙인 이유는 아마도 이것이야말로 구원을 향해 나아가는 이들에게 완덕의 중요한 원천이 되기 때문일 것입니다. 우리 각자가 완덕에 도달할 때 "완전한 사랑은 두려움을 쫓아냅니다"(1요한 4,18)라는 성경 말씀이 우리 안에서 이루어질 것입니다.

• 아우구스티누스 『시편 상해』 5,9.

### 완덕을 추구하는 이들

완덕을 추구하는 이들은 모든 계명을 지켜야 합니다. 계명을 열심히 실천할 때 영혼의 힘이 치유되기 때문입니다. 계명을 실천하는 것은 단순히 또는 우연히 이루어지는 일이 아닙니다. "피를 쏟지 않고서는 죄의 용서가 이루어지지 않습니다"(히브 9,22)라고 기록되어 있지 않습니까! 우리의 본성은 일차로 그리스도의 육화를 통하여 새로워졌으며 또한 그리스도의 수난과 죽음에 동참하였습니다.

• 마부그의 필록세누스
『카이사리아의 시메온 사부에게 보낸 편지』.

### 죄에 빠져서는 안 된다

피를 흘리며 싸우기 전에는 결코 완덕에 이르렀다고 생각하지 마십시오. 차라리 죽을지언정 죄에 빠져서는 안 됩니다. 복된 바오로 사도의 말대로 용감하게, 나무랄 데 없이 행동해야 합니다.

• 폰투스의 에바그리우스 『기도론』 136.

### 인내와 감사를 통하여 완덕에 이르게 되다

여러분의 위대한 품위에 걸맞은 사람이 되십시오. 인내와 감사로 훌륭하고 가치 있는 일을 하십시오. 여러분은 성부와 성자와 성령의 이름으로 인내와 감사를 통하여 완덕에 이르게 됩니다. 계속해서, 의식적으로 이런 것들을 생각하십시오. 그러면 그것의 달콤한 맛을 느끼게 될 것입니다. 그것은 여러분의 영혼과 그것을 선택할 수 있는 이들의 영혼에 달콤한 향내가 될 것입니다.

• 몹수에스티아의 테오도루스 『로마서 단편』 115.

### 하늘 나라에 이르는 완덕

사탄과 사탄의 무리를 '완전히' 끊어 버린다는 것은 덕을 쌓으며 살아가는 동안 환난과 박해와 시련이 닥치더라도 참고 견딘다는 뜻입니다. 이처럼 하늘 나라에 이르는 완덕이란 그리스도의 거룩한 가르침에 대하여 인간으로서 가능한 한 확실하게 깨우치는 것을 말합니다.

• 포티우스 『히브리서 단편』 6,3.

### 아버지께 나라를 넘기실 것이다

영적 완전함과 덕에는 많은 단계가 있습니다. 이런 이유에서 그리스도께서는 의로움이시기에 모든 이의 선이 완전해질 때까지 다스리시며, 완전함이 이루어지면 하느님 아버지께 나라를 넘기실 것입니다. 그러면 하느님께서 모든 것 안에서 모든 것이 되실 것(1코린 15,24.28 참조)이라고 말하는 것입니다.

• 오리게네스 『로마서 주해』.

### 완덕에 이른다면

마침내 우리가 완덕에 이른다면, 그때 우리는 가나안인들을 근절시켜 죽음에 넘겼다고 할 것입니다. 그런데 우리가 육 안에서 어떻게 완덕에 이를 수 있는지 사도의 말을 들어 봅시다. "여러분의 지체 안에 있는 현세적인 것들, 곧 불륜과 더러움, 욕정, 나쁜 욕망, 탐욕을 죽이십시오"(콜로 3,5). 그리고 또 이렇게도 말합니다. "그리스도 예수님께 속한 이들은 자기 육을 그 욕정과 욕망과 함께 십자가에 못 박았습니다"(갈라 5,24). 그러므로 이 셋째 단계, 곧 우리가 우리 지체를 죽이고 우리 몸에 그리스도의 죽음을 지니고 다니는 완덕 상태에 이르렀을 때에, 우리는 가나안인들을 몰아내었다고 말할 수 있습니다.

• 오리게네스 『여호수아기 강해』 22,2.

### 완덕의 경지에 이르렀다고 인정받으면

우리가 완덕의 경지에 이르렀음을 인정받고 나

면, 세속적인 욕심을 마음에서 완전히 비우고 나면, 주님께서 세속적인 것들까지도 우리에게 베풀어 주신다는 것입니다. 그런데 세상살이에 필요한 것들을 베풀어 주시되, 완덕의 경지에 이르기 전이 아니라 우리가 완전히 마음을 비우고 난 다음에야 주십니다. 완전히 빈 마음이 되기 전에 세속적 재물을 받게 되면 재물에 집착하기 때문입니다. 그래서 바오로 사도는 돈에 빼앗긴 그 마음부터 우선 돈의 종살이에서 벗어나라고 합니다. 그러고 난 후에 받으십시오. 그리하여 더 이상 종으로서 받지 않고 주인으로서 받아야 합니다. 부富를 경멸하십시오, 그러면 부자가 될 것입니다. 영광을 경멸하십시오, 그러면 영광스러워질 것입니다. 원수에게 앙갚음하려는 마음을 버리십시오, 그러면 주님께서 되갚아 주실 것입니다. 무사태평함을 경멸하십시오, 그러면 태평스럽게 살게 될 것입니다. 이렇듯 세속적인 것들을 받을 때는 세속에 얽매인 종으로서가 아니라 세속에서 벗어난 자유인으로서 받도록 해야 합니다.

• 요한 크리소스토무스 『히브리서 강해』 25,4.

### 완덕의 정점에 이른 이들

완덕의 정점에 이른 이들은 생명이나 부활, 또는 이런 감탄할 만한 것들을 자신의 항구로 삼지 않으며 오히려 그들이 바라는 바로 그분을 자신의 항구로 여깁니다. 그들은 바로 그분을 위하여 불행을 기쁨으로 여기고, 힘든 수고를 달콤한 휴식으로 생각하며, 광야에서 보낸 시간을 도시 생활보다 더 바람직하게 여기고, 가난을 부보다 더 좋게 생각하며, 진저리 나는 종살이를 권위 있는 자리보다 더 달콤하게 여깁니다. 이것이 바로 덕을 실천하는 이들이 기다리는 상급입니다.

• 키루스의 테오도레투스 『이사야서 주해』 9,11.

### 완덕에 이른 이들의 특징

향백나무는 본디 절대 썩지 않으며 향이 좋고 외관이 고급스러우며, 불을 놓으면 눈부시게 밝은 빛으로 뱀들을 쫓아내고 죽입니다. 이런 특성들은 불굴의 인내를 지닌 이들, 탁월한 덕행의 명성으로 그 누구보다 선한 이들을 기쁘게 하는 이들, 진실에 맞서는 자들의 오류를 반박하고 밝히는 굳건한 힘을 지닌 이들, 현세에서나 내세에서나 다른 성인들보다 더 밝은 빛으로 빛나는 이들, 곧 모든 완덕에 이른 이들을 나타내기에 적합합니다.

• 존자 베다 『솔로몬의 성전』 1,8,3.

### 완덕에 이른 영혼들을 하느님께 교회로 바치다

그리스도께서는 완덕에 이른 영혼들을 하느님께 교회로 바쳤습니다. 이 영혼들은 함께 교회의 몸을 이룹니다. 교회를 이루는 영혼들이 완덕의 은총 안에 머문다면 교회의 몸은 아름다워 보일 것입니다. 분노한 영혼은 이 몸의 얼굴을 찡그리게 하고 불안하게 하지만 평온하고 고요한 상태에 있는 영혼은 그 얼굴을 평온하고 부드럽게 만드는 것과 마찬가지로, 교회의 얼굴도 신자들의 태도와 마음 상태에 따라 아름답게 되기도 하고 추하게 되기도 합니다. 성경이 말하는 대로입니다. "마음이 즐거우면 얼굴이 밝아지고 마음이 괴로우면 기가 꺾인다"(잠언 15,13). 그러므로 마음속에 하느님의 성령을 간직한 사람은 행복합니다. 그런 사람의 마음이 맺는 첫 열매는 사랑이고, 두 번째 열매는 기쁨입니다(갈라 5,22 참조).

• 오리게네스 『아가 주해』 2,14.

### 덕에서 완전하게 된 영혼들

복된 바오로 사도에 따르면, 덕에서 완전하게 된 영혼들은 "너울을 벗은 얼굴로 주님의 영광을 거울로 보듯 어렴풋이 바라보면서, 더욱더 영광스럽게 그분과 같은 모습으로 바뀌어 갑니다. 이는 영이신 주님께서 이루시는 일입니다"(2코린 3,18). 그 무리는 달을 닮았다고 할 만큼 더 없이 환해집니다.

• 키루스의 테오도레투스 『아가 주해』 6.

### 완덕 안에서 누리는 영광

완전히 선한 상태에 이르고 난 후에는 더 이상 완덕을 잃게 되는 일은 없습니다. 성인들이 완덕 안에서 누리는 영광은 다양하지만 그들 모두 똑같이 영원한 생명을 누립니다.

• 루스페의 풀겐티우스 『신앙에 관해 페트루스에게』 71,28.

# 동정

동정은 육신과 영혼의 거룩함이라고 정의할 수 있습니다.

• 요한 크리소스토무스 『동정』 5,2-6,1.

동정은 자발적으로 선택하는 것입니다.

• 히에로니무스 『요비니아누스 반박』 1,31.

순결과 동정을 유지하는 한, 그대들은 하느님의 천사들과 같습니다.

• 키프리아누스 『동정녀의 복장』 22.

동정은 나날이 끝없이 치러야 하는 전쟁입니다.

• 요한 크리소스토무스 『참회에 관한 설교』 3,3,11-12.

동정이라는 선善을 잃지 않도록 하십시오.

• 아우구스티누스 『거룩한 동정』 12,14,29.

## 동정의 의미와 이해

### 동정성을 나타내는 "닫힌 정원"

"닫힌 정원"(아가 4,12)은 [동정성을 나타냅니다]. 순결이라는 담으로 정원의 사방이 둘러쳐져 있기 때문입니다. "봉해진 우물"(아가 4,12)은 동정성을 나타냅니다. 그 근원에서 하느님의 모상이 빛나도록 순결의 봉인이 손상되지 않도록 지켜 주는 것이 겸손이라는 샘과 우물이기 때문입니다. 단순함이라는 순결은 육신의 순결과 부합합니다.

• 암브로시우스 『편지』 59 (사제들에게).

그들(동정녀들)은 하느님과 혼인하는 길을 택하여 자신의 아름다움과 젊음을 하느님께 [봉헌한] 이들입니다.

• 테르툴리아누스 『아내에게』 1,4.

### 동정의 본성

말씀으로 풍요롭게 될 때 싹이 트고 성숙하게 자라나는 것이 버드나무의 본성인 것처럼 동정의 본성 또한 말씀으로 풍요롭게 될 때 꽃을 피우고 성숙하게 자라납니다.

• 올림푸스의 메토디우스 『열 처녀의 향연』 4,3.

고결함과 순결함, 경건함, 비밀을 지킴, 천사들의 눈부신 빛이 있는 그곳에서는 고백자들의 제비꽃과 동정녀들의 나리꽃, 순교자들의 장미꽃이 피어납니다.

• 암브로시우스 『루카 복음 해설』 8,128.

### 동정인의 전제 조건

몸이 불륜으로 부정해지듯, 영혼은 악한 생각과 해로운 교설, 음란한 생각들로 더러워집니다. '나는 동정의 몸'이라고 말하면서 영혼으로 형제를 시기하는 사람은 동정이 아닙니다. 질투와의 잠자리가 그의 동정을 파괴합니다. 마찬가지로, 허영심 센 사람도 동정인이 아닙니다. 시기라는 욕정이 그의 동정을 파괴했습니다. 욕정이 그의 영혼에 들어가 영혼의 동정을 없앴기 때문입니다. 자기 형제를 미워하는 사람은 동정인이라기보다는 살인자입니다. 대체로 모든 사람은 자신을 지배하는 사악한 욕정 때문에 동정이 허물어집니다. 이런 까닭에 바오로는 이 모든 사악한 뒤섞임을 몰아내고, 우리 영혼을 거스르는 모든 생각을 기꺼이 받아들이지 않음으로써 동정인이 되라고 이릅니다.

• 요한 크리소스토무스 『참회에 관한 설교』 4,3,16.

거룩한 신랑을 맞이할 동정녀는 몸과 영혼이 다 순결해야 합니다. … 동정은 육신과 영혼의 거룩함이라고 정의할 수 있습니다.

• 요한 크리소스토무스 『동정』 5,2-6,1.

### 인간 신부와 교회의 차이

세상에서 여자는 혼인 때까지 처녀이다가 혼인 때에 순결을 잃습니다. 그러나 교회에서는 그리스도께로 돌아서기 전에는 순결과 거리가 멀었던 이들이 그분 안에서 순결을 얻습니다. 그 결과 교회 전체가 동정녀입니다.

• 요한 크리소스토무스 『코린토 2서 강해』 23,1.

### 혼인 예복

옷이 육신의 희망을 비유적으로 나타내는 예를 성경에서도 봅니다. 요한 묵시록도 이런 식으로 이야기합니다. "그들은 여자와 더불어 옷을 더럽힌 일이 없습니다"(묵시 14,4). 이는 물론 "하늘 나라 때문에 스스로 고자가 된"(마태 19,12), 동정을 지킨 사람들을 의미합니다. 그러므로 이들은 '흰옷', 곧 독신을 지킨 육신의 환한 아름다움을 입을 것입니다. 복음서에서도 '혼인 예복'이 육신의 거룩함을 뜻하는 것을 볼 수 있습니다(마태 22,11-12 참조).

• 테르툴리아누스 『죽은 이들의 부활』 27.

### 몸만 동정의 상태

몸만 순결한 것은 영혼에게 충분하지 못합니다. 영혼은 이 지극히 사악한 남자를 "아직 알지 못하는"(창세 24,16) 상태여야 합니다. 몸은 동정의 상태이지만 이 지극히 사악한 남자, 곧 악마를 알고 그에게서 음욕의 화살을 맞아 영혼의 순결이 파괴당한 사람도 있을 수 있기 때문입니다.

• 오리게네스 『창세기 강해』 10,4.

### 깨끗한 마음이 동반하지 않는 육체적 동정은 가치가 없다

사실 성직자든 수도승이든 수도자든, 몸은 동정을 지켰으나 사악한 욕망으로 마음의 순수함이 더럽혀졌다면, 남녀를 막론하고 그것이 무슨 득이 되겠습니까? 한 지체는 정결을 보이고 나머지 모두는 타락 속에 있다면 무슨 이익이 있겠습니까? 잘 보십시오, 어린양을 따르는 동정을 지킨 사람들은 육체의 동정만을 지켜서 어린양을 따르게 된 것이 아닙니다. 마지막으로, 요한은 "그들은 여자와 더불어 몸을 더럽힌 일이 없습니다"(묵시 14,4)라고 하고선 곧 이어 "그들의 입에서는 거짓을 찾아볼 수가 없었습니다. 그들은 흠 없는 사람들입니다" 하고 덧붙였습니다. 잘 들어 보십시오. 만약 육체적 동정만을 자랑하는 사람이 있다면, 기만을 사랑하는 그런 사람은 거룩한 동정인들과 함께 그리스도를 따를 수 없을 것입니다. 그러니 어떤 동정인도 자신의 육체적 동정만을 믿고 주제넘게 굴지 마십시오. 그는 자신이 순종치 않거나 남의 일을 수군거리기를 즐긴다면, 천상 배우자와의 혼례방에 들지 못할 것임을 압니다. 동정녀가 백 배를 지니고 있고 혼인한 여인이 서른 배를 지니고 있다지만, 그렇다고 해도 정결하고 겸손한 기혼 여성이 자만하는 동정녀보다 훌륭합니다.

• 아를의 카이사리우스『설교』155,3.

육체적 쾌락의 유혹을 느끼는 많은 사람은 육체로 죄를 짓는 대신 마음으로 정욕에 빠집니다. 그들은 육체적 동정을 지키지만 영혼으로 색정을 품습니다.

• 페트라의 게론티우스『금언』5,2.

### 내적인 상태를 살펴라

그대는 그 여자의 옷이 초라하다고 말합니다만, 동정성은 옷이나 얼굴이 아니라 몸과 영혼 안에 있습니다. … 그런데 다른 어떤 것보다 높고 훌륭한 상태를 대변하는 동정녀에 대해서는, 그녀의 머리칼이 지저분하고 기운 없는 모습에 잿빛 외투를 입고 있으면 그가 덕을 실천하고 있다고 대뜸 믿어 버립니다. 우리는 그의 영혼을 발가벗겨 놓고 내적인 상태를 자세히 살펴보지 않습니다. … "처녀는 몸으로나 영으로나 거룩해지려고 주님의 일을 걱정합니다"(1코린 7,34).

• 요한 크리소스토무스『동정』7,1-2.

### 영적 순결

혼인하지 않는다고 다 동정을 지키는 것은 아닙니다. 영적 순결이 있어야 동정입니다. … [이를 이해하지 못하는 이는] 땅을 기어다니는 더없이 나약한 자일 뿐입니다. 이런 기질을 지닌 영혼을 단 한 번에 동정성의 경지로 들어 올리는 것은 불가능한 일이었습니다. 세상일로 그처럼 흥분해 있고 현세 삶을 그처럼 찬양하는 자는 … 하늘에 어울리고 천사와 같은 상태로 만들어 주는 것[동정이라는 소명]을 수치스러운 일로 생각할 것입니다. 그런 사람이 이런 길에 대한 권고를 어찌 견뎌 내겠습니까?

• 요한 크리소스토무스『동정』77,2-78,2.

### 세례와 참회

묵시록은 "[그들의 입에는] 거짓이 없었습니다" 하지 않고 "그들의 입에서는 거짓을 찾아볼 수가 없었습니다"라고 합니다. 주님께서는 당신께서 이곳으로부터 부르실 때에 보이는 것으로 판단하십니다. 세례를 통해서도 또 참회를 통해서도 우리는 동정인이면서 내적으로도 거짓이 없는 사람이 될 수 있습니다.

• 아를의 카이사리우스『묵시록 해설』14,5: 강해 11.

### 주님께서 동정인들 무리의 우두머리시다

진리요 빛이신 주님께서 세상에 내려오시어 이루신 것은 무엇입니까? 그분은 당신 육신을 장식하신 동정으로 당신의 육신을 순수하게 지키셨습니다. 그러니 하느님의 모습이 되고자 한다면 우리도 그리스도의 동정성을 열망하도록 합시다. 하느님과 비슷하게 된다는 것은 부패를 떨쳐 버리는 것입니다. 지금 우리는 묵시록에서 요한으로부터, 육화하신 말씀께서 첫째 동정인이자 첫째 목동, 당신 교회의 첫째 예언자가 되셨다는 말을 듣습니다. 요한은 이 글에서 그리스도의 영으로 가득 차 이렇게 말하며, 주님께서 동정인들 무리의 우두머리이심을 보여 줍니다. "내가 또 보니 어린양이 시온산 위에 서 계셨습니다. 그와 함께 십사만 사천 명이 서 있는데, 그들의 이마에는 어린양의 이름과 그 아버지의 이름이 적혀 있었습니다"(묵시 14,1). … 그리고 하느님께서 동정의 고귀함을 얼마나 훌륭하게 여기시는지도 잘 보십시오. "그들은 하느님과 어린양을 위한 맏물로 사람들 가운데에서 속량되었습니다. 그들의 입에서는 거짓을 찾아볼 수가 없었습니다. 그들은 흠 없는 사람들입니다. 그들은 어린양이 가는 곳이면 어디든지 따라가는 이들입니다"(묵시 14,4-5)라고 요한은 말합니다. 요한이 여기서 우리에게 나머지 성도들의 무리는 셀 수 없이 많은 반면 동정을 지킨 이들의 수는 한정되어 있는데, 곧 십사만 사천 명이라는 것을 알려 주고자 한다는 것도 분명합니다.

• 올림푸스의 메토디우스 『열 처녀의 향연』 1,5.

### 많은 유대인이 믿음에 들 것이다

이[첫째] 부활에 관해 요한은 "내가 또 보니 어린양이 서 계셨고 그(그리스도)와 함께 십사만 사천 명이"(묵시 14,1) 서 있었다고 말합니다. 그가 말하는 이 사람들은 유대인들 가운데에서 종말에 엘리야의 선포를 통해 믿음에 들 사람들이며, 성령께서는 이들에 대해 이들은 몸만이 아니라 입에서도 동정이라고 증언하십니다.

• 페타우의 빅토리누스 『묵시록 주해』 20,1.

### 그분께 봉헌된 이들

이 구체적인 숫자(144,000)[묵시 14,1 참조]는 무한한 수를 나타내며, 온 마음과 온 영혼과 온 생각을 다해 그리고 네 가지 성질로 이루어진 몸의 순결을 지키며 하느님을 사랑하는 동정의 무리에게 적합한 감추어진 신비의 뜻에 의해 그분께 봉헌된 이들을 나타내는 것으로 보아야 합니다.

• 존자 베다 『묵시록 해설』 14,1.

### 동정인들은 맏물이다

레위 지파가 그 자리를 대신 차지한 단 지파를 제외한 모든 지파에서 나온 각기 만 이천 명의 동정인들은 여자와 더불어 몸을 더럽힌 일이 없는 봉인된 자들로서 미래의 신자들로 이해됩니다. 요한은 혹시나 우리가 몸을 더럽힌 일이 없는 사람들이 창녀들과 관계를 가진 적 없는 사람을 뜻한다고 볼까 봐, 곧 이어 "그들은 동정을 지킨 사람들"(묵시 14,4)이라고 덧붙였습니다. 이렇게 함으로써 요한은 동정을 지키지 못한 사람은 모두, 순수하고 천사 같은 정결함이나 우리 주 예수 그리스도와 비교할 때 더럽혀진 것임을 보여 줍니다. "그들은 동정인 사람 말고는 아무도 부를 수 없는 새 노래를 부르는 사람들입니다. 그들은 하느님과 어린양을 위한 맏물로 흠 없는 사람들입니다." 동정을 지킨 사람들이 맏물이라면, 과부나 혼인은 했지만 금욕하는 사람들은 맏물 다음 곧 둘째와 셋째라는 결론이 나옵니다.

• 히에로니무스 『요비니아누스 반박』 1,40.

묵시록은 동정을 지킨 사람들의 영원한 영광에 관해 이야기하며 "그들은 어린양이 가는 곳이면 어디든지 따라가는 이들입니다"(묵시 14,4)라고 합니다.

• 아우구스티누스 『설교』 4,1.

### 참된 동정인들이 어린양을 따르다

헌신적인 자제로 모든 성적 관계에서 금욕하는 깨끗한 동정은 천사들에게 주어진 역할로서, 동정인들은 타락하기 쉬운 육신 안에 있는 동안 영속적인 깨끗함을 보존하고자 하는 사람들입니다. 모든 신체적인 생식력과 혼인의 정절성은 동정성에 우선순위를 내 주어야 합니다. … 동정을 지키는 사람들에게 내린 주님의 계명은 없습니다. … 여러분만이 그분이 가시는 곳을 따라갈 수 있다고 하는데, 이 어린양께서는 과연 어디로 가시는 걸까요? 어느 숲속 빈터로 또는 풀밭으로 가시는 걸까요? 그곳이 어디든, 그 풀밭은 기쁨의 풀밭이리라 저는 믿습니다. 남을 속이는 광기에 불과한 이 세상의 공허한 기쁨도 아니고, 하느님 나라에서 동정이 아닌 사람들에게 생겨나는 그런 기쁨도 아니고, 나머지 모든 사람에게 주어질 몫과 구별되는 기쁨 말입니다. …

이런 기쁨들을 향해 나아가십시오, 어린양을 따르십시오. 어린양께서도 그 육신에 있어서 분명히 동정이었으니까요. 그분은 어른이 되셔서도 이를 지키셨고, 잉태되어 태어나실 때 당신 어머니에게서도 이를 빼앗지 않으셨기 때문입니다. 마음과 육신에서 동정을 지키는 여러분이니만큼 그분이 어디를 가시든 따라가십시오. '따라간다'는 것은 곧 '본받는다'는 뜻 아니겠습니까? … 모든 이가 본받을 많은 것이 그분 안에서 드러났지만, 육체적 동정은 모든 이를 위해 드러난 것이 아닙니다. 이미 동정을 잃은 사람들에겐 동정이 될 방법이 없기 때문입니다. 그러니 동정을 잃은 나머지 신자들은 어린양이 가시는 곳 어디나가 아니라 그들이 갈 수 있는 한에서 따라가야 합니다. 사실 그들은 그분께서 동정성의 영광 안으로 들어가신 곳을 제외하고는 어디든 따라갈 수 있습니다. … 분명한 것은 혼인한 사람들도 그분의 발자취를 따라 걸을 수 있다는 사실입니다. 그들은 바로 그 발자국에 자기 발을 내려놓지는 못하지만, 그런데도 같은 길을 밟습니다. 그런데 보십시오, 어린양께서는 동정의 길을 가시는데, 동정을 잃어 그것을 되살릴 수 없는 사람들이 어떻게 그분을 따라갈 수 있겠습니까? 그러니 그분의 동정인들인 여러분이 그 길로 그분을 따라가야 합니다. 여러분은 그분이 가시는 곳이면 어디든지 따라간다는 것이 바로 이런 뜻인 것입니다. … 그러니 여러분이 불타는 열망으로 맹세했던 그 길을 꾸준히 감으로써 그분을 따르십시오. 아직 그렇게 할 수 있을 때, 동정이라는 선善을 잃지 않도록 하십시오. 그것은 잃으면 다시는 돌이킬 수 없으니까요.

• 아우구스티누스 『거룩한 동정』 12,14,26-29.

### "나는 너희를 알지 못한다"

동정은 나날이 끝없이 치러야 하는 전쟁입니다. 야만인들과 싸우는 전쟁보다도 더 치열한 전쟁입니다. 야만인과의 전쟁은 결정적 순간에 화친 조약이 맺어지면 끝납니다. 한동안 전투를 벌이다가 또 한동안은 쉽니다. 군사들의 계급이 있고, 정해진 때가 있습니다. 그러나 동정을 위해 치르는 전쟁은 쉴 틈이 없습니다. 적은 악마이고, 악마는 공격에 적절한 때를 지킬 줄 모를 뿐 아니라 전투에 앞서 전열을 가다듬느라 기다리지도 않습니다. 그는 항상 도사리고 있다가 동정인에게 치명상을 입히려고 무장해제 되는 순간을 노립니다. 동정인은 이 전쟁을 결코 끝낼 수 없는데, 그의 내면에서 동요가 일고 적군이 돌아다니고 있기 때문입니다. 죄수들은 한동안은 주인을 보아도 크게 동요하지 않지만, 동정인은 어디를 가든지 재판관이 동행하고, 적군이 따라 다닙니다. 그 적군은 동정인에게 하룻밤의 안식도 주지 않고 밤이건 아침이건 한낮이건 언제나 싸움을 걸며, 욕정을 동정인의 발아래 깔아 두고, 덕을 동정에게서 영영 멀리 쫓아내고 동정의 내면에 사악함을 불러일으키며 예지를 쫓아내고 불륜의 씨를 뿌리려고 혼인을 저버리게 합니다. 적군은 시시때때로 비열하고 은밀하게 타오르는 욕정의 용광로에 불붙이는 데 능합니다. 이것을 이루는 데 얼마나 수고했을지 상상해 보십시오. 그럼에도 어리석은 처녀들은 이 모든 일을 겪은 뒤 이런 말을 들었습니다. "나에게서 물러나라. 나는 너희를 알지 못한다."

• 요한 크리소스토무스 『참회에 관한 설교』 3,3,11-12.

### 타락한 처녀

"처녀 딸 바빌론아 내려와 먼지 위에 앉아라"(이사 47,1). 이사야가 그녀를 "처녀"라고 부르는 것은 그녀가 동정이기 때문이 아닙니다. 사실 그녀는 타락했고 염치도 없습니다. 그녀가 처녀들이 입는 옷을 입고 있었기 때문에 그렇게 부른 것입니다. "왕좌가 없으니, 땅바닥에 앉아라"(이사 47,1). 이는 곧, 그녀가 왕권을 잃고 노예의 신분으로 전락하게 되었음을 의미합니다.

• 키루스의 테오도레투스 『이사야서 주해』 14,47,1-2.

## 동정의 삶

동정의 삶은 장차 올 세상에서의 복됨을 비추어 주는 것처럼 보입니다. … 주님께서는 부활 이후의 삶은 천사들의 삶과 같을 것이라고 알려 주셨습니다.

• 니사의 그레고리우스 『동정』 13.

### 동정은 죽음보다 힘이 세다

우리는 육 안에서 이승의 삶으로부터 우리 자신을 떼어 놓아야 한다는 것, 그리고 우리는 죽음을 불러오지 않는 삶의 방식을 추구해야 한다는 것입니다. 동정으로 사는 삶이 그런 삶입니다. … 참으로, 기뻐하는 어머니는 성령의 작용으로 죽음을 모르는 자녀들을 잉태하는 동정 어머니입니다. 예언자가 그런 어머니를 아이를 낳지 못하는 여인이라고 표현한 것은 오로지 이 어머니의 정숙함 때문입니다. 그렇다면, 죽음보다 힘이 센 이 생명은 생각하는 이들이라면 더 좋아할 생명입니다. 몸으로 자녀를 이 세상에 낳는 것은 — 사람들의 기분을 상하게 하려는 말이 결코 아닙니다 — 삶의 시작인 만큼 죽음의 시작이기도 합니다. 태어나는 순간부터 죽어 가는 과정이 시작되기 때문이지요. 그러나 동정을 실천함으로써 이 과정에 발을 들이지 않은 이들은 그 자신 안에 죽음의 경계선을 그은 것이며 자신의 행위로 죽음의 진행을 차단한 것입니다. 사실 그들은 그 자신이 생명과 죽음을 가르는 국경선이요 죽음을 좌절시키는 장벽이 되었습니다. 이처럼 죽음이 동정을 넘어갈 수 없고 자신의 힘이 그곳에서 차단당하고 부서짐을 발견한다면, 동정은 죽음보다 힘이 셈이 입증된 것입니다. 그리고 그 육신을 '죽지 않는다'고 이야기하는 것은 옳습니다. 그 육신은 죽어 가는 세상에 자기 몸이 일조를 하게 두지 않으며 죽어 가는 피조물들이 이어지는 고리의 도구가 되는 것을 허락하지 않는다는 점에서 그렇습니다. 그러한 육신 안에서는 첫 인간과 동정인들의 삶 사이에 개입한, 부패와 죽음이라는 오래도록 깨어지지 않았던 진행 과정이 중단됩니다.

• 니사의 그레고리우스 『동정』 13.

### 동정인의 삶이 지니는 영적 의미

태어나는 것을 파괴하는 힘이 물리적 탄생과 더불어 생겨나듯, 그 탄생을 통하여 태어난 이들에게 생명력을 주는 것은 성령임이 분명합니다. 그러면 이 말에서 무엇을 추론할 수 있습니까? 죽음이 따르게 마련인 육신의 삶에서 우리 자신을 떼어 놓음으로써 죽음이라는 결말이 없는 종류의 삶을 추구할 수 있다는 것입니다. 이것이 동정인의 삶이 지니는 영적 의미입니다.

• 니사의 그레고리우스『동정』14.

### 교회는 동정인들을 통해 더 충실한 동정성을 지닌다

교회에게 주어진 은총으로 말미암아 [교회]의 다양한 구성원들은 다 나름의 선물을 받지만, 교회도 그 구성원들을 통해 더욱 큰 은총의 선물을 받았으며 그들로 인해 영적으로 동정이라 불리고 또 육체적 동정성이라는 고결함도 얻습니다. 가톨릭 신앙의 규범에 따라 하느님을 믿고 부부 간의 정절이나 과부의 정결을 지키는 이들, 간음 행위라는 얼룩에 조금도 물들지 않았고 어떤 성적 부정행위의 죄가 없는 일반 신자들을 통해서는 교회는 영적 동정만을 얻습니다. 그러나 어떤 성적 행위로도 육신을 더럽히지 않고 지킴으로써 교회가 그들 안에서 바른 신앙을 수호하는 구성원들을 통해서는 더 충실한 동정성을 지니며, 그 동정성의 이름을 더욱 완전하게 소유합니다. 앞의 사람들 안에서 교회는 그 생명을 지닐 뿐입니다. 그러나 동정인들로부터는 영광을 위한 더 중요한 무엇을 얻습니다. … 주님께서는 동정인들에게 당신 집안과 울안에서 더 좋은 자리를 주겠다고 약속하십니다. 그래서 이렇게 쓰여 있습니다. "정녕 주님께서 이렇게 말씀하신다. '나의 안식일을 지키고 내가 좋아하는 것을 선택하며 나의 계약을 준수하는 고자들에게는 나의 집과 나의 울안에 아들딸들보다 나은 기념비와 이름을 마련해 주리라. 나는 그들에게 결코 끊어지지 않을 영원한 이름을 주리라'"(이사 56,4-5).

• 루스페의 풀겐티우스『편지』10 (프로바에게).

### "받아들일 수 있는 사람은 받아들여라"

예수님께서는 우리 각자가 동정성과 순결이라는 계명을 이행할 수 있는 힘이 있는지 스스로 돌아보도록, "받아들일 수 있는 사람은 받아들여라"(마태 19,12) 하고 덧붙이십니다. 순결은 그 자체로 아름답고 매혹적입니다. 그러나 "받아들일 수 있는 사람은 받아들여라"는 말씀에 따라, 사람은 자신의 힘을 따져 보아야만 합니다.

• 히에로니무스『마태오 복음 주해』3,19,12.

홀몸으로 동정을 지키며 살면 세상 걱정을 면하며, 순결로 자유롭게 되어 복된 신랑을 기다릴 수 있게 됩니다.

• 오리게네스『코린토 1서 주해 단편』3,39,51-52.

### 좋은 영적 인도자가 필요하다

동정 생활을 하려는 사람들 대부분은 아직 젊고 미성숙하기 때문에, 무엇보다 먼저 다음과 같은 점에 주의를 기울여야 합니다. 곧, 무지 때문에 길 없는 곳에 발을 들여 곧은 길에서 멀리 떨어져 헤매지 않도록 이 분야의 좋은 인도자와 스승을 발견하는 것입니다. 코헬렛의 말대로 "혼자보다는 둘이 낫기" 때문입니다.

• 니사의 그레고리우스『동정』23.

### 동정성에 생명을 주는 포도주

이것은, 젊은이와 아가씨들이 취하면 바로 동정성을 갈망하게 하는 포도주입니다. 그들은 순결함의 영혼으로 가득 차 있고, 적어도 우리가 히브리 성경을 문자 그대로 따른다면 즈카르야의 예언이 이루어질 때가 온 것입니다. 동정성에 대해 이렇게 말하기 때문입니다. "도성의 광장마다 뛰노는 소년 소녀들로 가득 차리라. 무엇이 그분의 선하심이고 무엇이 그분의 아름다움인가? 선택된 이들의 곡식과 순결을 가져다주는 포도주 아니겠는가?" 그들은 시편 제45편이 말하는 동정녀입니다. "오색 옷으로 단장하여 임금님께 인도되고 처녀들이 그 뒤를 따르며 동무들이 그에게 안내되는구나. 기쁨과 즐거움으로 인도되어 그들은 왕궁으로 들어가는구나"(시편 45,15-16).

• 히에로니무스 『요비니아누스 반박』 1,30.

영원한 삶에 대한 오롯한 헌신

그리스도와 약혼한 모든 순결한 처녀들은 등불을 밝히고 신랑과 함께 신방으로 들어갈 것입니다(마태 25,1-13 참조). 그리스도와 약혼한 모든 이들은 율법의 저주로부터 멀리 떨어져 있으며, 하와의 딸들의 저주에서 속량되었습니다. 왜냐하면 그들은 남자와 혼인하지 않았기 때문입니다. 혼인을 통해 그들은 저주를 받고 산통을 겪게 됩니다. 그들은 죽음에 대해서도 전혀 생각하지 않습니다. 죽음에 이르게 될 아이들을 출산하지 않기 때문입니다. 죽을 운명의 남편 대신에 그들은 그리스도와 약혼하였습니다. … 이 처녀들의 경우에는 신랑이 결코 그들을 떠나지 않습니다. 하와의 딸들의 장식은 시들어 없어지지만 이 처녀들의 옷은 닳아 없어지지 않습니다. 노년은 하와의 딸들의 아름다움을 시들게 하지만 이 처녀들의 아름다움은 부활의 때에 새로워질 것입니다.

• 아프라하트 『논증』 6,6.

동정과 자선

동정의 위대함을 깨달으십시오. 동정이 그 자매인 자선을 만나면, 그 어떤 끔찍한 것도 동정을 이길 수 없습니다. 동정은 그 어떤 것보다 뛰어나게 됩니다. 어리석은 처녀들이 혼인 잔치에 들어가지 못한 것은, 동정과 더불어 자선까지 지니지는 못했기 때문입니다. 이 말은 마땅히 부끄러워해야 할 말입니다.

• 요한 크리소스토무스 『참회에 관한 설교』 3,3,13.

동정에 대한 상

그들이 기다리는 것은 주님께서 주실 동정에 대한 상입니다. … 또한 천사의 이 말도 금욕의 은총을 분명히 말해 주며 동정을 찬양합니다. "그들은 동정을 지킨 사람들로서 여자와 더불어 몸을 더럽힌 일이 없습니다"(묵시 14,4). … 금욕이 그리스도를 따르는 것이고 동정을 지킬 때 하느님 나라가 예정되어 있다면, 남자들 눈에는 들지만 하느님 눈에는 거슬리는 속된 의복과 치장이 이런 동정녀들과 무슨 상관이 있겠습니까?

• 키프리아누스 『동정녀의 품행』 4-5.

행복한 상태, 더 행복한 상태, 가장 행복한 상태

남편이 있는 여자는 행복합니다. 적은 노력으로 정결하게 남아 있을 수 있는 과부는 더 행복합니다. 그러나 가장 행복한 이는 애쓰지 않고도 가장 좋은 상을 얻을 수 있는 동정녀입니다.

• 펠라기우스 『바오로의 열세 서간 해설』(코린토 1서) 7.

동정생활이 찬양받는 이유는 순교자들 안에서 동정생활을 발견할 수 있기 때문이 아니라, 동정생활 자체가 순교자를 만들기 때문입니다.

• 암브로시우스 『동정녀』 1,3,10.

## 동정과 혼인

동정이 깨졌다

남자와 여자가 복종하지 않고 동산에서 쫓겨난 뒤, 그들은 육체관계를 갖기 시작했습니다. 알다시피, 그들이 복종하던 시절에는 천사들과 같은 삶을 살았으며, 육체관계에 관한 언급은 성경에 없었습니다. … 처음에, 애초부터 동정이 지켜졌습니다. 그러나 그들이 자신들의 무관심으로 인해 하느님께 복종하지 않고 죄를 알게 되자, 그들이 선한 사물에는 어울리지 않는 이들로 입증되어 동정이 깨졌고, 그 뒤로 육체관계가 그 자리를 대신하였습니다.

• 요한 크리소스토무스 『창세기 강해』 18,12.

### 동정성과 덕에 관한 가르침이 없었다

그 시절에는 자식을 낳는 것이 인간의 증식이라는 관점에서 매우 중요한 일로 여겨졌습니다. 뿐만 아니라 그때는 동정성과 덕에 관한 가르침이 아직 제대로 자리를 잡지 못했습니다. 그래서 수태를 위해 기도를 하고 출산을 축복 가운데 하나로 여겼습니다.

• 맹인 디디무스 『창세기 주해』 245.

### 약혼의 세 유형

첫째, 그분[하느님]은 아브라함 안에서(또는 이집트에서) 그녀[이스라엘]와 약혼하십니다. 영원한 아내를 맞이하시기 위해서입니다. 둘째, 시나이산에서 있은 약혼 때 그분은 그녀에게 공정과 율법의 심판, 또 그에 더해 연민을 주셨습니다. 이는 그녀가 죄를 지을 때마다 유배를 통해 용서받게 하기 위해서, 그녀가 참회의 모습을 보일 때마다 고향으로 돌아오게 하기 위해서, 그리고 동정을 얻게 하기 위해서였습니다. … 그분[예수님]께서는 십자가와 죽은 이들 가운데에서의 부활을 통해서도 [그녀와] 약혼하셨는데 이번에는 율법의 공정함을 통해서가 아니라 믿음과 복음의 은총을 통해서였습니다.

• 히에로니무스 『소예언서 주해』(호세아서) 1,2.

### 동정성의 오른 눈이 마음에 들다

신랑은 신부에게 '그대가 내게 바쳐졌을 때 내가 그대에게 이렇게 말할 수 있도록 사자 굴에서, 악마의 교만에서 달아나자'고 말합니다. "나의 누이 나의 신부여, 그대는 내 마음을 사로잡았소. 한 번의 눈짓으로, 그대 목걸이 한 줄로 내 마음을 사로잡았소"(아가 4,9). 신랑의 말은 이런 뜻입니다. '나는 혼인을 거부하지 않소. 그대에게는 두 번째 눈, 곧 왼쪽 눈이 있소. 옳은 것을 보지 못하는 이들의 나약함 때문에 내가 그대에게 준 눈이오. 그러나 나는 동정성의 오른 눈이 마음에 드오. 그 눈이 멀면 온몸이 어둠 속에 있게 되오.' 신랑은 자신의 말이 육적인 사랑이나 육체적 혼인에 대한 말로 받아들여지는 일이 없도록 이렇게 덧붙여 아예 그 가능성을 잘라 버립니다. "나의 누이 나의 신부여, 그대는 내 마음을 사로잡았소." 여기서 "누이"라는 말은 부정한 사랑과 관련된 모든 의심을 배제합니다.

• 히에로니무스 『요비니아누스 반박』 1,30.

### 동정성을 지키는 것이 더 좋다

혼인은 좋은 것입니다. 인간의 세대가 이어지게 하는 수단이기 때문입니다. 그러나 동정을 지키는 것은 더 좋은 일입니다. 그것을 통하여 하늘나라라는 상속 재산을 얻으며 하늘의 보상과 직결되기 때문입니다.

• 암브로시우스 『편지』 44 (교회회의 서간).

### 하느님을 섬길 수 있게 자유롭다

여기서[1코린 7,32-38 참조] 바오로는 동정을 지키는 것이 어째서 혼인하는 것보다 나은지 설명합니다. 이는 성性이 좋은 것이다 나쁜 것이다 하는 문제와는 아무 상관없습니다. 그보다 이는 하느님을 섬기는 데 온 마음을 쓰지 못하게 방해하는 걱정을 안고 사느냐 걱정 없이 사느냐의 문제입니다.

• 가발라의 세베리아누스 『바오로 서간 주해 단편』(로마서).

바오로는 혼인을 허용된 것으로 용인합니다. 하지만 그것은 불륜을 피하기 위한 것이라는 말에서 그의 본심은 동정성을 지키는 것을 더 좋게 보는 것이 드러납니다.

• 요한 크리소스토무스 『코린토 1서 강해』 19,1.

### 더 행복하다

바오로의 말[1코린 7,40 참조]은 혼인해서 남편이 보호해 주는 여자는 행복하지만 신앙심 때문에 혼인을 거부하고 온전히 자신을 하느님께 바치는 여자는 더 행복하다는 뜻입니다.

• 가발라의 세베리아누스 『바오로 서간 주해 단편』(로마서).

### 동정이라는 담

혼인하지 않은 여자에게는 그녀를 이 세상의 폭풍우로부터 보호해 주는 동정성이라는 담이 있습니다. 하느님의 보호라는 울타리로 이처럼 둘러싸여 있으면 이 세상의 어떤 바람도 그를 건드리지 못합니다.

• 암브로시우스 『편지』 59 (사제들에게).

### 동정녀들은 부부들을 얕보아서는 안 된다

육체의 죄로부터 무죄한 이들은 동정의 상태가 혼인 생활의 상태보다 더 높다는 것을 깨닫도록 권고받아야 합니다. 그러나 동시에 그들은 혼인한 사람들 위에 있다고 뽐내어서는 안 됩니다. 그들은 동정을 첫자리에 평가해야 하나 스스로 제일 낮은 자로 평가해야 합니다. 이런 식으로 그들은 스스로 자랑하는 것을 더 잘 지킬 수 있을 것이고, 헛되이 우쭐대는 것으로부터 자신들을 지킬 수 있을 것입니다.

• 대 그레고리우스 『사목규칙』 3,28.

혼인을 비방하는 것은 동시에 동정의 영광을 흐리게 하는 것입니다. 반면에 혼인을 찬양하는 것은 동정이 받아 마땅한 찬탄을 드높이고 동정의 광채를 더 빛나게 하는 것입니다.

• 요한 크리소스토무스 『동정』 10,1.

### 혼인한 신자들에게도 희망이 있다

혼인한 상태에서 정결과 화합 안에 혼인의 굴레를 견뎌 내거나 과부로서 금욕적 생활로 육신의 유혹을 길들임으로써, 또는 더 높은 성덕의 기치를 치켜들고 새로운 종류의 동정성 안에서 성실히 살아가는, "어린양이 가는 곳이면 어디든지 따라가는"(묵시 14,4) 이 훌륭한 신자들의 희망이 과연 무엇입니까? … 주님의 형제와 자매들의 정원엔, 네, 그렇습니다, 그 정원엔 순교자들의 장미만이 아니라 동정인들의 백합과 혼인한 사람들의 담쟁이덩굴, 과부들의 제비꽃도 있습니다. 지극히 사랑받는 인간들 가운데에서 자신의 소명에 절망해야 할 사람은 아무도 없습니다.

• 아우구스티누스 『설교』 304,2.

### "임금의 큰길"

바오로 사도는 혼인과 동정성에 관한 논의를 마무리하며 이 둘이 적절한 균형을 이루게 하기 위해 신중을 기합니다. 오른쪽으로도 왼쪽으로도 기울지 않고 "임금의 큰길"(민수 20,17)을 따라가며 "너는 너무 의롭게 되지 말고"(코헬 7,16)라는 명령을 실천합니다. … 동정을 열망하면서도 혼인을 단죄하지는 않음으로써 우리는 "임금의 큰길"을 고수합니다.

• 히에로니무스 『편지』 48,8.

### 동정녀가 혼인한다면 죄를 짓는 것이다

"혼인하더라도 죄를 짓는 것은 아닙니다"(1코린 7,28). 바오로 사도의 이 말은 동정녀 서약을 한 이에게 하는 말이 아닙니다. 동정녀가 혼인한다면 죄를 짓는 것입니다. 과부로 살겠다고 맹세한 이가 재혼하는 것도 "심판을 받게"(1티모 5,12) 된다고 하니 동정녀 서약을 한 이가 혼인한다면 더욱 무서운 심판을 받을 것입니다.

• 요한 크리소스토무스 『코린토 1서 강해』 19.

### 하느님의 장모가 되다

저는 혼인 생활을 칭송합니다. 저는 혼인을 칭송합니다. 그 까닭은 그들이 저에게 동정녀들을 주기 때문입니다. 저는 가시에서 장미를 따고 땅에서 금을 캐며 조개에서 진주를 캡니다. … 혼인 생활이 존중받을수록 그 생활에서 태어난 것은 더 사랑을 받습니다. 어머니여, 왜 당신은 당신의 딸이 동정을 지키는 것을 아까워합니까? 그 아이는 당신의 젖을 먹고 자랐고, 당신의 배에서 태어났으며 당신의 품 안에서 성장하였습니다. 당신은 주의 깊은 애정으로 그 아이의 동정을 지켰습니다. 당신은 그 아이가 군인의 아내가 되지 않고 임금의 부인이 되는 것을 선택하였다고 해서 화를 내는 것입니까? 그 아이는 당신에게 고귀한 특권을 주었습니다. 당신은 이제 하느님의 장모가 되었습니다.

• 히에로니무스 『편지』 22,20.

## 동정녀를 위한 권고

### 동정 서원을 하는 이들에 관하여

동정에 관하여 우리는 아무런 계명도 받지 않았습니다(1코린 7,25 참조). 우리는 그것을 서원하고 지키려는 이들의 뜻에 맡깁니다. 지금까지 우리는 이 문제에 관하여 그들이 너무 성급하게 약속하지 않기를 권고했습니다. 솔로몬은 "서원을 하고 채우지 않는 것보다 서원을 하지 않는 것이 낫다"(코헬 5,4)라고 말하기 때문입니다. 그러므로 동정녀는 하느님의 성전이며 그리스도의 집으로서 그리고 성령께서 거하시는 곳으로서 몸과 영혼이 거룩해야 합니다(1코린 7,34 참조).

서원을 하는 동정녀는 서원에 적합한 일을 하여야 하며 서원이 신앙심 때문이며 진실한 것임을 보여 주어야 하지만 혼인을 비난해서는 안 됩니다. 동정녀는 하릴없이 배회하거나 아무 곳이나 어슬렁어슬렁 거닐어서는 안 됩니다. 동정녀는 두 마음을 지녀서는 안 되며, 진지하고 자제하며 착실하고 순수해야 하며, 많은 사람과의 대화, 특히 평판이 나쁜 사람과의 대화를 삼가야 합니다.

• 『사도 헌장』 4,2,14.

### 그리스도의 면사포를 쓴 동정녀

나는 그대(동정녀)가 머리에 면사포를 쓰기를 청합니다. … 정조라는 무기를 잡고, 바른 행실이라는 벽으로 그대를 두르고, 그대의 성性에 그대 자신의 시선도 지나가는 이들도 통과하지 못하는 성벽을 세우십시오. 동정녀의 신분을 지키기 위해 (혼인한) 여성의 옷을 입으십시오. 그대는 실제로 존재하지 않는 것처럼 보이고, 하느님께서만 그대를 아시는 것에 만족하십시오. 덧붙여 말하자면, 그대는 그리스도와 혼인했으니 실제로 결혼한 것입니다. 그대는 자신을 그리스도에게 맡겼으며 그분과 약혼했습니다. 따라서 이제 그대의 신랑이 바라는 대로 옷을 입으십시오. 세상의 신부들과 부인들이 면사포를 쓰듯이 그리스도께서는 당신의 신부들도 더 많이 면사포를 쓰기를 바라십니다.

• 테르툴리아누스 『너울로 가려야 하는 동정녀』 16.

### 그리스도와 함께 있는 것

나는 그대의 동료 동정녀들이 단식으로 얼굴이 수척하고 핼쑥하기를 바랍니다. 오랜 세월 꾸준히 그렇게 살아야 합니다. 동정녀들은 날마다 마음속에서 우러나오는 노래를 불러야 합니다. “내 영혼이 사랑하는 이여, 내게 알려 주셔요. 당신이 어디에서 양을 치고 계시는지 한낮에는 어디에서 양을 쉬게 하시는지”(아가 1,7). 또한 동정녀들은 “나의 바람은 이 세상을 떠나 그리스도와 함께 있는 것입니다”(필리 1,23)라고 진심으로 말해야 합니다.

• 히에로니무스 『편지』 22,1.

### 동정의 날개 위에 탄 여인

교회가 이 자리에 왔습니다. 이곳은 광야로, 앞에서 말했듯이(묵시 12,6 참조) 악이라곤 없는 곳이며, 여인이 보살핌을 받는 곳입니다. 말씀께서 큰 독수리의 날개라고 부르신(에제 17,3 참조), 하늘을 가로지르는 동정의 날개 위에 탄 여인은 뱀을 짓뭉개고 [교회의 것인] 환한 달빛을 가리는 비구름을 흩어 버렸습니다.

순결한 동정녀 여러분, [우리는 여러분이] 여러분의 어머니를 많이 본받고 고통과 불행과 삶의 불운에 흔들리지 말기를 [바랍니다].

• 올림푸스의 메토디우스 『열 처녀의 향연』 8,12.

동정녀에게는 ‘죄를 짓지 않도록 침묵하여라’라고 말해야 합니다. 성경에서 우리가 읽듯이 마리아께서는 당신 아들에 관한 모든 말을 마음속에 간직하셨기 때문입니다(루카 2,19 참조).

• 암브로시우스 『동정녀』 3,3,11.

### 동정녀에게 필요한 입과 혀의 절제

자기 자매를 몰래 험담하는 이는 신랑(그리스도)에게 거부당할 것입니다. 그녀는 신랑의 집 문에서 부르짖겠지만 거기에 듣는 이는 없을 것입니다. … 실없는 동정녀들에게 기쁨을 느끼지 말고 숙덕거리는 동정녀들과 함께 즐거워하지도 마십시오. 주님께서 그들을 버리셨기 때문입니다.

• 폰투스의 에바그리우스 『동정녀에게』 15.42.49.

음란한 웃음과 수치스런 뻔뻔스러움. 모든 어리석은 동정녀는 이러한 것에 사로잡힐 것입니다.

• 폰투스의 에바그리우스 『동정녀에게』 22.

### 동정녀는 이중의 전쟁에 대비해야 한다

거룩함의 원수는 언제나 동정녀들을 압박하고 그들에게 문제를 일으켜서 그들이 흔들리다가 넘어지기만 하면 언제든 집어삼키려 합니다. 음흉한 사람들이 많이 있습니다만 그것보다 더한 것은 본성의 분노입니다. 동정녀는 이중의 전쟁에 대비해야 합니다. 하나는 밖에서 오는 공격이고, 다른 하나는 내적으로 그들을 뒤흔드는 것입니다. 그래서 그들을 보호하는 이의 두려움은 큽니다. … 동정녀가 남자를 거절하는 것이 아니라 그리스도만을 거절한다면 어떻게 되겠습니까? 여기서 불임은 치욕으로 끝나는 것이 아니라 해로움으로, 영혼의 파멸로 끝납니다.

• 요한 크리소스토무스 『사제직』 3,317-18.

오만한 동정녀는 구원받지 못할 것이며, 나태한 동정녀는 신랑을 보지 못할 것입니다.

• 폰투스의 에바그리우스 『동정녀에게』 11.

### 영광스러운 고백을 잊지 마라

그대가 하느님과 천사들과 사람들 앞에서 한 영

광스러운 고백을 잊지 마십시오. 그 존엄한 무리를, 거룩한 동정인들의 합창대를, 주님의 모임과 성도들의 교회를 기억하십시오. 그리스도 안에서는 오래되었지만 덕에서는 여전히 젊고 강건한 그대의 할머니와, 주님 안에서 그대 할머니와 경쟁하며 예전의 습관을 끊기 위해 새로이 비범하게 노력하는 그대 어머니도 떠올리십시오. 이분들을 본받는 한편 그들을 능가하겠다는 뜻을 품은 그대의 자매도 기억하십시오. 동정녀이기에 어머니와 할머니의 덕행보다 더 큰 것을 이루어 낸 그는 열성의 시합을 하자고 말과 행실로 부지런히 자매인 그대를 부르고 있습니다. 이들을 떠올리십시오. 그리고 그들과 함께 하느님께 찬미가를 부르는 천사들의 합창대와, 육신 안에서 이루어지는 영적 삶과 땅에서 실천하는 거룩한 삶도 떠올리십시오.

• 대 바실리우스 『편지』 46.

### 동정녀들의 겸손

정원에 있는 깨끗한 우물의 물은 그 물줄기가 영적 맹수들이 뒹구는 곳의 진흙과 섞여 더러워지는 일이 없도록 하느님의 모습을 되비춥니다. 이와 마찬가지로, 성령의 담으로 둘러쳐져 있는 동정녀들의 겸손도 노출되어 짓밟히는 일이 없도록 닫혀 있습니다. 바깥에서 침범할 수 없는 정원이 제비꽃 향내를 풍기며 올리브 나무의 향기가 감돌고 장미로 눈부시듯이, 종교도 포도나무와 평화의 올리브나무와 성화된 동정성의 겸손을 나타내는 장미로 더욱 크게 자랍니다.

• 암브로시우스 『동정녀』 1,9,45.

### 동정녀들의 아름다움

세상 모든 지역에서 거룩한 종교의 향기가 짙어지고 성화된 동정녀의 지체가 빛났습니다. "나의 애인이여, 그대는 티르차처럼 아름답고 예루살렘처럼 어여뻐"(아가 6,4). 이 말에서 알 수 있듯, 그녀의 아름다움은 병이나 늙음으로 끝나는, 썩고 마는 육신의 아름다움이 아닙니다. 우연에 좌우되는 일도 없고 결코 사라지지도 않는, 선한 보상을 약속하는 명성이며 바로 동정녀들의 아름다움입니다.

• 암브로시우스 『동정녀』 1,9,47.

### 부활의 영광을 미리 맛보여 주는 동정성

동정녀들이여, 그대들의 본디 상태를 지키십시오. 그 상태를 끝까지 지키십시오. 그대들의 덕에 대한 영광스러운 상과 그대들의 순결에 대한 놀라운 보상이 마련되어 있습니다. 금욕의 덕이 어떤 비참함에서 그대들을 건져 주고 어떤 유익을 가져다주는지 아십니까? 하느님께서 여인에게 이르셨지요. "나는 네가 임신하여 커다란 고통을 겪게 하리라. 너는 괴로움 속에서 자식들을 낳으리라. 너는 네 남편을 갈망하고 그는 너의 주인이 되리라"(창세 3,16). 바로 이 선고에서 그대들을 자유롭게 해 줍니다. 그대들은 여인의 슬픔과 그 고통을 두려워하지 않아도 됩니다. 남편을 주인으로 섬기고 아이들을 낳는 고통을 걱정하지 않아도 되고, 남자 대신 그리스도를 그대의 주인이요 머리로 모실 수 있습니다. 그대들의 운명과 처지도 똑같습니다. 주님께서 말씀하십니다. "이 세상 사람들은 장가도 들고 시집도 간다. 그러나 저 세상에 참여하고 또 죽은 이들의 부활에 참여할 자격이 있다고 판단받는 이들은 더 이상 장가드는 일도 시집가는 일도 없을 것이다. 천사들과 같아져서 더 이상 죽는 일도 없다." 우리가 장차 그렇게 된다면, 그대들은 이미 그렇게 되었습니다. 부활의 영광을 이 세상에서 이미 누리고 있는 것입니다. 그대들은 세상에 더럽혀지지 않은 채로 세상을 통과합니다. 순결과 동정성을 유지하는 한, 그대들은 하느님의 천사들과 같습니다.

• 키프리아누스 『동정녀의 품행』 22.

### 동정녀의 오감와 천상의 상급

동정녀의 눈은 주님을 뵈올 것이고, 그녀의 귀는 그분 말씀을 들을 것입니다. 동정녀의 입은 자기 신랑에게 입맞춤할 것이며(아가 8,1 참조), 그녀의 후각은 그분 향유 내음에로 달려갈 것입니다(아가 1,3-4 참조). 동정녀의 손은 주님을 어루만질 것이며, 정결한 몸은 기꺼이 받아들여질 것입니다. 동정녀의 영혼은 월계관을 받을 것이고 자기 신랑과 함께 영원히 살 것입니다. 그녀에게 영적 의복이 주어질 것이며, 그녀는 하늘의 천사들과 함께 축제를 즐길 것입니다. 그녀는 꺼지지 않는 등불을 켤 것이고 등잔에 기름이 마르지 않을 것입니다(마태 25,1-13 참조). 그녀는 영원한 부富를 얻고 하느님 나라를 상속받을 것입니다.

• 폰투스의 에바그리우스 『동정녀에게』 55.

# 두려움

두려움은 희망과 믿음의 토대며 힘입니다.

• 키프리아누스 『퀴리누스에게』 3,20.

모든 인간의 두려움은 영혼의 번잡함에서 비롯됩니다.

• 히에로니무스 『펠라기우스파 반박 대화』 2,21.

"두려움"은 영혼과 "떨림"은 몸과 관계된 것입니다.

• 마리우스 빅토리누스 『바오로 서간 주해』(필리피서) 2,12.

두려움은 약이고, 사랑은 건강입니다.

• 아우구스티누스 『요한 서간 강해』 9,4.

사랑이 자라날수록 두려움은 줄어듭니다.

• 아우구스티누스 『요한 서간 강해』 9,4.

## 두려움의 의미와 이해

### 두려워하는 마음

"두려워하는 마음"(1베드 2,18)은 지식과 양심의 결과로 나오는 것입니다. 이 마음은 알지 못하는 것이 불러일으키는 어떤 격한 감정이 아닙니다. 우리가 하느님 면전에 갈 때 느끼는 것과 같은 감정, 그리스도께 다가갈 때 품는 완전한 경외심 같은 것입니다.

• 오이쿠메니우스

『사도행전과 가톨릭 서간, 바오로 서간 주해』(베드로 1서).

### 두려움을 가져야 한다

마음은 자만과 절망 사이를 오갑니다. 여러분은 두려움을 가져야 합니다. 그렇지 않으면 자만이 여러분을 죽게 할 것입니다. 심판에 떨어지지 않으려면 하느님의 자비에 기대지 말고 두려움을 지녀야 합니다. 또 여러분이 범한 끔찍한 죄가 용서될 리 없다는 생각으로 절망에 빠져 죽지 않으려면 두려움을 지녀야 합니다. 절망이 여러분을 덮치게 되면 회개에 이르지 못하고 오히려 지혜가 내린 선고를 자초하게 될 수 있습니다.

• 아우구스티누스 『요한 복음 강해』 33,8.

### 두려움의 필요성

"두렵고 떨리는 마음으로 여러분 자신의 구원을 위하여 힘쓰십시오"(필리 2,12). 두려움 없이는 아무도 고귀하고 훌륭한 것을 이룰 수 없기 때문입니다. … 삶의 좋은 것들이 두려움 없이 얻어지지 않는다면, 영적인 것들의 경우엔 더더욱 그렇지 않겠습니까? … 악마가 우리를 이기는 것이 아니라 무기력이 우리를 억누를 뿐이라면, 우리는 우리에게 배어 있는 그 무기력을 이기기 위해서라도 더 많은 두려움이 필요합니다.

• 요한 크리소스토무스 『필리피서 강해』 9,2,12-15.

## 완전한 두려움과 불완전한 두려움

아쉬움이 없고 지혜와 지식의 보물 곳간이 되는 두려움과 "지혜의 시작"(시편 111,10)이라고 불리는 불완전한 두려움 사이의 거리가 매우 멉니다. 뒤의 두려움은 처벌과 관련되기 때문에 사랑의 충만함에 이르게 되면 완전한 이들의 마음에서부터 쫓겨납니다. "사랑에는 두려움이 없습니다. 완전한 사랑은 두려움을 쫓아내기"(1요한 4,18) 때문입니다. 그러므로 지혜의 시작이 두려움이라면 지혜의 완성은 그리스도의 사랑이 아니고 무엇일까요? 사실 이 사랑 안에는 완전한 사랑의 두려움이 내포되어 있으니, 이 두려움은 더 이상 시작이 아니라 지혜와 지식의 보물 곳간이라고 불립니다.

• 요한 카시아누스 『담화집』 11,13.

## 두 종류의 두려움

두 종류의 두려움이 있어 두 종류의 겁쟁이를 낳듯이, 예속의 상태에도 두 종류가 있고 따라서 종도 두 종류입니다. 완전한 사랑이 쫓아내는 두려움이 있고(1요한 4,18 참조), 덕이며 영원히 이어지는(시편 19,10 참조) 두려움인 '주님을 경외함'이 있습니다. … "언제까지나 집에 머무르지 못하"(요한 8,35)는 자의 특징인, 벗어 버려야 하는 두려움을 지닌 종이 아니라, "주인과 함께 기쁨을 나누"(마태 25,21)는 종의 특징인 덕성스러운 두려움을 지닌 종이 됩시다.

• 아우구스티누스 『요한 복음 강해』 85,3.

## 두려움의 두 단계

두려움에는 두 단계가 있습니다. 첫째 단계는 초보자, 곧 무서워 떨면서 종의 멍에를 지는 이들의 단계입니다. 이에 대해 성경에 "종이 제 주인을 두려워한다"(말라 1,6)는 말이 나오고, 복음에는 "나는 너희를 더 이상 종이라고 부르지 않는다. 종은 주인이 하는 일을 모르기 때문이다"(요한 15,15)라는 말이 나옵니다. 그래서 "종은 언제까지나 집에 머무르지 못하지만, 아들은 언제까지나 집에 머뭅니다"(요한 8,35)라고 말씀하셨습니다. 이렇게 주님은 처벌에 대한 두려움에서 사랑의 완전한 자유와 하느님의 벗들과 아들들의 신뢰로 넘어가라고 우리를 격려하고 계십니다. 마지막으로, 주님께 대한 사랑에 힘입어 종의 두려움을 이미 넘어선 복된 사도(바오로)는 가치 없는 것들을 경멸하며, 주님께서 자기에게 더 높은 은혜를 베풀어 주셨음을 이렇게 고백합니다. "하느님께서 우리에게 비겁함의 영이 아니라 힘과 사랑과 절제의 영을 주셨습니다"(2티모 1,7). 사도는 또, 하늘의 아버지께 대한 완전한 사랑으로 불타며, 하느님께서 자녀로 삼으심으로써 종에서 아들이 된 사람들을 다음과 같이 격려합니다. "여러분은 사람을 다시 두려움에 빠뜨리는 종살이의 영을 받은 것이 아니라, 여러분을 자녀로 삼도록 해 주시는 영을 받았습니다. 이 영 안에서 우리가 '아빠! 아버지!' 하고 외치는 것입니다"(로마 8,15).

• 요한 카시아누스 『담화집』 11,13.

## 항구적인 두려움

항구적인 두려움이야말로 종살이의 가장 뚜렷

한 특징입니다. 그러나 아무리 비천한 신분이라 할지라도, 사랑의 유혹에 빠지지 않고 탐욕의 사슬에 묶이지 않으며 비난에 대한 두려움에 매여 있지 않는 이, 평온한 마음으로 현재를 바라보며 미래를 두려워하지 않는 이는 언제나 자유롭습니다. 이런 사람은 비록 종의 신분이라 할지라도 주인으로 보이고, 앞에서 말한 것 같은 사람은 자유인이라 할지라도 종이라고 생각되지 않습니까?

• 암브로시우스 『요셉』 4,20.

### 종살이에서 해방되다

"죽어야 할 인간의 생각은 보잘것없다"(지혜 9,14). 칭찬할 만한 두려움이 아니라 비난받아야 할 두려움은 선이 아니라 악입니다. "죽음의 권능을 쥐고 있는 자 곧 악마를 당신의 죽음으로 파멸시키시고, 죽음의 공포 때문에 한평생 종살이에 얽매여 있는 이들을 풀어 주신"(히브 2,14-15) 분 덕분에 우리는 그런 두려움에서 해방되었습니다. 우리 구원자께서는 다음과 같이 말씀하시며 이 종살이를 분명하게 보여 주셨고, 우리를 그 종살이에서 해방시키셨으며, 무상으로 자유를 주셨습니다. "너희가 내 말 안에 머무르면 참으로 나의 제자가 된다. 그러면 너희가 진리를 깨닫게 될 것이다. 그리고 진리가 너희를 자유롭게 할 것이다"(요한 8,31-32).

• 루스페의 풀겐티우스
『예정의 진리에 관해 요한 사제와 베네리우스 부제에게』 2,11.

### 거룩한 두려움

"거룩한 두려움"이 정말로 의미하는 바는 실패하지 않으려는 조바심이나 허약함 때문이 아니라 완전한 평화에 이른 우리의 사랑 때문에 죄를 철저히 거부하고 죄를 범하지 않도록 조심할 만큼의 확고한 의지입니다.

• 아우구스티누스 『신국론』 14,9.

### 두려움은 완전무결할 수 없다

기도로써 하늘에서 불이 내려오고 요르단강이 갈라지게 했던 엘리야가, 이제벨이 무서워 도망가고 완전히 지쳤습니다. … 그가 의인이라는 것을 누가 부인할 수 있겠습니까? 그러나 두려움은, 여인에 대한 두려움은 말할 것도 없이 모든 인간의 두려움은 영혼의 번잡함에서 비롯되며, 완전무결할 수 없습니다. 다윗이 말한 대로입니다. "주님께서 나를 위하시니 나는 두렵지 않네. 사람이 나에게 무엇을 할 수 있으랴?"(시편 118,6).

• 히에로니무스 『펠라기우스파 반박 대화』 2,21.

### 희망과 두려움을 동시에 느낀 제자들

예수님께서는 제자들에게 마음 산란해지는 일이 없도록 하라고 명령하심으로써, 말하자면 그들을 희망과 두려움 사이에 놓인 문지방에 올려놓으셨습니다. 그렇게 하면 그들이 나약함과 유혹에 약한 인간적 성향에 빠졌을 때 당신 자비에 대한 희망이 그들의 회복을 도울 수 있었습니다. 한편, 걸려 넘어지는 것에 대한 두려움은 아직 높은 데서 오는 권능을 받지 못한 그들을 붙들어 쉽게 넘어지지 않게 할 것이었습니다. 그러다 성령에게서 오는 은총이 내리면 그들이 실패하지 않도록 언제나 지켜 줄 것이었습니다.

• 알렉산드리아의 키릴루스 『요한 복음 주해』 9.

### 두 가지 두려움 사이에 놓여 있다

제가 힘들든 쉽든 저에게 부여된 제 직무에 따르는 멍에를 거부하고 동요된 마음으로 남아 있다면, 어떤 변명을 할 수 있겠습니까? … 그렇기 때문에 저는, 한편으로는 저를 뒤로 끌고, 또 다른 한편으로는 저를 앞으로 나아가게 하는 두 가지 근심 사이에 놓인 채, 제가 해야 할 일들을 찾으며 갖가지 상념으로 고민하고 있습니다. 저는 오랫동안 이 두 가지 두려움 사이에 놓여 있었습니다. 양쪽을 왔다 갔다 하며, 마치 변덕스러운 기류에 흔들리듯이 마음이 이쪽으로 저쪽으로 기울다가, 마침내 저는 더 강한 두려움에 굴복당하고 말았습니다. 불순종에 대한 두려움이 저를 이겼습니다.

• 나지안주스의 그레고리우스 『도피 변론』(연설 2) 109-12.

### 바오로는 진짜로 두려워했다

바오로는 진짜로 위험을 두려워했습니까? 그랬습니다. 아무리 바오로 사도라 해도 그도 인간이었기 때문입니다. 이것은 그를 비난하는 말이 아니라 인간 본성의 나약함을 이야기하는 것입니다. 죽음과 매질이 두려웠음에도 불구하고 그 두려움을 이기고 옳지 않은 행동은 전혀 하지 않았다는 것을 생각할 때 그의 결의는 참으로 대단했습니다. 그러니 바오로가 매질당하는 것을 두려워하지 않았다고 주장하는 이들은 그를 높이는 것이 아니며 오히려 그의 위대함을 몰라보는 것입니다. 그가 두려움을 몰랐다면, 위험을 견디는 인내와 자제력이 필요하지도 않았을 것입니다.

• 요한 크리소스토무스 『코린토 1서 강해』 6,2.

### 존경해야 할 사람은 존경하라

바오로는 지배자들에게 조세를 바치는 것은 물론 그들을 존경하고 두려워해야 한다고 촉구합니다. 이 구절[로마 13,7 참조]에서 '두려움'은 나쁜 양심에서 비롯하는 두려움이 아니라 몹시 존경하여 어려워함을 뜻합니다.

• 요한 크리소스토무스 『로마서 강해』 23.

우리보다 우위에 있는 사람에게는 존경뿐만 아니라 두려움을 가져야 하지만 대등한 사이에서는 존경만 하면 됩니다.

• 펠라기우스 『로마서 주해 단편』.

### 두려움의 표지와 완전한 신심의 표지

대부분의 사람들은 두려움 때문에 법의 경계 안에 머뭅니다. 자기 의지로 법의 지배 아래로 들어오는 이는 없습니다. 두려운 것을 어쩔 수 없이 하는 것이 두려움의 표지라면, 명령에 기꺼이 순종하는 것은 완전한 신심의 표지입니다. 두려움 때문이 아니라 자기 의지로 하느님의 법 안에 머무는 이가 행복한 것은 바로 이런 까닭입니다.

• 푸아티에의 힐라리우스 『시편 주해』 1,11.

### 두려움 없는 마음은 하느님께서 이루어 주시는 일

적대자들을 겁내지 않는다는 것은 그리스도의 복음에 합당하게 처신한다는 것이 무엇을 의미하는지에 대한 설명의 일부입니다. 곧, 적수들이든 무엇이든 절대 겁먹지 말라는 것입니다. … 이처럼 용기 있는 상태는 우리를 구원에 가까이 가게 하기 때문입니다. 그러한 상태는 우리의 적수들에게 치명상을 가합니다. 그러나 이것 역시 하느님께서 이루어 주시는 일입니다. 그것이 우리가 이루는 일이며 우리가 겁먹지 않는 것이 우리 구원의 원인이라고 생각하지 않도록, 바오로 사도는 이렇게 말합니다. '모든 것이 하느님의 의지와 자비와 은총을 통하여 온다고 제가 자주 말씀드렸듯이, 이것 역시 하느님에게서 오는 일입니다'(필리 1,28 참조).

• 마리우스 빅토리누스 『바오로 서간 주해』(필리피서) 1,28.

### 원수에 대한 두려움

"원수에 대한 두려움에서 제 생명을 지켜 주소

서"(시편 64,2). 원수에 대한 두려움은 우리를 죽음 앞에서 비겁하게 만들며 지위 높은 사람 앞에서 위축되게 합니다. 사실, 이런 사람이 어떻게 순교의 때에 죄짓기를 거부하며 죽음을 마다하지 않을 수 있으며 우리를 위하여 돌아가시고 되살아나신 주님께 진 빚을 갚을 수 있겠습니까? 마귀들에게 쉽게 겁먹는 사람도 마음속에 원수에 대한 두려움이 있습니다. 대체로 그런 두려움은 불신에서 생겨나는 감정이라고 보입니다. 강력한 도움이 가까이 있다고 믿는 사람은 아무도 그를 혼란에 빠뜨리려 하는 자들에게 겁먹지 않기 때문입니다.

• 대 바실리우스 『시편 강해』 16,8.

### 오직 한 가지 두려움

불행의 날에 두려워할 것이 아무것도 없다고 말한다면 많은 사람이 이 말씀을 매우 이상하고 신기하게 여길 수 있습니다. 그래서 시편 저자는 "불행의 날에 내가 무엇을 두려워해야 하느냐?"(시편 49,6)라고 묻습니다. 오직 한 가지뿐입니다. 나의 길과 나의 삶이 법을 위반할 위험이 나를 둘러싸는 것입니다. … 이것을 두려워하는 이들은 그 외의 것은 아무것도 두려워하지 않습니다. 대신에 그들의 정신은 오직 이 유일한 두려움 때문에만 긴장하며, 세상의 좋은 것들을 조롱하고 세상의 불행을 경멸합니다. 알다시피 이런 두려움을 지닌 사람은 아무것도 두렵지 않습니다. 이 두려움 외에는 두려움의 대상 가운데 최고라 할 수 있는 죽음조차도 그들에게는 두렵지 않습니다. … 오직 법에서 벗어나게 되는 것만을 두려워하며 그 외의 것들을 두려워하지 않는 사람은 천사와 같아질 것입니다. 그것을 두려워한다면 그 밖의 것은 아무것도 그것만큼 두렵지 않게 됩니다. 반대로 그것을 두려워하지 않는다면, 다른 많은 두려워할 것에 노출됩니다.

• 요한 크리소스토무스 『시편 해설』 49,3-4.

## 율법과 두려움

### 율법이 죄인들에게 두려움을 주다

이 구절[로마 7,11 참조]에서 "죄"는 죄를 만들어 내는 악마로 이해하여야 합니다. 악마는 사람을 죽임으로써 자신의 잔혹성을 만족시킬 수 있는 기회를 율법을 통해 찾아내었습니다. 그리하여 율법이 죄인들에게 두려움을 주자 사람은 본능적으로 늘 그러듯이 금지된 일을 하였습니다. 하느님을 거스름으로써 인간은 율법의 징벌을 초래하여, 이롭게 하기 위해 주어졌던 율법에 의해 심판받았습니다. 인간이 청하지 않았는데도 율법이 주어졌기에, 율법은 인간에게 불리하도록 욕망을 부추겼습니다. 그리하여 인간을 죄 많은 욕망으로 더욱 더럽혔고 인간은 율법의 손아귀에서 빠져나갈 수 없었습니다.

• 암브로시아스테르 『바오로의 열세 서간 주해』.

### 율법에 따라 사는 이들

"어른이 되어서는 아이 적의 것들을 그만두었다"(1코린 13,11)는 바오로의 말은 나이가 들면 커지는 몸에 대한 말도, 어떤 특정한 시기에 대한 말도, 어른에게만 알려져야 하는 비밀스러운 가르침에 대한 말도 아닙니다. 이 말은 율법에 따라 사는 이들은 귀신을 무서워하는 아이들처럼 두려움의 지배를 받는다는 점에서 아이 같은 자인 반면, 말씀에 순종하며 온전히 자유로운 견해를 가진 이들은 성숙하다는 뜻입니다.

• 알렉산드리아의 클레멘스 『교육자』 1,6,33.

### 두려움 때문에 율법을 지키다

많은 이가 두려움 때문에 율법을 지키는 것이 사실입니다. 그러나 징벌에 대한 두려움 때문에 율법을 지키는 이들은 자신들이 두려워하는 것이 존재하지 않는다면 더 좋아할 것입니다. 반면에, 의로움에 대한 사랑에서 율법을 지키는 이들은 율법이 있어도 즐거워합니다. 그들은 율법이 자신들에게 적대적이라고 생각하지 않기 때문입니다.

• 아우구스티누스 『설교』 251,7.

### 율법을 철저히 실천했던 바오로

회개하기 이전의 바오로는 내적인 감정에서는 율법을 거슬렀을지 몰라도 사람들에 대한 두려움에서든 하느님에 대한 두려움에서든 남들과 비교가 되지 않을 정도로 율법을 철저히 실천했습니다. 그러나 의로움에 대한 사랑이 아니라 징벌에 대한 두려움 때문에 율법을 실천하고 있었습니다.

• 아우구스티누스 『펠라기우스파 두 서간 반박』 1,15.

### 믿음이 아닌 두려움이었다

유대인들은 율법의 의도를 이해하지 못했기에 율법을 실천하지 못했습니다. 그들은 자신들 멋대로 해석한 것이 율법이 의도한 바라고 생각했습니다. 그들은 율법이 지니는 예언적 힘을 믿지 않았고, 내적 의미가 아니라 단순히 문자만 따랐습니다. 그것은 믿음이 아닌 두려움이었습니다.

• 알렉산드리아의 클레멘스 『양탄자』 2,9,42,5.

### 죄에 대한 경각심을 불러일으키는 율법

바오로 사도는 율법의 한계와 쓸모를 동시에 보여 주었습니다. 율법은 죄를 없애 주지는 못하지만, 백성에게 죄에 대한 경각심과 두려움을 심어줌으로써 결국 은총에 의지하지 않을 수 없도록 이끌어 준다는 것입니다.

• 키루스의 테오도레투스
『바오로의 열두 서간 주해』(히브리서) 10.

의로움에 대한 사랑에서가 아니라 율법이 위협하는 고통이 두려워 죄의 행실을 삼가는 사람은 율법 아래 있는 사람입니다.

• 아우구스티누스 『본성과 은총』 67.

### 지금 율법이 무슨 필요가 있는가?

성령께서 아직 오시지 않은 그때엔 우리가 두려움 때문에 욕망을 억제하도록 율법 아래 있는 것이 적절했습니다. 그러나 성령이 주어진 지금 율법이 무슨 필요가 있습니까? 이 은총은 우리에게 옛 계약의 명령들을 지키는 것을 그만두라고 명하는 데서 그치지 않고 그것들을 폐지함은 물론 우리를 삶의 더 높은 규범들로 인도합니다.

• 요한 크리소스토무스 『갈라티아서 주해』 5,18.

### 종과 자유인

감시자는 두려움의 대상이지만 스승은 구원의 길을 가리켜 줍니다. 두려움이 우리를 자유로 데려다주고, 자유는 우리를 믿음으로, 믿음은 사랑으로, 사랑은 자녀 되는 자격을 얻게 해 주며, 자녀 되는 자격을 통해 우리는 상속 재산을 얻게 됩니다. 그러므로 믿음이 있는 곳에는 자유가 있습니다. 종은 두려움으로 행동하지만 자유인은 믿음으로 행동하기 때문입니다.

• 암브로시우스 『편지』 69 (평신도들에게).

### 두려움에서 우리를 구원하다

율법이 주어지자 모든 사람이 유죄로 간주되었기 때문에 전에는 우리가 두려움 속에 있었습니니다. 율법이 사람들을 죄 때문에 두려워하게 만들었으므로 바오로는 율법을 "두려움에 빠뜨리는 영"(로마 8,15)이라 불렀습니다. "자녀로 삼도록 해 주시는 영"(로마 8,15)이 뜻하는 믿음의 법은 확신의 법입니다. 우리의 죄를 용서함으로써 두려움에서 우리를 구원해 주고 확신을 주기 때문입니다(참조: 이사 32,17-18; 1테살 1,4-5; 히브 10,22).

• 암브로시아스테르 『바오로의 열세 서간 주해』.

### 두려움에서 복종하는 종이 아니다

실로, 우리는 죄를 지음으로써 죽음으로 미끄러져 들어갑니다. 율법이 금지를 내리는 곳에서는, 율법이 없어 금지가 없었을 때보다 우리가 더 심각하게 죄를 짓습니다. 그러나 은총이 더해지면 우리는 율법이 억압적으로 명령했던 것들을 어려움 없이 그리고 아주 기꺼이 완수합니다. 우리는 더 이상 두려움에서 복종하는 종이 아니라 사랑으로 말미암아 복종하는 친구이며 애초에 율법이 제정된 원천인 의로움의 종입니다.

• 아우구스티누스 『여든세 가지 다양한 질문』 66.

### 은총 아래 있는 사람

단죄는 우리가 타락한 육적 욕망에 자발적으로 종속하고 그것을 섬길 때에 받는 것입니다. 이러한 욕망이 존재하더라도 우리가 굴복하지 않는다면 우리는 거기에 걸려들지 않고 은총 아래 있을 수 있습니다. 바오로는 구원자의 도움을 요청할 때 이 은총에 대해 말합니다. 두려움이 율법을 통해 얻을 수 없었던 것을, 사랑은 은총을 통해 얻을 수 있기 때문입니다(2티모 1,7 참조).

• 아우구스티누스 『로마서 명제 해설』 46.

### 두려움만 가지고는 할 수 없는 일이다

인간은 자신의 자유의지로 구원자를 믿고 은총을 받을 수 있습니다. 그러면 해방과 은총을 주시는 그분의 도움으로 인간은 죄를 짓지 않게 될 것이며 더 이상 율법 아래 있지 않게 될 것입니다. 그러나 율법과 하나가 되거나 율법 안에 있는 인간은 하느님의 사랑이 있다면 율법을 완수할 수 있을 것입니다. 이것은 두려움만 가지고는 할 수 없는 일입니다(2티모 1,7 참조).

• 아우구스티누스 『로마서 명제 해설』 44.

## 죽음에 대한 두려움

☞ '죽음'에서 '죽음에 대한 두려움'

## 두려움 극복

### 두려운 줄 모르고 날뛰는 사람들

성경은 우리 인간에 대해 이야기하듯 하느님을 묘사하는 경우가 많습니다. 예를 들어, '주님께서 노하셨다. 그들의 죄 때문에 슬퍼하셨다'(시편 106,40 참조)고 하거나 '주님께서 사울을 임금으로 기름부으신 일을 후회하셨다'고 합니다. … 그렇지만 사람들을 가르치기 위해서는 이런 식으로 표현할 필요가 있습니다. 두려운 줄 모르고 날뛰는 사람들에게는 하느님의 분노에 관한 묘사가 두려움을 심어 줄 수 있기 때문입니다.

• 니사의 그레고리우스 『에우노미우스 반박』 제2부.

### 두려움을 심어 주다

어떤 사람들은 신성이 화를 낸다고 생각하지만, 그렇지 않습니다. 그분께서 여러 가지로 위협을 가하시는 것은 인간에게 호소하시고 그들이 해야 할 일을 보여 주시는 것일 뿐입니다. 그것은 분명 좋은 방법입니다. 우리가 죄를 멀리하도록 두려움을 심어 주기 때문입니다.

• 알렉산드리아의 클레멘스 『교육자』 1,8,68.

### 두려움을 느끼도록 하시다

바오로는 지금, 비록 하느님께 권위를 받았지만 모두 의롭지는 않은 현세의 권위자들에 대해 말하고 있는 듯합니다. … 의롭게 판단하라고 하느님께서 지배자를 세우시어, 죄를 짓는 사람이 두려움을 느끼도록 하셨습니다.

• 펠라기우스 『로마서 주해 단편』.

### 두려움에서 희망으로

하느님에 대한 두려움을 지녀 복되고 완전한 사람은 성경 말씀에 따라 "덕행에서 덕행으로"(시편 83,8 불가타), 그리고 완성에서 다른 완성으로 나아갑니다. 다시 말하면, 마음이 열심히 움직여서 그가 두려움에서 희망으로 올라가면 그는 다시 더욱 복된 단계, 곧 사랑으로 올라가라는 초대를 받게 됩니다. 이와 같이 "충실하고 슬기로운 종"(마태 24,45)이 된 사람은 벗들과의 친분을 누리게 되며 자녀가 되는 단계로 넘어갑니다.

• 요한 카시아누스 『담화집』 11,12.

### 종은 두려워하고 자녀는 사랑한다

유대인은 두려움 때문에 억지로 섬기게 하는 영을 받았습니다. 두려워하는 것은 종의 본성이며 사랑하는 것은 자녀의 본성입니다. 성경에 쓰여 있듯이, '종은 주인을 두려워하고 아들은 아버지를 공경'(말라 1,6 참조)합니다. 사랑에 대한 갈망에서 행동하려 하지 않는 사람은 두려움의 구속을 받습니다. 그러나 우리는 모든 일을 기꺼이 함으로써 하느님의 자녀임을 보이도록 합시다.

• 펠라기우스 『로마서 주해 단편』.

### 종의 두려움

종은 믿음을 주인에게 바치지만 종의 두려움에는 의로움에 대한 사랑이 없고 오로지 저주에 대한 두려움만 있을 뿐입니다. 자녀들이 외치는 소리는 "아빠, 아버지!"(로마 8,15), 두 낱말입니다. 하나는 할례받는 이들의 말이고 하나는 할례받지 않은 이들이 하는 말입니다.

• 아우구스티누스 『영과 문자』 32,56.

### 누구의 마음인가?

하느님의 사랑이 부어지는 마음은 누구의 마음입니까? "완전한 사랑이 두려움을 쫓아낸"(1요한 4,18) 마음, 하느님께서 자녀로 삼도록 해 주시는 영을 받아 마음속으로 "아빠, 아버지!"(로마 8,15; 갈라 4,6) 하고 외치는 사람의 마음이라고 저는 믿습니다.

• 오리게네스 『로마서 주해』.

### 사랑과 두려움

당신의 용서에 대한 확신이 없다면 저는 감히 당신께 돌아가지 못할 것입니다. 당신의 약속에 대한 확신이 없다면 저는 계속해서 인내하지 못할 것입니다. … 저는 당신이 선하시고 의로우심을 압니다. 저는 당신이 선하시기 때문에 당신을 사랑하고, 당신이 의로우시기 때문에 당신을 두려워합니다. 사랑과 두려움은 둘 다 저의 안내자입니다.

• 아우구스티누스 『시편 상해』 40,20.

### 두려움과 사랑을 느끼게 하는 종살이의 영

두 계약의 섭리는 확실히 다릅니다. 구약은 두려움의 계약이고 신약은 사랑의 계약입니다. 하지만 이 "종살이의 영"(로마 8,15)이 무엇이냐고 물을 사람이 있겠지요. 우리를 자녀로 삼도록 해 주시는 영이 성령이라면 두려움에 빠뜨리는 종살이의 영은 죽음의 힘을 가진 영입니다. 은총 아래가 아니라 율법 아래 산 사람들이 평생 동안 종으로 저주받은 것은 바로 이 두려움 때문이었습니다.

• 아우구스티누스 『로마서 명제 해설』 52.

### 사랑으로 종이 되다

아브라함과 베드로 등 구약과 신약의 여러 성인들의 이름이 그들의 공로가 커짐에 따라 바뀐 것과 마찬가지로 바오로 사도도 하느님의 은총 속에서 성장함에 따라 이름이 바뀌었습니다. 그는 두려움에서 종이 된 것이 아니라 사랑으로 종이 되었습니다. 그래서 이렇게 말합니다. "이제는 내가 사는 것이 아니라 그리스도께서 내 안에 사시는 것입니다"(갈라 2,20).

• 위-콘스탄티우스 『로마서 단편』.

### 하느님을 전적으로 신뢰하는 이

그대 자신의 힘을 신뢰하지 않도록 주의하십시오. 그대는 인간이며, '사람에게 의지하는 자는 저주를 받을 것'(예레 17,5 참조)이기 때문입니다. 대신 힘을 다해 하느님을 신뢰하십시오. 그러면 그분께서 그대의 힘이 되어 주실 것입니다. 사랑으로, 기꺼이 주님을 신뢰하며, 겸손하고 충실하게 그분께 말씀드리십시오. "저는 당신을 사랑합니다, 주님, 저의 힘이시여"(시편 18,2). 주님의 사랑이 우리 안에서 완성되면 "완전한 사랑은 두려움을 쫓아냅니다"(1요한 4,18).

• 아우구스티누스 『편지』 218.

### 사랑은 두려움을 쫓아낸다

사랑이 두려움을 쫓아내는 것에 대해 시편은 "지혜의 근원은 주님을 경외함이니 …"(시편 111,10)라고 노래합니다. 새로 믿음에 든 사람은 의로운 심판자는 엄격하므로 자신을 단죄하리라고 생각해서 두려워합니다. 그러나 사랑은 이런 두려움을 쫓아내고 그에게 심판 날에 확신을 줍니다.

• 존자 베다 『가톨릭 서간 해설』(요한 1서).

### 두려움을 떨쳐 버리게 하는 사랑

[여기서(야고 1,4 참조) 말하는] 완전함은 하느님에 대한 사랑입니다. 그 사랑은 "두려움을 쫓아내는 완전한 사랑"(1요한 4,18)이며, [여기서 말하는] 두려움은 유혹받는 것에 대한 두려움입니다.

• 아를의 힐라리우스 『일곱 가톨릭 서간 해설』(야고보서).

### 두려움과 사랑

요한은 "완전한 사랑은 두려움을 쫓아낸다"(1요한 4,18)라고 말합니다. 먼저 두려움이 시작됩니다. "지혜의 시작은 주님을 경외함"(집회 1,14)이기 때문입니다. 두려움이 사랑에게 자리를 마련해 준다고 하겠습니다. 그러나 사랑이 살기 시작하면, 사랑에게 자리를 마련해 준 두려움이 쫓겨납니다. 사랑이 자라날수록 두려움은 줄어듭니다. 사랑이 안으로 들어올수록 두려움은 밖으로 쫓겨납니다. 사랑이 커지면 두려움은 작아지고, 사랑이 작아지면 두려움은 커집니다. 그러나 아무 두려움도 없다면 사랑이 들어올 틈이 없습니다. … 그래서 성경에 이러한 말씀이 있습니다. '두려움이 없는 사람은 의로워질 수 없다'(집회 1,28 참조). 그러므로 두려움이 먼저 들어와야 하고, 그 두려움을 통해서 사랑이 와야 합니다. 두려움은 약이고, 사랑은 건강입니다.

• 아우구스티누스 『요한 서간 강해』 9,4.

하느님의 크나큰 은혜는 우리 안에 크나큰 사랑을 불러일으킵니다. 위대한 사랑은 완전하기에 두려움도 낙담도 모릅니다(1요한 4,18 참조).

• 펠라기우스 『로마서 주해 단편』.

### 사랑이 있으면 두려움이 없다

요한의 말은 사실입니다. 그러니 두려워하고 싶지 않다면, 두려움을 문 밖으로 쫓아내는 완전한 사랑이 그대에게 있는지부터 살피십시오. 그러나 그런 완전함을 이루기 전에 두려움이 내쫓긴다면, 그것은 자애가 자란 것이 아니라 교만이 부풀어 오른 것입니다.

• 아우구스티누스 『설교』 348,1.

### 온화함이 두려움을 이기다

바오로 사도는 우리가 온화하고 사람들이 다가가기 쉬운 사람, 분노와 원한과 격분과 중상을 내버린 사람이 되기를 바랍니다. 우리가 다른 사람들에게 먼저 손을 내미는 자비롭고 다정한 사람이라면, 우리의 그 살가운 태도가 우리가 손을 내미는 사람들의 소심함과 두려움을 이길 것입니다.

• 히에로니무스 『바오로 서간 주해』(에페소서) 3,5,1.

### 하느님만이 아시다

모두 이스라엘 자손인 우리 가운데 누가 선 그 자체에 대한 염원에 불타 선한 일을 하는지, 그리고 우리 가운데 누가 지옥에 대한 두려움과 영원한 불에 대한 공포에서 선을 향해 노력하며 기록된 것들을 이행하려고 열심히 서두르고 있는지 하느님만이 아십니다. 선 그 자체에 대한 염원과 축복에 대한 열망으로 선한 일을 하는 이들이 악에 대한 두려움 때문에 선을 추구하는 자들보다 훨씬 더 숭고하다는 것은 분명합니다.

• 오리게네스 『여호수아기 강해』 9,7.

# 마리아

불임이 요한을 낳고 동정이 그리스도를 낳습니다.

• 아우구스티누스 『설교』 293.

그리스도도 동정이시고 그분 어머니도 동정이십니다.

• 히에로니무스 『편지』 48,21.

동정 마리아는 밤이 아니라, 밤의 별이었습니다.

• 아우구스티누스 『설교』 223D,2.

뿌리는 유대인의 가정이고, 가지는 마리아이시며,
꽃은 마리아의 그리스도이십니다.

• 암브로시우스 『다윗 제2 변론』 8,43.

## 마리아에 대한 이해와 표상

### 미르얌과 마리아

이 이름은 예언과, 다시 태어나는 이들의 구원과 관련되어 있습니다. 그것은 동정녀의 휘장이고, 순결의 영광이고, 정결의 표식이며, 하느님의 희생 선물이고, 고결한 접대이며, 성화의 총합입니다. 그런 만큼 이 어머니다운 이름은 그리스도의 어머니 이름으로 어울립니다.

• 페트루스 크리솔로구스 『설교』 146.

### 다윗 가문에서 태어나다

이사야 예언자가 "이사이의 뿌리에서 가지(virga)가 하나 나오고 그 뿌리에서 꽃 한 송이가 피어나리라"(이사 11,1) 하고 말하는데, 이것을 내놓고 설명하자면, "동정녀 마리아께서 다윗 가문에서 태어나시고 그리스도께서 다윗 혈통에서 나오시리라"는 뜻입니다.

• 존자 베다 『성막과 제구』 1,6.

### 이사이의 뿌리, 가지, 꽃

"이사이의 뿌리에서 가지가 돋아나고 그 가지에서 꽃이 피어나리라"(이사 11,1 칠십인역). "이사이의 뿌리"란 땅에 묻혀 있는 밑동과 같은 성조들이라는 그루터기이고, 거기서 나오는 가지는 마리아입니다. 마리아는 "다윗 집안의 자손"(루카 2,4)이기 때문입니다. 그 가지에서 피어난 꽃은 야곱이 "내 아들아, 너는 새싹에서 올라왔다"는 말로 예언한 그리스도입니다.

• 히폴리투스 『이사악과 야곱의 축복』 16.

### 왕가의 혈통이며 다윗의 집안

"그루터기"(이사 11,1)는 유대인들의 집안이고, "가지"는 마리아, 가지에서 피는 "꽃"은 그리스도입니다. 마리아가 "가지"로 불리는 것은 합당한데, 그는 왕가의 혈통이며 다윗의 집안이기 때문입니다(루카 1,27 참조). 그에게서 핀 "꽃"은 세속의 불결함이 풍기는 악취를 없애고 영원한 생명의 향기를 쏟아부어 주신 그리스도이십니다.

• 암브로시우스 『성조』 4,19.

### 동정녀인 가지

이사이의 뿌리에서 나오는 가지는 동정녀 마리아를 가리키며, 그분의 근원은 이사이의 혈통으로 다윗을 통하여 이어졌습니다. 복음사가들이나 사도들이 알려 주듯이, 다윗 지파에서 동정녀 마리아가 나왔으며 마리아에게서 그리스도 안에 인간의 꽃이 피어난 것입니다(참조: 마태 1,1-17; 루카 3,23-38).

• 아퀼레이아의 크로마티우스 『마태오 복음 강해』 2,5.

### 마리아의 꽃

조상 이사이의 뿌리는 유대인의 가정이고, 마리아는 가지이시며, 그리스도께서는 마리아의 꽃이십니다. 이분은 "나는 들판의 꽃, 골짜기의 나리꽃이랍니다"(아가 2,1) 하고 당신 스스로 말씀하신 것처럼, 온 세상에 믿음의 좋은 향기를 전파하기 위해 동정녀의 몸에서 태어나셨습니다.

• 암브로시우스 『성령론』 2,5.

### 유대인과 그리스도인의 해석

유대인은 이사이의 뿌리에서 나온 가지와 꽃을 주님 자신이라고 해석합니다. 그 이유는 주님 통치의 능력이 가지로, 그분의 아름다움이 꽃으로 묘사되기 때문입니다. 그러나 우리는 이사이의 뿌리에서 나온 가지를, 같은 성질의 뿌리가 없는 거룩한 동정 마리아로 이해합니다. 그분께 관한 말씀을 우리는 이미 들은 바 있습니다. "보십시오, 동정녀가 잉태하여 아들을 낳을 것입니다"(이사 7,14). 그리고 꽃은 아가에서 "나는 들판의 꽃, 골짜기의 나리꽃이랍니다"(아가 2,1) 하고 말씀하신 우리 구세주 주님이십니다.

• 히에로니무스 『이사야서 주해』 4,11,2.

### 풍성한 수확

"땅이 제 소출을 내주었으니"(시편 67,7). 여기서 "땅"은 우리 땅에서 난, 우리의 씨에서 난, 이 흙에서 난, 이 진흙에서 난, 아담에게서 난, 거룩한 마리아입니다. "너는 먼지이니 먼지로 돌아가리라"(창세 3,19). 이 땅이 소출을 내었습니다. 땅은 에덴 동산에서 잃어버린 것을 아들 안에서 찾았습니다. "땅이 제 소출을 내주었으니." 먼저 그것은 꽃을 내주었습니다. 아가에서 그것은 "나는 들에 핀 꽃, 골짜기의 나리꽃이랍니다"(아가 2,1)라고 합니다. 이 꽃은 우리가 먹을 수 있도록, 우리가 그 살을 먹을 수 있도록 열매가 되었습니다. 이 열매가 무엇인지 알고 싶습니까? 동정녀에게서 나신 동정, 여종에게서 나신 주님, 사람에게서 나신 하느님, 어머니에게서 나신 아들, 땅에서 난 소출입니다.

• 히에로니무스 『시편 설교 59편』 6.

### 땅의 온화한 얼굴

땅의 위엄을 나타내는 땅의 온화한 얼굴은 정확히 주님의 어머니이신 동정 마리아로 여길 수 있습니다. 마리아는 복음서에서 '물'(요한 7,38-39 참조)이라는 낱말로 설명되는 성령으로 말미암아 물에 젖었습니다.

• 아우구스티누스 『마니교도 반박 창세기 해설』 2,24,37.

### 잠긴 문

잠겨 있는 문을 동정 마리아라고 보는, 고귀한 이해를 보여 주는 이들이 있습니다. 출산 전에도 후에도 동정으로 남아 계신 그분을 통해서는 오직 이스라엘의 주 하느님만이 들어가실 수 있습니다.

• 히에로니무스 『에제키엘서 주해』 13,44,1-3.

동쪽으로 나 있으며 잠겨 있는 성소의 문은 무엇입니까? 구원자께서 이 세상에 오실 때 들어오신 문인 마리아 아니겠습니까?

• 암브로시우스 『편지』 44.

### 동정 마리아를 나타내는 "동쪽 대문"

그리스도 자신도 동정이시고, 그분의 모친 역시 동정입니다. 마리아는 그분의 어머니이시만 여전히 동정이십니다. 예수님께서는 닫힌 문으로 들어가셨고, 그분의 무덤 — 단단한 바위를 깎아 새로 만든 — 에는 그분 이전에도 이후에도 아무도 안장된 적이 없기 때문입니다. … 에제키엘 예언자가 말한 "동쪽 대문"(에제 44,1)은 마리아입니다. 언제나 잠겨 있으며 언제나 빛나고 지성소를 숨겼다가 드러내 주는 [대문입니다].

• 히에로니무스 『편지』 48,21.

### '알마'란 무엇을 뜻하는가?

이사야는 우리의 믿음과 희망의 신비에 관하여 이렇게 말합니다. "보십시오, 동정녀가 잉태하여 아들을 낳고 그 이름을 임마누엘이라 할 것입니다"(이사 7,14). 유대인들은 '알마'almah가 히브리어로 동정녀가 아니라 '젊은 여인'을 뜻한다고 곧잘 우리에게 이의를 제기합니다. 사실 동정녀는 히브리어로 '베툴라'betulah라고 합니다. 그러나 젊은 여인 또는 소녀는 '알마'가 아니라 '나아라'naarah입니다. 그러면 '알마'의 의미는 무엇입니까? '알마'는 숨겨진 동정녀, 그냥 동정녀가 아니라 더 깊은 의미를 지닌 동정녀입니다. 동정녀라고 해서 모두 남자의 눈에 띄지 않게 감추어진 것은 아니기 때문입니다.

• 히에로니무스 『요비니아누스 반박』 1,32.

### 젊은 여인이 아니라 동정녀

예언의 정확한 말씀은 "너는 그 이름을 ~라고 하여라"(이사 7,14)입니다. … 예언의 말씀이 "그들이 그 이름을 ~라고 할 것이다"가 아님에도 불구하고, 몇몇 서기관들이 잘못 이해하여 마태오 복음서에서 "너는 그 이름을 ~라고 하여라"가 아니라 "그들이 그 이름을 ~라고 할 것이다"라고 쓴 것입니다. 본 구절에서 번역된 히브리어는 모든 번역문에서처럼 "너는 그 이름을 ~라고 하여라"입니다. 어떤 번역자들은 "동정녀"라는 말을 "젊은 여인"(이사 7,14)으로 번역합니다. 동정녀가 동시에 젊은 여인이 될 수 없다고 생각할 이유는 전혀 없습니다. 사실 구세주를 잉태한 동정녀는 아직 완전히 성장하지 못한 어린 처녀였습니다.

• 카이사리아의 에우세비우스 『이사야서 주해』 1,44,90-105.

### 성경에서는 처녀도 '여자'라고 불린다

그 천사가 동정 마리아에게 말했습니다. "은총이 가득한 이여, 기뻐하십시오. 주님께서 당신과 함께 계십니다"(루카 1,28). 당신 안에 계실 그분께서 이미 당신과 함께 계시니, "당신은 여인들 가운데에서 복되십니다"(루카 1,42). 성경은, 히브리어법에서는 모든 여성이 관습적으로 '여자'로 불린다는 사실을 증언해 주고 있습니다. … 그러니 이제 천사가 "당신은 여인들 가운데에서 복되십니다"라고 하는 말을 들으면, '당신은 여성들 가운데서 복되십니다'라는 뜻으로 생각하십시오.

• 아우구스티누스 『설교』 291,4.

### 마리아가 여인으로 불린 이유

어떤 사람은 자신이 영리하게 이 의문을 풀었다고 생각했습니다. 곧, 천사도 바오로 사도도 마리아를 "여인"(갈라 4,4)이라고 부른 것은 마리아가 이미 약혼한 상태였기 때문이라는 것입니다. 약혼한 여자는 어떤 의미에서 신부이기 때문입니다. 그러나 '어떤 의미에서'라는 것과 '참으로' 사이에는 엄청난 차이가 있습니다. … 바오로는 처녀의 기본적인 속성과 관련한 이 단어의 올바른 용법에 따라 '여인'으로 불린 처녀에 관하여 말한 것입니다. 그 처녀가 일반적 용어로 "여인"이라 표현된 것은 타당합니다.

• 테르툴리아누스 『너울로 가려야 하는 동정녀』 6.

### 마리아는 양털 뭉치

우리가 마리아를 양털 뭉치에 비유하는 것은 옳습니다. 마리아께서는 당신의 온 몸으로 주님을 받아들이는 그러한 방식으로 주님을 잉태하셨으며, 당신의 그 몸이 찢겨짐을 겪으신 것이 아니라 온유하신 순종과 확고한 정결로 당신 몸을 내어 주셨기에 그렇습니다.

• 토리노의 막시무스 『설교 옛 모음집』 97,3.

### 동정녀인 구름

우리는 빠른 구름이 구세주의 몸에 걸맞다고 생각해야 합니다. 그분의 몸은 가볍고 어떤 죄의 압박도 받지 않기 때문입니다. 또는 인간의 씨 없이 아기를 가져 몸이 무거운 거룩한 마리아일 것입니다. 보십시오, 주님께서 동정녀인 빠른 구름을 타고 이 세상의 이집트에 들어오셨습니다.

• 히에로니무스 『시편 설교 59편』 11 (제77편).

### 빠른 구름

그분께서는 반드시 빠른 구름을 타고 오십니다. 그러면 이 빠른 구름이란 무엇을 말합니까? 저는 그것이 인간의 씨를 받지 않은 아기를 안고 계신 거룩한 마리아라고 생각합니다. 이 빠른 구름이 세상에 들어오면서 세상의 창조주를 모시고 오신 것입니다. 이사야는 무엇이라고 말합니까? "주님께서 빠른 구름을 타시고 이집트로 들어가신다. 이집트의 우상들은 산산이 부수어지리라"(이사 19,1).

• 히에로니무스 『시편 설교 59편』 24 (제96편).

### 구름의 특성

요한은 천사들이 숭고한 존재이며 그 고귀한 본성과 지위 때문에 그들을 '구름'으로 부릅니다. 또는 육에 따라 주님의 어머니이신 분을 존중하여, 주님께서 앉아 계셨던 하느님의 어머니를 '구름'으로 부른 것이기도 합니다. 이사야도 어머니의 이런 모습을 예견하고, "보라, 주님께서 빠른 구름을 타시고 이집트로 가신다. 이집트의 우상들은 그분 앞에서 벌벌 떨고"(이사 19,1)라고 하였습니다. 아퀼라는 이 말씀을 해석하며 구름은 '가벼운 물질'이라고 했습니다. '물질'이라고 한 것은 내 생각에 마리아께서 인간이고 육신의 존재였기 때문이고, '가볍다'고 한 것은 그분의 순수하고 결백하시며 그리고 단 한 점의 죄도 그분을 짓누르고 있지 않았기 때문이며, 또한 그분 영혼의 훌륭함과 하늘을 향해 있는 특성 때문입니다.

• 오이쿠메니우스 『묵시록 주해』 14,15.

### 밤의 별

주님은 밤에 태어나시고 또한 밤에 부활하시어 어둠 속에서 빛나는 빛을 상징합니다. 사실 어둠에서 나온 빛은 유대인들에게서 나온 그리스도를 가리키며, 그들에 관해 이렇게 쓰여 있습니다. "나는 너희 어미를 밤에 비유하였다"(호세 4,5 칠십인역). 그러나 밤과 같은 그 민족 가운데서 동정 마리아는 밤이 아니라, 밤의 별이었습니다. 이는 왜 별이 밤을 멀어지게 하는 그녀의 출산을 표상하게 되었는지 설명해 줍니다. 동방박사들은 그 빛을 숭배하러 왔던 것입니다. 그리하여 그들 안에서도 "어둠을 비추는 빛"에 대한 말씀이 이루어졌습니다.

• 아우구스티누스 『설교』 223D,2.

그분은 다윗의 자손이셨지만 아담의 창조주이셨습니다. 육체가 없는 그분께서 육을 취하셨습니다. 그분은 어머니가 계셨지만, 그 어머니는 동정녀셨습니다.

• 나지안주스의 그레고리우스 『교의에 관한 시가』 2.

### '하느님의 어머니' 마리아의 한 표상

불타는 떨기는 하느님 어머니의 표상입니다. 모세가 그곳에 가까이 가려고 하자 하느님께서 말씀하셨습니다. "이리 가까이 오지 마라. 네가 서 있는 곳은 거룩한 땅이니, 네 발에서 신을 벗어라"(탈출 3,5). 모세가 하느님을 낳으신 분의 한 표상을 본 곳이 거룩한 땅이라면, 그 표상 자체는 얼마나 더 거룩하겠습니까? 저는 감히 말합니다. 그것은 거룩한 정도가 아니라 거룩한 것들 가운데 최고로 거룩합니다.

• 다마스쿠스의 요한 『성화상에 관한 연설』 20.

### '테오토코스'라고 불리는 성모님

거룩한 교부들이 니케아 공의회에 모여 합의로 결정한 복음 가르침을 순수하게 정통적으로 지켜 나가기를 진심으로 바라는 바입니다. '한 분이신 아버지 하느님을 믿으며 … 우리 인간의 구원을 위하여 하늘에서 내려오시어 동정 마리아에게서 육으로 나시어 사람이 되셨음을 믿습니다.' 이는 현명하신 바오로 사도가 "그분께서는 육으로는 다윗의 후손으로 태어나셨고, 거룩한 영으로는 … 힘을 지니신 하느님의 아드님"(로마 1,3-4)이라는 말로 우리에게 가르쳐 준 바입니다. 이러한 이유로 우리는 성모님을 '테오토코스'라고 부릅니다.

• 키루스의 테오도레투스 『편지』 83.

### 하느님의 어머니로 공경받다

주님께서 세상에 오심으로써 당신의 은총을 넘치게 부어 주셨을 때에, 주님께서는 땅이 흔들리는 가운데 불 속에서 무시무시한 소리를 내며 오신 것이 아니라(1열왕 19,12 참조), "양털에 내리는 비처럼, 땅을 적시는 물방울처럼"(시편 71,6 칠십인역) 부드럽게 내려오셨습니다. 예전과는 다른 방식으로 우리를 대하셨습니다. 보물함 속에다 지존하신 참모습을 육의 휘장으로 싸 넣어 감추신 듯, 육체의 모습으로 우리 가운데 사시며 말씀하셨습니다. 그 몸은 스스로 명하신 뜻에 따라 동정녀 마리아의 태 안에서 이루어진 몸이었습니다. 따라서 마리아는 하느님의 어머니로 공경받습니다.

• 니네베의 이사악 『종교적 완성』 77.

### 하느님의 어머니

동정녀에게서 태어난 아기가 "전능한 하느님"이라 불린다면 그 이유는 오직 하나입니다. 아기의 어머니가 "하느님의 어머니"라 불리기 때문입니다. 무릇 어머니란 자기 자식과 영광을 함께하므로, 동정녀는 사람이신 주 그리스도의 어머니이시면서 동시에 주님이시고 창조주이시며 하느님이신 분의 종이기도 합니다.

• 키루스의 테오도레투스 『편지』 152.

### 하느님에게 어머니가 있는가?

하느님에게 어머니가 있습니까? 멀쩡한 그리스 사람들이 신들에게 어머니가 있는 것으로 이야기합니다! 그렇다면 그리스도의 신성에 대해 설명하며 "아버지도 어머니도 족보도 없다"(히브 7,3)고 한 바오로 사도의 말이 거짓말입니까? 잘 들으십시오. 마리아는 신성을 낳은 것이 아닙니다. "육에서 태어난 것은 육"(요한 3,6)이기 때문입니다. 피조물인 마리아는 창조될 수 없는 그분을 출산한 것이 아닙니다. 말씀이신 하느님을 아버지께서 얼마 전에 동정녀에게서 태어나게 하신 것이 아닙니다. 요한 복음에 쓰여 있듯이, '말씀은 한처음부터 계셨습니다'(요한 1,1 참조).

• 네스토리우스 『테오토코스 반박 첫째 설교』.

### 마리아의 승천

주님의 날이 오고 아침 아홉 시가 되었을 때, 성령께서 구름 속에서 사도들에게 내려앉으시자 그리스도께서도 수많은 천사와 함께 내려오시어 사랑하는 당신 어머니의 영혼을 받으셨습니다. 엄청난 광채가 쏟아지고 감미로운 향내가 감돌고 천사들이 주님께서 아가에서 부르신 "아가씨들 사이에 있는 나의 애인은 엉겅퀴 사이에 핀 나리꽃 같구나"(아가 2,2) 하는 노래를 부르자, 그곳에 있던 모든 이는 타보르 산에서 그리스도의 모습이 변하는 것을 보고 사도들이 그랬던 것처럼 얼굴을 땅에 대고 엎드렸습니다. 그러고는 한 시간 반 가량이 지날 때까지 아무도 일어서지 못했습니다. 그러나 빛이 사라지자 그 빛과 함께 복된 동정 마리아의 영혼이 시편과 찬미가와 아가의 노래가 울려 퍼지는 가운데 하늘로 들어 올려졌습니다. 구름이 모두 거두어질 즈음 온 땅이 흔들리고 한순간 예루살렘의 모든 주민이 성모 마리아께서 떠나시는 것을 똑똑히 보았습니다.

• 『마리아의 승천』 1.

## 마리아의 잉태와 출산

### 복음에 바탕을 둔 종교의 신비

복음에 바탕한 종교의 신비를 다른 누구보다 완벽하게 알고 있는 이 위대한 예언자(이사야)는 동정녀에 관한 놀라운 표징을 예고했고, 그 아기의 탄생에 관한 기쁜 소식을 우리에게 전해 주었으며, 성자의 이름을 우리에게 분명하게 가리켜 보여 주었습니다. 한마디로 말하면 예언자는 성령 안에서 모든 진리를 자신 안에 품고 있습니다.

• 니사의 그레고리우스 『에우노미우스 반박』 5,1.

### 동정녀의 태내에서 나오시리라

순수한 인간이신 복된 동정녀께서는 육체적으로는 온전히 충만한 신성을 받아들이실 수 없었습니다(콜로 2,9 참조). 그러나 지극히 높으신 분의 힘이 그분을 덮으셨습니다(루카 1,35). 곧, 그분의 몸이 하느님의 영적 빛을 받아들이신 것입니다. 이사야 예언자는 이 사실을 아름답게 설명합니다. '보라, 주님께서 가벼운 구름에 오르시어 이집트로 오시리라'(이사 19,1 참조). 이 말은, 보라, 하느님 아버지와 함께 영원하신 말씀, 시간이 있기 전에 빛에서 나신 빛께서, 마지막 때 육체와 어떠한 죄에도 물들지 않는 영혼을 취하시고, 마치 신방에서 나오는 신랑처럼(시편 19,6) 동정녀의 태내에서 나오시어 세상에 들어오시리라는 뜻입니다.

• 존자 베다 『루카 복음 해설』 1,1,35.

우리는 주님에 관해 대낮보다 더 분명한 예언을 알고 있습니다. 동정녀가 태내에 잉태하였다는 것은 예형적인 표현이 아니었습니다.

• 테르툴리아누스 『죽은 이들의 부활』 20.

### 왕가의 혈통인 동정 마리아

주님께서 동정녀에게서 태어나시도록 되어 있었다는 것을 우리는 분명하게 압니다. 이제 우리는 그 동정녀가 어떤 혈통이었는지 보여 주어야 합니다. "주님께서 다윗에게 맹세하셨으니 돌이키지 않으실 굳은 약속이라네. '나는 네 몸의 소생을 네 왕좌에 앉히리라.'"(시편 132,11). 또 [이렇게 쓰여 있습니다] "내가 그의 후손을 길이길이, 그의 왕좌를 하늘의 날수만큼 이어지게 하리라"(시편 89,30).

• 예루살렘의 키릴루스 『예비신자 교리교육』 12,23.

### 마리아가 천사의 방문을 받다

그분(동정 마리아)은 남자들이 들여다볼 수 없는 내밀한 방에 홀로 계셨습니다. 오직 천사만이 그분을 보았습니다. 마리아가 알지도 못하고 떠드는 자들의 말로 더럽혀지는 일이 없도록, 천사는 친구도 없고 목격자도 없이 마리아 혼자 있을 때 인사했습니다. … 무엇보다도 마리아는 천사의 방문을 받고 두려워했습니다.

• 암브로시우스 『루카 복음 해설』 2,8.

대천사 가브리엘은 거룩한 동정녀에게 신비로운 잉태라는 기쁜 소식을 가져왔습니다.

• 키루스의 테오도레투스 『탈출기에 관한 질문』 72.

### 마리아, 만물의 창조주를 잉태하다

가브리엘이 하늘 궁창에서 나자렛으로 날아 내려와 처녀 마리아 앞에 서서 큰소리로 말하기를, "기뻐하라! 네가 아담보다 먼저인 아들, 만물의 창조주, 너에게 울부짖는 자들의 구원자를 낳을 것이다. 기뻐하라, 순결한 처녀여!" 가브리엘이 하늘에서 내려와 동정녀에게 말했지. "기뻐하라! 네가 온 세상이 담을 수 없는 분을 잉태하리니, 그분을 네 태 안에 모실 것이다. 네가, 새벽 별보다 먼저(시편 110,3 참조) 하늘 아버지의 빛으로 빛나는 분을 잉태할 것이다!" 시작이 없으신, 아버지의 영원하신 말씀께서, 타락한 인간을 가엾이 여기는 한없는 사랑 안에서, 위에 있는 것들과 결별하지 않으신 채 이곳 아래로 내려오셨다. 아담의 헐벗음을 취하시어, 당신께 낯선 모습을 입으셨다.

• 익명 『탄생 예고 찬미가』.

### 천사의 특별한 인사말

천사가 마리아에게 건넨 인사말은 성경 어디에서도 찾아볼 수 없는 독특한 것이었습니다. 이 표현에 대해 간단히 설명하지요. 천사는 마리아에게 말합니다. "은총이 가득한 이여, 기뻐하여라"(루카 1,28). … 저는 성경 다른 곳에서 이런 문장을 읽은 기억이 없습니다. "은총이 가득한 이여, 기뻐하여라." 이 말을 듣는 것은 남자가 아닙니다. 이 인사말은 오직 마리아만을 위한 것이었습니다.

• 오리게네스 『루카 복음 강해』 6,7.

### 창조물은 모든 것을 채울 수 없다

"나는 나의 영을 모든 사람에게 부어 주리라"(요엘 3,1). 어떤 창조물이 성령에 관한 이 말씀처럼 모든 것을 채울 수 있겠습니까? 천사도 그렇게 장담할 수 없습니다. 사실 마리아에게 파견된 가브리엘은 "은총이 가득한 이여"(루카 1,28)라고 말했습니다. 그녀 안에 있는 성령의 은총을 분명하게 설명하는 말입니다. 성령께서 그녀에게 내려 그녀는 이제 천상 말씀으로 은총을 가득히 받은 모태를 갖게 되었습니다.

• 암브로시우스 『성령론』 1,7,85.

### 세상에서 활동하시는 성령

주님께서 만물을 가득 채우시는 것처럼 성령께서도 그러하시다는 말씀을 우리는 읽습니다. "주님의 성령께서 온 세상을 채우신다." 사도들과 함께 모여 있던 사람들에 관한 말씀도 있습니다. "그들은 성령으로 가득 차, 하느님의 말씀을 담대히 전하였다"(사도 4,31). 이렇게 성령께서는 충만함과 대담함을 주신다는 것을 알 수 있습니다. 대천사가 마리아에게 선포한 말씀 역시 성령의 활동에 관한 것입니다. "성령께서 너에게 내려오실 것이다"(루카 1,35).

• 암브로시우스 『성령론』 1,7,87.

### 동정 탄생이 가져다준 자유

천사는 "성령께서 너에게 내려오실 것"(루카 1,35)이라고 합니다. 이는 육욕에 젖지 않고 신앙으로 달아올랐던 마리아가 들은 말입니다. "성령께서 너에게 내려오시고 지극히 높으신 분의 힘이 너를 덮을 것이다"(루카 1,35). 이렇게 성령께서 덮으신 분을 성적 욕구의 불길이 어떻게 건드릴 수 있겠습니까? 이처럼 주님께서는 여러분이 세상에 온 방식으로 오지 않으셨기 때문에, 여러분을 자유롭게 해 주십니다.

• 아우구스티누스 『설교』 153,14.

### 성부의 고유한 권능을 잉태하신 마리아

마리아는 하느님의 아드님, 성부의 고유한 권능을 잉태하게 되었습니다. 이 일은 "혈통이나 육욕이나 남자의 욕망으로 이루어진 것이 아니라"(요한 1,13) 성부의 원의와 성령의 협력으로 이루어졌습니다. 마리아는 창조주께서 창조되실 수 있게 하였고, 제작자가 제작되실 수 있게 하였으며, 하느님의 아드님이자 하느님이신 분께서 자신의 순결하고 더럽혀지지 않은 살과 피에서 육을 취하여 사람이 되게 해 드렸습니다.

• 다마스쿠스의 요한 『신앙 해설』 4,14.

### 은총으로 살아가는 이들의 참어머니

"주님께서 너와 함께 계시다"(루카 1,28). 주님께서 왜 '너'와 함께 계십니까? 그것은, 그냥 너를 보러 오시는 것이 아니라, 태어나시기 위하여 새로운 신비 안에서 '네 안으로' 들어오시기 때문입니다. "너는 하느님의 총애를 받았다"(루카 1,30)는 천사의 말은 옳습니다. … 이제 마리아는 어머니가 되는 이 일로 자신이 받은 복을 기뻐하고 영예롭게 기림을 받습니다. 전에는 본성으로 인하여 죽음에 속했던 여성이 이제는 은총으로 살아가는 이들의 참어머니가 되었습니다.

• 페트루스 크리솔로구스 『설교』 140.

### 마리아의 잉태는 세상의 재창조를 예고한다

천사들의 우두머리가 전능하신 하느님의 명령을 받고 순결한 동정녀를 찾아와, 기이하고 비밀스런 기적에 관한 기쁜 소식을 전하니, 하느님께서 사람으로서 씨 없이 그녀에게서 아기로 태어나 인류를 다시 지으신다는 것이었네! 사람들아, 세상의 재창조에 대한 기쁜 소식을 널리 알리세!

• 익명 『탄생 예고 찬미가』.

### 거룩한 신비인 동정녀 잉태

마리아는 천사의 말을 믿어야만 하는 동시에 분별없이 그 자리를 꿰어 차서는 안 되었습니다. 그녀는 천사의 말을 믿어야 했고 하느님의 일을 훼절해서는 안 되었습니다. 물론, "만물을 창조하신 하느님 안에 감추어져 있던 신비의 계획"(에페 3,9; 참조: 콜로 1,26)을 쉽게 알 수 있는 건 아니겠지요. 그것은 높은 곳에 있는 권능들도 알 수 없었던 것입니다. 그런데도 마리아는 믿음을 포기하지 않았고 자신에게 주어진 임무를 거절하지도 않았으며 순종을 약속했습니다.

마리아가 "어떻게 그런 일이 있을 수 있겠습니까?"(루카 1,34) 하고 물은 것은 이루어질 일을 의심해서가 아니라 그 일이 어떻게 이루어질 것인지를 물은 것입니다.

• 암브로시우스 『루카 복음 해설』 2,14.

### 그리스도께서 마리아의 태내를 거룩하게 하셨다

마리아가 천사에게 "저는 남자를 알지 못하는데, 어떻게 그런 일이 있을 수 있겠습니까?"(루카 1,34) 하고 말하자, 그가 마리아에게 "성령께서 너에게 내려오시고 지극히 높으신 분의 힘이 너를 덮을 것이다"(루카 1,35) 하고 말했습니다. 왜 천사가 아버지의 이름을 언급하지 않고, 대신에 그분의 힘과 성령을 언급했습니까? 그것은 조물주께서 오시어 쓰러진 집을 일으키시고, 물 위를 감돌고 계시던 영이 더러운 건물을 거룩하게 하시는 것이 지극히 당연했기 때문입니다. 따라서 창조주께서 훗날에 있을 심판을 당신 [아들]에게 맡기셨다면, 역시 당신의 아들을 통하여 인간의 창조와 재건을 완성하셨다는 것이 분명한 사실입니다.

• 시리아인 에프렘
『타티아누스의 네 복음서 발췌 합본 주해』 25.

### 잉태하신 동정녀의 태

그분을 잉태하신 동정녀의 태는 이 신랑의 신방이었으며, 그래서 시편 저자는 "그곳에 해를 위하여 천막을 쳐 주시니 해는 신방에서 나오는 신랑 같고"(시편 19,5-6)라고 합니다. 교회를 당신과 하나 되게 하기 위하여 육화하신 하느님으로서 동정녀의 손상되지 않은 태에서 나오신 그분은 참으로 당신의 신방에서 나오는 신랑처럼 오셨습니다.

• 대 그레고리우스 『복음서 강해』(40편) 38,1,4.

### 신비스러운 방식으로

눈에 보이지 않는 신비스러운 방식으로 예수님께서 성령을 부음받으신 것은 '하느님의 말씀'께서 육신이 되셨을 때, 다시 말해 선행으로 아무런 덕도 쌓은 바 없는 인간 본성이 그분과 하나 되기 위하여 동정녀의 태 안에서 말씀이신 하느님과 하나로 합쳐졌을 그때였다고 이해해야 합니다. 이런 까닭에 우리는 주님께서 성령으로 말미암아 동정 마리아에게서 태어나셨다고 고백하는 것입니다.

• 존자 베다 『사도행전 해설』 10,38A.

### 성전이며 성막이고 계약 궤인 마리아

천사: 기뻐하라, 여인이여. 기뻐하라, 지극히 순결한 처녀여! 기뻐하라, 하느님을 담은 그릇이여! 기뻐하라, 빛의 촛대여, 아담의 회복이요 하와의 구원이여! 기뻐하라, 거룩한 산, 빛나는 성소여! 기뻐하라, 영원한 신방이여!

하느님의 어머니: 성령께서 내려오시어 제 영혼을 정결케 하시고 제 몸을 거룩하게 하셨으며 저를 하느님께서 계시는 성전으로, 거룩하게 꾸며진 성막으로, 살아 있는 성소로, 생명의 순결한 어머니로 만드셨나이다.

천사: 내가 보기에 그대는 많은 등불이 얹힌 등잔이요 하느님께서 꾸며 만드신 신방이다! 흠 없는 처녀여, 금으로 만든 계약 궤로서 이제 법을

만드신 분을 그대 안에 받아 모셔라. 그분께서 그대를 통하여, 더럽혀진 인간 본성을 구원하실 것이다.

• 테오파네스 『탄생 예고 찬미가』.

### 인류를 영광으로 이끌고자 하느님께서 마리아의 몸을 빌리시다

영원 이전에 마련된 계획을 알려 주고자 가브리엘이 동정 마리아에게 나타나 말했네. "기뻐하라, 아직 씨 뿌려지지 않은 땅이여. 기뻐하라, 결코 타서 없어지지 않는 불타는 떨기나무여. 기뻐하라, 바닥을 알 수 없는 심연이여. 기뻐하라, 하늘에 닿은 다리여. 기뻐하라, 야곱이 본 높이 솟은 층계여. 기뻐하라, 거룩한 만나 항아리여. 기뻐하라, 저주로부터 풀려났도다. 기뻐하라, 아담이 회복되고, 주님께서 너와 함께 계신다!"

"당신은 사람 모습으로 제게 나타나셨습니다." 흠 없는 처녀가 하늘군대 사령관에게 말했다오. "그런데 어떻게 당신은 사람의 능력을 초월하는 일이 제게 일어나리라고 말씀하십니까? 하느님께서 저와 함께 계시며 제 태를 당신 거처로 삼으신다고 하니 드리는 말씀입니다. 어떻게 제가 광대한 거주지가 되며 커룹 위에 올라 날아가시는 그분(시편 18,10 참조)의 성소가 된다는 말입니까? 저를 놀리지 마십시오. 저는 쾌락을 모르며 아직 신방에 들지 못한 몸입니다. 그런데 어떻게 제가 아이를 가진다는 말입니까?"

그러자 몸 없는 천사가 대답하기를, "하느님께서 하고자 뜻을 정하시면 자연질서는 극복되고 인간의 능력을 초월하는 일이 일어난다. 지극히 거룩하고 흠 없는 처녀여, 내 말이 진실임을 믿어라."

이에 마리아가 큰 소리로 말하기를, "말씀하신 그대로 저에게 이루어지기를 바랍니다. 이제 몸 없으신 그분을 제 몸에 모시리니, 그분은 제게서 몸을 빌리시고 그 뒤섞임을 통하여 인류를 태초의 영광으로 데려가실 것입니다. 그분만이 그렇게 하실 수 있으니까요!"

• 익명 『탄생 예고 찬미가』.

### 성령의 풍성한 열매

하느님의 강림이 가까워 오자
천사 가브리엘이
아버지의 높은 어좌 앞에서 내려와
동정 마리아의 집으로 가 말한다.
"오, 영광의 동정 마리아여,
성령께서 그대에게 알찬 열매를 내리시리니
그대가 그리스도를 낳으리로다."

• 프루덴티우스 『이중 자양분 또는 역사의 기념비』 25.

### 표징인 동정녀 출산

그녀가 동정녀가 아니라면 출산이 표징이 될 수 없었습니다. 표징은 일반적인 방법으로 일어나는 일과는 다른 어떤 것입니다. 곧, 자연적인 방법과는 상관이 없는 것입니다. 표징은 지극히 비정상적이고 예기치 못하는 것이어서, 그것을 보거나 듣는 사람이 정상 밖의 일임을 알게 됩니다. 이를 '표징'이라 하는 까닭은 의미가 있기 때문입니다. 동정녀 출산이 일반적인 출산과 같다면 아무런 의미가 없었을 것입니다. 이사야의 예언이 매일 일어나는 것과 같이 한 여인이 일반적인 방법으로 아기를 낳는 것에 관한 것이라면, 왜 그것을 표징이라 부르겠습니까?

• 요한 크리소스토무스 『이사야서 주해』 7,5.

### 누가 그분께서 육으로 나신 일을 설명할 수 있겠는가?

이사야도 "누가 그의 출생을 설명할 수 있겠는가?"(이사 53,8 칠십인역)라고 말합니다. "동정녀가 잉태하여 아들을 낳을 것입니다"(이사 7,14 칠십인역)라는 이사야의 말은 무슨 뜻입니까? 일어난 일을 우리에게 말해 주는 것입니다. 그러나 '누가 그의 출생을 설명할 수 있겠는가?'라는 말은 그가 태어났지만 어떻게 태어났는지 우리는 알지 못한다는 사실을 알려 주는 말입니다.

• 히에로니무스 『설교』 87 ("요한 1,1-14에 관한 설교").

그분께서 무에서 창조하셨다는 것은 알지만 그것이 어떤 식이었는지는 전혀 모릅니다. 그리스도께서 동정녀에게서 나셨다는 것은 알지만 그 방법은 모릅니다.

• 요한 크리소스토무스 『코린토 1서 강해』 36,2.

## 마리아의 동정성

### 마리아가 동정성을 하느님께 예물로 바치다

마리아는 참으로 은총이 가득한 분이셨습니다. 거룩한 은혜를 입고, 가장 훌륭한 예물인 당신의 동정성을 하느님께 바치셨으니까요. 평소 천사를 본받아 살기를 힘쓰신 분이니, 직접 천사를 만나 그의 말을 듣는 기쁨을 맛보신 것은 참으로 합당한 일이었습니다. 참으로 그분은 은총이 가득한 분이셨습니다. 우리에게 은총과 진리를 전해 주실 예수 그리스도(요한 1,17 참조)가 그분한테서 태어나게 되었으니까요. … 진실로 그분은 모든 여인 가운데 복되신 분입니다. 그때까지 어느 여인도 경험하지 못한 일, 곧 처녀의 아름다움을 그대로 간직한 채 어머니가 되는 영예를 누리셨습니다. 아들이신 하느님께서는 동정녀 어머니에게서 나시는 것이 당연합니다.

• 존자 베다 『복음서 강해』 1,3.

### 마리아의 동정성을 암시하는 손북

이것은 이스라엘 백성이 바다 가운데로 마른 땅을 밟고 지난 뒤 곧바로, 여예언자 미르얌이 "손북을 들고"(탈출 15,20) 여자들의 합창을 이끌었던 일을 떠올리게 합니다. 성경은 그 손북으로 하느님의 어머니이신 마리아의 예형인 첫 번째 마리아의 동정성을 암시하려 한 것 같습니다. 손북이 그 안에 수분이라고는 없이 아주 건조한 상태여서 큰 소리를 내는 것처럼, 동정성 또한 그 안에 이 세상의 생명을 보존하는 수분을 지니지 않아 맑고 큰 소리를 만들어 내기 때문입니다.

• 니사의 그레고리우스 『동정』 19.

### 영광스러운 동정성

보십시오, 주님의 어머니에게 일어난 기적을! 그분은 잉태할 때에 동정녀이고, 출산할 때에도 동정녀이며 출산 후에도 동정녀이십니다. 이 얼마나 영광스러운 동정성입니까! 이 얼마나 빛나는 결실입니까!

• 토리노의 막시무스 『설교』 61B,2.

### 하느님의 능력에 속한 일

거룩하신 마리아, 복되신 마리아, 동정 어머니, 아이를 낳기 전에도 동정녀이시요, 낳은 뒤에도 동정녀이시도다! 저로서는 어떻게 동정녀가 아들을 낳고 아들을 낳은 어머니가 그대로 동정녀일 수 있는지 놀랄 따름입니다.

그리스도께서 어떻게 동정녀의 몸에서 태어나시고, 그분께서 태어나신 뒤에도 어머니가 어떻게 여전히 동정녀인지 알고 싶습니까? … 주님께서 동정녀 몸에서 태어나신 것과 그 어머님이 아들을 낳은 뒤에도 동정녀인 것 또한 하느님의 능력에 속한 일로 여기십시오.

• 히에로니무스 『시편 둘째 설교집』 87.

### 성별된 분을 선택하였다

실로 마리아의 동정성은 더욱 아름답고 더욱 기꺼운 것이었습니다. 그리스도께서 사람의 범접으로부터 지켜 주시던 그것을 당신께서 수태되시면서도 흠내지 않으셨기 때문입니다. 그러나 그분께서는 잉태되시기 전에, 당신을 낳도록 하느님께 성별된 분을 몸소 선택하였습니다.

• 아우구스티누스 『거룩한 동정』 4.

### 동정녀 잉태

그분이 동정녀에게서 태어나시리라고 이사야가 어떻게 정확히 예언했는지 들어 보십시오. 그는 이렇게 말했습니다. "동정녀가 잉태하여 아들을 낳고 그 이름을 '하느님께서 우리와 함께 계시다'라 할 것입니다"(이사 7,14 참조). 믿기지 않고 사람들에게는 불가능하다고 여겨지는 것을, 하느님께서 예언의 영을 통하여 그 일이 일어나리라고 예고하셨습니다. … "동정녀가 잉태하여"라는 구절은, 동정녀가 성관계 없이 잉태할 것임을 뜻합니다. 누군가와 성관계를 했다면 더 이상 동정녀가 아닐 것입니다. 그러나 하느님의 힘이 동정녀에게 내려오시어 덮어 주시고, 동정녀로 그대로 있으면서 잉태하게 하셨습니다.

• 순교자 유스티누스 『첫째 호교론』 33.

### 남자의 씨를 받지 않고 성령으로 잉태하다

복음사가는 마리아가 요셉과 약혼한 사이였다고 기록함으로써, 마리아는 약혼한 몸으로 잉태했고 따라서 임마누엘의 탄생은 자연법을 따르지 않은 기적이었음을 알려 줍니다. 동정녀께서는 남자의 씨를 받지 않고서 잉태하셨습니다. 어떻게 그랬던 것일까요? 성경에서 만물의 첫 열매, 두 번째 아담으로 불리는 그리스도께서는 우리에게 (성령으로 거듭나는) 은총을 전해 주실 수 있도록 성령으로 잉태되셨습니다.

• 알렉산드리아의 키릴루스 『루카 복음 주해』 1.

### 하느님 아드님의 잉태와 탄생

하느님의 아드님께서는 [인간의] 정액 없이 성령으로 잉태되셨으며, 동정녀의 태 안에서 당신 스스로 이성과 지성을 지닌 영혼으로 생기를 띤 육으로 된 육체를 지으셨습니다. … 그분을 낳으신 마리아의 동정성은 출산 뒤에도 손상을 입지 않았습니다.

• 다마스쿠스의 요한 『바를람과 요사팟의 생애』 7.

### 동정성에 전혀 상처를 입히지 않다

예수가 육신으로 태어났다면 그것은 동정녀 몸이 더럽혀진 것을 뜻하며, 동정녀 몸이 더럽혀지지 않았다면 예수는 태어난 것처럼 보였을 뿐이라고 우기는 사람들이 있더군요. 그런 이들에게 우리는 이렇게 대답합니다. "이 문은 잠가 둔 채, 열어서는 안 된다. 아무도 이 문으로 들어와서는 안 된다. 주 이스라엘의 하느님께서 이곳으로 들어왔기 때문이다. 그래서 잠겨 있어야 한다"(에제 44,2). 누가 뭐래도, 말씀께서 남자의 씨 없이 잉태되어 성관계 없이 육신으로 나셨다면, 그분은 마리아의 동정성에 전혀 상처를 입히지 않고 태어나신 것입니다.

• 알렉산드리아의 키릴루스 『루카 복음 주해』 1.

### 동정성은 손상 없이 유지되었다

태초에 우리가 창조될 때의 특징은 씨 없이 육을 지닌 존재가 되었다는 것입니다. 그런데 두 번째 존재 방식의 구별되는 특징은 그 탄생이 전적으로 한 여성에 의해 이루어졌다는 것입니다. [마찬가지로 잉태는 시간에 걸쳐 이루어졌습니다. 성경에 따르면 "그 여인이 아이를 낳을 때가 되기"까지 시간이 걸렸기 때문입니다(루카 2,6 참조).] 성경은 한편으로는 이 일이 하느님의 어머니의 혼인 안에서 이루어졌고, 다른 한편으로는 모든 것이 육적인 결합이 없이 시작되었으며, 동정성 안에서 완결되었다고 말합니다. 아기의 탄생 후에도 그 여인의 동정성은 손상 없이 유지되었기 때문입니다.

• 안티오키아의 세베루스 『대성당 설교』 7,12.

### 씨가 아니라 "새싹"에서 난 것이다

"어린 사자"(창세 49,9)는 상징적으로는 물론 문자적으로도 그리스도를 나타냅니다. 실제로 『피지올로구스』에 보면, 어린 사자는 태어난 뒤 사흘 밤낮을 자며, 그러고 나면 아버지의 표효 소리와 소음이 [사자]굴을 뒤흔드는 것처럼 그 굴 자체가 잠자는 어린 사자를 깨운다고 쓰여 있습니다. 그러므로 이 "어린 사자"는 "새싹"에서 올라오는 것입니다. 그는 동정녀에게서 태어났습니다. 씨가 아니라 "새싹"에서 난 것입니다. 이처럼 그리스도께서는 남자와의 성관계나 자연의 씨 없이 나무의 가지처럼 나셨습니다. 동정녀에게서 육을 취하심이라는 실재가 이런 식으로 명확하게 표현되었습니다. 거룩한 "새싹"의 경우 인간의 씨나 자연의 씨는 전혀 개입하지 못하였습니다.

• 아퀼레이아의 루피누스 『(열두) 성조의 축복』 1,6.

성적 결합 없이, 말씀이 육이 되셨습니다. 정액 없이 잉태되시어, 마리아의 동정성을 해치지 않고 그분께서 태어나셨습니다.

• 알렉산드리아의 키릴루스 『루카 복음 주해』 1.

### 동정성의 문은 닫혀 있었다

동정녀께서 동정성을 그대로 지니고 계셨음을 이보다 확실하게 증명해 주는 말씀이 어디 있겠습니까? 그 동정성의 문은 닫혀 있었습니다. 그분께서는 동정녀의 태에서 그 문을 통하여 이 세상으로 나오셨습니다. 그리고 그분[마리아]의 동정성은 전혀 손상을 입지 않았습니다. 동정녀의 문은 영원히 잠긴 채로 남아 있었습니다. 그래서 주님의 육과 그분의 성전을 만드신 분은 성령이시라고 하는 것입니다.

• 아퀼레이아의 루피누스 『사도신경 해설』 9.

### 그리스도께서 진정 마리아의 태를 여셨다

첫아들들은 자기 어머니의 태를 열었기 때문에 성화되었습니다. 그들은 주님의 제단에 바쳐졌습니다. 성경은 말합니다. "태를 맨 먼저 열고 나온 첫아들은 모두 …"(탈출 13,2). 이 구절은 영적 의미를 지니고 있습니다. 여러분은 아마도 '모든 남자가 어머니의 태로부터 나온다'고 말할지 모르지만 주 예수님께서 여신 것처럼 자기 어머니의 태를 열지는 않습니다. 다른 여인들의 경우에는 아이의 출산이 아니라 남자와의 성교가 태를 엽니다. 그러나 주님 어머니의 태는 아이가 태어났을 때 열렸습니다. 그리스도께서 태어나시기 전에는 모든 경의의 대상인 거룩한 그녀의 태를 어떤 남자도 건드리지 않았기 때문입니다.

• 오리게네스 『루카 복음 강해』 14,7-8.

### 이성의 법칙에 따라 이루어진 것이 아니다

말씀께서는 언제나 하느님이셨고, 성부와 함께 영원히 계십니다(요한 1,1-2 참조). 하지만 말씀께서는 인간을 위하여 사람이 되기를 원하셨습니다. 그러나 이 일은 신적인 본성의 변화를 통해서가 아니라 인간으로 태어나기를 원하신 하느님의 의지와 기적을 통하여 이루어졌습니다. 이렇게 하여 그분은 인간으로 태어나셨습니다. 그러나 그분은 말씀이신 하느님으로서 마리아의 동정성을 보존하셨습니다. 우리가 하는 말도 정신 안에서 그 말이 만들어지는 순간에 정신의 온전성을 해치지 않습니다. 하느님의 말씀의 경우에도 마찬가지입니다. 실체이며 위격을 지닌 존재인 하느님의 말씀은 인간으로 태어나기로 선택하였을 때 마리아의 동정성을 해치지 않았습니다. 이 일은 자연의 논리를 넘어선 것이며, 이 세상의 논증으로는 도무지 풀 수 없습니다. 지금 저는 기적에 대해 이야기하고 있습니다. 이 일은 이성의 법칙에 따라 이루어진 것이 아닙니다.

• 안키라의 테오도투스 『설교』 2,2.

### 마리아 공경은 불필요한 일인가?

말씀이 그 본성의 자연적인 결과로서 사람이 되었다고 주장하는 자들은 감히 어찌하여 그런 말도 안 되는 생각을 품게 되었는지 놀라지 않을 수 없습니다. 만약 저들이 주장하는 대로라면, 마리아 공경은 불필요한 일일 것입니다. 왜냐하면 자연적 본성으로서는 남자와 관계없이 동정녀가 잉태한다는 개념 자체가 불가능하기 때문입니다.

• 아타나시우스 『편지』 61 (막시무스에게 보낸 편지 3).

### 이 구절은 그리스도에게 적용되지 않는다

지혜서의 저자는 지금 우리가 다루고 있는 구절[지혜 8,19-20 참조] 조금 앞에서 자신이 한 남자의 씨와 잠자리의 쾌락을 통하여 열 달 동안 피로 뭉쳐졌다고 고백합니다(지혜 7,2 참조). 그런데 이런 종류의 탄생은 동정녀에게서 태어나는 것과는 완전히 다릅니다. 마리아가 남자의 씨의 도움 없이 그리스도를 잉태하였다는 것을 의심할 그리스도인은 없습니다.

• 아우구스티누스 『마니교도 반박 창세기 해설』 10,18,32.

동정으로 잉태하고, 동정으로 낳고, 동정으로 길렀으며, 동정으로 젖을 먹이셨으니, 그분은 평생 동정이셨습니다.

• 아우구스티누스 『설교』 186.

## 마리아와 엘리사벳

### 즈카르야와 마리아에게 온 천사

엘리사벳이 아니라 즈카르야에게 천사가 왔습니다. 왜일까요? 요한이 즈카르야를 통해서 엘리사벳의 태에 들게 될 것이기 때문입니다. 요한의 출생을 예고하러 온 천사는 씨를 받아들일 태로 가지 않고 씨의 근원에게로 갔습니다. 부부가 아들을 얻을 것이라고 예고했지만, 그 예고가 전해진 대상은 아버지였습니다. 누가 뭐래도 요한은 남자와 여자의 혼인에서 태어날 아이였지요. 다시, 이번에는 같은 천사 가브리엘이 요셉 아닌 마리아에게 왔습니다. 아이가 몸을 입을 곳, 그 생명이 비롯될 곳을 천사가 찾은 것입니다.

• 아우구스티누스 『설교』 291,3.

### 엘리사벳의 잉태와 마리아의 잉태

천사는 즈카르야에게 말했듯이 '너에게 아들을 낳아 줄 것이다'라고 하지 않았습니다. 즈카르야는 "네 아내 엘리사벳이 너에게 아들을 낳아 줄 터이니"(루카 1,13)라는 말을 들었습니다. 남자로 말미암아 잉태한 그 여자는 남편에게 아들을 낳아 주었습니다. 마리아의 잉태는 엘리사벳의 잉태보다 중요합니다. 남자와 관계없이 잉태한 여인은 남편에게 아들을 낳아 준 것이 아니라 자신의 아들을 낳았습니다.

• 『마태오 복음 미완성 작품』 강해 1.

### 불임不姙과 동정童貞

불임이 요한을 낳고 동정이 그리스도를 낳습니다. … 요한의 출생은 천사의 예고로 알려집니다. 그리스도는 천사의 예고로 잉태됩니다. 요한의 아버지는 아들의 출생을 믿지 않았고 그래서 말을 못하게 됩니다. 마리아는 그리스도가 태어나리라는 말을 믿었고 그 믿음으로 잉태를 합니다. 무엇보다도 믿음이 동정녀의 가슴에 들어갔고, 그 결과 어머니의 태에 아기가 들었던 것이지요.

• 아우구스티누스 『설교』 293.

### 엘리사벳과 마리아의 대비점

늙은 엘리사벳은 마지막 예언자를 낳았고 젊은 처녀 마리아는 천사들의 주님을 낳았습니다. … 아이 못 낳는 여자는 죄를 탕감하는 사람을 낳았지만, 동정녀는 죄를 없애시는 분(요한 1,29 참조)을 낳았습니다. 엘리사벳은 회개를 통하여 사람들을 화해시키는 사람을 낳았고, 마리아는 더러운 땅을 정화하시는 분을 낳았습니다. 늙은 여인은 선조 야곱의 집안에 등불을 밝혔고, 요한이 바로 그 등불이었습니다(요한 5,35 참조). 젊은 여인은 "의로움의 태양"(말라 3,20)을 만방에 밝혔습니다.

• 시리아인 에프렘
『타티아누스의 네 복음서 발췌 합본 주해』 1,31.

### 엘리사벳과 즈카르야, 마리아

여기에는 어떤 신비가 담겨 있다고 저는 생각합니다. … 자신이 처녀임을 아는 마리아는 자기 배 속에 열매가 숨겨져 있는 것을 신기하게 여기고, 자신이 늙었음을 아는 엘리사벳은 임신으로 무거워지는 배 때문에 부끄러워합니다. 그래서 복음사가는 "엘리사벳이 다섯 달 동안 숨어 지냈다"(루카 1,24)라고 합니다. 그런데 같은 대천사 가브리엘이 두 출생과 관련한 임무를 수행하는 사실이 놀랍지 않습니까? 그는 믿지 못하는 즈카르야는 위로하고, 믿는 마리아는 격려합니다. 즈카르야는 의심했기 때문에 목소리를 잃었고, 마리아는 곧바로 믿었기에 세상을 구하시는 '말씀'을 잉태했습니다.

• 토리노의 막시무스 『설교』 5,4.

### 엘리사벳과 마리아에게 충만하신 성령

엘리사벳은 성령으로 충만했고, 그녀는 아들 덕분에 성령을 받았습니다. 어머니가 먼저 성령을 받은 것이 아닙니다. 아직 어머니 태 안에 있던 요한이 먼저 성령을 받았습니다. … 마리아 또한 구원자를 잉태하면서 성령으로 충만해지셨습니다. 그분께서 주님의 몸을 지으신 성령을 받아들이자 곧바로 하느님의 아드님께서 그분 태 안에 거하기 시작하셨고, 그리하여 성령으로 충만해지셨던 것입니다.

• 오리게네스 『루카 복음 강해』 7,3.

### 엘리사벳을 찾아간 이유

마리아가 엘리사벳을 찾아간 것은 자신의 동료 종이 하느님의 선물을 받은 것을 알고, 축하해 주기 위해서였습니다. 천사의 말을 한 여인의 말로 확인받기 위해서가 아니었습니다. 오히려 주의 깊은 젊은 처녀로서 나이 많은 여인을 돌보기 위해서였습니다.

• 존자 베다 『복음서 강해』 1,4.

### 예수님께서 요한을 축복하실 수 있도록 마리아가 엘리사벳을 방문하다

힘 있는 사람이 자기보다 약한 사람을 찾아가는 것은 그에게 도움을 주기 위해서입니다. 그래서 구원자께서 요한을 찾아가 그의 세례를 거룩하게 하신 것입니다. … 예수님께서는 어머님 배 속에 계셨지만, 역시 어머니 배 속에 있는 요한을 거룩하게 하고자 서두르셨습니다. 마리아가 엘리사벳에게 인사를 하기 전에는 아직 엘리사벳의 배 속에서 아기가 뛰놀지 않았습니다. 그런데 마리아가 태 안에 계시는 하느님의 아드님께서 일러 주신 인사말을 하자마자 엘레사벳의 "태 안에서 아기[요한]가 즐거워 뛰놀았습니다"(루카 1,44). 예수님께서는 바로 그 순간에 당신의 선구자를 처음으로 예언자가 되게 하셨습니다.

• 오리게네스 『루카 복음 강해』 7,1.

거룩한 동정녀께서 태중에 주님을 잉태하고 계셨을 때 주님께서는 임신한 엘리사벳을 기쁨으로 채워 주셨습니다.

• 키루스의 테오도레투스 『이사야서 주해』 12,40,11.

### 엘리사벳의 겸손

"내 주님의 어머니께서 저에게 오시다니 어찌 된 일입니까?"(루카 1,43). 아, 이 얼마나 겸손한가요, 예언자의 믿음을 닮았습니다! "내가 굽어보는 사람은 가련한 이와 넋이 꺾인 이, 내 말을 떨리는 마음으로 받아들이는 이다"(이사 66,2). 우리 주님의 이 말씀이 참으로 옳습니다. 엘리사벳은 자기를 찾아온 마리아를 보자마자 그분이 자기 주님의 어머니이심을 알았습니다. 하지만 그분의 방문을 받을 자격이 자신에게 없음 또한 알았고, 그래서 "내 주님의 어머니께서 저에게 오시다니 어찌 된 일입니까?" 하고 말했던 것입니다.

• 존자 베다 『복음서 강해』 1,4.

### 엘리사벳이 숨어 지낸 이유

엘리사벳이 숨어 지낸 것은 그녀가 늙었기 때문입니다. 하지만 보십시오. 모세는 아흔 살에 이사악을 가진 사라가 부끄러워했다고 기록하지 않았습니다. 쌍둥이를 가진 레베카도 자신의 회임을 부끄러워하지 않았습니다. 그런데 엘리사벳은 마리아가 찾아와 배 속의 아이가 주님 앞에서 기뻐 뛰놀 만큼(루카 1,41 참조) 자랄 때까지 다섯 달 동안 숨어 지냈습니다.

• 시리아인 에프렘 『타티아누스의 네 복음서 발췌 합본 주해』 1,24.

### 부끄러워하던 엘리사벳이 당당해지다

아들을 잉태한 까닭에 숨어 지내던 여인이 자기 배 속에 있는 아이가 예언자임을 알자 당당해집니다. 아이를 낳지 못해 수치스러워하던 여인이 임신의 축복을 받았고, 전에 의심하던 여인이 힘을 얻어, "보십시오, 당신의 인사말 소리가 제 귀에 들리자 저의 태 안에서 아기가 즐거워 뛰놀았습니다"(루카 1,44) 하고 외치게 된 것이지요. 엘리사벳이 주님의 오심을 미리 알고 큰 소리로 외친 것은 그분의 거룩한 탄생을 믿었기 때문입니다. 간절히 바라서 얻은 아들이 아니라 일방으로 주어진 아들이 예언자로 태어나리라는 사실을 이미 받아들인 그녀로서는 부끄러워할 이유가 하나도 없었습니다.

• 암브로시우스 『루카 복음 해설』 1,46.

### 거룩한 씨앗

요한은 장차 자기가 설교할 내용을 알리고자 기뻐 뛰놀았습니다. … 그는 자기 어머니 혀를 빌려 주님께 관해 예언하고자 했습니다. 그래서 배 속 아기가 주님 앞에서 뛰놀고 그 기쁨의 표현으로 마리아께 증언을 할 수 있을 만큼 자랄 때까지 여섯 달 동안 엘리사벳의 임신이 마리아에게 알려지지 않았던 것입니다. 더 나아가, 그가 어머니 태 안에서 뛰논 것은 자기 때문이나 자신의 다섯 달 때문이 아니라, 아기를 못 낳던 태가 지금 자신을 배고 있는 사실에서 하느님의 선물이 드러나게 하려는 것이었습니다. 또한 다른 태, 곧 동정 마리아의 태도 엘리사벳에게 주어진 하느님의 큰 선물에 대해 알게 되어, 그로써 두 토양이 가브리엘 천사의 말을 통해서 받은 거룩한 씨앗을 믿게 되려는 것이었습니다. 요한이 아직 목소리로 기쁨을 드러내고 주님을 증거할 수 없기에 그의 어머니가 말합니다. "당신은 여인들 가운데에서 가장 복되시며 당신 태중의 아기도 복되십니다"(루카 1,42).

• 시리아인 에프렘
『타티아누스의 네 복음서 발췌 합본 주해』 1,30.

### 성령께서 요한의 귀를 열어 주시다

[즈카르야가] 난 지 겨우 여드레 된 아기한테 말한 것(루카 1,59 참조)을 이상하게 여기는 사람도 있을 것입니다. 그러나 우리가 진실을 따른다면, 아직 태어나기도 전에 마리아의 인사말을 들은 요한에게 아버지 음성을 듣는 것은 조금도 어려운 일이 아니었음을 이해할 것입니다. 예언자에게는 하느님의 영께서 육신의 나이와 상관없이 다른 귀를 열어 주신다는 사실을 예언자인 그는 알았지요. 어머니 배 속에서 기뻐할 줄 알았던 그에게는 아버지 말을 알아듣는 지각 능력도 있었습니다.

• 암브로시우스 『루카 복음 해설』 2,34.

## 마리아와 요셉

### 마리아와 요셉은 같은 지파에 속했다

요셉의 족보를 따라가 보았더니, 마리아도 그와 같은 씨족이었음이 드러났습니다. 모세 율법에 따르면, 다른 지파들 사이의 혼인은 허락되지 않았습니다. 같은 지파, 같은 집안 사람과 혼인하여, 상속 재산이 이 지파에서 저 지파로 넘어가지 않도록 하라고 명하였기 때문입니다.

• 카이사리아의 에우세비우스 『교회사』 1,7.

요셉과 혼인한 동정녀는 요셉의 족보에 자연스럽게 포함되어야만 합니다. 마리아가 요셉과 마찬가지로 다윗 지파에서 태어났다고 우리가 주장한 대로입니다.

• 크레타의 안드레아스 『마리아에 관한 설교』 3.

### 마리아에 관한 예언

가장 유명한 이 동정녀는 다윗의 후손이었으며, 그녀의 남편도 다윗의 혈통을 이어받았습니다. … 만약 마리아가 다윗의 후손이 아니었다면 천사는 "주 하느님께서 그분의 조상 다윗의 왕좌를 그분께 주실 것입니다"(루카 1,32)라는 말을 하지 않았을 것입니다. 그가 한 말이 다윗의 딸에게 건넨 말임이 분명하지 않았다면 동정녀는 "누구의 조상인지요?" 하고 분명히 물어보았을 것입니다. 마리아는 그때까지 자신이 남자를 몰랐다는 것을 알고 있었기 때문입니다. 그리고 마리아는 자신이 성령으로 말미암아 잉태하게 될 것임을 알았습니다(루카 1,34-35 참조). 그래서 루카는 이렇게 말합니다. "요셉도 갈릴래아 지방 나자렛 고을을 떠나 유다 지방, 베들레헴이라고 불리는 다윗 고을로 올라갔다. 그가 다윗 집안의 자손이었기 때문이다. 그는 자기와 약혼한 마리아와 함께 호적 등록을 하러 갔는데, 마리아는 임신 중이었다"(루카 2,4-5). 이런 해석을 알게 되었으니 이제 우리는 마치 마리아가 요셉과 함께 등록을 하기 위해서 내려오기라도 한 것처럼 이 구절을 더 이상 모호하게 읽지 않습니다. 오히려 마리아도 다윗의 지파에 속하기 때문에 내려온 것이었습니다. 거룩한 복음사가가 요셉의 족보를 쓸데없이 추적한 것이 아니라는 사실이 분명하게 드러났다고 저는 생각합니다. 왜냐하면 이 족보를 통해 동정녀도 다윗의 후손임이 인정되었기 때문입니다.

• 크레타의 안드레아스 『마리아에 관한 설교』 3.

### 다윗 가문과 레위 가문

천사가 마리아에게 "네 친척 엘리사벳"(루카 1,36)이라고 한 말에서 마리아가 레위 가문 출신이라고 추정할 수는 있겠지요. 그렇지만 여태까지 예언은 남편들의 계보 안에서 이루어졌습니다. 다윗의 가문이 마리아와 정혼한 요셉에까지 이어졌고, 그녀가 낳은 아들도 다윗 가문 남자들의 계보에 올랐습니다. 그리스도 안에서 다윗의 씨와 가문이 완성된 것입니다.

• 시리아인 에프렘
『타티아누스의 네 복음서 발췌 합본 주해』 1,25.

### 마리아가 요셉과 약혼해야만 했던 이유

주님께서 왜 그냥 보통 처녀가 아니라 한 남자와 약혼한 처녀 몸에 잉태되고자 하셨던가에 대해, 몇 교부가 납득할 만한 답을 제시하였습니다. 그중 가장 그럴듯한 답은, 남편 없는 몸으로 아들을 낳아 몸을 더럽힌 여인으로 정죄받는 것을 피하기 위해서라는 해석입니다. 또한 산후 조리를 할 때 남편의 보살핌을 받을 수도 있겠지요. 그러므로 복되신 마리아는 자신의 순결을 확실히 보증해 주고, 장차 당신 몸에서 태어나실 우리 구원자 주님의 완벽한 양아버지가 되어 줄 남편이 있어야 했습니다. 그는 율법에 따라서 어린 젖먹이를 위해 성전에서 희생 예물을 올려야 할 남편이었지요. 또 박해의 위험이 닥쳤을 때 아기와 어머니를 데리고 이집트로 피난 갈 사람이었습니다. 그랬다가 고향으로 돌아와 어린 아들이 자라는 데 필요한 여러 가지 일을 맡아서 할 사람었습니다.

• 존자 베다 『복음서 강해』 1,3.

### "자기와 약혼한 마리아와 함께"

야곱이 라헬을 맞아들이기 전에 라반에게 "제 아내를 주십시오"(창세 29,21)라고 말한 사실을 상기합시다. 라헬이 결혼 전에 야곱의 아내로 불렸듯이, 요셉과 약혼한 마리아도 아내로 불렸던 것입니다. "여섯째 달에 하느님께서는 가브리엘 천사를 갈릴래아 지방 나자렛이라는 고을로 보내시어, 다윗 집안의 요셉이라는 사람과 약혼한 처녀를 찾아가게 하셨다"(루카 1,26-27)라고 기록한 복음서의 정확성을 눈여겨보십시오. 또 호적 등록이 실시되어 요셉이 호적을 등록하러 갔을 때 성경은 뭐라고 합니까? "그는 자기와 약혼한 마리아와 함께 호적 등록을 하러 갔는데, 마리아는 임신 중이었다"(루카 2,5)라고 합니다. 여자가 임신을 한 상태인데도 '자기 아내와 함께'라고 하지 않고 "자기와 약혼한 마리아와 함께"라고 합니다.

• 예루살렘의 키릴루스 『예비신자 교리교육』 12,31.

### 요셉 앞에서 얼굴을 붉히신 마리아

여러분은 "해산의 진통과 괴로움으로 울부짖고 있었다"(묵시 12,2)라는 묵시록 구절을 이렇게 이해해야 할 것입니다. 거룩한 천사가 요셉에게 마리아의 잉태가 성령에 의한 것이라고 이야기하기 전까지, 처녀라면 누구나 그렇듯이 마리아는 당황했고, 약혼자에게 부끄러웠고, 그가 자신이 남모르는 결합으로 임신했다고 여길지 모르겠다고 생각하였습니다. 그래서 비유적 표현의 법칙에 따라, 이 불안함과 슬픔을 요한은 '괴로움으로 울부짖었다'고 한 것입니다. 이 또한 이상할 게 없습니다. 복된 모세조차도 영적으로 하느님과 대화를 나눌 때 (이스라엘이 사막에서 바다와 적에게 둘러싸인 것을 보고) 겁을 먹자, 하느님께서 "너는 어찌하여 나에게 부르짖느냐?"(탈출 14,15)라고 하셨습니다. 마찬가지로 이 환시도 동정녀께서 마음과 생각으로 느끼는 괴로운 기분을 '울부짖는다'고 표현한 것입니다.

• 오이쿠메니우스 『묵시록 주해』 12,2.

### 요셉의 자제심

여러분은 여기서 무엇보다 드센 감정인 질투심에서 완전히 벗어난, 남다른 자제심을 지닌 사람이 보이지 않으십니까? … 그러나 이 경우는 단순히 의심으로 끝날 수 있는 문제가 아니었습니다. 마리아의 태에 일어난 일이 그녀의 죄를 확실히 증명했으니까요. 그런데도 요셉은 조금이라도 동정녀의 마음을 괴롭게 하지 않으려 할 만큼 질투라는 격한 감정에서 벗어나 있었습니다. 마리아를 자기 집에 받아들이는 것은 율법을 어기는 일로 보였지만, 마리아의 일을 드러내고 그녀를 재판에 거는 것은 마리아를 죽음에 내주는 일이 될 터였습니다. 그는 이런 일을 할 생각이 없었습니다. 그래서 요셉은 율법보다 더 높은 법을 따르기로 마음먹었습니다.

• 요한 크리소스토무스 『마태오 복음 강해』 4,4.

### 요셉의 생각

아마 요셉은 속으로 이렇게 생각했을 것입니다. 내가 마리아의 죄를 덮어 준다면 하느님의 율법을 어기는 것이고, 이스라엘 자손들 앞에서 그 일을 밝힌다면, 그들은 마리아를 돌로 쳐 죽일 것이다. 혹시 마리아의 임신은 거룩한 분의 개입으로 이루어진 일이 아닐까? 사라도 아흔 살 나이에 임신하여 아이를 낳지 않았던가? 하느님께서는 마른 장작 같은 여인이 꽃을 피우게 하셨는데, 신께서 마리아가 남자의 도움 없이 아기를 잉태하기 원하셨다면? 여자의 임신이 남자에게 달렸는가? 여자의 임신이 언제나 남자에게 달렸다면, 남자가 원해야 여자가 임신하는 것이 확실하다. 그러나 이 경우는, 남자가 여인이 임신하기를 원해서가 아니라 하느님께서 원하셔서 그렇게 되었다. 그러니 여자의 임신이 남자가 아니라 하느님께 달렸다면, 하느님께서 그 여자가 남자 없이 자식을 낳기 바라시는 것이 무엇이 그리 놀라운가? 그러니 나는 어떻게 해야 하는가? 마리아를 조용히 멀리 보내야겠다. 정황이 불확실한 경우라면 죄 없는 사람이 죽음을 당하는 것보다는 누구나 아는 창녀가 벌받지 않고 빠져나가는 편이 낫다. 의로운 사람이 부당하게 죽임을 당하는 것보다는 불의한 사람이 정당하게 벌을 피하는 편이 실로 정의에 더 가깝다. 죄 있는 사람이 벌을 한 번 피한다 해도, 다음번에는 죽을 수 있다. 그러나 죄 없는 사람이 죽으면, 그를 되살릴 수 없다.

• 『마태오 복음 미완성 작품』 강해 1.

### 위대한 신비가 요셉에게 알려진 것은 적절한 일이다

요셉 성인이 아직 그 위대한 신비에 대해 알지 못하고 조용히 마리아와 파혼하려 했을 때, 꿈에 천사가 나타나 이렇게 말했습니다. "다윗의 자손 요셉아, 두려워하지 말고 마리아를 아내로 맞아들여라. 그 몸에 잉태된 아기는 성령으로 말미암은 것이다"(마태 1,20). 요셉 성인이 마리아의 순결을 의심하지 않도록 거룩한 신비를 알려 준 것입니다. 또한 그는 자신이 의심이라는 악을 떨치고 신비라는 선을 받아들여야 한다는 사실도 깨달았습니다. … 이런 위대한 신비가 마리아의 약혼자로 알려진 요셉 말고 다른 이에게 알려지는 것은 적절치 못했으며, 그의 이름은 어떤 죄에 대한 비난과도 연관된 적이 없습니다. 사실 '요셉'이라는 히브리 단어를 라틴어로 옮기면 '흠잡을 데 없는'이라는 뜻입니다.

• 아퀼레이아의 크로마티우스 『마태오 복음 강해』 2,3.

### 요셉에게 천사가 나타난 이유

요셉에게 천사가 나타난 이유는 세 가지입니다. 첫째는, 의로운 남자가 영문을 알지 못해 의로운 뜻에서 불의한 일을 저지르지 않도록 하기 위해서였습니다. 둘째는, 마리아 어머니의 영예를 위해서였습니다. 마리아가 파혼을 당했다면, 그 여인은 불쾌한 의심에서(믿는 이들이 아니라 믿지 않는 이들 사이에서) 벗어날 수 없었을 것입니다. 셋째는, 그것이 거룩한 잉태라는 사실을 깨달으면 요셉이 마리아에 대해 더욱 성실히 자제할 터이기 때문이었습니다.

• 『마태오 복음 미완성 작품』 강해 1.

### 요셉의 위안

천사가 어떻게 요셉을 안심시켰습니까? 이 말씀을 들어 보십시오. 지혜가 놀랍지 않습니까? "다윗의 자손 요셉아, 두려워하지 말고 마리아를 아내로 맞아들여라"(마태 1,20). 천사는 곧바로 요셉이 그 자손 가운데에서 기름부음을 받으실 분이 태어날 다윗에 대해 생각하도록 만듭니다.

• 요한 크리소스토무스 『마태오 복음 강해』 4,6.

### 마리아의 결백이 입증되다

요셉이 두려움을 느끼게 하고 또 마리아와 파혼할 마음을 먹게 만든 바로 그 일, 말씀드리건대, 그 일은 요셉이 마리아를 맞아들여 자기 집에 계속 머물게 한 의로운 이유였습니다. 그 이유는 그의 고민을 모조리 날려 버리고도 남았습니다. 천사의 말은 이런 말과 다름없었습니다. '마리아는 부정한 성적 관계 같은 것은 맺은 일도 없으며, 그의 잉태는 자연계의 어떤 것과도 관련이 없다. 그러니 두려워하지 말뿐더러 기뻐하고 또 기뻐하여라. '그 몸에 잉태된 아기는 성령으로 말미암은 것이기 때문이다''(마태 1,20).

• 요한 크리소스토무스 『마태오 복음 강해』 4,6.

### 하느님께서 마리아를 요셉에게 맡기셨다

"다윗의 자손 요셉아, 두려워하지 말고 마리아를 아내로 맞아들여라"(마태 1,20). … 이는 마리아를 그의 집에 그대로 두라는 뜻입니다. 요셉이 마리아와 파혼하기로 마음먹었기 때문이지요. 그러니까 천사의 말은 이런 뜻이었습니다. "마리아의 부모만이 아니라 하느님께서도 마리아를 네게 맡기셨다고 여겨라. 하느님께서는 너와 혼인 생활을 하라고가 아니라 너와 함께 살도록 하시려고 마리아를 맡기신다. 나의 목소리를 통해 하느님께서 마리아를 네게 맡기신다." 나중에 그리스도께서 마리아를 당신 제자에게 맡기시듯, 지금은 하느님께서 마리아를 요셉에게 맡기십니다.

• 요한 크리소스토무스 『마태오 복음 강해』 4,6.

### 요셉이 예수에게 붙일 이름을 받다

천사가 요셉에게 한 말은 이런 뜻입니다. '아기가 성령으로 잉태되었다고 해서 이 새로운 구원 경륜이 펼쳐지는 데 네가 할 역할은 아무것도 없다고 생각하지 마라. 너는 이 잉태와는 아무런 관련이 없었다. 너는 동정녀를 건드리지도 않았다. 그렇지만 나는 너에게 아버지의 역할을 내리겠다. 태어날 분에게 이름을 붙이는 영예를 네게 준다. 요셉아, 네가 아기의 이름을 붙여라. 너의 자식은 아니지만, 너는 그를 아버지로서 보살피도록 불렸기 때문이다. 그러니 이로써, 다시 말해 그에게 이름을 붙임으로써 너는 태어날 아기와 중요한 관계가 된다.'

• 요한 크리소스토무스 『마태오 복음 강해』 4,6.

### 우연히 일어난 일이 아니다

"이 모든 일이 일어났다"(마태 1,22). '이 모든 일'이라니, 무엇 말입니까? 동정녀께서 친족과 혼인하시는 것, 계속 동정으로 남아 계시는 것, 천사가 꿈에 요셉에게 나타나 이야기하는 것, 요셉이 마리아를 아내로 맞아들이라는 지시를 받는 것, 아기의 이름이 예수가 되고 동정녀께서 세상의 구원자를 낳으시는 것이 그 일입니다. "주님께서 예언자를 통하여 하신 말씀이 이루어지려고 이 모든 일이 일어났다. 보아라, 동정녀가 잉태하여 아들을 낳으리니"(마태 1,22-23; 참조: 이사 7,14).

• 『마태오 복음 미완성 작품』 강해 1.

### 요셉의 반응

요셉은 천사에게서 거룩한 신비의 성사에 대해 듣고 기쁘게 천사의 말을 따릅니다. 그는 즐거워하며 하느님의 계획을 따릅니다. 그는 거룩한 마리아를 맞아들이고 기쁨에 겨워 하느님을 찬미합니다. 자신이 더 없는 위엄의 동정 어머니께서 천사에 의해 자신의 아내로 불렸다는 말씀을 들을 자격이 있는 이로 여겨졌기 때문입니다.

• 아퀼레이아의 크로마티우스 『마태오 복음 강해』 3,1.

### 세상이 담을 수 없었던 것을 품었던 여인

세상이 담을 수도 받아들일 자격도 없었던 분을 마리아만이 작은 방과 같은 자신의 태 안에 품을 수 있었습니다. 요셉은 마리아가 아기를 낳은 뒤에도 동정의 몸으로 남도록 보살폈습니다.

• 『마태오 복음 미완성 작품』 강해 1.

### 믿기 더 어려웠다

요셉은 처음에는 정의의 체제에 따라 자신을 보호했고, 나중에는 이 탄생에 대한 경외심으로 아내를 보호했습니다. 그런데 왜 천사는 동정녀의 잉태 전에 요셉에게 나타나 요셉이 애초에 파혼할 생각을 하지 않도록 하지 않았을까요? 이미 늙은 여인인 자신의 아내가 잉태하리라는 말을 들었을 때 믿지 않는 잘못을 저지른 즈카르야(루카 1장 참조)와 같은 운명을 맞지 않도록 하기 위해서였습니다. 처녀가 임신하는 것은 늙은 여인이 임신하는 것보다 훨씬 더 믿기 어려운 일이었기 때문입니다. 고위 성직자인 대사제가 그런 일이 일어날 수 있다고 믿지 않았다면, 그의 동족인 이 평범한 사람은 그런 일이 있을 수 있다는 사실을 얼마나 더 믿기 어려웠겠습니까?

• 『마태오 복음 미완성 작품』 강해 1.

### 요셉이 받은 지시

요셉은 이사야가 "우리에게 한 아기가 태어났고 우리에게 한 아들이 주어졌습니다. 왕권이 그의 어깨에 놓이고"(이사 9,5)라고 한 이 사내아이를 받아들이라는 지시를 받았습니다. 이사야가 '우리에게 한 아들이 주어졌습니다'라고 한 것은 그리스도 주님께서 사내아이로 태어나셨고 요셉과 마리아의 아들로 여겨졌기 때문입니다.

• 아퀼레이아의 크로마티우스 『마태오 복음 강해』 6,1.

### 독수리의 날개 덕분에 피신하신 마리아

그 날개 덕분에 여인은 사탄의 손아귀에 들지 않고 사막으로 피신하였습니다. 그곳은 이집트입니다. … 요한은 요셉에게 사내아이와 그의 어머니를 데리고 이집트로 피하라고 권했던 거룩한 천사의 방문을 "독수리의 날개"(묵시 12,14)라는 말로 나타내고 있습니다. 독수리의 날개와도 같은 천사의 방문 덕분에 그들은 이집트로 갔습니다. 용은 헤로데를 이용해 꾸민 이 계략이 실패하자, 동정녀께 대한 또 다른 음모, 곧 그분 아들의 죽음을 도모했습니다.

• 오이쿠메니우스 『묵시록 주해』 12,13-17.

### 아기가 어머니를 살게 하고 요셉을 지켜 주었다

요셉이 마리아의 남편으로가 아니라 수행자로 선택된 까닭을 아시겠습니까? 마리아가 이집트로 가고 또 그곳에서 돌아올 때, 혼인한 상태가 아니었다면 그처럼 어려울 때 누가 그와 함께했겠습니까? 언뜻 보면, 마리아가 아기를 기르고 요셉이 마리아를 돌본 듯 보입니다. 그러나 사실, 아기가 어머니를 살게 하고 요셉을 지켜 주었습니다. … 또한 그런 어머니를 두어 아들이 영광스러운 것이 아니라, 그런 아들을 둔 것이 어머니에게 복이었습니다. 마리아 자신도 "이제부터 과연 모든 세대가 나를 행복하다 하리니"(루카 1,48) 하고 말하고는 했습니다.

• 『마태오 복음 미완성 작품』 강해 2.

### 예수님의 부모

그리스도를 요셉의 육신에서 태어난 아들로만 여긴 이들도 있었습니다. 이렇게 믿은 이들은 마리아의 동정성을 모르는 사람들이었습니다. 루카는 "예수님께서는 서른 살쯤에 활동을 시작하셨는데, 사람들은 그분을 요셉의 아들로 여겼다"(루카 3,23)라고 합니다. 루카는 "아기는 자라면서 튼튼해지고 지혜가 충만해졌으며, 하느님의 총애를 받았다. 예수님의 부모는 해마다 파스카 축제 때면 예루살렘으로 가곤 하였다"(루카 2,40-41)라는 구절에서도 어머니 마리아에 대해서만 이야기하지 않고 전혀 망설임 없이 두 사람을 부모라고 이야기합니다. 여기서 '부모'라는 말이 마리아와 마리아의 혈족만 뜻한다고 생각하지 않도록, 우리는 앞에서 읽은, "아기의 아버지와 어머니는 아기를 두고 하는 이 말에 놀라워하였다"(루카 2,33)는 복음 말씀을 마음에 새깁시다.

• 아우구스티누스 『복음사가들의 일치』 2,1,3.

### 요셉의 아들로 여겨진 예수님

"사람들은 그분을 요셉의 아들로 여겼다"(루카 3,23). 아무도 이 기록을 고쳐 놓지 않은 것이 다행입니다. 그분은 본성상 요셉의 아들이 아니라 그의 아들로 생각되었을 뿐이니, 사람들이 그분을 요셉의 아들로 "여겼다"는 것이 맞는 표현입니다. 사람들이 그렇게 생각한 이유는 그분을 낳으신 마리아가 요셉의 약혼자였기 때문입니다. 그래서 우리가, "저 사람은 목수의 아들 아닌가?"(마태 13,55)라는 말을 성경에서 보는 것입니다.

• 암브로시우스 『루카 복음 해설』 3,2.

### 그분을 요셉의 아들로 "여겼다"

마태오는 그리스도께서 마리아와 요셉의 육체적 관계에서가 아니라 동정이신 마리아의 몸에서 나셨다고 하고서는, 요셉을 예수님의 아버지라고 할까요? 요셉이 육체적 관계 때문이 아니라 혼인의 참된 영적 결합으로 말미암아 마리아의 참된 남편이기 때문 아니겠습니까? … 이 모든 것은 사람들이 그분을 요셉의 아들로 "여겼다"(루카 3,23)는 루카 복음서의 구절이, 예수님께서 인간들이 보통 태어나는 방식으로 요셉에게서 태어났다고 생각하는 사람들의 생각을 바로잡기 위해 삽입되었음을 알려 줍니다.

• 아우구스티누스 『복음사가들의 일치』 2,1,3.

### 마리아가 요셉을 예수님의 아버지라고 부르다

우리 주님의 형제로 불린 이들이 있었다고 해서 그들을 마리아의 아들들로 생각하는 사람이 있다면, 예수님께서 요셉의 아들로 불리셨다는 사실을 주목하십시오. 유대인들뿐만 아니라 마리아도 그분을 요셉의 아들로 표현했습니다. "네 아버지와 내가 너를 애타게 찾았단다"(루카 2,48)라고 하니까요.

• 시리아인 에프렘
『타티아누스의 네 복음서 발췌 합본 주해』 2,7.

### 요셉은 섬김과 애정만을 주었다

주님은 어머니 안에서도, 아버지 안에서도 부정하게 되지 않았습니다. 예수님께서 탄생하실 때 요셉은 섬김과 애정만을 주었습니다. 성경은 아버지로서의 충실한 섬김 때문에 그의 이름을 알려 줍니다. 사실 복음서에서 마리아는 이렇게 말했습니다. "네 아버지와 내가 너를 애타게 찾았단다"(루카 2,48). 그러므로 그리스도만이 "자기 아버지나 어머니 때문에 자신을 부정하게 만들"(레위 21,11)지 않은 "대사제"(레위 21,10)이십니다.

• 오리게네스 『레위기 강해』 12.

그분은 마리아의 아들이시지만 요셉의 아들은 아니십니다. 그분께서는 육체적으로 다윗 외에 다른 어떠한 족보에도 속하지 않으셨습니다.

• 시리아인 에프렘
『타티아누스의 네 복음서 발췌 합본 주해』 26.

### 요셉이 아버지라 불려서는 안 될 이유가 없다

어떤 사람들은 그리스도께서 요셉에게서 나지 않으신 것이 확실한데 어떻게 그리스도께서 다윗의 후손이실 수 있냐는 어이없는 질문을 합니다. 요셉이 다윗 혈통이라는 것이지요. 이 본문의 문자적 의미를 놓고 논쟁하는 것부터가 불쾌한 일입니다만, 우리 가운데 일부 사람들은 마리아가 이미 요셉과 약혼한 사이였고 그녀는 이미 혼인 전에 성령에 의해 아기를 잉태한 것으로 드러났다고 설명합니다. 율법에 따르면 마리아는 이미 요셉의 지파와 혈통에 결합되어 있었다는 것입니다(민수 36,8-9 참조). … 이런 식의 논증이 일리가 있는지는 독자 여러분이 결정할 일입니다.

우리 생각에 따르면, 이런 일들은 영적 또는 우의적 의미에 따라 이해해야 합니다. 이 관점에 따르면, 요셉이 비록 그리스도의 직접적인 아버지는 아니지만, 그분의 아버지라 불려서는 안 될 이유가 없습니다.

• 오리게네스 『로마서 주해』.

### 동정녀로 남아 있은 마리아

"아내가 아들을 낳을 때까지 잠자리를 같이하지 않았다"(마태 1,25)는 복음사가의 말을 두고, 주님께서 태어나신 뒤 거룩한 어머니 마리아께서 요셉과 육체관계를 가지지 않았는가 계속 따져 묻는, 생각 없는 사람이 적지 않습니다. 그러나 믿음의 면에서나 진실의 면에서 이는 인정할 수 없습니다. … 하느님을 품은 동정녀, 구름 안에 계신 하느님의 영광을 본 정도가 아니라 자신의 순결한 태에 그분을 품을 자격이 있다고 여겨진 복음서의 마리아가 남자와 관계했다는 것은 있을 법하지 않은 일입니다. 하느님과 이야기를 나눌 자격이 있다고 여겨진 노아는 부부의 일을 끊겠다고 선언했습니다. 모세는 덤불에서 자신을 부르시는 하느님의 목소리를 들은 뒤 부부관계를 끊었습니다. 그런데 언제나 옳은 일을 하던 요셉이 주님께서 태어나신 뒤 거룩한 마리아와 관계를 가졌다고 믿어야겠습니까?

• 아퀼레이아의 크로마티우스 『마태오 복음 강해』 3,1.

### ‘까지’라는 말이 한정된 시간을 뜻하는가?

요셉은 마리아를 아내로 맞아들였습니다. 그는 “아내가 아들을 낳을 때까지 잠자리를 같이하지 않았다”(마태 1,25)라고 합니다. 마태오가 여기서 ‘까지’라는 단어를 사용한 것은, 여러분이 요셉이 나중에는 마리아와 잠자리를 했을 것이라고 의심할 여지를 남긴 것이 아니라, 동정녀께서 출산 전에 남자의 손길을 전혀 받지 않았다는 사실을 알리려는 뜻이었습니다.

그렇다면 마태오가 왜 ‘까지’라는 단어를 썼을까 물어볼 수도 있을 것입니다. 성경에서 이 단어는 구체적인 기간이나 한정된 기간과 관계없이 사용되는 때가 많습니다. … 그러므로 마태오 복음서의 이 구절에서도, ‘까지’라는 단어는 출산 전의 일을 확실히 밝히는 말이며, 그 뒤의 일에 관해서는 알아서 생각하도록 놓아둡니다. … 그 의로운 남자가, 새로운 유형의 산고와 그 놀라운 출산에 합당하다고 여겨져 어머니가 된 마리아와 과연 성적 관계를 맺으려 할 수 있었을까 생각해 보십시오.

• 요한 크리소스토무스 『마태오 복음 강해』 5,3.

### 인류의 첫아들

복음사가가 주님을 “첫아들”(루카 2,7)이라고 표현한 것은 성모님께서 그 뒤로 또 아이를 낳으셨다는 뜻이 아닙니다. 마리아께서 남편 요셉과의 사이에서 특별한 순결을 지키신 것으로 기억될 만한 분이심은 틀림없는 진실이니까요. 주님을 가리켜 “첫아들”이라고 한 것은 옳습니다. 요한의 말대로 “그분께서는 당신을 받아들이는 이들, 당신의 이름을 믿는 모든 이에게 하느님의 자녀가 되는 권한을 주셨”(요한 1,12)기 때문입니다. 육으로 태어나시기 전부터 이미 시작도 없는 하느님의 아드님이셨던 그분께서 이 자녀들 가운데 으뜸 자리를 차지하시는 것은 지극히 당연합니다.

• 존자 베다 『복음서 강해』 1,6.

### 평생 부부관계 없이 살다

우리는 망설이지도 의심하지도 말고, 하느님의 어머니 복되신 동정 마리아는 물론 마리아의 정결을 증언하고 지켜 준 지극히 복된 요셉 또한 평생 부부관계 없이 살았다는 사실을 믿어야 합니다.

• 존자 베다 『복음서 강해』 2,1.

### 야고보는 진짜 이 말대로 주님의 친형제였는가?

야고보는 “주님의 형제”(갈라 1,19)로 불렸지만 친형제는 아니었습니다. … 그를 주님의 형제라 생각한 이들이 있었는데, 두 사람의 어머니 이름이 같고 두 가족이 한집에 살았기 때문입니다. 그래서 일반 신자들도 그를 그렇게 불렀는데, 그의 덕이 지극히 높고(그래서 ‘의인 야고보’로 불렸습니다) 주님의 친족이었기 때문입니다. 복음서가 전하는 거룩한 이야기에 따르면, 복된 동정녀께 다른 아들은 없었습니다. 십자가에 달리신 주님께서는 어머니를 보시고는 지극히 거룩한 요한에게 어머니를 맡기셨는데(요한 19,26-27 참조), 만약 더없이 높은 덕성을 지닌 야고보가 마리아의 아들이었다면 어머니를 요한에게 부탁하지 않으셨을 것입니다.

• 키루스의 테오도레투스
『바오로의 열두 서간 주해』(갈라티아서) 1,19.

### 혼인이 존중되고 있는가?

요셉이 마리아와 “잠자리를 같이하지 않았다”(마태 1,25)는 구절에 대한 또 다른 해석이 있습니다. ‘혼인의 결실은 순수한 것’이라는 바오로 사도의 말대로 혼인이란 순결하고 깨끗이 간직되어야 하는 것 아니겠습니까? 그런데 '보시오, 복음서에 주님의 형제라는 이들이 나오지 않소?' 하고 말하는 자가 있다면, 그에게 저는 이렇게 대답하겠습니다. '우리 주님께서 어머니 마리아를 요한에게 맡기시지(요한 19,27 참조) 않았습니까? 이 사실만 보아도 주님의 형제들이라고 거론된 이들이 마리아와 그 남편 요셉 사이에 태어난 자식들이 아님이 분명합니다. "아버지와 어머니를 공경하여라" 하고 말씀하신 분께서 마리아에게 다른 친자식들이 있었다면 어찌 어머니를 요한에게 맡기실 수가 있었겠습니까?

• 시리아인 에프렘
『타티아누스의 네 복음서 발췌 합본 주해』 11.

마리아도 홀로 성령께 복종하여 "이제부터 과연 모든 세대가 나를 행복하다 하리니"(루카 1,48) 하고 말하며 믿었습니다. 요셉은 실제로 마리아의 잉태와 아무 관련이 없었지만, 그에 대해 입 다물고 그 일을 받아들임으로써 구원받았습니다.

• 『마태오 복음 미완성 작품』 강해 1.

## 마리아의 고통과 요한의 보호

### 시메온의 예언

시메온은 마리아에 관해 예언합니다. 마리아가 가브리엘의 전갈을 들은 뒤, 거룩한 잉태에 관해 홀로 알게 된 뒤, 위대한 기적들을 목격한 뒤, 십자가 아래 서서 그때 일어나는 일을 보고 목소리를 들으며 자신의 영혼에 폭풍이 휘몰아치는 것을 느낄 것이라고 합니다. 주님께서는 세상을 위한 속죄물이 되어 당신의 피로 모든 사람을 의롭게 하기 위해 모든 인간이 겪는 죽음을 맛보시도록 되어 있었습니다.

• 대 바실리우스 『편지』 260,9.

### 마리아가 시메온의 예언을 받다

마리아도 일찍이 시메온에게서 '당신도 영혼이 당황하여 어쩔 줄 모르게 되는 일은 피해 달아나려 할 것이라'(루카 2,35 참조)는 말을 들었습니다. 주님께서는 만백성을 위하여 죽음을 겪으셔야 했고, 세상의 죄를 속죄하기 위한 희생 제물이 되심으로써 당신의 피로 만백성의 죄를 씻어 주셔야 했기 때문입니다(요한 11,50-52 참조).

• 대 바실리우스 『편지』 260.

### 마리아의 영혼을 꿰찌르는 칼

자연을 넘어서는 선물을 받을 자격이 있다고 여겨졌던 이 복된 분께서는, 아이를 해산할 때 면했던 진통을 당신 아드님께서 수난을 당하실 때 모두 겪으셨습니다. 태어나실 때 이미 하느님이신 줄 알았던 당신 아드님이 죄인으로 몰려 죽어 가는 모습을 보았을 때, 어머니의 가슴은 칼에 꿰찔리듯 아팠습니다. "당신의 영혼이 칼에 꿰찔리는 가운데"(루카 2,35)라는 말의 뜻이 바로 이것입니다. 하지만 그 슬픔은 곧 부활의 기쁨에, 육신으로 죽은 분이 바로 하느님이심을 선포하는 부활의 기쁨에 자리를 내주었습니다.

• 다마스쿠스의 요한 『신앙 해설』 4,14.

### 하느님의 말씀은 "칼"이다

성경은 하느님의 말씀을 "칼"(히브 4,12)이라고 부릅니다. 사람 속을 꿰뚫어 생각을 시험하시고 가려내실 뿐 아니라 "혼과 영을 가르고 관절과 골수를 가르기까지"(히브 4,12) 하시기 때문입니다. … 영혼이 당하는 고난은 모두가 일종의 시험입니다. … 시메온이 마리아에게 해 주었던 예언도 그것을 보여 줍니다. 마리아는 가브리엘 천사의 증언(루카 1,31-33 참조)으로 직접 예고받았고, 성령으로 인한 거룩한 잉태(루카 1,35 참조)의 비밀을 가슴에 지닌 후, 여러 기적을 보았으며 십자가 곁에 서서 아들을 지켜보며 아들의 마지막 말을 듣기까지 했던 분이었습니다(요한 19,25-27 참조). … 그러므로 여러분, 주님에 관하여 하늘로부터 가르침을 받은 여러분도 문득 의혹에 사로잡히게 될 것입니다. 그것이 바로 칼입니다.

• 대 바실리우스 『편지』 260.

### 마리아를 꿰찌른 칼은 하느님의 말씀이다

"당신의 영혼이 칼에 꿰찔리는 가운데"(루카 2,35). 성경도, 역사책도, 마리아가 험한 죽음을 당해 이승을 떠났다고는 말하지 않습니다. 쇠붙이 칼에 꿰찔릴 수 있는 것은 육신이지 영혼은 아니니까요. 그러므로 이는 마리아가 하늘의 신비를 모르지 않았다는 증거입니다. "사실 하느님의 말씀은 살아 있고 힘이 있으며 어떤 쌍날칼보다도 날카롭습니다. 그래서 사람 속을 꿰찔러 혼과 영을 가르고 관절과 골수를 갈라, 마음의 생각과 속셈을 가려냅니다"(히브 4,12)라고 쓰여 있습니다. 하느님의 말씀은 마음의 생각과 속셈을 드러냅니다. 우리 양심의 비밀을 훤히 들여다보시는 마리아의 아드님 눈에는 모든 것이 벌거숭이처럼 드러나 있으니까요.

• 암브로시우스 『루카 복음 해설』 2,61.

### 환히 드러났다

시메온의 다음 말, "많은 사람의 마음속 생각이 드러날 것입니다"(루카 2,35)라는 구절은 주님의 수난으로 유대인들의 음모와 제자들의 나약함이 환히 드러났다는 뜻으로 이해해야 한다고 생각합니다. "칼"(루카 2,35)은 시련을 나타낸다고 볼 수 있습니다. 이 시련으로 말미암아 어머니 마리아의 마음이 슬픔의 감정으로 상처 입었다는 점에서 그렇습니다. 박해자들의 입술에 그 칼이 들어 있었는데, 그에 대해 시편은 "그들은 입술에는 칼을 물고서 말합니다"라고 합니다. 그들은 "그들의 이빨이 무기와 화살, 혀가 날카로운 칼"(시편 57,5)인 사람들의 아들들입니다. 요셉의 영혼을 꿰뚫었던 "쇠사슬"(시편 105,18)은 제가 생각할 때 극심한 시련을 표현한 말입니다(창세 40-41장 참조).

• 아우구스티누스 『편지』 149.

### 하와의 죄 이후 낙원을 지키게 된 칼을 치우신 마리아

시메온의 말은 '당신이 칼을 치우실 것입니다'라는 뜻입니다. 마리아는 하와의 죄 때문에 낙원을 지키게 된 칼(창세 3,24 참조)을 치우셨습니다. 또는 '당신은 칼, 곧 부인否認을 치우실 것입니다'라는 뜻입니다. 그리스어 본문이 분명하게 말하고 있듯이, 많은 사람의 속생각, 다시 말해 의심하는 자들의 속생각이 드러날 것이기 때문입니다.

• 시리아인 에프렘
『타티아누스의 네 복음서 발췌 합본 주해』 2,17.

### 땅이 마리아를 돕다

성경은 유혹을 '강'으로 비유합니다. … 그래서 묵시록에서도 주님의 수난이라는 시련이 '강물'(묵시 12,15)로 표현되며, 그것을 이용해 [용이] 동정녀를 휩쓸어 버리려고 했다고 이야기합니다. 그리고 실로 그것[강물]들이 동정녀를 이것[십자가]으로 데려왔고, 너무나 슬프게도, 용은 자신의 뜻을 이룰 수 있었습니다. 시메온이 왜 마리아에게 "당신의 영혼이 칼에 꿰찔리는 가운데, 많은 사람의 마음속 생각이 드러날 것입니다"(루카 2,35)라고 하였겠습니까? "그러나 땅이 여인을 도왔습니다. 땅은 입을 열어 용이 입에서 뿜어낸 강물을 마셔 버렸습니다"(묵시 12,16). 땅이 강물을 삼켜 버렸다는 것은 땅이 시련을 받아들였다는, 다시 말해 십자가에 못 박히신 주님을 받아들였음을 나타냅니다. 그러나 땅이 베푼 도움은 여기에 그치지 않았습니다. 땅의 진짜 도움은 주님을 다시 돌려주었다는 데 있습니다. 주님께서 죽음을 짓밟으시고 사흗날에 다시 살아나셨기 때문입니다.

• 오이쿠메니우스 『묵시록 주해』 12,13-15.

### 세상의 구원을 기다리다

마리아도 그리스도의 어머니가 되기에 충분했습니다. 사도들이 달아났을 때에도 마리아는 십자가 아래에 서서 경건한 눈으로 아들의 상처를 바라보았습니다. 그녀는 자식의 죽음이 아니라 세상의 구원을 기다리고 있었기 때문입니다.

• 암브로시우스 『편지』 59.

### 엄청난 영예

예수님께서는 우리에게 죽는 순간까지 부모를 보살피는 데 온 힘을 기울이라고 가르치십니다. … 그분은 어머니를 당신께서 사랑하시는 제자에게 맡기십니다. 겸손한 요한은 여기서도 자신을 감춥니다. 그가 자랑하는 사람이었다면, 자신이 왜 사랑받았는지도 우리에게 알려 주었을 것입니다. 그처럼 사랑받는 것은 무엇인가 무척 훌륭하고 위대한 일을 한 때문이었을 테니까요. 그런데 왜 예수님께서는 아무런 다른 말씀을 하시지도, 낙담한 그를 위로하려 하시지도 않을까요? 그때는 위로의 말을 할 때가 아니었기 때문입니다. 뿐만 아니라, 이런 식으로 영예롭게 된 것은 결코 작은 일이 아닙니다. … 사실 예수님께서 이 제자에게 주신 것이 얼마나 큰 영예입니까! 당신께서 세상을 떠나시는 이때, 그에게 당신 어머니를 보살피는 일을 맡기십니다. 비탄에 빠진 마리아에게 보호가 필요하고 또 그분은 당신의 어머니시기에 예수님께서는 사랑하시는 제자에게 그분을 맡기셨을 것입니다.

• 요한 크리소스토무스 『요한 복음 강해』 85,2-3.

### 섬기기 위하여 재산과 지위를 버린 요한

우리는 사람들의 성별이 아니라 품성을 보고 그들의 덕을 판별하며, 지위와 재산을 모두 버린 이들이 가장 높은 영광을 받을 자격이 있다고 여깁니다. 예수님께서 다른 제자들보다 요한 복음사가를 더 사랑하신 것은 이런 까닭입니다. 요한은 높은 신분이었고 대사제와 알고 지내는 사이였지만, 유대인들의 계략에도 조금도 겁먹지 않았고 베드로를 대사제의 저택 안뜰까지 데리고 들어갔으며(요한 18,15-16 참조) 대담하게 십자가 곁에 서 있은 유일한 사도였습니다. 구원자의 어머니를 자기 집에 모신 이도 그였습니다. 주님으로부터 동정 어머니를 유산으로 받은 것은 동정 아들이었습니다.

• 히에로니무스 『편지』 127,5.

### 동정성의 원조

요한 복음이 우리에게 말해 주듯이, 구세주 주님께서는 십자가 위에 계실 때 "사랑하시는 제자를 보시고, 그에게 '이분이 네 어머니시다'. 그리고 어머니에게는 '이 사람이 어머니의 아들입니다'"(요한 19,26-27) 하고 말씀하셨습니다. 마리아께 다른 자식들과 남편이 있었다면 그분께서 왜 어머니를 요한에게, 그리고 요한을 어머니께 부탁하셨겠습니까? 왜 어머니를 베드로에게 부탁하지 않으셨을까요? 왜 안드레아나 마태오, 바르톨로매오에게 하지 않으셨을까요? 그분께서 어머니를 요한에게 부탁하신 것은 동정성 때문이었음이 명백하지 않습니까? 주님께서는 마리아가 실제로 요한의 어머니가 아닌데도 '네 어머니시다'라고 하셨습니다. 이렇게 말씀하신 것은 마리아가 동정성의 원조로서 그의 어머니시라는 것을 보여 주기 위해서였습니다. 생명이 마리아에게서 시작되었으니까요. … 주님은 마리아가 실제로 당신을 낳으신 어머니가 아니었다면, 영원토록 동정이신 분 — 육화로 인하여 주님의 어머니이시나, 주님의 영예를 위해 더럽혀지지 않은 놀라운 그릇이신 — 을 요한에게 부탁까지 하지는 않으셨을 것입니다.

• 살라미스의 에피파니우스 『약상자』 7,78,10,9-11,2.

### 동정인에게 동정녀를 맡기시다

예수님께서는 당신께서 뽑으셨을 때 동정인이었고 그 뒤로도 죽 동정을 지킨 요한을 누구보다 사랑하셨습니다. 전해지는 이야기에 따르면, [그리스도께서는] 결혼하려는 [요한]을 그의 혼인 잔치 자리에서 부르셨고, 그런 까닭에 모든 육적인 쾌락에서 몸소 끌어내 오신 그에게 남다른 사랑을 주셨다고 합니다. 그래서 [그리스도께서는] 십자가에서 돌아가시려 할 때도 당신의 어머니를 [요한]에게 맡기셨습니다. 동정인이 동정녀를 돌보도록 하여, 당신께서 죽음과 부활 이후 하늘로 올라가신 뒤에도 당신의 어머니가 아들 없는 몸이 되지 않도록 하고 마리아의 정결한 삶이 그의 정결한 섬김으로 지켜지도록 하신 것입니다.

• 존자 베다 『복음서 강해』 1,9.

### 마리아께서 요한과 함께 사셨다는 전승

주님이요 구원자이신 예수 그리스도께서 온 세상의 생명을 위하여 십자가 나무에 못 박혀 계실 때에, 십자가 곁에 서 계신 당신 어머니와 요한 복음사가를 보셨습니다. 요한은 주님께서 사도들 가운데에서도 남달리 사랑하신 이였습니다. 그만이 육신의 동정을 잃지 않은 이였기 때문입니다. 그래서 주님께서는 그에게 "이분이 네 어머니시다"라고 하시며 거룩한 마리아를 그에게 맡기셨습니다. 그리고 마리아에게는 "이 사람이 어머니의 아들입니다"(요한 19,26)라고 하셨습니다. 그때부터 하느님의 거룩한 어머니께서는 사시는 내내 요한의 특별한 보호를 받으셨습니다. 사도들이 세상의 지역을 나누고 제비를 뽑아 설교할 지역을 맡게 되자, 마리아는 올리브산에서 가까운 요한의 부모 집에 사셨습니다.

• 『마리아의 승천』 1.

### 신심의 직무

"이분이 네 어머니시다"(요한 19,27). 그리스도께서는 십자가에서 이렇게 말씀하시며 어머니와 제자에게 신심의 직무를 나누어 맡기셨습니다. … 거룩한 어머니들이여, 사랑하는 자기 아들 안에서 위대한 모성의 본보기를 보이신 마리아를 본받으십시오. 여러분의 자녀 가운데 그분의 아들보다 더 사랑스러운 이는 없으며, 동정녀께서는 또 다른 아들을 잉태할 수 있는 위로를 구하지도 않으셨습니다.

• 암브로시우스 『편지』 63,110-11.

### 요한과 우리 안에서 당신을 주신 그리스도

또 다른 '요한'이 되기 바라는 이는 누구든지 요한처럼 되어야 합니다. 다시 말해, 그는 예수님처럼 보여야 합니다. 마리아에게는 예수님 말고는 다른 아들이 없었습니다(마리아에 관해 올바르게 알고 있는 이들에 따르면 그렇습니다). 그런데도 예수님께서는 어머니에게 '이 사람도 어머니의 아들입니다'라고 하지 않고 "이 사람이 어머니의 아들입니다"(요한 19,26)라고 하십니다.

그렇다면 [어머니에게 요한을 가리키며] 예수님께서 하신 말씀은 '이 사람이 당신께서 낳으신 예수입니다'라는 뜻과 다르지 않습니다. 실로, 누구든지 완전하게 된 사람은 "이제는 내가 사는 것이 아니라 그리스도께서 내 안에 사시는 것"(갈라 2,20)이기 때문입니다. 그리스도께서 그[요한] 안에 사시므로, 예수님께서는 마리아에게 그를 가리키며 "이 사람이 어머니의 아들", 곧 그리스도라고 하십니다.

• 오리게네스 『요한 복음 주해』 1,23.

## 믿는 이들의 모범이신 마리아

### 믿음이 없으면 말하지 못한다

바로 그 천사가 마리아에게 와서, 그녀의 몸에서 그리스도께서 태어나실 것이라고 알리고, 마리아는 [즈카르야와] 비슷한 말을 합니다. 즈카르야는 이렇게 말했었지요. "제가 그것을 어떻게 알 수 있겠습니까? 저는 늙은이고 제 아내도 나이가 많습니다"(루카 1,18). 그러자 그는 이런 말을 듣습니다. "보라, 때가 되면 이루어질 내 말을 믿지 않았으니, 이 일이 일어나는 날까지 너는 벙어리가 되어 말을 못하게 될 것이다"(루카 1,20). 그는 불신으로 벙어리가 되는 벌을 받았습니다. 예언자가 요한에 대해 뭐라고 말했습니까? "광야에서 외치는 이의 소리"(이사 40,3)라고 하였습니다. 즈카르야는 벙어리이고, 그는 곧 소리를 낳을 것입니다. 그가 말을 하지 못하게 된 것은 믿지 않았기 때문입니다.

• 아우구스티누스 『설교』 290,4.

### 믿음을 북돋아 주다

보통 믿음을 요구하는 사람에게 그 믿음을 북돋아 주는 것이 윤리적인 통념입니다. 그리하여 천사 가브리엘이 신비를 전할 때, 동정 마리아에게 한 가지 예를 들음으로써 그 믿음이 북돋아지도록, 나이 많고 아기를 낳지 못하는 한 여인 엘리사벳이 잉태한 사실을 전하였습니다. 그리고 주님이 원하시기만 한다면 하느님께는 모든 것이 가능하다는 것을 알려 주었습니다.

• 암브로시우스 『루카 복음 해설』 2,19-20.

### 교리교육 같은 천사들의 말

하늘의 배려가 어떻게 믿음을 키우는지 보십시오. 한 천사가 마리아에게 말하고, 한 천사가 요셉에게 말하고, 한 천사가 목자들에게 말합니다. 천사가 한 번 오는 것으로는 부족합니다. 모든 말에는 둘이나 세 증인이 있어야 하기 때문입니다.

• 암브로시우스 『루카 복음 해설』 2,51.

### 믿어서 복된 마리아

마리아께서 복되신 분인 까닭은 그리스도의 육신을 잉태하셨기 때문이라기보다 그리스도를 믿으셨기 때문입니다. "선생님을 배었던 모태와 선생님께 젖을 먹인 가슴은 행복합니다"(루카 11,27)라고 말한 여자에게 주님께서는 "하느님의 말씀을 듣고 지키는 이들이 오히려 행복하다"(루카 11,28)라고 하셨습니다.

육신으로 그분의 형제나 친척이라고 해도, 그분을 믿지 않는다면 그 관계가 결국 무슨 득이 되겠습니까? 마리아께서 몸보다 마음으로 더욱 기쁘게 그리스도를 품지 않으셨다면, 육신의 어머니라는 사실도 큰 의미가 없었을 것입니다.

• 아우구스티누스 『거룩한 동정』 3.

### 마리아가 복된 이유

주님께서 그 여인을 칭송하신 것은 그의 육신으로 (그리스도의) 육신을 낳았기 때문이 아니라, 아버지의 뜻을 실행했기 때문입니다. … "하느님의 말씀을 듣고 지키는 이들이 오히려 행복하다"(루카 11,28). 이 말씀은 이런 뜻입니다. '그대가 복되다 일컫는 내 어머니도 하느님의 말씀을 지키셨기 때문에 복되시다.' 곧, 그 여인 안에서 말씀이 사람이 되시고 우리 가운데 사셨기 때문이 아니라(요한 1,14 참조), 그 여인이 자신을 지어 내시고 자기 안에서 사람이 되신 하느님의 말씀을 지켜 냈기에 복되다는 것입니다.

• 아우구스티누스『요한 복음 강해』10,3.

### 새로운 나라를 선포하는 마리아

[마리아]는 천사가 은밀하게 자신에게 한 말과, 자신이 그 말을 듣고 예언이 이루어질 것을 믿자 천사가 자신을 복된 여인이라고 한 사실을 엘리사벳에게 모두 말해 줍니다. 그런 다음 마리아는 천사와 엘리사벳에게서 들은 말의 핵심을 자신의 입으로 다시 조용히 얘기합니다. "내 영혼이 주님을 찬송하고"(루카 1,46)가 그것입니다. 엘리사벳은 말했지요. "행복하십니다, 주님께서 하신 말씀이 이루어지리라고 믿으신 분!"(루카 1,45). 이에 마리아는 대답합니다. "이제부터 과연 모든 세대가 나를 행복하다 하리니"(루카 1,48). 그런 다음 마리아는 새 나라에 대해 이야기하기 시작합니다.

• 시리아인 에프렘
『타티아누스의 네 복음서 발췌 합본 주해』1,28.

### 하느님께서 겸손한 이에게 큰일을 하시다

"이제부터 과연 모든 세대가 나를 행복하다 하리니"(루카 1,48). 여기서 '모든 세대'를 문자 그대로 읽으면 믿는 이들이 되겠습니다만, 좀 더 깊이 의미를 알면 그 세대의 하나가 됨이 얼마나 값진 것인지를 알게 됩니다. "전능하신 분께서 나에게 큰일을 하셨기 때문"(루카 1,49)이요, "누구든지 자기를 낮추는 자는 높아질 것"이기 때문입니다. 하느님께서는 복된 마리아의 겸손을 굽어보셨고, 그래서 전능하신 분께서 그 여인에게 큰일을 하셨고, 그분의 이름은 거룩합니다.

• 오리게네스『루카 복음 강해』8,6.

### 하느님의 자비는 사람을 차별하지 않는다

마리아가 분명하게 덧붙여 말합니다. "그분의 자비는 대대로 당신을 경외하는 이들에게 미칩니다"(루카 1,50). 여기서 "대대로"는 유대인과 이방인을 가리키는 말일 수도 있고, 당신께서 보신바 장차 그리스도를 믿게 될 세상 각처의 모든 나라 사람을 가리키는 말일 수도 있습니다. 베드로도 이렇게 말한 바 있습니다. "하느님께서는 사람을 차별하지 않으시고, 어떤 민족에서건 당신을 경외하며 의로운 일을 하는 사람은 다 받아 주십니다"(사도 10,34-35).

• 존자 베다『복음서 강해』1,4.

### 이스라엘, 곧 하느님을 보는 사람에게 베푸시는 자비

마리아는 하늘이 베푸는 정의와 자비에 대해 일반적인 찬양을 바친 다음, 하느님께서 세상을 구원코자 특별히 마련하신 육화 계획에 대한 개인적인 고백으로 돌아갑니다. "당신의 자비를 기억하시어 당신 종 이스라엘을 거두어 주셨으니"(루카 1,54). 여기서 "이스라엘"은 '하느님을 보는 사람'이라는 뜻으로, 구원받은 모든 사람을 가리킵니다. 하느님께서는 그들을 위하여 눈에 보이는 모습으로 사람들 가운데 나타나시어 그들이 당신을 뵐 수 있게 하셨습니다. 환자를 돌보는 의

사처럼 그분은 이스라엘을 당신의 보호 아래 두셨고, 임금처럼 당신 백성을 원수의 침략에서 지켜 주십니다.

• 존자 베다 『복음서 강해』 1,4.

### 하와의 불순종을 거꾸로 돌려놓은 마리아의 순종

남자와 정혼한 처녀 마리아에게 천사가 나타나 기쁜 소식을 전했을 때, 이미 남자와 약혼한 처녀 하와를 넘어가게 했던 사악한 유혹의 힘이 무너졌습니다. 하와는 천사의 유혹에 넘어가 하느님 말씀을 어겼고, 마리아는 하느님의 아들을 낳으리라는 천사의 기쁜 소식을 듣고 그 말씀에 순종하였습니다. 앞 사람은 유혹에 넘어가 하느님께 순종하지 않아서 타락했지만 뒷사람은 말씀을 알아듣고 하느님께 순종했습니다. 그런 까닭에 동정 마리아가 하와의 변호인이 될 수 있었던 것입니다.

한 처녀의 행동 때문에 인류가 죽음에 종속되었듯이 다른 한 처녀의 순종으로 인류가 구원받은 것은 정확하게 균형을 이루는 일이었습니다.

• 리옹의 이레네우스 『이단 반박』 5,19-20.

### 구약 예언들이 이루어짐을 생각하는 마리아

마리아가 "곰곰이 되새겼다"(루카 2,19)는 복음사가의 말은 마리아가 자신이 본 일을 장차 이루어지리라고 성경에서 읽은 이야기들과 연결시켜 생각해 보았다는 뜻입니다. 마리아는 이사이의 그루터기에서 태어난 자신이 성령으로 말미암아 하느님의 아들을 잉태했음을 깨달았습니다. 그녀는 예언서에서 이런 말씀을 읽었습니다. "이사이의 그루터기에서 햇순이 돋아나고 그 뿌리에서 새싹이 움트리라. 그 위에 주님의 영이 머무르리니"(이사 11,1-2; 참조: 마태 2,23). "그러나 너 에프라타의 베들레헴아, 너는 유다 부족들 가운데에서 가장 보잘것없지만 나를 위하여 이스라엘을 다스릴 이가 너에게서 나오리라. 그의 뿌리는 옛날로, 아득한 시절로 거슬러 올라간다"(미카 5,1)라는 말씀도 읽었습니다. 마리아는 자신이 시대가 생겨나기 전에 하느님 아버지로부터 영원히 태어나신 이스라엘의 통치자를 낳았음을 알았습니다. 자신이 처녀 몸으로 잉태하고 아들을 낳아 그 이름을 예수라고 부르게 된 것을 알았습니다. 그녀는 예언서에서 "보십시오, 젊은 여인이 잉태하여 아들을 낳고 그 이름을 임마누엘이라 할 것입니다"(이사 7,14)라는 말씀을 읽은 바 있었습니다. "소도 제 임자를 알고 나귀도 제 주인이 놓아 준 구유를 알건만"(이사 1,3)이라는 말씀도 읽었습니다. 그는 소와 나귀가 먹이를 먹는 구유에 누우신 주님을 보았습니다. 그리고 천사가 들려준 말을 떠올렸습니다. "성령께서 너에게 내려오시고 지극히 높으신 분의 힘이 너를 덮을 것이다. 그러므로 태어날 아기는 거룩하신 분, 하느님의 아드님이라고 불릴 것이다"(루카 1,35). 또한 "누가 그의 가계에 대해 말해 줄 것인가?"(이사 53,8 칠십인역 참조)라는 이사야서의 말씀에 따라, 아들의 출생이 오직 천사의 계시로만 알려지리라는 것을 알았습니다. 그는 "너 가축 떼의 탑아, 딸 시온의 언덕아, 이전의 통치권이, 딸 예루살렘의 왕권이 너에게 돌아오리라, 돌아오리라"(미카 4,8) 하고 예언된 대로, 높은 도성의 딸들인 천사들이 예전부터 "가축 떼의 탑"으로 알려진 장소에서 목자들에게 나타났다는 말을 들었습니다. 그곳은 베들레헴에서 동쪽으로 1,600미터 가량 떨어진 곳이었는데, 지금도 그곳 한 교회 안에 이 세 목자의 무덤이 나란히 자리 잡고 있습니다. 마리아는 주님께서 육신으로 오셨고 당신의 딸인 교회에 천상 예루살렘의 나라를 주시리라는 것을 알았습니다. 이렇게, 마리아는 자기 눈앞에서 일어난 일들과 장차 일어나리라고 예언서에서 읽은 것들을 연결시켜 생각해 보았습니다. 그리고 그것을 입 밖에 내지는 않았지만 마음속 깊이 간직하였습니다.

• 존자 베다 『복음서 강해』 1,7.

### 하느님께 배우듯이 예수님께 배우시는 마리아

지극히 사려 깊은 여인 마리아, 참지혜의 어머니께서 학생이 되어 아드님에게 배우십니다. 그분께서 아드님에게 배우신 것은 그냥 아이나 사람에게서 배우신 것이 아니라 하느님께 배우신 것입니다. 네, 그분은 늘 아드님의 언행을 묵상하며 사셨습니다. 아드님의 말 하나 행동 하나 허투루 넘기지 않았습니다. 전에 말씀을 잉태하셨을 때 그러셨듯이, 이제는 아들의 언행 하나하나를 가슴에 담아 간직하셨습니다. 지금 당신께서 보는 것들이 장차 더욱 분명하게 드러나기를 기대하고 기다리십니다. 이와 같은 수행을 그분은 평생토록 당신 삶의 규칙이요 법으로 삼으셨습니다.

• 존자 베다 『루카 복음 해설』 2,51.

# 라틴어 저서명

• 가우덴티우스 (브레시아의)

『논고 또는 설교』*Tractatus*

• 강그레 교회회의

『법규』*Canon*

• 겐나디우스 (콘스탄티노플의)

『로마서 주해 단편』*Fragments in epistulam ad Romanos*

• 그레고리우스 (나지안주스의)

『거룩한 부활절』(연설 45)*In sanctum Pascha (orat. 45)*

『거룩한 빛』(연설 39)*In sancta lumina (orat. 39)*

『거룩한 세례』(연설 40)*In sanctum baptisma (orat. 40)*

『교의에 관한 시가』*Carmina dogmata*

『누이 고르고니아 추도사』(연설 8)*Funebris in laudem sororis suae Gorgoniae (orat. 8)*

『도피 변론』(연설 2)*Apologetica de fuga sua (orat. 2)*

『부친 추도사』(연설 18)*Funebris in patrem (orat. 18)*

『서간집』*Epitulae*

『성령』(연설 31)*De Spiritu Sancto (orat. 31)*

『성자』(연설 30)*De filio(orat. 30)*

『시가』*Carmina*

『신학』(연설 28)*De theologia(orat. 28)*

『침묵하시는 성부』(연설 16)*In Patrem tacentem (orat. 16)*

『형제 카이사리우스 추도사』(연설 7)*Funebris in laudem Caesarii fratris (orat. 7)*

• 그레고리우스 (니사의)

『거룩한 삼위일체에 관해 에우스타티우스에게』*Ad Eustathium de sancta Trinitate*

『그리스도인의 생활 방식』*De instituto christiano*

『그리스도인의 완덕에 관해 올림피우스 수도승에게』*De perfectione christiana ad Olympium monachum*

『기적가 그레고리우스의 생애』*De vita Gregorii Thaumaturgi*

『대 교리교육』*Oratio catechetica magna*

『동정』*De virginitate*

『모세의 생애』*De vita Moysis*

『시편의 제목』*In inscriptiones Psalmorum*

『아가 강해』*In Canticum canticorum*

『에우노미우스 반박』*Contra Eunomium*

『주님의 기도』*De oratione dominica orationes*

『코헬렛 강해』*In Ecclesiasten homiliae*

• 그레고리우스 (대)

『대화』*Dialogorum libri IV*

『복된 사도 베드로 2서 해설』*Expositio super epistolam II b. Petri apostoli*

『복음서 강해』(40편)*Homiliae XL in Evangelia*

『사목 규칙』*Regula pastoralis*

『사무엘기 상권 해설』*In librum primum Regum expositionum libri VI*

『서간집』*Epistulae*

『아가 강해』*Expositio in Canticum canticorum*

『에제키엘서 강해』*Homiliae in Ezechielem*

『열왕기 상권 해설』*In librum primum Regum expositionum libri VI*

『욥기의 도덕적 해설』*Moralia sive Expositio in Iob*

• 노바티아누스

『삼위일체론』*De Trinitate*

『유대인의 음식』*De cibis judaicis*

• 니케타스 (레메시아나의)

『시편 송독의 유익 또는 찬가의 유익』*De psalmodiae bono (de utilitate hymnorum)*

『하느님 종들의 밤샘 기도』*De vigiliis servorum Dei*

• 닐루스 (안키라의)

『아가 주해』*Commentarius in Canticum canticorum*

• 도로테우스 (가자의)

『영적 가르침』

『디다케: 열두 사도들의 가르침』*Didache XII Apostolorum*

• 디디무스 (맹인)

『가톨릭 서간에 관한 짧은 상해』*In Epistulas catholicas brevis enarratio*

『시편 단편』*Fragmenta in Pslamos*

『창세기 주해』*Commentarii in Genesim*

『코린토 2서 주해 단편』*Fragmenta in Epistulam II ad Corinthios*

『코헬렛 주해』*Commentarii in Ecclesiasten*

『디오그네투스에게 보낸 편지』*Epistula ad Diognetum*

• 디오도루스 (타르수스의)

『시편 주해』*Commentarii in Psalmos*

• 라바누스 마우루스

『에스테르기 해설』*Expositio in Librum Esther*

『집회서 주해』*Commentariorum in Ecclesiasticum libiri decem*

• 락탄티우스

『거룩한 가르침』*Divinae Institutiones*

『거룩한 가르침 개요』*Epitome Divinarum Institutionum*

• 레안데르 (세비야의)

『동정녀 교육과 세상 경멸』*Liber de institutione virginum et contemptu mundi*

• 레오 (대)

『서간집』*Epistulae*

『설교집』(97편)*Tractatus septem et nonaginta*

• 루키아누스

『페레그리니우스의 죽음』*Mors Peregrini*

• 루피누스 (아퀼레이아의)

『사도신경 해설』*Expositio symboli*

『(열두) 성조의 축복』*De benedictionibus patriarcharum*

• 마르켈루스 (안키라의)

『신앙 해설』*Expositio fidei*

『마리아의 승천』*Assumptio Mariae*

• 마르티누스 (브라가의)

『겸손 권면』*Exhortatio humilitatis*

『이집트 사부들의 금언집』*Sententiae patrum Aegyptiorum*

• 마리우스 빅토리누스

『동일본질 수용』*De homoousio recipiendo*

『바오로 서간 주해』(갈라티아서, 필리피서, 에페소서)*Commentarii in epistulas Pauli ad Ephesios, ad Galatas, ad Philippenses*

• 마카리우스 (이집트인)

『첫째 편지』*Epistula prima*

『마태오 복음 미완성 작품』*Opus imperfectum im Matthaeum*

• 막시무스 (고백자)

『사랑에 관한 단상』*Capita de caritate*

『성경 주해 선집』*Catena*

『(성자의) 하느님성과 구원경륜에 관한 단상』*Capita theologica et oecunomica*

『탈라시우스에게 보낸 질문』*Quaestiones ad Thalassium*

• 막시무스 (토리노의)

『설교 옛 모음집』(8편)*Collectio sermonum antiqua*

『설교집』*Collectio sermonum antiqua*

• 메토디우스 (올림푸스의)

『열 처녀의 향연』*Convivium decem virginum*

• 미니키우스 펠릭스

『옥타비우스』*Octavius*

『바르나바의 편지』*Barnabae Epistula*

• 바르사누피우스와 요한

『(공주 수도승에게 보낸) 질문과 답변 (편지 224-616)』*Quaestiones et responsiones ad coenobitas (Epistulae 224-616)*

• 바바이

『키리아쿠스에게 보낸 편지』*Martyanuta d-abahata qadise d-Idta*

• 바실리우스 (대)

『고리대금업자 반박』*Contra usurarios*
『기근과 가뭄 때 행한 설교』*Homilia dicta tempore famis et siccitatis*
『내 곳간들을 헐어내리라』*Homilia in illud: Destruam horrea mea*
『단식에 관한 둘째 설교』*Homilia de ieiunio secunda*
『단식에 관한 첫째 설교』*Homilia de ieiunio prima*
『대 수덕집』(긴 규칙서)*Asceticon magnum sive Quaestiones (regulae fusius tractatae)*
『도덕 규칙서』*Regulae morales*
『서간집』*Epistulae*
『성령론』*De Spiritu Sancto*
『순교자 율리타에 관한 설교』*Homilia in martyrem Julittam*
『시편 강해』*Homiliae super Psalmos*
『신앙론』*De fide*
『암필로키우스에게 보낸 편지』*Epistula ad Amphilochium*
『에우노미우스 반박』*Contra Eunomium*
『잠언 시작에 관한 설교』*Homilia in principium Proverbiorum*
『질투에 관한 설교』*Homilia de invidia*

『청년들에게』*Ad adolescentes*

• 발레리아누스 (시미에의)

『설교집』*Homiliae*

• 베네딕도

『수도 규칙』*Regula*

• 베다 (존자)

『가톨릭 서간 해설』*Super epistulas catholicas expositio*
『루카 복음 해설』*In Lucae evangelium expositio*
『마르코 복음 해설』*In Marci evangelium expositio*
『묵시록 해설』*Explanatio Apocalypsis*
『복음서 강해』*Homiliarum evangelii*
『사도행전 해설』*Super Acta Apostolorum expositio*
『사무엘기 상권 우의적 해설』*In Samuelem prophetam allegorica expositio*
『성막과 제구』*De tabernaculo et vasis eius ac vestibus sacerdotum*
『솔로몬의 성전』*De templo Salomonis*
『솔로몬의 잠언 우의적 해설』*In proverbia Salomonis allegorica expositio*
『아가 우의적 해설』*In Cantica canticorum allegorica expositio*
『에즈라기와 느헤미야기 우의적 해설』*In Esdram et Nehemiam prophetas allegorica expositio*
『토빗기 우의적 해설』*In librum patris Tobiae allegorica expositio*

• 브라울리오 (사라고사의)

『아이밀리아누스의 생애』*Vita Aemiliani*

• 빅토리누스 (페타우의)

『묵시록 주해』*Commentarii in Apocalypsim Ioannis*

• 사도나(= 마르티리우스)

『완덕에 관한 책』*Liber perfectionis*

『사도 규정』*Didascalia Apostolorum*

『사도 헌장』*Constitutiones apostolorum*

『사막 사부들의 금언집』*Apophthegmata Patrum*

『사부들의 생애』*Vitae Patrum*

• 살비아누스 (사제)

『하느님의 다스림』*De gubernatione Dei*

• 세베루스 (안티오키아의)

『대성당 설교집』*Homiliae cathedrales*

『성경 주해 선집』*Catena*

• 세베리아누스 (가발라의)

『바오로 서간 주해 단편』*Fragmenta in epistulas sancti Pauli*

『방탕한 아들에 관한 비유』*In parabolam de filio prodigo*

『세상 창조』*In cosmogoniam*

• 셰누테

『이교인 철학자에게』*Ad philosophum gentilem*

• 시메온 (신 신학자)

『교리교육』*Catecheses*

• 심마쿠스

『청원서』

• 아르노비우스 (소)

『시편 주해』*Commentarii in Psalmos*

• 아리스티데스 (아테네의)

『호교론』*Apologia*

• 아브라함 (나트파르의)

『기도론』*De oratione*
『기도와 침묵』

• 아스테리우스 (설교가)
『시편에 관한 설교』

• 아우구스티누스
『갈라티아서 해설』*Expositio epistulae ad Galatas*
『거룩한 동정』*De sancta virginitate*
『고백록』*Confessiones*
『그리스도교 교양』*De doctrina christiana*
『그리스도교 규율』*De disciplina christiana*
『그리스도인의 삶』*De vita Christiana*
『로마서 명제 해설』*Expositio quarundam propositionum ex epistula (apostolic) ad Romanos*
『마니교도 반박 창세기 해설』*De Genesi contra Manichaeos*
『마니교도 파우스투스 반박』*Contra Faustum Manichaeum*
『복음사가들의 일치』*De consensu evangelistarum*
『본성과 은총』*De natura et gratia*
『삼위일체론』*De Trinitate*
『서간집』*Epistulae*
『선의 본성』*De natura boni*
『설교집』*Sermones*
『성도들의 예정』*De praedestinatione sanctorum*
『세례론』*De baptismo*
『수도승의 노동』*De opere monachorum*
『시편 상해』*Enarrationes in Psalmos*
『신국론』*De civitate Dei*
『신앙과 신경』*De fide et symbolo*
『여든세 가지 다양한 질문』*De diversis quaestionibus octoginta tribus*
『영과 문자』*De spiritu et littera*
『요한 복음 강해』*In Iohannis evangelium tractatus*
『요한 서간 강해』*In Ioannis epistulam ad Parthos tractatus X*
『율리아누스 반박』*Contra Iulianum*
『율리아누스 반박 미완성 작품』*Contra Iulianum opus imperfectum*

『주님의 산상 설교』*De sermone Domini in monte*
『페틸리아누스 서간 반박』*Contra litteras Petiliani*
『펠라기우스파 두 서간 반박』*Contra duas epistulas Pelagianorum*
『훈계와 은총』*De correptione et gratia*

• 아타나시우스

『동정』*De virginitate*
『라자로의 부활에 관한 설교』*Homilia I in resurrectionem Lazari*
『말씀의 육화』*De incarnatione Verbi*
『(성) 안토니우스의 생애』*Vita sancti Antonii*
『아리우스파 반박 넷째 연설』*Oratio quarta contra Arianos*
『아리우스파 반박 변론』*Apologia contra Arianos*
『축일 서간집』*Epistulae festales*

• 아테나고라스

『그리스도인을 위한 청원』*Legatio sive Supplicatio pro Christianis*

• 아포니우스

『아가 해설』*In Canticum canticorum expositio*

• 아폴리나리스 (라오디케아의)

『요한 복음 단편』*Fragmenta in Ioannem*

• 아프라하트

『기도론』*De oratione*
『논증』*Demonstrationes*

• 아프링기우스 (베자의)

『묵시록 주해』*Tractatus in Apocalypsin*

• 안드레아스 (카이사리아의)

『묵시록 주해』*Commentarii in Apocalypsin*

• 안드레아스 (크레타의)

『마리아에 관한 설교』*Homiliae in Mariam*
『성경 주해 선집』*Catena*

• 암모니우스 (알렉산드리아의)

『다니엘서 단편』*Fragmenta in Danielem*
『성경 주해 선집』(사도행전)*Catena*
『요한 복음 단편』*Fragmenta in Ioannem*

• 암몬

『편지』*Epistula*

• 암브로시아스테르

『바오로의 열세 서간 주해』*Commentarius in XIII epistulas Paulinas*

• 암브로시우스

『과부』*De viduis*
『나봇 이야기』*De Nabuthae historia*
『낙원』*De paradiso*
『노아』*De Noe*
『동정녀』*De virginibus*
『루카 복음 해설』*Expositio evangelii secundum Lucam*
『서간집』*Epistulae*
『성령론』*De Spiritu Sancto*
『성사론』*De sacramentis*
『성조』*De patriarchis*
『성직자의 의무』*De officiis ministrorum*
『세상 도피』*De fuga saeculi*
『시편 제118편 해설』*Expositio de psalmo CXVII*
『신비론』*De mysteriis*
『신앙론』*De fide*
『아브라함』*De Abraham*
『야곱과 행복한 삶』*De Iacob et vita beata*
『엘리야와 단식』*De Helia et ieiunio*
『열두 시편 해설』*Explanatio psalmorum XII*

『요셉』*De Ioseph*

『육일 창조』*Hexaëmeron/Exameron*

『이사악 또는 영혼』*De Isaac vel anima*

『주님의 육화에 관한 신비』*De incarnationis dominicae sacramento*

『죽음의 유익』*De bono mortis*

『참회론』*De paenitentia*

『카인과 아벨』*De Cain et Abel*

『토빗 이야기』*De Tobia*

『형 사티루스의 죽음』*De excessu fratris Satyri*

• 에바그리우스 (폰투스의)

『기도론』*De oratione*

『동정녀에게』*Ad virginem*

『수도승에게』*Ad monachos*

『시편 발췌 주해』*Selecta in Psalmos*

『악한 생각』*De malignis cogitationibus*

『코헬렛 발췌 주해』*Scholia in Ecclesiasten*

『프락티코스』*Practicus*

• 에우기피우스

『(성) 세베리누스의 생애』*Vita sancti Severini*

• 에우세비우스 (카이사리아의)

『교회사』*Historia ecclesiastica*

『복음의 논증』*Demonstratio evangelica*

『시편 주해』*Commentarii in psalmos*

『이사야서 주해』*Commentarii in Isaiam*

• 에프렘 (시리아인)

『낙원 찬가』*Hymni de paradiso*

『다니엘서 주해』*Commentarii in Danielem*

『설교집』(훈계와 참회에 관한 설교)*Sermones*

『열왕기 상권 주해』*In Primum Librum Regnorum*

『열왕기 하권 주해』*In Secundum Librum Regnorum*

『우리 주님에 관한 설교』*Sermo de Domino nostro*
『이사야서 주해』*Commentarius in Isaiam*
『창세기 주해』*Commentarius in Genesim*
『타티아누스의 네 복음서 발췌 합본 주해』*Evangelii concordantis exposition / In Tatiani Diatessaron*
『푸블리우스에게 보낸 편지』*Epistula ad Publium*
『히브리서 주해』*Commentarii in epistulas Pauli*

• 에피파니우스 (라틴인)

『복음서 주해』*Interpretatio Evangeliorum*

• 에피파니우스 (살라미스의)

『약상자』*Panarion*
『정박자』*Ancoratus*

• 엘비라 교회회의

『법규』*Canon*

• 오리게네스

『기도론』*De oratione*
『레위기 강해』*In Leviticum homiliae*
『로마서 주해』*Commentarii in Romanos*
『루카 복음 강해』*In Lucam homiliae*
『마태오 복음 주해』*Commentarii in Matthaeum*
『마태오 복음 주해 단편』*Commentarii in Matthaeum fragmenta*
『민수기 강해』*In Numeros homiliae*
『순교 권면』*Exhortatio ad martyrium*
『성경 주해 선집』*Catena*
『시편 발췌 주해』*Selecta in Psalmos*
『아가 주해』*Commentarium in Canticum canticorum*
『에제키엘서 강해』*In Ezechielem homiliae*
『여호수아기 강해』*In Iesu Nave homiliae XXVI*
『예레미야서 강해』*Homiliae in Ieremiam*
『요한 복음 주해』*Commentarii in Ioannem*
『요한 복음 주해 단편』*Fragmenta in evangelium Joannis*

『욥기 단편』*Fragmenta in Iob*
『원리론』*De principiis*
『율리우스 아프리카누스에게 보낸 편지』*Epistula ad Iulium Africanum*
『창세기 강해』*Homiliae in Genesim*
『켈수스 반박』*Contra Celsum*
『코린토 1서 주해 단편』*Fragmenta ex Commentariis in epistulam primam ad Corinthios*
『탈출기 강해』*In Exodum homiliae XIII*

• 오이쿠메니우스

『묵시록 주해』*Commentarius in Apocalypsin*
『사도행전과 가톨릭 서간, 바오로 서간 주해』*Commentarii in Acta Apostolorum, in epistulas catholicas, in Pauli epistulas*

• 올림피오도루스

『바룩서 주해』*Commentarii in Baruch*

• 요한 (다마스쿠스의)

『바를람과 요사팟의 생애』*Vita Barlaam et Iosaphat*
『성화상에 관한 연설』(3편)*Orationes de imaginibus tres*
『신앙 해설』*Expositio fidei*

• 요한 (수도승)

『탄생 예고 찬미가』*Stichera in annuntiatione*

• 요한 카시아누스

『(공주 수도승) 규정집』*De institutis coenobiorum et de octo principalium vitiorum remediis*
『담화집』*Collationes patrum*

• 요한 크리소스토무스

『갈라티아서 주해』*In epistulam ad Galatas commentarius*
『그리스도의 신성에 관해 유대인과 이교인 반박』*Contra Iudaeos et gentiles, quod Christus sit Deus*
『다니엘서 주해』*Interpretatio in Danielem prophetam*
『동일본질』*De consubstantiali*
『동정』*De virginitate*

『라자로에 관한 설교』*De Lazaro homiliae 1-7*
『로마서 강해』*In epistulam ad Romanos homiliae 1-3*
『마태오 복음 강해』*In Matthaeum (homiliae 1-90)*
『비유사파 반박』*Contra Anomoeos homiliae*
『사도행전 강해』*In Acta apostolorum homiliae 1-55*
『사제직』*De sacerdotio*
『성경 주해 선집』*Catena*
『시편 해설』*Expositio in psalmos*
『에제키엘서 강해』*Homiliae in Ezechielem*
『에페소서 강해』*In epistulam ad Ephesios argumentum et homiliae 1-24*
『여러 강해에서 모은 시선집』(48편)*In Ecloga i-xlviii ex diversis homiliis*
『예비신자 교리교육』*Catecheses ad illuminandos*
『요한 복음 강해』*In Ioannem homiliae 1-88*
『유대인 반박』*Adversus Iudaeos orationes I-VIII*
『(입상에 관해) 안티오키아 신자들에게 행한 설교』*Ad populum Antiochenum homiliae 1-21 (De Statuis)*
『자선』*De eleemosyna*
『잠언 (주해) 단편』*Fragmenta in Proverbia*
『참회에 관한 설교』*De paenitentia (homiliae 1-9)*
『창세기 강해』*In Genesim (homiliae 1-67)*
『코린토 1서 강해』*In epistulam I ad Corinthios (homiliae 1-44)*
『코린토 2서 강해』*In epistulam II ad Corinthios (homiliae 1-30)*
『콜로새서 강해』*In epistulam ad Colossenses homiliae 1-12*
『테살로니카 1서 강해』*In epistulam I ad Thessalonicenses homiliae 1-11*
『테살로니카 2서 강해』*In epistulam II ad Thessalonicenses homiliae 1-5*
『티모테오 1서 강해』*In epistulam I ad Timotheum argumentum et homiliae 1-18*
『티모테오 2서 강해』*In epistulam II ad Timotheum homiliae 1-10*
『필레몬서 강해』*In epistulam ad Philemonem argumentum et homiliae 1-3*
『필리피서 강해』*In epistulam ad Philippenses argumentum et homiliae 1-15*
『하느님의 이해할 수 없는 본성』*De incomprehensibili Dei natura (homiliae 1-5)*
『한나에 관한 설교』*De Anna sermones 1-5*
『히브리서 강해』*In epistulam ad Hebraeos argumentum et homiliae 1-34*

• 위-디오니시우스

『서간집』*Epistulae*

『천상 위계』*De caelesti hierarchia*

• 위-아타나시우스

『시편 해설』*Expositiones in Psalmos*

• 위-콘스탄티우스

『로마서 단편』*Fragmenta in epistulam ad Romanos*

• 위-클레멘스 (로마의)

『재인식』*Recognitiones*

『코린토 신자들에게 보낸 둘째 편지』*Epistula II ad Corinthios*

• 위-히폴리투스

『세상 종말』*De consummatione mundi*

• 유스티누스 (순교자)

『유대인 트리폰과의 대화』*Dialogus cum Tryphone Iudaeo*

『첫째 호교론』*Apologia prima pro christianis*

• 이레네우스 (리옹의)

『이단 반박』*Adversus haereses*

• 이사악 (니네베의)

『설교집』*Sermones*

『수덕 생활』*Vita ascetica*

『수도승 교육』 제2부

『신비론』*De mysteriis*

『종교적 완성』*De perfectione religiosa*

• 이쇼다드 (메르브의)

『다니엘서 주해』*Commentarii in Danielem*

『열왕기 상권 해설』

『욥기 주해』*Commentarii in Iob*

• 이사야스 (스케티아의)

『수덕집』*Asceticon*

• 이시도루스 (세비야의)

『명제』*Sententiarum libri III*

• 익명

『탄생 예고 찬미가』*Exaposteilarion in annuntiatione/Stichera in annuntiatione*

『파코미우스의 생애』(보하리아어)*Vita Pachomii*

• 카르타고 교회회의

『법규』*Canon*

• 카시오도루스

『시편 해설』*Expositio psalmorum*

• 카이사리우스 (아를의)

『묵시록 해설』*Expositio in Apocalypsim*

『설교집』*Sermones*

• 칼리스투스 (로마의)

『갈리아의 모든 주교에게 보낸 편지』*Epistola Papae Calixti ad omnes Galliae episcopos*

• 크로마티우스 (아퀼레이아의)

『마태오 복음 강해』*Expositio symboli sive Commentarius in symbolum Apostolorum*

『설교집』*Sermones*

• 클레멘스 (로마의)

『코린토 신자들에게 보낸 첫째 편지』*Epistula I ad Corinthios*

• 클레멘스 (알렉산드리아의)

『교육자』*Paedagogus*

『양탄자』*Stromata*

• 키릴루스 (알렉산드리아의)

『그리스도는 한 분이시다』*Quod unus sit Christus*

『루카 복음 주해』*Commentarii in Lucam*

『마태오 복음 단편』*Fragmenta in Matthaeum*

『모세오경에 관한 격조 있는 해설』*Glaphyra in Pentateuchum*

『서간집』*Epistulae*

『성경 주해 선집』*Catena*

『아가 (주해) 단편』*Fragmenta in Cantica Canticorum*

『열두 소예언서 주해』(호세아서)*Commentarius in XII prophetas minores*

『요한 복음 주해』*Commentarii in Ioannem*

『육화론』*De incarnatione*

『이사야서 주해』*Commentarius in Isaiam prophetam*

• 키릴루스 (예루살렘의)

『신비 교리교육』*Mystagogiae*

『예비신자 교리교육』*Catecheses ad illuminados*

• 키프리아누스

『가톨릭 교회의 일치』*De catholicae ecclesiae unitate*

『동정녀의 품행』*De habitu virginum*

『배교자』*De lapsis*

『서간집』*Epistulae*

『선행과 자선』*De opere et eleemosynis*

『인내의 유익』*De bono patientiae*

『주님의 기도』*De dominica oratione*

• 테르툴리아누스

『기도론』*De oratione*

『너울로 가려야 하는 동정녀』*De virginibus velandis*

『단식』*De ieiunio*

『박해에서 도피』*De fuga in persecutione*

『세례론』*De baptismo*

『아내에게』*Ad uxorem*

『영혼론』*De anima*

『우상 숭배』*De idololatria*
『유대인 반박』*Adversus Iudaeos*
『이단자들에 대한 항고』*De praescriptione haereticorum*
『인내』*De patientia*
『일부일처제』*De monogamia*
『정덕』*De pudicitia*
『죽은 이들의 부활』*De resurrectione mortuorum*
『호교론』*Apologeticum*

• 테오도레투스 (키루스의)
『다니엘서 주해』*Interpretatio in Danielem*
『바오로의 열두 서간 주해』*Interpretatio in XII epistulas (sancti) Pauli*
『서간집』*Epistulae*
『시편 주해』*Interpretatio in Psalmos*
『아가 주해』*Explanatio in Canticum canticorum*
『에라니스테스』*Eranistes*
『열왕기와 역대기에 관한 질문』*Quaestiones in libros Regnorum et Paralipomenon*
『이사야서 주해』*Interpretatio in Isaïam*
『팔경에 관한 질문』(창세기)*Quaestiones in Octateuchum*

• 테오도루스 (몹수에스티아의)
『로마서 단편』*Fragmenta in Epistulam ad Romanos*
『마태오 복음 단편』*Fragmenta in Matthaeum*
『시편 해설』*Expositio in psalmos*
『요한 복음 주해』*Commentarii in Ioannem*
『콜로새서 주해』*Commentarii in epistulas Pauli*
『티모테오 1서 주해』*Commentarii in epistulas Pauli*
『티모테오 2서 주해』*Commentarii in epistulas Pauli*
『히브리서 단편』*Fragmenta in Epistulam ad Hebraeos*

• 테오도루스 (헤라클레아의)
『마태오 복음 단편』*Fragmenta in Matthaeum*
『이사야서 단편』*Fragmenta in Isaiam*

『테오도시우스 법전』*Codex Theodosianus*

• 테오도투스 (안키라의)

『설교』*Homilia 2*

• 테오파네스

『탄생 예고 찬미가』*Canon in annuntiatione*

• 테오필락투스

『야고보서 주해』

『요한 1서 주해』

• 테오필루스 (안티오키아의)

『아우톨리쿠스에게』*Ad Autolycum*

• 티코니우스

『묵시록 주해』*Commentarius in Apocalypsin*

• 파스카시우스 (두미움의)

『그리스 교부들의 질문과 답변』*Interrogationes et responsiones Graecorum patrum*

• 파코미우스

『교리교육』*Catecheses*

『권고』*Monita*

• 파테리우스

『구약성경과 신약성경 해설』*Liber de expositione veteris ac novi testamenti*

• 팔라디우스 (헬레노폴리스의)

『요한 크리소스토무스의 생애에 관한 대화』*Dialogus de vita Joannis Chrysostomi*

• 페트루스 크리솔로구스

『설교집』*Collectio sermonum a Felice episcopo parata sermonibus extravagantibus adjectis*

• 펠라기우스

『로마서 주해 단편』*Expositiones XIII epistularum Pauli (fragm.)*

『바오로의 열세 서간 해설』*Expositiones XIII epistularum Pauli*

• 포시디우스

『아우구스티누스의 생애』*Vita Augustini*

• 포타미우스 (리스본의)

『라자로』*De Lazaro*

• 포티우스

『히브리서 단편』*Fragmenta in epist. ad Hebraeos*

• 폴리카르푸스

『필리피 신자들에게 보낸 편지』*Epistula ad Philippenses*

• 풀겐티우스 (루스페의)

『모니무스에게』*Ad Monimum libri III*

『서간집』*Epistulae*

『신앙에 관해 페트루스에게』*De fide ad Petrum seu de regula fidei*

『예정의 진리에 관해 요한 사제와 베네리우스 부제에게』*De veritate praedestinationis et gratiaeI ad Iohannem et Venerium*

『죄의 용서에 관해 에우티미우스에게』*Ad Euthymium de remissione peccatorum*

『트라사문두스에게』*Ad Trasamundum*

• 프루덴티우스

『매일 찬가』*Cathemerinon liber*

『이중 자양분 또는 역사의 기념비』*Dittochaeon sive Tituli historiarum*

• 프룩투오수스 (브라가의)

『수도원 공동 규칙서』*Regula monastica communis*

• 프리마시우스

『묵시록 주해』*Commentarius in Apocalypsin*

• 플리니우스 (소)

『트라야누스 황제에게 보낸 편지』*Epistula ad Trajanum imperatorem*

• 필록세누스 (마부그의)

『기도에 관한 발췌』

『카이사리아의 시메온 사부에게 보낸 편지』

• 필리푸스 (사제)

『욥기 주해』*Commentarii in librum Iob*

『헤르마스의 목자』*Pastor Hermae*

• 호르미스다스 (교황)

『유스티누스 황제에게 보낸 편지』*Epistula ad Iustinnum imperatorem*

• 호르시에시

『교리교육』*Catecheses*

『가르침』

• 히에로니무스

『다니엘서 주해』*Commentarii in Danielem*

『라자로와 부자에 관한 설교』*Homilia in Lucam, de Lazaro et divite*

『마르코 복음 강해』*Tractatus in Marci Evangelium*

『마태오 복음 주해』*Commentarii in Evangelium Matthaei*

『바오로 서간 주해』*Commentarii in epistulas Paulinas*

『서간집』*Epistulae*

『설교집』*Sermones*

『소예언서 주해』*Commentarii in Prophetas minores*

『시편 둘째 설교집』*Tractatuum in psalmos series altera*

『시편 설교 59편』*Tractatus LIX in psalmos*

『시편 주해』*Commentarioli in Psalmos*

『에제키엘서 주해』*Commentarii in Ezechielem*

『예루살렘의 요한 반박』*Contra Iohannem Hierosolymitanum*

『요비니아누스 반박』*Adversus Iovinianum*

『이사야서 주해』*Commentarii in Isaiam*

『펠라기우스파 반박 대화』*Dialogi contra Pelagianos*

• 히폴리투스

『그리스도의 적』*De antichristo*

『다니엘서 주해』*Commentarium in Danielem*

『사도 전승』*Traditio apostolica*

『이사악과 야곱의 축복』*Benedictiones Isaac et Iacob*

『잠언 단편』*Fragmenta in Proverbia*

• 힐라리우스 (아를의)

『일곱 가톨릭 서간 해설』*Expositio in VII epistulas catholicas*

• 힐라리우스 (푸아티에의)

『마태오 복음 주해』*Commentarius in Evangelium Matthaei*

『삼위일체론』*De Trinitate*

『시편 주해』*Tractatus super Psalmos I-XCI*

# 성경 색인

## 구약